老科学家学术成长资料采集工程

老科学家资料长编丛书

赵尔宓

资料长编

毛 萍 王海燕 等 编著

1930年 出生于四川成都

1951年 毕业于华西协合大学

1965年 全面开启两栖爬行动物学研究

1982年 创办《两栖爬行动物学报》

1993年 出版《中国两栖爬行动物》

2001年 当选中国科学院院士

上海交通大学出版社
SHANGHAI JIAO TONG UNIVERSITY PRESS

内容提要

本书为"老科学家资料长编丛书"之一，采集了包括档案、手稿、传记、口述资料等十一类人物资料，记录了我国两栖爬行动物学家、中国科学院院士赵尔宓一生的学术成长经历。按照年代为序，从家庭启蒙、学校教育、师承脉络、科研成就、学术思想以及对于中国两栖爬行学科发展的贡献等方面，对赵尔宓的成长事迹进行了综合性考述，详尽记录了赵尔宓一生的重要经历，梳理了他自身的学术成长轨迹，还通过他不同的学习工作阶段反映了中国两栖爬行动物研究学科从弱到强、从粗到精的发展过程。

本书全方位展示了一位自然科学工作者对科学事业一生的热爱与追求，适合热爱自然科学与人物传记的读者阅读，也可以作为两栖爬行动物学科工作人员与爱好者的参考书。

图书在版编目(CIP)数据

赵尔宓资料长编 / 毛萍等编著. —上海：上海交通大学出版社，2021.11
ISBN 978-7-313-24237-2

Ⅰ. ①赵…　Ⅱ. ①毛…　Ⅲ. ①赵尔宓—人物研究
Ⅳ. ①K826.15

中国版本图书馆 CIP 数据核字(2021)第 204020 号

老科学家资料长编丛书
赵尔宓资料长编
ZHAOERMI ZILIAO CHANGBIAN

编　　著：毛　萍　王海燕　等
出版发行：上海交通大学出版社　　地　　址：上海市番禺路 951 号
邮政编码：200030　　电　　话：021-64071208
印　　制：上海盛通时代印刷有限公司　　经　　销：全国新华书店
开　　本：710 mm×1000 mm　1/16　　印　　张：37.25
字　　数：551 千字
版　　次：2021 年 11 月第 1 版　　印　　次：2021 年 11 月第 1 次印刷
书　　号：ISBN 978-7-313-24237-2
定　　价：175.00 元

赵尔宓学术成长资料采集课题组

编　　著　毛　萍

王海燕

参与人员　赵　蕙　　赵小苓　　王芋华　　周　华　　黄东晓

编著及参与人员对本书的贡献

毛　萍　　收集与整合资料,撰写长编

王海燕　　组织协调,采集资料,整理访谈内容等

赵　蕙　　提供照片、手稿、证书等史料,做访谈

赵小苓　　提供照片、手稿、证书等史料,做访谈

王芋华　　整理报道、档案等史料

周　华　　整理档案、口述等史料

黄东晓　　整理传记、口述等史料

1951 年夏，华西协合大学生物系毕业师生合影（赵尔宓在前排左四）

1953 年，赵尔宓与涂茂俐的结婚照

2003 年，赵尔宓在四川大学实验室教学生鉴定蛇类标本

2006 年，赵尔宓在新疆野外工作

2009 年，赵尔宓在成都七中与中学生座谈

赵尔宓创办的刊物《两栖爬行动物学报》

序

我非常荣幸也很高兴能为赵尔宓写下这些文字。他是一位伟大的科学家,也是一个谦逊的人,视他为我近三十五年的同事和朋友是我的骄傲。我在美国发表的一篇讣告(鹰岩,2017)中记录了他科学生涯的重要细节,在北京发表的一篇个人颂词(鹰岩,出版中)中记录了他这篇序言之后的事迹。现在,我希望利用这个机会来聚焦他的性格要素以及他对生活的热情,我相信这将对未来的两栖爬行动物学家和其他博物学家,尤其是对那些寻求富有挑战性和高回报职业的年轻学生起到启发作用。

尔宓给我印象最深的除了他对国家和家庭的热爱,还有他对科学,尤其是对两栖爬行动物学的献身精神。他白天(甚至延续到晚上)的工作重点都是两栖爬行动物学研究,通常在办公桌前工作到凌晨 3 点(他给我的电子邮件发送时间经常是午夜之后,他常常会在这个时间段处理所有信件)。尔宓在工作上投入了大量时间和精力,他对工作的热忱甚至超越了他的自身需求以及对声誉的追求。他的目标是通过编撰学术著作、组织学术交流会议、创办学术组织,以及帮助中国两栖爬行动物学家,特别是帮助学生实现他们的研究目标,从而推进中国两栖爬行动物学研究的发展。

正如去四川考察的一个深夜他对我说的一样:“科学就是我的信仰。”献身于科学带给了他无与伦比的乐趣。对于还没找到激发自身热情的学生来说,很难理解他对某一特定学科的这种投入程度,但是一旦找到这种热情后，一个人会为之奋斗终身。

我对尔宓的另外一个印象，是他的快乐来自研究自然界中的两栖爬行动物。从书本上阅读或是通过老师学习这些动物，都没法取代你在野外直接接触并了解它们。在野外研究动物栖息地，记录它的生活史与行为活动，也许还能发现一些以前不知道的重要信息，这是一种极大的乐趣。尔宓是从他的老师刘承钊那里学到了野外考察的意义，刘先生是一位伟大的两栖爬行动物学家，同时又是致力于野外考察的自然学家。尽管尔宓在63岁时一条腿严重骨折，花了数年时间才完全康复，却仍然靠着拐杖回到了他熟悉的野外。

当他在研究生涯中取得越来越多的成就时，尔宓说还有很多需要学习的地方。这也是他热衷于培养学生甚至儿童对大自然的兴趣的原因。他从事的研究工作带给了他巨大的乐趣，并且我认为他最大的愿望就是以他个人的工作方式、生活方式，成为学生们的榜样，激发他们付诸一生以求探索自然世界的热情。

鹰　岩①

2019年5月1日

① 鹰岩(Kraig Adler)，美国康奈尔大学生命科学名誉教授。他是世界两栖爬行动物学研究的重要贡献者，通过学会与出版等工作全面促进了该学科的发展。曾担任多种期刊的编辑，包括 *Journal of Herpetology*, *Herpetological Review*, *Facsimile Reprints in Herpetology*, *Contributions to Herpetology* 等。还曾担任两栖爬行动物研究学会主席和世界爬行学大会秘书长。撰写和编辑了8本著作和150余篇论文。鹰岩是世界上最著名的收集两栖爬行动物学相关文献的人，他拥有世界上最丰富的两栖爬行动物研究资料私人图书馆，藏有很多珍贵资料。鹰岩曾于1982年提名赵尔宓为首届世界两栖爬行大会执行委员会成员，邀请赵尔宓于二十世纪八十年代多次赴美访问交流。赵尔宓也曾于1985年邀请鹰岩来蓉参加四川省动物学会与中国两栖爬行动物学会的会议并作学术交流。两人具有良好的合作关系与深厚的个人情谊。鹰岩与赵尔宓曾于1993年合作出版《中国两栖爬行动物》(*Herpetology of China*)，该书被国际著名的两栖爬行动物学家——Ilya Darevsky 和 David Wake 两位院士评为“里程碑之著”。该书是第一部被翻译成多国语言、全面系统论述我国661种两栖爬行动物的专著。

前言一

致赵尔宓[1]

对两栖爬行动物的有效保护，是在对系统学、分类学及反复的野外实地考察等研究基础上形成的。中国虽然拥有全世界7%的两栖爬行动物区系，但一直缺少对两栖爬行动物的正确评估和保护等方面的研究，直到近些年，情况才有所改变，而这一改变应主要归功于一位科学家：赵尔宓。他是第一位对中国两栖爬行动物学进行系统分类研究的科学家，对很多野外科研工作者给予帮助和指导；他建立了中国两栖爬行动物标本馆；他主编了分类学、生物学、中国两栖爬行动物保护学领域的大量学科著作；他主持创办了中国两栖爬行动物学的期刊；他为中国两栖爬行动物学的研究建立了国际公认的科学标准。

赵尔宓于1930年出生于成都——位于中国西南富饶的四川盆地。他就读于当时的华西协合大学生物系[2]。他的老师刘承钊教授于1934年获美国康奈尔大学博士学位，是中国两栖爬行动物学的主要奠基人之一，同时也致力于野外科研考察工作。刘承钊教授于1950年出版了全英文专著——《华

① 本文经Kraig Adler授权使用，并由作者最终修改于2019年5月1日，由中科院成都生物研究所张曼夏翻译，毛萍修改。

② 华西协合大学是1910年创办的医学综合性大学。1933年更名为私立华西协合大学。1951年10月更名为华西大学。后于1953年更名为四川医学院，1985年更名为华西医科大学，2000年9月经合校调整为四川大学华西医学中心。文中常称华西大学、川医、华西医大等。

西两栖类》，并于 1951 年担任华西大学校长。在他的指导下，赵尔宓不断进行两栖爬行动物学的深入研究，并于 1948 年担任刘承钊助手时在四川西部的九峰山开展了自己的第一次野外科研工作。他也曾接受两栖爬行动物学家、现代生物学理论奠基人秉志的指导，秉志在北京工作，赵尔宓经常与他互通书信。同刘承钊一样，秉志也毕业于美国康奈尔大学，两位都当选为中国自然科学最高殿堂——中国科学院的学部委员。在这两位杰出及训练有素的科学家的培养下，赵尔宓具备了扎实的动物学基础，也深切感受到了踏实的野外科研考察工作的重要性。2001 年，赵尔宓成为第三位当选为中国科学院院士的中国两栖爬行动物学家。

1951 年于华西大学毕业后，赵尔宓被分配到位于中国北部的黑龙江省的哈尔滨医科大学任教。三年后，他重返母校①，成为讲师，并再次成为刘承钊教授的助理。1965 年调到中国科学院西南生物研究所（现中国科学院成都生物研究所②，是中国科学院的直属科研单位），加入胡淑琴教授成立的研究室。后来于 1978 年至 1987 年担任两栖爬行动物研究室主任，1986 年任研究员，1982 年至 1993 年任成都生物研究所副所长。虽然他于 1991 年从研究所的领导岗位上退任，但直到 2016 年 12 月去世，他始终保持着对科学研究的热忱③。

1965 年开始，赵尔宓陆续发表了一系列两栖爬行动物学的论文。他的论著涉及生物学的各个领域，后来因为当时中国国情的迫切需要，他的研究重心逐渐转移到两栖爬行动物系统分类学上。此后每年，赵尔宓都会带领科研考察队伍进行野外科考，即便 1993 年腿受重伤，他仍然坚持野外科考工作，走遍了中国的大江南北，从南方热带气候的云南和海南，到北方干旱的内蒙古和新疆。他继承了刘承钊教授的光荣传统，尊崇科学的自然发展观，

---

① 译者注：四川医学院。

② 译者注：中国科学院成都生物研究所，于 1958 年 11 月建立，名称为中国科学院四川分院农业生物研究所。1962 年 9 月更名为中国科学院西南生物研究所。1970 年 12 月更名为四川省生物研究所。1978 年 9 月改为现名。

③ 译者注：经考证，赵尔宓于 1979 年 4 月起担任两栖爬行动物研究室副主任，1980 年 12 月起担任两栖爬行动物研究室主任，1982 年 5 月至 1991 年 8 月任成都生物研究所副所长，文中年份为作者误记。

这一点在他对分类学以及之后的动物保护理论的研究中显得弥足珍贵，例如对动物的繁殖、鸣叫以及生殖学等方面的观察研究。

作为作者或主编，赵尔宓出版了两栖爬行动物学科的32本学术著作以及其他论著（包括150余篇学术论文），这些成果帮他成为那个时代杰出的两栖爬行动物学家奠定了基础。为了满足实用的需求，他的早期著作都着重研究中国蛇类（1972）、爬行动物（1977）以及两栖爬行动物（1986）的物种鉴定。此外，还有三部实用性著作介绍了两栖爬行动物在食品、传统医学以及其他方面的经济用途（1978、1982、1985），另有一系列著作介绍了毒蛇咬伤处理、毒液以及伤口感染等内容（1974、1979、1985）。在众多著作中，令他享誉中外的是《中国蛇类图谱》，这本专著是他与另外七名作者共同编著的。此外，他还参与合编了《少儿自然百科全书》（1986）、《中国两栖爬行动物图鉴》（1987）以及《世界海龟地理区划图鉴》（2004）。

在赵尔宓的大部分两栖爬行动物学著作中，都是以物种或种群作为一个专题来编写的，例如对尖吻蝮（*Deinagkistrodon acutus*）的研究，具体有生物学、形态学、生态学以及毒理学方面的研究成果（1982），他还详细介绍了中国蝾螈的研究（1984、英文版1988）等。同时，他也主编及合编了中国某些特殊区域环境下的两栖爬行动物研究著作，例如《西藏两栖爬行动物多样性》（1987）、《横断山区两栖爬行动物》（1997）、《四川爬行类原色图鉴》（2003），这些著作收录了很多令人叹为观止的图片。《西藏两栖爬行动物多样性》出版于2010年。他的最后一本著作是出版于2011年的《海南两栖爬行动物志》。

赵尔宓最著名的代表作是《中国两栖爬行动物学》（1993），这是第一部被翻译成多国语言、全面系统论述中国661种两栖爬行动物的专著，描述了两栖爬行动物的分类、特征、同物异名、分布、索引、地理区划等研究成果，附带成百上千张两栖爬行动物的彩图资料。赵尔宓是《中国动物志》两个分卷（《蛇亚目》1998，《蜥蜴亚目》1999）的主编。他独著了《中国蛇类》上、下卷（2006）——一部系统、详细和具有极高价值的著作，全面介绍了蛇类的生物学特征、鉴别及物种分类描述，同样配备了丰富的彩图资料。

作为一位对中国两栖爬行动物学研究有特殊贡献的科学家，赵尔宓的著作是很多引用文献及参考目录的主要来源：*Latin-Chinese-English Names of Amphibians and Reptiles*（1993年初版，1998年再版）、《中国两栖爬行动物学文献——目录及索引》（1994）、《中国两栖爬行动物分类文献（含核学文献）》（2000），这些目录、索引涵盖了最新的中国两栖爬行动物研究成果。

作为一位对世界研究者有深远影响的科学家，赵尔宓整理和编辑了两位中国顶尖两栖爬行动物学家的论文，分别由他的导师刘承钊（1990）和张孟闻（1992）完成。张孟闻撰写了中国首部全面、系统的蝾螈研究专著——《中国蝾螈》（1936年初版，1968年再版）。赵尔宓也编辑整理了第一届及第二届亚洲两栖爬行动物学国际大会的会议记录（1993年于中国黄山，1995年于土库曼斯坦首都阿什哈巴德）。为了庆祝香港回归，他也收集编辑了一卷关于中国海龟研究成果的著作（1997）。

为了进一步向刘承钊致敬以及助力全世界两栖爬行动物学家的研究，赵尔宓将刘承钊的学术论文再次编辑出版（2000），大多都是关于中国蛙类分类学及基本自然史数据的。这些著作包含了刘承钊最初发表在《北平博物杂志》（*Peking Natural History Bulletin*）及《华西边疆研究学会杂志》（*Journal of the West China Border Research Society*）上的学术论文。对于今天的学者来说，这些原本很难获取的论文有着极其宝贵的参考价值。

在20世纪70年代末，赵尔宓开始从事动物保护学研究。1979年他成为《中国野生动物》编委会（哈尔滨）的一员，六年后又加入了《资源开发与保护》编委会（成都）。1991年至1993年，他担任了中国两栖爬行动物物种生存委员会主席，负责两栖爬行动物的保护工作，并主编了《中国濒危动物红皮书：两栖类和爬行类》（1998）。这部著作描述了濒临灭绝的29种两栖动物以及96种爬行动物，其中也包括少数诸如湾鳄（*Crocodylus porosus*）等在中国已经灭绝的动物。

除了编辑和撰写大量学术著作，赵尔宓还通过创办学术期刊、成立学会、举办学术交流会议，以推动中国两栖爬行动物学研究的发展，帮助海外学者更广泛地了解中国两栖爬行动物学的发展。他是中国首个两栖爬行动物学的中文期刊《两栖爬行动物资料》（1972—1978）的编辑，在该期刊更名为《两栖爬行动物研究》(1979—1988)后亦连任编辑。这一期刊当时已经有了大量英文摘要,现在已经变成一个全英文期刊 *Chinese*(后改为 *Asiatic*,现为 *Asian*)*Herpetological Research*(1987 年至今)。赵尔宓是中国两栖爬行动物学分会的创始人之一(1982),四年后,他创办了中国蛇蛙研究学会(CSSAR)。CSSAR 是 *Asiatic Herpetological Research* 的协办单位,并从 1993 年开始,举办了多次两栖爬行动物学国际学术会议。除此之外,在赵尔宓的带领下,CSSAR 从 1990 年起出版了 16 本"两栖爬行动物"系列丛书;值得注意的是,这些学术会议的参与者都是用英语交流的,而出版著作也包含了大量英文摘要。通过这些方法,赵尔宓架起了中国与世界两栖爬行动物研究的沟通桥梁,同时,也为中国两栖爬行动物学建立了全球公认的科学研究标准。这是一项对个人专注度、精力和能力要求都非常高的成就。很难想象所有这些成就都来自他一个人的贡献。

赵尔宓参加了北美、欧洲和亚洲的众多学术交流会议,并与许多博物馆及大学的国际同行合作,开展学术研究工作。他是 1989 年在美国举行的第一次世界两栖爬行动物学大会的执行委员会委员,也因此成为第一位在国际两栖爬行动物组织任职的中国科学家。2008 年,世界最早的两栖爬行动物学组织——美国鱼类与两栖爬行动物学会推选他为荣誉外籍会员,他是第二位享此殊荣的中国两栖爬行动物学家(他敬爱的刘承钊教授是第一位)。

赵尔宓对中国两栖爬行动物学和两栖爬行动物保护研究作出的重大贡献是无法估量的,我很荣幸能够在此致敬他对世界两栖爬行动物研究以及动物保护所作出的贡献。

鹰 岩

美国康奈尔大学

2011 年 1 月 17 日

前言二

赵尔宓：从水到陆发现生命进阶[①]

赵尔宓(1930 年 1 月 30 日—2016 年 12 月 24 日)，满族，1930 年 1 月 30 日出生于四川省成都市，世界两栖爬行动物学研究专家，师承我国两栖爬行动物学奠基人刘承钊，中国科学院院士，中国科学院成都生物研究所研究员、副所长、博士生导师，亚洲两栖爬行动物学会副秘书长，美国科学研究协会(Sigma Xi)自然科学荣誉学会终身会员，美国加州科学院荣誉院士。赵尔宓从事两栖爬行动物学研究 50 余年，在物种分类与鉴定、物种分布与地理区划、物种资源有效利用、生物与生态环境协同进化等方面成果卓著。赵尔宓于 2016 年 12 月 24 日在四川大学华西医院与世长辞，享年 87 岁。

严父教诲　万般爱好唯读书

赵尔宓于 1930 年生于成都，在八个兄弟姊妹中排行老四。父亲赵伯钧那时在成都开家庭诊所“亲仁医院”谋生。时逢乱世，且兄弟姐妹众多，但因

① 本文原载于《中国科学报》2017 年 8 月 21 日第 8 版。

是成都驻防满洲正蓝旗、伊尔根觉罗(赵)氏家族出身,加之其父官、商、学的从业实力,家境殷实。

在赵尔宓的回忆中,父亲是一个非常严肃、认真的人,平时不苟言笑,管教子女非常严格,除读书外,不许子女有其他爱好。上小学时寒暑假都要请家庭老师辅导孩子学习。平时晚上复习功课时,赵尔宓与姊妹们围在一张方桌上各做各的功课,因年纪小,偶尔难免说笑,但只要一听到父亲从书房踱出的脚步声即刻吓得赶紧正襟危坐,并发出朗朗的读书声。读中学时,赵尔宓买了一把二胡,第二天父亲发现,顿时把二胡折断烧了,他从此再也不敢有其他嗜好。他从小就开始接受优质学校的正规教育,并在小学经历中、西两种教育文化的启蒙。中学时经历抗战胜利、内战爆发,坚守不问政治、读书成就人生的纯粹想法,专心学习,成绩优异。

赵尔宓爱买书、爱护书、爱读书在业内是出了名的。家里任何角落都堆满了书,且书房只有他特别喜欢的学生才能随便出入。因为经常买书的原因,他跟新华书店的工作人员非常熟,但由于以前工资比较少,没余钱买书,就请工作人员把书先预定了,等下个月发工资再去付钱。因动物分类学研究需要阅读广泛的基础资料,在网络信息不发达的年代,他每次到国外,都要找同行专家索要两栖爬行动物研究相关的书籍,回国后把资料分享给该领域的研究人员。赵尔宓的信件中很大一部分是向国外同行寻求书籍的,也有很多是向国内同行提供资料的。在整理赵尔宓的遗物时,工作人员发现了几大箱分门别类存放的研究资料,每种研究资料按照物种分类存放,并自制索引号。早期严谨且极重读书的家庭教育,养成了赵尔宓一辈子与书打交道的习惯。

尊师教导　千锤百炼研学问

1947 年 9 月,赵尔宓以第一名的成绩考入华西协合大学理学院生物系。当时选择这个专业,赵尔宓有两大原因:一是中学时代的老师郑实夫教授的生物学课启迪了他研究生物的兴趣;二是他觉得旧社会人际关系复杂,钩心斗角让他深感厌恶，既不愿意接触政治，也不愿意学医与病人打交道。刚入校时他因亲友希望自己学医而提出转专业，时值学术造诣很深的著名教授刘承钊先生从美国回来，在华西大学给大家作生物学研究的讲演并教授生物学基础课。刘承钊先生温文尔雅、彬彬有礼的举止风度，渊博精深的学识，锲而不舍的治学精神使赵尔宓深深折服，更加坚定了他学习生物学的决心。

大学期间，赵尔宓得到刘承钊手把手的教导。刘承钊曾送给赵尔宓一册自己签名的《比较解剖学》，并叮嘱他每年读一遍。1948 年年初与暑假期间，他两次随刘承钊到成都彭县(今彭州市)白水河与九峰山进行野外工作。这两次工作打开了赵尔宓的视野，满足了他与大自然为伍的愿望。1949 年暑假，刘承钊指导赵尔宓等三位同学留校观察饰纹姬蛙和泽蛙等几种蛙类的生活史。1950 年 2 月，赵尔宓有幸被刘承钊推荐到华西协合大学自然历史博物馆半工半读，担任其研究助理。除经常整理研究标本之外，赵尔宓也有更多的机会参与刘承钊主持的中国科学院爬行动物调查项目的学术研究。

1951 年，赵尔宓大学毕业后被分配到哈尔滨医科大学任生物科教员、助理教授，为医学本科学生讲授比较解剖学及达尔文主义。1954 年，因刘承钊需要安排人员开展爬行动物研究，遂将赵尔宓从哈尔滨医科大学调回成都，安排他到母校(已更名为四川医学院)担任生物学教研组助理教授，从此两位大家开启了划时代的合作研究。

细细揣摩，一个人的起步固然有各种外因和内因，两者缺一不可。内因是大学初期赵尔宓在生物学研究方面表现出来的天赋和努力，外因来自被公认为中国两栖爬行动物研究的开山鼻祖刘承钊先生的影响，正是刘先生的榜样与引导作用，带领赵尔宓走上了两栖爬行动物研究这条路。

因刘承钊的关系，赵尔宓也受到徐福均教授(1907 年—1986 年，生物学家、教育家)、张孟闻教授(1903 年—1993 年，动物学家、教育家)和秉志教授(1886 年—1965 年，中国近现代生物学奠基人、动物学家)的指导。他跟随徐福均先生从事峨眉树蛙、青蛙及蟾蜍的繁殖及胚胎发育的适应性研究，请教张孟闻先生有关有尾两栖类和爬行类相关专业的问题，并求教秉志先生鱼类、人体解剖、生理生态化学、组织学和胚胎学的基础知识。

指导赵尔宓成长的先生，均是当时治学严谨的大家。后来赵尔宓跟他的学生追忆起多位恩师，感慨自己受益良多："从 1962 年起我才从事两栖爬行动物研究。现在回想起来，刘承钊老师对我是有一套培养计划的，可是最初我不十分理解，没能坚定地按他的要求去做。"在哈尔滨医科大学和四川医学院任教十年后，赵尔宓还是跟随刘承钊的脚步，开始专攻两栖爬行动物研究。从此，赵尔宓的人生道路由一名生物学教师转变为生物科学研究人员。

与蛇"缠绵"　百尺竿头勤为径

1957 年全国科技跃进大会后，由刘承钊和胡淑琴主持的两栖爬行动物研究组在四川医学院成立。1962 年，赵尔宓开始给刘承钊和胡淑琴当助手，在其指导下从事两栖爬行动物分类学研究，到广西、陕西、贵州、海南、福建等地采集标本，从此与两栖爬行动物研究结下五十余年的不解之缘，并作出了丰硕贡献。赵尔宓曾计算过，从 1953 年到 2006 年五十余年的科研生涯，包括出差、出国和野外工作，总共 4395 天(还缺少几年记录)，折合 12 年以上。他到过东北的林海雪原，穿过西北的草原荒漠，翻过世界屋脊喜马拉雅山，深入过热带丛林，为探索蛙螈蜥蛇的奥秘踏遍了祖国大半河山以及世界广阔之地。

赵尔宓从事两栖爬行动物学研究五十余年来，合作发表论文 260 余篇，主编、编写学术著作 40 种，发表我国蛇类新纪录科 1 个，建立两栖动物新属 2 个，发表我国两栖爬行动物新种(亚种)41 个、新纪录种 17 个，其中包括"蛇岛蝮""墨脱竹叶青蛇""莽山烙铁头蛇"等。

1969 年至 1974 年，根据中国科学院下达的国防任务，中国科学院西南生物研究所(现中国科学院成都生物研究所)与中国科学院昆明动物研究所合作，赵尔宓主持云南毒蛇危害调查，到云南省开展"西南边疆毒蛇调查及蛇伤防治研究"项目，进行动物实验中毒药物保护作用的筛选工作。项目团队经过 108 次配方，数百次实验，成功研制了"云南蛇药"。1975 年经云南省卫生局正式批准，"云南蛇药"投入生产。该药经 17 个县、市及解放军、生产建设兵团的有关医疗单位的临床观察，收治毒蛇咬伤255例，治愈254例，死亡1例，治愈率99.6%。1978年，“云南蛇药”的研究获全国科学大会奖。

1973年5月至9月，赵尔宓参加中国科学院青藏高原综合考察，成为首批入藏考察的两栖爬行动物学者之一。赵尔宓一行设立科考据点，并深入背崩、地东、希壤、西工湖（布琼湖）等地点，采集了大量珍贵的动植物标本。它是我国科学工作者对西藏地区爬行动物系统研究的首次科学考察及首次报告，总结西藏已知爬行动物49种及亚种，发现并描述了毒蛇的一个新种墨脱竹叶青及新亚种山烙铁头察隅亚种。除发表新种外，1977年赵尔宓首次提出将我国西藏喜马拉雅山南坡地区，在动物地理区划上划为东洋界西南区的喜马拉雅山南坡亚区（过去将它归入青藏区）。

1982年至1984年，赵尔宓参加中国科学院组织的西藏南迦巴瓦峰登山科学考察，主持室内工作。科考队员在米林、墨脱、波密和林芝等四县经历了许多意想不到的艰难和危险，克服了许多难以想象的困难，进行两栖爬行动物调查和标本采集，发现网纹扁手蛙等几个新种和南峰锦蛇、眼镜王蛇等西藏新纪录。在对南迦巴瓦峰山区考察的基础上，1986年赵尔宓将喜马拉雅南坡亚区的范围沿雅鲁藏布江大拐弯水流通道向北扩大到通麦—易贡一线。

1987年赵尔宓参与编写的专著《西藏两栖爬行动物》（胡淑琴主编）出版。该书为青藏高原科学考察丛书之一，记述目前已知的西藏两栖爬行动物98种及亚种。青藏高原综合考察先后获中国科学院1986年科技进步特等奖、1987年国家自然科学奖一等奖及1989年陈嘉庚地球科学奖。

1982年至1984年，赵尔宓参加中国科学院组织的横断山区综合考察，主持两栖爬行动物子课题，对该地区两栖爬行动物进行考察，任主持人及野外领队。赵尔宓与昆明动物所的研究人员共同编著了《横断山区两栖爬行动物》一书，该书记载两栖纲动物3目11科26属81种，爬行纲动物2目14科53属117种。

长期以来，国内外对蝮蛇的分类问题存在较大分歧，影响对蝮蛇毒的研究和利用。六十多年来，中外学者的争论一直持续，但都肯定蝮蛇只是一个种。1978年至1980年，赵尔宓等科研人员不惧危险，三次登上大连旅顺遍布毒蛇的“蛇岛”开展考察，深入进行了“我国蝮蛇的分类学研究”。

考察组采集了我国吉林磐石、辽宁蛇岛、新疆尼勒克、江苏、浙江等地的蝮蛇标本以及蛇毒，结合形态、生态及地理分布、蛇毒蛋白电泳及免疫扩散实验、生物化学蛋白电泳与同工酶以及细胞学（染色体组型）多种实验手段探讨蝮蛇分类，将以往误定为“中介蝮”的大连蛇岛产的蛇，定为新种“蛇岛蝮”，得到国内外同行专家的广泛承认。赵尔宓当时在国际上首次将蛇毒聚丙烯酰胺凝胶电泳用于毒蛇的分类学研究，并提出蝮蛇在大连蛇岛上的起源和演化见解，认为我国的蝮蛇有若干种，东北地区是蝮属的分化中心，初步确定我国广大地区被鉴定为蝮蛇的标本应属于三个不同的种。以后的研究又提出横断山北段是蝮属分化的另一个中心。

1982 年，赵尔宓撰写了“尖吻蝮”专辑，发表论文《蛇岛猎奇》，结束了“蛇岛蝮”四十多年来被日本学者长谷川秀治误认为“中介蝮”的历史。

耕耘两爬　半世呕心促发展

1993 年，赵尔宓与美国鹰岩教授合作出版的《中国两栖爬行动物》是第一部全面、系统论述我国 661 种两栖爬行动物的专著，内容包括中国两栖爬行动物研究史，中国两栖爬行动物图解、种属及亚种检索表，中国两栖爬行动物的分布等。

出于对生物学的热爱、对语言文字的热爱、以及要查阅大量国外原版专著的需要，赵尔宓工作后自学英、俄、德、日、法五门外语。早在 20 世纪 50 年代，赵尔宓大学毕业被分配到哈尔滨医科大学任生物学助教时即开始自学俄语，与该校生物学教研组集体翻译作为学生教材用书的《苏联药剂士学校教学用书：植物学》等书。

为了交流基础研究的成果，1972 年起，赵尔宓开始编印了《中国蛇类检索表》，两年一辑，形成“两栖爬行动物研究资料”丛书。为缩短出版周期、及时交流科研进展，从 1978 年起，赵尔宓采用随编随印、连续编号、不定期出版的方式，编辑出版了《两栖爬行动物研究》，到 1982 年共出版 6 卷（辑）。因积累了十年办刊的经验与成果,1982 年中国科学院出版委员会批准《两栖爬行动物学报》作为季刊正式出版,至 1988 年共出版 7 年(7 卷 23 期)。学报被评为核心刊物,赵尔宓担任主编,由固定编辑人员编印。1988 年因经费问题被迫停刊后,赵尔宓找到美国加州大学伯克利分校脊椎动物博物馆继续出版本刊,并任主编。2005 年该刊转回中国出版,赵尔宓任名誉主编。

20 世纪 70 年代开始,继刘承钊之后,赵尔宓为将中国两栖爬行学推向世界殿堂作出很多贡献。赵尔宓与胡淑琴等人建立四川省动物学会(1979 年)和中国两栖爬行动物学会(1982 年);创办《四川动物》(1981 年)、《两栖爬行动物学报》(1982 年)和英文版 *Asiatic Herpetological Research*(1988 年);编辑出版系列研究丛书"两栖爬行动物研究"(1978 年起)和"蛇蛙研究丛书"(1990 年)。

赵尔宓认为中国两栖爬行动物研究必须广泛地进行国际交流。若不与国外同行交流,相当于闭门造车,会制约国内两栖爬行动物学科的发展。他曾说过:"科学研究必须告诉世界才行,不告诉世界就成了个人欣赏、个人收藏了,像玩古董。"沈阳师范大学特聘教授、动物学专业博士研究生导师李丕鹏接受访谈时谈到赵尔宓:"这位老先生在我们两栖爬行界既是一个大科学家,又是一个社会活动家。他是关心、爱护整个大学科发展的这么一个人,不是光干自己的事。他为这些付出了多少精力啊!"

爱妻协助　一生守候勿忘我

"我认为自己此生最大的成功是婚姻,因为我选择了最理想和最聪慧的她做妻子。她不仅是完美的女性,也是我情深似海最忠实的伴侣,更是我一生的良师和诤友。我所做的一切工作都离不开她的帮助,我如有任何一点成就都铭刻着她的辛劳。"赵尔宓在纪念妻子涂茂洲的文字《怀念爱妻》中如是写。

赵尔宓和涂茂洲两人同为树德中学校友和华西协合大学校友,在学习和生活中互生爱慕成为情侣，于1953年结婚。1955年，大女儿诞生，1956年底，双胞胎女儿出世。长期以来，赵尔宓每年少则三个月、多则半年赴野外考察和研究，爱人涂茂洌便毫无怨言地担负起了一边教书育人，一边照顾家庭与孩子的重担，一担就是几十年，直到生命的尽头。

在工作上，涂茂洌是学霸，一直在华西医科大学(原华西协合大学)任教并担任天然药物化学教授。只要赵尔宓有数学、物理和化学或其他学科的疑问时，都会向涂茂洌请教，省去翻书查资料的时间。

夫妻俩一生感情甚笃，互相支持。在整理赵尔宓的书信时工作人员发现，赵尔宓在野外工作时，无论舟车劳顿还是加班熬夜，他都会以日记的形式记录当天的采集工作以及行程安排，记录当地的风土人情以及轶事趣闻并寄给妻子，两个人半个世纪的爱情丝毫没受到时间与空间的疏离。退休后赵尔宓每天陪伴妻子，以弥补工作时候的亏欠。

晚年，涂茂洌的高血压越来越严重，她于2006年3月9日去世。妻子的离开对赵尔宓的身心造成了巨大的打击，他时不时孤影凝望，身体长时间处于亚健康状态，经常发脾气和忘事。他努力用工作填补内心思念爱妻的伤悲，同年底，其著作《中国蛇类》上、下卷正式出版。书的首页画有一幅“勿忘我”植物，用中、英文写着：“作者谨以此书献给已故爱妻涂茂洌教授。”涂茂洌逝世一周年时，赵尔宓精选了她各时期的照片，编排、印制了画册，题名《永远想念你》。

早在2011年赵尔宓就写了遗嘱：“将我和我一直珍藏在身边的、你妈妈的骨灰混合后，与大地融合在一起(撒掉或树葬)，不留任何痕迹。我和茂洌来自自然，也要无拘无束地回归自然……”

2016年12月26日，赵尔宓用这种永恒的方式和心爱的人在天堂里团聚了。他用一生执着地探索着大自然中的生命和生命演绎的奥秘，也用一生无悔地演绎了对科学事业的热爱、继承、奉献和传播，最终以居高声远、回归自然的超然境界完成了自我生命的高阶进化。

王海燕　毛　萍

2017年8月21日

凡　例

一、长编所用资料，包括传主生平活动、言论、著述等，均按时间先后排列。

二、日期一律以公元纪年表述。传主年龄以传统虚岁的计算方式记述。

三、时间难考的史料收录原则：年、月可考而日期不可考者，排列于该月之末，标“某月”；年份可考而月、日不可考者，排列于该年之末，不标月、日，只记录事件。若能确定发生于某年或某月中某一时段，则排列于相应位置，以“夏季”“年初”等标注。

四、为便于读者查考，每一条资料后面均标明资料来源。

五、按照同类资料来源排列，以档案、报道、传记等顺序分类排列。

六、一些需要说明的人物、事件背景或补充材料，以脚注形式处理。同一事件不同资料来源记述有差异者，亦于脚注中加以说明。

七、对于较长的史料，选择与事件对应内容分系于各年。

八、本文所引资料，均依原文照录，一般不作改动。

目 录

1930 年　　1 岁 …… 1
1931 年　　2 岁 …… 6
1932 年　　3 岁 …… 6
1933 年　　4 岁 …… 6
1934 年　　5 岁 …… 7
1935 年　　6 岁 …… 8
1936 年　　7 岁 …… 10
1937 年　　8 岁 …… 10
1938 年　　9 岁 …… 11
1939 年　　10 岁 …… 17
1940 年　　11 岁 …… 19
1941 年　　12 岁 …… 20
1942 年　　13 岁 …… 22
1943 年　　14 岁 …… 23
1944 年　　15 岁 …… 23
1945 年　　16 岁 …… 24
1946 年　　17 岁 …… 25
1947 年　　18 岁 …… 26

1948 年　19 岁 …… 33
1949 年　20 岁 …… 36
1950 年　21 岁 …… 39
1951 年　22 岁 …… 46
1952 年　23 岁 …… 53
1953 年　24 岁 …… 54
1954 年　25 岁 …… 57
1955 年　26 岁 …… 63
1956 年　27 岁 …… 65
1957 年　28 岁 …… 68
1958 年　29 岁 …… 70
1959 年　30 岁 …… 74
1960 年　31 岁 …… 76
1961 年　32 岁 …… 77
1962 年　33 岁 …… 80
1963 年　34 岁 …… 84
1964 年　35 岁 …… 88
1965 年　36 岁 …… 96
1966 年　37 岁 …… 99
1967 年　38 岁 …… 102
1968 年　39 岁 …… 104
1969 年　40 岁 …… 105
1970 年　41 岁 …… 108
1971 年　42 岁 …… 109
1972 年　43 岁 …… 109
1973 年　44 岁 …… 112
1974 年　45 岁 …… 124
1975 年　46 岁 …… 127
1976 年　47 岁 …… 129

1977 年　48 岁 …… 137
1978 年　49 岁 …… 140
1979 年　50 岁 …… 149
1980 年　51 岁 …… 166
1981 年　52 岁 …… 172
1982 年　53 岁 …… 181
1983 年　54 岁 …… 195
1984 年　55 岁 …… 202
1985 年　56 岁 …… 210
1986 年　57 岁 …… 216
1987 年　58 岁 …… 225
1988 年　59 岁 …… 233
1989 年　60 岁 …… 247
1990 年　61 岁 …… 259
1991 年　62 岁 …… 277
1992 年　63 岁 …… 285
1993 年　64 岁 …… 292
1994 年　65 岁 …… 304
1995 年　66 岁 …… 306
1996 年　67 岁 …… 310
1997 年　68 岁 …… 313
1998 年　69 岁 …… 318
1999 年　70 岁 …… 325
2000 年　71 岁 …… 331
2001 年　72 岁 …… 337
2002 年　73 岁 …… 345
2003 年　74 岁 …… 361
2004 年　75 岁 …… 371
2005 年　76 岁 …… 379

2006 年　77 岁 …………………………………………………………… 389
2007 年　78 岁 …………………………………………………………… 406
2008 年　79 岁 …………………………………………………………… 413
2009 年　80 岁 …………………………………………………………… 421
2010 年　81 岁 …………………………………………………………… 426
2011 年　82 岁 …………………………………………………………… 432
2012 年　83 岁 …………………………………………………………… 435
2013 年　84 岁 …………………………………………………………… 438
2014 年　85 岁 …………………………………………………………… 439
2015 年　86 岁 …………………………………………………………… 440
2016 年　87 岁 …………………………………………………………… 440

附录一　赵尔宓年表 …………………………………………………… 449

附录二　六十六年的回顾(节选) ………………………… 赵尔宓　480

附录三　赵尔宓主要著译目录 ……………………………………… 496

附录四　口述人员目录 ……………………………………………… 522

参考文献 ……………………………………………………………… 524

人名索引 ……………………………………………………………… 552

后记一　永远不会忘记
——赵尔宓学术成长资料采集工作有感 ……………… 王海燕　556

后记二　实事求是　传承科学精神 ……………………… 毛　萍　561

1930年　　1岁

1月30日[①]，出生于四川省成都市一个满族家庭，在八个兄弟姐妹中排行第四。父亲赵伯钧，曾任甫澄纪念医院院长；母亲石月卿，私塾老师家庭出身，家庭妇女。

资料一(档案)　我于公元一九三〇年(夏历一九二九年腊月十七日)生于成都。在我出生的时候，祖父母都已去世。我……只知道他(父亲)在少城高等学堂毕业后，读过德文中等学堂，后来又在四川陆军军医学校毕业。婚后……直到祖父母病逝才回来。自己开了一个诊所在家里，后来又作为当时地方军队后方医院院长……最后，任军医处处长十余年之久。……抗日战争期中，军阀刘湘逝世，创办甫澄纪念医院[②]于成都，我父曾任第一任院长。……解放后担任居民小组长、卫生组长并出席川西首届卫生工作会议(特邀身份出席)。工作颇积极，学习亦努力。我母亲则是一个不识字的家庭妇女，外祖父大概也是一个中过举的人。我家除父母外，尚有八弟兄姊妹，四男四女……我家最初经济情形较宽裕，因当时人口较少，父亲的薪资收入往往用不完，故而省下来，还购置了几处房产，抗日战争期间和解放战争期中，因币制贬值，兄弟姊妹也多，父亲收入变低，陆续将房产卖出贴补……我出生于这样一个比上不足、比下有余的小资产阶级比较封建的旧家庭里。(《自传(赵尔宓1951)》，1951年，中国科学院成都生物研究所档案室人事档案104第2-1号，见图1)

资料二(档案)　以前的事我曾从父母那里听到一些。我祖父一共七兄弟，我祖父排行第二，很早就分了家，住在东胜街26铺(四川成都)，曾经中过清朝的举人。他一共有四个女儿和一个儿子，最小的一个是儿子，便是我父亲。当时我家庭情况大概并不好，所以据说我祖父结婚时连帐子

---

① 据《赵尔宓自传(1951年)》，赵尔宓陈述自己于一九二九年夏历腊月十七日出生，即公历1930年1月16日。此处应为误记。综合全文其他资料，赵尔宓的出生日期应为1930年1月30日。

② 刘湘字甫澄。

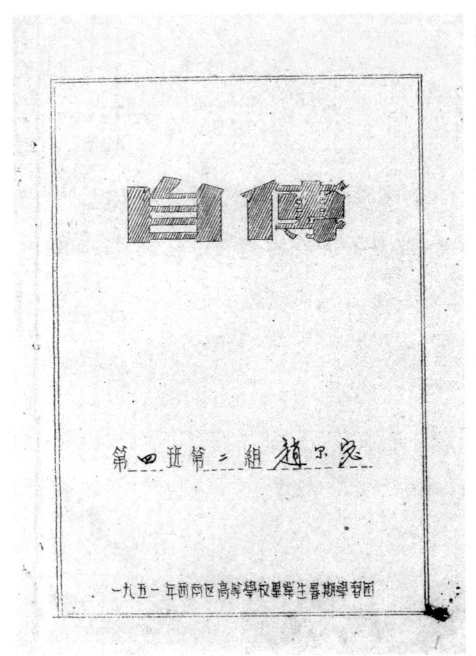

图 1

都没有，家里吃饭没有桌子，便把木盆翻转来当桌子。但是在我祖父母死时，除了把东胜街的房子遗留给我父亲外，还有外西谢家店的十三亩农田。我父亲于四川陆军军医学校毕业后曾到沈阳医科大学（前身）做研究员，他当时读书多靠六孃[①]的丈夫和五孃的丈夫帮助。因为祖父母的死才回家来，回家后曾开设亲仁医院。大概在我出生后不久就停业。（《自传（赵尔宓 1953）》，1953 年，中国科学院成都生物研究所档案室人事档案 104 第 2-2 号）

资料三（文章） 父亲赵锡柄，字伯钧，1901 年 2 月 3 日出生于成都一个小职员家庭。祖父母体弱多病，在父亲 20 多岁时相继去世，家境清贫。父亲先后毕业于免费的德文中等学堂与四川陆军军医学校（即四川陆军军医学堂，创办于 1902 年）第七期。旋考入沈阳医科大学（前身）儿科研究生深造。学成回川后，曾在东胜街 26 号家中开设“亲仁医院”和任国民革命第二十一

① 孃，四川话，此处意为姑妈。

军第三后方医院院长等职。……母亲石月卿是一位小学教师的女儿，性情温柔敦厚，对子女非常慈祥而不溺爱……据长辈撰写家族简史记载：我祖先部落属叶赫满洲，即现今吉林省梨树县叶赫镇，姓伊尔根觉罗（意为百姓的觉罗氏）。第四世武达纳随军入关，康熙五十七年（公元 1718 年）奉调入川平叛，六十一年（公元 1722 年）留成都驻防。辛亥革命后，改为汉姓，按觉罗切音为赵。祖父赵忠安（子恕）为第十二世，弟兄共七人，他排行第二，1885 年中举，在盐务方面担任过一个小职员，共有四女一子，父亲是他最小的也是唯一的儿子。（赵尔宓：《回忆父亲赵伯钧几件事》，载《成都少数民族》，四川人民出版社，1997 年）

资料四（报道） 1930 年 1 月 30 日，赵尔宓出生在成都一职业家庭。父亲赵伯钧当时在东胜街 26 号的家中开办了西医诊所，规模很小，取名"亲仁医院"。赵尔宓有一个哥哥，两个姐姐，两个弟弟和两个妹妹，孩子太多，父母照顾不过来，他在上小学前一直跟随"姑爸"[①]生活。（陈悦、程渝：《痴情丈夫赵尔宓　画"勿忘我"献亡妻》，《华西都市报》2013 年 4 月 14 日第 24 版）

资料五（报道） 1930 年生于成都，满族。（张欧：《院士赵尔宓：小心抓蛇　大胆研究》，《成都晚报》2009 年 8 月 25 日第 6 版）

资料六（报道） 生于 1930 年的赵尔宓是中科院成都生物研究所研究员，成都人，满族，是我国及国际知名的两栖爬行动物学专家。（《成都赵尔宓当选中科院院士》，《成都商报》官网，2001 年 12 月 10 日）

资料七（报道） 赵尔宓，1930 年生，四川成都人，满族，著名两栖爬行动物学家，中国科学院院士。（陈悦、程渝：《动物学家赵尔宓　与蛇"缠绵"半世纪》，《华西都市报》2013 年 4 月 14 日第 23 版）

资料八（传记） 我于 1930 年 1 月 30 日出生在四川成都一个自由职业者家庭。父亲赵伯钧当时在东胜街 26 号家中开办了"亲仁医院"，其规模很小，实际上相当于现在的个体诊所。祖父母在我出生前好几年就已去世，家中成人除父母外，还有两位姑姑，一位是我父亲未出阁的姐姐，我称呼"姑爸"，一位是我祖母娘家的侄女，我们称她"高大"，两位姑姑由父亲赡养到去

---

① 旧时，旗人的孩子称呼父亲未出嫁的姐妹为姑爸。

世。我母亲生育子女较多，照顾不过来，我上小学前大部分时间便跟随姑爸。她们对我家生活琐事和养护小孩帮助很大。我有一个哥哥和两个姐姐，以及弟妹各二人。自我出世后，父亲的事业越来越顺利，家庭经济也逐步好转，父母认为是我给家庭带来福运，因此我在兄弟姊妹中得到特别的疼爱。母亲出生在一位私塾老师的家庭，性情特别温柔敦厚，待子女非常慈祥但又不溺爱，可以说是一个典型的贤妻良母……父亲是一个非常严肃认真的人，平时不苟言笑。(赵尔宓：《六十六年的回顾》，载《赵尔宓选集》下卷，科学出版社，2012 年)

资料九(口述)　我印象特别深的事情很多。我对我母亲印象深。我母亲绝对一字不识，跟我父亲是包办婚姻，17 岁就嫁过来了。她老家是成都的，成都的蒙古族。相夫教子，绝对是最优秀的母亲。她不识字，但是她培养的子女个个都是大学生。说实话，我很惭愧，我大学了，衣服都是拿回来让母亲洗。……小时候，我母亲吃什么东西都是让我们先吃，我们吃完了，她再吃。她说她不喜欢吃，实际上她在让我们。我母亲是非常伟大的一个母亲。学问上，她帮不到我们什么忙，但是她把我们的生活料理得非常好。……我们自己喂牛。我母亲每天很早就起来，带我哥哥一起去挤牛乳。过后，她要到厨房做菜。她管我们的衣食住行。家里弄什么东西，清理什么东西，都是她管。我父亲是不会管生活的，完全靠我母亲来料理生活。她对于子女非常地溺爱，父亲很严。我觉得我们真是严父慈母。父亲非常严格，母亲非常慈祥。父亲有时候还要打我们……我父亲在成都医学界是相当有贡献的人。他是刘湘时代的军医处处长，刘湘在武汉战争中死后，由我父亲领头，出面办了个医院，叫甫澄纪念医院，就是后来的一产院，在包家巷口子上。那就是我父亲办起来的，我父亲是第一任院长。他聘请了很多外地的名医到成都来。现在大家知道二医院最有名的科是皮肤科。当时那个皮肤科的医生翁之龙就是我父亲聘请来的。眼科医生叫周镕清，我都记得这些名字。在成都的医药界，他的威信还是非常高的。所以当时医药界选举他当了医药界的国大代表。他对子女的要求非常严格，对女孩子经济上比较宽松，对男孩就紧巴。他说，男孩钱多了，容易宠坏，可能就花天酒地，就不正派。女孩钱少了，就

可能去花别人的钱,更不好。父亲管教我们读书非常讲究。(《赵尔寰访谈》,2016 年 9 月 9 日)

资料十(照片) 赵尔宓的父母。(见图 2)

图 2

资料十一(照片) 幼年赵尔宓。(见图 3)

图 3

资料十二(学术评价) 赵尔宓于 1930 年出生于成都——位于中国西南部富饶的四川盆地。(Kraig Adler, Dedication to Ermi Zhao)

1931年　2岁

是年，因霍乱疫情，父亲赵伯钧被调至防疫委员会防疫组工作。

资料(其他)　1930年秋至1932年冬，曾在防疫委员会防疫组工作，并应对1931年的霍乱。(《赵伯钧自述简历》，1970年)

1932年　3岁

冬季起，父亲赵伯钧调至第三后方医院工作。

资料(其他)　1932年冬—1933年夏，在第三后方医院工作。(《赵伯钧自述简历》，1970年)

是年，妹妹赵尔宜出生。

资料(其他)　1932年，宜生。(《赵伯钧自述简历》，1970年)

1933年　4岁

夏季，父亲赵伯钧任二十一军编委政闻委员，就职于《华西副刊》[①]以及新检所，至1935年秋季。

资料(其他)　1933年夏—1935年秋，任编委政闻委员、负责《华西副刊》及新检所的工作。(《赵伯钧自述简历》，1970年)

---

① 《华西副刊》是当时《华西日报》的两个文艺副刊之一，另一个是《每周文艺》。

1934 年　　5 岁

是年，被父亲赵伯钧严格管束。

资料一（档案） 幼年时代：我出身于前面叙述的那样一个封建的反动的官僚地主家庭。由于上有哥哥姐姐的照料爱护，又得到父母的宠爱，因此自高自大、唯我独尊的个性也得到一定程度的发展。父亲对我们管教是非常严的，不许喝酒，不许抽烟，不许赌钱，因此我家里没有一个人有这种嗜好。父权的神圣在我们家里便显得特别显著，家里人的喜愁是以父亲脸色为转移的……我们弟兄姊妹常窒息在这个沉闷而严肃的环境里。父亲对我们的管教从某些方面来说，尤其在旧社会容易使人腐朽堕落的环境下固然有一些好处，但是也限制了我们兴趣的发展，他甚至除正课以外不许我们有任何一种其他嗜好……另一方面，我又受着“有出息”“有家教”“不要做败家子”……的封建教育，培养着自己的优越感。（《自传（赵尔宓 1953）》，1953 年，中国科学院成都生物研究所档案室人事档案 104 第 2-2 号）

资料二（口述） 我家里条件比较好，父亲非常严谨。他学医，没得很多话，不抽烟，不喝酒，甚至于受所谓“新生活运动”的影响，都喝白开水。父亲生活上非常注重健康，注重营养，有很好的习惯。日常我们家里，不会一会儿打牌，一会儿干什么的，只是每年过年从大年三十到初五可以打扑克。初五一过，绝对没有任何人敢打扑克，就更没有搓麻将。像这样生活条件很好的人，包括我们的有些亲戚家里都是一天到晚吃喝、搓麻将。我们家完全没有这些。我父亲平时生活很简朴，后来我哥哥赵尔宓也学到了这个。如果回家晚一点，没有合适的饭，就买两个锅盔，夹胡豆瓣。我印象中，赵尔宓回来晚了，不会另外又煮饭做菜。虽然家里请了人，保姆、工人都有，但是都不允许我们随随便便地去找他们做（饭）。（《赵尔寰访谈》，2016 年 9 月 9 日）

资料三（传记） 父亲是一个非常严肃认真的人，平时不苟言笑，管教子女要求非常严格，除读书外，不许我们有其他爱好。（赵尔宓：《六十六年的回顾》，载《赵尔宓选集》下卷）

资料四(论文)　1934 年 2 月,蒋介石在南昌讲演《新生活运动之要义》,宣布发起新生活运动。在之后很短时间内,相继作了“新生活运动之中心准则”“新生活的意义和目的”“再释新生活运动”等多次演讲。5 月 15 日,向全国发表《新生活运动纲要》和《新生活须知》等重要文件,初步形成了新生活运动的理论。尔后,不断总结成绩,吸取教训,进一步补充和完善新生活运动的理论。蒋介石把新生活运动作为实施心理、物质、伦理和社会建设的总运动,它成为蒋介石思想体系的重要组成部分。蒋介石对新生活运动的内容有一套完整的构想,即“礼义廉耻”要从人们的食衣住行做起。首先用传统道德来规范人们的日常生活,促成国民生活的艺术化、生产化、军事化,实现社会风气好转,进而达到民族复兴,建立新国家的目的。(董文芳:《蒋介石与新生活运动》,《山东师大学报(社会科学版)》1999 年第 4 期)

资料五(论文)　1934 年 2 月 19 日,蒋介石在南昌作了《新生活运动之要义》的演说,宣布发起新运。新生活运动的基本内容包括:以“礼义廉耻”为基本准则;以改造国民全部日常生活的“食衣住行”为实行起点;以军事化为最后要求。(顾晓英:《评蒋介石的新生活运动(1934—1949 年)》,《上海大学学报(社科版)》1994 年第 3 期)

1935 年　　6 岁

春季[①],进入成都西胜街少城小学读书。

资料一(档案)　六岁时,家里把我送入附近一所“少城小学”去读书。(《自传(赵尔宓 1951)》,1951 年,中国科学院成都生物研究所档案室人事档案 104 第 2-1 号)

资料二(档案)　赵尔宓于一九三五年春季入少城小学,四年后,一九三九年的春季毕业。(《自传(赵尔宓 1953)》,1953 年,中国科学院成都生物研究

① 档案中入学月份有 1 月、7 月与 9 月,根据多份资料综合推断,赵尔宓应为春季入学。

究所档案室人事档案 104 第 2-2 号）

资料三（档案） 1935 年 7 月—1939 年 6 月，赵尔宓就读于成都少城小学，肄业。（《华西大学一九五〇年度第二学期应届毕业生登记表（赵尔宓）》，1951 年，中国科学院成都生物研究所档案室人事档案 104 第 4-1-2 号）

资料四（档案） 1935 年 2 月—1939 年 1 月，赵尔宓在成都少城小学念初级班。（《高等医药院校教师调查表（赵尔宓 1955）》，1955 年，中国科学院成都生物研究所档案室人事档案 104 第 1-4 号）

资料五（档案） 1935 年 1 月—1939 年 3 月，赵尔宓从成都少城小学初小毕业。（《高等医药院校教师调查表（赵尔宓 1959）》，1959 年，中国科学院成都生物研究所档案室人事档案 104 第 1-5 号）

资料六（档案） 1935 年 9 月—1939 年 9 月，赵尔宓在成都市少城小学初小学习。（《职工登记表（赵尔宓 1960）》，1960 年，中国科学院成都生物研究所档案室人事档案 104 第 1-6 号）

资料七（报道） 赵尔宓 5 岁[①]那年进入西胜街少城小学校读书，那时学校还没废除体罚。如淘气或背不得书，学生就会挨手心或“下贵州”（跪罚）。除国文、算术，赵尔宓时常因背错《三字经》《论语》等挨手心和罚跪。（陈悦、程渝：《痴情丈夫赵尔宓　画“勿忘我”献亡妻》，《华西都市报》2013 年 4 月 14 日第 24 版）

资料八（传记） 我 5 岁开始上小学——西胜街少城小学校，那时学校还没有废除体罚，如果淘气或背不得书，就会挨手心或“下贵州”（罚跪）。小学除国文、算术等课程外，还要读《三字经》《论语》等，这些都是需要背诵的。我当然也挨过不少手心，也曾被罚跪。对于那些打过我手心、罚过我跪的老师，我仍然感激他们在我成长过程中给了我有益的鞭策。……上小学时，寒暑假（父亲）都要请家庭老师辅导我们学习。平时晚上复习功课时，我与姐妹们围在一张方桌上各做各的功课。因为年纪小，有时难免说说闹闹，可是，每当我们听到父亲从他的书房踱出的脚步声以及他清喉咙发出的响声，吓得赶紧正襟危坐，并发出朗朗的读书声。（赵尔宓：《六十六年的回顾》，载

---

① 此处沿用实岁“5 岁”。

《赵尔宓选集》下卷)

资料九(照片) 赵尔宓读小学时留影。(见图4)

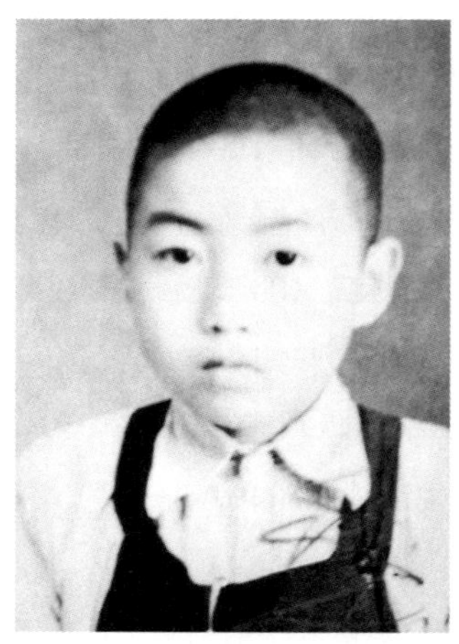

图4

秋季,父亲赵伯钧调至二十一军军医处工作。

资料(其他) 1935年秋—1936年,在二十一军军医处工作,证明人刘东父。(《赵伯钧自述简历》,1970年)

1936年 7岁

是年,父亲赵伯钧调至川康军医处工作。

资料(其他) 1936年—1948年,在川康军医处工作,证明人余中英。(《赵伯钧自述简历》,1970年)

1937年 8岁

是年,弟弟赵尔寰出生。

资料(其他) 1937年,寰生。(《赵伯钧自述简历》,1970年)

1938年　　9岁

1月,为纪念刘湘,创办甫澄纪念医院,父亲赵伯钧被推选为第一任院长。

资料(文章) 1938年1月20日,刘湘在抗日前线积劳成疾,病逝于汉口。川康军政官员与社会贤达为纪念其德政,发起创办甫澄纪念医院与甫澄中学,推选我父亲为医院第一任院长。为使医院尽快开业,选包家巷原四川陆军军医学校旧址为医院院址,在父亲的努力下,甫澄纪念医院在短短的几个月内就粗具规模,于1938年5月开始门诊,同年9月开始收住院病人。父亲在任期内,为了办好医院,使之成为治病救人的社会福利事业,弘扬刘湘勤政爱民的美德,主要抓了以下三件事:一是聘请著名医师,保证医疗质量。我父亲用人不拘一格,无论远近亲疏,唯德才是重。抗日战争初期,江浙一带许多名医避难来川,他们的医疗技术均较高,我父亲对他们优先礼聘,并委以重任,如内科主任夏禹鼎、外科主任黄遵宪、眼科主任周镕清、皮肤科主任刘伯远、妇产科主任郑企因、检验科主任许重五等,都是江浙名医。有了这一批医疗骨干,所以甫澄纪念医院的医疗水平后来居上。

二是大力培训人才。建院之初,父亲就重视对年轻人的培养,创办护士学校,培训检验人员等,利用医院现有力量,帮助在职或不在职的青年学习和提高技术水平,尤其注重医风与医德的教育。他相信,只有这样才能训练出一批德才兼备、素质高的后继人才。就我所知,当时的学生中,在新中国成立后,陶自范成为市第二人民医院检验科骨干,担任科主任多年;赵锡惠成为省寄生虫病研究所研究员、著名钩虫病防治与污水处理专家,是中央爱国卫生运动委员会全国沼气卫生科研协作组组长。在父亲执教过的医专学生中,周福田曾任成都市传染病院院长,张荣厚曾任宜宾某医院院长。

三是实行贫苦送诊。据第三任院长肖绍乾所写《甫澄纪念医院概况》记载:“开业伊始即设贫苦送诊部,对于贫苦病患完全免收诊疗各费,如须住院并予免费收容。”由此可见,甫澄纪念医院真正把开办医院作为救死扶伤的社会福利事业，与有的人把医院作为牟利场所，甚至对病人进行敲诈勒索，简直不可同日而语。甫澄纪念医院的贫苦送诊制度，也为父亲的后任所继续，对……抗战中贫病交加的城市贫民的伤病治疗问题作出贡献，深受广大群众称颂。（赵尔宓：《回忆父亲赵伯钧几件事》，载《成都少数民族》）

春季，刘承钊①师生一行因躲避战乱，由华东转移到华西协合大学。

资料一（著作） 1937年研究工作因日本侵略和空袭轰炸而骤停，随后刘承钊带着东吴大学②生物系几十名学生和同事从苏州转移到中国西部四川成都的华西协合大学。（赵尔宓、鹰岩：《中国两栖爬行动物学》，蛇蛙研究会与中国蛇蛙研究会出版室，1993年）

资料二（著作） 1937年7月7日，日本帝国主义制造"卢沟桥事变"，大举进攻我华北地区。同年8月，更将战火燃烧到上海一带。当时在苏州东吴大学任教的刘承钊教授先是随校西迁湖州（江苏吴兴县）避难。但侵华日军步步紧逼，在距湖州仅有10英里左右的危机情况下，被迫停课，与生物系陆近仁教授等四位教师职工，带领18名学生，连夜离开学校，踏上流亡的征途。辗转千里，备尝艰辛，终于1938年1月27日到达四川省会成都市的华西协合大学。在四川西部山区得天独厚的自然环境里，孕育着千姿百态的两栖和爬行动物，正是这位热爱自然、治学严谨的科学家发挥聪明才智的大好地方。（赵尔宓、张学文、赵小苓编：《地灵人杰——刘承钊教授在四川》，高雄复文图书出版社，2000年）

资料三（论文） 1937年卢沟桥事变……东吴大学先由苏州迁至浙江湖州，后来日军登陆金山卫，逼近了湖州。在这紧急的时刻，刘承钊得到学校当局的同意，率领生物系部分师生，即于1937年11月内迁四川成都，准备到成都华西协合大学继续上课。刘承钊带领这支生物系师生队伍，经过长途

---

① 刘承钊（1900年9月30日—1976年4月9日），原名承诏，字令擎，动物学家，教育家，我国两栖爬行动物学的主要奠基人之一，撰写了多篇（部）两栖爬行动物领域突破性学术论著。先后在燕京大学、东北大学（沈阳）、东吴大学、华西协合大学等校任职或执教。培养的学生多数在国内外生物学领域从事科学研究或教学工作，包括多位中国科学院院士。他为我国生物学科的科学研究和教育事业作出了巨大贡献。1955年当选为首批中国科学院院士（时称学部委员）。

② 苏州大学前身，后同。

跋涉，历尽千辛万苦，终于在 1938 年 3 月到达成都华西协合大学。当时经费十分缺乏，刘承钊带领师生一面进行学习，一面制作生物标本、模型出售，师生们同共甘苦，弦歌不绝。后来东吴大学本部没有内迁，而是迁到上海，进入了上海的租界继续办学。内迁成都的这支生物系师生，于 1939 年并入成都华西协合大学生物系，刘承钊也就担任了华西协合大学生物系教授。（程在华、刘敬珍：《刘承钊》，载赵尔宓主编《从水到陆——刘承钊教授诞辰九十周年纪念文集》，中国林业出版社，1990 年）

暑假，刘承钊带领学生前往峨眉山，开展入川后的首次野外考察，采集"峨眉弹琴蛙""峨眉髭蟾"等多个第一次由中国科学家记录的两栖爬行动物新物种，由此开启了以西南地区为中心的中国两栖爬行动物独立研究新阶段。

资料一（档案） 1938 年起，刘承钊教授开始以川西为基地开展研究工作。（《1981 年赵尔宓对两栖爬行动物研究的介绍》，1981 年，中国科学院成都生物研究所档案室 81.06－17）

资料二（档案） 1938 年起，著名两栖爬行动物学家刘承钊教授先后在华西大学及四川医学院领导两栖爬行动物的研究，开展两栖爬行动物分类区系调查。（《中国科学院成都生物研究所两栖爬行动物室基本情况及今后设想》，1982 年，中国科学院成都生物研究所档案室 82.01－4）

资料三（著作） 刘承钊在成都建立了大规模的两栖爬行动物研究中心，最终促进了成都生物研究所的两栖爬行动物研究工作的发展。在 1938—1949 年期间，不顾战争状况，刘承钊承担了甘肃、四川、西藏等地区大量的野外考察工作。（赵尔宓、鹰岩：《中国两栖爬行动物学》英文版，蛇蛙研究会与中国蛇蛙研究会出版室，1993 年）

资料四（著作） 从 1938 年起，刘承钊率领助手和学生利用每年的春夏假期以及一切可能的机会，在四川西部和原西康省[①]东部，跋山涉水，不畏艰险，采集两栖和爬行动物，细心观察它们的生活史，详尽记载它们的形态和

① 含今四川甘孜州、凉山州、攀枝花市、雅安市及西藏昌都市、林芝市等地。

习性。(赵尔宓、张学文、赵小苓编:《地灵人杰——刘承钊教授在四川》)

资料五(手稿) 四川省两栖爬行动物学的发展历史,大致可划分为四个阶段。本世纪三十年代以前,主要是外国人到四川采集调查,将所得标本运往国外,发表新种和进行分类论述;1930—1950年,国人奋起直追,重视在四川的采集调查,尤其是1938年刘承钊教授入川任教后,进行了大量野外工作,对一些种类的生活史作深入细致的观察与描述,并发表40多个新种,无论就研究的广度与深度而言,都超过外国学者,奠定了我省两栖爬行动物学研究居全国领先地位的基础。……抗日战争时期,苏州东吴大学生物系教授刘承钊于1938年带领部分学生来川,此后他就任教于华西协合大学理学院生物学系。1938—1948年间,在当时极为艰难困苦的条件下,坚持到峨眉山(1938年、1940—1945年)、宝兴县(1939年)……等地野外工作,跋山涉水、餐风露宿,采集了大量两栖爬行动物标本。(赵尔宓:《两栖爬行动物学》,1990年)

资料六(报道) "种类繁多、千姿百态的两栖爬行动物使我不知道有艰难险阻",他说。"搞科研的人就是要有一种锲而不舍的钻劲,不但站着的时候要搞科研,就是晚上睡觉做梦也要搞科研。"1938年暑假,随东吴大学内迁到成都的刘承钊教授带领十多名师生到峨眉山进行了来西南地区的第一次野外采集。蜀道难啊!刘承钊多少年的愿望实现了!以往他都在我国东部作调查,到了峨眉山,那里丰富多彩的动植物使他兴奋得难以入眠,刘承钊大有分秒必争的劲头。为时两个月的采集中,他常常通宵达旦在溪沟边、树丛中巡行、聆听。一天晚上,快到午夜了,刘承钊还未回到驻地大峨寺,人们真有些着急了。他的学生,后来成为他终身伴侣和工作助手的胡淑琴似乎心中有数。她独自走到清水溪边,只见刘承钊坐到水花四溅的溪河旁聆听着蛙的鸣叫,用电筒仔细察看蛙和蝌蚪的活动。刘承钊终于第一次采集到了著名的"仙姑弹琴蛙"(学名弹琴蛙)。有一个傍晚,一位同学获得一只眼睛色彩、爬行姿态都非常奇特的蛙。后来刘承钊经过四五年的资料积累和潜心研究,把它定名为"峨眉髭蟾",俗称"胡子蛙",确定它是蛙类中的一个新属、新种。这是第一次被中国科学家记录下来的一个新属种。1938—1948年间,刘承钊先后十余次带领师生深入西南地区进行考察。西南的崇山峻岭、偏远荒僻和种种艰难险阻都没有使他在探求大自然奥秘的目标前退却。在荆棘遍野、人迹罕至的野外，他攀悬岩、涉湍溪。有时饿了喝点冷水再吃大蒜熬着……晚上露宿更是随遇而安，曾在棺材板上睡过，破墙角蹲过。……正是科学家这种科研入梦的精神，使他在1938年至1948年的十年间采集到大批标本，并作了详尽的记录，这些都是不可多得的第一手资料。（姚剑：《踏遍青山——记〈中国无尾两栖类〉作者刘承钊》，《科技日报》1989年第4版）

资料七（论文） 1938年暑假，刘承钊带领十几名教师、学生到峨眉山进行来西南后的第一次野外采集。在为时两个月的采集中，刘承钊第一次采到闻名遐迩的峨眉山“仙姑弹琴”蛙，学名弹琴蛙。这种蛙的鸣声有似弹琴，颇有音乐旋律。更重要的是，还采到俗名“胡子蛙”的髭蟾。髭蟾具有非常奇特的眼睛和蜘蛛般的爬行姿势，这些都是第一次由这位中国科学家记录下来的。后来刘承钊对这种髭蟾进行了深入的研究，确定它是蛙的一个新属、新种，于1945年将它定名为*Vibrissphora boringii liui*，以纪念他的老师博爱理教授，并使美国的两栖动物专家坡普（Pope）教授过去误定的角蟾更正定为新种崇安髭蛙(*V. liui*)。以后刘承钊还多次带领师生踏遍西南的山川原野、偏远荒僻地区，进行野外采集。他与师生们一同跋山涉水，一起采集和整理标本，历尽艰苦。他教育学生：搞科研要入迷，他自己正是这样，华西的奇山异水、丰富的动物资源、大自然的奥秘使他深深入了迷。他无时无刻不在思考着各个现场中生物的形态机能与生态环境之间的适应特点。（程在华、刘敬珍：《刘承钊》，载赵尔宓主编《从水到陆——刘承钊教授诞辰九十周年纪念文集》）

资料八（论文） 刘承钊在大学毕业后，就立志从事两栖爬行动物科研工作。1938年初到四川后，相继十年间曾十一次在川西以横断山系为主的地区进行研究工作。（马俊之：《一位终生追求真理的学者——忆刘承钊教授》，载赵尔宓主编《从水到陆——刘承钊教授诞辰九十周年纪念文集》）

资料九（论文） 1934年刘承钊学成回国，在苏州东吴大学执教，开始其教授生涯，研究两栖类的分类学、生活史和生态学，并从事解剖学的教授工作。但好景不长……日本侵略者对中国东部以及太平洋地区的加紧入侵，迫使刘承钊离开苏州西行。1937年刘承钊踏上了一次极其重要的旅程。这一旅程使他能跻身于举世闻名的两栖爬行动物学家的行列。他来到了辽阔的四川西部，这里余粮充沛，高山连绵，通向白雪皑皑的西藏高原。（刘益康[①]译、陈年长摘编：《刘承钊的足迹——美国 Lazell 博士撰文缅怀刘承钊教授》，《两栖爬行动物学报》1983 年第 4 期）

资料十（论文） “到大自然这个实验室中去探索真理”，刘承钊毕生从事两栖动物和爬行动物的研究，尤为注重野外生态的观察。1938 年刘承钊踏上了一次极其重要的旅程，这一旅程使他跻身于举世闻名的两栖爬行动物学家的行列。数十年间他的足迹踏遍四川、云南、贵州、西藏、陕西等 14 个省区，其所采集的地域多是鲜为人知的地方。自 1938 年入川，他几乎每年都到川西山区去采集蛙、蟾、蜥、蛇。他在 1938 年发现的“峨嵋髭蟾”（俗称“胡子蛙”）就是一个新属、新种，这是第一次被中国科学家记录下来的一个新属种。当时的川西山区传染病流行，盗贼经常出没，要想获得两栖动物的第一手资料，就必须以大无畏的精神去战胜这一切，甚至需要以生命为代价。“种类繁多，千姿百态的两栖爬行动物，使我忘掉所有的艰难与险阻。”1938 年到 1944 年，这位“才华横溢的两栖爬行动物学家”共进行野外调查 11 次，主要到川康一带，兼及陕（西）、甘（肃）、青（海）的部分地区，行程 8 000 余公里，其中半数靠双腿步行。1942 年，他到西康昭觉雁窝塘野外采集，罹上斑疹伤寒，由于当地缺医少药，几乎丧命，历时 50 天幸得康复。这一期间，刘承钊共发现两栖动物 29 个新种，并建立了 1 个新属，对许多种类的生活史作了详尽的观察与研究，比如对于标本的采集地，不仅记述经纬度和海拔高度，而且还对凛冽的急流险滩、光滑的鹅卵石堆、湿热的雨林乃至霜冻的冷杉林等生态环境进行描述，为中国两栖类生活史积累了大量宝贵的第一手资料。（张丽萍、李朝鲜：《中国两栖爬行动物学的奠基人之一刘承钊教授的科学攀登之路》，载罗中枢《历史　精神　使命　四川大学》，四川大学出版社，2009 年）

是年，弟弟赵尔宸出生。

资料（其他） 1938 年，宸生。（《赵伯钧自述简历》，1970 年）

---

① 刘承钊长子。

1939 年　　10 岁

春季[1]，初小毕业。

资料一(档案)　一九三九年春季，从少城小学毕业，校长大概换过一次。(《自传(赵尔宓 1953)》，1953 年，中国科学院成都生物研究所档案室人事档案 104 第 2 - 2 号)

资料二(档案)　1935 年 1 月至 1939 年 3 月，从成都少城小学初小毕业。(《高等医药院校教师调查表(赵尔宓 1959)》，1959 年，中国科学院成都生物研究所档案室人事档案 104 第 1 - 5 号)

3 月，为躲避日本敌机的轰炸，随家人从成都城区迁至乡下，遂辍学半年。城区的家园被日军敌机炸为废墟。

资料一(档案)　一九三九年的春季毕业……同年我又升入高小一期，但是没有读上几天，因为抗日战争已爆发，日机常来空袭，我们疏散下乡，因此辍学。(《自传(赵尔宓 1953)》，1953 年，中国科学院成都生物研究所档案室人事档案 104 第 2 - 2 号)

资料二(传记)　我刚跨入高小一年级，由于日本侵略者对成都的空袭越来越频繁，不得已辍学。全家疏散到西郊朱家碾墓园暂住。(赵尔宓：《六十六年的回顾》，载《赵尔宓选集》下卷)

资料三(文章)　有一天晚上，日寇出动多架飞机对成都狂轰滥炸，那时我们全家人都已疏散到西郊朱家碾坟地上暂住，只见城内方向火光冲天。第二天一早，父亲和母亲赶着进城去看东胜街家里是否罹难。我们姊妹则在乡下忧心忡忡地等待着。黄昏时分，两位老人拖着疲惫的身子回到乡下，给我们带来令人震惊的不幸消息：敌机投下的两枚炸弹不偏不倚地落到我们家中，整座院子成为一片废墟，父亲珍藏的图书，特别是多年心血结晶的

---

① 档案中毕业月份有 1 月、3 月、6 月与 9 月。根据多份资料综合推断应为春季毕业。

读书笔记、诗词文稿等等，全部化为灰烬！（赵尔宓：《回忆父亲赵伯钧几件事》，载《成都少数民族》）

秋季[①]，进入成都外西广益第二小学读书，在此接受西式教育。

资料一（档案） 1939 年 7 月至 1941 年 6 月，我就读于成都广益小学。（《华西大学一九五〇年度第二学期应届毕业生登记表（赵尔宓）》，1951 年，中国科学院成都生物研究所档案室人事档案 104 第 4－1－2 号）

资料二（档案） 后来重新进入广益小学。这是一所教会小学，由于自己成绩的优越，很得老师们的赞赏，养成自己倔强好胜的性情。在生活方面，又学到一些西洋礼节，加上自己旧的家庭的严谨教育，把自己变成一个非常细致、彬彬有礼的人。（《自传（赵尔宓 1951）》，1951 年，中国科学院成都生物研究所档案室人事档案 104 第 2－1 号）

资料三（档案） 一九三九年秋季，我重新考入疏散下乡的广益第二小学。此校是教会小学，校长吴寿卿是基督教公谊会的教徒。在这个学校里，第一次听到“上帝”“耶稣”“基督”等名词，校长也常常以宗教家的口吻教育学生，但是因为我年纪很小，对于“神”毫无兴趣，所以一到中学把什么都忘了。（《自传（赵尔宓 1953）》，1953 年，中国科学院成都生物研究所档案室人事档案 104 第 2－2 号）

资料四（档案） 1939 年 8 月—1941 年 7 月，我念广益二小高级学校，证明人王成荣。（《高等医药院校教师调查表（赵尔宓 1955）》，1955 年，中国科学院成都生物研究所档案室人事档案 104 第 1－4 号）

资料五（档案） 1939 年 9 月—1941 年 9 月，我在成都市广益第二小学高小学习。（《职工登记表（赵尔宓 1960）》，1960 年，中国科学院成都生物研究所档案室人事档案 104 第 1－6 号）

资料六（传记） 我刚跨入高小一年级，由于日本侵略者对成都的空袭越来越频繁，不得已辍学。全家疏散到西郊朱家碾墓园暂住，又就读于广益第二小学，从高小一年级从头读起。广益小学是一所教会学校，

---

① 档案中入学月份有 7 月、8 月与 9 月，此处确定为秋季。

我在此接受的是另一种形式的教育。校长吴寿卿是一个年老的虔诚基督徒，慈祥可亲。每天吃饭要做祈祷，还要唱一首歌，歌词是："靠着两只手，盛了一碗饭，大家努力把活干，不做工的就没有权吃饭，伊儿呀儿哟。"我对这首歌的印象很深，它让我明白：必须靠自己劳动才有饭吃。高小两年中，给我印象很深的有两位老师：一位姓于，是个血气方刚的青年，他疾恶如仇，我很佩服他。有一次一个校外男青年对我们班上一个年龄及个头均较大的女生非礼，于老师知道后，抓住那个流氓，用绳子捆绑起来打，他又累又气，直打得那流氓跪地求饶。另一个青年老师叫谢树中，给我们讲了许多救亡图存的道理。有一次，他突然告诉我们，他要离开学校到陕北去。班上同学一方面舍不得谢老师离开，一方面又钦佩他勇敢，纷纷写诗文送给他作纪念。我写一首"诗"，只记得前两句是"咚当咚当咚咚当，谢先生参军上战场"。那时还不懂得去陕北是投奔革命，只朦胧意识到陕北是抗日前线，去陕北就是去抗击日本鬼子。（赵尔宓：《六十六年的回顾》，载《赵尔宓选集》下卷）

是年，成都霍乱流行，父亲赵伯钧在甫澄纪念医院组织免费救治。

资料（文章） 在父亲任期内，刚刚成立的医院就连续遇到几桩重大事件：一是1939年成都霍乱流行，当时成都尚无传染病院，甫澄纪念医院为救治霍乱病人，在医院侧近租得一所独院作为临时收容病人的地方，动员了大量人力物力，免费治疗。（赵尔宓：《回忆父亲赵伯钧几件事》，载《成都少数民族》）

1940年　　11岁

10月，日本敌机空袭成都，甫澄纪念医院损失惨重，父亲赵伯钧尽力恢复。

资料（文章） 1940年10月日本飞机空袭成都，"医院中弹4枚，房屋设备损失甚重，经赵院长惨淡经营，始得于短期内恢复业务"（摘自第三任院长肖绍乾向当时四川省卫生处所写《甫澄纪念医院概况》的报告）。（赵尔宓：

《回忆父亲赵伯钧几件事》,载《成都少数民族》)

是年,父亲赵伯钧调至二十一军军区特党部工作。

资料(其他) 1940年,在特党部工作,证明人刘仪军。(《赵伯钧自述简历》,1970年)

1941年　　12岁

夏季,高小毕业。

资料(档案) 一九三九年秋季重新考入疏散下乡的广益第二小学,从高级一期起,两年后于一九四一年夏季毕业。(《自传(赵尔宓 1953)》,1953年,中国科学院成都生物研究所档案室人事档案104第2-2号)

9月,以优异成绩考入著名私立学校成都树德中学,读初中。深受生物学教师郑实夫影响。

资料一(档案) 小学毕业后,进入当时在成都最负盛誉的私立中学——树德中学校,度过了我中学的六年生活。这是一所最封建而且自称管教最严格的学校。在这里,我是一个非常害羞,不敢在大庭广众之下说话的孩子,而且读通学①,很少与同学们交往,仅是来往于学校与家庭间的一个默默的学生,比较常谈的,倒是上学放学常和我同学路途的两三个同学。(《自传(赵尔宓 1951)》,1951年,中国科学院成都生物研究所档案室人事档案104第2-1号)

资料二(档案) 一九四一年自广益二小毕业后,同年秋季考入树德中学初中……树德中学在当时是成都最有名的一所中学,除了成绩好,便是安静。创办人兼董事长是四川军阀孙震(德操)②,曾任国民党四十一军军长及

① 读通学,意为不住校,走读。

② 孙震(1892—1985),字德操,近代军事家、教育家,毕生致力办学。20世纪20年代至40年代,创办树德小学、中学、高中。树德中学今为全国一流高中。

廿二集团军总司令，当时在湖北一带作战，很少回成都，我似乎记得六年中只听说董事长到校来过一次，只是匆匆地视察一下便走了，平常仅在校庆时候写封信回来勉励同学。（《自传（赵尔宓 1953）》，1953 年，中国科学院成都生物研究所档案室人事档案 104 第 2－2 号）

资料三（档案） 一九四一年八月起至一九四四年七月，我在私立树德中学校读一至三年级。（《华西大学学员登记表（赵尔宓）》，1952 年，中国科学院成都生物研究所档案室人事档案 104 第 1－2 号）

资料四（报道） 1941 年，赵尔宓考入树德中学，这是当时成都最好的私立中学。（陈悦、程渝：《痴情丈夫赵尔宓　画"勿忘我"献亡妻》，《华西都市报》2013 年 4 月 14 日第 24 版）

资料五（报道） 赵尔宓是树德中学的校友，1941 年至 1947 年在树德中学求学，目前是中国科学院院士、动物学家。（张欧：《院士赵尔宓：小心抓蛇　大胆研究》，《成都晚报》2009 年 8 月 25 日第 6 版）

资料六（传记） 1941 年，我以较优异的成绩考入树德中学。这是成都最好的私立中学，校长吴照华办学认真，设备齐全，校风淳朴，师资水平高，学生读书空气浓厚。校歌的歌词可以体现办校的宗旨及培养学生的精神所在。歌词如下："千家桢国，树人斯树德，大勇气集义所生，大精神诗书所泽。举目异山河，新亭涕泗多，终童能请长缨，汪琦能卫社稷。匣中宝剑及时磨，东海斩鲸，西山化鸟，复仇填恨止干戈。泱泱大国，弦颂雅声和。"学校不仅重视学生的学习成绩，也很重视体育锻炼。除初中的童子军、高中的军事训练、平时的体育都很认真外，每年春秋两学期还分别举行两次运动会，各有会歌一首，从会歌的歌词也可看出锻炼身体的目的是驱除敌寇。现录秋季运动会会歌如次："金风作，暑气消，庭院清凉。天高气爽，丹桂正飘香。转眼黄花遍地，佳节又重阳。丁兹国事蜩螗，敌寇披猖。亟宜卧薪把胆尝，何暇恋景光。漫道登山临水乐，兴亡责任要担当。快归队，速成行，齐集操场上，来玩玩铜球铁饼共标枪。遇障碍，莫要慌；跑竞赛，定要忙。争个胜负较短长，志向要恢张。练就铜筋铁骨，气体刚强，好把敌寇攘。"学校各科的教师都很强，我受业的老师中，如代数徐庶聪、三角与解析几何杨俊明、几何肖晓畋、物理刘瀛臣、化学周守谦和高华寿、中国史罗孟桢、世界史欧亮甫、地理龚中舆、生物郑实夫、英语万千里、英文法李书农、国文胡万锟、文学史庞石帚等，都是学识渊博、教学方法好的老师，所以五十多年后的今天，我对他们的音容笑貌都记忆犹新。由于课讲得好，学生就以所教课程称老师，如杨三角、肖几何、徐代数等。郑实夫老师讲生物学，深入浅出，庄谐并重，引人入胜。我后来选择这一专业，与郑老师的启蒙不无关系。国文都讲古文，教材以《经史百家杂钞》为主，也可参考《古文辞类纂》；庞石帚老师的中国文学史是我最感兴趣的课程，我的中文写作与对文学的兴趣，就得力于中学的基础。树德中学是男女分校，当时男生部有两个学术团体，一是树光学会，一是弘毅学会。学会的活动之一出墙报，其设计讲究，内容丰富。许多同学都能写诗词，有的书法也很好。（赵尔宓：《六十六年的回顾》，载《赵尔宓选集》下卷）

1942 年　　13 岁

是年，在树德中学读初中一年级。

资料(照片)　1942 年，赵尔宓读初中一年级时留影。（见图 5）

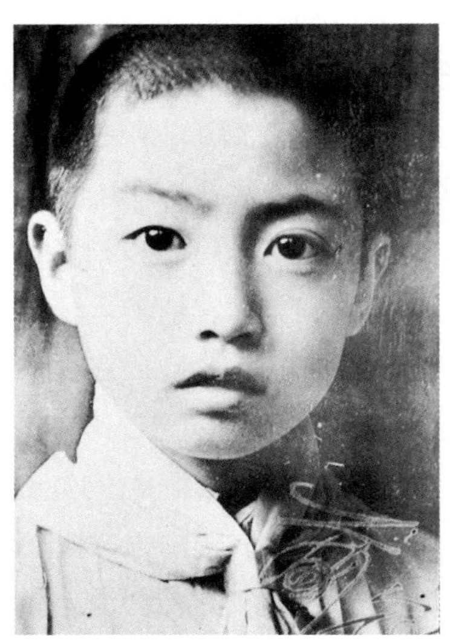

图 5

1943 年　　14 岁

是年，与树德中学同学一起响应“十万青年从军，组建青年军抗日”的号召，准备投笔从戎。因不满 16 岁，未果。

资料一（报道）　1943 年，当时的政府号召青年从军，看着很多同学投笔从戎，还未满 16 岁从军年龄的赵尔宓很郁闷，不过他也没闲着。（陈悦、程渝：《痴情丈夫赵尔宓　画“勿忘我”献亡妻》，《华西都市报》2013 年 4 月 14 日第 24 版）

资料二（传记）　抗日战争时期，学校疏散（师生）到外西北巷子万福寺。大约在 1943 年，日军早已东扼三峡出口，南掠贵州独山，对四川形成夹击之势。这时……政府号召十万青年从军，组建青年军 10 个师，捍卫国土。树德同学秉承校训，痛感山河变色，亟欲效终童请缨，以攘敌寇，投笔从戎者大有人在。（赵尔宓：《六十六年的回顾》，载《赵尔宓选集》下卷）

1944 年　　15 岁

7 月，初中毕业。

资料（档案）　参见 1941 年“9 月”条资料三（档案）。

9 月，考入成都树德高中。

资料一（档案）　一九四四年八月起至一九四七年七月，赵尔宓就读于私立树德中学校，念一至三年级。（《华西大学学员登记表（赵尔宓）》，1952 年，中国科学院成都生物研究所档案室人事档案 104 第 1－2 号）

资料二（照片）　赵尔宓读高中时留影。（见图 6）

秋季，积极团结满族、蒙古族青年，建立“同仁学会”，并担任会长，直至 1949 年。

图 6

资料一（报道） 1944 年秋天，赵尔宓团结满族、蒙古族青年建立组织。最初吸收了赵、刘、穆几家至亲中的青年，取名“同仁学会”。后逐渐扩大到成都所有满族、蒙古族青年，人数最多时超 200 人。（陈悦、程渝：《痴情丈夫赵尔宓　画“勿忘我”献亡妻》，《华西都市报》2013 年 4 月 14 日第 24 版）

资料二（传记） 在中小学时期，我曾深受民族歧视之苦。“哪里有压迫，哪里就有反抗。”这是马克思主义的一条真理。针对民族歧视政策，当我进入高中后（1944 年秋）就着手酝酿团结满族、蒙古族青年，建立组织。最初吸收了赵、刘、穆几家至亲中的青年，取名“同仁学会”，意为一视同仁。……从 1944 年到 1949 年，由于会员们的信任，我一直担任学会会长。学会早期的活动限于交流图书、办刊物、开展文娱活动、为青少年补习文化等。其目的是联络感情，增进民族内部团结，提高自身素质。（赵尔宓：《六十六年的回顾》，载《赵尔宓选集》下卷）

1945 年　　16 岁

是年，日寇投降，树德中学举校欢庆，后迁回宁夏街。

资料(传记) 1945年日寇投降……饱经战争创伤的人民,盼望能休养生息,而国民党违背民心悍然发动内战,激起群愤。记得那时我们班的教室正当进校门的通道,凡入校的同学都要经过我们教室的窗下。我们班同学凑钱订了一份重庆出的《新华日报》,大家都争着看,想从中获得一些真实的消息。后来不知谁出的主意,干脆把报纸用报夹夹住,悬挂在教室的窗户上,好让全校同学都有机会看到。不久,学校迁回宁夏街。(赵尔宓:《六十六年的回顾》,载《赵尔宓选集》下卷)

1946年　　17岁

是年,"同仁学会"更名为"进修学会"。

资料一(报道) 经长辈建议,更名"进修学会",取进取修业之意。自此,进修学会举办的活动越来越多,还在实业街三英小学公开举办文娱晚会,朗诵革命诗歌、演活报剧、唱革命歌等。这样一来,进修学会在地下党的影响下,逐步走上革命道路。1946年,赵尔宓的表叔苏成纪(中共成都地下党外围组织"民协"领导的"雏鹰剧艺社"成员,1948年加入地下党)加入进修学会,他经常向地下党汇报进修学会的情况。地下党很关心和重视学会的作用,指示苏成纪负责联络学会,把学会作为团结和影响满族、蒙古族青年的工作点。说也奇怪,一向不准子女参加任何课外活动的父亲,唯独对进修学会大开绿灯,不但不加干涉,甚至默许儿子在家开展活动。(陈悦、程渝:《痴情丈夫赵尔宓　画"勿忘我"献亡妻》,《华西都市报》2013年4月14日第24版)

资料二(传记) 1946年,表叔苏成纪(中共成都地下党外围组织"民协"领导的"雏鹰剧艺社"成员,1948年加入地下党)加入进修学会,他经常向地下党汇报进修学会的情况,地下党很关心和重视学会的作用,指示苏成纪负责联络学会,把学会作为团结和影响广大满族、蒙古族青年的工作点。自此,进修学会的活动内容更加丰富,增加了传播进步思想、开展社会调查、教唱进步歌曲(等活动),并在实业街三英小学公开举办文娱晚会,朗诵革命诗歌，排演活报剧，高唱进步歌曲如《古怪歌》《朱大嫂送鸡蛋》《山那边好地方》等。这样，由最初反对民族压迫的进修学会，在地下党的影响下，逐步走上无产阶级革命斗争的轨道。（赵尔宓：《六十六年的回顾》，载《赵尔宓选集》下卷）

资料三（文章） 父亲一向不允许我们在求学期间从事任何与学习无关的活动或爱好，但只有一件是例外，就是1945年我组织满族、蒙古族青年成立的进修学会（接受地下党联系的进步组织）。他不但听任我投入相当大的精力于学会工作，而且还默许学会在我们家里活动，这就实际上掩护了学会在白色恐怖下开展进步活动。（赵尔宓：《回忆父亲赵伯钧几件事》，载《成都少数民族》）

1947年　18岁

春季，与进步同学一起参加“反饥饿、反内战”运动的罢课宣传。后校方阻止了该运动。

资料一（档案） 毕业那期，闹“六二”罢课，因看到南京同学寄来的信和《新民报》登载的事实，我在当晚留在学校激昂地对各室同学们进行宣传，得到全体同学热烈的罢课响应。可是第二天，校长知道了，阻止了这次罢课计划。（《自传（赵尔宓1951）》，1951年，中国科学院成都生物研究所档案室人事档案104第2-1号）

资料二（报道） 1947年，赵尔宓高中毕业前夕，中共成都地下党组织领导的“反饥饿、反内战”运动如火如荼地发展起来……赵尔宓班里的地下党员赵令哲、刘小石等也积极活动，给班里同学介绍学生运动情况，并建议大家罢课。赵尔宓自愿担当起鼓动同学罢课的任务……因是走读生，放学后原本该回家，但赵尔宓每天都留下来，等住校同学吃过晚饭上晚自习前的间隙，和“进步同学”一起，挨着一间间寝室、自习室鼓动同学们罢课。（陈悦、程渝：《痴情丈夫赵尔宓　画“勿忘我”献亡妻》，《华西都市报》2013年4月14日第24版）

资料三(传记)　大概在我高中毕业前不久,中共成都地下党组织领导的“反饥饿、反内战”运动如火如荼地发展起来。我们班的地下党员如赵令哲、刘小石等也积极活动,给同学介绍学生运动情况,并建议我们发动罢课。我听后,自愿担负鼓动同学罢课的任务。我是走读生,放学后本应回家,可是我留下来,等住校同学吃过饭上晚自习前,我在进步同学陪同下,挨着一间间寝室、一间间自习室向同学们宣传,鼓动大家参加罢课。几天后……校长突然紧急召集全校学生到礼堂集合,当众宣布不准罢课,凡参加罢课者一律开除,同时恫吓鼓动罢课的人。结果,树德中学的罢课没有成功。(赵尔宓:《六十六年的回顾》,载《赵尔宓选集》下卷)

7 月,高中毕业。

资料一(档案)　1947 年夏季,赵尔宓在成都宁夏街树德中学校毕业。(《自传(赵尔宓 1951)》,1951 年,中国科学院成都生物研究所档案室人事档案 104 第 2－1 号)

资料二(传记)　1947 年夏天我从树德高中毕业,考入华西协合大学理学院生物系,开始大学生活。(赵尔宓:《六十六年的回顾》,载《赵尔宓选集》下卷)

9 月,以第一名的成绩考入私立华西协合大学理学院生物系读书,并担任班长。

资料一(档案)　一九四七年夏自树德中学毕业后,同年秋季考入成都华西大学理学院生物系,于一九五一年夏季毕业。(《华西大学学员登记表(赵尔宓)》,1952 年,中国科学院成都生物研究所档案室人事档案 104 第 1－2 号)

资料二(档案)　中学毕业后,我报了三个学校,但仅有一校被录取。命运注定了我读华西大学生物系。由于我曾读过一个教会小学,到这里倒习惯于这些西洋风度,加上自己谈话也比较诙谐,于是与不少同课的同学们熟识了起来。由于级里面同学们的推举,我做起班长来,于是我的活动开始了。此时,我再也不感到羞怯,而且发现这是自己的长处。(《自传(赵尔宓

1951)》,1951 年,中国科学院成都生物研究所档案室人事档案 104 第 2-1 号)

资料三(档案) 赵尔宓,男,生物系,国文 40,英文 56,数学 80,公民 25,地史 79/72,物理 55,化学 28,生物 45,总分 947,平均分 53.1。(《卅六年度录取学生名册》,1947 年,四川大学档案馆教 67,见图 7)

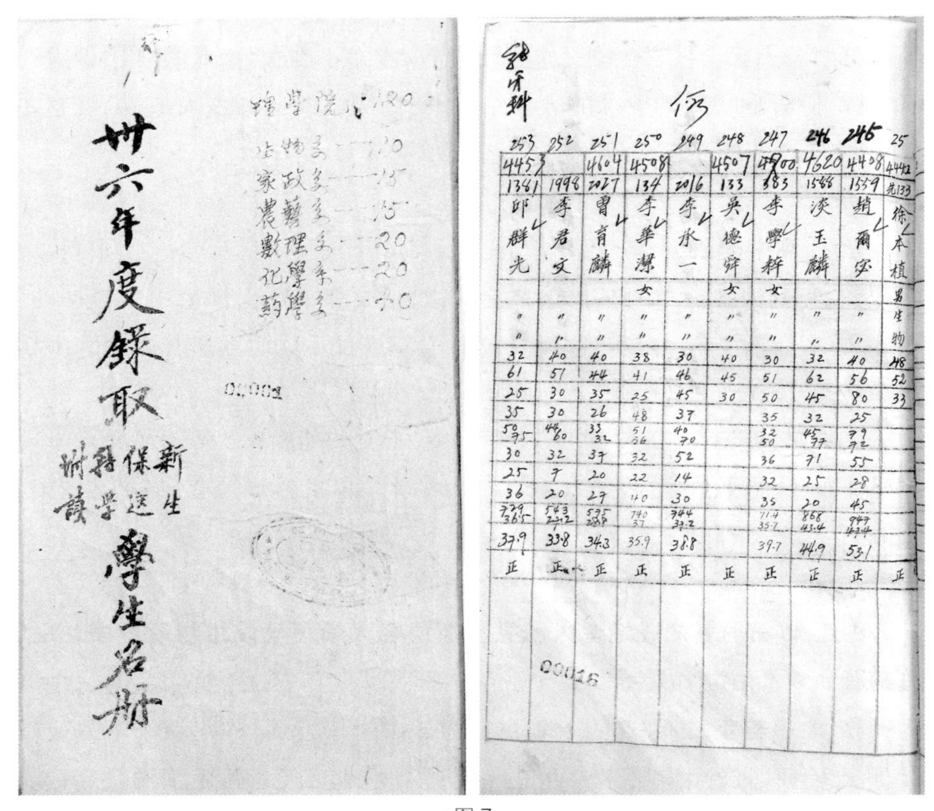

卅六年度錄取
新生 保送 轉學 借讀
學生名册

理學院 120
生物系 10
家政系 15
農藝系 15
數理系 20
化學系 20
藥學系 40

生物科

253	252	251	250	249	248	247	246	245	25
4453		4604	4508		4507	4900	4620	4408	4442
1381	1998	2027	134	2016	133	383	1588	1559	先133
邱群光	李君文	曹育麟	李華潔	李永一	吳德舜	李學粹	淡玉麟	趙爾宓	徐本植
			女		女	女			男
〃	〃	〃	〃	〃	〃	〃	〃	〃	生
〃	〃	〃	〃	〃	〃	〃	〃	〃	物
32	40	40	38	30	40	30	32	40	48
61	51	44	41	46	45	51	62	56	52
25	30	35	25	45	30	50	45	80	33
35	30	26	48	37		35	32	25	
59/75	44/60	33/32	51/56	40/70		32/50	45/77	79/72	
30	32	37	32	52		36	71	55	
25	7	20	22	14		32	25	28	
36	20	27	40	30		35	20	45	
729/36.5	543/27.2	575/28.8	740/37	744/37.2		714/35.7	868/43.4	947/47.4	
37.9	33.8	34.3	35.9	38.8		39.7	44.9	53.1	
正	正	正	正	正	正	正	正	正	正

图 7

资料四(照片) 1947 年,赵尔宓入读华西协合大学第一天留影。(见图 8)

秋季,担任生物系三七级的级会主席。

资料(档案) 解放前的两年半里我在华大的活动情况如下:一九四七年秋季进入学校时系主任张明俊先生主动找我们班上成立级会,在全体同

图 8

学的选推下我担任了华大生物系三七级级会的主席，曾经为庆贺级会成立邀请全系师生开了一次级会成立大会，以后又全班同学到外东狮子山去郊游了一次，从此级会名存实亡。（《自传（赵尔宓 1953）》，1953 年，中国科学院成都生物研究所档案室人事档案 104 第 2－2 号）

刚进入华西协合大学，因家人反对学生物，欲调剂到医学专业。因在生物系遇到学术生涯中最重要的导师刘承钊，折服于刘承钊的渊博学识与个人魅力，此后安心钻研生物学。

资料一（报道） 1947 年，赵尔宓以第一名的成绩考入华西协合大学理学院生物学系。当时选择这个专业，赵尔宓有两大原因：一是中学时代的老师郑实夫教授的生物学启迪了他研究生物的兴趣；二是他觉得旧社会人际关系复杂，钩心斗角让他深感厌恶。（陈悦、程渝：《痴情丈夫赵尔宓　画"勿忘我"献亡妻》，《华西都市报》2013 年 4 月 14 日第 24 版）

资料二（报道） 赵尔宓出生于医师之家，大哥在华西药学系毕业后赴美深造，赵尔宓高中毕业后，亲友都以为他会进华西学医，但 17 岁的赵尔宓并不这样想，他"既不愿意接触政治，也不愿意学医与病人打交道"，而是报考了华西的生物系。结果他虽然考试成绩名列第一，但却遭到众多亲友反对。第一学年上学期，华西生物系著名教授刘承钊从美国回来。他组织全系学生每周日上午进行学术交流活动，赵尔宓自选的报告题目是"生物的适应性"，由于材料丰富，讲了整整三个小时。这位世界知名的学者不但耐心听完，还给他提出一些中肯的意见。赵尔宓彻底放弃转学医科的想法，最终"适应"出一个未来的中科院院士。（张欧：《院士赵尔宓：小心抓蛇　大胆研究》，《成都晚报》2009 年 8 月 25 日第 6 版）

资料三（报道）　1947 年，17 岁的赵尔宓以第一名考入华西协合大学理学院生物学系。"我当时选择这个专业有两个原因：一是我在树德中学时，郑实夫老师讲授的生物学启迪了我对研究生物的兴趣；二是旧社会人际关系的复杂，彼此钩心斗角、尔虞我诈使我感到厌恶：因为日本轰炸成都而疏散到郊区农村的几年生活又使我充分领略到田园生活的宁静与恬适。所以我选择学习生物学，以便以后与自然为伍而避开尘世的纷扰。"刚刚入校，一些亲友知道了，纷纷劝他改行学医，这样既有好的收入前景，也能实现悬壶济世的理想。赵尔宓动摇了，找到医学院院长曹钟梁教授，请他允许进入医学院学习。由于大一时段生物学系和医学院开设的课程大体相同，曹教授劝他读完一年级后再转。赵尔宓生物学的"院士之路"才得以继续。这一年，他碰见了他学术生涯中最重要的导师刘承钊教授。刘承钊教授是美国康奈尔大学的博士，著名的两栖爬行动物学家。"刘先生改变了我的一生。"五十五年后的今天，当了院士的赵尔宓老人说起自己的老师仍很激动，眼中闪着学生特有的天真："刘先生给我们讲《比较解剖学》，几节课下来，我就被他折服了，他的学识渊博，口才棒，风度好，治学严谨，很有学者风范和人格魅力。在他的引导下，我进入了神奇的动物世界，再也不想改行了。"（禄兴明、刘建：《院士赵尔宓 50 年的"蛇蛙生涯"》，《华西都市报》2001 年 12 月 17 日第 17 版）

资料四（报道）　赵尔宓自大学生时代就师从刘承钊教授。刘承钊是我国著名两栖爬行动物学家，被任命为人民政府接管的华西大学首任校长。直到 1976 年去世。刘承钊也是我国首批（1955）当选的中国科学院院士（当时称学部委员）。赵尔宓继承恩师刘承钊院士的学术事业从事两栖爬行动

物分类学研究。(《中国科学院院士赵尔宓》,中国科学院成都生物研究所官网,2009 年 8 月 12 日)

资料五(文章) 1947 年秋,我考入前华西大学生物系,刘承钊教授刚从美国讲学回国,直到 1976 年他去世时,我跟随他 30 年之久。刚进学校,就听说有一位学术造诣很深的著名教授即将由美回国,大家都引颈企盼着。刘师温文尔雅、彬彬有礼的举止风度,早已给同学们留下良好的印象。聆听他几次报告之后,就更为他学识的渊博精深所折服。崇高的学术地位,归因于锲而不舍的治学精神。他在签名送给我一册 Hyman 著《比较解剖学》时,教我每年读一遍。(赵尔宓:《深切怀念刘承钊老师》,《四川动物》1983 年第 1 期)

资料六(口述) 他经常讲这个。赵先生给我们说,他读华西的时候,最先是选的生物,但是因为父亲是学医的,家里不太想让他学生物,想让他学医,一直鼓动他转医学。赵先生自己也犹豫了,他就找到华西大学当时的系主任说想转到医学系去。当时的领导就给他说,反正第一年都是基础课,生物和医学都是差不多的,你先学一下再说,如果第二年确实想转医学再转。结果正好那个时候四六年或者四八年,或者四几年,刘先生就从美国回来,在华西大学给大家上课。赵先生就觉得刘先生上课非常有吸引力,可能赵先生当时对刘先生非常崇拜,然后就决定不转医学系了,就还是留在生物系学生物。刘先生当时给他们上的是脊椎动物比较解剖学,用的是英文的教材,讲课非常有条理。刘先生上课的时候会提前一点到教室,上课铃一响就关门,学生如果迟到了就进不了教室,也不敢进来。当时刘先生还组织了一些类似于少数学生私下的讨论组,大家把自己看了的文献、资料做比较系统的整理,在讨论组上做汇报。刘先生会针对学生的汇报提意见,建议下一步该怎样做。(《蒋珂访谈》,2016 年 9 月 3 日)

资料七(传记) 1947 年我以第一名考入华西协合大学理学院生物系。我当时选择这个专业有两个原因:一是中学时代郑实夫老师讲授的生物学启迪了我对研究生物的兴趣;二是旧社会人际关系的复杂,彼此钩心斗角、尔虞我诈,使我感到厌恶;而疏散到农村的几年却充分领略了田园生活的宁静与恬适。所以我选择学习生物学,以便今后与大自然为伍而避开尘世的纷扰。刚入校,一些亲友知道了,纷纷劝我改行学医,连我自己也动摇了原来的信念。于是,有一天早晨我到医学院院长曹钟梁教授家里去,请他允许我转入医学院学习。当时曹教授没有拒绝我,但很委婉地说现在已经开学,不好马上转系,建议我读完一年级后再转。这一年中,刘承钊教授从美国回来,听了他几次讲演,认识了生物学的重要性,我又打消了转专业的念头,安心读生物系了。(赵尔宓:《六十六年的回顾》,载《赵尔宓选集》下卷)

资料八(学术评价) 他就读于当时的华西协合大学生物系。他的老师刘承钊教授于1934年获美国康奈尔大学博士学位,是我国两栖爬行动物学的主要奠基人之一,同时也致力于大量野外科研考察工作。在他的指导下,赵尔宓不断进行两栖爬行动物学的深入研究。(Kraig Adler, Dedication to Ermi Zhao)

是年,加入基督教会。

资料一(档案) 在校期间赵尔宓曾参加华西协合大学公谊会基督团契及中华基督教会团契。(《华西大学学员登记表(赵尔宓)》,1952年,中国科学院成都生物研究所档案室人事档案104第1-2号)

资料二(档案) 我在华大解放前的两年半时间里,曾经加入过下面三个团体……基督教公谊会青年友会,华大是五个教会联合办的,其中有卫理公会、浸礼会、圣公会、中华基督教会和公理会。(《自传(赵尔宓1953)》,1953年,中国科学院成都生物研究所档案室人事档案104第2-2号)

资料三(档案) 1947年在华西大学曾参加过基督教公谊会下属的青年友会。(《高等医药院校教师调查表(赵尔宓1959)》,1959年,中国科学院成都生物研究所档案室人事档案104第1-5号)

是年,加入树德学会。

资料一(档案) 1947—1948年,赵尔宓加入华大树德学会,任课外活动组长(文娱性质)。(《华西大学学员登记表(赵尔宓)》,1952年,中国科学院成都生物研究所档案室人事档案104第1-2号)

资料二(档案) 我在华大解放前的两年半时间里,曾经加入过下面三个团体:一、树德学会,是树德中学校友会性质的组织,大概有一百一十人左右。……树德学会的活动一般为每二周有一次联欢晚会，全体校友出些钱，置些茶点，准备些游艺节目玩一晚。另外曾举行郊游，与川大(四川大学)树德校友联欢；与母校(树德中学)球队赛球，以及每年秋季华大招生时给树德毕业的同学介绍情况，并在入学考试时为他们服务。(《自传(赵尔宓1953)》，1953 年，中国科学院成都生物研究所档案室人事档案 104 第 2－2 号)

1948 年　　19 岁

春起，跟随刘承钊到四川彭县[①]白水河、九峰山开展野外生物考察与标本采集工作，从此开启漫长的野外考察生涯。

资料一(档案)　一九四八年春，期中我随同生物系师生十余人到距成都百余里的白水河去采集标本。(《自传(赵尔宓 1953)》，1953 年，中国科学院成都生物研究所档案室人事档案 104 第 2－2 号)

资料二(文章)　1948 年春、夏，我随刘师先后去彭县白水河及九峰山两次采集。刘师因感四川昆虫资源丰富，研究的人太少，每次都安排我采昆虫。在野外，我看见大家捉蛙蟾、采蜥蛇，兴趣盎然，又有名师指点，而我一个人净抓些小虫子，又不认识，便不安心。(赵尔宓：《深切怀念刘承钊老师》，《四川动物》1983 年第 1 期)

资料三(论文)

刘承钊教授参加和组织领导的野外工作简表				
年代(月份)	调查地区	领队	成员	采集标本(种)数量合计如下栏
1948(4)	四川彭县白水河	刘承钊	李之珣、张锡昌、郭友文、朱承琯、王宜生、吴大均、熊国鈇、唐天禄、孙和甫、赵尔宓等	

① 今彭州市。

（续表）

年代(月份)	调查地区	领队	成员	采集标本(种)数量合计如下栏
1948(7—8)	四川彭县九峰山	刘承钊	李之珣、张锡昌、朱承琯、王宜生、吴大均、熊国钊、唐天禄、赵尔宓等	(23)916

(江耀明、吴大均、吴贯夫、陈跃英：《刘承钊教授在四川的野外工作》,《四川动物》2000 年第 3 期)

资料四(报道) 刘先生非常重视培养学生的动手能力,单是 1948 年,他就两次带着赵尔宓等同学到彭州的白水河和九峰山采集标本。当时社会动荡,刘先生只能用自己的工资来做采集经费。他们租人力车拉着行李,刘先生当时已经 50 多岁了,仍然陪学生们全程步行。这是赵尔宓一生中漫长的野外作业的开始。在白水河时,刘先生安排赵尔宓拿着网兜扑昆虫,却安排其他同学逮青蛙,“我当时觉得很受冷落,老是想换过来”,赵尔宓至今回忆起来,仍然觉得好笑。九峰山海拔 4 000 多米,山高林密,原始生态保存完好,各种动植物令他们目不暇接。赵尔宓从两次野外作业中不仅学到了不少动物知识,还掌握一些登山的要领。他说:“两次野外实践,让我更加崇拜我的老师,更加热爱大自然和生物学。”(禄兴明、刘建:《院士赵尔宓 50 年的“蛇蛙生涯”》,《华西都市报》2001 年 12 月 17 日第 17 版)

资料五(口述) 第一次赵先生跟刘先生出野外应该是去彭州。刘先生组织野外考察,好像第一次就是去的彭州白水河。赵先生跟他们去采标本,第一次出野外就下定决心——以后就是要搞这一行。(《蒋珂访谈》,2016 年 9 月 3 日)

资料六(口述) 我想起赵先生讲他早期出野外的事情,那时他刚上大学不久。当时刘承钊先生从国外回来,教授脊椎动物比较解剖学课,还组织一些野外考察,有些野外活动他就邀请一些本科生一起出去。因为赵先生对刘先生是比较敬佩的,就主动跟着刘先生去。当时他们去的是彭州那边的白水河保护区,这是他第一次和刘先生参加野外考察。(《蒋珂访谈(二)》,2016 年 10 月 28 日)

资料七(传记) 在大学一年级,我有幸跟随刘老师到彭县白水河与九峰山两次野外工作,既学到了野外采集的知识,又满足了我与大自然为伍的愿望。虽然以后多年的野外工作遍历名山大川,但至今我仍留恋川西山区农村小桥流水、竹林茅舍那种诗情画意。(赵尔宓:《六十六年的回顾》,载《赵尔宓选集》下卷)

资料八(手稿) 1948 年在彭县半截河、白水河、九峰山等地采集到雌雄多尾 11 种 46 号标本原始记录。(赵尔宓:《四川省两栖爬行类调查记录》,1948 年,见图 9)

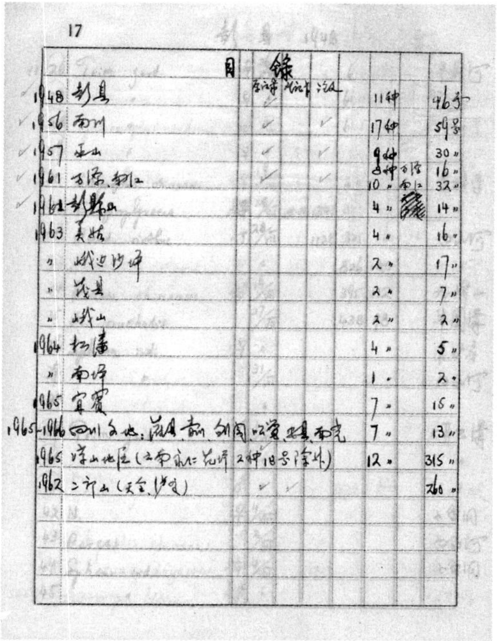
17
目錄
1948 彭县 11种 46号
1956 南川 17种 59号
1957 9种 30
1963 4 16
1964 4 5
1965 7 15
1965 12 315
1962 260

图 9

资料九(学术评价) 在刘承钊的指导下,赵尔宓不断进行两栖爬行动物学的深入研究,并于 1948 年在四川西部的九峰山开展了自己的第一次独立野外科研工作。(Kraig Adler, Dedication to Ermi Zhao)

回校后,积极声援营救因“反内战”游行被关押的同学,主动承担草拟宣言的任务。

资料一(档案) 一九四八年春,期中我随同生物系师生十余人到距成都百余里的白水河去采集标本,回来后始知成都大中学生因争取平价米请愿遭反动派刽子手王陵基(四川省主席)的屠害酿成所谓“四九”事件。全市小学教师为争取温饱不遂罢课,生物系为声援此一正义举动,由我执笔写一声援宣言贴出。(《自传(赵尔宓 1953)》,1953 年,中国科学院成都生物研究所档案室人事档案 104 第 2 - 2 号)

资料二(传记) 回到学校,现实生活又是另一番景象。解放战争已如燎原之势,国民党用更加残酷的手段血腥镇压学生运动。1948 年初从野外工作回校,听说学生参加“反内战、反饥饿”游行,被王陵基镇压,一部分学生被关起来,生物系的袁泽民同学就是其中之一。生物系同学正准备声援营救,我听后义愤填膺,主动承担草拟宣言的任务。那时我写的宣言中有几句仿骆宾王《讨武曌檄》,措辞慷慨激昂,可惜现在已记不确切。(赵尔宓:《六十六年的回顾》,载《赵尔宓选集》下卷)

秋季,加入华大理科学会。

资料一(档案) 1948 年 9 月—1949 年 7 月,赵尔宓在华大理科学会任交际干事。(《华西大学学员登记表(赵尔宓)》,1952 年,中国科学院成都生物研究所档案室人事档案 104 第 1 - 2 号)

资料二(档案) 一九四八年秋季,理科学会议选职员,由于生物系及药学系三八级同学的支持,我当选为交际股长,在此期间,我曾以理科学会职员身份参加主持理学院的迎新送旧会。我记得在新的新闻大厦包过一场业余剧团演出的《梁上君子》,另一次是与文学院会联合在太平街剧院包的一场苏联剧本《大雷雨》。(《自传(赵尔宓 1953)》,1953 年,中国科学院成都生物研究所档案室人事档案 104 第 2 - 2 号)

1949 年　　20 岁

4 月 12 日,参加学校展览会的科普工作。

资料(档案) 参加过一九四九年春季(四月十二)理学院日的展览会,展览会是理学院各系开放欢迎市民参观的科学普及工作。(《自传(赵尔宓

1953)》,1953 年,中国科学院成都生物研究所档案室人事档案 104 第 2-2 号)

暑假,在刘承钊的指导下留校观察蛙类生活史。

资料(档案) 是年暑假,我因刘承钊教授的指导与徐本植、马宗学二同学留校观察几种蛙类:饰纹姬蛙(*Microhyla ornate*),泽蛙(*Rana limnocharis*)……的生活史。(《自传(赵尔宓 1953)》,1953 年,中国科学院成都生物研究所档案室人事档案 104 第 2-2 号)

12 月 25 日前,积极参加成都解放前学校组织的护校运动。

资料(档案) 是期,成都将解放矣,学校发起护校,我亦积极参加者之一(解放前后一并述之),终于,十二月廿五日成都宣告解放,元旦左右人民久已渴望的解放军正式举行入城式。……

酝酿护校:解放军入川时,学校酝酿护校,我记得当时有三位老师出来负责,化学系讲师陶海鹏、生物系讲师王懋德、数理系讲师祝绍琪,全校大概以宿舍为单位,各舍同学除守护该舍外并担任附近校区要隘的护卫,华英与明德二舍因地居校中,故组编为机动大队,以便随时支援各处,女同学则集中于化学楼以便于保护,另外在同学中有善于射击者则发给武器另成一精选队,陶与王与我均熟悉,尤其王负责机动大队,更常与我研究各事。当时我积极参加此护校运动,所考虑的是以为国民党撤退后,解放军未来时怕外县暴徒来抢劫也。因据老人言辛亥革命时即有外县来省城抢东西。当时我还在华英后楼号召组织华英子弟兵。同时学校曾公开演习过一次应变情况,正式应变是在重庆解放后,大部本城同学都已回家,学校也停课……

生物楼的秘密:当时住在生物楼应变的除了一些老师和他们的家眷外,同学方面只有孙和甫、马宗学和我三个人(在快解放时,又有几位女同学搬来住)。我们三人和老师以及老师家属中的青壮年便担任着护卫的工作,每晚轮班守夜,以生物系的鸟枪猎枪作武器。有一夜附近枪炮声大作,第二天始知系胡宗南部盛文等以坦克等围攻起义的刘文辉、邓锡侯的少数留在成都的驻军。据到武侯祠去参观回来的人讲,是夜胡军在武侯祠围攻起义部队时,并将该地甫澄中学学生的衣物洗劫一空,因此更增加了我们的恐惧,怕这类事的重演，继此每天晚上临睡时我们三个人便将自己比较值钱的东西如钢笔等暗藏在地板下面，并且在楼最下一层生物材料处的仓库中装玻璃器材的小房间腾出一点空地方，准备万一有来肇事的便躲在里面。

在这种紧张的空气下，白天上街去看见胡军仓促遁逃的惨景，晚上远远望见城南隐隐若现的火光和断续的炮声（胡撤退到江津与解放军遭遇，被解放军消灭的战斗），联想起近几年来国民党腐化无能严重，通货膨胀民不聊生的凄惨，在此守候等黎明的到来，好像怀有一线希望。……终于，十二月廿五日午后报纸出来了，国民党军队已于昨晚全部撤退，正式通知自卫队换防，同时市内已派人与解放军接洽，定于元旦左右举行入城式！（《自传（赵尔宓 1953）》，1953 年，中国科学院成都生物研究所档案室人事档案 104 第 2－2 号）

为庆祝成都于 12 月 27 日和平解放，在华西协合大学生物系大楼门前写了一副对联，引得全校师生围观。

资料一（档案） 解放了，解放军今天入城，同学们一早就准备好了红旗到北门外去迎接解放军，而随着黎明的到来，我却沉默了，我看见别人兴高采烈欢欣若狂，我从来没有想到还有一个政府会受人民的拥护和爱戴，我仍然以对国民党反动派冷淡漠视的眼光来旁观这新来的“统治者”。我对解放军也有一些好奇的心情，上街时看见值岗的解放军，特别从他身旁经过端详一会，红黑的忠实的面孔，没有一丝凶狠的样子，胸前挂着一块在长期行军中被泥污染黑了的胸章，上面写着“中国人民解放军”七个大字。有一个晚上我陪我爱人回家后，向我自家的路上走，恰好遇着入城的一卡车一卡车解放军，总有好几十车吧，街旁拥满了观看的人，夜色中，只听见车上雄壮的歌声和街旁人民的鼓掌声，人民的鼓掌声和车上的掌声汇成了一片，我为这伟大的场面感动得热泪盈眶了，历史上从来没有过的，也是我第一次遇见的，人民与军队之间这么亲密，我又开始想了，“共产党究竟怎么样？”

对于我——一个未经改造的旧知识分子来说，再没有比个人利益更重要的了，尤其还有着一些不正确的平等的看法。解放军三大纪律八项注意明明规定不许借住民房，但是我家却住了十几个解放军，因此我怀疑解放军仍然要占用民房。当然后来也听马宗学解释说现在因为营房不够，我们既然有空房子，难道让他们受冻，何况还是短时间的事。马的家里也住有解放军，果然没有住多久就搬走了，而且在借住期间，纪律非常好，爱清洁，借用东西归还，还帮我家挑水扫地，指导员没事时还同我父亲谈革命道理，连我妈妈都很高兴他们，说他们真是守规矩，连长从不打部下或骂部下，晚上睡觉时士兵在说笑，连长很和蔼地叫他们好好睡……像这种军队确是中国历史上第一次看见的，军民关系怎么会不好呢？虽然这一系列事实教育了我不正确的看法，但在当时，确也曾阻碍了我对解放的正确的认识。

另外还有阻碍我对解放正确认识的便是解放之初由于奸商捣乱，人民币曾一度贬值，因此我怀疑共产党对平抑物价是否有办法，但是以后的事实说明了，十几年的恶性通货膨胀，只有人民政府一下就解决了。总之，一切对解放对党的不正确的看法，都是由于我自己对中国社会认识不够，对革命理论认识不够，对共产党本身认识不够所致。（《自传（赵尔宓 1953）》，1953年，中国科学院成都生物研究所档案室人事档案 104 第 2 - 2 号）

资料二（传记） 1949 年 12 月 27 日，成都终于和平解放。记得那时全校各系为庆贺解放，在各自的教学楼张灯结彩，我给生物系大楼门前写的一副对联是："庆贺解放，不管它花儿、鸟儿，个个人儿都欢喜。反动消灭，无论是动物、植物，块块[①]生物大翻身。"吸引了全校许多师生前来观看。（赵尔宓：《六十六年的回顾》，载《赵尔宓选集》下卷）

1950 年　　21 岁

2 月，经刘承钊介绍，到华西协合大学自然历史博物馆半工半读，为期一年半。

资料一（档案） 1950 年 2 月起，赵尔宓在本校自然历史博物馆任学生助理，经刘承钊介绍。他在"对今后工作意见"一栏填写道：本人工作地方是博物

① 块块，四川话，意为每个。

馆，是一个普及科学的最好土壤，希望除了经常整理研究标本的学术之外，能够有更多的机会将这些生物科学方面的知识普及到一般工农兵大家里面去，为工农兵做具体的服务。(《私立华西协合大学教职员简历表(赵尔宓)》，1951年，中国科学院成都生物研究所档案室人事档案104第1－1号，见图10)

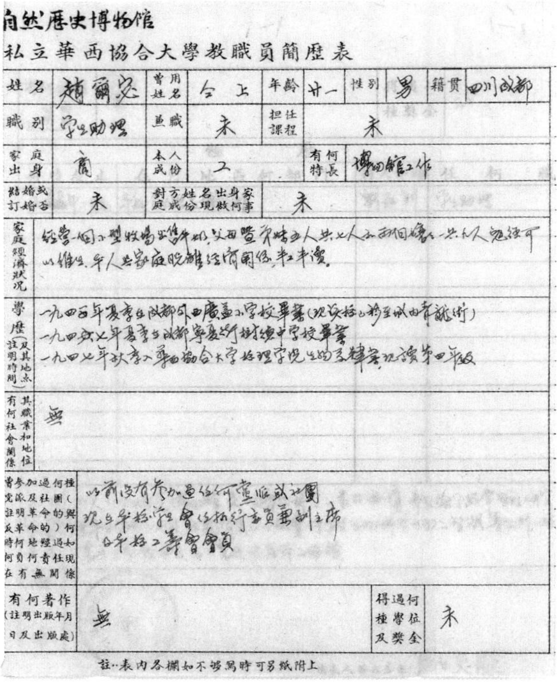

自然歷史博物館

私立華西協合大學教職員簡歷表

姓名	趙爾宓	曾用姓名	仝上	年齡	廿一	性別	男	籍貫	四川成都
職別	学生助理	兼職	未	担任課程	未				
家庭出身	商	本人成份	工	有何特長	博物館工作				
結婚或訂婚否	未	對方姓名出身家庭成份現做何事	未						

家庭經濟狀況：经营一个小型牧场出售牛奶，父母暨弟妹五人共七人[illegible]一共八人勉强可以维生。本人与家庭脱离经济关系，半工半读。

學歷（及其地点注明時間）：
一九四五年夏季在成都私立广益小学校毕业（现该校已移至成都青龙街）
一九四[illegible]年夏季在成都[illegible]中学校毕业
一九四七年秋季入华西协合大学理学院生物系肄业，现读第四年级

有何社會關係其職業和地位：無

曾参加過何種黨派及社團（註明革命的與反革命的）何時何地經過如何負何責任現在有無關係：以前没有参加过任何党派或社团；现在本校学生会（任执行委员兼副主席）；本校工会会员

有何著作（註明出版年月日及出版處）：無

得過何種學位及奬全：未

註：表内各欄如不够寫時可另紙附上

图10

资料二(档案)　赵尔宓，22岁，教育处生物系助教(一九五一年七月于华西大学生物学系毕业，一九五〇年暑期开始在华西大学生物系自然历史博物馆做动物分类工作一年，半工半读)。(《赵尔宓助教综合材料》，1952年，中国科学院成都生物研究所档案室人事档案104第3－1号)

资料三(档案)　1950年2月—1951年7月，赵尔宓在华西大学自然历史博物馆当学生助理。他在"工作志趣"一栏写道：在生物系，我是跟随刘承钊教授搞脊椎动物分类的，稍有一点基础，而且在本校自然历史博物馆有一年半工作经验，解放后刘先生主持燕大生物系，最近中国科学院通过他一个十年计划，爬虫动物的调查研究。他曾要我到京参加此项工作，所以科学院

招研究生时，我也递上申请书和自传，向学校争取留我做助教，军事代表不允我申请，遂作罢。现刘承钊教授决定返华西，并将研究计划带到华西进行，要我做研究助理，我自己也愿意参加此项工作。在文教建设方面，做一个惠实的人民科学工作者。(《华西大学学员登记表(赵尔宓)》，1952 年，中国科学院成都生物研究所档案室人事档案 104 第 1－2 号)

资料四(档案)　一九五〇年三月我因不接受家庭经济帮助，经刘承钊先生介绍到本校自然历史博物馆工作。(《自传(赵尔宓 1953)》，1953 年，中国科学院成都生物研究所档案室人事档案 104 第 2－2 号)

资料五(档案)　在华西大学一九五〇学年度第二学期留校工作的毕业学生名单中，理学院生物学系赵尔宓留到自然历史博物馆工作。(《华西大学一九五〇学年度第二学期留校工作应届毕业学生名册》，1951 年，四川大学档案馆 14－2－12)

资料六(档案)

个人简历(包括学生团体中担任的工作)		
何年何月至何年何月	在何地何种部门	学习工作及其职务或其他活动
1950.2—1951.4	本校自然历史博物馆	学生助理

(《华西大学一九五〇年度第二学期应届毕业生登记表(赵尔宓)》，1951 年，中国科学院成都生物研究所档案室人事档案 104 第 4－1－2 号)

资料七(传记)　1948 年[①]，我被刘承钊老师接纳为学生助理，在华西协合大学自然历史博物馆半工半读。(赵尔宓：《六十六年的回顾》，载《赵尔宓选集》下卷)

3 月起，参加学校各类社团活动，先后担任华西协合大学理学院生物系学生会主席、执行委员兼副主席、工筹会学习干事、中国教育工会成都市华西协合大学委员会委员等。

资料一(档案)

1950 年 3 月—1950 年 10 月：华大生物系会主席、华大学生会执行委员

① 经查证，担任刘承钊学生助理的准确年份应为 1950 年，此处为误记。

1950 年 10 月—1951 年 7 月：华大学生会副主席

1950 年起：中苏友好协会华大支会会员

1950 年起：中国米邱林学会成都分会会员

1950 年 7 月起：中国教育工会成都市华西大学委员会委员兼小组学习通讯干事(曾代表华大学生会出席成都市、川西区、西南区首届学代会)

在校曾担任公债推销委员、募捐宣传主任委员等。(《华西大学学员登记表(赵尔宓)》,1952 年,中国科学院成都生物研究所档案室人事档案 104 第 1 - 2 号)

资料二(档案) 显然,解放后我比解放前活跃了。开始是推销人民胜利折实公债,我担任理学院宣传委员,组织同学出动宣传推销公债,在学习中,我认识了推销荐行公债的意义,而且积极地工作着。一九五〇年夏我当选了华大学生会执行委员,同时当选了生物系主席,斗争走了贪污流氓讲师郭友文。暑假中我同学生会另一执委钱常钧主持了暑期中学生会的任务。一九五〇年秋生物系职员改选,我连任主席(后因当选学生会副主席辞去)同时学生会改选我当选学生会副主席。一九五〇年秋代表华大出席成都市第一届学生代表大会。一九五〇年冬代表华大出席川西区第一届学生代表大会。(《自传(赵尔宓 1953)》,1953 年,中国科学院成都生物研究所档案室人事档案 104 第 2 - 2 号)

资料三(档案) 1950 年 7 月在成都原华西大学加入工会。(《高等医药院校教师调查表(赵尔宓 1955)》,1955 年,中国科学院成都生物研究所档案室人事档案 104 第 1 - 4 号)

资料四(档案)

个人简历(包括学生团体中担任的工作)		
何年何月至何年何月	在何地何种部门	学习工作及其职务或其他活动
1950.2—1950.8	华大学生会	执行委员
1950.8—1951.4	同上	副主席
1950.2—1951.4	本校自然历史博物馆	学生助理
1950.7—1951.4	华大工筹会	学习干事

(《华西大学一九五〇年度第二学期应届毕业生登记表(赵尔宓)》,1951 年,中国科学院成都生物研究所档案室人事档案 104 第 4 - 1 - 2 号)

资料五(口述) 小时候他应该是很有领导才能的。学生会主席,参加合唱团。他上中学的时候参加过合唱团。这些都跟我讲过的。(《薛晓武访谈》,2016 年 9 月 9 日)

资料六(传记) 1950 年初华大成立工会时,我成为第一批工会会员……华大成立学生会,由于同学们的信任,我被选为全校学生会副主席,并光荣地出席了成都市、川西区、西南区三次学生代表大会。从此,我的社会活动更加频繁。(赵尔宓:《六十六年的回顾》,载《赵尔宓选集》下卷)

9 月,应聘到川西卫生学校兼授生物学课一学期。

资料一(报道) 1950 年,赵尔宓应聘到川西卫生学校兼授生物学一学期。(陈悦、程渝:《痴情丈夫赵尔宓 画"勿忘我"献亡妻》,《华西都市报》2013 年 4 月 14 日第 24 版)

资料二(传记) 1950 年……我又应聘到川西卫生学校兼授生物学一学期。(赵尔宓:《六十六年的回顾》,载《赵尔宓选集》下卷)

是年,由刘承钊编著的英文专著《华西两栖类》在美国芝加哥出版,在国际两栖爬行学界引起极大反响,该作也被视为中国两栖动物学的首部经典著作。

资料一(档案) 刘承钊教授自 1938 年以来即在四川西部进行两栖动物的调查研究,于 1946 年写成《华西两栖类》(*Amphibians of Western China*)一书,由美国芝加哥自然历史博物馆在 1950 年出版。(《中国科学院成都生物研究所两栖爬行动物室基本情况及今后设想》,1982 年,中国科学院成都生物研究所档案室 82.01-4)

资料二(报道) 特别是 1950 年由美国芝加哥自然历史博物馆出版的《华西两栖类》(英文版),积累了刘承钊多年的研究成果,得到了世界两栖动物学界的高度评价和赞誉。为此刘承钊先后获得美国芝加哥自然历史博物馆名誉研究教授和美国鱼类学家、两栖爬行学家学会授予的终身国外名誉会员称号。(姚剑:《踏遍青山——记〈中国无尾两栖类〉作者刘承钊》,《科技日报》1989 年第 4 版)

资料三(学术评价) 刘承钊教授于1950年出版了全英文专著——《华西两栖类》。(Kraig Adler, Dedication to Ermi Zhao)

资料四(手稿) 1946年—1947年,刘承钊应邀到美国讲学,在芝加哥自然历史博物馆期间完成其巨著《华西两栖类》一书。此英文巨著于1950年由该博物馆出版,全书400页,照片及彩图10版,首先介绍1938年—1946年到四川西部调查历程,此对华西两栖动物与世界其他地区以及我国其他地方区系的关系作比较讨论,探讨了华西两栖动物的分布、成体与蝌蚪的适应等。各论中详细记述了华西已知有尾类11种及无尾类66种,其中分别有5及13种为本书首次报道的新种。这本专著是以刘承钊在华西二十年来所获的第一手资料而编写的。(赵尔宓:《两栖爬行动物学》,1990年)

资料五(论文) 1946年—1947年刘承钊教授应邀到美国讲学,在芝加哥自然历史博物馆(现名Field自然历史博物馆)完成英文版《华西两栖类》专著的编写(1950年由该馆出版)。(江耀明、吴大均、吴贯夫、陈跃英:《刘承钊教授在四川的野外工作》,《四川动物》2000年第3期)

资料六(论文) 1946年—1947年,他完成了长达400页的英文专著《华西两栖类》。此书于1950年出版后,在国际两栖爬行学界引起极大反响,至今仍被视为研究中国两栖动物的经典著作。(张丽萍、李朝鲜:《中国两栖爬行动物学的奠基人之一刘承钊教授的科学攀登之路》,载罗中枢《历史　精神　使命　四川大学》)

资料七(论文) 通过这些野外采集,刘承钊获得了大量宝贵的动物标本,积累了丰富的第一手科学资料,为他以后撰写《华西两栖类》这部科学巨著,打下了坚实的基础。在1938年—1948年的10年间,刘承钊先后进行了11次野外采集。他结合采集得到的标本和资料进行研究,取得了丰富的研究成果,又发表了一系列的论文,加上以前所发表的论文在内,这时他一共写了40多篇论文。这些论文从各方面介绍、阐述了中国两栖类动物的属种、生态习性和生活史。刘承钊以他的这些研究成果,创建了中国两栖类动物研究事业,并初步形成以他为首的中国两栖类动物研究中心。这部科学专著当时是用英文写成的。书中所记述的动物,绝大多数都是作者的第一手资料。刘承钊在书中不仅从成体形态进行分类,还联系生态、生活习性、生活史进行物种分类研究，把眼光从成蛙的形态观察，扩大到对卵、蝌蚪的一系列生活史的研究。这对于世界两栖类动物学的研究，作出了新的贡献，得到国际两栖类动物学界高度的评价和赞誉，并荣获美国芝加哥自然历史博物馆名誉研究教授和美国鱼类学、两栖爬行类学会授予的“终身国外名誉会员”的称号。该会会刊 *Copeia* 1950 年第 4 期对《华西两栖类》一书作了如下的评论：“这部巨著积累了作者 20 年的研究成果，包括分类、分布、习性、生活……其所采集的地域又是世界上最少知道的地方。绝大部分材料，特别是生活史及蝌蚪完全是新的。这些都是饶有兴趣的，对于世界两栖类动物的研究，这部书无疑是一项很重大的贡献……”评论中还特别提到作者是在广泛地调查地区，依据亲自获得的第一手资料而陈述的，并且认为除欧洲以外，由于刘承钊的工作，使得亚洲的两栖类区系研究更臻完备，增添了大量资料。美国学者波特(Porter)教授在他所著《两栖爬行动物》一书中，介绍了本学科世界各国的专家学者，在亚洲提到刘承钊，认为他代表了中国两栖爬行动物的研究中心。(程在华、刘敬珍：《刘承钊》，载赵尔宓主编《从水到陆——刘承钊教授诞辰九十周年纪念文集》)

资料八(论文)　在 1946 年至 1947 年，他应美国国务院的邀请赴美讲学时，编写了《华西两栖类》(英文版)。这本巨著受到国际同行的高度评价。刘承钊在大学毕业后，就立志从事两栖爬行动物科研工作。1938 年初到四川后，相继十年间曾十一次在川西以横断山系为主的地区进行研究工作。他被誉为“才华横溢的两栖爬行类动物学家”。美国鱼类学家、两栖爬行动物学家学会会刊评论说：“这部巨著积累了作者二十年的研究成果，包括分类、分布、习性、生活史……其所采集的地域又是世界上最少知道的地方，绝大部分资料，特别是生活史和蝌蚪完全是新的，这些都是饶有兴趣的。对于世界上两栖动物的研究来说，这部书无疑是有很大的贡献。”该学会并授予他“终身国外名誉会员”的称号。先后荣获科学和教育二个金钥匙奖。这是美国大学研究院对学者的最大的荣誉。(马俊之：《一位终生追求真理的学者——忆刘承钊教授》，载赵尔宓主编《从水到陆——刘承钊教授诞辰九十周年纪念文集》)

资料九(论文)　刘承钊一生中发表了 57 篇论文和著作，他那本洋洋大观的经典巨著《华西两栖类》是我们西方同行所熟知的，此书由芝加哥博物馆于1950年出版。1946年至1947年间，刘承钊曾与该馆的Schmidt博士合作，进行两栖类的研究。1949年由于祖国的需要，他毅然回国。（刘益康译，陈年长摘编：《刘承钊的足迹——美国Lazell博士撰文缅怀刘承钊教授》，《两栖爬行动物学报》1983年第4期）

资料十（口述） 国外的学者知道中国的两栖爬行研究就靠《华西两栖类》这本书，所以刘承钊先生的贡献肯定是世界上的影响，因为全都是英文的。（《曾晓茂访谈（二）》，2016年10月19日）

资料十一（著作） 在此期间，刘承钊教授描述了27个新种和1个新属，报道了14种（两栖动物）的生活史，并将研究结果总结于1950年出版、洋洋数十万言的英文版《华西两栖类》一书中。奠定了他作为杰出科学家的基础。他是我国两栖爬行动物学的主要奠基人。（赵尔宓、张学文、赵小苓编：《地灵人杰——刘承钊教授在四川》）

资料十二（著作） 刘承钊的专著《华西两栖类》（*Amphibians of Western China*），完成于1946—1947年第二次访美期间，发表于1950年。这本专著推动中国近一个世纪两栖爬行动物研究达到顶峰。它是划时代的经典巨著。（赵尔宓、鹰岩：《中国两栖爬行动物学》英文版）

1951年　　22岁

6月23日，提交毕业论文《粉螨形态及防治法之初步试验》。

资料（手稿） 题目：粉螨形态及防治法之初步试验。理学院生物学系赵尔宓著。导师：李隆术。系主任：张明俊。院长：何伟发。目录　第一章　绪言（引言　分类地位　研究历史概述）；第二章　形态观察（材料及方法　形态　附图）；第三章　生活史概述；第四章　防治方法之初步试验（试验之材料及方法、试验结果、666之定量试验、实际应用、666杀粉螨剂量之建议）；参考文献；提要。（赵尔宓：《粉螨形态及防治法之初步试验》，华西协合大学本科毕业论文，1951年6月23日，见图11）

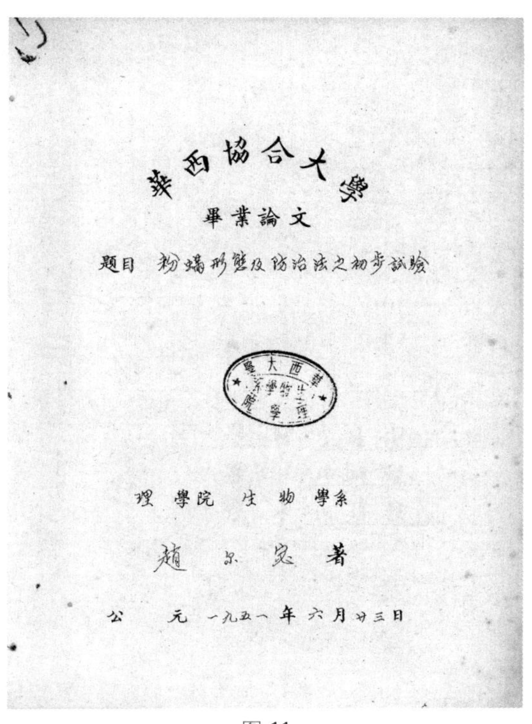
華西協合大學

畢業論文

題目 粉螨形態及防治法之初步試驗

理學院 生物學系

趙尔宓 著

公元一九五一年六月廿三日

图 11

7 月，从华西协合大学理学院生物系毕业，获学士学位。

资料一（档案） 1951 年 7 月，赵尔宓在前华西大学理学院生物学系获学士学位。（《中国科学院专业职务聘任呈报表（赵尔宓被聘为研究员）》，1986 年，中国科学院成都生物研究所档案室人事档案 104 第 4－2－2 号）

资料二（档案） 赵尔宓大学四学年（1947—1950）的各科成绩单显示，他的总平均成绩 2.5 分。（《华西大学一九五〇年度第一学期应届业生调查表（赵尔宓）》，1951 年，四川大学档案馆 14－2－12，见图 12）

资料三（学术评价） 1951 年于四川医科大学[①]毕业后，赵尔宓被分配到位于中国最北部黑龙江省的哈尔滨医科大学任教。（Kraig Adler, Dedication to Ermi Zhao）

① 应为华西协合大学。

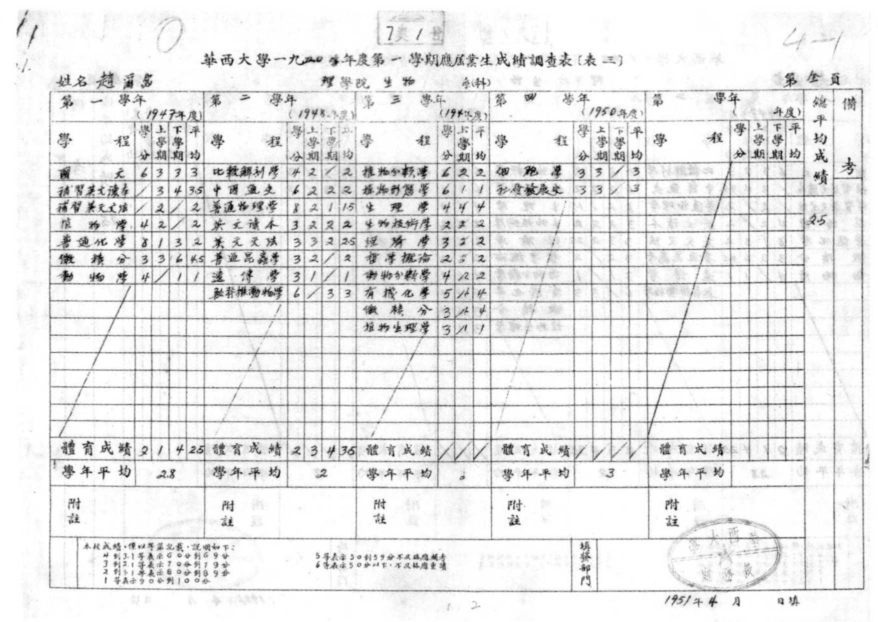

華西大學一九五〇學年度第一學期應屆畢業生成績調查表〔表三〕

7類1號　　4-1

姓名 趙爾宓　　理學院 生物 系(科)　　第全頁

第一學年（1947年度）

學程	學分	上學期	下學期	平均
國文	6	3	3	3
補習英文讀本	/	3	4	3.5
補習英文文法	/	2	/	2
植物學	4	2	/	2
普通化學	8	1	3	2
微積分	3	3	6	4.5
動物學	4	/	1	1
體育成績	2	1	4	2.5
學年平均	2.8			

第二學年（1948年度）

學程	學分	上學期	下學期	平均
比較解剖學	4	2	/	2
中國通史	6	2	2	2
普通物理學	8	2	1	1.5
英文讀本	3	2	2	2
英文文法	3	3	2	2.5
普通昆蟲學	3	2	/	2
遺傳學	3	1	/	1
無脊椎動物學	6	/	3	3
體育成績	2	3	4	3.5
學年平均	2			

第三學年（1949年度）

學程	學分	上學期	平均
植物分類學	6	2	2
植物形態學	6	1	1
生理學	4	4	4
生物技術學	2	[illegible]	2
經濟學	3	[illegible]	2
哲學概論	2	[illegible]	2
動物分類學	4	2	2
有機化學	5	4	4
微積分	3	4	4
植物生理學	3	1	1
體育成績	/	/	/
學年平均	[illegible]		

第四學年（1950年度）

學程	學分	上學期	下學期	平均
細胞學	3	3	/	3
社會發展史	3	3	/	3
體育成績	/	/	/	/
學年平均	3			

第　學年（　年度）

學程	學分	上學期	下學期	平均
體育成績				
學年平均				

總平均成績：2.5

備考

附註

本校成績，係以等第記載，說明如下：
4到3.1等表示60分到69分
3到2.1等表示70分到79分
2到1.1等表示80分到89分
1等表示90分到100分
5等表示50到59分不及格應補考
6等表示50分以下，不及格應重讀

填發部門　華西大學註冊組

1951年4月　日填

图 12

7 月毕业后，担任华西协合大学毕业生组副领队，率领同学赴重庆学习。

资料一(档案)　一九五一年夏季毕业，担任华大毕业生组队长，率领同学到重庆参加学习。一九五一年九月廿九日由政府统一分配到哈尔滨医科大学生物系，担任助教。(《自传(赵尔宓 1953)》，1953 年，中国科学院成都生物研究所档案室人事档案 104 第 2 - 2 号)

资料二(档案)　华西大学一九五〇学年度第二学期应届毕业学生名册五种。第一种，应届毕业并赴重庆参加集中学习学生名册。理学院生物系赵尔宓，年龄 22 岁，四川成都。(《华西大学一九五〇学年度第二学期应届毕业生赴渝学习学生名册》，1951 年，四川大学档案馆 14 - 2 - 12)

资料三(传记)　1951 年 7 月，我从华大毕业。西南区大专毕业生集中在重庆学习一个月后，我被分配到哈尔滨医科大学任助教。(赵尔宓：《六十六年的回顾》，载《赵尔宓选集》下卷)

资料四(传记)　西方有一句谚语：No leave，no love(没有离别，就没有爱情)。好像是上天的有意安排，1951 年夏，我大学毕业，当时的西南军政委员会文教部规定，西南区大专学校应届毕业生必须到重庆大学集中学习一个月，内容是服从分配，到祖国最需要的地方去工作。我作为华西大学学生会副主席，担任全校各学院上百名毕业生的副领队，协助领队王浴生同学、率领应届毕业生带上全部行李乘车赴重庆。（赵尔宓：《思念——似彩虹通往天堂》，载《赵尔宓全家纪念涂茂浰文集》，2009 年）

9 月 29 日，分配到哈尔滨医科大学任生物科教员、助理教授，为医学本科学生讲授比较解剖学及达尔文主义。

资料一（档案） 哈尔滨医科大学校长：兹介绍邱明武（物理系　四川内江　26）、赵尔宓（生物系　成都　22）同志到你校做助教工作，先接洽，材料后寄。（东北人民政府教育部：《兹介绍邱明武、赵尔宓到哈尔滨医科大学做助教工作由》，1951 年，哈尔滨医科大学档案馆 1951 - XZ11 - 33.0115）

资料二（档案） 兹将派到你校做助教工作之邱明武、赵尔宓的材料随文附发，希查收。（东北人民政府教育部：《为发送邱明武、赵尔宓二同志材料及

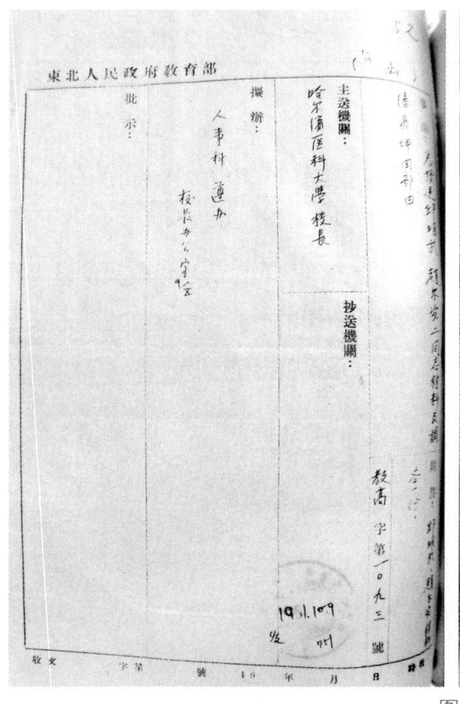

東北人民政府教育部

批示：

擬辦：人事科 速办

主送機關：哈尔滨医科大学校長

抄送機關：

附件：

教高 字第一〇九三號

收文 字第 號 19 年 月 日

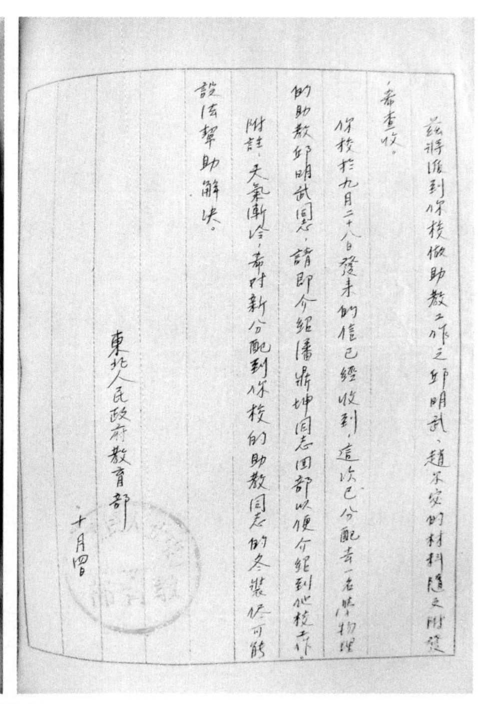

兹将派到你校做助教工作之邱明武、赵尔宓的材料随文附发，希查收。

你校于九月二十八日发来的信已经收到，这次已分配一名物理的助教邱明武同志，请即介绍潘鼎坤同志回部以便介绍到他校工作。

附註：天气渐冷，希对新分配到你校的助教同志的冬装尽可能设法帮助解决。

東北人民政府教育部

十月四日

图 13

调潘鼎坤回部由》,1951 年,哈尔滨医科大学档案馆 1951 -XZ11 - 33.0123,见图 13)

资料三(档案) 一九五一年九月廿九日由政府统一分配到哈尔滨医科大学生物系担任助教。(《青年群众登记表(赵尔宓)》,1954 年,中国科学院成都生物研究所档案室人事档案 104 第 3 - 2 号)

资料四(档案)

工作经历(依次详细填写并分别插入各时期兼职、专职)		
起止年月	何地何部门任何职务	主要工作及活动
1951.9.29—1954.4.24	在哈尔滨医大生物学担任助教	1951 年下学期为医学本科学生讲授比较解剖学及达尔文主义。

(《高等医药院校教师调查表(赵尔宓 1955)》,1955 年,中国科学院成都生物研究所档案室人事档案 104 第 1 - 4 号)

资料五(档案)

主要经历(在国内外何单位工作过,起止年月,职务/职称)		
哈尔滨医科大学	1951.9—1954.4	助教

(《中国科学院专业职务聘任呈报表(赵尔宓被聘为研究员)》,1986 年,中国科学院成都生物研究所档案室人事档案 104 第 4 - 2 - 2 号)

资料六(档案) 赵尔宓(1930—),男,四川省成都市,民主同盟会盟员。1951 年毕业于华西大学。先后在哈尔滨医科大学、四川医学院任教 14 年,四川大学等校兼课。(《中国科学院成都生物研究所 40 年历程》,1998 年,中国科学院成都生物研究所档案室 1999.01 - 009)

资料七(报道) 1951 年,赵尔宓大学毕业,被分配到哈尔滨医科大学任助教。(张欧:《院士赵尔宓:小心抓蛇 大胆研究》,《成都晚报》2009 年 8 月 25 日第 6 版)

资料八(报道) 当年 7 月,赵尔宓大学毕业,在重庆集中学习一月后,被分配到哈尔滨医科大学任助教。他迫切想回到成都,但在当时并不容易。(陈悦、程渝:《痴情丈夫赵尔宓 画"勿忘我"献亡妻》,《华西都市报》2013 年 4 月 14 日第 24 版)

资料九(口述) 赵先生他五一年毕业,当时毕业了就直接分配到哈尔滨去。……直接大卡车就拉到绵阳去，在绵阳住一晚，就拉到西安还是哪里去坐火车到哈尔滨去。当时他就很想跟他后来的夫人、当时的女友涂老师再见一面，就给家里说他第一天晚上要住绵阳。赵先生的妹妹陪着涂老师，坐车赶到绵阳去，在那里见一面。他们住地之间隔了一条河，赵先生想过去，但那河又涨了水，平时可以走的桥被淹过了，赵先生就不敢过。最后还是找了一个陪他们去的当地的解放军战士，拉着他的手，把他拉过那河，过去和涂老师见了一面。第二天又坐车继续到西安或者宝鸡，然后坐火车到哈尔滨。(《蒋珂访谈》，2016 年 9 月 3 日)

资料十(学术评价) 参见 1951 年“7 月”条资料三(学术评价)。

资料十一(传记) 学习结束，我被分配到东北区工作。当时规定所有学生必须自重庆出发，动身前不得请假回家。我考虑此去经年，不知何时才能与茂洲再见，连忙挂电话告诉她到我们途中必经之地四川绵阳来见面告别。她是否能按时前来，我并没有把握。分配到东北地区的毕业生分乘十多辆大卡车自重庆出发，到达绵阳需住宿一晚，我向带队领导请了假，径奔县城事先约好的地点相会。我喜出望外，她在我的胞妹尔宜陪同下如约而来。从成都到绵阳的距离虽只有 100 公里左右，但当年客车的行程却要一整天。宜妹还告诉我，她们乘的车在途中曾抛过几次锚(车坏检修叫“抛锚”)，为了不影响按时到达，茂洲还积极加入推车。我听后感动不已！虽然有幸见面，但同时也意味着离别！第二天一早我们继续向北进发。几天后汽车到达陕西宝鸡，换乘火车直赴首都北京。在北京休息两天又立即换车去沈阳，到东北军政委员会报到。我被分配到哈尔滨医科大学担任生物学教研组助教。(赵尔宓：《思念——似彩虹通往天堂》，载《赵尔宓全家纪念涂茂洲文集》)

9 月，秉志来信，建议他补习人体解剖、生理、生物化学、组织学和胚胎学的知识，为从事生物学研究打基础。

资料一(档案) 平时爱通信的，也只有我在大学里的老师，譬如刘承钊，还有在上海中国科学社的秉志老师，我时常跟他们联系请求指教。(《自传(赵尔宓 1951)》，1951 年，中国科学院成都生物研究所档案室人事档案

104 第 2-1 号）

资料二（信件） 尔宓贤契：……窃以为贤契既毕业而在博物馆中任事，当利用此机会研究分类学，择所喜之动物一科或一目或一纲研究之，对于其地理分布及生态皆宜研究。时时向承钊先生领教可也。……此外，尚宜就华西医学院补习人体解剖、生理、生物化学、组织学、胚胎学（以在理学院生物系未学习此二者），如是则根基坚实，于深造上甚有辅助之益。一般习生物学者往往偏于一方面，宜避免此弊，求一较广较实之基础……贤契宜利用目前之机会，一面任事，一面仍随时补习，实为上策。（秉志：《建议赵尔宓学好生物学研究基础课程》，1951 年 9 月 5 日，见图 14）

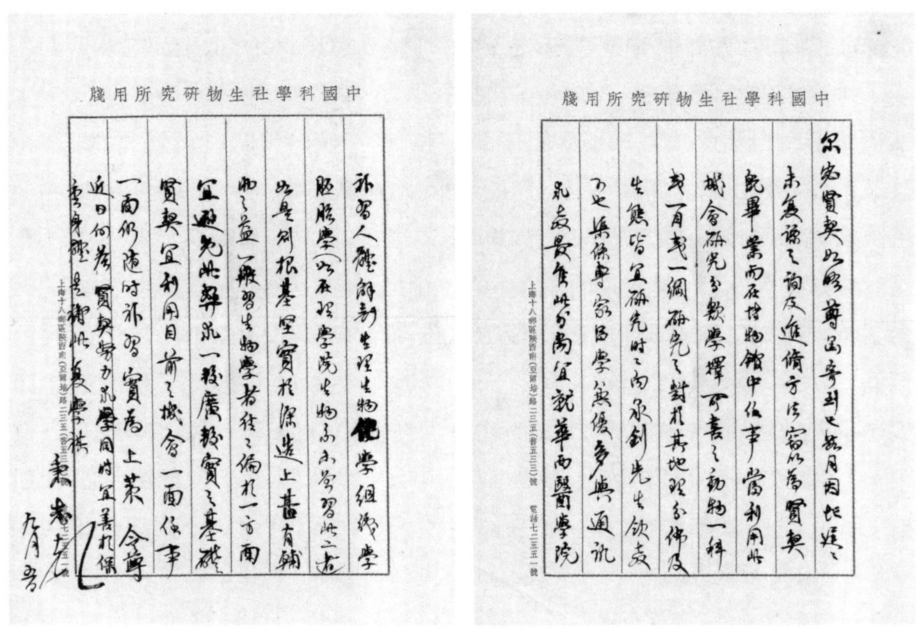
中國科學社生物研究所用牋

爾宓賢契：以前尊函寄到已數月，因忙遲遲未復。該函詢及進修方法，竊以為賢契既畢業而在博物館中任事，當利用此機會研究分類學，擇所喜之動物一科或一目或一綱研究之，對於其地理分佈及生態皆宜研究，時時向承釗先生領教可也。[illegible]係專家，[illegible]學兼優，多與通訊。[illegible]最要者，此外尚宜就華西醫學院

上海十八郵區陝西南（亞爾培）路二三五（舊五三三）號　電話七二五五一號

中國科學社生物研究所用牋

補習人體解剖、生理、生物化學、組織學、胚胎學（以在理學院生物系未學習此二者），如是則根基堅實，於深造上甚有輔助之益。一般習生物學者往往偏於一方面，宜避免此弊，求一較廣較實之基礎。賢契宜利用目前之機會，一面任事，一面仍隨時補習，實為上策。令尊近日何為？賢契努力求學，同時宜善於保重身體，是[illegible]。此復學祺

秉志

九月五日

上海十八郵區陝西南（亞爾培）路二三五（舊五三三）號　電話七二五五一號

图 14

资料三（文章） 秉志（原名翟秉志）字农山，满族，1886 年（清光绪十二年）4 月 9 日生于河南省开封市，祖籍东北双城子（据伍献文。经我考证，双城子可能就是今黑龙江省双城市，今双城区，在清末隶吉林，称双城厅）。1965 年 2 月 21 日卒于北京市，享年 80 岁。清末废科举后，秉老进

京师大学堂预科学习，1908 年毕业。1909 年被选拔赴美国留学，进康奈尔大学，主要师从著名昆虫学家 Needham，研究昆虫，1913 年获理学士学位，1918 年获博士学位。1918 年—1920 年到费城韦斯特研究所跟随著名神经生物学家 Donaldson 研究神经细胞生长。1921 年回国。秉老研究范围广泛，据秉老女儿翟启慧研究员统计，共发表科学论文 64 篇，主要专著有《鲤鱼解剖》和《鲤鱼组织》，此外尚有科学普及文章 45 篇和政论文章 12 篇。科学论文包括神经解剖和生理学 12 篇，昆虫学及昆虫生理学 7 篇，贝类学 11 篇，古生物学 11 篇，动物区系论文 6 篇和考古学 1 篇等。秉老不但专心致志于科学研究，作出巨大贡献；而且热心创办学术团体，培养教育学生。他在南京高等师范学校创办了我国第一个生物学系，还先后创办了中国科学社生物研究所（成立于美国，后迁回南京）和北京静生生物调查所。为我国动物学研究培养了许多优秀青年，他们后来成为各学科的领军人才。如鱼类学家伍献文教授（院士）、原生动物学家王家楫教授和倪达书教授、两栖爬行动物学家张孟闻教授、生物化学家郑集教授、人类学家刘咸教授等等，都是秉老的学生。解放后，秉老先后在中国科学院的武汉水生生物研究所和北京的动物研究所从事科学研究工作，直到去世前一天还到研究室工作过。秉老不愧是我国近代生物学的开拓者之一，我国动物学的奠基人。他也是中国动物学会的创始人之一及第一任会长。新中国建立之初，我有幸认识秉老，并有机会与他多次通信，获益匪浅，至今难忘；在学术方面的指点更是无微不至。1951 年初我正面临大学本科毕业，有一种可能是留在华西大学的自然历史博物馆，秉老在信中写道："窃以为贤契既毕业而在博物馆中任事，当利用此机会研究分类学……补习人体解剖、生理、生物化学、组织学、胚胎学。"（赵尔宓：《深切缅怀敬爱的秉志院士》，《四川动物》2006 年第 4 期）

1952 年　　23 岁

9 月起，在哈尔滨医科大学为医学本科学生讲授比较解剖学。

资料(档案)

工作经历(依次详细填写并分别插入各时期兼职、专职)		
起止年月	何地何部门任何职务	主要工作及活动
1951.9.29—1954.4.24	在哈尔滨医大生物学担任助教	1952年下学期为医学本科学生讲授比较解剖学。

(《高等医药院校教师调查表(赵尔宓1955)》,1955年,中国科学院成都生物研究所档案室人事档案104第1-4号)

10月,与哈尔滨医科大学的张士杰合作翻译出版苏联教材《普通生物学讲义》。

资料一(档案) 1952年秋季与张士杰合编哈尔滨医科大学附属中级卫校教材《普通生物学讲义》,并于10月由该校出版,松江报社印刷。该讲义并由哈尔滨市医士学校及铁道部卫生学校数次再版。(《高等医药院校教师调查表(赵尔宓1955)》,1955年,中国科学院成都生物研究所档案室人事档案104第1-4号)

资料二(口述) 我哥本来学英语的,但是他到哈尔滨那边去了,又学了俄语。他当时就跟别人一起翻译书。为了鼓励我学好俄语,他专门从哈尔滨把他们翻译的东西,中间有一小部分,拿过来叫我给他翻译。让我练,强迫我,不行你就翻字典,对到来弄(意为对照着翻译)。他对我们的学习很关心……他好像五二年毕业,到哈尔滨,就在那里学俄语。因为有英语基础,所以俄语学得很快。而且他在哈尔滨医科大学的时候,就已经跟人家合作,出版翻译俄文书了。我读高中的时候,他给我寄回来一篇论文,好像是俄语的,叫我给他翻译,意思是说你借这个机会,把俄语学好……他的工作忙得很。他后来不是外语都学了几种么,不仅仅是英语,还包括日语、德语、法语等。俄语和英语是最早学的,翻译出版了书。俄语出书的事情,我都知道。(《赵尔寰访谈》,2016年9月9日)

1953年　　24岁

8月9日,与涂茂洲结婚。两人系树德中学与华西协合大学的校友。

资料一(报道) 赵尔宓最感到歉疚的就是老伴,老伴叫涂茂浉,就读于华西大学药学系,晚赵尔宓一届。两人因为同是树德中学校友而互相爱慕,1953年两人结婚。(张欧:《院士赵尔宓:小心抓蛇　大胆研究》,《成都晚报》2009年8月25日第6版)

资料二(报道) 1953年,两人结婚。由于工作需要,赵尔宓每年至少有半年都在野外考察,照顾孩子的重担几乎落在爱人涂茂浉身上。"她打排球很厉害,不过为了家她放弃了。"在照顾家庭的同时,涂茂浉从大学助教做到教授,对中草药研究颇有建树,"我很崇拜她",赵尔宓说。(陈悦、程渝:《痴情丈夫赵尔宓　画"勿忘我"献亡妻》,《华西都市报》2013年4月14日第24版)

资料三(传记) 我的妻子涂茂浉是华西大学药学系的同学,我们在华大树德同学会认识。她参加工作后,积极要求进步。她长期担任教研组主任、党支部委员,教学上还要挑重担、作表率,工作非常忙碌而辛苦。我每年都要去野外工作,少则三月,多则半年以上。因此,家庭重担也落在她身上,要管教三个女儿,并辅导她们学习,家务事主要也靠她。但她仍然备课认真,教学效果好,受到学生欢迎;搞科研,指导学生毕业论文,培养研究生,都出成绩,成为天然药物化学教授。我在工作中遇到什么问题就征求她的意见,写了文章也请她过目修改,工作忙不过来,经常找她帮忙。(赵尔宓:《六十六年的回顾》,载《赵尔宓选集》下卷)

资料四(传记) 经过整整五年的相互深入了解,1953年8月9日,我和茂浉在成都结婚了。婚礼在华西坝钟楼西侧一幢两层的生药学教学楼(该楼现已拆除,另建新的大楼)上的会议室举行。在当时的社会历史条件下,只邀请了老师和同事共几十人参加。我们没有大摆宴席,只备有鲜花和茶点。仪式虽然简单,但非常荣幸的是出席的客人中有我的恩师、华西大学校长刘承钊教授,药学系和生物系的几位教授和其他同事,还有著名植物分类学家、我的老师四川大学方文培教授。茂浉那天穿着一件水红色皱纹绸缝制的短袖旗袍,衣领上别了一枚雕刻着爱神维纳斯头像的象牙领花,它是我父亲的老友、北京同仁医院著名放射科专家余贻倜教授随中央领导出访维也纳时买回来送我们的。从结婚当天茂浉的照片上可以看出,她显得特别温柔美丽！婚后十多天，我们再一次别离，我独自一人返回哈尔滨。（赵尔宓：《思念——似彩虹通往天堂》，载《赵尔宓全家纪念涂茂洲文集》）

资料五（照片） 赵尔宓与涂茂洲的结婚照。（见图15）

图15

9月，被商调回四川工作，欲解决夫妻两地分居的问题。

资料（档案） 中央人民政府卫生部（后更名为中华人民共和国卫生部）发函（53）卫人字第750号至哈尔滨医科大学，商调生物系助教赵尔宓来部转为介绍去四川大学工作。兹接华西大学报告抄件略称“我校生药专业助教涂茂洲其爱人赵尔宓现在哈尔滨医科大学生物专业做助教工作，我校因工作需要不能调涂去哈工作，为照顾赵、涂两人关系，请调赵尔宓来四川大学工作”等语，希你校考虑可否调出，若同意调出，即介绍来部再转为介绍，并希见复。中央人民政府卫生部。（中央人民政府卫生部：《商调哈尔滨医科大学生物系助教赵尔宓来部转为介绍去四川大学工作由》，1953年，哈尔滨医科大学档案馆1953－XZ11－3.0026）

9月起，在哈尔滨医科大学为助教进修班的学生讲授动物学和解剖学课。

资料(档案)

工作经历(依次详细填写并分别插入各时期兼职、专职)		
起止年月	何地何部门任何职务	主要工作及活动
1951.9.29—1954.4.24	在哈尔滨医大生物学担任助教	1953年下学期及1954年春季为基础各教研组助教进修班讲无脊椎动物学及比较解剖学。

(《高等医药院校教师调查表(赵尔宓1955)》,1955年,中国科学院成都生物研究所档案室人事档案104第1-4号)

1954年　　25岁

春季,在哈尔滨医科大学担任生物科工会组长。

资料(档案)　1954年春,曾在哈尔滨医大担任生物科工会组长。(《高等医药院校教师调查表(赵尔宓1955)》,1955年,中国科学院成都生物研究所档案室人事档案104第1-4号)

2月24日,调回四川工作一事获哈尔滨医科大学批准。

资料一(档案)　中国人民邮电电报　成都　哈尔滨医科大学:我院同意赵尔宓与史瀛仙对调并另电卫生部。请即调赵来四川医学院。(四川医学院:《同意赵尔宓与史瀛仙对调电》,1954年,哈尔滨医科大学档案馆1954-XZ11-6.0017,见图16)

资料二(档案)　中央人民政府卫生部于1954年2月24日发文:本部同意哈尔滨医科大学生物系助教赵尔宓与四川医学院生物系助教史瀛仙对调工作(四川医学院已电同意)。请即进行办理。(中央人民政府卫生部:《同意调换赵尔宓去四川医学院工作由》,1954年,哈尔滨医科大学档案馆1954-XZ11-6.0018)

资料三(档案)　姓名:赵尔宓。性别:男。年龄:24。个人成分:学生。出生家庭:地主。工作原何部:教育处助教。何时离校:一九五四.四.廿三。工薪:二七五分(发至四月底)。调往何处:四川医学院。(《哈尔滨

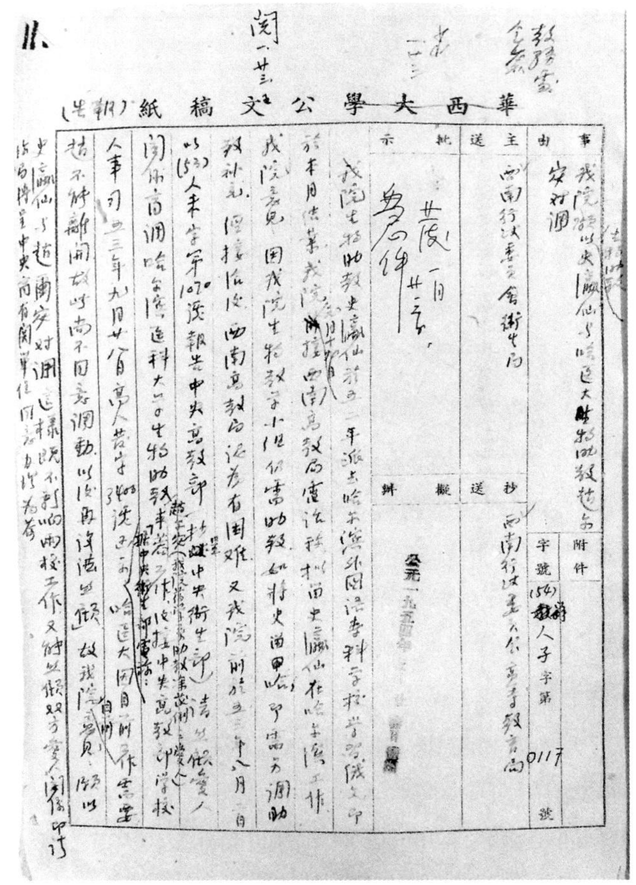
華西大學公文稿紙（報告）

事由 主送 送 批示

抄送 擬辦

附件 字號 字第 號

图 16

医科大学调出人员介绍信存根(赵尔宓)》,1954 年,哈尔滨医科大学档案馆调出人员介绍信五四年第 50 号)

资料四(口述) 作为中国人研究两栖爬行动物,我们公认刘先生是开山鼻祖。赵先生、费老师他们是第二代。那个时候刘先生主要研究两栖动物,赵先生留下来,在四川医学院生物教研室工作。刘先生说,“两爬——两栖和爬行动物要放在一块研究。我们不能只做两栖动物,还得做爬行动物。”所以,他安排赵先生做爬行动物。赵先生是先毕业后分配,分配到哈尔滨,后来刘先生把他调回来的。(《李丕鹏访谈》,2015 年

7 月 28 日）

资料五（口述） 赵老师当时也是照顾夫妻关系从哈尔滨调回华西医大……他五二年毕业，分到哈尔滨的中国医大，后来中国医大又迁到沈阳。他因为家庭关系从沈阳调回来，因为他夫人在这边（四川）。为了夫妻团聚，所以说就调到这边来了。（《吴贯夫访谈》，2015 年 4 月 3 日）

资料六（口述） 因为夫人在成都，他还是一直想回成都。正好当时成都这边有一个机会，也是一个很著名的发育生物学家叫史瀛仙，她是童第周的学生，她的爱人在东北，所以她想回东北。赵先生是爱人在成都，想回成都。正好找个机会对调。大概是五三年、五四年吧，赵先生就调回成都来工作了，当时到华西大学——后来的川医（四川医学院）。那个时候的人事调动，一切都是服从组织安排，自己是没有办法，有这个机会他才能够回到成都来。（《蒋珂访谈》，2016 年 9 月 3 日）

资料七（学术评价） 1951 年于华西协合大学毕业后，赵尔宓被分配到中国最北部黑龙江省的哈尔滨医科大学任教，三年后，他重返母校成为讲师，在那里，他再次成为刘承钊教授的助理。（Kraig Adler, Dedication to Ermi Zhao）

4 月，在哈尔滨医科大学积极争取入团。

资料（档案） 自我鉴定　优点：1. 学习钻研，效果较好，并能结合工作需要，热爱自己专业。2. 工作积极、认真负责，在进修班教课任务和工会小组工作上都能积极负责完成任务。3. 学习总路线后，要求进步较迫切。

缺点：1. 个人利益与组织利益发生矛盾时，还产生情绪。2. 对独立担任的工作，能表现自己成绩的，完成比较突出。3. 对自己的意见有些主观，因此别人不能很好接受意见时便表现急躁。4. 和同志间的关系，经常从个人出发，有时开玩笑过火，后能正确展开批评。

小组意见　优点：1. 当工会小组长后，对同志们生活上的困难能主动帮助解决，如替萧忠厚同志请求补充。2. 业务上对同志们还能进行帮助，如替进修员解决问题，主动替工友讲授动物学。缺点：1. 个人英雄主义思想表现还较严重,如工作中爱表现自己,别人做工作不大支持,自己领导的工作则比较积极。2. 对批评、自我批评认识得还不够正确,如鉴定时自己不主动检查自己多年来的思想,而是事先广泛征求别人的意见,平时大家提意见时总爱加以解释,或硬举例子和现象。3. 克服缺点只从表面现象出发,未能深掘思想根源,故克服不显著,如个人英雄主义的毛病,思想改造后有所认识,但只从表面现象着手克服,故改进不大。

生物科鉴定小组:赵尔宓同志学习总路线以后,要求进步比较迫切,能主动靠近组织,提供历史材料和证人,且在工作中亦能经常取得组织指示,故完成较好。现在个人英雄主义思想虽仍很严重,但已有初步认识,故只要抓紧,能很好克服,故同意组织抓紧解决其历史问题,进一步帮助其认识现存缺点,争取在五四年底吸收入团。(《青年群众登记表(赵尔宓)》,1954 年,中国科学院成都生物研究所档案室人事档案 104 第3－2 号)

是月,从哈尔滨医科大学调回四川医学院生物学教研组,任助理教授。

资料一(传记) 1954 年 5 月初调回母校,那时已更名为四川医学院。(赵尔宓:《六十六年的回顾》,载《赵尔宓选集》下卷)

资料二(传记) 1954 年 4 月,我终于从哈尔滨调动回成都了。这可能又是上天的有意安排！原来生物系比我高一年级、毕业后留在华西母校的史瀛仙师姐被派往哈尔滨外国语学院学习俄语,与该校的王超尘老师结了婚。她需要照顾去哈尔滨,我需要照顾回成都。领导正好将我们两人对调。所以我顺利地回到母校(1953 年院系调整后更名为四川医学院)工作,也与爱妻茂洌团聚。(赵尔宓:《思念——似彩虹通往天堂》,载《赵尔宓全家纪念涂茂洌文集》)

资料三(手稿) 赵尔宓老师:感谢你对我们的热情教导。哈医大医预进修班全体敬赠,一九五四.四.二十三。(《物种进化教学资料》,扉页,1954 年,见图 17)

资料四(手稿) 尔宓同志返川留念,哈医大教育处诸同志赠。54.4.22 张贵寅、史瀛仙等人签名。(《毒蛇量度及发生学笔记》,扉页,1954 年,见图 18)

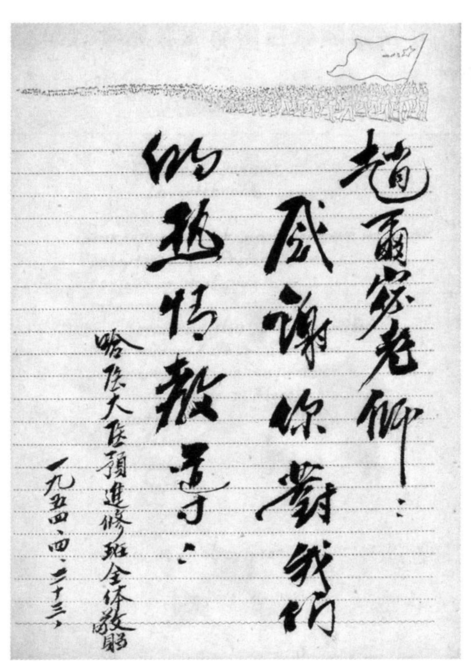

赵尔宓老师：感谢你对我们的热情教导！

哈医大医预进修班全体敬赠

一九五四、四、二十二

图 17

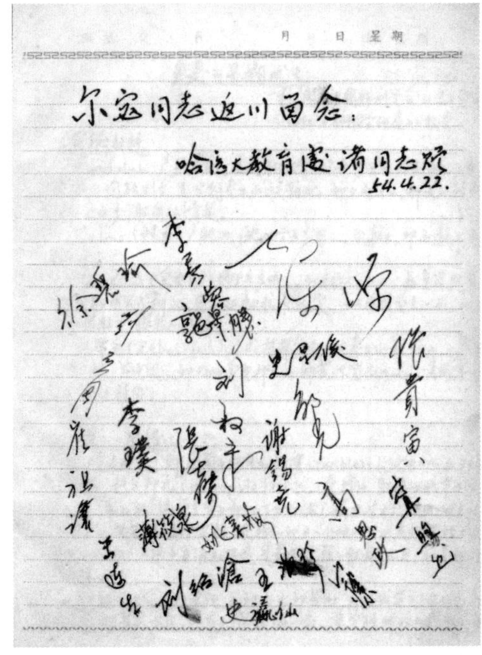

尔宓同志返川留念：

哈医大教育处诸同志赠

54.4.22.

图 18

5 月起，在四川医学院跟随徐福均研究胚胎学，担任生物学教研组助教。

资料一（档案）

工作经历（依次详细填写并分别插入各时期兼职、专职）		
起止年月	何地何部门任何职务	主要工作及活动
1954.5—	在四川医学院生物学教研组担任助教	1954 年下学期指导医学本科学生生物学实验。

（《高等医药院校教师调查表（赵尔宓 1955）》，1955 年，中国科学院成都生物研究所档案室人事档案 104 第 1-4 号）

资料二（报道） 1954 年 5 月，赵尔宓调回已更名为四川医学院的母校，被安排在徐福均教授门下研究胚胎学。（陈悦、程渝：《痴情丈夫赵尔宓　画"勿忘我"献亡妻》，《华西都市报》2013 年 4 月 14 日第 24 版）

资料三（口述） 赵先生回来以后还是以教书为主，就在川医教书……五几年回成都到六五年之间，他都是以教书为主。记得他当时在四川教育学院做讲座的时候还专门说过，他当了差不多十来年的教书匠。（《蒋珂访谈》，2016 年 9 月 3 日）

夏季，在四川医学院获俄文学习三等奖。

资料一（档案） 1954 年夏季在四川医学院曾获俄文学习三等奖。（《高等医药院校教师调查表（赵尔宓 1955）》，1955 年，中国科学院成都生物研究所档案室人事档案 104 第 1-4 号）

资料二（档案） 1954 年在四川医学院获俄文学习优秀奖。（《中国科学院专业职务聘任呈报表（赵尔宓被聘为研究员）》，1986 年，中国科学院成都生物研究所档案室人事档案 104 第 4-2-2 号）

7 月，合作译著《普通生物学实验指导》出版。

资料（档案） 1954 年，在哈尔滨医大生物学教研组集体翻译《苏联医学院普通生物学实验指导》，赵尔宓担任扁形动物全部及圆形动物一部分内容的编译工作。该书于 1954 年 7 月由该校出版（长春医学图书公司印）。（《高等医药院校教师调查表（赵尔宓 1955）》，1955 年，中国科学院成都生物研究所

所档案室人事档案 104 第 1－4 号）

1955 年　　26 岁

2 月 9 日，大女儿赵蕙诞生。

资料一（口述）　我是五五年出生的。（《赵蕙访谈》，2016 年 9 月 8 日）

资料二（报道）　1955 年大女儿诞生。（张欧：《院士赵尔宓：小心抓蛇大胆研究》，《成都晚报》2009 年 8 月 25 日第 6 版）

资料三（报道）　1953 年，两人结婚；1955 年，大女儿诞生；1956 年底，一对双胞胎女儿出世。（陈悦、程渝：《痴情丈夫赵尔宓　画“勿忘我”献亡妻》，《华西都市报》2013 年 4 月 14 日第 24 版）

资料四（传记）　1955 年我们的第一个女儿出生了。一年半之后，我们的一对孪生女儿又诞生了。两年之内我们家里增加了三个孩子，也就是现在的三个可爱女儿。（赵尔宓：《思念——似彩虹通往天堂》，载《赵尔宓全家纪念涂茂湘文集》）

是年，为开展教学，整理普通生物学教学资料。

资料（手稿）　赵尔宓整理的普通生物学教学资料包括：生命的基本概念、有机体的细胞结构、植物有机体进化的基本特点、地球上生命的发生等。（赵尔宓：《普通生物学教学资料》，1955 年，见图 19）

是年，为开展教学，整理物种进化教学资料。

资料（手稿）　赵尔宓整理的物种进化教学资料包括：遗传性及其变异、动物有机体的进化、人类的起源等。（赵尔宓：《物种进化教学资料》，1955 年，见图 20）

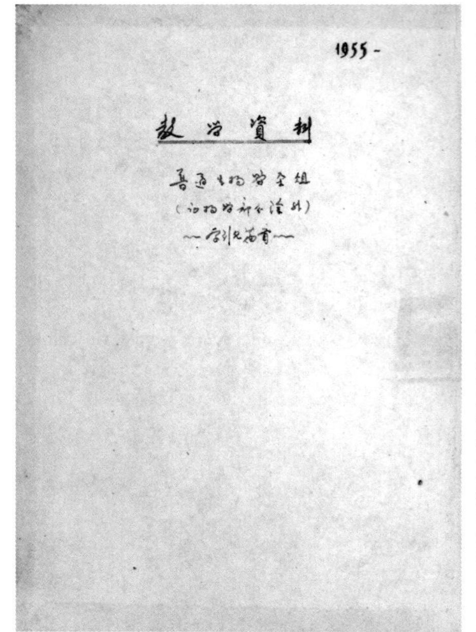

图 19

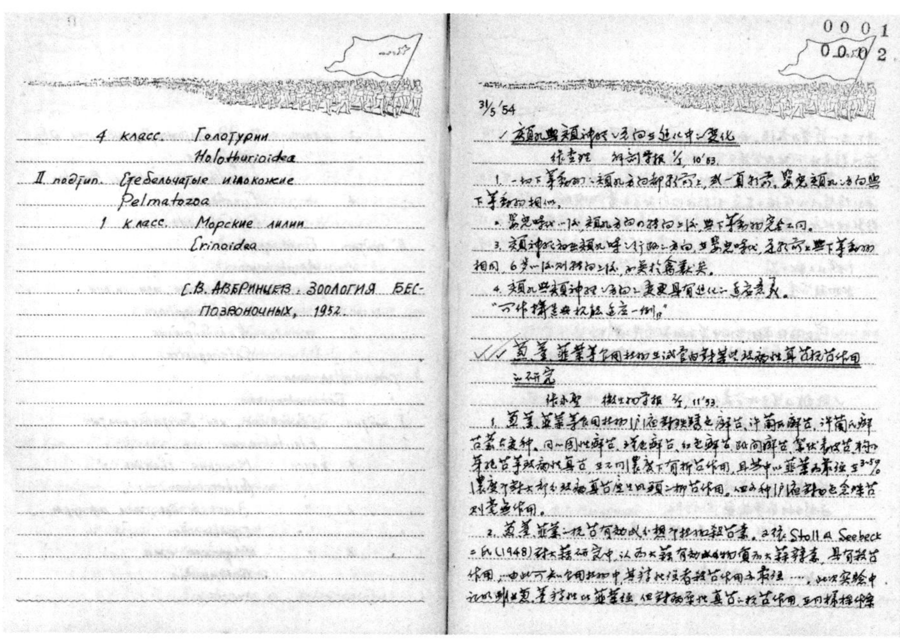
4 класс. Голотурии
Holothurioidea
II. подтип. Стебельчатые иглокожие
Pelmatozoa
1 класс. Морские лилии
Crinoidea

С.В. АВЕРИНЦЕВ. ЗООЛОГИЯ БЕСПОЗВОНОЧНЫХ, 1952.

0001
0002
31/5 '54

Stoll & Seebeck (1948)

图 20

1956 年　　27 岁

4 月，合作译著《苏联药剂士学校教学用书：植物学》出版。

资料一（档案）　1954 年与张贵寅等同志合译的苏联中级药学校植物学，即将由人民卫生出版社出版。（《高等医药院校教师调查表(赵尔宓 1955)》，1955 年，中国科学院成都生物研究所档案室人事档案 104 第 1 - 4 号）

资料二（著作）　本教科书是生物学候补博士杜宾斯卡娅讲师和拉齐克按照苏联保健部批准的药剂士学校用的教学大纲和教学计划编写的。本教科书内容包括植物的细胞、组织、器官、繁殖以及植物的分类等。（E. A. 杜宾斯卡娅、H. T. 拉齐克著，张贵寅、赵尔宓、徐碧瑜、史瀛仙、刘权章译，谢成科校：《苏联药剂士学校教学用书：植物学》，人民卫生出版社，1956 年）

5 月起，响应党中央关于高等学校教师开展科学研究的号召，按照刘承钊的安排，跟随徐福均研究峨眉树蛙，从此开启两栖爬行动物研究生涯。

资料一（报道）　1956 年我被安排跟随徐福均教授研究“峨眉树蛙”的繁殖和胚胎发育。每年的 5—6 月是它的繁殖季节，连续三年的这个时间我们都到四川汶川县漩口的水磨乡蹲点收集材料。（陶佳桂：《院士赵尔宓：与蛇蛙打交道的人》，《晚霞》2007 年第 1 期）

资料二（报道）　1956 年，26 岁的他开始了采集生涯。（陈悦、程渝：《痴情丈夫赵尔宓　画“勿忘我”献亡妻》，《华西都市报》2013 年 4 月 14 日第 24 版）

资料三（报道）　赵尔宓的采集生涯开始于 1956 年，那一年，他才 26 岁，刚刚接触两栖爬行动物的研究。之后，几乎每年，他都会到野外去工作一段时间。（傅佳妮：《赵尔宓：发现生命》，《四川科技报》2014 年 5 月 16 日第 11 版）

资料四（传记）　1956 年，党号召高等学校教师开展科学研究，按照刘承钊老师的安排，我跟随徐福均教授从事峨眉树蛙繁殖及胚胎发育的适应性研究。峨眉树蛙产卵在水外，发育完成的蝌蚪在雨水冲刷下，从卵膜内孵出后才掉入水中生活。我模仿它的条件，将正常产卵在水中发育的黑斑蛙卵让卵胶膜充分吸水后平铺于培养皿中，加盖避免过度蒸发，照样可以发育成蝌蚪；加入大量的水将胶膜稀释也孵出。我得出结论：蛙类发育中的胚胎并不需要外环境中的水分，只是由于没有能够避免过度蒸发以及支持卵内容物的卵壳，所以才必须在水环境中完成发育。（赵尔宓：《六十六年的回顾》，载《赵尔宓选集》下卷）

资料五（文章） 1956 年，大学教师开始搞科研，刘师说我基础较好，要我跟随学识渊博的徐福均教授研究胚胎学，在徐教授指导下工作了 3 年，得到不少教益。（赵尔宓：《深切怀念刘承钊老师》，《四川动物》1983 年第 1 期）

资料六（论文）

刘承钊教授参加和组织领导的野外工作简表				
年代（月份）	调查地区	领队	成员	采集标本（种）数量
1956(5—6)	四川灌县水磨沟	赵尔宓	陈树荣	?
1957(4—6)	四川灌县水磨沟	赵尔宓	陈树荣	?
1958(5—6)	四川灌县水磨沟	赵尔宓	陈树荣、刘富成	?

（江耀明、吴大均、吴贯夫、陈跃英：《刘承钊教授在四川的野外工作》，《四川动物》2000 年第 3 期）

资料七（文章） 徐老师治学严谨，学风踏实。他不但理论水平高，而且也精于实践。他熟练掌握多种生物学技术，对于诸如相差显微术、偏光显微术和荧光显微术等都运用自如。在科学研究中，对技术操作一丝不苟、精益求精。我协助他研究峨眉树蛙胚胎发育，需拍摄发育过程的各个侧面，难度很大，他都亲自动手，设计培养缸，架设相机，自己拍摄，拍出的照片既清晰又符合科学要求，专业摄影同志也无不为之倾倒……那天见到他，倍感亲切，我的思绪飞回在川医徐老师身旁工作的日子，也飞到与他在汶川县黄龙寺研究峨眉树蛙的日子。（赵尔宓：《深切怀念徐福均老师》，《四川动物》1986 年第 4 期）

资料八（口述） 当时刘先生认为做昆虫研究的比较少，想安排赵先生做昆虫。后来又安排赵先生跟华西大学的一个叫徐福均的教授做过胚胎发育方面的研究。他还专门到汶川那边去采集斑腿泛树蛙，然后观察它的蛙卵发育，各个阶段发育的卵都保留下来了。但是他说这些资料、保存的标本，大概后来全部给丢掉或者被人给毁掉了，非常遗憾。赵先生讲的蛙卵水外发育的那个实验，大概就是那个时期做的。蛙卵平时我们看到都是产在水里的，他就想如果把它拿出来，给它一定的湿度，不让它泡在水里，它会不会发育呢？他当时就找了一个大概是黑斑蛙，把蛙卵放在培养皿里，保持湿度，但不让蛙卵泡在水里。最后蛙卵还是发育成了蝌蚪。当时这些实验都记录了下来，很多年以后还写了一个简短的报道。(《蒋珂访谈》，2016 年 9 月 3 日)

资料九(口述)　第一，那个时候赵老师尊敬的三个老师，我晓得第一个是他最先学胚胎的那个徐福均，他(徐)指导他(赵)做的两栖类峨眉树蛙的繁殖。从峨眉树蛙产卵，单细胞、两细胞、八细胞、十六细胞、三十二、六十四等，这样做了一个胚胎发育——峨眉树蛙的胚胎发育。当时我就负责切片和拍照，怎么分裂等靠切片确定。做这个第一要熬夜，比如说，从它产卵开始，因为多久开始产卵不知道……他就从医学院的房间里搬了一架行军床放在实验室里面。赵老师要一直观察蛙什么时候产卵，什么时间从单细胞分裂成 2、4、8、16、32、64 个细胞。这个时候他需要经常起来观察，一会儿就要起来，一会儿就要起来，在显微镜下看照相。那个时候他还熬了不少夜。细胞分裂的过程有各种状态，这个时间的状态、下个时间的状态、再下个时间的状态，他都拍下来。拍下来以后要把它做成切片，然后看发育的变化。(《吴贯夫访谈》，2015 年 4 月 3 日)

资料十(手稿)　1956 年—1958 年我曾经在四川西部汶川县水磨沟山上研究过峨眉树蛙的产卵繁殖三年，卵团产在水塘边的树上，用树叶包裹得严严实实，避免蒸发变干，它们的卵团叫作“叶窝卵”。几天后蝌蚪孵化出来，由雨水将叶窝中的蝌蚪冲刷到下面的水塘中继续发育到变态成树蛙。(赵尔宓：《海南岛野外采集散忆》，载《四川大学名师讲堂》，2008 年 1 月 10 日)

8 月 29 日，双胞胎女儿赵芩、赵小苓出世。

资料一(报道)　1956 年底一对双胞胎女儿出世。(张欧：《院士赵尔

宓：小心抓蛇 大胆研究》,《成都晚报》2009年8月25日第6版）

资料二(报道) 1956年底,一对双胞胎女儿出世。由于工作需要,赵尔宓每年至少有半年都在野外考察,照顾孩子的重担几乎落在爱人涂茂洌身上。(陈悦、程渝:《痴情丈夫赵尔宓 画"勿忘我"献亡妻》,《华西都市报》2013年4月14日第24版)

资料三(传记) 参见1955年"2月9日"条资料四(传记)。

1957年　　28岁

1月15日,由四川医学院授予讲师职称。

资料一(档案) 单位:生物学教研组。拟提职务:讲师。教研组鉴定优点:一、对教学工作基本上是积极负责的。二、具备一定的业务水平,能胜任讲授等教学环节的工作。三、对教学有一定钻研,教学效果好。四、业务基础好,知识较广泛。缺点:一、在教学上及业务上的钻研还不够深入,经常性、系统性还不够。二、在技术掌握方面较差。三、与老教师及同志间关系不够亲密。四、在教学、科学研究等工作上,有忽冷忽热毛病,有时也有自满情绪。(《教师提升(评定)呈报表(赵尔宓)》,1957年,中国科学院成都生物研究所档案室人事档案104第4-2-1号)

资料二(档案)

主要经历(在国内外何单位工作过,起止年月,职务/职称)		
四川医学院	1957.1—1964.12	讲师

(《中国科学院专业职务聘任呈报表(赵尔宓被聘为研究员)》,1986年,中国科学院成都生物研究所档案室人事档案104第4-2-2号)

资料三(档案) 1957年元旦,被四川医学院聘为讲师。(《干部履历表(赵尔宓1988)》,1988年,中国科学院成都生物研究所档案室人事档案104第1-7号)

资料四(档案) 专业技术职务:讲师。聘任日期:1957.1.15。聘任单位：四川医学院。(《关于转发更新中央直接掌握联系的高级专家信息和补充人选的通知与专家信息填报表》,2005 年,中国科学院成都生物研究所文书档案 2005 长期 05 - 63)

资料五(传记) 那时已更名为四川医学院,1956 年底[①]晋升为讲师。(赵尔宓:《六十六年的回顾》,载《赵尔宓选集》下卷)

3 月,合作译著《无脊椎动物学》上册出版。

资料一(档案) 1957 年与李之珣等合译苏联师范学院用《无脊椎动物学》上册,高等教育出版社 1957 年出版。(《高等医药院校教师调查表(赵尔宓 1959)》,1959 年,中国科学院成都生物研究所档案室人事档案 104 第 1 - 5 号)

资料二(著作) 本书系根据苏维埃科学出版社出版的阿费林切夫教授所著的《无脊椎动物学》(1952 年莫斯科版)译出。原书经苏联高等教育部审定为师范学院教学参考书。中译本分上下两册出版,上册包括通论及各论的原生动物、海绵动物、腔肠动物、扁虫动物、原体腔动物各门。上册的翻译者为李之珣、王成槐、赵尔宓、徐福均同志。(C.B.阿费林切夫著,李之珣、王成槐、赵尔宓、徐福均译,徐福均校:《无脊椎动物学》上册,高等教育出版社,1957 年)

11 月,合编教材《鲟鱼类的胚胎发育》出版。

资料一(档案) 1957 年与哈尔滨医大张贵寅合译苏联《鲟鱼类的胚胎发育》,科学出版社 1957 年出版。(《高等医药院校教师调查表(赵尔宓 1959)》,1959 年,中国科学院成都生物研究所档案室人事档案 104 第 1 - 5 号)

资料二(著作) 本书系统地叙述鲟鱼类的胚胎发育。主要内容包括鲟鱼的生殖细胞、受精以及整个发育过程,发育时期的划分与各个时期的特征,鲟鱼胚胎发育所需外界条件,孵育鱼卵的方法,畸形产生的原因等。(A.C.金兹堡、T.A.杰特拉弗著,张贵寅、赵尔宓译:《鲟鱼类的胚胎发育》,科

① 经查证,赵尔宓晋升为讲师的时间应为 1957 年 1 月,故资料三的“1957 年元旦”和本条的“1956 年底”均为误记。

学出版社,1957 年)

1958 年　　29 岁

1 月 7 日至 2 月 21 日,在北京大学听取苏联专家关于细胞学的讲座。

资料一(手稿)　赵尔宓在北京大学听取苏联教授的细胞学讲座,做了第一至十讲的笔记。内容包括细胞学理论及其现状、现代细胞学的研究方法等。(赵尔宓:《细胞学讲座笔记》,1958 年,见图 21)

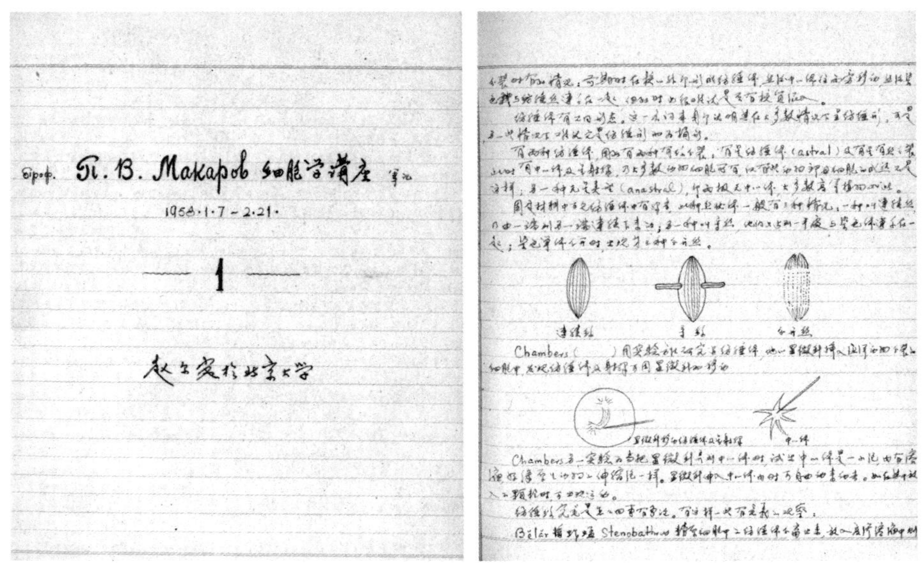

图 21

资料二(文章)　1958 年我奉工作单位四川医学院的安排,到北京大学参加听取苏联著名细胞学家马卡洛夫的学术讲座约一个月之久。(赵尔宓:《深切缅怀敬爱的秉志院士》,《四川动物》2006 年第 4 期)

3 月起至次年 1 月,在四川医学院讲授脊椎动物学和普通生物学等课程,并编写相关教材。

资料(手稿)

开课时间	学校名称	学生所在专业	课程名称
1958.3—1958.7	四川医学院	中级师资训练班	脊椎动物学(担任实习)
1958.9—1959.1	四川医学院	医卫生本科	普通生物学(担任实习)
编写教材	《除四害》及《医药用动植物》两本讲义及《脊椎动物比较解剖实习指导》。		

(赵尔宓:《个人工作笔记:开课情况》,1951 年—1964 年)

5 月 8 日起,组队前往云南玉龙山、昆明等地,调查两栖爬行动物。

资料一(手稿) 1958 年,在云南丽江、大理、昆明、屏边等地进行两栖爬行动物调查,采集标本 133 号。(赵尔宓:《1958—1962 云南、贵州、广西和陕西两栖爬行动物调查记录》,1962 年,见图 22)

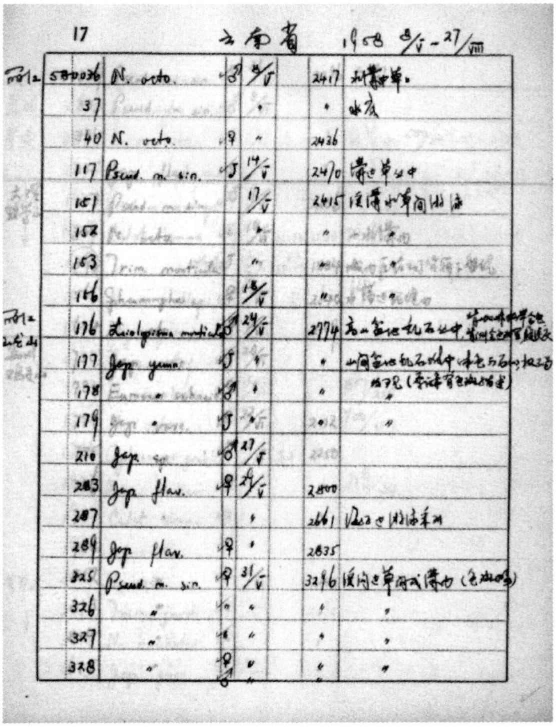

图 22

资料二(手稿) 此后十年中,刘承钊与胡淑琴先后分别组织领导四川医学院生物学教研组和中国科学院西南生物研究所等研究人员赵尔宓、杨抚华、吴贯夫、江耀明等到云南(1957—1958)、贵州(1959、1963)、广西(1960)、陕西(1962)、福建(1964)、海南(1964)及多次到四川各地进行野外科学考察。(赵尔宓:《两栖爬行动物学》,1990年)

7月,合作译著《鲟鱼类的胚胎发育与其养殖问题》出版。

资料一(档案) 1958年与哈尔滨医大张贵寅合译苏联《鲟鱼类的胚胎发育与其养殖问题》,由科学出版社出版。(《高等医药院校教师调查表(赵尔宓1959)》,1959年,中国科学院成都生物研究所档案室人事档案104第1-5号)

资料二(著作) 本书是关于鲟鱼类胚胎发育与其养殖问题的科学著作。作者根据文献资料与自己的研究成果,详细说明鲟鱼类(闪光鲟、鲟鱼与欧洲鳇)的胚胎发育,并且提出养鲟业存在的问题和根据胚胎发育的规律寻求解决这些问题的途径。(T.A.杰特拉弗、A.C.金兹堡著,张贵寅、赵尔宓译:《鲟鱼类的胚胎发育与其养殖问题》,科学出版社,1958年)

8月,在整风运动中自我检查。

资料(档案) 自我检查:1. 解放以来,对党领导的历次运动和改革与个人利益没有矛盾的,一般还能衷心拥护和积极参加,但与个人利益矛盾的,或者消极、怀疑,或者产生抵触情绪。尤其通过整风运动,更考验出自己主观动摇,不但看不出右派借整风机会向党恶毒进攻的阴谋,而且还为右派言论所蒙蔽,对党发生一度怀疑。2. 个人主义患得患失较严重。表现在教学工作上,便产生工作与学习的矛盾,目前由于自己在结合工作进行学习,矛盾基本解决,今后还要从思想上彻底克服。表现在科学研究工作上,比较强调个人兴趣,想一举成名,对科研方向起伏不定,所以几年没有做出成绩来。3. 自高自大、骄傲自满是自己过去比较长期存在的一个严重缺点,思想改造受到批判后虽有所克服,但思想上仍存在看不起别人,表现在工作作风上比较主观急躁,自以为是,往往不能虚心和耐心听取群众意见。4. 教学工作中,对全面负责,贯彻全面发展、因材施教的教育方针以及教育事业中的阶级路线均做得不够,过去由于自己思想上重业务、轻政治,所以表现出或多或少的天才教育思想。优点：1. 反右斗争开始后，由于党的教育，认清了右派的反动面目，能及时积极投入轰轰烈烈的反右斗争，受到一次特别深刻的阶级教育。特别是通过"三反""交心运动"，觉悟有所提高，所以在政治上要求进步比较迫切。2. 对一般工作比较积极，对教学工作亦比较认真负责，教学效果较好。学习快，工作的热情及干劲较大。对新鲜事物的感觉比较敏锐。肯帮助同志。小组鉴定意见：自我检查基本符合实际情况。(《干部鉴定表(赵尔宓 1958)》，1958 年，中国科学院成都生物研究所档案室人事档案 104 第 3 - 3 号)

11 月 13 日，中国科学院四川分院农业生物研究所[①]成立。

资料一(档案) 在"四川省首届科学技术工作跃进大会"上，"中国科学院四川分院农业生物研究所"正式宣布成立，是当时组成四川分院的首批研究所之一。首批入所人员包括从省内单位抽调的科研骨干和管理干部以及 24 名应届毕业生，共 40 余人。生物所最早的办公场所在成都市罗锅巷 1 号。(《中国科学院成都生物研究所 40 年历程》，1998 年，中国科学院成都生物研究所档案室 1999.01 - 009)

资料二(其他) 对于所有了解中国现代历史的人来说，1958 年无疑都是一个重要的时间节点。就在这一年的秋末时节，在中国西南的重镇成都，中国科学院的奇迹也在发生，并从此影响了"天府之国"在随后五十年的科技发展道路。1958 年 11 月 11 日，四川省人民委员会以(58)川办字第 0722 号文件发出《关于正式成立中国科学院四川分院的通知》。两天后的 11 月 13 日，在成都市红照壁大礼堂隆重召开的"四川省首届科学技术工作跃进大会"上，宣布成立中国科学院四川分院，并同时宣布成立中国科学院四川分院农业生物研究所。自此以后的五十年里，生物所虽几次更名，但每年的 11 月 13 日就成为生物所的建所纪念日。时间回溯到 1958 年 3 月，中共中央在成都召开了中央工作会议，即著名的"成都会议"。会上作出了"关于在各省、自治区和专区建立科学机构和地质队的意见"的决定。在这个决定中，中央提出在全国全省、区建立中国科学院的分院。中共四川省委和四川省

① 成都生物研究所于 1958 年建所时名称为"中国科学院四川分院农业生物研究所"。

人民委员会根据中央的决定，随即在中共四川省委二届一次会议上做出决定，筹备组建中国科学院四川分院。1958 年生物所成立于一个特殊的时期，因此建所的目标首先是服务于当时的国民经济建设，特别是为四川省的农业生产服务。1958 年 11 月 25 日“中国科学院四川分院农业生物研究所”印章的正式启用标志着生物所在建所初期就确立了以农业为主导的研究方向。（中国科学院成都生物研究所：《岁月足迹》，2008 年）

1959 年　30 岁

2 月至次年 3 月，为四川医学院举办的动物饲养训练班学员讲授生物学基本知识，并编写《动物饲养手册》。

资料一（档案）

系别及现任职务	生物学教研组，讲师
兼任何种职务	兼管动物饲养室，协助领导工作
专长	讲授普通生物学、动物学课程，指导普通生物学、寄生虫学实验，担任实验动物的饲养管理工作。
语言	俄文、英文，能阅读专业文献及翻译。

（《高等医药院校教师调查表（赵尔宓 1959）》，1959 年，中国科学院成都生物研究所档案室人事档案 104 第 1－5 号）

资料二（手稿）

开课时间	学校名称	学生所在专业	课程名称
1959.2—1960.3	四川医学院	动物饲养训练班	生物学基本知识
1959.9—1959.12	四川医学院	业余夜大	普通生物学

（赵尔宓：《个人工作笔记：开课情况》，1951 年—1964 年）

资料三（手稿）　赵尔宓在 1959 年 2 月在四川医学院动物饲养室工作时编写了《动物饲养手册》，涉及动物包括家兔、豚鼠、大鼠、小鼠、猴子等。实验内容包括孵化时间、年龄、重量、性别、伦琴射线照射对小白鼠存活率的影响等。（赵尔宓：《动物饲养实验记录》，1959 年）

5 月 2 日起，组队前往贵州毕节、威宁等地调查两栖爬行动物。

资料一（手稿） 1959 年贵州西部毕节、威宁、水城等地进行两栖爬行动物调查，采集标本 13 号。（赵尔宓：《1958—1962 云南、贵州、广西和陕西两栖爬行动物调查记录》，1962 年，见图 23）

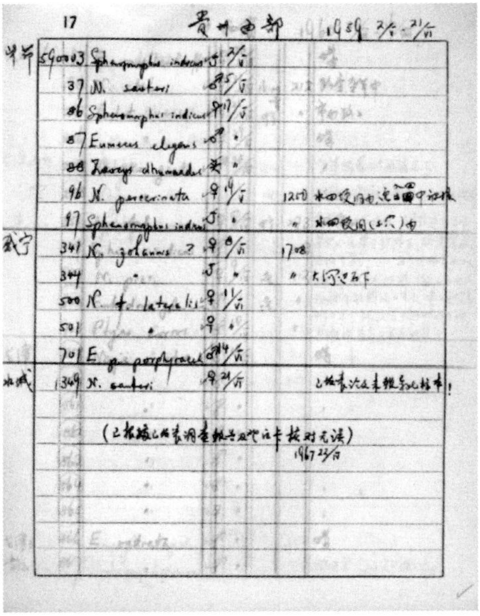

图 23

资料二（手稿） 参见 1958 年“5 月 8 日起”条资料二（手稿）。

资料三（论文） 1959 年曾在黔西北威宁、毕节一带进行初步调查。（胡淑琴、赵尔宓、刘承钊：《贵州省两栖爬行动物调查及区系分析》，《动物学报》1973 年第 2 期）

9 月至 12 月，为四川医学院举办的夜大培训学员讲授普通生物学。

资料（手稿） 参见本年“2 月至次年 3 月”条资料二（手稿）。

11 月 12 日，中国科学院四川分院农业生物研究所完成组织机构建设。

资料（其他） 1959 年 3 月 21 日，中共中国科学院四川分院农业生物研究所支部委员会成立，黄国英为书记、刘全科为副书记。同年 11 月 12 日成立了生物所第一届学术委员会，主任委员为叶方银，副主任委员为王高碧。同时，建立了3个行政管理部门，10个研究部门（作物研究室、植物研究室、土壤研究室、畜牧研究室、生理植保研究室、生物物理研究室、园艺研究室、气象研究组、高寒山区农业研究室和生理研究室）。（中国科学院成都生物研究所：《岁月足迹》）

1960年　　31岁

3月25日起，组队前往凭祥、龙津、瑶山等地进行两栖爬行动物调查。

资料一（手稿）　1960年，在广西凭祥、龙津、瑶山、龙胜等地进行两栖爬行动物调查，采集标本210号。（赵尔宓：《1958—1962年云南、贵州、广西和陕西两栖爬行动物调查记录》，1962年，见图24）

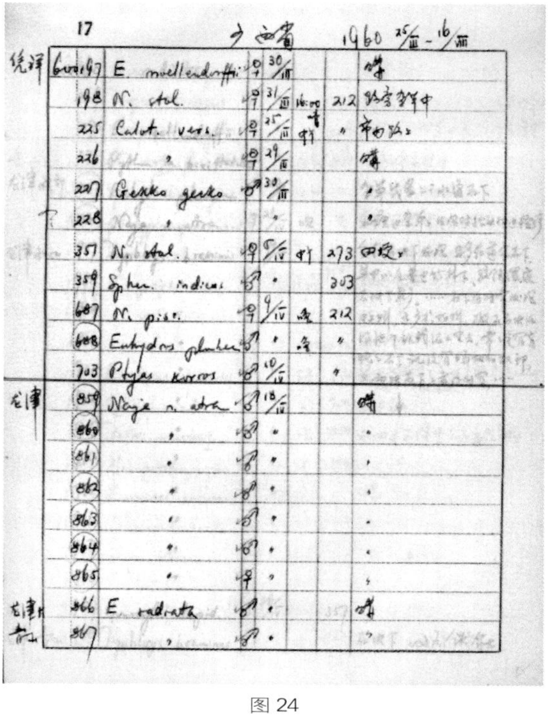

图24

资料二(手稿) 参见1958年“5月8日起”条资料二(手稿)。

9月起,为四川医学院的本科生讲授无脊椎动物学。

资料一(手稿)

开课时间	学校名称	学生所在专业	课程名称
1960.9—	四川医学院	生物学专业本科	无脊椎动物学

(赵尔宓:《个人工作笔记:开课情况》,1951年—1964年)

资料二(手稿) 赵尔宓记录的无脊椎动物学名、分类信息,以及期刊查阅信息。无脊椎动物包括原生动物、海绵动物等。查阅期刊信息包括期刊的年、卷、期、页码,期刊内容覆盖生物学、医学、动物学、动物药学、药学等。(赵尔宓:《无脊椎动物资料以及期刊查阅记录》,1957年—1964年)

1961年　　32岁

9月至次年1月,为四川医学院的本科生讲授普通生物学。

资料(档案) 1961年9月至1962年1月,在四川医学院为医学系本科生讲授普通生物学。(《干部任免呈报表(批准赵尔宓任两栖爬行研究所副主任)》,1979年,中国科学院成都生物研究所档案室人事档案104第9-2-1号)

秋季,胡淑琴由中国科学院北京动物研究所调至中国科学院四川分院农业生物研究所工作,从事动物学研究。

资料一(口述) 我们生物所设立动物室是1961年,胡老师年初从北京调到我们成都生物所,那个时候叫中国科学院西南生物研究所①两栖爬行动物研究室。当时刘承钊老师是四川医学院的院长、老学部委员、我们国家两

① 此名为1962年9月更改,此处为口述者误记。

栖爬行动物学的前辈。当时生物所没有那个条件,没有大楼(生物所的大楼是六六年才建成的)。在这个特殊环境下,两栖爬行动物研究室同事的工作和办公一直就在当时的四川医学院。我们这边只有一个动物室。(《蒲自莲访谈》,2016 年 9 月 9 日)

资料二(口述) 刘先生和胡老师他们两个就不教书了,然后科学院给他们经费成立一个组,每个课题都要专业对口,所以胡老师这个课题应该到生物所去。所以胡老师就调过来。需要加强这方面的人手,第一个是赵尔宓,第二个是江耀明,然后王宜生。(《吴贯夫访谈》,2015 年 4 月 3 日)

资料三(其他) 1961 年,胡淑琴研究员由北京动物所调入成都生物所,两栖爬行动物的研究作为重点领域得到加强和发展。(中国科学院成都生物研究所:《岁月足迹》)

11 月,刘承钊与胡淑琴合著的《中国无尾两栖类》出版,极大地推动了我国两栖动物分类区系的研究。

资料一(档案) 成果名称:《中国无尾两栖类》。出版时间:1961 年。出版单位:科学出版社。学术价值:本书是关于我国无尾两栖类的一本专著。刘承钊教授自 1938 年以来即在四川西部进行两栖动物的调查研究。……解放后,又先后到川东、川南、云南及贵州西部做了大量工作,经胡淑琴、刘承钊共同执笔完成。此书系统描述了当时已知我国无尾两栖类 120 种及亚种,并对许多科、属作了分类学讨论。全书正文 364 页,插图及照片约 150 幅,彩色图版 28 个(王宜生绘),是当时关于我国无尾两栖类的一个全面总结。出版后,得到国内外的好评;在推动我国无尾两栖类的研究方面起到积极的指导作用。(《中国科学院成都生物研究所两栖爬行动物室基本情况及今后设想》,1982 年,中国科学院成都生物研究所档案室 82.01 - 4)

资料二(著作) 本书主要根据作者多年来的研究及野外调查的资料编写而成,共记载我国无尾两栖类 120 种及亚种,分隶于 20 属 7 科。内容分为绪论,无尾类的分类系统及分类特征,成体的适应及第二性征,卵、蝌蚪的适应、物种描述和地理分布等七部分,并附采集须知、详尽的参考文献、中文索引、学名索引及多张彩图。本书可供两栖类研究工作及大专学校生物系师生参考。

（刘承钊、胡淑琴：《中国无尾两栖类》，科学出版社，1961 年）

资料三（手稿） 此期出版的重要著作，当推刘承钊与胡淑琴合著、科学出版社 1961 年出版的《中国无尾两栖类》一书。全书 364 页，插图 100 余幅，照片 6 版及彩图 28 版，它是关于我国无尾两栖类研究的划时代总结。此书出版后，极大地推动了我国两栖动物分类区系研究，在国内外产生巨大的影响，至今仍为研究我国两栖动物的重要参考书。（赵尔宓：《两栖爬行动物学》，1990 年）

资料四（论文） 新中国成立后，刘承钊和他的两栖类研究中心组织起广大的研究力量，对全国的广泛地区进行调查研究和野外采集，为新中国两栖类科学研究事业作出新贡献。1961 年，刘承钊与夫人胡淑琴根据 30 多年研究及野外调查积累的资料编写出版了《中国无尾两栖类》，这部科学著作凝聚了他一生的心血，被认为是我国无尾两栖分类区系学的权威性著作，因其卓越的研究成果，1988 年该书获中国自然科学奖。（张丽萍、李朝鲜：《中国两栖爬行动物学的奠基人之一刘承钊教授的科学攀登之路》，载罗中枢《历史　精神　使命　四川大学》）

资料五（论文） 1956 年，刘承钊加入了中国共产党。这位年逾半百的老科学家，青春焕发，更加勤奋地工作。这时他已着手准备撰写《中国无尾两栖类》这部新的科学专著，决心用这部著作为中国两栖爬行动物的科学研究，作出新的贡献。刘承钊在旧中国时代撰写《华西两栖类》这部著作时，完全是孤军奋斗，只能依靠他自己和少数助手采集到的 1 000 余号标本作为基础。但是，在他撰写《中国无尾两栖类》这部著作时，有了中国共产党和人民政府的领导，可以依靠全国广大的科研队伍，对全国的广泛地区进行调查研究和野外采集，各地向他提供了数万号标本和大量的资料。刘承钊通过对这些标本和资料的辛勤研究，终于与胡淑琴合作写成了《中国无尾两栖类》，并于 1961 年由中国科学出版社出版。这部著作因其卓越的研究成果，对中国两栖类动物的科学研究作出了新的重大贡献。《中国无尾两栖类》全面总结了中国两栖类各方面的科学研究成果，阐述了中国无尾两栖类的分类、形态、习性和生活史。这部专著的一个主要特点，就是它并不囿于传统的研究方法，即单纯依据固定后的死标本的形态特征进行分类，而是同时结合生态、生活史和地理分布等资料，对各类群之间的亲缘关系进行科学的探讨。

它的成就以及创新的分类研究方法，得到了国内外学者的高度重视和好评，成为一本深入研究两栖动物分类的权威性著作。（程在华、刘敬珍：《刘承钊》，载赵尔宓主编《从水到陆——刘承钊教授诞辰九十周年纪念文集》）

资料六（报道） 《中国无尾两栖类》总结了六十年代为止的中国两栖类各方面的科学研究成果。该书根据作者积累的绝大多数种类的第一手资料，系统、详尽地阐述了该类动物的形态、分类、习性和生活史。这部专著的主要特点是综合形态、机能及生存适应和地理分布等资料，对属级阶元和各类群之间的亲缘关系进行了讨论。这种方法得到了国内外学者的高度重视和好评。该书已成为研究两栖动物分类的权威著作。……1961 年，刘承钊与胡淑琴根据多年来积累的野外调查资料，经过精心整理，编写出版了《中国无尾两栖类》。……1988 年，《中国无尾两栖类》荣获中国自然科学奖。这部著作凝聚了刘承钊一生的心血。“中国科学家有责任用中国人的第一手科学资料开拓出自己的科研领域。”（姚剑：《踏遍青山——记〈中国无尾两栖类〉作者刘承钊》，《科技日报》1989 年第 4 版）

1962 年　　33 岁

4 月 28 日至 7 月，给刘承钊当助手，到陕西汉中、周至、秦岭等地采集标本。自此开始跟随刘承钊进行两栖爬行动物的野外调查与分类区系研究。

资料一（档案） 1961 年在大巴山区调查，1962 年在秦岭南北麓调查，共获两栖类 23 种（11 属、8 科、2 目），发现 5 个新种；爬行类 22 种（15 属、6 科、2 目）。陕西省增加了两栖及爬行动物省新纪录共 18 种，报道了个别种的生态、地区性变异及地理分布，分析秦岭南北的区系组成，说明秦岭作为古北界与东洋界的分界线。最后以四种两栖动物的分布，指出它们有沿着东西走向的山势而发展的趋势。这标志着秦巴的区系特征。研究所审查鉴定意见：所得资料较多，可以为研究在我们古北界与东洋界的区划问题提供一定的科学依据。负责室组及主要研究人员：两栖爬行研究室主要参与人员是胡淑琴、赵尔宓、王宜生、叶昌媛。该课题由刘承钊先生指导和鉴定新种。课题来源于科学院生物科学发展规划，是为编写动物志而进行区系调查的一部分。（中国科学院西南生物研究所：《1964 年西南生物研究所科研成果报告》，1964 年，中国科学院档案馆 I242－00012－010）

资料二（档案） 1962 年陕西秦岭两栖爬行动物分类区系考察，任秦岭北坡队领队。（《赵尔宓简介（所庆 40 周年用）》，1998 年，中国科学院成都生物研究所档案室 1998 永久－1001）

资料三（口述） 六二年赵老师跟我一起到秦岭考察两栖爬行动物，那个时候要写《经济动物志》。但是《经济动物志》也好，《动物志》也好，资料都不全，都要查。当时我因为要写《经济动物志》，就调过去，专职脱产了。那个时候全国才有 38 种两栖类，38 种青蛙。现在好多哦，有三四百种了。中国地大物博，都没办法跑完。而且以前国外的成果多，以后主要是我们的。（《吴贯夫访谈》，2015 年 4 月 3 日）

资料四（口述） 有一次他给我们讲六十年代，他跟吴老师——吴贯夫，一起在秦岭出野外，就去采秦八百遗址那里的东西。过一条河，水还很浅，很容易就过去了，结果晚上回来的时候就涨水了，水超过腰身。当时他们还考虑了一下到底是过还是不过，最后两个人心一横，手把手牵着，还唱起歌壮胆，硬是蹚过去了。（《蒋珂访谈》，2016 年 9 月 3 日）

资料五（文章） 从 1962 年起我才从事两栖爬行动物研究。现在回想起来，刘师对我是有一套培养的计划的，可是最初我不十分理解，没能坚定地按他的要求去做。（赵尔宓：《深切怀念刘承钊老师》，《四川动物》1983 年第 1 期）

资料六（论文）

刘承钊教授参加和组织领导的野外工作简表				
年代（月份）	调查地区	领队	成员	采集标本（种）数量
1962（4—7）	秦岭北坡组	赵尔宓	吴贯夫、王德兴	（44）1 650

（江耀明、吴大均、吴贯夫、陈跃英：《刘承钊教授在四川的野外工作》，《四川动物》2000 年第 3 期）

资料七（论文） 1. 1961—1962 年在秦巴地区共获两栖纲动物 23 种，隶 11 属、8 科、2 目；爬行纲 21 种，隶 15 属、6 科、2 目。2. 发现五个两栖纲新种：秦巴北鲵、南江角蟾、秦岭雨蛙、光雾臭蛙和合征姬蛙。一个爬行纲新种：秦岭滑蜥。增加陕西省新纪录两栖纲 5 种，爬行纲 11 种。修订原纪录分布于秦岭的中国雨蛙为新种秦岭雨蛙，棘腹蛙为隆肛蛙。在秦岭采到中国林蛙的地模标本。3. 秦岭作为古北界与东洋界的区系分界线，在两栖纲方面表现为在秦岭北坡种类较少(8 种)，缺少东洋界的代表类型；秦岭南坡至大巴山种类逐渐增加(共 23 种)；东洋界的代表类型逐渐繁多；但树蛙种类少，数量亦少。在爬行纲方面北坡周至附近获无蹼壁虎、丽斑麻蜥和黄脊游蛇古北界代表动物。白眉蝮不同垂直分布区有明显的差异。4. 秦巴区的四种两栖纲优势种(隆肛蛙、秦巴北鲵、秦岭雨蛙及合征姬蛙)的分布特征，可初步说明秦巴区具有独特的区系组成。(胡淑琴、赵尔宓、刘承钊[①]：《秦岭及大巴山地区两栖爬行动物调查报告》，《动物学报》1966 年第 1 期)

资料八(报道) 从 1962 年开始，赵尔宓先生开始了对两栖爬行动物分类区系的“真正研究”，当年他到秦岭去采集标本时，正是生活最困难的时候，他们一行科学家在先下地干活，接受贫下中农“再教育”后，才能饱饱地吃上一顿苞米饭。(禄兴明、刘建：《院士赵尔宓 50 年的“蛇蛙生涯”》，《华西都市报》2001 年 12 月 17 日第 17 版)

资料九(报道) 1962 年，刘承钊和胡淑琴老师组织我们去陕西秦岭采集，我和吴贯夫两人考察秦岭北坡。我俩在钓鱼台采到一种小鲵，经初步研究认为可能是一个新种，决定再去多收集些材料。第二天一早在附近工地买了几个馒头，又去离驻地十几里外的钓鱼台。头天晚上山区下大雨，完成任务后返回途中，上游的山洪下来淹没了来时经过的独木桥，只好沿河上游找了一处水稍浅的地方蹚过去。我们将裤腿卷到胯部，手挽着手大声唱歌，想让歌声压过汹涌的水声壮胆。过河后本该沿河边的一条小径走，但路已被淹没，我们只好沿半山坡上的羊肠小径返回。坡陡路窄，又是悬崖峭壁，一不小心就会掉下去。当我走到较安全的地方时，才感觉足跟很痛，原来湿透的草鞋因收缩而变硬，将隔着厚厚布袜的足跟磨破，殷红的鲜血已将白色布袜染红。(陶佳桂：《院士赵尔宓：与蛇蛙打交道的人》，《晚霞》2007 年第 1 期)

资料十(报道) 1962 年，赵尔宓开始给刘承钊当助手。(张欧：《院士

① 1962 年野外工作参加者：赵尔宓、杨抚华、王宜生、吴贯夫、黄肇国(四川医学院)。

赵尔宓：小心抓蛇　大胆研究》,《成都晚报》2009 年 8 月 25 日第 6 版)

资料十一(报道)　历经几番曲折,直到 1962 年赵尔宓才得偿所愿,开始给刘承钊当助手,真正投身到两栖爬行动物分类区系的研究。(陈悦、程渝:《痴情丈夫赵尔宓　画"勿忘我"献亡妻》,《华西都市报》2013 年 4 月 14 日第 24 版)

资料十二(报道)　1962 年的夏天,时任四川医学院(现四川大学华西医学院)教师的赵尔宓与同事吴贯夫一起,深入陕西秦岭一带,采集两栖爬行动物标本。他们在周至县一个叫厚畛子的小村庄住下,并开始在人迹罕至的大山里搜寻。终于,他们在靠近秦岭山脊的钓鱼台采集到一种有尾巴的小"娃娃鱼",并发现它与全世界已发现的有尾两栖类不同。"这可能是一个新种!"(后来被命名为秦巴北鲵)。他们再次进山搜寻,但在傍晚返回村子的路上,遇到了山洪。来时走过的独木桥已经被山洪淹没,而这是返村的唯一通道。蹚过去！他们没有别的选择。高高地卷起裤腿,两人手挽着手,高唱着歌,向汹涌的山洪发起了无畏的挑战。"40 多年了,我已记不得当时唱的是什么歌,但我却清楚地记得,我们的歌声压过了洪水的肆虐声！我们终于蹚过了对岸……"(张小三:《来自丛林的惊喜》,《中国研究生》2008 年第 9 期)

资料十三(传记)　我真正投身到两栖爬行动物分类区系的研究,是从 1962 年才开始的。(赵尔宓:《六十六年的回顾》,载《赵尔宓选集》下卷)

资料十四(手稿)　1962 年,在陕西汉中、洋县、蒋家坪等地进行两栖爬行动物调查,采集标本 191 号。(赵尔宓:《1958—1962 年云南、贵州、广西和陕西两栖爬行动物调查记录》,1962 年,见图 25)

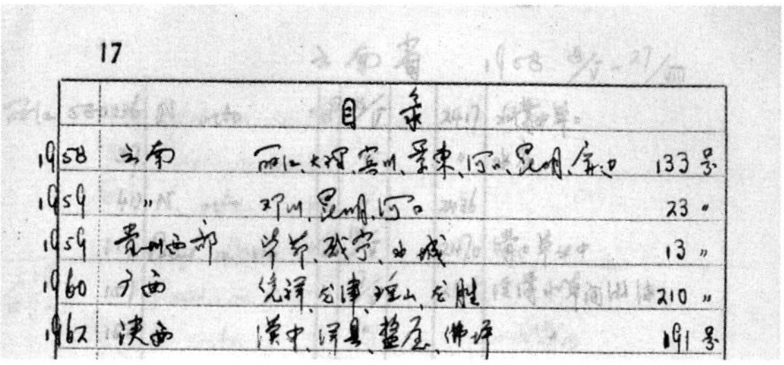

图 25

资料十五(手稿) 参见1958年“5月8日起”条资料二(手稿)。

9月至次年1月,为四川医学院的本科生讲授普通生物学。

资料(手稿)

开课时间	学校名称	学生所在专业	课程名称
1962.9—1963.1	四川医学院	医学系本科	普通生物学

(赵尔宓:《个人工作笔记:开课情况》,1951年至1964年)

9月,中国科学院四川分院农业生物研究所更名为中国科学院西南生物研究所,并成立动物研究室,胡淑琴任动物研究室副主任。

资料(其他) 到1962年,生物所更名为“中国科学院西南生物研究所”,所属研究部门也变为8个,包括植物研究室、微生物研究室、植物遗传生理研究室、土壤研究室、昆虫研究室、园艺研究室、生物物理研究室和动物研究室。1962年研究机构负责人:动物研究室(叶方银、胡淑琴)。(中国科学院成都生物研究所:《岁月足迹》)

1963年　34岁

4月至8月,担任领队,在贵州兴义等地进行两栖爬行动物分类区系的考察,采集了包括尖吻蝮在内的众多标本。

资料一(档案) 1963年贵州两栖爬行动物分类区系考察,任兴义、安龙队领队。(《赵尔宓简介(所庆40周年用)》,1998年,中国科学院成都生物研究所档案室1998永久-1001)

资料二(报道) 1963年,赵尔宓到贵州山区采集标本。偶然听说兴义县的一个小山乡分布着罕见、有剧毒的五步蛇(尖吻蝮)。这种蛇在亚洲相当著名,因舌头酷似三角形的铁犁头,当地人形象地称之为“犁头匠”。迫切想捕一条作研究的赵尔宓和同事,每天一大早就上山搜寻,很晚才下山。但半个月过去了，他们连“犁头匠”的影子都没发现。……“不要走，我家粪坑旁发现了‘犁头匠’。”就在他们收拾行装准备离去时，一个山民飞奔来报。激动的赵尔宓丢掉行李就往他家里跑。“那家伙足有1.5米长、碗口粗，两颗毒牙一寸多长。”一向谨慎的赵尔宓这次下手非常狠，一把抓住了“犁头匠”的脖子。（陈悦、程渝：《动物学家赵尔宓　与蛇“缠绵”半世纪》，《华西都市报》2013年4月14日第23版）

资料三（报道）　1963年，刘承钊和胡淑琴老师组织三个小组到贵州工作。我负责黔西南地区，我们组共四个人在兴义阿依乡考察时，听当地老乡说有种毒蛇叫“犁头匠”，还将他用酒泡的一条幼蛇给我们看。原来它就是大名鼎鼎的“尖吻蝮”，浙江等地又叫“五步蛇”，说是被它咬伤后走五步就会七孔流血而死，所以令人望而生畏。（陶佳桂：《院士赵尔宓：与蛇蛙打交道的人》，《晚霞》2007年第1期）

资料四（论文）　1. 本文报道1963年4至8月在黔东的印江（东北部）、雷山（东南部）和黔中贵阳及其附近，黔西的兴义、安龙（西南部），黔南的罗甸等地进行两栖动物和爬行动物区系调查的结果。2. 两栖动物4 700余号，计48种及亚种，隶14属、8科、2目。增加省新纪录21种，新种4种：尾斑瘰螈 *Trituroides caudopunctatus*，棘指角蟾 *Megophrys spinatus*，雷山髭蟾 *Vibrissaphora leishanensis* 及安龙臭蛙 *Rana anlungensis*。3. 爬行动物107号，计76种及亚种，隶36属、11科、2目。增加省新纪录59种；国内新纪录2种：紫棕小头蛇三岛亚种 *Oligodon swinhonis tamdaoensis*（Bourret）及青脊蛇 *Achalinus ater Bourret*；另有种名未确定的壁虎属1种。4. 根据现有资料，两栖动物中恢复 *Molge labiatum Unterstein* 并作为肥螈无斑亚种 *Pachytriton brevipes labiatus*（Unterstein）；爬行动物中昆明龙蜥 *Japalura varcoae*（Boulenger）应为一有效种。5. 结合文献资料，全面地分析了贵州省两栖动物及爬行动物区系特征，并提出对地理区划的初步意见。（胡淑琴、赵尔宓、刘承钊：《贵州省两栖爬行动物调查及区系分析》，《动物学报》1973年第2期）

资料五(论文)

刘承钊教授参加和组织领导的野外工作简表				
年代(月份)	调查地区	领队	成员	采集标本(种)数量
1963(4—8)	黔西南组	赵尔宓	王宜生、费梁、刘德扬	2 259

(江耀明、吴大均、吴贯夫、陈跃英:《刘承钊教授在四川的野外工作》,《四川动物》2000 年第 3 期)

资料六(口述) “文革”期间,工作我们没有断,但是我们还是没有钱。那些年,钱少得很。……六三年到贵州,六四年到福建。六二年赵老师跟我一起到秦岭。我们俩去考察,就只是我们两个在西安。所以赵老师给我那本书上题“青山绿水几十年”呢。(《吴贯夫访谈》,2015 年 4 月 3 日)

资料七(口述) 六三年分三个队在贵州考察:梵净山一个队,主要是杨抚华;雷山一个队,我和吴贯夫;兴义一个队,主要就是赵老师。那个时候采集的标本相当丰富,可能是刘院长搞两栖爬行动物研究以来,采集的标本最多、收获最大的一年。两栖类,以前胡老师一直跟刘承钊在搞,写报道文章,标本也整理了的。但是爬行类,以前收集了一些标本,堆了一大缸子,福尔马林泡起。整理标本最开始是我和赵先生两个,后来刘德扬也参加。六三年出去以后,起码的资料都没有,(只有)一个学生,一个工作人员,基本的工具书也没有。那就自己写,两栖类就由杨抚华写,爬行类的检索表由赵尔宓来写。临时写一个检索表出来,像我这样第一次参加的人,在野外就可以初步鉴定,回来就可以进一步鉴定,然后就整理这些标本。(《江耀明访谈》,2016 年 10 月 11 日)

资料八(手稿) 赵尔宓 1963 年在贵州省兴义、安龙、罗甸、印江、雷山及贵阳等地调查两栖爬行类栖息地等的原始记录、登记卡资料。(赵尔宓:《贵州省两栖爬行动物调查记录(1106 号)》,1963 年)

资料九(手稿) 参见 1958 年“5 月 8 日起”条资料二(手稿)。

资料十(手稿)

地理位置	日期	野外编号记录	年份(组别)
印江	5 月 3 日—7 月 4 日	63 Ⅰ 5001—5171	1963 年(第一组)
贵阳沙河	4 月 12 日 8 月 16 日—20 日	63 Ⅱ 5001—5009 63 Ⅱ 5296—5299 63 Ⅱ 5302—5304	1963 年(第二组)

（续表）

地理位置	日期	野外编号记录	年份(组别)
雷山	4月27日—7月5日	63Ⅱ5010—5257 63Ⅱ5300—5301 63Ⅱ5305—5306	1963年(第二组)
惠水	7月19日—22日	63Ⅱ5258—5269	1963年(第二组)
清镇	7月29日—8月1日	63Ⅱ5270—5273	1963年(第二组)
龙里	8月9日—13日	63Ⅱ5274—5295	1963年(第二组)
兴义、巴结	4月21日—5月7日 7月10日—17日	63Ⅲ5067—5111 63Ⅲ5328—5342	1963年(第三组)
兴义城郊	5月11日—13日 6月5日—6日 7月7日 7月19日	63Ⅲ5112—5119 63Ⅲ5168—5182 63Ⅲ5275—5327 63Ⅲ5343—5410	1963年(第三组)
兴义阿依	5月18日	63Ⅲ5120—5167	1963年(第三组)
兴义七舍	6月1日—7月3日	63Ⅲ5183—5274	1963年(第三组)
兴义县 安龙县 罗甸县	4月2日—7月19日 7月22日—8月16日 7月5日—8月18日	63Ⅲ5001—5410 63Ⅲ5411—5504 63Ⅲ6001—6129	1963年(第三组)
安龙山 城郊	7月25日—8月16日 7月22日	63Ⅲ5412—5458—5504 63Ⅲ5411	1963年(第三组)
罗甸城郊 董旺—沟亭 罗悃 罗平 八茂大亭	7月5日—12日 7月14日 7月16日—21日 7月23日—8月4日 8月11日—18日	63Ⅲ6001—6013 63Ⅲ6014 63Ⅲ6015—6019 63Ⅲ6020—6090 63Ⅲ6118—6129	1963年(第三组)

(赵尔宓:《各地野外调查时间及编号记录》,1963年—1964年)

9月至次年2月,为四川医学院的本科生讲授普通生物学。

资料(手稿)

开课时间	学校名称	学生所在专业	课程名称
1963.9—1964.2	四川医学院	医疗、卫生、口腔本科	普通生物学

(赵尔宓:《个人工作笔记:开课情况》,1951年—1964年)

是年,四川医学院在生物教研组的基础上成立了两栖爬行动物研究室,刘承钊任学科带头人,胡淑琴任指导老师。

资料一(口述) 六三年,川医从生物教研组抽出部分老师,成立了一个两栖爬行动物研究室,具体工作由胡老师领导,学科带头人是刘承钊院长。赵尔宓和我就全脱产作科研。(《江耀明访谈》,2016 年 10 月 11 日)

资料二(口述) 赵老师对刘先生很尊重,刘先生也认为赵老师是华大的高材生,就把他要来了。我们这个研究室就正式成立了,叫作两栖爬行动物研究室,就是刘承钊、胡淑琴两夫妇(负责的)。刘承钊,国际上也是很有名的,他是搞两栖类的,他是赵老师的第一个老师,是四川省的科协主席。具体原因是这样的:四九年以前胡老师在华大教书,四九年到六二年,胡老师就在川大讲课,教比较解剖学。比较解剖学是比较各方面的形态、发育来探讨进化的层次,这叫比较解剖学。胡老师讲了两年课……后来科学院想到两位老先生比较有名气,因为他们专长是两栖爬行动物的区系分类,具有这样子一个学问,所以科学院为他们两个人成立了一个组,拨点钱等。(《吴贯夫访谈》,2015 年 4 月 3 日)

是年,中国科学院成立《中国动物志》编辑委员会。

资料(报道) 中国动植物志是一项全国性的基本科学资料,它对中国生物的种类、分布、系统关系和经济意义等进行比较全面系统的总结,并为发掘利用国家生物资源和有关建设事业、科学研究与教学工作提供基础资料。全国性的动植物志又是反映一个国家生物科学发展水平的标志之一。世界许多国家都很重视编写全国性的动植物志。中国科学院先后于 1959 年和 1963 年成立《中国植物志》编辑委员会和《中国动物志》编辑委员会,组织院内外有关生物学家编写中国动植物志。(《中国科学院编年史(1973 年)》,中国科学院官网,2009 年 9 月 28 日)

1964 年　　35 岁

3 月至 11 月,跟随刘承钊到海南五指山、吊罗山等地开展两栖爬行动物调查,担任领队,发现海南闪鳞蛇、粉链蛇、海南颈槽蛇等许多新种。

资料一(档案) 1964年,任海南两栖爬行动物分类区系考察队领队。(《赵尔宓简介(所庆40周年用)》,1998年,中国科学院成都生物研究所档案室1998永久-1001)

资料二(口述) 六四年仍然分三个组。六四年我就到福建,赵老师到海南岛。海南岛是第一次去,福建我们也是第一次去,那里的标本也相当多,积累起大量的资料。那个时候主要是收集野外资料,因为你要做两栖爬行动物研究,就要收集野外标本,也就是查清这个家底。那个时候国家考虑写《动物志》,写《动物志》就要把我们国家的所有动物编进去,但是究竟有些什么动物,我们都不晓得,所以第一步就必须要收集标本,就是大规模的野外考察,野外考察有了标本了,才给写《动物志》打下基础。然后边考察,边把这些东西编成文章,编成考察区系的报告,在学报上发表,这样就给写《动物志》积累了资料,后来的《动物志》就是这样逐年积累起来的。但是当时,不止当时,就是到现在,全国独一无二的两栖爬行动物研究室,只有我们这儿有,所以国家也很重视,在国内国际影响都比较大,这个有刘承钊先生奠定的基础。当然,这个考察还有张孟闻,这个人也功不可没。那个时候只有刘先生和胡先生两个人,实际上只有胡先生一个人做,刘先生当院长。胡先生研究两栖类,爬行类就无法做。所以我和赵尔宓参加,后来有刘德扬,这才把爬行类逐渐研究起来。有一定的基础资料以后,国家才组织写《动物志》。后来我们搜集动物标本就是国家组织了,因为要编《动物志》。……有次,他(赵尔宓)做海南闪鳞蛇的研究工作,刘先生指导他。发表新种署名时,赵先生要把刘先生放在第一。新种是留名千古,只要这个种存在,以后无论谁改变了,第一次命名的这个人一直保存。赵先生写了文章请刘先生修改,刘先生改了以后,刘先生就把自己的名字划掉。第二次改了以后,再拿给刘先生看,再把刘先生名字写上,刘先生照样把自己的名字去了,说这篇文章我没有参加工作,我只是审阅,是作为导师应尽的义务。这说明赵老师尊敬刘先生,刘先生也爱才,没有说我多占点,多个名——他不在乎。(《江耀明访谈》,2016年10月11日)

资料三(报道) 赵尔宓院士说,1964年,他在导师刘承钊(我国两栖爬行动物学的主要奠基人之一)的带领下到海南开展了近8个月的两栖爬行动物调查，前后到过五指山、吊罗山、鹦哥岭、尖峰岭、三亚落笔洞等地，在海南发现了许多两栖爬行动物新种，比如海南闪鳞蛇、粉链蛇、海南颈槽蛇等。“由于海南地处热带，森林覆盖率高，加上岛屿性的地理特征，海南两栖爬行动物资源特别丰富，而且其珍稀性、特有性的程度都非常高。”赵尔宓院士告诉记者，海南过去与大陆相连，后来断裂与大陆分开，在其漫长的进化过程中，很多与大陆两栖爬行动物有亲缘关系的物种独立进化，慢慢进化成新种，比如海南闪鳞蛇就是一个典型的例子。赵尔宓说，他曾在我省的白沙、海口郊区采集到两条海南闪鳞蛇，发现它们与大陆闪鳞蛇的鳞片在行数上有较大的区别，便将其定为新种，并命名为“海南闪鳞蛇”。“它在全世界是仅一科一属一种的物种，非常珍贵。”（范南虹：《“我申请做个海南人”》，《海南日报》2008 年 10 月 20 日第 6 版）

资料四（报道） “其实我最怕的是旱蚂蟥，旱蚂蟥吸血虽不致命，但它却防不胜防，不知不觉间就爬上身来。旱蚂蟥没吸血前像火柴棍细，但吸饱血后变得如大拇指粗。1964 年在海南岛采集期间，每天携带的午饭都不敢随便在路边吃，必须在途经大河时蹲在四周被水包围的大石头上吃。我们常跑野外的人都有被它吸血多次的记录。我自己也被旱蚂蟥吸过两次血。”（陶佳桂：《院士赵尔宓：与蛇蛙打交道的人》，《晚霞》2007 年第 1 期）

资料五（报道） 1964 年，赵尔宓和同事乘轮渡前往海南考察当地野生动物。半年时间，他们的足迹踏遍了五指山、鹦哥岭、吊罗山等海拔超过千米的几大山峰。在乐东黎族自治县的莺歌海，他随渔民出海捕捞海蛇，被颠簸的小渔船晃得直吐。在文昌，他与两位同事去文昌建华山附近海域考察海蛙。为了采集湍蛙的蝌蚪，海南卫生局安排协助他们野外工作的小萧想出了一个妙计，在山沟里脱光衣服没到水里，只露出头在水外出气。几分钟后，他才缓缓伸出水外，只见他的全身许多地方都吸附了不少蝌蚪，大家从他身上采集湍蛙蝌蚪。（张小三：《来自丛林的惊喜》，《中国研究生》2008 年第 9 期）

资料六（文章） 1964 年，我发现闪鳞蛇科一个新种，一百多年来，此科仅知单属独种，我认为这一发现有较大的学术价值，建议用刘师的名义发表，可能影响大些，有利于为国争光。刘师知道后，坚决拒绝这样做，并反复向我讲解，毛主席才算真正的伟大，而他自己是微不足道的，因此不允许我们对他有任何崇拜。（赵尔宓：《深切怀念刘承钊老师》，《四川动物》1983 年第 1 期）

资料七（论文） 1964 年 3 至 11 月，作者受原四川医学院院长、已故刘承钊学部委员（院士）的派遣，率领一个小组到海南岛进行为期八个月的两栖爬行动物调查。当时海南岛隶属广东省，设海南行政公署管辖，该署卫生处派工作人员萧汉绮同志全程陪同调查。（赵尔宓：《海南岛爬行动物的八个月调查》，《四川动物》2005 年第 3 期）

资料八（论文）

刘承钊教授参加和组织领导的野外工作简表				
年代（月份）	调查地区	领队	成员	采集标本（种）数量
1964(4—10)	海南岛	赵尔宓	王宜生、费梁、萧汉绮	(120)5 000 +

（江耀明、吴大均、吴贯夫、陈跃英：《刘承钊教授在四川的野外工作》，《四川动物》2000 年第 3 期）

资料九（手稿） 1964 年 4 月 2 日至 9 日，四川医学院组织人员去海南考察两栖爬行动物。根据刘承钊院士安排，赵尔宓一行三人来到海南岛，共采集两栖类动物 8 种，爬行动物 6 种。本文记录了在海南岛野外采集两栖爬行动物的工作经历，主要介绍了湍蛙蝌蚪、溪树蛙、蟒蛇、蝾螈类动物、食蟹蛙等采集过程。（赵尔宓：《海南岛野外采集散忆》，载《四川名师大讲堂》，2008 年 1 月 10 日）

资料十（手稿） 参见 1958 年“5 月 8 日起”条资料二（手稿）。

资料十一（手稿） 四十多年前因为工作需要，我成为早期去海南岛的“旅游”者之一，而且一次长达八个月之久。1964 年初，四川医学院组织去海南岛考察两栖爬行动物，根据恩师刘承钊院士的安排，指定我率领一个小组执行这项任务，我们一行三人于 3 月下旬到广州……4 月 6 日到海南行署及科委等有关单位联系工作……6—9 日在海口联系工作之余曾到附近采集……海南气候温暖湿润，加以那时人口稀少，“天敌”不多，适合两栖爬行动物生长繁衍，所以是我们工作的好地方。几天中顺手拈来，便斩获颇丰，得两栖类 8 种，爬行类 6 种。我们这次野外采集的第一站就选择了五指山。4 月 11 日自海口乘车到琼中县，县治设在营根镇。12 日和 13 日在镇周围工作两次，采到两栖类7种，爬行类4种。4月15日自琼中乘车到什运。16日自什运步行60华里到五指山公社……4月18日到21日主要在番龙附近稻田区采集。20日沿五指山沟采集一次，从海拔580米上到650米，连跋山涉水带采标本费时3.5小时，收获甚丰。值得一提的是迄今海南发现的唯一两种湍蛙（海南湍蛙和小湍蛙），它们都是20世纪初期外国学者根据海南标本命名的新种……刘老师很关心海南是否也有鱼螈类两栖动物。海南到现在还没发现过鱼螈。但是我们却在当地农民的帮助下，第一次发现了海南有蝾螈类有尾两栖动物的分布。当地农民上山打野猪，无意发现并采来四尾蝾螈……王、萧与我于12日离开，乘车到南丰，到达松涛水库，渔民刚从水库捕获一只鼋……是我一生中所见最大的鼋……我们把这只鼋制成标本带回成都，一直保存在两栖爬行动物标本馆（现隶中国科学院成都生物研究所）……其背盘仍有50厘米×49厘米……9月11日，王、萧二人先期到达文昌。我于莺歌海工作结束后到达。我们选择东北部建华山沿海的红树林观察和采集海蛙。经我鉴定，海蛙就是国外早已闻名的食蟹蛙，其拉丁学名cancrivora就是“以蟹为食”或“吃蟹”的意思。（赵尔宓：《海南岛野外采集散忆》，载《四川大学名师讲堂》，2008年1月10日）

资料十二（手稿）

地理位置	日期	野外编号记录	年份
海口市	4月6日—9日 5月18日 7月19日	64Ⅲ5001—5065 64Ⅲ5277—5281 64Ⅲ6481	1964年
琼中及五指山	4月12日—5月16日	64Ⅲ5066—5276	1964年
兴隆	5月20日	64Ⅲ5282	1964年
陵水及吊罗山	5月22日—6月15日	64Ⅲ5283—6422 64Ⅲ6835—6841	1964年
三亚罗蓬	5月20日—21日 7月7日—15日	—	1964年
琼海	7月13日	64Ⅲ6480	1964年
儋县	6月23日—8月9日	64Ⅲ6482—6548	1964年
白沙	8月15日—9月4日	64Ⅲ6549—6650	1964年

（续表）

地理位置	日期	野外编号记录	年份
文昌	9月11日—27日	64Ⅲ6657—6705 64Ⅲ6891—6893 64Ⅲ6896—6897	1964年
莺歌海	9月11日—15日	64Ⅲ6706—6825	1964年

（赵尔宓：《各地野外调查时间及编号记录》，1963年—1964年）

4月，跟随刘承钊到福建等地开展两栖爬行动物调查。

资料一（手稿） 赵尔宓1964年在福建省崇安武夷山、德化戴云山调查两栖爬行类的性别特征、栖息地等的原始记录资料。（赵尔宓：《福建省两栖爬行动物调查记录（23778号）》，1964年）

资料二（手稿） 我所与四川医学院曾于1964年4—10月到福建省北部武夷山及中部戴云山选点考察两栖爬行动物，得爬行动物标本2 300余号，卵29号，连同兄弟单位所赠标本，计得67种及亚种，分隶38属12科3目。其中采到省新纪录1种：宁波滑蜥。地模标本7种：脆蛇蜥、锈链游蛇、乌游蛇、挂墩后棱蛇、山溪后棱蛇、福建颈斑蛇及崇安斜鳞蛇。（四川生物所两栖爬行室[赵尔宓、江耀明]：《福建省爬行动物调查及其校正名录》，《两栖爬行动物研究资料》1976年第3期）

资料三（手稿） 参见1958年“5月8日起”条资料二（手稿）。

10月，在广州、海南开展蛇蛙、鱼鳖等两栖爬行动物的市场调查。

资料一（手稿） 1964年赵尔宓到广州调查蛇蛙等动物经济价值的资料，内容包括广东收购蛇蛙数量和市场价格，蛇胆等药品价格的市场调查报告。（赵尔宓：《1964年广州调查蛇蛙等动物市场资料的记录》，1964年，见图26）

资料二（手稿） 1964年赵尔宓在海南调查两栖爬行动物的市场情况。调查内容包括龟鳖、虎纹蛙、海蛇、蜥蜴等的食用、药用、收购价格、销售量、销售渠道、销售价格等。（赵尔宓：《两栖爬行动物市场情况调查记录》，1964年，见图27）

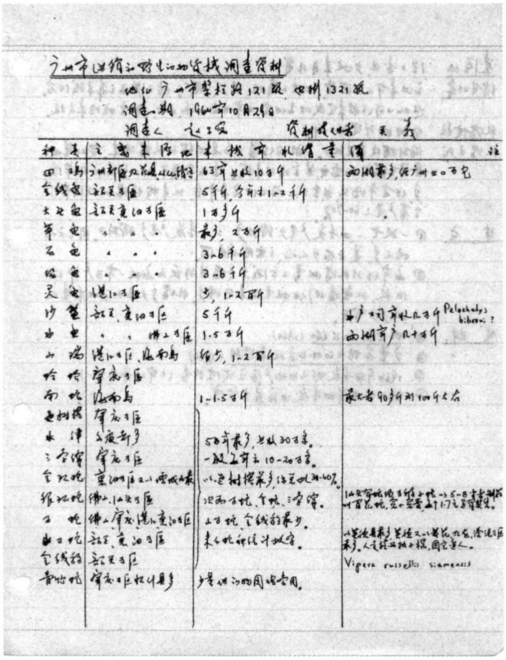

图 26

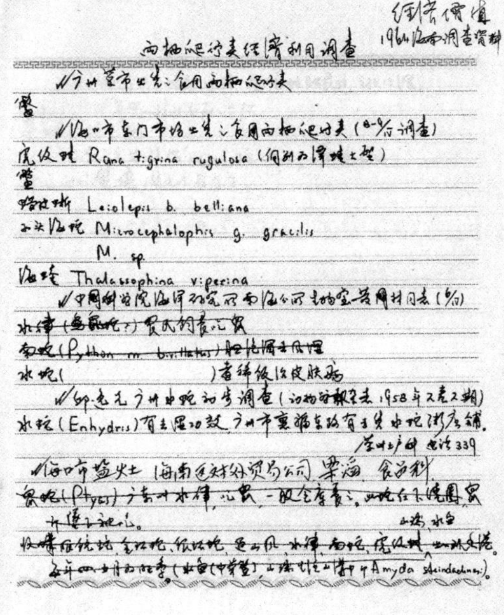

经济价值
1964海南调查资料

两栖爬行类经济利用调查

广州蛇市出售之食用两栖爬行类

鳖

海口市东门市场出售之食用两栖爬行类（8-9/?调查）

虎纹蛙 Rana tigrina rugulosa

鳖

蜡皮蜥 Leiolepis b. belliana

小头海蛇 Microcephalophis g. gracilis

M. sp.

海蝰 Thalassophina viperina

水蛇(Enhydris)

Amyda steindachneri

图 27

是月，在广州等地拜访蛇毒研究专家，学习蛇毒的相关知识。

资料一(手稿) 赵尔宓在1964年的广州学习笔记中，记录了专家讲授的有关蛇毒研究的内容。主要包括蛇毒患者的临床症状、治疗方法、治疗处方的药理作用、蛇毒毒理的研究等。(赵尔宓：《蛇毒研究——1964年广州学习笔记》，1964年)

资料二(手稿) 赵尔宓在广州学习笔记中归纳了1960年—1963年中山医学院有关蛇毒毒理、中毒治疗、蛇药药理及蛇毒利用等研究论文的内容。主要包括广东眼镜蛇、金环蛇蛇毒对神经系统、呼吸机能、循环系统、血液的毒性研究，抗眼镜蛇蛇毒血清的交叉免疫性，蛇毒的镇痛作用，蛇毒治疗某些神经系统疾病的疗效观察等。(赵尔宓：《蛇毒研究——1964年广州学习笔记》，1964年)

是年，中国科学院西南生物研究所两栖爬行动物研究室成立，胡淑琴出任第一任研究室主任。

资料一(档案) 胡淑琴(1914年2月13日—1992年12月10日)，女，江苏省常熟市人，中共党员和民主同盟会盟员。1937年毕业于东吴大学，1938年至1960年先后在华西大学、燕京大学、四川医学院任教和兼职从事两栖爬行动物科研工作。……胡淑琴同志几十年来从事两栖爬行动物分类区系学研究，在该领域中对其系统分类、区系、系统发育等研究作出卓越贡献。她与刘承钊教授共同开创了我国两栖爬行动物的系统研究，1964年组建了本所两栖爬行动物研究室，并任第一届室主任。在她的领导下，执行了我国动物学科十年远景规划，组织研究人员先后赴全国十多个省(区)进行两栖爬行动物考察。(《中国科学院成都生物研究所40年历程》，1998年，中国科学院成都生物研究所档案室1999.01-009)

资料二(其他) 1964年，生物所撤销了生物物理研究室，建立了两栖爬行动物研究室等。1964年研究机构负责人：两栖爬行动物研究室(胡淑琴)。(中国科学院成都生物研究所：《岁月足迹》)

1965 年　36 岁

1 月，与江耀明、吴贯夫、王宜生等人从四川医学院调至中国科学院西南生物研究所两栖爬行动物研究室工作。研究室在胡淑琴的指导下全面开展两栖爬行动物学的研究。中国两栖爬行动物研究的新时代正式开启。

资料一(档案)　两栖爬行动物区系区划的研究(十年科学规划。由科学院、国家科委下达)：六五年集中精力对历年来野外调查，积累大量标本资料，进行系统整理，在可能范围内于 4—8 月对大凉山、小相岑作补充调查。年底完成贵州、福建省、海南岛等地两栖爬行动物调查报告。编写知识丛书——两栖动物及爬行动物。(中国科学院西南生物研究所：《一九六五年科研工作安排纲要初步意见》，1965 年，中国科学院成都生物研究所档案室文书档案 65.03－8.1)

资料二(档案)　成都生物所(及前身)1965.1—1980 助理研究员。(《中国科学院专业职务聘任呈报表(赵尔宓被聘为研究员)》，1986 年，中国科学院成都生物研究所档案室人事档案 104 第 4－2－2 号)

资料三(档案)　1965 年，四川医学院参加此项研究的同志调入我所两栖爬行动物研究室。建室之初，共有 8 人。(《中国科学院成都生物研究所两栖爬行动物室基本情况及今后设想》，1982 年，中国科学院成都生物研究所档案室 82.01－4)

资料四(档案)　我室原是在已故的著名生物学家刘承钊教授领导下的研究小组，经中国科学院批准，于 1965 年建立起来的，主要以两栖和爬行动物为研究对象，探讨它们的物种组成和区系特征、分类和分布等问题。(《1980 年两栖爬行动物研究室发展设想》，1980 年，中国科学院成都生物研究所档案室 80.06－13)

资料五(论文)　1965 年[①]，中国科学院在成都生物研究所(当时称西南

① 经查证，中国科学院西南生物研究所两栖爬行动物研究室成立于 1964 年，全面开展工作是在 1965 年 1 月由其他单位调入研究人员后，因此大部分人在回忆时都认为研究室成立于 1965 年。

生物研究所)组建两栖爬行动物研究室,由刘承钊教授的夫人胡淑琴(已调入该所数年)主持其事。原在四川医学院协助刘师工作的王宜生、赵尔宓、江耀明、吴贯夫,稍后还有田婉淑均被调入新组建的研究室。此后有关两栖爬行动物的研究工作便在胡淑琴研究员的领导下继续进行。(江耀明、吴大均、吴贯夫、陈跃英:《刘承钊教授在四川的野外工作》,《四川动物》2000 年第 3 期)

资料六(口述) 研究所两栖爬行室应该是六五年成立的。成立后,胡淑琴是第一任主任,一直当到七九年。因为当时招(收)我们的时候,她还是室主任。我是胡淑琴招过来的(研究生),赵尔宓带的。虽说八十年代早期,胡淑琴是主任,但她身体不好,长期在医院里,所以赵尔宓主持两栖爬行动物室的工作。我八二年来的,第一任主任胡淑琴,大概是二十世纪八十年代的八二年还是八三年,赵尔宓接任,一直干到九十年代。(《王跃招访谈》,2015 年 7 月 7 日)

资料七(口述) 停课后,妈妈照样还是上课,爸爸偶尔去上班,他当时还在华西医科大学。他六五年才复课,恢复工作,开始成立科分院的时候,才从华西调到这边来。六五年调过来的,他以前都在华西医科大学。(《赵蕙访谈》,2016 年 9 月 8 日)

资料八(口述) 赵尔宓一直跟着胡老师和刘承钊的,所以胡老师过来后,为了工作方便,六五年一月,把赵先生他们几个人的关系也全部调过来了,王宜生、吴贯夫、江耀明几个人的人事关系和整个工作关系正式转到生物所。所以六五年到生物所的,除了我们十几个大学生以外,就是赵先生他们几个人。(《蒲自莲访谈》,2016 年 9 月 9 日)

资料九(口述) 赵尔宓老师他调到生物所,我们都已经到科学院了。我先调过来时,他还在华西医大。六五年等那些人都调过来后,这个室就正式成立,就比较庞大了。(《吴贯夫访谈》,2015 年 4 月 3 日)

资料十(口述) 赵先生完全开始搞两栖爬行动物研究大概是在六五年正式成立了两栖爬行室以后。(《蒋珂访谈》,2016 年 9 月 3 日)

资料十一(学术评价) 1965 年调到中国科学院西南生物研究所,那里建立了两栖爬行动物学研究室。(Kraig Adler, Dedication to Ermi Zhao)

资料十二(传记) 1965 年调到中国科学院成都生物研究所(当时名为西南生物研究所),历任助理研究员、副研究员、研究员、研究室主任。(赵尔宓:《六十六年的回顾》,载《赵尔宓选集》下卷)

资料十三(手稿) 为适应我省两栖爬行动物学研究工作发展的需要,将四川医学院生物学教研组参加两栖爬行动物研究的部分教师职工以及历年收集的标本资料等都转入中国科学院西南生物研究所(现成都生物研究所),于 1965 年组建了两栖爬行动物研究室,成为我国第一个也是唯一的两栖爬行动物学研究机构。建室之初,由胡淑琴研究员担任研究室主任,直到 1980 年,由赵尔宓继任斯职。(赵尔宓:《两栖爬行动物学》,1990 年)

5 月,组队前往云南永仁、花坪等地,调查两栖爬行动物。

资料(手稿) 1965 年 5 月,前往云南永仁、花坪等地调查两栖爬行类栖息地等信息。(赵尔宓:《1958—1962 云南、贵州、广西和陕西两栖爬行动物调查记录》,1962 年)

8 月 20 日,与刘承钊共同发表论文《铜楔蜥卵胎生习性的观察》。本文是其科研论文的处女作。

资料一(文章) 我参加两栖爬行动物研究工作后,刘师把自己的一篇英文旧稿找出来给我,我补充了一些新取得的观察材料,写成《铜楔蜥卵胎生习性的观察》一文,以我们二人的名义发表在 1965 年的《动物学杂志》上,这是我在本学科中……处女作的由来,实际上凝聚着老师的不少心血。(赵尔宓:《深切怀念刘承钊老师》,《四川动物》1983 年第 1 期)

资料二(论文) 铜楔蜥 *Sphenomorphus indicus*(Gray)广泛分布于我国华中、华南及西南各省,甘肃省及陕西省秦岭北麓亦有发现。鉴于国内关于此种蜥蜴繁殖习性方面的资料不多,本文报道了铜楔蜥繁殖习性的自然观察及解剖标本的研究结果,探讨铜楔晰的生活史,证明铜楔晰是卵胎生动物。(刘承钊、赵尔宓:《铜楔蜥卵胎生习性的观察》,《动物学杂志》1965 年第 4 期)

资料三(学术评价) 1965 年开始,赵尔宓陆续发表了一系列两栖爬行动物学科的论文。(Kraig Adler, Dedication to Ermi Zhao)

是年,参与并完成"动物区系调查及动物志编制"研究课题,开展两栖爬行动物区系分类的调查研究。

资料一(档案) 中国科学院动物研究所:你所(65)动计字 289 号文收到,我所承担十年科技规划中"动物区系调查及动物志编制"研究课题 1965 年计划已基本完成。今年同期完成贵州、福建、海南岛两栖、爬行动物区系分类的调查研究及我国爬行动物新纪录等。(中国科学院西南生物研究所:《"动物区系调查及动物志编制"研究课题 1965 年计划执行情况》,1966 年,中国科学院成都生物研究所档案室文书档案 66.06 - 4.2)

资料二(档案) 今年基本上按原计划完成了室内外的工作,与此同时将与主要课题有关的资料整理后,陆续写完四篇报道(其中有四川爬行动物新种三种之报道)。总的情况是贵州、福建、海南岛地区性的调查,获得二万余号标本,都分别登记、测量、整理、绘就彩图。各地新纪录 102 种,国内新纪录 7 种,新种 11 种,未定名者 4 种,修订种名或作补充者 50 种以上。(中国科学院西南生物研究所:《两栖爬行动物研究室一九六五年工作总结》,1965 年,中国科学院成都生物研究所档案室文书档案 65.01 - 1)

是年,在贵州、成都等地开展蛇类、龟类等两栖爬行动物的市场调查。

资料(手稿) 1963 年—1966 年,赵尔宓到贵州、成都、中江、剑阁调查蛇类等动物的市场销售及利用情况。(赵尔宓:《1963 年—1966 年在贵州、成都、剑阁、中江调查蛇类等动物市场销售及利用的资料记录》,1966 年)

1966 年　　37 岁

1 月 16 日,在云南动物采集调查活动的基础上,与江耀明撰写并发表《云南省爬行动物调查及补充名录》。

资料(论文) 1957年4月,刘承钊教授到云南省西双版纳进行采集调查。1958年5—8月,四川医学院组织调查队到云南省丽江玉龙山、宾川鸡足山、大理点苍山、景东无量山等横断山脉地区,以及昆明、屏边、河口等地进行采集调查,这两次调查结果以及西南生物研究所保存的爬行动物标本,共计标本443号,经鉴定为63种,隶33属1科2目,其中增加云南省新纪录14种,采到地模标本4种。根据我们掌握的资料,结合文献记载,目前已知云南省共有爬行动物1种,按现有资料,种数之多,居全国之冠。(赵尔宓、江耀明:《云南省爬行动物调查及补充名录》,《动物学杂志》1966年第3期)

1月20日,第一次独立发表科研论文《关于"壁虎"的几个问题》。

资料一(论文) 本文中,赵尔宓就壁虎的毒性、壁虎的繁殖、栖息环境、生活习性及再生能力等大众关心的问题给予了解答。(赵尔宓:《关于"壁虎"的几个问题》,《生物学通报》1966年第1期)

资料二(传记) 从1966年我发表第一篇科学论文以来,到现在共发表论文150余篇,出版专著、论文集、图谱、手册等20余种。(赵尔宓:《六十六年的回顾》,载《赵尔宓选集》下卷)

1月起,研究《诗经》《山海经》等古书中关于两栖爬行动物的资料,包括龟、鳖、蛇、蜥蜴等。

资料(手稿) 1966年赵尔宓收集了《诗经》《山海经》《本草纲目》、各地中药志中关于两栖爬行动物经济价值的资料,用于研究其经济价值。涉及动物包括龟、鳖、蛇、蜥蜴等。(赵尔宓:《〈诗经〉〈山海经〉〈本草纲目〉、各地中药志中关于两栖爬行动物的资料》,1966年)

2月,在广州参加蛇伤防治经验交流会。

资料(手稿) 赵尔宓于1966年2月参加在广州召开的蛇伤防治经验交流会,记录了会议日程、会议相关内容以及各单位的情况介绍。主要内容包括我国毒蛇的种类、分布及生态,毒蛇咬伤治疗及毒理研究概况,蛇药治疗

毒蛇咬伤的临床经验等。(赵尔宓:《广州蛇伤防治经验交流会资料》,1966年)

4月10日,与胡淑琴共同发表论文《四川爬行动物三新种》。

资料一(论文) 本文描述了四川爬行动物的三个新种,包括四川龙蜥、丽江游蛇、美姑脊蛇的特征、正模、副模及相近种比较等信息。新种模式标本均保存于中国科学院西南生物研究所。(胡淑琴、赵尔宓:《四川爬行动物三新种》,《动物分类学报》1966年第2期)

资料二(信件) 编辑同志:来信收到了,承对拙稿提出宝贵意见,借以纠正不足,不胜感谢。现奉复如下:有关文章形式及用词方面。1. Agamidae,过去曾有人译为板鳞蜥科,以其一些种类肛前或腹下有若干称为板鳞的较大鳞片。今年初,科学出版社名词室寄来审定的脊椎动物名称初稿,应译为板鳞蜥科。当时,Agama既已译为板鳞蜥属,而鬣蜥属又为Calotes沿用的译名,鬣鳞也非本科动物都有,我们根据科名从模式属名这一原则,曾同意译为板鳞蜥科……二、关于与相近种区别。我们在"特征"(Diagnosis)一栏中提出。有的明确指出与某某旧种相近,但新种区别特征如何;有的虽未明确指出与某某种相近,但特征的描述确实针对与同属中其他种的区别点写出的,在文稿再与相近种比一下……三、关于四川龙蜥与丽纹游蛇二新种是否成立? 1. 四川龙蜥确为一新种!(1)四川龙蜥在龙蜥属中的地位……认为四川龙蜥在手边上掌握的材料看来,确为一与众不同的新种。(2)四川龙蜥不是草绿龙蜥的变异个体。① 我们搜集有草绿龙蜥标本176号,教学标本500余号……(3)四川龙蜥也不是草绿龙蜥的亚种……(胡淑琴、赵尔宓:《回复〈四川爬行动物三新种描述〉的审查意见》,1965年)

是年,调查秦岭及大巴山地区两栖爬行动物,与吴贯夫到陕西周至等地采集标本。

资料一(档案) 中国科学院成都生物所建所40年来的科研工作:中国科学院成都生物研究所成果目录(1960—1998年):《秦岭及大巴山地区两栖爬行动物调查报告》,1966年。(《中国科学院成都生物研究所40年历

程》,1998 年,中国科学院成都生物研究所档案室 1999.01 - 009)

资料二(论文) 本文介绍刘承钊教授生前发表(含合作发表)的两栖动物 66 个新种,分隶 2 目 9 科,计有尾目 2 科 9 种,无尾目 7 科 57 种(名单见附表)。

中名、拉丁学名	年代	模式标本号	模式标本产地	采集人
秦巴北鲵 *Ranodon tsinpaensis*	1966	CIB 623293	陕西周至后畛子	赵尔宓、吴贯夫
秦岭雨蛙 *Hyla tsinlingensis*	1966	CIB6231149	陕西周至后畛子	吴贯夫、赵尔宓

(田婉淑、赵尔宓:《刘承钊教授生前发表的两栖动物新种》,《四川动物》2000 年第 3 期)

资料三(口述) 刘(承钊)先生他们,六十年代跟赵(尔宓)老师、吴(贯夫)老师到秦岭考察,在秦岭待了一个多月,他们也定了好多新种。六十年代,刘先生当时是那个四川医学院的院长,刘先生带着,或者刘先生有时候忙,就要求他们去,所以费(梁)老师、吴老师、胡(淑琴)老师、赵老师,还有其他几个老先生一块出去,跑武夷山,跑海南。在秦岭待的这一个月,有赵先生。那个文章里面都有赵先生的名字,发表在中国的《动物学报》。文章应该是在七十年代发表的。他那个论文集里面都有。野外科考在六十年代,好像是六六年。后来老先生给我们讲,那个时候非常艰苦。六十年代到那个山里面去,哪像现在有这个高速公路啊,连公共汽车都没有。他们从周至县县城走到楼观台,要走一天吧。你想,人走一百里路要走多少时间!吴老师和赵先生他们去办事,办完事又赶回去,就是这样。(《李丕鹏访谈》,2015 年 7 月 28 日)

1967 年　38 岁

“文革”期间,坚持野外考察,开展科学研究,未参与任何派系。

资料一(口述) 我是五五年出生的,到“文革”的时候我已经比较懂事了,可以说伴随着我爸一起度过了“文革”的那十年。……我爸妈都是属于埋头做学问又不过问政治的人。他们平常就不怎么关心政治，而且他们也觉得不应该像这样人与人之间斗来斗去的。爸爸是“逍遥派”，哪派都不参加。工资也没发，当时工资也少。那时候妈妈是讲师，我记得妈妈说：“每个月工资只有八元钱。”八元钱都没有发给他们，粮票也没有，那段时间生活很困难。就靠我小的姑姑、小的叔叔，他们都还是大学生，他们有点补贴，我爷爷奶奶也有点补贴，就吃他们的口粮。在我的记忆中觉得那会儿天天都很饿，饭都吃不饱，吃得最多的菜就是南瓜、茄子、藤藤菜[①]，肉都没怎么吃。我妈妈还是照样备她的课，我爸爸还是写他的东西，看他的书。我就把小学四年级刚刚发的课本全部自学完了，上面的每一道题都自己做完了，写了几本。然后没事干，就学绣花、绣枕头。爸爸不愿意我出去折腾，不准我出去，就在家里乖乖地待着。所以我什么都没参加过。我们家没什么东西，除了那几样家具，就是书。我爸爸也最心疼他的书了，生怕把他的那些书给破坏了，他就把书藏到我们隔壁家。隔壁家是华西医科大学的小头目，但是跟我们关系很好。我们那排房子一共有六家人，平房，尖顶的，他们那家可以上到顶上去。我爸爸就把他的那些书从他们家放到房子顶上藏起。什么都不藏，就把书藏起来了。就害怕那些人把书给他破坏了。他就那么爱书，其他什么都可以舍弃，就是书不能舍……他们坚信他们没有错，他们也没有参加什么组织，也没有对不起共产党，他们就是搞学问的，他们只问学问，其他的事他们都不过问。(《赵蕙访谈》，2016 年 9 月 8 日)

资料二(口述)　六六年楼修起来以后，赵先生他们就从川医那边搬过来了。赵先生这个人，年轻的时候长得很帅，很热情，对工作充满激情，一看就是个有亲和力的人。他充满朝气，“文革”刚开始，他很愿意主动和我们接近。因为他的组织人事关系不在生物所这里，而且他们转过来也刚刚才一年，还没有和我们这里的同志们在一起工作过。所以“文革”这几年，正因为他们这个特殊的环境，保全了他们比较良好的工作环境。华西那边认为他们是我们生物所的人，关系都过来了，虽然他们办公、工作在那边，但是那边不管他们，他们在那边可以比较安静地工作。那时候他们坚持工作，其他人

① 藤藤菜，学名蕹菜，四川当地俗称藤藤菜、空心菜等。

搞运动，他们照样出差，照样到野外去采样。赵先生那个时候去云南，比如西双版纳。他比较活跃，到西双版纳以后，抓蛇啊……他的一个最大的特点就是到哪儿，他都充满了工作的热情，对人也很热情，人际关系也比较好。当时野外工作条件很艰苦的，两栖爬行动物研究人员能够坚持工作，我们也提供了一些方便……所以赵先生他们一直能够坚持野外工作。他们后来出一些成果，两栖爬行室可以走在各个研究室的前面，能够在全国独树一帜，很多基础工作都是那个时候打下来的。所以“文革”这一段，由于赵先生他们那个研究室和他们所处的特殊的工作环境，造就了他们受到的干扰比其他研究工作要少得多的有利局面。所以实际上整个“文革”过程中，赵先生他们那个两栖爬行研究室大的工作环境是安定的，虽然受到一些社会影响，但受到的冲击很小。这种情况下，赵先生他们的工作受的干扰比其他部门小，所以后来“文革”刚刚结束，他们就出了很多成果。(《蒲自莲访谈》，2016年9月9日)

1968年　39岁

4月5日，中国科学院西南生物研究所革命委员会获批成立。

资料(其他)　随着“文化大革命”的到来，生物所的领导机构一度处于瘫痪状态，直到1968年4月5日，四川省革命委员会筹委会和中国人民解放军成都军区才以川革筹(68)65号文件批准成立“中国科学院西南生物研究所革命委员会”，并任命邓国彪同志为革委会主任，全面主持生物所工作。革委会下设政工组、生产组、办事组等行政管理机构，原有从事科研工作的5个研究室和川西北草原工作站未予变动。……广大生物所干部与职工，仍然心怀对党的信任和满腔爱国之情，胸装追求科学真理与报效国家的梦想，秉承知识分子的良知与坚韧，顶住压力与磨难，坚持科研工作。他们去工厂、下农田、进深山、到草原，完成了一个又一个研究项目。一大批科研成果在风雨动荡的岁月里顽强诞生，而磨难中的坚持也成就了生物所人的精神与文化根基。(中国科学院成都生物研究所：《岁月足迹》)

1969年　40岁

9月至11月，为完成“西南边疆毒蛇调查及蛇伤防治研究”课题，前往全国多地进行参观访问，整理蛇药、蛇毒等相关知识。

资料一(手稿)　赵尔宓在南宁、福州、杭州、南通、上海参观学习的笔记中，记录了中草医治蛇伤经验及处方、蛇药成药生产过程、毒蛇饲养、制备蛇毒方法、蛇毒药物试验、蛇毒毒理和云南省中成药展览资料。(赵尔宓:《南宁、福州、杭州、南通、上海参观学习笔记》,1969年)

资料二(手稿)　赵尔宓在手稿中记录了浙江、江西、福建、广西、云南、贵州、广东等地用于治疗蛇伤的植物。主要包括中文名称、拉丁名、所属科名、出处、药用成分、性状以及药效。(赵尔宓:《各地蛇伤药原植物记录》,1969年)

资料三(手稿)　赵尔宓整理的眼镜蛇、金银环蛇、竹叶青等各种毒蛇蛇伤治疗配方笔记主要包括中草药名、配方、用量、服用方法、治疗效果、资料来源等。(赵尔宓:《蛇伤治疗配方笔记》,1969年)

资料四(手稿)　赵尔宓在手稿中记录了眼镜蛇蛇毒复方、单方的历次筛选实验结果，与其他蛇伤药的比较数据，蛇毒对小鼠毒力的测定数据以及犬对眼镜蛇蛇毒的历次试验结果。主要包括给毒剂量、对照组数据、治疗组数据等。(赵尔宓:《眼镜蛇等蛇毒药方实验数据记录笔记》,1969年)

资料五(手稿)　赵尔宓在手稿中记录了福建、广东、南海、南宁等地治疗蛇伤的中草药及其中药处方。主要介绍了这些中草药的植物名、拉丁名、产地、野外生长环境、药性、药效、服用方法等。(赵尔宓:《各地治疗蛇伤中草药集锦记录》,1969年)

资料六(手稿)　赵尔宓在手稿中总结了中山医学院等各地医院治疗毒蛇咬伤的经验，包括毒蛇咬伤的主要症状与鉴别要点、毒蛇与无毒蛇咬伤鉴别、神经毒与血循毒中毒比较、蛇毒患者临床表现、野外急救的主要方法和技术等。(赵尔宓:《中山医学院等各地医院蛇伤防治经验总结记录》,1969年,见图28)

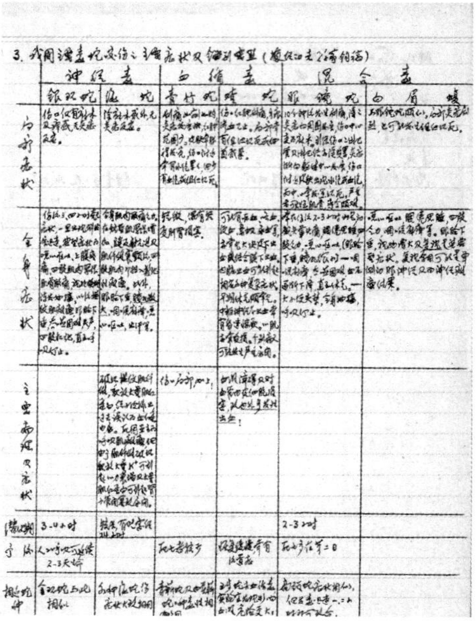

图 28

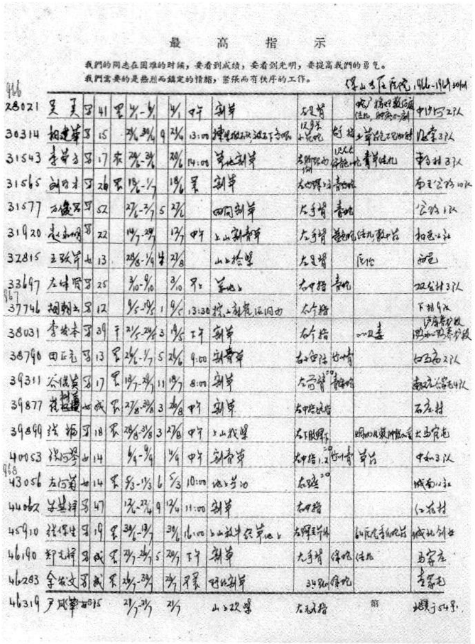

图 29

资料七(手稿) 赵尔宓在手稿中记录了保山专属医院蛇伤的常规治疗方案和从 1966 年到 1969 年收治的蛇伤病例的具体情况,包括姓名、年龄、咬伤时间、事发缘由、咬伤部位、临床处理方案等。(赵尔宓:《保山专属医院蛇伤治疗记录》,1969 年,见图 29)

资料八(手稿) 赵尔宓在手稿中总结了福建著名蛇医黄守林治疗蛇伤的思路及其使用的中草药,以及广西蛇药所用的中草药。主要介绍了这些中草药的植物名、拉丁名、药效等。(赵尔宓:《福建及广西治疗蛇伤常用中草药记录》,1969 年)

是年,到云南执行国防建设项目"西南边疆毒蛇调查及蛇伤防治研究",研究毒蛇危害,研制蛇药。

资料一(档案) 1969 年—1970 年,作为主要参加人,参加由昆明动物所主持的"云南蛇药"筛选研制工作。(《赵尔宓简介(所庆 40 周年用)》,1998 年,中国科学院成都生物研究所档案室 1998 永久-1001)

资料二(报道) 1969年,根据国防建设的需要,中国科学院下达任务,进行了西南边疆毒蛇调查及蛇伤防治研究,研究成功“云南蛇药”“蛇伤中草药”,编著了《中国蛇类图谱》[①]。(王海燕、郑培明:《回首过去 硕果累累 继往开来 引人入胜——访中国科学院成都生物所两栖爬行动物研究室王跃招主任》,《科学新闻》2000年第30期)

资料三(报道) 1969年,根据中国科学院下达的国防任务,参加云南毒蛇危害调查,进行动物实验中毒药物保护作用的筛选,制成“云南蛇药”。(陶佳桂:《院士赵尔宓:与蛇蛙打交道的人》,《晚霞》2007年第1期)

资料四(报道) 1969年到1970年,根据国防需要,他到毒蛇重灾区云南,与昆明动物研究所的同志合作,调查毒蛇危害及蛇伤治疗方法,研制成功“云南蛇药”。(禄兴明、刘建:《院士赵尔宓50年的“蛇蛙生涯”》,《华西都市报》2001年12月17日第17版)

资料五(口述) 六九年是国家下达了一个课题(任务),要求把云南的毒蛇摸清楚。因为云南是边界,怕的是战争来。因为解放军要战斗,老百姓要跟着支援前线,毒蛇来了咋办。云南、广西的毒蛇特别多,那个时候考虑到战争,为了战争需要搞这个毒蛇研究,研究蛇伤防治和治疗蛇伤的药物,叫国防科研。我、赵老师、刘德扬、费梁和云南动物所、云南药厂协作,搞云南蛇药,一直搞了四年,六九、七〇、七一、七二,四年把云南蛇药搞出来,同时把云南的毒蛇大体上摸清楚了。但是正因为是国防科研,当时只能研究毒蛇,两栖类动物根本没有去研究,爬行类中的无毒蛇也完全没有关注。后来杨大同问到我:“有个很好的无毒蛇,你们要不?”我说那是无毒蛇,我们不做,怕被当作冲击国防科研。所以有时候我们遇到大批有用的标本也不敢采,只能够研究毒蛇和蛇药。但这样也好,集中力量把这一部分研究得比较透彻。(《江耀明访谈》,2016年10月11日)

资料六(口述) 还有他们当时那个科研工作,其中一个就是蛇毒防治。云南西双版纳毒蛇很多,解放军、边防人员到处巡逻站岗,经常被咬。他们专门也做这个工作,做了很多毒蛇防治的工作。(《蒲自莲访谈》,2016年9月9日)

---

① 《中国蛇类图谱》于1971年出版。文中意为1969年开启了西南边疆毒蛇调查及蛇伤防治研究的工作,“云南蛇药”的研制、相关著作的编写都是后期的持续性工作。

资料七(传记)　1969年—1970年,根据国防需要,到云南西南边疆与昆明动物研究所的同志合作调查毒蛇危害及蛇伤治疗方法,研制成功"云南蛇药"。(赵尔宓:《六十六年的回顾》,载《赵尔宓选集》下卷)

资料八(手稿)　成都生物所组织人员赴滇西南(1969—1972)、安徽(1972、1974)、西藏(1973)、湖北(1974)、湖南(1975)、新疆(1976—1977)及多次到四川各地考察。调查采集结果写成论文多篇发表。(赵尔宓:《两栖爬行动物学》,1990年)

1970年　　41岁

4月起,为完成"西南边疆毒蛇调查及蛇伤防治研究"课题,前往广东、广西、云南等地参观学习,整理蛇伤治疗方法。

资料一(手稿)　赵尔宓在手稿中主要记录了动物模型、给毒剂量和方法、配毒液方法、中草药煎制方法、药物浓度、药物毒性、成药使用方法等。(赵尔宓:《广东广西参观学习蛇毒治疗方法笔记》,1970年)

资料二(手稿)　1970年5月26日在昆明翠湖宾馆,赵尔宓记录了李世俊医师介绍的蛇伤治疗方法,包括被蝮蛇、眼镜蛇、竹叶青等毒蛇咬伤的局部和全身症状、中西医治疗方案。涉及创口处理、中药蛇药配方、西药注射及临床观察等问题。(赵尔宓:《李世俊医师介绍蛇伤治疗经验记录》,1970年)

4月至6月,在安徽北部进行野外考察。

资料(档案)　参见1988年"3月7日"条资料三(档案)。

12月28日,中国科学院西南生物研究所更名为四川省生物研究所。

资料(其他)　1970年12月28日,四川省革委会在川革函(70)1335号文中批复,中国科学院西南分院生物研究所更名为四川省生物研究所,并从1971年元旦开始启用新印章。至此,生物所从中国科学院划归四川省领导,直到1978年。(中国科学院成都生物研究所:《岁月足迹》)

1971 年　　42 岁

是年，赴安徽与海南进行两栖爬行动物分类区系的考察，任领队，持续至次年。

资料(档案)　1971 年—1972 年，作为领队前往安徽黄山与海南南部开展两栖爬行动物分类区系的考察。(《赵尔宓简介(所庆 40 周年用)》，1998 年，中国科学院成都生物研究所档案室 1998 永久- 1001)

是年，作为主要编著者，与浙江医科大学、上海自然博物馆合写《中国蛇类图谱》。

资料(档案)　1971 年，我所与浙江医科大学、上海自然博物馆合作编著了《中国蛇类图谱》，为鉴别蛇类提供了基本资料，由上海科学出版社出版，该书获全国科学大会奖。(《中国科学院成都生物研究所 40 年历程》，1998 年，中国科学院成都生物研究所档案室 1999.01 - 009)

1972 年　　43 岁

3 月，作为主要编写人，编印《中国蛇类检索表》暨《两栖爬行动物研究资料》[①]第一辑。

资料一(档案)　1972 年，出版《中国蛇类检索表》，为主要编写人。(《赵尔宓简介(所庆 40 周年用)》，1998 年，中国科学院成都生物研究所档案室 1998 永久- 1001)

资料二(档案)　中国科学院成都生物所建所 40 年来的科研工作：中国科学院成都生物研究所成果目录(1960—1998 年)：《中国蛇类检索表》，

---

① 又名《川生科技》，从 1972 年到 1978 年，每两年出版一辑，共出版四辑。

1972 年。(《中国科学院成都生物研究所 40 年历程》,1998 年,中国科学院成都生物研究所档案室 1999.01 - 009)

资料三(口述) "文化大革命"期间,我们这边还在继续工作,所里出了些材料。当时是这样的,六六年到七六年,这个(《川生科技》)是七二年出的,两年一期,七六年出第三期,刊出论文 12 篇。出这个之前,七二年还出了一本《中国蛇类检索表》。《川生科技》第 1 期是《蛇类检索表》,当时手写油印的,后来在华西医大正式出版了一个《蛇类检索表》,就算这本的第一期。这个叫《川生科技》,正式定了,叫《两栖爬行动物研究资料》。不是正式学报,不好定名,就叫《资料》。解放后我们没有那么多标本实验,川医有,就到川医去,借他们的实验室。这些书开始就是一个手写的检索表,后来赵院士写了一个《蛇类检索表》,这样,全国只要是研究这行的,不管是研究所、大学的教师或者是学生,都有书看了。这对我们国家整个两栖爬行动物的发展就起了个蓬勃的作用。(《江耀明访谈》,2016 年 10 月 11 日)

资料四(口述) 赵先生还做了什么事呢?四川省动物学会是他创办的,然后是办《两栖爬行动物学报》——在这之前叫《两栖爬行动物研究资料》,连续出了六本,像卷一样,那个时候是内部资料。(《曾晓茂访谈(二)》,2016 年 10 月 19 日)

资料五(口述) 这种情况下,赵先生他们的工作受的干扰比其他部门小,所以后来"文革"刚刚结束,他们就出了很多成果。他们两栖爬行的书,两栖爬行所内部的杂志《川生科技》,现在我都还有好多。(《蒲自莲访谈》,2016 年 9 月 9 日)

资料六(学术评价) 除了编辑和撰写了大量的学术著作以外,赵尔宓还创办了学术期刊,成立了学科组织,以及举办了学术交流会议,他推动了中国两栖爬行动物学研究的发展,也使海外学者对中国两栖爬行动物学的发展有了更广泛的了解。他是中国首个两栖爬行动物学中文期刊《两栖爬行动物》(1972—1978)的编辑。(Kraig Adler, Dedication to Ermi Zhao)

资料七(传记) 为了交流基础研究的成果,1972 年起,我就编印了《中国蛇类检索表》。两年后,又编印了《两栖爬行动物研究专刊》第二辑。1976年与1978年分别编印了第三辑与第四辑。这四辑成为一个系列,名为《两栖爬行动物研究资料》。两年出一辑,内容虽然丰富,但间隔太久,不能起到及时交流的作用。(赵尔宓:《六十六年的回顾》,载《赵尔宓选集》下卷)

5月至7月,与吴贯夫到安徽南部考察和采集标本,在黄山发现并采集一种新蛙——凹耳吴蛙。

资料一(档案) 1971年—1972年,赴安徽黄山与海南南部作两栖爬行动物分类区系考察,并担任领队。(《赵尔宓简介(所庆40周年用)》,1998年,中国科学院成都生物研究所档案室1998永久-1001)

资料二(档案) 参见1988年"3月7日"条资料三(档案)。

资料三(报道) 1972年我和老吴(吴贯夫)去黄山工作了一个月,我们被安排住在当时正好没有接待客人的工人疗养院。一天,我们在疗养院下方的桃花溪采集,不时听到"吱——"的刺耳叫声。开始我以为是一种昆虫,有经验的老吴却断定它是一种蛙的鸣声。于是我俩沿溪的两岸上下找寻,始终不见蛙的踪影。最后,在溪边高大的乔木上终于发现了它!蛙不大,但却很奇特:它的耳鼓膜深陷,在头两侧形成耳孔和外耳道,这是我国已发现的任何蛙都不具备的特点。我俩的兴趣一下提高了,继续仔细搜寻。半天下来共采到近20只,可都是雄蛙,始终没有发现雌蛙。(陶佳桂:《院士赵尔宓:与蛇蛙打交道的人》,《晚霞》2007年第1期)

资料四(口述) 七二年我们在黄山,属于区系考察。但是也要搞些蛇类调查。(《吴贯夫访谈》,2015年4月3日)

资料五(手稿) 参见1969年"是年"条资料八(手稿)。

资料六(论文) 1972年6月至7月及1974年4月至6月,我所两栖爬行动物研究室在安徽省的黄山地区发现蛙属一新种(新种订名人为吴贯夫)。模式标本保存在四川省生物研究所两栖爬行动物研究室。本文描述了标本的采集地、鉴别特征、第二性征、习性等。(四川省生物研究所两栖爬行动物研究室:《蛙属一新种——凹耳蛙》,《动物学报》1977年第1期)

1973 年　　44 岁

2 月 19 日至 3 月 7 日，陪同刘承钊参加在广州举行的“三志”[①]会议。

资料一(文章)　就在 1973 年广州“三志”会议上，我陪同刘师住在东方宾馆一间卧室里。当时，他已 73 岁，步履略显蹒跚，外出或上街时怕他发生意外，我都搀扶着他。在生活方面，我出自内心对老师的爱戴，尽量照顾他，可是刘师要求自己非常严格，譬如我常常趁他不在卧室赶快帮他把换下的衣服洗干净，但他发现后就批评我。到会的除与他同时代的老一辈科学家外，也有不少他的学生，大家都很敬重他，广东同志还特地采些蛙类标本送他。他精力充沛地和我在晒台上给蛙拍照。我用相机，他摆弄标本。蛙一跳，他就忙着去追，他就像小孩子对待新买的玩具一样，不知疲倦地拨弄好半天。这使我想起他曾经教导我们对待科学要做到“安、专、迷”来。他就是如此着迷于自己的事业，才可能取得巨大的成就啊！有一天晚上，他语重心长地对我说：下次开会，说不定又有一些人不能参加。看到你们逐渐成长，我就很高兴。我们应该交班了。希望你们尽快地把担子挑起来。这么诚挚亲切的鼓励与鞭策，激励着我决不能辜负老师的殷切期望。回忆起这十多天与刘师相处的日子，我们师生之间真是亲密无间，自己从中受到不少教益，但这样的历史再也不会重现了！(赵尔宓：《深切怀念刘承钊老师》,《四川动物》1983 年第 1 期)

资料二(报道)　经国务院批准，由中国科学院主持的中国动植物志编写工作会议，于 1973 年 2 月 19 日至 3 月 7 日在广州举行。参加会议的有 26 个省、市、自治区有关科研单位、高等学校、科技管理部门与文教、卫生单位代表 181 人。这次会议讨论了编写动植物志的一些原则问题，如编写动植物志要在普及基础上提高，要有严密的科学性，反映出中国的水平；既要保证质量，又要争取速度，不要因贪多求快而影响质量，也要避免因对质量的不

① 三志：《中国植物志》《中国动物志》《中国孢子植物志》。

切实际的要求而拖延时日；工作部署上要分清轻重缓急，对于与经济关系比较密切、科学意义上比较重要和资料比较丰富的动植物类群，尽量集中力量，先编写保证完成；正确处理编写中国动植物志与地方动植物志的关系，注意发挥中央和地方的两个积极性。会上调整充实了《中国植物志》和《中国动物志》两个编辑委员会，成立了《中国孢子植物志》编辑委员会。这3个编委会，分别由中国科学院的植物研究所、动物研究所和微生物研究所进行领导。会议制定了《中国动物志》《中国植物志》和《中国孢子植物志》的编写规划（草案）。这些草案在征得各有关主管部门和承担任务的单位同意后，作为正式规划贯彻执行。（《中国科学院编年史（1973年）》，中国科学院官网，2009年9月28日）

资料三（照片） 赵尔宓（左一）与刘承钊（右一）、张孟闻（左三）在广州参加"三志"会议。（见图30）

图30

5月至9月，参加中国科学院组织的青藏高原综合科学考察，成为首批入藏考察的两栖爬行动物学者。发现8个新种和10个新纪录种，其中包括

蛇类新种"墨脱竹叶青蛇"。

资料一(档案) 中国科学院成都生物所建所40年来的科研工作:1973年—1983年,我所参加了中国科学院组织进行的"青藏高原综合科学考察"。在西藏的拉萨、林芝、波密、察隅、昌都、墨脱、亚东、日喀则、羊八井等地经历了许多意想不到的艰难和危险,克服了许多难以想象的困难,进行两栖爬行动物调查和标本采集。首次提出将我国西藏喜马拉雅山南坡地区,在动物地理区划上划为东洋界西南区的喜山南坡亚区;在以后的研究中,又将该亚区的范围沿雅鲁藏布江大峡湾水汽通道向北扩大到通麦—易贡一线。编写了专著《西藏两栖爬行动物》,于1986年由科学出版社出版[①]。中国科学院的"青藏高原综合科学考察"获1986年国家科技进步特等奖、1987年国家自然科学一等奖及1989年陈嘉庚地球科学一等奖。(《中国科学院成都生物研究所40年历程》,1998年,中国科学院成都生物研究所档案室1999.01-009)

资料二(档案) 成果名称:西藏两栖爬行动物的区系区划研究。研究时间:1973年,野外工作;1974—1980年,室内研究及编写。学术价值:青藏高原在地理上的位置决定了它自然条件的特殊性,研究此区的动物区系有其特殊意义。1973年,我所组织了第一个两栖爬行动物专题考察队伍。到藏南及藏东南分别进行为时三个多月的采集调查。调查前后,还得到本院武汉水生所及青海高原所赠送的标本。共得标本约3 000号,隶55种及亚种,增加新种8个,国内新纪录7个,西藏新纪录13个。对西藏的两栖爬行动物区系及区划作了较深入的分析,首先提出将喜马拉雅山南坡划为动物地理区划中西南区的一个新的亚区——喜马拉雅山南坡亚区。调查结果分别写成论文及地方志发表。这项工作填补了西藏地区两栖爬行动物研究的空白。论文发表后,受到国外学者的关注,有近十个国家的学者来函索取单印本。(《中国科学院成都生物研究所两栖爬行动物室基本情况及今后设想》,1982年,中国科学院成都生物研究所档案室82.01-4)

---

① 经查证,《西藏两栖爬行动物》的出版时间为1987年12月。

资料三(报道) 1973年,他曾作为全国首批两栖爬行动物学者赴西藏考察,并徒步翻越海拔5 000多米的喜马拉雅山多雄拉山口。(《成都赵尔宓当选中科院院士》,《成都商报》官网,2001年12月10日)

资料四(报道) 1973年参加中国科学院青藏高原综合科学考察时,我们一行前往位于中印边境的西藏墨脱县去采集标本。墨脱县交通极为不便,至今仍是全国唯一不通汽车的县,步行进去需要3天,途中还要翻越海拔5 700多米的多雄拉山口,上去时是用雪橇一步一步爬上去的,然后又下到海拔700米左右的马尼翁(当年的墨脱县城所在地)。墨脱的县委和驻军领导建议我们到一个叫西工湖的地方去,说那里很神秘,还有各种稀奇古怪的动物。由于人迹罕至,很危险,便由几位战士护送,几位门巴族老乡担任向导用刀开路,翻过两三座山,费尽周折终于到达西工湖。这湖面积不大,方圆不过几百米。刚一到达,我们立即展开工作。这里一种不知名的像墨蚊一类的蚊蚋,立即成群地扑面而来,向我们进攻。我们除了把衣服扎牢实,还不时往脸上、手上等裸露部位涂搽驱蚊剂。同行的两位的嘴被蚊蚋咬肿,进食困难。我们只得抓紧采集标本,将返程时间提前到第二天上午。西工湖周围能开展工作的面积不大,生物种类却不少。首先是采集到了横纹树蛙。这种蛙体态轻盈,吻尖体扁,足蹼橘红色,体背棕褐而有黑色横纹,非常漂亮。平时蹲在湖边的低矮乔木上,一有响动就张开足蹼三三两两"飞"入湖水中躲避,场面非常壮观。在离开前的那天清晨,我又采到了墨脱小树蛙。当时,我留恋地在湖边东瞅西看,还想找到点什么。果然发现一棵小树上有一片卷起的树叶,我当然不会放过机会仔细看个究竟,原来里面还真蹲着一只小树蛙,体长仅仅26.5毫米。我立即将它连树叶一起擒入手中。它便是后来发表的"墨脱小树蛙"。返回的路上,我兴冲冲地走在最前面,走了不远感到下腹有一丝凉意,立即停步匆忙检查了一下,又连忙继续赶路。待到达安全地方休息时,同伴们才发现我裤裆已被血染红一大片,原来是被旱蚂蟥盯上了。当时,尽管很热,但仍全副武装,腿上还缠着绑腿,旱蚂蟥是怎么钻进去的呢?想来它只能是从裤裆的纽扣缝里钻进去的。此时,它已吃得肥肥胖胖。而我的伤口却血流不止,这是因为旱蚂蟥吸血的同时排出的抗凝血酶在起作用。我只好脱下裤子,到山泉冲洗伤口，把伤口周围的“蚂蟥素”清洗掉，再附上止血粉才止住血。野外工作虽然艰险辛苦，但大自然的无穷魅力仍然吸引我们乐此不疲。在从墨脱返回途中的阿尼桥附近，先后看到两条竹叶青蛇在路上爬行。我赶忙捉住，粗看，同其他地方的竹叶青蛇没什么不同，全身绿色。但经仔细鉴定发现，这种竹叶青蛇的几类鳞片数都与已知几种竹叶青蛇不同，是没有报道过的新种，我把它命名为“墨脱竹叶青蛇”。1984 年，我在美国自然历史博物馆看到 1935 年在缅甸采集的一件标本被标为此名。原来是巴西著名毒蛇专家看到我 1977 年在《动物学报》第 1 期发表的新种后，及时于 1978 年将该蛇订正为“墨脱竹叶青蛇”的。看到外国同行这么快就认可了这一发现，我感到十分欣慰。（张虹：《半个世纪的蛇蛙生涯》，《大自然探索》2002 年第 6 期）

资料五（报道） 1973 年，作为首批入藏考察的两栖爬行动物学者之一，他在西藏发现 8 个新种和 10 个中国新纪录种，并首次报道在墨脱希壤的眼镜王蛇，将其分布范围向北推移了 4 个纬度。（张小三：《来自丛林的惊喜》，《中国研究生》2008 年第 9 期）

资料六（报道） 1973 年成为首批入藏考察的两栖爬行动物学者之一。（张欧：《院士赵尔宓：小心抓蛇　大胆研究》，《成都晚报》2009 年 8 月 25 日第 6 版）

资料七（报道） 1973 年，赵尔宓准备去喜马拉雅山南麓的墨脱县采集标本。在此前，我国还没人到西藏进行过大规模的两栖爬行动物考察。这次采集用了一个多星期，赵尔宓发现了西藏独有的 8 种两栖爬行动物，包括由他命名的新蛇种“墨脱竹叶青”。（陈悦、程渝：《动物学家赵尔宓　与蛇“缠绵”半世纪》，《华西都市报》2013 年 4 月 14 日第 23 版）

资料八（报道） 1973 年去西藏墨脱，是赵尔宓的一次艰难远行。墨脱县不通车，途中必须翻越喜马拉雅山一处海拔 5 500 多米的多雄拉山口，赵尔宓一行整整徒步了三天三夜。在墨脱这个有着“西藏江南”之称的神奇地方，赵尔宓发现竟然隐藏着众多人们之前无缘深入了解的新物种，其中就包括由他所命名的新蛇种“墨脱竹叶青”。（江芸涵、阳帆：《他栖于世界之巅惟愿悄悄地离开》，《四川日报》2016 年 12 月 27 日

第 13 版）

资料九（报道） 赵尔宓是我国首批入藏考察的两栖爬行动物学者之一，发现 8 个新种和 10 个国家或自治区新纪录种，并首次报道在墨脱希壤采集到眼镜王蛇。（梁梁：《我国著名的两栖爬行动物学家、中国科学院院士赵尔宓病逝》，《成都商报》2016 年 12 月 27 日第 6 版）

资料十（报道） 回顾五十多年来的数次野外工作，赵尔宓坦言印象最深的还是 1973 年去西藏墨脱的那次考察。那是一次艰难的远行。在此之前，我国还没有人到过西藏进行大规模的两栖爬行动物采集。赵尔宓一行的目的地是位于喜马拉雅山南麓的墨脱县。在当时，墨脱县是全国唯一一处没有通车的地区。去往墨脱的途中，必须翻过喜马拉雅山一处 5 500 多米的多雄拉山口。仅翻越山口，赵尔宓一行就用了三天三夜。墨脱县的海拔很低，沿雅鲁藏布江边一带的海拔只有 600 米左右。以气候炎热、空气潮湿和物产丰富著称。与西藏其他地区平均海拔都是4 000米以上的高原地带相比，完全是亚热带气候的墨脱更吸引起两栖爬行动物专家赵尔宓的兴趣。赵尔宓发现，在墨脱这个有着“西藏江南”之称的神奇地方，竟然隐藏着众多人们之前无缘深入了解的新物种。也正是在这次的墨脱之行中，赵尔宓发现了西藏独有的 8 种两栖爬行动物，其中就包括由他所命名的新蛇种“墨脱竹叶青”。（《探索蛇类王国——记中国两栖爬行动物学家赵尔宓院士》，中国蛇网，2012 年 2 月 13 日）

资料十一（论文） 1973 年至 1983 年，中国科学院组织进行了“青藏高原综合科学考察”。在西藏的拉萨、林芝、波密、察隅、昌都、墨脱、亚东、日喀则、羊八井等地经历了许多意想不到的艰难和危险，克服了许多难以想象的困难，进行两栖爬行动物调查和标本采集。首次提出将我国西藏喜马拉雅山南坡地区，在动物地理区划上划为东洋界西南区的喜山南坡亚区；在以后的研究中，又将该亚区的范围沿雅鲁藏布江大峡谷水汽通道向北扩大到通麦—易贡一线。编写了专著《西藏两栖爬行动物》，同时，进行了青海两栖爬行动物考察。（王海燕、郑培明：《回首过去　硕果累累　继往开来　引人入胜——访中国科学院成都生物所两栖爬行动物研究室王跃招主任》，《科学

新闻》2000 年第 30 期)

资料十二(论文)

刘承钊教授参加和组织领导的野外工作简表				
年代(月份)	调查地区	领队	成员	采集标本(种)数量
1973(5—9)	西藏Ⅱ组	吴学恩	赵尔宓、吴贯夫、高原	(64)3 000 +

(江耀明、吴大均、吴贯夫、陈跃英:《刘承钊教授在四川的野外工作》,《四川动物》2000 年第 3 期)

资料十三(传记) 通过 1973 年对西藏南部的调查研究,除发表新种墨脱竹叶青蛇外,首先(1977 年)提出我国喜马拉雅山南坡地区应划为西南区的喜马拉雅区(过去将它归入青藏区)……我所参加的青藏高原综合考察先后获中国科学院 1986 年科技进步特等奖、1987 年国家自然科学一等奖及 1989 年陈嘉庚地球科学奖。(赵尔宓:《六十六年的回顾》,载《赵尔宓选集》下卷)

资料十四(口述) 他当时跟我们商量到西藏去考察。赵先生有这个全局观念,一个生物多样性热点观念,就是哪儿没有搞清,我们到哪儿去。西藏两栖爬行动物考察刘先生七十年代组织去了一次,刘承钊先生那个时候当院长,是人大代表,跟西藏那边一商量,西藏那边说:“行,来吧。”刘先生就派了赵先生、吴贯夫老师、费老师等去西藏,分了好几队。赵先生和吴老师他们去墨脱,那都是走路。现在去墨脱旅游,翻多雄拉山,得翻三天。墨脱也是一个一年四季不全通公路的县,就是它到夏天就断了,冬天雪一下,也不能通。尽管它的公路修好了,它一年只能用两段时间。他们在那儿工作,发表好多新物种。这么多年过去了,外国人对咱们青藏高原非常关注,本身对两栖爬行动物研究就非常关注。因为在中国,尤其南方,自然地理环境各方面又非常复杂,两栖爬行动物特别多。(《李丕鹏访谈》,2015年7月28日)

资料十五(口述) 我觉得他的严谨、他的严厉、他对一个事情的执着、对本职工作的热爱造就了他能够登上科学巅峰的成就吧。他跟我讲过,他们那个时候到西藏去,遭蚂蟥咬。蚂蟥是钻进去咬。旱蚂蟥钻进去,咬了他的下身,血流不止。血止不住,拿河水冲,再到部队去医治。最后部队给的药才止了血。所以,他们那个时候,条件非常艰苦。(《薛晓武访谈》,2016 年

9 月 9 日)

资料十六(口述) 七三年我们到西藏,到西藏是因为刘先生。刘先生托人给西藏军区打了个招呼。然后,军区的车子送我们到林芝,林芝出去就过河,然后我们就到派遣区。派遣区那个地方是个区,只有两三间房子。就在那里等呗,为啥子呢?因为要翻那个多雄拉山,按西藏政府的规定,要有 30 个人以上,等齐 30 个人以上,才集合一起走,前后有照应。都是靠步行,7 月份以前都过不到山的。5 月份以前你就不要走,比如说我们三个人不敢过。为啥子呢?垮雪的时候会被淹到。雪塌下来,塌方,所以等齐 30 个人一起走就好有照顾。我们在那儿等了好几天,然后下山。我们走了三天,从五千多米一直下到六百几十米。路上蚂蟥多得很,那个蚂蟥钻在身体上面,赵老师头一天遭咬惨了,后头就把他那个裤腿、鞋子等这样子扎起来。那个时候,墨脱是全国唯一一个不通公路的县。现在通了,去年通的。第二天他(向导)给我们介绍:在雅鲁藏布江这个大倒拐(即拐弯)的南岸,有一个西工湖,听说湖里有水怪,老百姓都不敢去,我们就上去看。独立团二连驻扎西工湖,团里派了一班人来跟我们走。那头就是原始森林,到处都很潮湿,到处都是蚂蟥。那儿海拔大概有 2 700 米,我不是很清楚。在路上歇两天,翻过山歇一天,第二天歇汗密,第三天阿米桥吃午饭,然后才到他们团部。我跟他两个去转了一天,虽然说艰苦,但也有点那个稀奇感,我们就跑到门巴族住的地方。他们那里有石头锅,拿石头造的锅。在那里还吃了他们用那个锅整的那个苞谷粑粑。他们那里上面种玉米,下面有香蕉,也有稻子,那里有“西藏的江南”之称。所以,派我们到西工镇的时候最惨,赵老师最惨。他咋个最惨呢?他走到我前边。他一会儿又转过来摸一下,一会儿又转过来摸一下。一胯都是血,蚂蟥咬到生殖器的囊上了。然后它就吃饱了,豌豆儿那么大一颗的蚂蟥就滚到这边腿上来了。蚂蟥从这个地方(腰部下衣摆)钻进去。后头我们回来,他们连长就喊那个小兵,让把我们科学院来考察的队员裤儿全部都封起了。赵老师遭得最惨,哪个人都没想到那么严重。住的地方都是那个硬树棒一根一根地搭起,全部是野生的树棒,在身下凸起的,他睡不着,起来解手,又出门了。在一个蓬蓬儿(木棚)里头,我们三个只能站着吃饭,都是自己带干粮,只有到了哈尼桥才有饭吃。那就是军队的一个歇脚点之类的地方。他说我耳朵上头有一只蚂蟥。我听到他说这个地方有条蚂蟥,那个地方有条蚂蟥。他就在捉蚂蟥。我们晚上捉虱子,捉跳蚤,他捉蚂蟥。我后来也起来捉,他两次带进来了,我的耳朵上头、耳朵背后都是,但是还没有咬出血。(《吴贯夫访谈》,2015 年 4 月 3 日)

资料十七(口述) 他印象比较深刻的就是 1973 年到西藏墨脱,我现在近六年的工作都是在西藏,特别是在墨脱,可能也是多多少少受了赵先生的影响。他讲他七三年第一次到墨脱,那个时候墨脱还不通公路,他们是要翻过多雄拉山,走大概四五天吧,才能走到墨脱,这个过程非常艰辛。军区给他们配有一些士兵,帮着背一些东西,他们自己大概四个人,加上士兵,一起走路,翻过多雄拉山,从海拔四千三百米走到只有六七百米的地方。当时的路,几乎除了当地老百姓和解放军以外,没有其他人进去。他们沿途走,沿途采标本,经历很多,比如被蚂蟥咬。就这些很艰辛的故事。也给我们讲当时发现的新物种,比如在西工湖看到一种树蛙,一受惊吓后从树上往湖里滑翔,采到后由吴老师定名为恒温树蛙。他们还采到一些小树蛙,裹在树叶里带回来,后来经过胡淑琴老师鉴定是个新种。赵先生也给我们讲墨脱这个地方的生物多样性是如何丰富,这是我们对墨脱的最初印象,也让我一直想去那里。所以当我二〇一〇年去昆明以后,正好那边有个做喜马拉雅山生物多样性的研究项目,我说两栖爬行动物研究人员还没有去过墨脱,就申请了去墨脱。当时张亚平副院长也非常支持,还包括车静也比较支持这个。当时我二〇一〇年七月份刚刚签了合同,就带队到墨脱考察。我去的时候还给同行的人讲,赵先生他们一九七三年去,我们二〇一〇年去,隔了三十七八年的样子。我们还专门去了西工湖,去找他们说的那种很神奇会滑翔的树蛙,还真找到了。(《蒋珂访谈》,2016 年 9 月 3 日)

资料十八(口述) 后来我们收集动物(标本)就是国家在组织了,因为要编《动物志》。这是个国家任务,当时要做青藏高原综合考察,涉及高原地方,个人和单位组织的话,经费不足,所以是国家来组织青藏高原考察。赵尔宓去的都是很艰苦的地方。后来我和费梁七三年考察的是察隅这边,但赵尔宓和吴贯夫走的南边，穿越最高海拔6 000多米的地方，翻山越岭到南部。我们这边还可以通车，他那边高山好像完全走路翻过去的，到墨脱那个地方考察。到西藏考察的主要任务就是为国家编《动物志》作积累。《动物志》是国家"三志"之一。国家组织的几十个单位几百人，规模很大。……当时我们在察隅，他们就在墨脱。西藏那个地方山很陡，哪怕一百米之间气候相差也很大，高山是终年积雪不化的雪山，山脚底下却又跟热带一样，什么物产都有。所以在青藏考察对我们学科来说收获很大。青藏考察后接下来是横断山考察和云南考察。在西藏我们觉得收获相当大，还专门写了本《西藏动物志》。最开始科学院没有通知我们，后来刘承钊看到这个很重要，就提出来说生物所必须参加，于是七三年才参加的。青藏考察是刘院长管，但是赵老师去了，他负责爬行类，编写也是负责爬行类。两栖类是胡老师管，爬行类是赵老师管。（《江耀明访谈》，2016年10月11日）

资料十九（报道） 电视解说：回顾五十多年的数次野外工作，赵尔宓印象最深刻的还是1973年去西藏墨脱的那次考察。那是一次艰难的远行，在此之前，中国还没有人到过西藏进行大规模的两栖爬行动物采集。赵尔宓一行的目的地是位于喜马拉雅山南麓的墨脱县，是当时全国唯一没有通车的地区。去往墨脱的路上必须要爬过喜马拉雅山的一处五千五百多米的多雄拉山口。

赵尔宓：当时去墨脱，不过现在去墨脱也是很不容易的——去的时候是夏天，积满雪，我们就滑下去，四周都是雪。我们学登山队，拿着工具——刀啊，铲子啊，能用的——往上劈砍，再一步一步爬，翻过山沿着一条江下去，三天三夜才能到墨脱县。

电视解说：墨脱县的海拔很低，沿雅鲁藏布江边只有六百米左右，以气候炎热、空气潮湿和物产丰富著称。与西藏其他地区的高原相比，处于亚热带的墨脱吸引了赵尔宓的兴趣。

赵尔宓：在那个地方，营长给我们介绍，说墨脱那里有一个西工湖，靠近中印边界，说那里动物最复杂最多，稀奇古怪什么都有。我们就想去西工湖，但是西工湖有个问题，它在中印边界二十公里以内，是非军事区；非军事区一般是不能去的。所以我们要找个门巴族老乡，让他们带路进去，进去翻了几个小山下去，然后下到树林里面，就在湖边采集。第一次我看到飞蛙，就在小树上，上面有一个叶子卷起来的，里面有半透明的膜，我就把它摘下来看，一看里面有一个小蛙，人去惊动他，它就张开四肢，蹼一张开，像翅膀一样向湖里面滑翔下去，它是棕黄色的，有红色花纹，非常漂亮。

电视解说：赵尔宓发现，在墨脱这个有着"西藏江南"之称的神奇地方，竟然隐藏着众多人们从前无缘深入了解的新物种，也正是在这次的墨脱之行中，赵尔宓发现了西藏独有的八种两栖爬行动物，其中就包括由他命名的新蛇种——墨脱竹叶青。（CCTV1《大家》栏目组：《大家：两栖爬行动物学家赵尔宓》，2008 年 3 月 1 日）

资料二十（照片） 赵尔宓在西藏进行野外考察。（见图 31）

图 31

7 月 2 日，发表新疆龟类新纪录——四爪陆龟。

资料（论文） 本文描述了国内新纪录的四爪陆龟的外部形态特征，包括头部、四肢、背腹部的特征以及液浸标本的颜色等。（赵尔宓：《新疆龟类的一个国内新纪录——四爪陆龟》，《动物学报》1973 年第 2 期）

10 月 1 日，发表云南西双版纳游蛇科新纪录。

资料(论文) 本文描述了黑纹游蛇和颈斑蛇各自的外部形态特征，以及分别与国内游蛇属和颈斑蛇属国内已知各种的区别。(四川省生物研究所两栖爬行动物研究室[赵尔宓]：《云南西双版纳游蛇科的两种国内新纪录——黑纹游蛇和颈斑蛇》，《动物学报》1973 年第 3 期)

12 月 25 日，参加在成都举行的《中国动物志》"两栖纲"和"爬行纲"的协作会议，讨论四川省生物所的任务。

资料(档案) 根据中国科学院《中国动物志》编辑委员会下达的任务和要求，由四川省生物研究所负责支持的两栖纲和爬行纲中七个分册的协作会议，于 1973 年 12 月 20 日—25 日在成都召开。会议学习和讨论《中国动物志》的编写规格。经过民主协商，分别讨论决定了七个分册的分工(附件一、二)。会议期间，鉴于浙江医科大学来电表示，原定由该校负责主持的爬行纲第四分册，现只参加一部分编写工作，不承担主持任务。经到会的爬行纲各编写单位酝酿研究，一致建议改由四川省生物研究所承担主持该分册的任务，并对分工作了初步建议(附件五)。附件一、两栖纲各册分工情况(四川省生物所为承担单位的有)：1 册，大鲵、蝾螈科其余各属；2 册，盘舌蟾科、锄足蟾科——短齿蟾属和猫眼蟾属、蟾蜍科、两蛙科；3 册，蛙科其余各属；4 册，姬蛙科：花细狭口蛙属和狭口蛙属。附件二、爬行纲 2、3、5 册分工情况(四川省生物所为承担单位的有)：2 册，鬣蜥科概述及其余各属、石龙子科、蜥蜴科地蜥属、双足蜥科、蛇蜥科、异蜥科、巨蜥科；3 册，闪鳞蛇亚科、游蛇科闪皮蛇亚科、游蛇科钝头蛇亚科；5 册，游蛇科后沟牙类、海蛇科扁尾蛇亚科、蝰科。附件三(略)。附件四、爬行纲第四分册(游蛇亚科)分工的初步建议(四川省生物所为承担单位的有)：游蛇属、游蛇属、头斑蛇属、温泉蛇属。(《中国动物志》两栖纲和爬行纲协作小组：《〈中国动物志〉编写工作会议简报》，1973 年，中国科学院成都生物研究所档案室文书档案 73.06 - 5.9)

12 月 30 日，美国加利福尼亚洛杉矶自然历史博物馆来函，请求建立动物研究资料交换关系。

资料(档案) 省科委：美国加利福尼亚州洛杉矶自然历史博物馆于1973年12月30日同时分别给我所赵尔宓、叶昌媛二位同志来信，要求交换两栖爬行动物方面的资料，并随函寄来一份该馆馆长 Robert L. Bezy 和 John W. Wright 过去发表出版过的文献目录，从这份目录上看，有些文章对我们有一定参考价值。但我们不知道该馆是属于美国有官方背景的民间学术机构还是官方学术机构。因此，能否与之建立资料交换关系，没有把握，特此报告。请予指示。(四川省生物研究所：《关于能否与美国加利福尼亚州洛杉矶自然历史博物馆建立交换关系的请示报告》，1974年，中国科学院成都生物研究所档案室文书档案 74.07－6.3)

1974年　　45岁

6月，四川省生物研究所与昆明动物研究所合作的"云南蛇药的研究"课题结题，获得国内先进成果的评价。

资料一(档案)

科学技术档案归档说明书			
题目名称	云南蛇药的研究	题目负责人	赵尔宓
工作起止时间	自1969年7月至1974年7月	归档时间	1985.7
完成单位	中国科学院昆明动物所昆明制药厂	协作单位	成都生物研究所
协作内容	蛇药研制及临床布点		
任务来源	中国科学院、燃化部下达研究项目		
研究经过及主要结果简介	1969年组成云南蛇药研究协作组，深入农村、山区搜集整理民间防治毒蛇咬伤的单方、验方400多个。经1970—1971年室内动物试验，重新组合配方128条。筛选出对眼镜蛇毒及蝮蛇毒中毒具有显著疗效且副作用很小的128方，即云南蛇药。即进行毒性实验及药理实验。自1971年9月起将云南蛇药在昆明第二人民医院及解放区58医院进行临床试验，效果良好。1972—1973年在云南省16县1市，生产建设兵团和解放军医院进行临床观察，两年共收治毒蛇咬伤病人255例，死亡1例，治愈254例。1974年在昆明市召开鉴定会。1975年经云南省卫生局正式批准云南蛇药投入生产。		

(《云南蛇药的研究》，1985年，中国科学院档案馆 I242－255)

资料二(档案)

科技成果登记表					
成果名称	云南蛇药	起止时间	1969—1974 年	技术水平	国内先进水平
完成单位及主要人员： 四川省生物研究所两栖爬行研究室、云南省动物研究所、昆明制药厂					
科技内容： 1. 科技人员深入云南广大农村、山区，收集整理民间防治毒蛇咬伤的单方、验方，经过反复试验，研制成功云南蛇药。 2. 云南蛇药对动物眼镜蛇毒、蛇毒急性中毒有显著保护作用；经动物急性毒性试验结果表明毒性很小。 3. 云南蛇药经 17 个县、市及解放军、生产建设兵团的有关医疗单位临床观察，收治毒蛇咬伤 255 例，治愈 254 例，死亡 1 例，治愈率 99.6%。					
应用效果或鉴定意见： 一九七四年六月，在云南省科委、云南省卫生局主持下，在昆明召开了云南蛇药鉴定会，有三十六个单位参加，由昆明制药厂生产。 云南蛇药有清热解毒、利尿消肿、止血散瘀、去风镇痛等作用，对毒蛇咬伤具有良好的疗效，副作用小，药源丰富。					

(四川省生物研究所：《科技成果登记表(成果名称：云南蛇药)》，1977 年，中国科学院档案馆 I242－00042－003－017)

资料三(档案) 成果名称：蛇伤中草药的研制。研究时间：1969 年—1972 年。经济价值：毒蛇咬伤是我国农村山区的常见多发病，直接影响到生产力与部队战斗力。根据我院下达任务，与昆明动物研究所协作，到滇南、滇西南及滇西广泛调查访问及搜集民间单方、验方的基础上，采用当地野生药物，配制复方，进行动物筛选，改进处方 128 次，终于筛选出一种治疗西南边疆主要毒蛇咬伤有良好疗效的蛇伤中草药制剂。经临床试验肯定疗效后，于 1976 年通过鉴定正式投产。此项成果获 1978 年全国科学大会奖。动物试验结果写成论文发表于《药学学报》。协作单位：中国科学院昆明动物研究所。(《中国科学院成都生物研究所两栖爬行动物室基本情况及今后设想》，1982 年，中国科学院成都生物研究所档案室 82.01－4)

12 月，编制《两栖爬行动物研究资料》第二辑，与胡淑琴等开展两栖爬行动物研究资料的汇编工作。

资料一(档案) 列举了赵尔宓已正式发表的论文目条：1974 年，《我国的毒蛇概述》，载刘承钊、胡淑琴主编《上海蛇药总结资料汇编》；《世界毒蛇概况》,《川生科技》1974 年第 2 期;《安徽省两栖爬行动物调查初步报告》,《川生科技》1974 年第 2 期;《中国两栖爬行动物名录及其地理分布》,《川生科技》1974 年第 2 期;《〈本草纲目〉蛇类名称论证》,《浙江中医学院学报》。(《赵尔宓简介(所庆 40 周年用)》,1998 年,中国科学院成都生物研究所档案室 1998 永久- 1001)

资料二(手稿) 两栖纲动物在我国已知有 210 种左右,分隶 35 属 11 科 3 目;爬行纲动物在我国已知有 300 种左右,分隶 99 属 21 科 4 目。初步名录及其在我国各省(区)的分布情况整理出来,供教学、科研等有关业务部门的同志参考。(四川省生物研究所两栖爬行动物研究室[胡淑琴、赵尔宓]:《中国两栖爬行动物名录及其地理分布》,《川生科技:两栖爬行动物研究专刊第二辑》1974 年第 2 期)

资料三(手稿) 1972 年 6—7 月曾到皖南黄山地区及太平县的焦村公社和桃源公社,1974 年 4—7 月又到皖西大别山区的霍山县佛子岭水库及太阳公社的金竹坪、潜山县的割肚公社进行两栖爬行动物的分类区系调查和经济利用情况的访问调查。1974 年的调查过程中,还先后到六安县、安庆市、芜湖市、滁县进行短期调查访问,并到黄山补点采集。现将调查结果分别报告如此。一、两栖动物物种组成:两栖动物共获 27 种,分隶 11 属 8 科 2 目,成体及幼体 2885 号,蝌蚪共 4 瓶号。其中省新纪录有三港雨蛙、隆肛蛙、阔褶蛙、大绿蛙、竹叶蛙、斑腿树蛙、小弧斑姬蛙、合征姬蛙等 8 种;一个新种凹耳蛙。加上原有纪录,目前已知安徽省有两栖类 29 种,原纪录金线蛙、沼蛙这次没有采到。二、爬行动物物种组成:爬行动物共得 41 种 718 号,分隶 27 属 8 科 3 目。增加省新纪录 6 种:平胸龟、丽斑麻蜥、棕黑游蛇、绞花林蛇、银环蛇及丽纹蛇。(四川省生物研究所两栖爬行动物研究室[赵尔宓、吴贯夫]:《安徽省两栖爬行动物调查初步报告》,《川生科技:两栖爬行动物研究专刊第二辑》1974 年第 2 期)

资料四(手稿) 1962 年四月中旬至九月初,在二郎山进行了两栖爬行动物区系调查。调查路线是由天全横越二郎山到泸定。共获得爬行动物 16 种,264 号,分隶 13 属 7 科 2 目,研究结果将给研究横断山脉地带的两栖及爬行动物区系提供较全面的资料。(四川省生物研究所两栖爬行动物研究室[赵尔宓]:《四川省二郎山两栖爬行动物调查报告(爬行动物部分)》,《川

生科技：两栖爬行动物研究专刊第二辑》1974 年第 2 期)

资料五(手稿) 1972 年在《中国的毒蛇及蛇伤防治》一书编审过程中，根据参加编写各单位的建议，编写了一份《世界毒蛇名称》，以供国内研究毒蛇、蛇毒及蛇伤防治单位的参考。一、世界毒蛇概述：蛇类在动物界的位置是：脊索动物门、脊椎动物门、爬行纲、鳞龙亚纲、蛇目。世界产蛇类目前已知约近 400 属、2 500种，分隶 11 科。蛇目动物中，其上颌骨长有毒牙的种类，称为毒蛇。毒牙一般可分为两种类型：管牙及沟牙。沟牙按其在上颌骨上着生的位置，又可分为前沟牙和后沟牙。(四川省生物研究所两栖爬行动物研究室爬行动物研究组[赵尔宓]：《世界毒蛇概况》，《川生科技：两栖爬行动物研究专刊第二辑》1974 年第 2 期)

是年，在安徽与江苏等地开展两栖爬行动物分类区系考察，任领队。

资料一(档案) 1974 年在安徽霍山、潜山与江苏连云港开展两栖爬行动物分类区系考察工作，任领队。(《赵尔宓简介(所庆 40 周年用)》，1998 年，中国科学院成都生物研究所档案室 1998 永久-1001)

资料二(手稿) 参见 1969 年“是年”条资料八(手稿)。

1975 年　　46 岁

2 月 27 日，云南蛇药药方经过动物、毒性及药理试验，经云南省卫生局批准投入生产。

资料一(档案) 昆明制药厂：你厂昆药技字第 45 号报告收悉。根据中国科学院、燃化部下达的蛇伤防治的研究任务和云南省动物研究所、昆明制药厂、四川生物研究所等单位五年多的调查研究工作，我局同意你厂按随文附发的质量标准生产“云南蛇药”。希望遵循毛主席关于“备战、备荒、为人民”和“中国医药学是一个伟大的宝库，应当努力发掘，加以提高”的教导，继续与省动物研究所、省药物研究所等单位密切协作，开展研究、实验，改进工艺和剂型，进一步提高质量，并寻找能控制该药标准的校验方法。云南省卫生局革命委员会　一九七五年二月二十七日。（云南省卫生局革命委员会：《关于生产"云南蛇药"的批复》，1975 年，中国科学院档案馆 I242 - 255，见图 32）

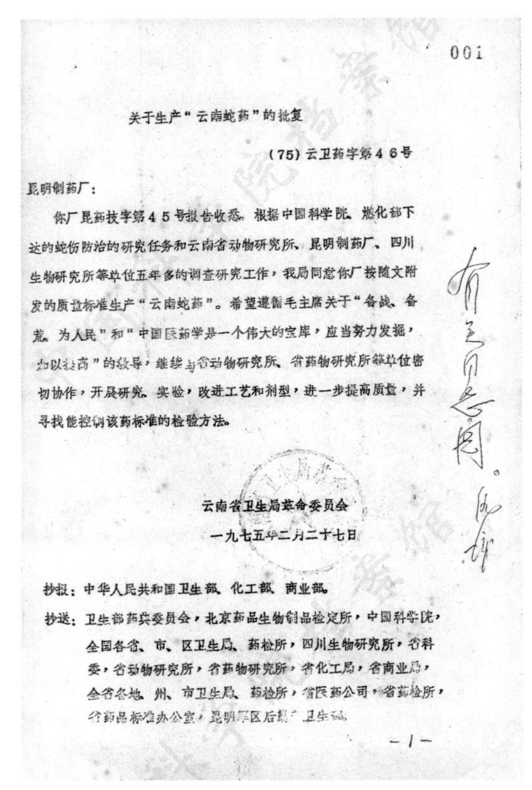

001

关于生产"云南蛇药"的批复

（75）云卫药字第46号

昆明制药厂：

你厂昆药技字第45号报告收悉。根据中国科学院、燃化部下达的蛇伤防治的研究任务和云南省动物研究所、昆明制药厂、四川生物研究所等单位五年多的调查研究工作，我局同意你厂按随文附发的质量标准生产"云南蛇药"。希望遵循毛主席关于"备战、备荒、为人民"和"中国医药学是一个伟大的宝库，应当努力发掘，加以提高"的教导，继续与省动物研究所、省药物研究所等单位密切协作，开展研究、实验，改进工艺和剂型，进一步提高质量，并寻找能控制该药标准的检验方法。

云南省卫生局革命委员会

一九七五年二月二十七日

抄报：中华人民共和国卫生部、化工部、商业部。

抄送：卫生部药典委员会，北京药品生物制品检定所，中国科学院，全国各省、市、区卫生局、药检所，四川生物研究所，省科委，省动物研究所，省药物研究所，省化工局，省商业局，全省各地、州、市卫生局、药检所，省医药公司，省药检所，省药品标准办公室，昆明军区后勤部卫生部

－1－

图 32

资料二（口述）　我们去野外考察就住在老百姓家里，到什么地方住什么地方。采毒蛇标本，把找到的毒蛇采集回来后，先取毒，给毒液进行干燥处理，制成粉剂，然后再把这个蛇药拿到动物身上做实验。实验对象依次是小白鼠、大白鼠、狗。做了以后，再到医院去，给蛇伤病人做实验。蛇毒液体干燥后成为粉末，真空干燥，不能加热，加热就破坏了。将真空干燥的粉兑成液体，然后注射到动物身上，使之中毒，然后就用我们研究的药来喂这个动物，观察它的效果。在小白鼠和大白鼠身上的效果很好了，才在狗身上做实验。狗身上做的效果相当可靠稳定了，才到医院去，在湖南、云南这些蛇多的省份去做

临床试验。当时我们也送药去，跟医生交流蛇的知识，同时也了解一下治疗方面的情况。我和费梁两个七二年还专门去川医（四川医学院）学习过几个月外科。这个药不是片剂粉剂，是一种液体，因为当时云南药厂觉得液体效果最好。这个药是三个单位协作——成都生物所、云南动物所、昆明制药厂。我们生物所负责前段工作，就是把药实验成功。全部是中草药，没加任何西药，现在我们还有 12 种药的药方，其中有一个是从 128 个配方依次筛选得出的。第一个方效果不好，第二、第三、第四、第五……第 128 个，终于找到一个最好的。其实第 120 个效果比较好，但是后来发现第 128 方在动物身上效果最好，所以决定把它送到药厂正式生产。这个科研很有用处，既可以服务于国防，又服务于人民的经济。本来蛇毒的用处也大，现在医药上也仍然在用。当时我们应该是最先开始做国内大规模蛇药生产的，原来南方成药有一些，但都不是国家准字号，规模都很小。这个药当时效果很好，对各种毒蛇都有效果，不只是对某种蛇，所以比较出名。当时在云南和同样有很多毒蛇的广西运用很多，后来规模就不是那么大了。（《江耀明访谈》，2016 年 10 月 11 日）

12 月 31 日，与胡淑琴等共同发表论文《海南岛爬行动物三新种》。

资料（论文）　目前已知海南岛及其沿海产爬行动物 168 种及亚种，隶 61 属 18 科 3 目。我国产爬行纲动物仅蜥蜴目的蛇蜥科及鳄蜥科和鳄目在海南岛尚无发现。1963—1964 年曾三次到海南岛进行爬行动物资源及区系调查。本文描述了海南闪鳞蛇、粉链蛇、海南脊蛇这三个新种和修订种海南闭壳龟的鉴别特征、生活习性，以及长棘蜥、细鳞树蜥和黑环蛇三种国内新纪录的外部特征。（四川省生物研究所两栖爬行动物研究室［胡淑琴、赵尔宓］、中国科学院北京动物研究所［黄祝坚］：《海南岛爬行动物三新种》，《动物学报》1975 年第 4 期）

1976 年　　47 岁

4 月 9 日，刘承钊因心肌梗死病逝。

资料一(文章) 1976 年 4 月初,我刚从昆明开会回来,就听说刘师因"心肌梗塞"入院抢救。我曾去医院看过他几次,都因抢救需要,只能在病室门外远远地望着他。我心中默默地为他祈祷,但噩耗终于来到。因此,在向他遗体告别的时刻,我才得以最后一次端详他慈祥的面容,而此时泪水却偏偏模糊了我的眼睛!(赵尔宓:《深切怀念刘承钊老师》,《四川动物》1983 年第 1 期)

资料二(论文) 刘承钊(1900—1976),动物学家,教育家,我国两栖爬行动物学的主要奠基人之一。他在繁殖生物学与性行为的研究中,发现"雄性线";在两栖类自然史的长期研究中发现大量新种属;并对横断山区两栖动物的分类区系与角蟾亚科的分类系统有深入的研究和独创的见解。他先后在燕京大学(北平)、东北大学(沈阳)、东吴大学(苏州)、华西协合大学(成都)等校执教,1951 年后,出任华西大学校长和四川医学院院长。1955 年选任中国科学院学部委员,系第一、第二、第三届全国人民代表大会代表。……1976 年 4 月 9 日,刘承钊因急性心肌梗死与世长辞。中国科学院生物学部委员吴征镒教授曾题诗,追思刘承钊先生:"进步追踪四座移,弹琴鼋蟾称大鲵。踏遍川康思滇藏,'我为斯民哭健儿'。"(张丽萍、李朝鲜:《中国两栖爬行动物学的奠基人之一刘承钊教授的科学攀登之路》,载罗中枢《历史 精神 使命 四川大学》)

资料三(论文) 刘承钊是我国著名的动物学家,他毕生致力教育和科学研究,作出了重大贡献。他在两栖爬行动物的研究方面,卓有成果。早在三十年代,他发现了雄蛙的一种新的第二性征:雄性线。他创建了中国两栖爬行动物科学研究事业。他一生在两栖爬行动物方面写出了 50 多篇有价值的科学论文。在他的《华西两栖类》及《中国无尾两栖类》两部科学专著中,除了按照传统研究方法依据固定后的标本的形态特征进行分类外,还结合生态、生活史和地理分布等资料,进行分类学的研究,得到国际动物学界的高度评价。他治学严谨,在长期的教学工作中身体力行,为中国培养了大批动物学科学工作者,其中一些人已成为知名的学者……1976 年 4 月 9 日,这位以毕生精力献给了科学研究和教育事业的杰出的科学家,终于未能完成他的第三部科学专著《中国角蟾亚科分类讨论》一书而含恨去世,终年 76 岁。

(程在华、刘敬珍:《刘承钊》,载赵尔宓主编《从水到陆——刘承钊教授诞辰九十周年纪念文集》)

资料四(论文) 1976年4月……刘承钊忧国忧民,进而心脏病骤发。在抢救中,不准他说话。当我去看望他时,他还是断断续续地讲了,说出他此刻最关心的问题,"学校科研工作……交给×××教授管"。这是他最后唯一的遗言。这位一生奋斗,一生追求真理的战士,于1976年4月9日,就这样带着无限遗憾的神情,与世长辞。(马俊之:《一位终生追求真理的学者——忆刘承钊教授》,载赵尔宓主编《从水到陆——刘承钊教授诞辰九十周年纪念文集》)

资料五(其他) 刘承钊(1900—1976),著名动物学家,教育家,首届学部委员(院士)、原华西大学校长。我国两栖爬行动物学的奠基人之一。1945—1950年,任华西协合大学自然历史博物馆馆长,兼任华西协合大学和四川大学生物系教授。1952—1953年院校调整,华西大学生物系调整到四川大学,并将大批动物标本一并调整到四川大学,极大地丰富了动物标本的馆藏,为我馆的标本积累作出了重要贡献。(四川大学自然历史博物馆:《刘承钊生平》)

资料六(其他) 动物学家、我国两栖爬行动物学的主要奠基人刘承钊(1900—1976),山东泰安人,1934年获美国康奈尔大学博士学位,自1939年来校任教,任华西大学校长、四川医学院院长达20年、曾荣获美国鱼类学、两栖爬行类学家学会授予的"终身国外名誉会员"称号。1955年当选为中国科学院生物学部委员。(四川大学校史馆:《刘承钊生平》)

7月,出版《两栖爬行动物研究资料》第三辑,探讨了湖南、湖北两省爬行动物名录及分布、龟鳖目动物系统检索、极北蝰分布等内容。

资料一(手稿) 为了进一步掌握这一地区两栖爬行动物的分布规律,我所复于1975年4—7月在苗岭与武夷山之间,即南岭山脉中段的湖南宜章县境内莽山进行两栖爬行动物考察。调查期间先后在莽山公社、莽山林场南门庄工区和林海工区、宜章城郊等地采集标本。共获得爬行动物360余号,计34种,隶22属9科。增加省新纪录6种:脆蛇蜥、黄链蛇、颈棱蛇、环纹游蛇、棕黑游蛇、滑鼠蛇。综合已有资料,湖南省现已知爬行动物53种,隶53属10科3目。(四川省生物研究所两栖爬行动物研究室[赵尔宓、江耀明]:《湖南省爬行动物初步名录及其地理分布》,《两栖爬行动物研究资料》1976年第3期)

资料二(手稿) 1974年4月至8月,曾先后到湖北西北部的均县武当山地区及西南部的利川等地进行两栖及爬行动物采集调查工作,连同历年来兄弟单位在湖北采集所赠标本,共得爬行动物189号,计30种(见附表)。现将有关资料分析如下:本文报道湖北省爬行动物新纪录共12种。(四川省生物研究所两栖爬行动物研究室[赵尔宓、江耀明]:《湖北省西部爬行动物初步调查》,《两栖爬行动物研究资料》1976年第3期)

资料三(手稿) 龟鳖目动物是人民习见熟知的一类动物,对于它们的捕捉及利用已有很久的历史,远至秦汉时期已有文字记载,明代《本草纲目》一书中更详尽地记载了龟鳖动物作为药用的资料。现在,随着社会主义革命和建设事业的发展,龟鳖动物更被广泛、大量地利用和养殖。因此,本文将龟鳖动物的经济价值、形态特征、生活习性、主要类群、我国的龟鳖动物及其系统检索作一介绍,并附世界龟鳖动物科、属名录及其分布范围以供参考。(四川省生物研究所两栖爬行动物研究室[赵尔宓、沈杨]:《龟鳖目动物概述》,《两栖爬行动物研究资料》1976年第3期)

资料四(手稿) 极北蝰 *Vipera berus*(Linnaeus)是广泛分布于北欧及中欧、北亚及中亚的一种毒蛇。其在欧洲的瑞典及芬兰境内,向北分布达到北极圈内接近北纬70度的地方,是分布区最北的蛇种,故名极北蝰。极北蝰在欧洲是造成蛇伤的主要毒蛇,也有致死病例的报道。虽然,尼科尔斯基(Nikolskii,1916)曾提及此种蛇见于黑龙江及乌苏里江流域,嗣后,森为三(1927)及村田懋磨(1936)也曾估计我国东北当有此种蛇的分布,但极北蝰在我国其未见有可靠的纪录报道。据木场一夫(1941)报道,村山酿造于1940年7月从我国长白山采到一条极北蝰,而此标本早被盗至国外(引自秦耀庭,1960)。(四川省生物研究所两栖爬行动物研究室[赵尔宓]:《关于我国极北蝰的资料》,《两栖爬行动物研究资料》1976年第3期)

是年，应新疆维吾尔自治区的要求，考察新疆的两栖爬行动物，并调查研究草原毒蛇中介蝮对牲畜的危害，提出毒蛇综合生态防治措施[①]。

资料一（档案） 去年又接受了到新疆维吾尔自治区进行蛇害防治研究工作。上述多项工作使该室大部分同志每年都有半年以上时间（如新疆工作是整年）在本省和外省搞野外工作。此地区有森林、高寒山区、草原、沙漠、戈壁、沼泽、边疆……为考察和采集两栖爬行动物的分布和种类情况。他们要长途跋山涉水、风餐露宿、翻石挖洞，雪里来雨里去，体力消耗甚大。（四川省生物研究所：《申请调整我所植物室和两栖爬行动物室野外调查人员粮食定量标准》，1977 年，中国科学院成都生物研究所档案室文书档案 1977.09 - 13.9）

资料二（档案） 1976 年—1977 年：新疆草原蛇害防治（主持人及野外领队）。1976 至 1977 年，在新疆西部进行两栖爬行动物调查，应自治区治蝗灭鼠指挥部的要求，进行了草原毒蛇危害防治对策研究，提出了一套生态防治方案，即消灭鼠类与蝗虫，断绝蛇的食物与隐蔽洞穴，挖掘毒蛇越冬洞穴，消灭集中冬眠的毒蛇。并培训当地干部实施掌握。受到自治区的很好评价。（《赵尔宓简介（所庆 40 周年用）》，1998 年，中国科学院成都生物研究所档案室 1998 永久- 1001）

资料三（档案） 1977 年，他接受了新疆自治区人民政府的委托，在茫茫草原上进行鼠害防治和剧毒蝮蛇咬伤人、畜的防治工作。在连续几个月的野外工作中，他不计个人得失，不讲工作条件，其研究成果得到自治区人民政府的表彰。（《竺可桢野外科学工作奖申报书》，1987 年，中国科学院成都生物研究所档案室 88.06 - 13）

资料四（论文） 1976 年至 1977 年，在新疆西部进行两栖爬行动物调查，应自治区治蝗灭鼠指挥部的要求，进行了草原毒蛇危害防治对策研究，提出了一套生态防治方案，即消灭鼠类与蝗虫，断绝蛇的食物与隐蔽洞穴，挖掘毒蛇越冬洞穴，消灭集中冬眠的毒蛇。并培训当地干部实施掌握。（王海燕、郑培明：《回首过去　硕果累累　继往开来　引人入胜——访中国科学院成都生物

① 毒蛇综合生态防治是在当时历史背景下为保障草原生产、军队及牧民安全所提出的措施，具有时代性。

所两栖爬行动物研究室王跃招主任》,《科学新闻》2000 年第 30 期)

资料五(报道) 1976 年应新疆治蝗灭鼠指挥部防治蛇害的要求,广泛调查,摸清草原毒蛇、蝗虫、鼠害辩证关系,提出截断毒蛇食源和减少隐蔽洞穴的综合治理方案,运用研究成果,为临床蛇医参考,提高蛇伤治愈率。(陶佳桂:《院士赵尔宓:与蛇蛙打交道的人》,《晚霞》2007 年第 1 期)

资料六(报道) 1976 年到 1977 年,他应新疆邀请,奔赴天山南北研究中介蝮蛇(一种毒蛇——记者注)对牲畜的危害及防治,提出消灭蝗虫和鼠害以断绝蝮蛇食物来源和隐蔽洞穴,以及挖捕冬眠毒蛇的综合防治措施。(禄兴明、刘建:《院士赵尔宓 50 年的“蛇蛙生涯”》,《华西都市报》2001 年 12 月 17 日第 17 版)

资料七(口述) 另外还搞了一个国家号召的草原蛇害专题,是在新疆,草原上的蛇害是蛇要咬伤绵羊。是在七六和七七年吧,这两年专门搞新疆的蛇害。如何防治毒蛇咬伤羊,如何减少毒蛇数量,就要摸清它的生活规律。第一,蛇冬天要冬眠,它是变温动物,夏天出来活动,伤牛羊主要是在夏天。但是消灭蛇就要在初春和冬天蛇冬眠之前。为啥这个时候?我们观察,冬天,当着北风的山坡雪积满了,而背着的山坡没有雪,蛇就集中在阴山靠近洞穴附近。如果遇到下雪后出太阳,蛇就出来活动了。就是说冬眠之前,蛇比较集中,最好消灭。(《江耀明访谈》,2016 年 10 月 11 日)

资料八(口述) 他新疆去了 11 次,12 次?七十年代不是那个蝮蛇咬马,专门派他们去治理吗?所以新疆他去那么多次,他对新疆感情特别深,而且那里生态环境都很独特,更不用说两栖爬行动物。他也一直鼓励我们抓紧整理标本。采个标本回来,放在那,当个宝贝,又不研究,你采来干啥,又不是收藏古董。所以你看他一直在写。(《李丕鹏访谈》,2015 年 7 月 28 日)

资料九(口述) 先生常说一句话,他十次到新疆,从七十年代开始,前前后后十次到新疆,新疆爬行动物最早研究的就从他开始……到新疆来,先生对新疆的生活非常适应。吃的、住的,完全像回到家一样。来了新疆十次,他那个时候身体还很好,还喜欢吃馕这些硬的东西。车上都带着,必须带上馕,习惯野外工作了。(《时磊访谈》,2016 年 9 月 27 日)

资料十(口述) 治蝗灭鼠指挥部就是新疆和田、伊犁等,这些部队的牲口死亡得很多,为什么?他们说是遭蛇咬了。这个蛇咬牲口。牲口遭咬,特别是军马。草原上有种蝰蛇,只有这么长点(1尺多),也就只有这么点大(中指粗),那个蝰蛇毒性是很大的。它就在那个草旁边。因为这个蛇吃蝗虫,蝗虫就爬在这个草上头,它就靠蝗虫作为食物。研究蛇的各种习性。草原的草很浅,那些蛇它躲不到,有些大窝草,蛇就在底下盘身躲起,马去吃草,就碰到了蛇。蛇是咬不动马脚的,马脚的皮子咬不动,那个毒液进不去。马去吃草的时候,嘴皮就很嫩,蛇就咬马的嘴皮一口。咬了以后,放马的人或放牧的人根本不知道,回去以后看到马晚上睡觉,不吃草,嘴肿得像膀胱一样,然后就呼吸窒息、死亡。死的羊也有很多。我们去考察了回来,就想咋个办呢?就想做血清,所以赵老师就派我到上海生物制品所去学搞血清。新疆的蛇品种多,我们搞些蛇毒,学这个搞血清的办法,在羊和马的身上注射蛇毒,让它们自己获得免疫。但是羊、马数量都很多,不可能全弄,就指定一群马或者一群羊里头做实验,再把那个羊身上有蛇毒免疫力的血输给其他的动物。我们就考虑的是这个方法。所以,就去学了(做血清)。然后我们这样做了一段时间。条件确实是不好。那个时候,赵老师做这个,所以我还去研究过蛇毒。我还做过它的LD50,就是半数致死量,新疆那儿的蛇毒很大。例如,江浙的蝮蛇咬了要死人,我们四川的蝮蛇咬了不死人。我做了蛇毒试验出来,江浙那里十只小白鼠全部死光,但四川这一组,同样的剂量、同样的质量、同样的成分,四川的就好些,毒性要弱得多。后来研究推测蛇的毒性跟生态区域有关系。(《吴贯夫访谈》,2015年4月3日)

资料十一(传记) 1976年—1977年,应新疆治蝗灭鼠指挥部的邀请,奔赴天山及北疆调查研究中介蝮对牲畜的危害及防治。提出消灭蝗虫和鼠害以断绝蝮蛇食物来源和隐蔽洞穴,以及挖捕冬眠毒蛇的综合防治措施。(赵尔宓:《六十六年的回顾》,载《赵尔宓选集》下卷)

资料十二(传记) 赵尔宓的主要学术成就之一是毒蛇及其防治研究。他提出了对新疆西部草原毒蛇危害的生态防治措施。(《中国研究生》杂志编辑部:《寄语:赵尔宓院士简介》,《中国研究生》2008年第9期)

资料十三(照片) 1976年—1977年,赵尔宓在新疆西部天山驻点研究草原蛇害。(见图33)

图 33

资料十四(论文) 蛇类的食性是评价它们益害关系的主要标志之一。一九七七年在尼勒克县研究蛇害防治期间,将各月捕捉的一部分中介蝮与草原蝰进行解剖,观察内容物,分析起食性。一九七六年在北疆各地踏查时积累的一部分资料亦加入一并分析。(江耀明、赵尔宓:《中介蝮与草原蝰的食性观察》,《两栖爬行动物研究资料》1978 年第 4 期)

资料十五(论文) 1976—1977 年在北疆西部进行蛇害防治研究时,对造成该地蛇害的两种主要毒蛇——中介蝮与草原蝰的繁殖习性作了初步观察。这两种毒蛇都是卵胎生蛇类,直接产出仔蛇。观察期从四月下旬开始到十一月上旬,基本上把握了全部活动季节的资料。(赵尔宓、江耀明:《中介蝮与草原蝰的繁殖资料》,《两栖爬行动物研究资料》1978 年第 4 期)

资料十六(手稿) 参见 1969 年"是年"条资料八(手稿)。

资料十七(手稿) 1976—1977 年在新疆进行蛇害防治工作时,结合对北疆地方的蛇类作了普查。采集调查点包括伊犁地区的尼勒克、新源及巩留,吐鲁番地区的鄯善、吐鲁番,昌吉回族自治州的奇台、木垒,阿勒泰地区的阿勒泰、福海,布尔津及哈巴河、塔城地区的塔城、裕民及托里,行程一万公里。共采得蛇类9种,原纪录中黄脊游蛇没有采到,现将所得资料初步报道如下。(赵尔宓:《北疆蛇类初步调查》,《两栖爬行动物研究资料》1978年第4期)

是年,被聘为《中国动物志》编委、常务编委,任期至1990年。

资料(档案) 姓名:赵尔宓。职称:研究员。现任主要职务:《中国动物志》编委、常务编委(1976—)。(《赵尔宓简介(所庆40周年用)》,1998年,中国科学院成都生物研究所档案室1998永久-1001)

1977年　　48岁

3月,与江耀明等发表论文,首次提出将我国西藏喜马拉雅山南坡地区划为东洋界西南区的动物地理区划新理论。

资料一(档案) 1965年到我所工作至今,主要学术成就如下……二、动物地理学研究:最先提出将喜马拉雅山南坡和雅鲁藏布江大峡谷改划为东洋界西南区的一个新亚区(1977)。(《赵尔宓简介(所庆40周年用)》,1998年,中国科学院成都生物研究所档案室1998永久-1001)

资料二(档案)

成果名称	西藏爬行动物区系调查及新种描述	任务来源	自选
题目负责人及主要研究技术人员	赵尔宓、江耀明	工作起止时间	调查工作1973年6—9月 整理及写报告1974—1975年
内容摘要: 这篇科学论文是根据1973年6—9月赴西藏南部及东南部实地考察整理写成,发表于1977年3月出版的《动物学报》28卷1期上。 它的科学价值在于: 1. 它是我国科学工作者对西藏地区爬行动物系统研究的首次科学考察及首次报告。 2. 总结西藏已知有爬行动物49种及亚种,发现并描述了毒蛇的一个新种墨脱竹叶青及新亚种山烙铁头察隅亚种。 3. 在动物地理区划方面提出一个新见解:将我国西藏喜马拉雅山南坡地区划为西南区的一个新亚区即喜马拉雅山南坡亚区。			
所(厂)审查或鉴定意见:该成果为国内先进水平。			

(四川省生物研究所:《中国科学院直属及双重领导单位科学技术研究成果登记卡片(成果名称:西藏爬行动物区系调查及新种描述)》,1978年,中国科学院档案馆I242-0032-003)

资料三(论文) 本文记载了西藏自治区目前共知爬行动物49种及亚种,分隶30属7科2目,其中蜥蜴目4科12属21种,蛇目3科18属28种,进行了物种组成和区系分析,讨论了区系地理划分问题,并对其中的新种和新亚种进行了模式标本、鉴别特征、形态、生态习性等描述。(四川省生物研究所两栖爬行动物研究室:《西藏爬行动物区系调查及新种描述》,《动物学报》1977年第1期)

资料四(传记) 主要学术成就之一:动物地理学研究。最先提出将喜马拉雅山南坡和雅鲁藏布江大峡谷改划为东洋界西南区的一个新亚区。(《中国研究生》杂志编辑部:《寄语:赵尔宓院士简介》,《中国研究生》2008年第9期)

资料五(传记) 通过1973年对西藏南部的调查研究,除发表新种墨脱竹叶青蛇外,首先(1977年)提出我国喜马拉雅山南坡地区应划为西南区的喜马拉雅区(过去将它归入青藏区)。(赵尔宓:《六十六年的回顾》,载《赵尔宓选集》下卷)

5月至7月,在东北考察蛇类。

资料(档案) 参见1988年"3月7日"条资料三(档案)。

10月,主持编写的《中国爬行动物系统检索》出版。

资料一(档案) 1977年,主持编写《中国爬行动物系统检索》。(《赵尔宓简介(所庆40周年用)》,1998年,中国科学院成都生物研究所档案室1998永久-1001)

资料二(口述) 两栖爬行室成立了以后,重要的工作应该首推青藏高原综合考察。这个综合考察成立以后第一项重大任务——《动物志》(《中国动物志》)编纂。编纂《动物志》的两栖纲和爬行纲。两栖爬行室成立后紧接着"文革"了。"文革"期间,接受了《动物志》(的编写)和青藏高原综合考察(这两个任务)。青藏高原综合考察七十年代开始的。紧接着比较重要的考察有横断山考察、武夷山考察,南岭考察等等,然后全国普查。大概在七八年到七九年,出了两个比较重要的东西:《中国两栖动物系统检索》和《中国爬行动物系统检索》。两个小册子,公开出版的。这两个检索出来以后,中国的两栖爬行动物研究才算是有一个规律可循了。不要小看这两个小册子,以前的研究都是东一榔头西一棒子,这两个小册子出来以后,中国的两栖爬行动物的系统学研究就有规律可循了,它初步建立了中国两栖爬行动物的分类体系。所以不要小看这两个小册子,它的历史地位是非常重要的。在这两个小册子的基础上,《动物志》的编纂才有章可循。两个小册子开始是以内部刊物的形式出的,后来才公开出版。大概是两个小册子出来以后,(两栖爬行动物学研究)算是走上正轨了,应该说中国两栖爬行学研究在七八年、七九年才走上正轨。(《王跃招访谈》,2015 年 7 月 7 日)

资料三(口述) 六三年出去以后,起码的资料都没有,(只有)一个学生和一个工作人员,基本的工具书也没有。那就自己写,两栖类就由杨抚华写,爬行类的检索表由赵尔宓来写。临时写一个检索表出来,这是根据以前老先生收集的资料——像张孟闻、刘承钊写的。国外就是由美国那个 C. H. Pope 做的,他研究中国的材料比较多。把它翻译出来,写成一个很简单的检索表。像我这样第一次参加的人,就可以正式鉴定标本了,在野外就可以初步鉴定,回来参照这个检索表就可以进一步鉴定,然后就整理这些标本。(《江耀明访谈》,2016 年 10 月 11 日)

资料四(著作) 本书系四川省生物研究所两栖爬行动物研究室根据历年在我国各地进行野外调查、掌握大量标本的基础上,对目前已知我国产爬行纲动物 315 种,以外部形态特征为主,按分类系统编写的检索。本书是对爬行纲动物分类检索的基本工具书。全书共分三部分:第一部分概述爬行纲动物的形态特征、生活习性、经济价值、分类及分布情况;第二部分为系统检索,并结合介绍我国产爬行动物各目、科的特征;第三部分为中国爬行动物名录及其地理分布。书末附有中文名及拉丁学名索引。全书有彩色图 10 幅,插图 82 幅。本书供广大工农兵群众,从事爬行动物采集调查、饲养、展出、外贸及供销、药物研究、蛇伤防治、科学研究等专业人员,以及大专院校、中学师生使用和参考。(四川省生物研究所两栖爬行动物研究室:《中国爬行动物系统检索》,科学出版

社，1977 年）

12 月，《中国动物志　爬行纲》无毒蛇分册编写完成。为负责人及主要研究技术人员。

资料一（档案）

<table>
<tr><td>成果名称</td><td>《中国动物志　爬行纲》无毒蛇分册</td><td>任务来源</td><td>中科院《动物志》编委会</td></tr>
<tr><td rowspan="2">题目负责人及主要研究技术人员</td><td rowspan="2">赵尔宓、江耀明、黄庆云</td><td>协作单位</td><td>中科院动物所、云南动物所、上海自然博物馆、福建师大、浙江医大、遵义医学院</td></tr>
<tr><td>工作起止时间</td><td>1976 年 2 月—1977 年 12 月</td></tr>
<tr><td colspan="4">内容摘要：本分册包括我国全部已知毒蛇，计有 5 科 36 属 125 种。我所执笔其中 2 个科的 10 属 57 种，占全部种类的 46%。编写是在尽可能查阅我国已有标本及目前已有文献资料的基础上进行的。对每个种的研究历史、鉴别特征、形态、生态、地理分布及经济意义做了描述及介绍，并对其中部分种类的分类地区或种下分化作了探讨。</td></tr>
<tr><td colspan="4">所（厂）审查或鉴定意见：该成果为国内先进水平</td></tr>
</table>

（四川省生物研究所：《中国科学院直属及双重领导单位科学技术研究成果登记卡片（成果名称：〈中国动物志　爬行纲〉无毒蛇分册）》，1978 年，中国科学院档案馆 I242－0032－003）

资料二（档案）　参加编著 18 部，如《中国动物志》两卷。（《中国科学院成都生物研究所 40 年历程》，1998 年，中国科学院成都生物研究所档案室 1999.01－009）

资料三（口述）　这个（青藏高原）综合考察成立以后第一项重大任务是《动物志》（《中国动物志》）的编纂，编纂《动物志》的两栖纲和爬行纲。（《王跃招访谈》，2015 年 7 月 7 日）

1978 年　　49 岁

1 月起，主持课题"蛇类三个新种的鉴定描述"，至 12 月结题。成果达到国际水平。

资料一(档案)

<table>
<tr><td>成果名称</td><td colspan="3">蛇类三个新种的鉴定描述</td></tr>
<tr><td>题目负责人及主要参加人员</td><td>赵尔宓、江耀明、黄庆云</td><td rowspan="2">成果性质</td><td>最终成果</td></tr>
<tr><td>起止时间</td><td>1978.1—1978.12</td><td>理论成果</td></tr>
<tr><td>主要协作单位</td><td></td><td>成果水平</td><td>国际水平</td></tr>
<tr><td colspan="4">内容说明(包括内容、原理、结论或技术指标、国内外水平比较、意义):
蝰科蝮亚科毒蛇新种乡城烙铁头(Trimeresurus Xiangchengensis Zhao)的鉴定描述。烙铁头属是蝰科蝮亚科的一个大属,已知超过 30 种,分布于亚洲南部。依据四川乡城县系列的 10 号本属标本,认为是与日本琉球群岛产琉球烙铁头较相近的一个新种。已描述完毕,投寄《动物分类学报》。
游蛇亚科二新种的描述。根据广西标本鉴定的新种广西后棱蛇(Opishtotrepis guangxiensis Zhao er Jiang),根据云南标本鉴定为新种云南颈斑蛇(Plagropholis yunnanensisi Zhao er Huang),已描述完毕,并投寄《自然杂志》。
三个新种的鉴定及描述,给我国蛇类区系增加了三个新种,对查清我国动物资源、指导蛇伤防治时间,提供了新资料。</td></tr>
</table>

(四川省生物研究所:《中国科学院科学技术研究成果登记卡片(成果名称: 蛇类三个新种的鉴定描述)》,1978 年,中国科学院档案馆 I242 - 00042 - 003 - 015)

资料二(论文) 赵尔宓等人在文章中描述了我国蛇类三个新种(广西后棱蛇、云南颈斑蛇、乡城烙铁头新种)的模式标本、鉴别特征。(赵尔宓、江耀明、黄庆云:《我国蛇类三新种(摘要)》,《两栖爬行动物研究资料》1978 年第 4 期)

资料三(论文) 本文记载了我国游蛇亚科后棱蛇属广西后棱蛇和颈斑蛇属云南颈斑蛇这两个新种的模式标本、鉴别特征、形态及其与相近种的区别。(赵尔宓、江耀明、黄庆云:《我国游蛇亚科两新种》,《自然杂志》1979 年第 5 期)

资料四(其他) 大约是 1978 年 3 月的一次整理标本时,在蛇类未定名标本种,我仔细观察,发现了此蛇与颈斑蛇属中的其他种类有些不同,便及时向赵老师做了汇报。他查阅文献资料后,教我如何量度,如何写鉴别特征,如何对本种进行描述。我按照要求写好初稿交给他后,他将此号标本定名为云南颈斑蛇,并把我作为此新种的命名人之一。发现新种在学术界被认为是件了不起的研究成果,特别是以前我国动物被外国人研究命名的多,中国人自己命名的少,只有专家学者才有资格作“新种命名人”。我仅仅是个才起步的新兵，哪有资格作“新种命名人”？果然不出所料，该新种的论文油印稿刚印出，其讯息就不胫而走，像旋风似的吹到所领导耳里。该新种不但被当场“否定”，赵老师还狠狠地挨了一顿批评。作为油印文稿，本来就是无效的，赵老师若屈服于当时的压力，完全可以妥协放弃，但几个月之后赵老师在发表《我国蛇类三新种》论文时，仍将我作为云南颈斑蛇的命名人之一。赵老师尊重了我的劳动和人格，我好感动！（黄庆云：《感激，使我心中充满阳光》，载《感动人生》，2005 年 12 月 1 日）

是月起，主持“我国蝮蛇的实验分类研究”项目，担任课题负责人，在辽宁、吉林、黑龙江、河北等省进行野外科考。至 12 月课题验收。成果达到国际先进水平。

资料一(档案)

成果名称	我国蝮蛇的实验分类研究		
题目负责人及主要参加人员	赵尔宓、吴贯夫	任务来源	自提
		成果性质	阶段成果
起止时间	1978.1—1978.12		理论成果
主要协作单位	上海生物化学研究所	成果水平	国际先进

内容说明(包括内容、原理、结论或技术指标、国内外水平比较、意义)：

对吉林磐石、辽宁蛇岛、新疆尼勒克、江苏、浙江等地被鉴定为蝮蛇的蛇毒，进行了以下实验比较：

① 聚丙烯酰胺凝胶电泳，并对电泳图谱进行扫描；
② 聚丙烯酰胺等电聚焦电泳，并对电泳图谱进行扫描；
③ 双向免疫电泳；
④ 等电聚焦电泳毒性实验；

对吉林磐石蝮蛇毒进行了：

① 排毒量测定；
② 毒力试验；
③ 毒力中和实验；
④ 免疫扩散实验。

根据上述结果分析比较，初步确定我国广大地区被鉴定为蝮蛇的标本，应属于三个不同的种，其中蛇岛产蝮蛇应是一个新种。

用比较全面的实验手段、结果形态、生态与地理分布探讨蛇的分类，国内还没有，国外亦无如此全面的工作。现在进一步补充材料，加以整理中。

(四川省生物研究所：《中国科学院科学技术研究成果登记卡片(成果名称：我国蝮蛇的实验分类研究)》，1978 年，中国科学院档案馆 I242－00042－003－016)

资料二（档案） 1978年至1980年，赵尔宓担任我国蝮蛇分类学研究的主持人，以及辽宁、吉林、黑龙江、河北的考察领队。（《赵尔宓简介（所庆40周年用）》，1998年，中国科学院成都生物研究所档案室1998永久-1001）

资料三（档案） 针对我国蛇类资源丰富、我国蛇伤中一半以上由蝮蛇造成的情况，赵尔宓同志1978年主持了“中国蝮蛇的分类学研究”课题，初步确定我国有蝮蛇6种（亚种），并探讨了它们的分布规律。（《竺可桢野外科学工作奖申报书》，1987年，中国科学院成都生物研究所档案室88.06-13）

资料四（手稿） 随着1978年科学春天的到来，我省两栖爬行动物学的研究更加蓬勃发展。野外考察方面，成都生物研究所结合“我国蝮蛇分类学研究”课题三次登上了辽宁旅顺口附近的蛇岛。（赵尔宓：《两栖爬行动物学》，1990年）

3月，三项研究成果（中国两栖爬行动物分类区系研究、云南蛇药的研究、《中国蛇类图谱》）获全国科学大会奖。

资料一（档案） 我所的两栖爬行动物研究室是我国专门从事两栖爬行动物分类区系研究的机构。该项研究工作是刘承钊教授1938年创立的。六十年来，特别是新中国成立以来，经过几代人的不懈努力，（我所工作人员）几乎每年都赴全国各地进行野外考察，积累了大量标本和有关生态、地理分布资料。我所有全国最大的两栖爬行动物标本馆，库存标本近10万号，其中两栖动物7万余号，爬行动物近2万号。我国已知两栖爬行动物约680种，我所的标本约占已知种的85%。两栖动物，我国有302种，我所的标本占90%以上。爬行动物，我国有378种，我所的标本占85%。我所保存的模式标本有143种（亚种），其中两栖类120种，爬行类23种。还有数十种地模标本和国内新纪录标本。模式标本占我国学者发表新种的85%，地模标本占90%。标本的种类和数量居全国第一位。两栖类发表新亚科1个，新属或新亚属12个，新种或新亚种111个。爬行类发表新属1个，新种或新亚种31个。特别是两栖类的小鲵科、锄足蟾科、蛙亚科，爬行类的沙蜥属、滑蜥属、沙虎属、游蛇亚科、烙铁头属蝮蛇类等研究成果，受到国内外学者的好评。我所集中了我国两栖爬行动物学奠基人刘承钊、张孟闻教授生前积累的两栖爬行动物学及相关学科的全部图书资料，加之我所和中国科学院成都分院图书馆的专业书籍和期刊约 1 000 多册、文献资料 5 000 篇左右。上述标本和文献资料能满足培养研究生和高级研究人才的需要，同时也为国内外访问学者提供了方便。我所的"两栖爬行动物的研究"在 1978 年获得全国科学大会奖。1969 年，根据国防建设的需要，中国科学院下达任务，我所与昆明动物所合作，进行了西南边疆毒蛇调查及蛇伤防治研究，研制成功"云南蛇药"，合作完成的"蛇伤中草药"获得 1978 年全国科学大会奖。1971 年，我所与浙江医科大学、上海自然博物馆合作编著了《中国蛇类图谱》，为鉴别蛇类提供了基本资料，由上海科学出版社出版。该书获全国科学大会奖。（《中国科学院成都生物研究所 40 年历程》，1998 年，中国科学院成都生物研究所档案室 1999.01－009）

资料二（档案）　建室前后，到 1981 年为止，取得成果一批，并获得以下奖励：两栖爬行动物分类区系研究，获 1978 年全国科学大会奖和 1978 年四川省科技成果二等奖；蛇伤中草药筛选获 1978 年全国科学大会奖。（《中国科学院成都生物研究所两栖爬行动物室基本情况及今后设想》，1982 年，中国科学院成都生物研究所档案室 82.01－4）

资料三（报道）　1978 年，获全国科学大会奖；1988 年 3 月，获竺可桢野外科学工作奖。（陈悦、程渝：《动物学家赵尔宓　与蛇"缠绵"半世纪》，《华西都市报》2013 年 4 月 14 日第 23 版）

资料四（报道）　他的"青藏高原综合考察""横断山综合考察"和"西藏南迦巴瓦峰登山科学考察"三项科学考察均获得多项国家级一等奖或特等奖。1978 年 1 月，获全国科学大会奖。（张欧：《院士赵尔宓：小心抓蛇　大胆研究》，《成都晚报》2009 年 8 月 25 日第 6 版）

资料五（传记）　1978 年，我们研究室的"两栖爬行动物研究"获全国科学大会二等奖。与昆明动物所合作研究的"云南蛇药"以及与浙江医科大学、上海自然博物馆合编的《中国蛇类图谱》也获得全国科学大会奖。（赵尔宓：《六十六年的回顾》，载《赵尔宓选集》下卷）

资料六（传记）　赵尔宓和他的研究室曾荣获全国科学大会奖（1977 年）、四川省科学大会二等奖（1978 年），云南蛇药的研究获中国科学院奖

(1978 年),《四川资源动物志》获四川省重大科技成果三等奖(1982 年),《中国蛇类图谱》获全国科学大会奖(1978 年)。《尖吻蝮论文集》获科学院成都分院奖(1983 年)等近 10 项重大奖励。(中国科学院成都生物研究所选举领导小组:《赵尔宓同志简介材料》,1984 年)

资料七(传记) 赵尔宓院士主持的"青藏高原综合考察""横断山综合考察"和"西藏南迦巴瓦峰登山科学考察"三项科学考察获得多项国家级一等奖或特等奖,他还获得了全国科学大会奖(1978 年 1 月)、竺可桢野外科学工作奖(1988 年 3 月)。(《中国研究生》杂志编辑部:《寄语:赵尔宓院士简介》,《中国研究生》2008 年第 9 期)

资料八(论文) 1978 年 3 月 18—31 日,盛况空前的全国科学大会经过近一年的筹备之后,在北京隆重召开。这次大会,是我国科学史上空前的盛会,标志着……我国科技事业终于迎来了"科学的春天"。全国科学大会的筹备和召开,是对……遭到严重破坏的科技工作的全面拨乱反正,也为科技工作的开放和改革打开了大门。3 月 18 日,邓小平同志在全国科学大会开幕式上的讲话,从实现四个现代化立论,阐述科学技术是生产力,知识分子也是劳动者。在科学大会的筹备和召开期间,我国的科技奖励制度也得到了恢复,全国各省市推荐和表彰了一大批科技工作者。仅全国科学大会上就表彰了 862 个先进集体、1192 名先进科技工作者和 7675 项优秀科研成果。(王扬宗:《中国科学技术事业的历史性转变——回望 1978 年全国科学大会》,《中国科学院院刊》2018 年第 4 期)

6 月 3 日,首次登陆大连旅顺遍布毒蛇的蛇岛,进行全面科考。

资料一(档案) 中国科学院成都生物所建所 40 年来的科研工作:1978 至 1980 年,我所科技人员不怕危险,对大连"蛇岛"进行考察。进行了"我国蝮蛇的分类学研究",将以往误定为"中介蝮"的大连蛇岛产的蛇,定为新种"蛇岛蝮",得到国内外同行专家的广泛承认。同时首次将蛇毒聚丙烯酰胺凝胶电泳用于毒蛇的分类学研究。(《中国科学院成都生物研究所 40 年历程》,1998 年,中国科学院成都生物研究所档案室 1999.01 - 009)

资料二(报道) 1978年,赵尔宓登蛇岛,研究岛上被认为是“中介蝮”的毒蛇,但赵尔宓却持不同意见,认为它们很可能是另一种未经报道的新种。但他的意见没有被采纳。(张欧:《院士赵尔宓:小心抓蛇 大胆研究》,《成都晚报》2009年8月25日第6版)

资料三(报道) 1978年6月3日中午1时整,雨过天晴。湛蓝的天空一碧如洗,海面上闪耀着一层灿烂的金色。机舱里发出低沉的轧轧声,冲破了这里一贯的寂静。一位年逾不惑的探秘者正乘船离开大连港,向一座神秘的岛屿驶去。(傅佳妮:《赵尔宓:发现生命》,《四川科技报》2014年5月16日第11版)

资料四(报道) 1978年6月3日中午1时整,雨过天晴。湛蓝的天空一碧如洗,海面上闪耀着一层灿烂的金色。机舱里发出低沉的轧轧声,冲破了这里一贯的寂静。一位年逾不惑的探秘者正乘船离开大连港,向一座神秘的岛屿驶去。(傅佳妮:《勇闯“神龙岛”——中科院院士赵尔宓的蛇岛科考之旅》,《四川文学》2014年第3期)

资料五(论文) 1978年至1980年,科技人员不怕危险,对大连“蛇岛”进行考察。(王海燕、郑培明:《回首过去 硕果累累 继往开来 引人入胜——访中国科学院成都生物所两栖爬行动物研究室王跃招主任》,《科学新闻》2000年第30期)

资料六(报道) 赵尔宓:大连附近有一个蛇岛,那个蛇岛上主要是蛇……蛇岛一般是不让随便参观的……蛇岛上主要是蝮蛇,过去日本人取的名是中介蝮,就是已经知道的一种蝮蛇。后来我到蛇岛去采集了之后,根据我的仔细研究,我认为这不是中介蝮,应该是一种新种,所以我给它取了名字——蛇岛蝮。(“华西名人堂”栏目:《生物学家赵尔宓》,2013年4月14日)

资料七(传记) 1978年—1980年,开展蝮属蛇类的分类学研究,发现旅顺附近蛇岛上的蝮蛇,过去中外学者都将它鉴定为中介蝮,实际上是一个未经描述的新种,我将它命名为蛇岛蝮。认为我国的蝮蛇有若干种,东北地区是蝮属的分化中心。以后的研究又提出横断山北段是蝮属分化的另一个中心。(赵尔宓:《六十六年的回顾》,载《赵尔宓选集》下卷)

资料八(照片) 赵尔宓全副武装登上蛇岛。(见图 34)

图 34

资料九(手稿) 随着 1978 年科学春天的到来,我省两栖爬行动物学的研究更加蓬勃发展。野外考察方面,成都生物研究所结合“我国蝮蛇分类学研究”课题,三次登上了辽宁旅顺口附近的蛇岛,并到辽宁、吉林一带调查。(赵尔宓:《两栖爬行动物学》,1990 年)

6 月 30 日,父亲赵伯钧去世。

资料(文章) 1978 年 6 月 30 日因突发脑溢血逝世,终年 78 岁。(赵尔宓:《回忆父亲赵伯钧几件事》,载《成都少数民族》)

8 月,主持编写的《经济两栖爬行动物》出版。

资料一(档案)

<table>
<tr><td>成果名称</td><td colspan="3">经济两栖爬行动物</td></tr>
<tr><td rowspan="2">题目负责人及主要参加人员</td><td rowspan="2">赵尔宓、江耀明</td><td>任务来源</td><td>自提</td></tr>
<tr><td rowspan="2">成果性质</td><td>最终成果</td></tr>
<tr><td>起止时间</td><td>1976—1978 年</td><td>应用成果</td></tr>
<tr><td>主要协作单位</td><td>上海自然博物馆</td><td>成果水平</td><td>国内先进水平</td></tr>
</table>

（续表）

内容说明(包括内容、原理、结论或技术指标、国内外水平比较、意义)： 1976 年在广西、广东、福建、安徽、湖南、湖北、江苏、吉林等省(区)调查、访问的基础上，由我所江耀明、沈杨、张玉民与上海自然博物馆的同志分别执笔写出初稿，分送全国有关单位广泛征求意见，最终由赵尔宓结合各地意见重新改写定稿。1978 年 8 月由上海科学技术出版社正式出版。 全书 65000 字，共分三部分。 本书的出版，对两栖爬行动物的经济价值、合理利用、保护养殖等方面将有一定的推动和促进。
交流、推广情况及建议： 1978 年 8 月已由上海科学技术出版社正式出版。

(四川省生物研究所：《中国科学院科学技术研究成果登记卡片(成果名称：经济两栖爬行动物)》，1978 年，中国科学院档案馆 I242－0032－003)

资料二(著作) 作者先后到广东、广西、福建、安徽、湖南、湖北、江苏、吉林等省(自治区)进行调查，了解我国两栖爬行动物经济利用情况。本书分为识别经济两栖爬行动物的种类、掌握它们的生活习性、了解其用途及用法等方面。(四川省生物研究所、上海自然博物馆编：《经济两栖爬行动物》，上海科学技术出版社，1978 年)

9 月 11 日，四川省生物研究所更名为“中国科学院成都生物研究所”。所名沿用至今。

资料(其他) 1978 年注定是一个载入史册的时间节点。这一年，党中央在十一届三中全会上提出了“改革开放”的国策，开启了中国在随后 30 年走向国际舞台的大门。这一年，生物所回归中国科学院，名称由“四川省生物研究所”更改为“中国科学院成都生物研究所”，实行以中国科学院为主、四川省领导为辅的双重领导。1978 年 9 月 11 日起，“中国科学院成都生物研究所”印章启用。(中国科学院成都生物研究所：《岁月足迹》)

10 月，出版《两栖爬行动物研究资料》第四辑，发表《北疆蛇类调查》《中介蝮与草原蝰对比研究》《海蛙适应性研究》等论文。

资料一(论文) 参见 1976 年倒数第二条资料十四(论文)。

资料二(论文) 参见 1976 年倒数第二条资料十五(论文)。

资料三(手稿) 参见 1976 年倒数第二条资料十七(手稿)。

资料四(论文) 在我国热带海岸的泥滩上，生活着一种海蛙，它们能适应含盐量较高的海水或半咸水生活的环境。海蛙为什么如此特殊……一般的蛙类在盐浓度超过10%的水中便不能生活，海蛙却能够安然无恙地生活在半咸水或纯海水中。尤其值得注意的是，海蛙当然不可能将卵产在起落不定、波涛汹涌的海水里……因此，只好将卵产在沿岸的涨潮时倒灌入陆地的临时性水洼内。它们的蝌蚪不仅需要能耐盐，而且还要耐较高的温度，因为在热带地区，中午的阳光常将这类浅水洼晒至40摄氏度以上……具有较周围环境更高的渗透压，是海蛙能够在较高盐浓度的海水或半咸水中生活的关键。（赵尔宓：《海蛙》,《两栖爬行动物研究资料》1978年第4期）

1979年　　50岁

1月,"两栖爬行动物分类区系研究"获四川省科学技术二等奖。

资料(证书) 1979年1月，赵尔宓参加的两栖爬行动物分类区系研究，取得优异成绩，获得四川省科学技术二等奖，奖金一百元。（四川省革命委员会科学技术委员会：《四川省科学技术二等奖奖状》,1979年，见图35）

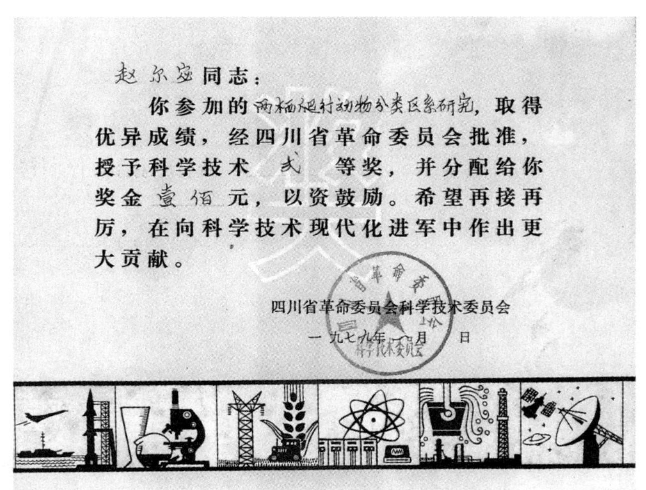

赵尔宓同志：

你参加的两栖爬行动物分类区系研究，取得优异成绩，经四川省革命委员会批准，授予科学技术贰等奖，并分配给你奖金壹佰元，以资鼓励。希望再接再厉，在向科学技术现代化进军中作出更大贡献。

四川省革命委员会科学技术委员会

一九七九年一月　日

图35

2月起，作为课题负责人，开展中国爬行动物分类区系的研究。

资料一（档案）

中国科学院一九七九年科学研究计划表			
研究课题	主要研究内容	课题负责人	参加的科技人员数
中国爬行动物分类区系的研究	一、主持编写《中国动物志》爬行纲 二、编写《西藏的两栖爬行动物》爬行动物部分 三、主持编写《四川资源动物志》爬行动物部分	赵尔宓、江耀明	4人

（中国科学院成都生物研究所：《中国科学院成都生物研究所1979年科学研究计划表一》，1979年，中国科学院档案馆I242－00042－001）

资料二（档案）

中国科学院成都生物研究所1979年科研课题人员安排情况表（一九七九年二月二十六日）			
室名	课题名称	课题负责人	参加人员
两栖爬行动物研究室	中国爬行动物分类区系研究	赵尔宓、江耀明	赵尔宓、江耀明、黄庆云、高原、余云

（中国科学院成都生物研究所：《中国科学院成都生物研究所1979年科研课题人员安排情况表》，1979年，中国科学院档案馆I242－00041－007）

是月起，作为课题负责人，研究中国的蝮蛇分类问题。

资料一（档案）

中国科学院一九七九年科学研究计划表	
研究课题	中国的蝮蛇分类问题研究
主要研究内容	蝮蛇是广泛分布于里海以东、中亚、北亚到东亚的一种毒蛇。在我国机会遍布全国，是造成人畜蛇伤的主要毒蛇之一。长期以来，国内外对蝮蛇的分类问题存在着较大分歧，影响到对蝮蛇毒的研究和利用。有人将全世界的蝮蛇分为七八个亚种。有人又主张不分亚种。六十多年来，中外学者的争论一直在继续，但都肯定蝮蛇只是一个种。我们对国产蝮蛇进行初步分析比较，发现我国产蝮蛇至少应属于三个不同的种。目前已可从形态、生态及分布等方面证实此一新的见解。从蛇毒蛋白电泳及免疫扩散实验等方法也初步证实了这个见解。本课题拟再采用生物化学蛋白电泳与同工酶等与细胞学（染色体组型）的方法。结合形态分析，深入解决蝮蛇的分类问题，争取达到世界先进水平。

（续表）

目标和进度要求	一九七九年对中国的蝮蛇分类问题写出结论报告。第一季度：1. 形态部分完成初稿。2. 实验部分完成免疫扩散电泳及中和试验。3. 到北京复试同工酶。第二季度：1. 4—5 月中旬分三组(辽宁及蛇岛、湖南及江西、新疆三季度)野外采取蛇毒。2. 5 月中旬到 6 月底完成全部实验室工作。a. 蛋白电泳(上海)。b. 同工酶。c. 免疫扩散及中和试验。d. 染色体组型分析。第三季度：7—8 月整理资料写出总结论文。
课题负责人	赵尔宓、吴贯夫
参加的科技人员数	2 人
协作单位	蛋白电泳部分与上海生化所和上海生理所协作。
备注	该课题列为所重点,向国庆 30 周年献礼项目。这个课题在蝮蛇分类问题上是个新见解,建议院里列为重点。

(中国科学院成都生物研究所:《中国科学院成都生物研究所 1979 年科学研究计划表一》,1979 年,中国科学院档案馆 I242 - 00042 - 001)

资料二(档案) 中国科学院成都生物研究所 1979 年科研课题人员安排情况表(一九七九年二月二十六日) 室名:两栖爬行动物研究室。课题名称:中国的蝮蛇分类问题研究。课题负责人:赵尔宓、吴贯夫。参加人员:吴贯夫、李胜全、沈杨、杨文明。(中国科学院成都生物研究所:《中国科学院成都生物研究所 1979 年科研课题人员安排情况表》,1979 年,中国科学院档案馆 I242 - 00041 - 007)

资料三(档案) 成果名称:我国蝮蛇的分类学研究。研究时间:1978—1979 年。学术价值:用实验方法配合形态分类方法,对七十多年来中外学者关于我国蝮蛇种下分类的争论,提出了我们的见解。并详细论证了原被鉴定为蝮蛇中介亚种的辽宁蛇岛产毒蛇是蝮属中的一个新种,且依据动物分布学、古生物学、地质学、古地理学与古气象学等资料,对蛇岛蝮在蛇岛上的起源问题作了探讨。成果表达方式:已发表科研论文 10 篇。1. 蛇岛蝮属一新种(鉴别特征)。2. 我国蝮蛇种下分类的探讨。3. 我国蝮蛇各亚种间及其与蛇岛蝮蛇毒的毒力与中和试验的比较。4. 蛇岛“蝮蛇”的分类学研究。5. 蛇岛蝮与蝮蛇的生态学资料。6. 我国蝮属蛇毒的聚丙烯酰胺凝胶电泳比较,兼论蛇毒电泳在毒蛇分类上的应用价值。7. 蝮属分类的蛇毒分子基础。8. 蝮属蛇毒蛋白的薄层凝胶等电聚焦的比较分析。9. 我国蝮属蛇毒免疫电泳的比较及在分类上的意义。10. 我国几种蝮蛇蛇毒蛋白的双向凝胶电泳图谱的比较。协作单位：中国科学院上海生物化学研究所、中国科学院上海生理研究所、成都生物所生化室。(《中国科学院成都生物研究所两栖爬行动物室基本情况及今后设想》,1982 年,中国科学院成都生物研究所档案室 82.01 - 4)

资料四(口述) 另一个是蛇岛蝮的系统研究。蛇岛蝮虽说只有一个种,但它实际上是中国蝮蛇类研究的一个成果,就是针对中国蝮蛇亚科的系统学研究的一个发展。蛇岛蝮的系统研究是蝮蛇类研究的一个分课题。它是从形态、组织、解剖、生态等,针对一个单一物种进行了比较全面系统的动物学研究。虽说是针对一个物种,但这种研究的方式,这种全方位的研究在中国当时还是第一次。也就是针对专科、专属、特有种的系统学全面地研究,大概就是这两个类群,一个就是锄足蟾蜍,一个就是蝮蛇类,然后才有其他的一些东西出来。所以说一直到现在,这一系列研究,奠定了两栖爬行室在系统学方面的国内、国际地位。所以说才有欧美学者说的要研究东亚的两栖爬行动物,如果不到成都生物所来看他们的文献,你等于是没有研究。(《王跃招访谈》,2015 年 7 月 7 日)

资料五(传记) 近年来,赵尔宓同志首次运用蛇毒蛋白电泳于我国的毒蛇分类,用分支分类学于我国有尾两栖动物的研究,确认蛇岛蝮蛇为一新种等,获得较高水平科研成果。(中国科学院成都生物研究所选举领导小组:《赵尔宓同志简介材料》,1984 年)

资料六(论文) 本文根据我国 17 个省(区)约 60 个采集点共一千余号标本……对我国产蝮蛇的种下分类问题及各亚种的分布范围作了探讨。(赵尔宓、江耀明、黄庆云:《我国蝮蛇种下分类的探讨》,《两栖爬行动物研究》1979 年第 2 期)

资料七(论文) 本文就我国蝮蛇三个亚种、蛇岛蝮与黑眉蝮蛇毒的毒力大小、抗蝮蛇毒血清对这些蛇毒的中和效价加以比较,检验彼此间的亲缘关系,给形态分类提供实验依据,为蝮蛇咬伤的防治工作提供参考。(赵尔宓、吴贯夫、杨文明:《我国蝮蛇各亚种间及其与蛇岛蝮蛇毒的毒力与中和试验的比较》,《两栖爬行动物研究》1979 年第 3 期)

4 月 13 日，被聘为中国科学院成都生物研究所两栖爬行动物研究室副主任。

资料一（档案） 1979 年 4 月 13 日至 1980 年 12 月 1 日，在中国科学院成都生物研究所两栖爬行动物研究室任副主任。（《关于转发更新中央直接掌握联系的高级专家信息和补充人选的通知与专家信息填报表》，2005 年，中国科学院成都生物研究所档案室文书档案 2005 长期 05－63）

资料二（档案）

<table>
<tr><td>姓名</td><td>赵尔宓</td><td>性别</td><td>男</td><td>出生年月</td><td>1930.1</td></tr>
<tr><td>参加工作时间</td><td>1951</td><td>民族</td><td>满</td><td>籍贯</td><td>成都</td></tr>
<tr><td>现任部职别</td><td colspan="3">两栖爬行研究室负责人</td><td>文化程度</td><td>大学</td></tr>
<tr><td>拟任部职别</td><td colspan="3">两栖爬行研究室副主任</td><td>级别</td><td>高教 8 级</td></tr>
<tr><td>简历</td><td colspan="5">一九三五年至一九四七年，先后念小学和中学；一九四七年至一九五一年，原华西大学生物系学习；一九五一年至一九六四年，先后在哈尔滨医大教书；一九六五年至今，生物所科研人员。</td></tr>
<tr><td>德才表现</td><td colspan="5">工作认真负责，业务能力强，肯钻研，经常跑野外，能起带头作用；在两栖爬行动物研究方面作出了成绩。</td></tr>
</table>

（《干部任免呈报表（批准赵尔宓任两栖爬行研究所副主任）》，1979 年，中国科学院成都生物研究所档案室人事档案 104 第 9－2－1 号）

4 月 20 日，被聘为《动物分类学报》编委，后连任两届。

资料一（档案） 1979 年起，任《动物分类学报》编委。（《赵尔宓简介（所庆 40 周年用）》，1998 年，中国科学院成都生物研究所档案室 1998 永久－1001）

资料二（证书） 根据中国昆虫学会 1979 年 3 月 15 日和中国动物学会 1979 年 4 月 6 日召开的在京理事会决议，赵尔宓被聘为《动物分类学报》编委会编委。（中国动物学会、中国昆虫学会：《〈动物分类学报〉编委会编委聘书》，1979 年，见图 36）

5 月至 6 月，第二次到蛇岛采集并研究，证明蛇岛毒蛇不是“中介蝮”而是一个新种，将它命名为“蛇岛蝮”。

资料一（档案） 1979 年—1980 年，赵尔宓命名新种“蛇岛蝮”，并提出它在蛇岛上的起源和演化见解。（《赵尔宓简介（所庆 40 周年用）》，1998 年，

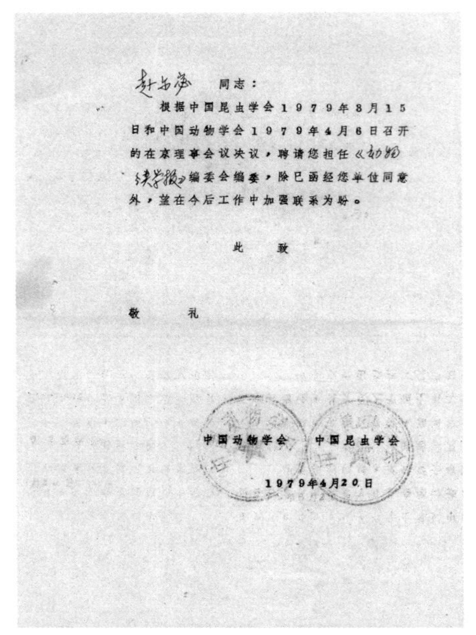

赵尔宓同志：

根据中国昆虫学会1979年8月15日和中国动物学会1979年4月6日召开的在京理事会议决议，聘请您担任《动物分类学报》编委会编委，除已函经您单位同意外，望在今后工作中加强联系为盼。

此　致

敬　礼

中国动物学会　中国昆虫学会

1979年4月20日

图 36

中国科学院成都生物研究所档案室 1998 永久- 1001）

资料二（档案） 1979 年 5 月至 6 月：蛇岛考察。赵尔宓同志三上蛇岛，确立了长期有争议的蛇岛蝮蛇为一新种 *Agkistrodon shedaoensis* 的事迹，是国内同行中人所共知的一段佳话。（《竺可桢野外科学工作奖申报书》，1987 年，中国科学院成都生物研究所档案室 88.06 - 13）

资料三（报道） 1978 年到 1980 年，开展蝮属蛇类分类学研究，发现著名的旅顺蛇岛上的蝮蛇实际上是一个未经描述的新种，并将它命名为“蛇岛蝮”，纠正了此前中外学者对这种毒蛇的错误鉴定。随后他又提出了我国的蝮蛇分为若干种，东北地区和横断山北段为两个分化中心的观点。（禄兴明、刘建：《院士赵尔宓 50 年的“蛇蛙生涯”》，《华西都市报》2001 年 12 月 17 日第 17 版）

资料四（报道） 长期以来，蝮蛇的分类是中外学者争论的焦点之一。1977 年底，赵尔宓正式提出“我国蝮蛇分类学研究”课题，试图用形态学和实验手段相结合的方法解决这一分类学问题。1978 年 6 月，赵尔宓带领课题组来到了辽宁的蛇岛。蛇岛是一个只有 0.73 平方公里的海岛，但岛上的毒蛇竟多达几万条，而且是一个种。早在 19 世纪 30 年代就有日本动物学家等到研究蛇岛毒蛇，将它鉴定为西伯利亚常见的“中介蝮”。而我国学者多年对蛇岛毒蛇的研究，也都因袭日本学者的鉴定结果。赵尔宓一行去蛇岛那天，风浪太大，一时无法上岛，他们就先到辽宁大学查看蛇岛毒蛇的标本。看后，赵尔宓顿时疑窦丛生，总觉得这种毒蛇形态不像是“中介蝮”。几天后登上蛇岛，他得以观察大量生活的蛇和它们的习性，赵尔宓更加肯定它们与“中介蝮”有别。例如，“中介蝮”一般只有 500 毫米长，但蛇岛上的毒蛇足有 700 多毫米；蛇的背纹和体色都与“中介蝮”明显不同；加之蛇岛毒蛇经常盘在树上等候捕食候鸟，而“中介蝮”生活在荒漠或半荒漠地区，捕食蜥蜴和鼠类等等。于是赵尔宓大胆提出了自己的怀疑——这可能是一个新的蛇种。但研究蛇岛毒蛇的其他专家并不以为然，认为对蛇岛毒蛇的研究已经有二三十年，其种类已经是定论。赵尔宓并未因此放弃自己的怀疑，他不久再次登上蛇岛，拍照，观察，记录，分析……为了证明蛇岛毒蛇不是“中介蝮”，赵尔宓又带领课题组跑遍了东北三省，查看了 1000 多号不同时期采集的标本。在黑龙江省博物馆的地下室，他们甚至搬出了帝俄时期采集的多年无人查看的标本，忍着标本腐烂发出的恶臭，一件件清理、查对……最后发现，蛇岛毒蛇无论体型、色斑还是鳞片，都与“中介蝮”在形态上有明显区别。为了进一步证明蛇岛上的蝮蛇不是“中介蝮”，也不是已知的其他蝮蛇，赵尔宓没有急于发表新种，因为他知道，只有经过严密论证的结论才能说服持不同意见的人，也才能经得起时间的检验。于是他又跑了许多地方，东起江浙，西至新疆，收集不同种类蝮蛇的蛇毒。在上海生物化学研究所和上海生理研究所有关同志的协助下，采用当时在国内蛇类分类上还无人采用过的生化与免疫的方法进行实验，即对各种蝮蛇的蛇毒进行蛇毒蛋白电泳、免疫扩散电泳以及毒性分析和毒力比较等一系列实验，结果证明：蛇岛毒蛇的蛇毒在以上各种实验中，都显示出“与众不同”的特性。蛇岛毒蛇的“身份”由此澄清：它既不是“中介蝮”，也不是已知的其他任何一种蝮蛇，而是科学上还没有记载的新种。就这样，通过辛勤的劳动和科学的实验，在形态学方法和实验手段论证的事实面前，赵尔宓终于为蛇岛蝮正了名。（张虹：《半个世纪的蛇蛙

生涯》,《大自然探索》2002 年第 6 期)

资料五(报道) 1979 年—1980 年,他命名了新种“蛇岛蝮”,并提出它在蛇岛上的起源和演化见解。(张小三:《来自丛林的惊喜》,《中国研究生》2008 年第 9 期)

资料六(报道) 1979 年,他登上了遍布毒蛇的蛇岛。为防止被攻击,他躲在一处隐蔽地方仔细观察。他发现,岛上的蝮蛇和“中介蝮”有着截然不同的形态特征和生活习性。它们静止时像一根树枝,躯干几乎和树皮一样呈灰色,难以被辨认,它们时常盘踞在树上,还要吃鸟。而“中介蝮”背面呈砂黄色,大多栖息在乱石堆或灌木丛中,不上树,很少吃鸟。回到中科院成都生物研究所后,赵尔宓采了蛇毒带到上海,与中科院上海生化所和生理所合作,证明了蛇岛上的蝮蛇是一个未经命名的新种的推断。随后,赵尔宓将大连蛇岛上独有的这种蛇命名为“蛇岛蝮”。之后,人们开始用这个新名字,称呼这种被人误认了 40 多年的蝮蛇。(陈悦、程渝:《动物学家赵尔宓 与蛇“缠绵”半世纪》,《华西都市报》2013 年 4 月 14 日第 23 版)

资料七(报道) 主持人:我们今天采访了中国著名的两栖爬行动物专家赵尔宓教授,正是他为我们揭开了蛇岛的秘密。

旁白:这是位于大连市旅顺口渤海海湾中的一座小岛,距离旅顺港有 25 海里。这座小岛只是大连 226 个岛屿中的一个。很长时间以来,它一直游离于人们的视线之外。直到 20 世纪 30 年代初,一群前往岛上修建灯塔的日本人,惊奇地发现这座看似不起眼的小岛却是蛇类的王国,小岛因此得名“蛇岛”。这也是世界上唯一的一座只生存单一蝮蛇的海岛。从那之后,关于蛇岛的考察与研究就一直没有停止过。这也激起了作为两栖爬行动物学家赵尔宓的兴趣。1979 年,远在中科院成都生物研究所的赵尔宓决定前往蛇岛,一探究竟。

赵尔宓:到了蛇岛,住在旅顺。但是又说那几天风向不好。风向不好的话,就是坐船不能够登岸,登不了岛。后来我就干脆乘火车,几个小时就到沈阳。到沈阳先看看标本,一看标本,蛇岛上面的蛇大概有几十条,一看不对,就不是中介蝮啊。他们叫中介蝮,我一看不是中介蝮。最早发现蛇岛上有这个蛇的是个日本人,叫长谷川秀治。他鉴定是中介蝮,所以大家都以他为准。

主持人：但是这也说明当时中国对蛇的分类也并不多？

赵尔宓：过去不多。可能在我以前，还没有人对蛇命名过新种，也没有人研究。

旁白：蛇岛面积 0.73 平方公里。然而，在这不足一平方公里的小岛上，却遍布毒蛇。草丛里、密林间、岩石下，到处都有蛇的踪迹。之前有人估算，岛上蛇的数量约为两万条。全部属于剧毒的蝮蛇，人只要被它咬一口，如果得不到及时抢救，足以致命。因此，在登岛之前，赵尔宓作了一系列的充分准备。

赵尔宓：这个都是全身武装的。从脚到头，头上戴帽子，还戴眼镜，还戴口罩。因为它咬你，不一定咬得到肉嘛。一咬到裤子就扑空了嘛，对吧。而且你距离它远一点，它不会咬你的。这个蛇咬人，你必须接触它，靠它很近的，达到它的攻击距离。或者说你离它太近，它感受到很大威胁……

旁白：经过观察，赵尔宓发现，岛上的蝮蛇长时间地待在树上，静止时，它们仿佛一根树枝。树皮灰色的躯体使它们不易被辨识出来。而中介蝮体呈砂黄色，大多栖息在灌木丛或乱石堆中。和中介蝮相比，眼前的蝮蛇有着截然不同的形态特征和生活习性，这令赵尔宓更加深了此前的怀疑。

赵尔宓：不但是外形不像，而且它比中介蝮还粗短一点，体型要粗一点，而且它上树的，中介蝮根本就不上树……而且还吃鸟，中介蝮……也很少吃鸟。所以我就更加相信它不是中介蝮。

主持人：那当时您认为这个蛇是一种独特的新种，而并不是以前那个中介蝮的时候，您在岛上应该说更加确认这一点了？

赵尔宓：我当时发表新种也不多，因为那是 1979 年发表的。当时还没有发表几个新种，所以我这人做事是比较审慎的。

旁白：一周之后，赵尔宓带着从岛上捉住的十几条毒蛇上路了。在火车上，他瞒过了乘务员，庆幸的是没有任何意外的情况发生。当然，也没有人知道在座位下面那包鼓鼓的布袋里面，究竟装着什么东西。赵尔宓将蛇带回中科院成都生物研究所，最后的实验结果和他之前的判断不谋而合：这种生存在蛇岛上的蝮蛇既不同于在国内已经发现的任何一种蝮蛇，更不是之前人们所认为的中介蝮。1979 年，一篇名为《蛇岛蝮是一新种》的论文在《两栖爬行动物研究》杂志上发表，作者正是赵尔宓。在这篇文章中，赵尔宓将大连蛇岛上独有的这种蛇命名为蛇岛蝮。之后，人们开始用这个新名字称呼这种被误认了四十多年的蝮蛇。在文中，赵尔宓对蛇岛蝮的起源提出了自己的看法。赵尔宓认为：蛇岛上的蛇来自大陆，4 亿年前，小岛和大陆尚未分离，同处于海平面以下。在距今约 1 亿年前的时候，因为海陆的变迁，使得蛇类的栖息地成为海中孤岛。在漫长的岁月中，蛇岛可能经历过多次浩劫。在浩劫中，其他物种纷纷消失，少量的蛇类侥幸生存了下来，成为今天蛇岛蝮蛇的祖先。那么，幸存下来的蝮蛇又是怎样在这座海中孤岛上繁衍至今的呢？赵尔宓观察后发现，与陆地上的蛇具有捕食蜥蜴、老鼠的习惯不同，蛇岛蝮在长期恶劣的生存环境中养成了一种特殊本领。不同于陆地上的同类主动搜寻猎物，蛇岛蝮习惯于守株待兔，坐等食物上门。它们捕食时经常是安静地弹簧状盘在树干上，因为蛇皮的颜色是树皮灰，加上皮肤上的褐色花纹，它们很容易就会被误认是一截树干。当有毫不知情的候鸟落在附近树枝上时，蛇岛蝮会一下弹出去，一口把候鸟吞吃入腹。因为主要以候鸟为食，所以蛇岛蝮的活动季节是五、六月和九、十月。夏天、冬天都不活动，这同候鸟飞进蛇岛的季节相符合。（CCTV1《大家》栏目组：《大家：两栖爬行动物学家赵尔宓》，2008 年 3 月 1 日）

资料八（论文） 辽宁省旅顺港附近蛇岛上所产蝮属（*Agkistrodon*）蛇类，长期以来均被鉴定为蝮蛇 *Agkistrodon halys*（Pallas）或其中介亚种 *Agkistrodon halys intermedius*（Strauch）……1978 年 5 月下旬到 6 月上旬，作者应辽宁省蛇岛考察队郝文学与季达明同志之邀，到蛇岛进行考察……还到辽宁大学查看了大量标本，认为蛇岛所产蝮属蛇类不是蝮蛇，应是本属中的一个新种。经一年多来的综合研究，并三次登蛇岛，到东北大陆考察，查看大量标本，确认我们这一见解无误。（赵尔宓：《蛇岛蝮属一新种》，《两栖爬行动物研究》1979 年第 1 期）

资料九（论文） 1978 年至 1980 年，科技人员不怕危险，对大连“蛇岛”进行考察。进行了“我国蝮蛇的分类学研究”，将以往误定为“中介蝮”的大连蛇岛产的蛇，定为新种“蛇岛蝮”，得到国内外同行专家的广泛承认。同时首次将蛇毒聚丙烯酰胺凝胶电泳用于毒蛇的分类学研究。（王海燕、郑培明：《回首过去　硕果累累　继往开来　引人入胜——访中国科学院成都生

物所两栖爬行动物研究室王跃招主任》,《科学新闻》2000 年第 30 期)

资料十(口述) 后来七九年四月底,赵先生、我、赵力宪我们三人……去大连旅顺的蛇岛搞野外考察。第一次去蛇岛采集蛇标本……乌苏里江、黑龙江我们都去了,重点是研究蝮蛇。因为那年做了后,赵先生发现了一个新种,就是蛇岛蝮。蛇岛蝮最早是辽宁大学的季达明定的黑眉蝮蛇岛亚种。因为无论如何从形态上它跟大陆亚种有区别,但是数据不足就定新种也不合适,所以那年我们最早去了热河承德一带,也是赵先生一起,去拿一些蛇回来做实验,考虑的就是要把黑眉蝮蛇岛亚种定为一个新种。最早季达明先生定的黑眉蝮蛇岛亚种,赵先生从形态上各方面与大陆黑眉蝮进行了比较,发现大陆黑眉蝮很多数据跟蛇岛的不一致,认为可能不仅仅是一个亚种,就考虑拿点其他分类数据来证明。因此七九年和大连自然博物馆的黄根彩合作,我们采的标本四分之一送给大连博物馆,如果只有 2—3 号标本,就给我们,有 4 号以上的,就给他们一份。赵先生当时学术思想比较活跃,在野外也很能吃苦。七九年四月底出发,五月到承德一带,天就比较热了,基本上是带一个面包、一壶水在山上跑一天。他给我们说,你不要把野外看得太枯燥太难受,要带着休假的心情来做野外工作,那心情就比较愉快,标本也采了,又不会很难受。……所以我们在那一带采了很多标本。后来我们从北京转战到了大连。先去承德,中途还去了赤峰……因为北京动物园有些蛇需要赵先生去鉴定。……北京动物园两栖爬行动物馆的馆长李洋请的。赵先生去给他们鉴定一些标本,我们也一起去。在北京待了约三天,我们就到大连上蛇岛考察,主要是采标本。当时蛇岛上没工作站,上蛇岛需要大连市林业局批准。大连自然博物馆研究两栖爬行动物的黄根彩和另外一个李建林跟我们一起上蛇岛。租了个艇上岛采标本,返回后赵先生就把标本带了些回来。上蛇岛很危险。因为怕起风,我们出发早,大概上午 7 点多出发,3 个小时就到蛇岛了,结果下午回来就起风了。到蛇岛后就采集标本,中午吃自带的面包、干粮等……蛇岛是树枝上、灌木丛等到处都挂着蛇,像弹簧一样盘着,S 型,头朝外,一有响动就可以迅速出击。蛇以鸟为食,鸟到岛上休息,就会被蛇吃掉。蛇的隐蔽性很好,其颜色与树干的颜色几乎无法分辨,眼力稍微差点的就看不出来。S 型盘缩积储能量,便于伸缩出力,鸟一旦接近就能咬住。下午回程时就起风了,赵先生穿一件实验室的那种蓝色长马褂,背个照相机,摇来摇去就被摇吐了。下午4点多,颠簸得很厉害。我还算好,就是头顶有点不舒服,赵力宪也晕了。蛇岛不是很大,我们走到岛顶,然后沿沟下来,只需要一天就能完成标本采集。从蛇岛返回后,我们在大连做了点野外工作。当时工作非常紧张,我们要转移考察地点,到了沈阳、哈尔滨。因此我们白天跟赵先生一起……看当地搜集的标本,晚上坐车换地方。比如哈尔滨医科大学有一些他们自己收藏的蛇类标本,我们去查数据、验标本等。我们去赤峰医专看标本,也是如此。大约一个多月后,赵先生就回来了。赵先生委托我负责,赵力宪、黄根彩和我,我们三人就跑吉林、辽宁丹东等地方。在丹东也研究蝮蛇,因为有个课题就是蝮亚科的分类学研究。白天采集,收集数据,需要查标本就查标本。赵先生回所后就遥控指挥,有事我也请示赵先生。赵先生在书上查到日本一本书上记载了丹东五龙背有短尾蝮,五龙背是一个镇,离丹东约半小时火车(车程)。我们当时去也没看到,在丹东可能待了半个月。赵先生一般从文献记载里看到哪里有,就到那里去实地考察,如果有,采集标本回来研究,核实记载的正确性。因为以前我们国内的种类都是外国人来研究的,中国人几乎没有研究过,从这种角度,赵先生觉得我们现在有这个条件,应该自己研究,所以就做蝮亚科的分类学研究。蝮蛇要研究全科太大了,就挑了一个蝮亚科。分类学是先要把小类群搞清楚,大的类群可能就好弄一点,工作就好做一些。我们七九年四月底出去,回所过国庆,也就是我们七九年在东北做了半年野外考察。国庆实际上我们在加班,标本拿回来,实验分类就要开始进行,例如要把大陆黑眉蝮与季达明先生定的蛇岛亚种蛇岛蝮进行电泳比较。我们那时基本睡在四楼实验室里,睡长藤椅,做实验的主要是我。赵先生很关心实验结果,晚上来看看工作进展,因为那时他住在大学路四川医学院那边,不算很远,晚上骑车过来。这个后来好像也写了一本著作《蝮亚科的分类学研究》。八〇年做的这个蝮蛇分类的工作,还做了一些其他种类。(《李胜全访谈》,2016年10月9日)

7月,担任北京动物园科学技术顾问。

资料一(档案)　1979 年,研究员赵尔宓曾担任北京动物园科学技术顾问。(《赵尔宓简介(所庆 40 周年用)》,1998 年,中国科学院成都生物研究所档案室 1998 永久-1001)

资料二(证书)　1979 年 7 月,北京动物园聘请中国科学院成都生物研究所两栖爬行动物研究室副主任赵尔宓同志担任北京动物园科学技术顾问。(北京动物园:《北京动物园科学技术顾问聘书》,1979 年,见图 37)

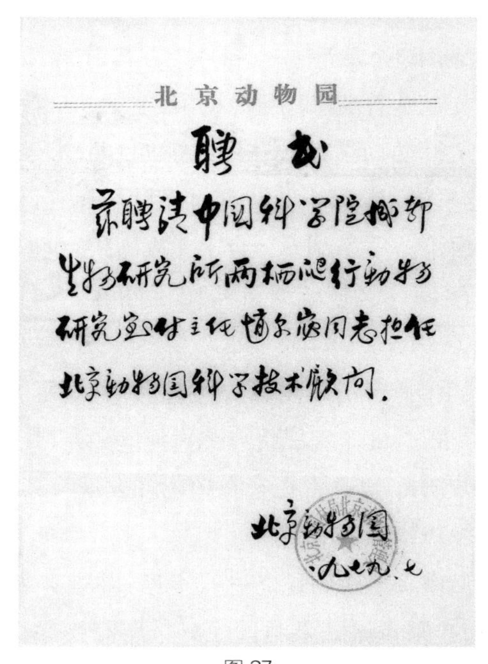
北京动物园

聘书

兹聘请中国科学院成都生物研究所两栖爬行动物研究室副主任赵尔宓同志担任北京动物园科学技术顾问.

北京动物园
一九七九、七

图 37

8 月 1 日,《两栖爬行动物资料》系列刊物更名为《两栖爬行动物研究》,出版第一辑第一号。

资料一(学术评价)　他是中国首个两栖爬行动物学中文期刊《两栖爬行动物资料》(1972—1978)的编辑,在其更名为《两栖爬行动物研究》(1979—1988)后也继续担任编辑,这个期刊当时已经有了大量的英文摘要,到现在,它已经变为了一个全英文期刊 *Chinese Herpetological Research*(后改为*Asiatic*,现为 *Asian*,1987 年至今)。(Kraig Adler, Dedication to Ermi Zhao)

资料二(传记) 从1978年起,我采取随编随印、连续编号、不定期出版的方式,刊名《两栖爬行动物研究》(*Acta Herpetologica Sinica*)。从1979年8月到1982年6月,共出版了6卷(辑)。以上刊物都交《成都晚报》印刷厂代印。由于报社工人很少排印科学刊物,对外文不熟悉,每期排印时,我整周到印刷厂排字车间配合工人一起工作,及时解决排版中的问题,有时我还捡英文字钉,从编辑、版式设计到校对工作全部由我承担。在实践中,我对编辑与出版工作产生了浓厚的兴趣,得到很多乐趣。(赵尔宓:《六十六年的回顾》,载《赵尔宓选集》下卷)

资料三(口述) 赵先生还做了什么事呢?四川省动物学会是他创办的,然后是办《两栖爬行动物学报》,在这之前叫《两栖爬行动物研究资料》,连续出了六本,像卷一样,那个时候是内部资料,但到《两栖爬行动物学报》就是正式出版的学报了。后来到八十年代《两栖爬行动物学报》停了,停了以后先生就过渡了两期,叫《蛇蛙研究》,出了两卷。(《曾晓茂访谈(二)》,2016年10月19日)

资料四(论文) 在长白山区采到一号竹叶青标本,该处的地理坐标约为北纬41度20分左右。这一发现将竹叶青蛇的分布纪录向北推移了10度左右。(赵尔宓、严仲凯:《竹叶青蛇在长白山的发现及其地理分布的探讨》,《两栖爬行动物研究》1979年第1期)

资料五(论文) 作者三次到蛇岛进行考察,并查看大量的标本,经一年多的综合研究,认为辽宁省旅顺港附近蛇岛上所产蝮属(*Agkistrodon*)蛇类不是中介蝮,应是本属中的一个新种。(赵尔宓:《蛇岛蝮属一新种》,《两栖爬行动物研究》1979年第1期)

9月,主编的《中国的毒蛇及蛇伤防治》出版。

资料一(档案) 两栖爬行动物分类区系研究:在和四川医学院等单位的协作下,在全国八个省区进行了调查。发现了九十种新种和国内新纪录。积累了四万多号(件)标本和大批科学资料。编写了《中国的毒蛇及蛇伤防治》等书籍和资料,其成果具有一定的学术水平。(四川省生物研究所:《生物科学研究中的一些情况》,1973年,中国科学院成都生物研究所档案室文

书档案 73.01－1)

资料二(档案) 1974年出版的《中国的毒蛇及蛇伤防治》由赵尔宓主持统稿。(《赵尔宓简介(所庆40周年用)》,1998年,中国科学院成都生物研究所档案室1998永久－1001)

资料三(档案) 他还根据我国山区多、蛇多、老乡普遍怕蛇的实际情况,主编了《中国的毒蛇及其蛇伤防治》一书。这本书反映了赵尔宓同志数十年来对我国各种蛇类形态、生态、分类区系等方面基础理论的研究成果,确立了他为中国蛇类专家的地位。该书由上海科学技术出版社出版,在社会上引起了强烈的反响,是迄今进行蛇伤防治和必备的参考书,使中国对蛇伤防治的研究大大地向前推进了一步。(《竺可桢野外科学工作奖申报书》,1987年,中国科学院成都生物研究所档案室88.06－13)

资料四(口述) 我们在东北就专门搞了一次毒蛇研究,这个是赵老师专门研究的课题,把东北的毒蛇收集一下,把毒蛇的分类和种下分类都搞得比较清楚。赵老师研究得最多的是毒蛇,中国的毒蛇。他组织全国医药界的人写了一本《中国毒蛇的蛇伤防治》……他的组织领导能力很强,大的协作、大的任务由他组织。(《江耀明访谈》,2016年10月11日)

资料五(学术评价) 作为作者、主编,赵尔宓出版了两栖爬行动物学科的32本学术著作……另外还有一系列著作介绍了毒蛇咬伤处理、毒液以及伤口感染等问题(1979)。(Kraig Adler, Dedication to Ermi Zhao)

12月31日,发表四川烙铁头蛇属一新种。

资料(论文) 蝰科蝮亚科的烙铁头蛇属(*Trimeresurus Lacepede*, 1804)在我国基本上分布于东洋界中印亚界的西南区、华南区及华中区,共知有7种。1972年在四川省西部横断山区乡城县采到烙铁头蛇属标本10号,经研究系一新种,并描述其鉴别特征、模式标本、形态、生活习性。(赵尔宓:《四川烙铁头蛇属一新种》,《动物分类学报》1979年第4期)

是年,与胡淑琴等人共同建立四川省动物学会,并担任副理事长兼秘书长。该学会挂靠于中国科学院成都生物研究所。

资料一(档案) 1979年—1986年,任四川省动物学会副理事长兼秘书长。(《赵尔宓简介(所庆40周年用)》,1998年,中国科学院成都生物研究所档案室1998永久-1001)

资料二(档案) 国内外主要学术组织兼职情况:1979年,在四川省动物学会任副理事长兼秘书长。(《关于转发更新中央直接掌握联系的高级专家信息和补充人选的通知与专家信息填报表》,2005年,中国科学院成都生物研究所档案室文书档案2005长期05-63)

资料三(档案) 四川省动物学会是1979年科协恢复工作后,第一批组建起来的少数几个学会之一,当时考虑到您所动物学研究基础好,力量雄厚,又有德高望重的专家,因此选举胡淑琴为理事长,赵尔宓为秘书长,并将学会挂靠在您所。(《省科协关于将四川省动物学会挂靠成都生物所的函》,1997年,中国科学院成都生物研究所档案室文书档案1997.06-063)

资料四(口述) 他把两栖爬行学术的"传帮带"做得很好。另外成立四川省动物学会,他也做了很多工作。……当时"四人帮"粉碎之后,学术就慢慢开始活跃,之后各地纷纷成立学会。当时成立学会有个规矩,比如成立省学会,就由省科委:省科协(的领导)担任学会的理事长。比如一个县要成立县学会,就由县科委担任理事长,也就是由官员来任职。赵老师的组织能力很强……他当时敢排除万难,打破常规,最后由胡淑琴担任理事长,他担任秘书长,林业厅来的胡柳青(音)担任副秘书长。胡淑琴因为年龄大了,不怎么管这些事。都是赵老师在管。学会大概是七八年或七九年成立的,赵老师很活跃。最后,好像是胡淑琴去世之后,就由赵老师担任理事长,王竟任秘书长。后来挂靠在你们生物所,现在又整合到川大去了。所以赵老师的贡献也在于此。严格说起来爬行动物(研究)应该算从赵老师开始发扬光大。因为他是理事长,接触的资料也多,后来就陆续出版了很多书。(《高正发访谈》,2016年10月25日)

资料五(口述) 四川省动物学会最早叫作成都市动物学会,是刘承钊这些老一辈的老教授成立的,当时是六几年吧,后来因为"文化大革命"就停了十几年,一直到1979年……当时省科协成立之后就抓这个学会,动物学会后来也就成立了,成立时叫四川省动物学会,以前叫成都市动物学会。四川省动物协会的第一届、第二届都是胡淑琴胡老师当理事长，我是第二届进入的理事会，第三届就开始当秘书长。赵尔宓第三届就当了理事长，当时胡老师病了。理事长和秘书长经常都要碰头商量工作，所以就很熟悉了，一直搞了好几届……搞到2001年。(《王竞访谈》,2016年10月24日)

资料六(口述) 赵先生在这方面对于中国的学术繁荣发展贡献还是比较大。基本上除了他以外就没有人在搞这方面。协会、中国两栖爬行动物学会，可以说几乎是赵先生首创的……四川动物学会这些，其他人好像都没有做类似的工作。(《蒋珂访谈(二)》,2016年10月28日)

资料七(口述) 很显然在四川动物学界赵尔宓先生是名气最大的。作为一个年轻人，我一开始来做的是哺乳动物。我们四川省有一个动物学会，是赵尔宓先生亲手创办的，现在叫四川省动物学会，他当时是理事长，从学会角度来看，他是领导又是长辈，他的名气特别大。年轻人总想着进步，进步的话必须跟老先生学习，所以就想方设法接触赵先生……刚开始很害怕……结果和赵先生接触以后，感觉赵先生特别和蔼可亲，对年轻人特别好。(《刘少英访谈》,2016年10月18日)

资料八(口述) 四川动物学会是胡老师当理事长，赵先生当秘书长，七几年就成立了。刘承钊在的时候是省动物学会，包括重庆。后来计翔他们在重庆单独成立学会，这儿就成立四川动物学会。省动物学会是刘承钊当理事长。四川动物学会是胡淑琴当理事长，赵老师是副理事长、秘书长。所以他当时一直有学会的工作。(《江耀明访谈》,2016年10月11日)

资料九(口述) 四川省动物学会是他创办的。先生在这块的人格魅力确实太大了，他有那种统帅能力，所以以前在四川省动物协会上基本是一呼百应……像胡锦矗胡老先生、研究鸟类的李贵元、林业厅野生动植物保护处处长胡铁卿、动物园的张安居……当时这些人每一个都代表四川省动物学的头，基本上都听先生的组织。(《曾晓茂访谈(二)》,2016年10月19日)

资料十(口述) 他当了四川省动物学会理事长，现在的《四川动物》这个杂志，四川动物学会在他手里发展成中国最大的动物学会，会员400多人，我们都是，好多外省的，好多院士都是四川省动物学会的会员。所以说赵先

生……对中国两栖爬行动物的研究发展作用特别大。(《李丕鹏访谈》,2015年7月28日)

1980年　　51岁

1月31日,发表论文《怎样区别毒蛇和无毒蛇》,教公众辨别和防避毒蛇。

资料(论文) 正确区别毒蛇与无毒蛇,可以帮助我们认准毒蛇,加以消灭或防避毒蛇咬伤。本文从外形特征、头部形状、尾部长短和颜色斑纹等易于掌握的特点来探讨区分。(赵尔宓:《怎样区别毒蛇和无毒蛇》,《动物学杂志》1980年第1期)

3月起,作为课题负责人,研究横断山脉两栖爬行动物区系及锄足蟾科的系统演化。

资料一(档案)

室名	课题名称	课题负责人	参加人员	备注
六室	横断山脉两栖爬行动物区系及锄足蟾科系统演化研究	胡淑琴 赵尔宓	江耀明、费梁、田婉淑、王宜生、叶昌媛、黄庆荣、吴贯夫、胡其雄、王朝芳、李胜全、杨文明、沈杨、张玉民、赵立宪、余平、高源、刘志君	研究员1人,助研8人,技师1人

(中国科学院成都生物研究所:《中国科学院成都生物研究所1980年科研课题人员安排情况表》,1980年,中国科学院档案馆I242-00045-007)

资料二(口述) 首先,对锄足蟾蜍的系统学研究,两栖爬行室这种对专科专属的系统研究是在六十年代晚期开始的,但"文革"开始以后中断,中断以后大概在"文革"中期又启动了。它从形态、组织、解剖、生态等,针对一个单一物种进行比较全面系统的动物学研究。虽说是针对一个物种,但这种研究的方式,这种全方位的研究在中国当时还是第一次。也就是针对专科、专属、特有种的系统学全面地研究,大概就是这两个类群,一个就是锄足蟾

蜍，一个就是蝮蛇类，然后才有其他的一些东西出来。(《王跃招访谈》，2015年7月7日)

4月5日，出版蛇岛蝮专辑，探讨蛇岛蝮在蛇岛上的起源和演化。

资料一(论文) 本文以形态分类方法，结合实验手段，分析探讨蛇岛"蝮蛇"的分类地位；并应用动物分布学、古生物学、地质学、古地理学与古气候学的资料，试图探讨蛇岛蝮在蛇岛上的起源问题。(赵尔宓：《蛇岛"蝮蛇"的分类学研究——形态学的和实验的研究，兼论蛇岛蝮在蛇岛上的起源问题》，《两栖爬行动物研究》1980年第4期)

资料二(论文) 本文将野外工作及室内观察积累的蛇岛蝮与蝮蛇的生态学资料(栖息环境、食性、昼夜活动、季节活动、对低温的耐受范围、繁殖习性)进行系统整理，并结合文献资料，将二者加以对比，阐明了它们确是蝮属中划分清楚的两个不同的种。(江耀明、赵尔宓：《蛇岛蝮与蝮蛇的生态学资料》，《两栖爬行动物研究》1980年第5期)

4月15日，被聘为《生物学通报》编委。

资料一(档案) 1980年起，被聘任为《生物学通报》编委。(《赵尔宓简介(所庆40周年用)》，1998年，中国科学院成都生物研究所档案室1998永久-1001)

资料二(证书) 中国植物学会、中国动物学会主办的《生物学通报》1978年复刊，致函中国科学院成都生物研究所，聘请赵尔宓为《生物学通报》编辑委员会委员。(《生物学通报》编委会、北京师范大学生物系：《关于〈生物学通报〉聘请编委的通知》，1980年4月15日，见图38)

4月30日，发表论文《我国古代对于蛇类的认识》。

资料一(论文) 本文总结了我国古代对蛇的认识，包括蛇类出现的时间，蛇的种类，蛇的外部形态，蛇的保护色观察，蛇的解剖、生理、生态特征，蛇的食性，以及蛇的天敌等信息。(赵尔宓：《我国古代对于蛇类的认识》，《动物学杂志》1980年第4期)

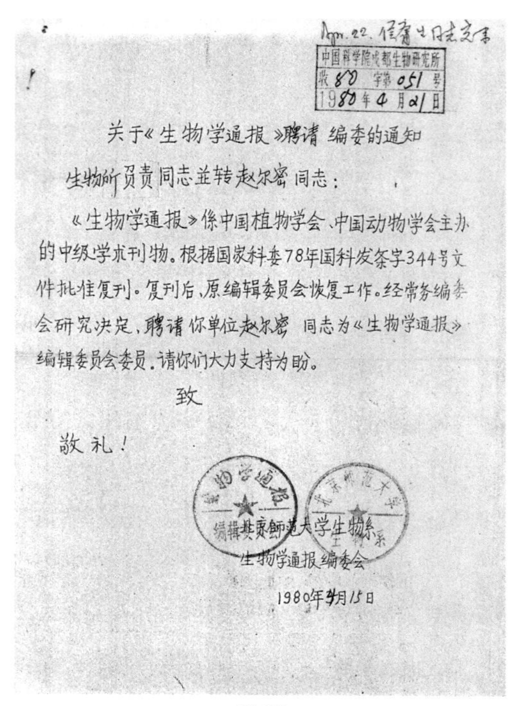

中国科学院成都生物研究所
收 80 字第 051 号
1980 年 4 月 21 日

关于《生物学通报》聘请编委的通知

生物所负责同志并转赵尔宓同志：

《生物学通报》系中国植物学会、中国动物学会主办的中级学术刊物。根据国家科委78年国科发条字344号文件批准复刊。复刊后，原编辑委员会恢复工作。经常务编委会研究决定，聘请你单位赵尔宓同志为《生物学通报》编辑委员会委员，请你们大力支持为盼。

致

敬礼！

北京师范大学生物系
生物学通报编委会

1980年4月15日

图 38

资料二(手稿)　赵尔宓工作笔记主要涉及日常科研的工作记录。该笔记也收集了有关中国古代的蛇资料和地球历史年表等文献。(赵尔宓:《日常科研工作记录及中国古代蛇资料》,1978 年)

5 月 1 日,由中国科学院成都生物研究所聘任为副研究员。

资料一(档案)　1980 年 5 月 1 日,被中国科学院成都生物研究所聘为副研究员。(《关于转发更新中央直接掌握联系的高级专家信息和补充人选的通知与专家信息填报表》,2005 年,中国科学院成都生物研究所档案室文书档案 2005 长期 05 - 63)

资料二(档案)　1980 年 5 月,在中国科学院成都生物研究所任副研究员。(《中国科学院专业职务聘任呈报表(赵尔宓被聘为研究员)》,1986 年,中国科学院成都生物研究所档案室人事档案 104 第 4 - 2 - 2 号)

5月3日,担任四川省动物学会会刊编辑委员会委员兼副主编。

资料(证书) 1980年5月3日,根据四川省动物学会第一届理事会第一次会议的推荐,四川省动物学会聘请赵尔宓为《四川省动物学会会刊》编辑委员会委员兼副主编。(四川省动物学会:《〈四川省动物学会会刊〉编辑委员会委员兼副主编聘书》,1980年5月3日)

5月,当选为成都市东城区人民代表。

资料一(档案) 1980年5月当选为成都市东城区人民代表。(《干部任免呈报表(中国科学院干部局批准赵尔宓任中国科学院成都生物研究所副所长)》,1982年,中国科学院成都生物研究所档案室人事档案104第9-2-3号)

资料二(传记) 赵尔宓同志能密切联系群众,在群众中声望较高。一九八〇年自他担任东城区人民代表以来,群众向他反映的意见,他认真对待,及时地反映,能办到的事积极设法帮助解决,受到大家的好评。如以往科分院一带的科研人员买东西要走很远的路,群众希望在附近设一座商业网点,赵尔宓同志多次将群众意见反映上去,后来在跳伞塔处修了一座商场。其他如职工子弟上学、知识分子工资待遇等问题,有的反映到财政局,总之群众向他反映的问题,如实向上作了反映,有些问题解决了,有些虽然没有得到解决,但他们耐心地向群众做了解释,群众对他认真负责为人民办事的精神十分敬佩。(中国科学院成都生物研究所选举领导小组:《赵尔宓同志简介材料》,1984年)

5月至7月,在云南西双版纳进行野外考察。

资料(档案) 参见1988年"3月7日"条资料三(档案)。

8月,高教系列职称晋升为7级。

资料(档案) 1980年8月,经单位审批,同意赵尔宓晋升一级,由高教8级升为高教7级。评议意见为:有广泛而坚实的基础知识和工作才能,外文掌握好。培养青年人有一套办法,也取得了一定的成效,对室内业务工作做了大量的组织和指导工作,经常利用业余时间完成所(室)的任务。在野外工作中能和青年同志一道吃苦耐劳,对我国爬行动物的研究作出一定贡献。(《中国科学院职工升级登记表(赵尔宓由高教 8 级升为高教 7 级)》,1980 年,中国科学院成都生物研究所档案室人事档案 104 第 9-1-1 号)

10 月 20 日,为纪念刘承钊,发表根据刘承钊笔记整理的论文。

资料一(文章) 1972 年,刘师交给我一个笔记本,叫我把其中关于髭蟾属的材料整理成文。从笔记本上可以看出是刘师抓紧公余空隙断续写下的一些资料与心得,我依据这些素材,拟出一条思路,并补充了自己的一些见解,写成《髭蟾属和种的初步探讨及其与分类学有关问题的讨论》一文,请刘师审阅后付印,于次年陪同刘师出席在广州召开的"三志"会议,由刘师在会上宣读(刘师去世后,为纪念他老人家,我将此文整理后正式发表)。(赵尔宓:《深切怀念刘承钊老师》,《四川动物》1983 年第 1 期)

资料二(论文) 本文初步探讨了髭蟾属的研究历史、属的特征、成体分种检索、种的记载、地理分布、结构与机能统一的原则及其在分类学上的意义,以及第二性征在两栖动物分类上的意义。(刘承钊、胡淑琴、赵尔宓:《髭蟾属 Vibrissaphora 和种的初步探讨及其与分类学有关问题的讨论》,《两栖爬行动物研究》1980 年第 1 期)

12 月 1 日,出任中国科学院成都生物研究所两栖爬行研究室主任。

资料一(档案) 1980 年 12 月 1 日至 1987 年 3 月 24 日,在中国科学院成都生物研究所两栖爬行研究室任主任。(《关于转发更新中央直接掌握联系的高级专家信息和补充人选的通知与专家信息填报表》,2005 年,中国科学院成都生物研究所档案室文书档案 2005 长期 05-63)

资料二(档案)

姓名	赵尔宓	性别	男	出生年月	1930.1
家庭出身	军医	本人成分	学生	民族	满
参加工作时间	1951	入党(团)时间		籍贯	成都

（续表）

现任部职别	两栖爬行研究室副主任	文化程度	大学
拟任部职别	两栖爬行研究室主任	级别	高教7级
德才表现	热爱党，热爱社会主义制度；拥护党的路线、方针和政策。具有宽广的业务知识，特别是对两栖爬行动物的分类区系研究方面，具有较坚实的理论水平，十八年来共发表论文十八篇，新种和新亚种10个；由他主持编写的《中国爬行动物系统检索》《中国毒蛇及蛇伤防治》《经济两栖爬行动物》三本书已出版发行；能比较熟练地阅读美、俄、拉丁等外文书刊。		

（《干部任免呈报表（批准赵尔宓任两栖爬行研究室主任）》，1980年，中国科学院成都生物研究所档案室人事档案104第9-2-2号）

资料三（手稿） 于1965年组建了两栖爬行动物研究室——成为我国第一个，也是唯一的两栖爬行动物学研究机构。建室之初，由胡淑琴研究员担任研究室主任，直到1980年，由赵尔宓继任斯职。（赵尔宓：《两栖爬行动物学》，1990年）

12月，与施白南联合主编的《四川资源动物志》第一卷出版。该书于1982年7月再版。

资料一（档案） 1980年，主编出版《四川资源动物志》第一卷。（《赵尔宓简介（所庆40周年用）》，1998年，中国科学院成都生物研究所档案室1998永久-1001）

资料二（著作） 资源动物系指野生动物中与人类经济生活有关的一些种类。……编写《四川资源动物志》，目的是总结我省动物学研究成果，为动物资源的恢复、发展、合理利用与保护管理，有害动物的防除，提供基本资料，为我省国民经济的发展服务。……《四川资源动物志》暂定分五卷出版。第一卷为总论，概述我省资源动物研究的历史、自然条件、资源动物概况、保护管理与合理利用，以及四川省脊椎动物各纲的名录及其在省内的分布情况。第二至五卷为资源动物各论。（《四川资源动物志》编辑委员会：《四川资源动物志》第一卷，四川人民出版社，1980年）

资料三（著作） 本书为总论，概述四川省资源动物研究的历史、四川自然条件及资源动物概况，四川动物资源保护管理与合理利用状况，以及四川脊椎动物各纲的名录及其分布情况。赵尔宓负责前言及“爬行纲”部分的编

撰。(《四川资源动物志》编辑委员会:《四川资源动物志》第一卷,四川人民出版社,1982年)

资料四(手稿) 目录:1—15页(共15页);爬行纲概述:16—21页(6页);龟鳖目:22—144页(123页);鳄目:145—167(23页);蜥亚目:168—318页(151页);蛇亚目:319—665页(347页)。(赵尔宓:《四川资源动物志手稿》,1979年—1980年)

是年,被聘为"蛇蛙研究丛书"编委会主任委员。

资料一(档案) 1980年至今,任"蛇蛙研究丛书"编委会主任委员。(《赵尔宓简介(所庆40周年用)》,1998年,中国科学院成都生物研究所档案室1998永久-1001)

资料二(口述) 还有就是当时他为了带动大家的积极性,他还做了一套蛇蛙丛书。他把大家出的一些其他的资料、学生出的书,以"中国蛇蛙丛书"的形式弄出来,前前后后十几种吧。赵先生在这方面对于中国的学术繁荣发展贡献还是比较大的。基本上除了他以外就没有人搞这方面的工作了。(《蒋珂访谈(二)》,2016年10月28日)

1981年　　52岁

4月,创办《四川动物》,并担任编委、副主编、学术顾问。

资料一(档案) 筹组全国两栖爬行动物学会;创办《四川动物》。(《赵尔宓简介(所庆40周年用)》,1998年,中国科学院成都生物研究所档案室1998永久-1001)

资料二(传记) 除此之外,早在1981年,我以四川省动物学会副理事长兼秘书长的身份,积极筹备,亲自组稿、编辑,出版了《四川动物》两期试刊。(赵尔宓:《六十六年的回顾》,载《赵尔宓选集》下卷)

资料三(口述) 《四川动物》也是他创办的,还有"蛇蛙研究丛书",出了

十几辑。(《时磊访谈》,2016 年 9 月 27 日)

资料四(口述) 当然一方面是由于他的著作比较多,还有一个由于他比较活跃。例如八一年我们开始编《四川动物》杂志,就我们几个人,我负责收稿和发行,当时弄出来是小本本,近的同行就送,国内其他同行就寄,扩大我们的成果和影响。(《李胜全访谈》,2016 年 10 月 9 日)

资料五(口述) 比如说他管理动物协会创办的刊物《四川动物》……赵老师他非常重视这个刊物,在他的领导下每期都要召开编委会来讨论稿件。……他把关很严,因为稿件不能随便发表,所以每一期都必须开编委会来讨论,一篇一篇地研究稿件行不行,哪些地方对不对,如果不对就要退稿或者退回去修改,这方面他做得很好,所以说他搞这些方面非常严谨。我跟魏银松当时经常到科分院赵老师家里面去研究稿件,他在家里面很热情,包括他的爱人涂老师,每次我们去她都给我们倒水,非常地客气。他对待这本杂志不是随随便便的,不因为他是理事长,工作很忙就不管,他每次都参与讨论。很多时候都在我们单位会议室讨论,每次他都来。所以这点我就觉得赵老师很负责,刊物要不是赵老师把质量关的话不会办得这样好。刊物就慢慢地在全国小有名气了。刊物在发刊头两期都是那种小本本,后来才慢慢变成大的。最开始那个小本本是内部资料,后来才慢慢地出版的。当时刊物是四川省防疫站在办,后来转到四川省寄生虫病防治研究所来办,开编委会赵老师每次都参加。刊物越办越好,在全国就小有名气,这是因为赵老师他很重视这个刊物,把关严,基本没有出过什么纰漏,这点就说明赵老师对学问这方面是很严谨的,不马马虎虎。赵老师的思想就是刊物除了最原始的学术交流以外,还可以到全国甚至全世界去交流,我们以后慢慢就跟国外有交流了,国外也有了订户。总的来说,赵老师非常重视杂志质量。(《王竞访谈》,2016 年 10 月 24 日)

资料六(口述) 《四川动物》杂志是赵老师于 1981 年创办、由四川省动物学会主办的杂志。因为赵老师是我们动物学会的秘书长,就由他承办了《四川动物》杂志。从八一年到现在已经四十年了,这个杂志现在是双核心期刊。我与赵老师接触就是因为我在《四川动物》杂志做编辑……我们知道他当时在华西医大(即四川医学院)跟前辈刘承钊教授一起搞两栖爬行研究，他就继承了刘承钊教授的工作，一直搞两栖爬行动物——主要以爬行动物为主的研究。当时我们编辑部，一年出四期杂志，每期在过程中都要开编委会，对稿件进行审查和提意见，通过之后才能发表。当时赵老师好像在国外，后来他回来之后，每期开会他都很积极参与这个工作。我感觉赵老师在这方面造诣很深，特别是对爬行动物。他很关心《四川动物》杂志。最早的主编是胡淑琴。赵老师一开始是学会的秘书长，后来是学会的理事长了。《四川动物》的特点，一个是爬行动物方面很突出，还有一个是寄生虫方面也很突出。跟赵老师有些接触后，我感觉相见恨晚，因为他学识很渊博，而且平易近人。他也说四川话，我们还是很谈得拢……我记得《四川动物》他出了几期爬行动物专辑，在国内爬行动物（蛇类）这一块还是很有影响的。这个事他还是很费心的。他对杂志还是很认真很关心的。我们每一期都要开一次审稿会，所有编委都要参加，每一次开会他都积极参加，而且是很认真负责地听，发表自己的意见。《四川动物》创刊时主编是胡淑琴先生，赵先生是副主编之一。我 1992 年去编辑部的时候，主编是四川大学生命科学学院的姜德全教授，赵先生是顾问之一。赵先生是《四川动物》主创人，他就像关心自己的孩子一样关心刊物的发展，真正又顾又问。办一个学术期刊真的不容易。学术期刊的发行量有限，不能靠发行费维持生存。当时，大概是四川省野生动物保护协会每年支持 3 000 元左右，杂志承办单位四川省寄研所出人、出设备、出办公用房，钱不够时还得贴钱。想当初，稿件送审、排版我就自己多跑路，发行时能自己送到的就不邮寄，抠着筹划，总担心着万一哪天没有钱了，争取攒下来的钱还可用来出个“告别版”。赵先生深知办刊的艰辛。在他老人家的关心、筹划下，先后争取到了四川省野生动物保护协会、成都大熊猫繁育研究基金会、四川大学、中国保护大熊猫研究中心（卧龙）、成都大熊猫繁育研究基地、四川大学大生命科学学院、四川省林业科学院等单位参与刊物的主办和协办，解决了我们办刊人的后顾之忧，促进了刊物的发展。现在刊物已经从原来的季刊改为双月刊，每期从 3 个印张 48 页变为 10 个印张 160 页。赵先生说，要把《四川动物》办好，坚持办它 100 年、200 年！（《魏银松访谈》，2016 年 10 月 19 日）

资料七（口述） 然后那个四川动物协会，包括《四川动物》那个杂志，

《两栖爬行动物学报》《亚洲两栖爬行动物研究》"蛇蛙研究丛书"这些，其他人好像都没有做类似的工作。(《蒋珂访谈(二)》,2016 年 10 月 28 日)

资料八(口述) 当时好多工作,《四川动物》,八一年创刊,创刊那个是试刊,搞了两期。八二年正式出刊,就正式出《四川动物》,这是我们这儿搞的。我们八一、八二年学习,好忙哟,他还搞个《四川动物》。这个是省里的,各种文章都有的,后来是全国发行的。那个是刊物,是杂志,四期两刊。这个是学报,学报是科学出版社出版的。当时一想,干脆办个学报。文章通得过,才能成为学报。而且是科学出版社,不是四川出版社。所以他当时还是比较有远见,考虑得比较多,这些都是他设计考虑的。所以你看当时这么多工作忙得不得了,他一个人来顶着。另外,不只是学报的工作,还有学会的工作。(《江耀明访谈》,2016 年 10 月 11 日)

资料九(口述) 《四川动物》杂志也是他创办的,这是办杂志方面。四川省动物协会是他创办的。先生在这块儿的人格魅力确实太大了,他有那种统帅能力,所以以前在四川省动物协会上基本是一呼百应。四川省动物协会办的《四川动物》的价值很高。1981 年创办,那个时候国内没有哪个二级协会办杂志,只有《四川动物》,所以赵先生确实很强。(《曾晓茂访谈(二)》,2016 年 10 月 19 日)

8 月 4 日,组织并带领全国九省市青少年到四川卧龙自然保护区开展生物保护夏令营活动,为期半个月。

资料一(信件) 1981 年 7 月底至 8 月初,我在卧龙自然保护区采集昆虫和蚂蟥标本。8 月 4 日,你所带领的全国九省市青少年生物保护夏令营也到达卧龙。征得夏令营的同意,我推迟了一周离开卧龙,参加了部分夏令营的考察活动,主要是听取了四五位专家的学术报告,其中也有你作的"研究动物学为四化建设作贡献"的精彩报告。几位学者的报告,当时我记得比较详细,稍加整理就是几篇很好的学术文章。此次也拍摄了一些黑白照片。总体是这次的收获是比较丰富的。前段时间在翻阅有关科考笔记时也发现一些问题有遗漏,今特来信请教:

这次九省市青少年生物保护夏令营,从整个情况来看,你在唱主脚

[角],但具体来讲是由四川省的那[哪]些部门和单位在主办和协办呢？具体又由那[哪]些人在具体管理呢？

按常规夏令营活动结束后,应该有一个小结和总结,你手头还有吗？……此次夏令营,有 200 多位青少年,距今已有 30 年,当时是生物保护,这对他们学习什么专业是有影响的。这些人都 40 多岁了,已进入中年顶梁时期,如通过各省市的领队,能找到这批人,对他们的有关情况进行一些调查,这对国家培养人才或对志趣的成长也许有一定的帮助吧！（刘联仁:《询问 1981 年全国九省市青少年生物保护夏令营事宜的信》,2010 年 10 月 5 日,见图 39）

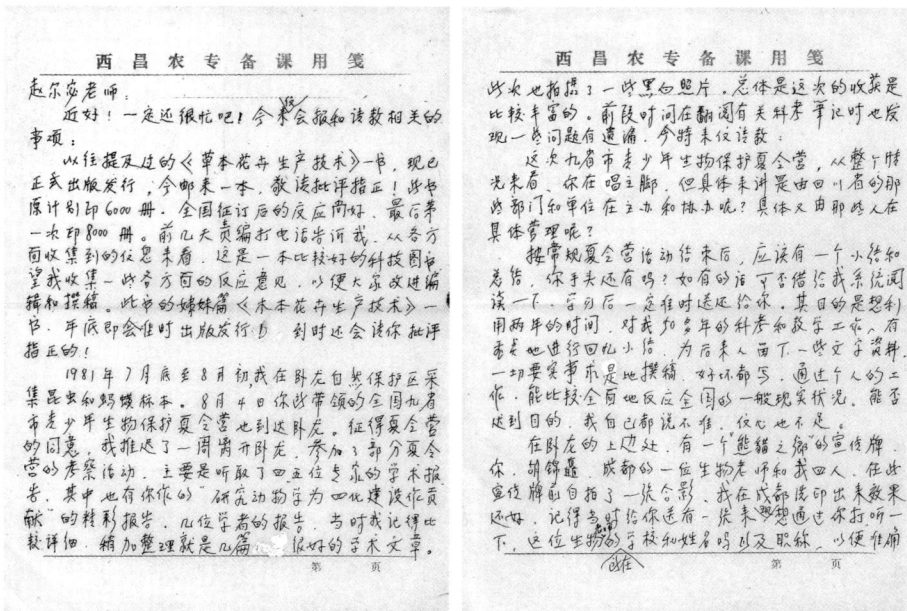

西昌农专备课用笺

赵尔宓老师：

近好！一定还很忙吧！今致会报和请教相关的事项：

以往提及过的《草本花卉生产技术》一书，现已正式出版发行，今邮来一本，敬请批评指正！此书原计划印6000册，全国征订后的反应尚好，最后第一次印8000册。前几天责编打电话告诉我，从各方面收集到的信息来看，这是一本比较好的科技图书，望我收集一些各方面的反应意见，以便大家改进编辑和撰稿。此书的姊妹篇《木本花卉生产技术》一书，年底即会准时出版发行，到时还会请你批评指正的！

1981年7月底至8月初，我在卧龙自然保护区采集昆虫和蛾蝶标本。8月4日你所带领的全国九省市青少年生物保护夏令营也到达卧龙。征得夏令营的同意，我推迟了一周离开卧龙，参加了部分夏令营的考察活动，主要是听取了四五位专家的学术报告，其中也有你作的"研究动物学为四化建设作贡献"的精彩报告。几位学者的报告，当时我记得比较详细，稍加整理就是几篇[illegible]很好的学术文章。

第 页

西昌农专备课用笺

此次也拍摄了一些黑白照片。总体是这次的收获是比较丰富的。前段时间在翻阅有关科考笔记时也发现一些问题有遗漏，今特来信请教：

这次九省市青少年生物保护夏令营，从整个情况来看，你在唱主脚，但具体来讲是由四川省的那些部门和单位在主办和协办呢？具体又由那些人在具体管理呢？

按常规夏令营活动结束后，应该有一个小结和总结，你手头还有吗？如有的话可否借给我系统阅读一下，学习后一定准时送还给你。其目的是想利用两年的时间，对我几多年的科考和教学工作，有系统地进行回忆小结，为后来人留下一些文字资料。一切要实事求是地撰稿，好坏都写，通过个人的工作，能比较全面地反应全国的一般现实状况。能否达到目的，我自己都说不准，信心也不足。

在卧龙的上边处，有一个"熊猫之乡"的宣传牌，你、胡锦矗、成都的一位生物老师和我四人，在此宣传牌前自拍了一张合影，我在成都洗印出来效果还好，记得当时给你送有一张。来想通过你打听一下，这位生物老师现在的学校和姓名吗以及职称，以便准确

第 页

图 39

资料二(口述) 他参加过很多科普活动,还参加了中学生的夏令营,带中学生到野外去,教他们考察,给他们讲科学知识。(《赵蕙访谈》,2016 年 9 月 8 日)

资料三(照片) 赵尔宓应邀担任中学生夏令营生物组的指导老师并与学生合影。(见图 40)

图 40

是年，主持“瑶山鳄蜥分类地位的研究”，至 1983 年结束。纠正国外学者的论述，编著《鳄蜥分类定位》。

资料一（档案） 开展国内研究，1981 年—1983 年，主持“瑶山鳄蜥分类地位的研究”课题。（《赵尔宓简介（所庆 40 周年用）》，1998 年，中国科学院成都生物研究所档案室 1998 永久-1001）

资料二（档案） 1981 年至 1983 年，进行“瑶山鳄蜥分类地位的研究”，编著了研究专著《鳄蜥分类地位》，该领域成果 1986 年获中国科学院科技进步三等奖。（《中国科学院成都生物研究所 40 年历程》，1998 年，中国科学院成都生物研究所档案室 1999.01-009）

资料三（论文） 1981 年至 1983 年，进行“瑶山鳄蜥分类地位的研究”，恢复鳄蜥科为有效的科，编著了研究专辑《鳄蜥分类地位》。（王海燕、郑培明：《回首过去　硕果累累　继往开来　引人入胜——访中国科学院成都生

物所两栖爬行动物研究室王跃招主任》,《科学新闻》2000 年第 30 期)

资料四(口述) 七九年初我就在赵先生担任室主任的两栖爬行室工作,因为才来的时候我对有关两栖爬行动物学的知识是很贫乏的,基本上是一无所知……由于研究室里面有赵先生,他是室主任,对我们这些才来的同志比较关心,尤其在辅导和业务方面比较仔细,所以我很快就做上了研究工作。因为他当时觉得我在大学里面学的知识还可以比较快地接起研究工作,所以我在八〇年就按照他的分配开始搞我们国家一级保护爬行动物鳄蜥的研究工作,因为他看到我有一些独立工作的能力。所以我当时就开展了一个以前两栖爬行室没有的工作,以前两栖爬行主要在外部形态方面的工作多一些,我就搞内部解剖的多一点,从解剖学的角度来阐述它的分类地位。所以很快我们从八〇年到八一年就连续有了几篇文章……我们当时的课题就是赵先生担任组长的课题——中国鳄蜥的分类学研究——作为一个成果得到中国科学院的科技成果三等奖。(《胡其雄访谈》,2016 年 10 月 9 日)

资料五(口述) 我们还是做出来一些成果,最先有几篇关于鳄蜥分类地位的研究,可能是我们国内较早在两栖爬行动物里用分子分类学做研究的,应该说……八十年代是首次。后来我们那个课题得了奖,好像是国家科技进步三等奖。所以赵先生的学术思想影响很深。(《李胜全访谈》,2016 年 10 月 9 日)

资料六(传记) 1981 年—1983 年,研究我国特有单科单属独种瑶山鳄蜥的分类地位,国外学者曾将它并入美洲的异蜥科,经我们研究后,提出应恢复鳄蜥科的结论。(赵尔宓:《六十六年的回顾》,载《赵尔宓选集》下卷)

资料七(手稿) 随着 1978 年科学春天的到来,我省两栖爬行动物学的研究更加蓬勃发展。野外考察方面……结合“鳄蜥分类地位的研究”课题到广西采集调查。(赵尔宓:《两栖爬行动物学》,1990 年)

是年,建立中国第一个两栖爬行动物细胞研究平台,发表第一篇两栖爬行动物染色体研究论文。

资料一(口述) 我是赵先生直接要的,赵先生给我交代了工作,说我的担子很重,我们要新成立一个实验分类组,搞两栖爬行动物。都是从头整起，搞电泳，搞蛋白分离，搞同工酶。起因就是国际上当时已经在搞从细胞分类到分子分类，人家已经走到前面去了，我们也必须要追赶上去，是从学术上考虑。那时候我们国内没有一家搞分子分类和细胞分类，只有北京动物所的薛国雄搞了点金鱼的卵母细胞。从学术思想来说，赵先生在当时（八十年代），学术思想是超前的。当然，他跟国外交流比较多，他看的东西多，人家来的文章都有一些分子分类的数据在里面，人家更有说服力。我们当时搞的主要是形态分类，如果在形态分类的基础上加上细胞分类、甚至分子分类，那不是更加完美吗？那么我们也要一步一步地跟世界齐平或者赶上去。赵先生的学术思想是这样的，当时在国内是没有的。赵先生跟我谈了后，我们成立了一个实验分类组，我、吴贯夫、杨文明、沈杨四个人。老吴负责搞细胞、染色体，我负责搞蛋白质、同工酶分类，主要搞同工酶，就是物种与物种之间的比较。那时搞生化分类的经费有限，时间也紧，仪器也没有，电泳仪都是自己做的。……自己买有机玻璃、铂金丝、电极，全是自己做……我做的那个电泳槽还是很好用的，还有我们弄的那个电泳胶带染色光照灯管，染色胶带拍照出来很好。可能是我们国内较早在两栖爬行动物里用分子分类学做研究的，应该说我们国内八十年代是首次。所以赵先生的学术思想影响很深。……八〇年除了做蝮蛇分类，还做了一些其他种类，包括鳄蜥、胡子蛙，吴贯夫做染色体，我做同工酶、蛋白电泳等生化方面。（《李胜全访谈》，2016 年 10 月 9 日）

资料二（口述） 我记得是八几年，赵先生带队，相当于在两栖爬行室开了个平台，以中科院成都生物所为平台建立了中国的第一个两栖爬行动物染色体研究平台。思想肯定是赵先生的，只是具体由吴贯夫老师在做。因为这个平台建起来了，那么我们做基因组，需要返回细胞去确认它在哪一号染色体，如果没有细胞学这个技术，就不可能回去，即使分子再好，那套技术没有。我同学派学生到我这儿来，指导他们学，有人出昂贵的机票把我们叫去做实验，他们做不了染色体，很多实验室把它丢了。（《曾晓茂访谈》，2015 年 6 月 19 日、2015 年 7 月 8 日）

资料三（口述） 那时候八十年代，正好是中国刚开始做细胞遗传学，因为“文革”耽误了十年，其实那时候国外的细胞遗传学已经在做总结了。细胞遗传学在我们两栖爬行室来说相对要偏实验一点，要做细胞实验，他说你一个女孩子就跟着吴老师去做细胞学。那个时候我们在做细胞分类学，所以其实中国的两栖爬行动物细胞分类学是赵先生开创的。那时全国每一个门类都在做这个。因为我是女孩子，相对来说野外会少一点，所以他就把我放在这里跟着吴老师从事这个业务。后来因为有了这个平台，我们两栖爬行细胞学在国内是前沿的，到现在依然是，肯定是。(《曾晓茂访谈(二)》，2016 年 10 月 19 日)

资料四(口述)　赵先生他们以前做的分类方面绝大部分都是形态，也就是我们所谓的经典分类学。但是他们也在八十年代开始尝试了当时一些新的技术，比如当时的细胞染色体，从染色体的角度验证分类上的问题。然后做电泳、同工酶这些，来看物种的有效性。(《蒋珂访谈》，2016 年 9 月 3 日)

资料五(口述)　到了八十年代早期，应该是七九年至八〇年，两栖爬行室率先开始了染色体的研究，那个时候在国内，至少两栖爬行方面，染色体研究还没有开始。染色体研究的贡献者，首先开始做的是吴贯夫。这个也是在国内开先河的。因为以前的研究都是在形态、解剖这方面，染色体研究使系统学研究深入细胞层次、细胞器层次。染色体属于细胞器，它和遗传就有密切关系了。因为分子 DNA，实际上就是双螺旋结构，纠缠在一起就是染色体，所以说它就把形态学研究和细胞层次研究联系起来了。它应该是分子遗传和形态学研究中间的一个节点，我个人理解。因为染色体仍然是个细胞器，虽然遗传物质都在染色体上，当然也不完全，线粒体上也有，但是主要的遗传物质是在染色体上。对染色体的研究，至少在国内，他(吴贯夫)是首先开始的，在两栖爬行动物方面。开拓了从细胞学手段来研究分类的问题。吴贯夫曾经对自己有个总结，大概他做了 90 个物种的染色体。(《王跃招访谈》，2015 年 7 月 7 日)

资料六(论文)　本文参考濑户武司(1965)直接从骨髓中取材的方法，观察分析鳄蜥染色体组型。根据研究结果，我国广西瑶山特产动物鳄蜥骨髓白细胞有丝分裂中期的染色体为 2n = 32，属两型核型；其染色体组型可表示为 12V + 2I + 18m；染色体总臂数 N.F.或 N.A. = 44。(吴贯夫、杨文明、赵尔宓：《广西瑶山鳄蜥 *Shinisaurus crocodilurus Ahl* 的研究 3：鳄蜥染色体组型的初步观察》，《两栖爬行动物研究》1981 年第 8 期)

资料七(传记) 在我担任研究室主任期间,积极鼓励与支持开展新技术与新方法的应用,研究室一度有若干同志运用染色体组型、各种电泳、组织化学等手段解决分类学问题。我自己也与上海生化研究所和上海生理研究所的同志合作发表了我国第一篇以生化方法研究毒蛇分类的论文,与本室同志发表了若干篇染色体组型研究的论文。目前,年轻同志还在继续并发展这方面的工作。(赵尔宓:《六十六年的回顾》,载《赵尔宓选集》下卷)

是年,任《中药材科技》编委。

资料(档案) 1981年—1996年,担任《中药材科技》(后更名《中药材》)的编委。《赵尔宓简介(所庆40周年用)》,1998年,中国科学院成都生物研究所档案室1998永久-1001)

是年,中国科学院成都生物研究所动物学硕士点获批。

资料(其他) 1981年,生物所的第一个硕士学位授予点——动物学硕士点获得国务院学位委员会批准,开始了生物所研究生的招生和培养工作。(中国科学院成都生物研究所:《岁月足迹》)

1982年 53岁

3月,入选中国科学院成都生物研究所学术委员会委员。

资料(档案) 中国科学院成都生物研究所1982年学术委员会委员名单,包括赵尔宓等16人。(《中国科学院成都生物研究所1982年学术委员会委员名单》,1982年,中国科学院成都生物研究所档案室82.05-12)

5月19日,担任中国科学院成都生物研究所副所长,连任三届,至1991年[①]。同时继续兼任两栖爬行动物研究室主任。

① 经考证,确定赵尔宓任副所长至1991年,其他年份为误记。

资料一(档案) 1982年5月19日至1991年8月17日，在中国科学院成都生物研究所任副所长。(《关于转发更新中央直接掌握联系的高级专家信息和补充人选的通知与专家信息填报表》，2005年，中国科学院成都生物研究所档案室文书档案2005长期05－63)

资料二(档案) 赵尔宓同志提职考核材料：赵尔宓，男，生于1930年1月，四川成都市人，满族，本人成分为学生。1951年参加工作，群众。大学文化程度，高教八级。现任中国科学院成都生物研究所两栖爬行动物研究室主任，1980年5月晋升为副研究员，成都市东城区人民代表。赵尔宓同志1935年至1951年7月，先后在成都上小、中学，毕业于原华西医大生物系；1951年7月至1964年8月，先后在哈尔滨医科大学、四川医学院任教；1964年8月至现在，调中国科学院成都生物研究所两栖爬行动物研究室，先后任助理研究员、室副主任、室主任。赵尔宓同志拥护党的十一届三中全会以来的路线、方针和政策。工作一贯积极认真，政治上要求进步，服从党组织的领导，热爱党的科学事业。担任室主任以来，工作敢于负责，能联系群众，团结同志，表现出一定的组织领导能力。赵尔宓同志专业基础知识较为扎实，从一九六二年起他从事两栖爬行动物分类区系调查工作，共发表较高学术水平的论文18篇，发现了两栖爬行动物十个新种和新亚种，主编的《中国爬行动物检索》第三本书业已出版。他外语基础好，能比较熟练地阅读英、俄、拉丁等种外文书刊。同时，由于他较长时间担任室领导，具有一定的科学管理水平，对生物所其他专业知识也较为熟悉。为了充实生物所领导班子，加强该所的学术领导，我们认为，赵尔宓同志年富力强，德才表现好，提升他担任该所副所长职务是适宜的。(《干部任免呈报表(中国科学院干部局批准赵尔宓任中国科学院成都生物研究所副所长)》，1982年，中国科学院成都生物研究所档案室人事档案104第9－2－3号)

资料三(档案) 成都生物研究所一九五八年至一九九八年历届组织机构负责人汇总表　两栖爬行动物研究室：赵尔宓(兼)主任。任职时间：1982年。(《成生所一九五八年至一九九八年历届组织机构负责人汇总表》，1999年，中国科学院成都生物研究所综合管理类档案1999.01－007)

资料四(档案) 赵尔宓，四川省成都市，民主同盟会盟员。1965年到本单位从事科研工作。曾任研究室主任、副所长。(《中国科学院成都生物研究所 40 年历程》,1998 年,中国科学院成都生物研究所档案室 1999.01 - 009)

资料五(学术评价) 1965 年调到中国科学院西南生物研究所,在那里他建立了两栖爬行动物学研究室,并于 1978 年至 1987 年担任两栖爬行动物研究室主任,1986 年任研究员,1982 年至 1993 年期间任成都生物所副所长,2001 年当选为中国科学院院士。(Kraig Adler, Dedication to Ermi Zhao)

资料六(传记) 1982 年—1992 年曾担任三届副所长。(赵尔宓:《六十六年的回顾》,载《赵尔宓选集》下卷)

5 月起,参加中国科学院组织的横断山区综合考察,对该地区两栖爬行动物进行考察,任主持人及野外领队。考察持续两年。

资料一(档案) 1982 年至 1984 年参加中国科学院组织的横断山区的综合考察,主持两栖爬行动物子课题,有昆明动物所参加,共同编著了《横断山区两栖爬行动物》一书。该书记载两栖纲动物 3 目 11 科 26 属 81 种,爬行纲动物 2 目 14 科 53 属 117 种。我国已知两栖动物 3 目 11 科都分布于此区,就属而论,两栖动物占全国已知 44 属的 59.1%,爬行动物占已知 124 属的 41.9%;就种而论,两栖动物占全国已知 302 种的 29.2%,爬行动物占全国已知 378 种的 29.7%,即,全国一半左右的属与 1/3 左右的种,都可在横断山找到适合的生境。这说明,横断山具有古北界与东洋界物种交汇的特点,也是许多古老物种与原始类群在第四纪冰期的天然避难所;高海拔环境又极大加剧物种分化,促使新种形成,并制约新种扩散,因而此区出现许多特有属种。该项研究具有重大科学意义。(《中国科学院成都生物研究所 40 年历程》,1998 年,中国科学院成都生物研究所档案室 1999.01 - 009)

资料二(档案) 1986 年 5 月至 8 月:横断山地区综合考察。横断山区由于其特殊的地理位置,一直是一块科学上的处女地。近十几年来,赵尔宓同志多次亲临这片人迹罕至的山区,并参加了中国科学院横断山综合考察队。在这里,赵尔宓同志克服了空气稀薄、天气变化反复无常、道路崎岖、有些地方根本无路等险恶的自然环境,坚持进行科学考察研究。这些艰苦的努力使他获得了令人振奋的成果。(《竺可桢野外科学工作奖申报书》,1987年,中国科学院成都生物研究所档案室 88.06 - 13)

资料三(论文) 1982 年至 1984 年中国科学院组织了横断山区的综合考察,编著了《横断山区两栖爬行动物》一书。证实两栖动物和爬行动物全国一半左右的属与 1/3 左右的种都可在横断山找到适合的生境。这说明,横断山具有古北界与东洋界物种交汇的特点,也是许多古老物种与原始类群在第四纪冰期的天然避难所;高海拔环境又极大加剧物种分化,促使新物种形成,并制约新种扩散,因而此区出现许多特有属种。该项研究具有重大科学意义。(王海燕、郑培明:《回首过去　硕果累累　继往开来　引人入胜——访中国科学院成都生物所两栖爬行动物研究室王跃招主任》,《科学新闻》2000 年第 30 期)

资料四(口述) 八二年他们在昆明开一个什么会议,我当时也正在昆明开会。开会期间我听说中科院有一个横断山脉的考察团要到高黎贡山、怒江、澜沧江那边去拍个电影。我就跟我们单位要求和他们一起去。你们生物所一起去的有毕建平、杨文明。我在电影厂有时候拍录像,借你们单位机器,我私人跟他们有些交往。当时,我跟你们单位说,他们那个考察,我也去体验一下生活。我作为记者就跟到他们一起,去了整整三个月,从昆明出发到峡湾、宝山、瑞丽,然后盈江、腾冲,回来漾濞。整个滇西全部走完了。包了一个柯斯达中巴,一直走了三个月。那个时候体会到他们野外考察的艰苦和乐趣。他们走到那儿都是自己带起行李。不像我们现在出差,哪个还带行李,都是住人家安排好的宾馆,进去就住。那会儿,自己带起行李,打起铺盖卷。如果在野外,天气变化很大,睡睡袋。就是这样子的,我都很不习惯。他们白天就到处去逮青蛙,搞两栖爬行动物研究么,到处去捉两栖爬虫。晚上就在那里解剖、做标本,毕建平就在一张一张地拍照片。我白天跟着他们跑几圈,就已经累得不行了。我还比他年轻,当时我才四十多点,他五十来岁。我都跑不得了,他们晚上还要工作。我睡下去,又睡不着。他们倒是工作累了,睡下去就睡着了。到郊外,都是自己生火,自己做饭。就是采些野菜,自己带些米面。……很少吃猪肉。只有固定住在一个地方的时候,招待所那里才有吃的。三个月时间,这样子走完了整个滇西的每个地方,而且在高黎贡山半山腰住了一个多星期。

他们野外考察的环境非常艰苦。他们经常说,深山里的天就像娃娃的脸,说变就变。看到大太阳出去采集,突然一场大雨,大家淋个落汤鸡回来,这些情况是经常有的。一路走到玉龙雪山那边,开车上去,非常危险,有时候车轮子都有一半在悬崖边上,他们那个考察是非常艰苦的。跟哥哥赵尔宓各做各行以后,能够在一起三个月,天天在一起,日日夜夜在一起,这种机会非常难得,非常可贵,给我的印象很深。当时他们五六个人吧,还有昆明动物研究所的,一起出去野外考察,是中科院的项目"横断山脉的两栖爬行动物的考察"。我哥哥给我的印象就是整天除了吃饭,就是埋头在他自己的工作上面。(《赵尔寰访谈》,2016 年 9 月 9 日)

资料五(口述) 八一年中国科学院的横断山综合考察是中国科学院的一个重点项目,参加的有我们成都生物研究所、昆明动物所和北京动物所三个单位……赵先生任组长。我们研究室有几个同志参加,其中就有我、江耀明、高原、赵先生、吴贯夫,我们五人,昆明动物所有三个,北京动物所有两个,组成一个小组,由赵先生负责。后来作为科学院的一个大课题,我们参加了中国横断山的专著编写和汇总工作。这个科学院的重点课题在八十年代初是由赵先生负责主持的(课题组走了很多地方,云南、四川),后来扩展成青藏高原的一个小子课题。扩展成小课题的时候李胜全就参加了,就是南迦巴瓦峰的课题。实际上中国科学院横断山课题是一个比较大的综合考察,后来就搞了一个青藏高原南迦巴瓦峰,后面八七年又搞了一个武陵山综合考察,也是科学院的重点课题。从那个时候开始,科学院搞的资源性综合课题都有两栖爬行动物研究室参加并牵头负责。我就参加了两次,一次是横断山考察,第二次是武陵山考察并任组长。(《胡其雄访谈》,2016 年 10 月 9 日)

资料六(口述) 横断山考察好像是八一到八四这几年。四川这边大约考察了一年,研究得比较清楚。大家觉得四川就不必搞得那么深入,重要的是把云南和西藏的资源摸清楚,特别是西藏,一般人去不到,我们希望收集一些珍贵、独有的标本。云南,因为以前我们研究得比较少,所以搞了三年,收集的标本比较多。横断山那个时候也是赵老师管的,横断山是赵老师完全主持了,他当时是室主任,两栖爬行还有后来一些专题研究都是他管。(《江耀明访谈》,2016 年 10 月 11 日)

资料七(著作) 本书内容涵盖横断山地的地质古生物、自然地理、动植物区系的发生与演化、自然资源的利用与保护。赵尔宓是该书编委之一，参与撰写第33小节“横断山区两栖爬行动物研究”。(中国科学院青藏高原综合科学考察队:《青藏高原研究:横断山考察专集(一)》，云南人民出版社，1983年)

资料八(手稿) 随着1978年科学春天的到来，我省两栖爬行动物学的研究更加蓬勃发展。野外考察方面……多次在四川——主要是西部横断山区调查。此期参加了两期全国性的综合考察，一是中国科学院组织的横断山综合考察，一是中国科学院与中国登山协会联合组织的西藏南迦巴瓦峰登山科学考察。两项考察均已完成，分别发表论文一批，考察专著正编写或复印中。(赵尔宓:《两栖爬行动物学》，1990年)

6月，主编的“两栖爬行动物研究”第六卷尖吻蝮专辑出版。

资料一(档案) 1982年，主编的“两栖爬行动物研究”第六卷《尖吻蝮形态、生态、毒理及利用》出版，撰写第七小节“对尖吻蝮的研究”。(《赵尔宓简介(所庆40周年用)》，1998年，中国科学院成都生物研究所档案室1998永久-1001)

资料二(档案) 继续完成蝮蛇分类研究，在此基础上组织全国性写作，对尖吻蝮进行综合研究，主编出版《尖吻蝮》一书。(《竺可桢野外科学工作奖申报书》，1987年，中国科学院成都生物研究所档案室88.06-13)

资料三(手稿) 《两栖爬行动物研究》是中国科学院成都生物研究所内部学术刊物。本刊第六卷主要包括两个部分:尖吻蝮的形态、生态、毒理及利用等专题研究内容和1950年—1980年我国两栖爬行动物研究论文著作的目录。(赵尔宓主编:《两栖爬行动物研究》第六卷，1982年)

8月1日至9月30日，受中国科学院派遣，第一次出国访问。与日本学术振兴会进行为期两个月的学术交流。

资料一(档案) 1982年8月1日至1982年9月30日，与日本学术振兴会进行学术交流，按期回国。(《因公出国人员审查表》，1998年，中国科学

院成都生物研究所档案室人事档案104第18.41号）

资料二（档案） 1982年被中国科学院派到日本讲学两个月。（《中国科学院专业职务聘任呈报表（赵尔宓被聘为研究员）》，1986年，中国科学院成都生物研究所档案室人事档案104第4－2－2号）

资料三（口述） 我很了解他，在我的记忆中，他应该是1982年访问的日本，他那个时候对蛇非常有兴趣。他说那也是他第一次出国，他第一次去我那里是关于蛇的一个项目。之后我们在这里也有合作，我也邀请他去过东京。我记得有次他在我家里住了一夜，第二天他去博物馆看标本。（《松井正文访谈》，2016年8月20日）

资料四（口述） 赵先生的工作力量很强，当时我们室里那么多人，他为了提高大家的知识水平，让田婉淑、我、黄庆云都脱产去学外语，他一个人把工作担下来。我说你一个人工作太辛苦了，是不是我们轮流去学，他说时间不等人，你们都去学，工作我来管。结果我们就一起去学。他就是忍辱负重，让大家去学习提高，他来担任动物学的工作，我觉得这点确实了不起！作为一个导师、一个学术带头人，这些方面很了不起。我们脱产是八一、八二年。那个时候是改革开放以后，尊重知识，尊重人才。过去我们这批人外语水平相当差，这个时候交流学术，国外知识就来了，就要跟国际接触，我学了半年，作用很大。学了之后马上我跟他一起到日本去，至少口语就可以简单地交流了，至少不用说要一路上一直跟着他，没和他一起时，简单的口语还是会说一说的。我和赵先生也去日本进行了一次学术交流，主要考察蛇的利用、蛇伤防治，搞毒蛇研究。（《江耀明访谈》，2016年10月11日）

资料五（传记） 我第一次出国访问是在1982年，中国科学院根据与日本国学术振兴会的学术交流协议，派我去日本两个月。主要接待单位是群马县薮冢本町的日本蛇族学术研究所，此外还去了京都大学、名古屋大学、广岛大学，以及冲绳县的公害卫生研究所与蛇类研究所的冲绳支所。（赵尔宓：《六十六年的回顾》，载《赵尔宓选集》下卷）

资料六（传记） 他为使我国两栖爬行动物的研究尽早赶上世界先进水平，呕心沥血……前年九月他应日本学术振兴会邀请访日，进行讲学活动，今年应美国学术界邀请，即将赴美讲学交流和研究，为我国的科学事业作出

了贡献。(中国科学院成都生物研究所选举领导小组:《赵尔宓同志简介材料》,1984 年)

资料七(照片) 赵尔宓在日本研究蛇类标本。(见图 41)

图 41

9 月,创办中文版《两栖爬行动物学报》(*Acta Herpetologica Sinica*),任期刊主编。

资料一(档案) 早在 1982 年,由中国科学院成都生物研究所和中国两栖爬行动物学会主办、赵尔宓院士主编了中文版《两栖爬行动物学报》(科学出版社,共出版 7 卷 28 期),这个刊物系统全面地介绍了我国在两栖爬行动物学领域的研究成果,受到国内外同行的高度赞誉,被科技文献情报机构评为最早的核心期刊之一。(《期刊创办申请表》,2005 年,中国科学院成都生物研究所档案室文书档案 2005 长期 06-06)

资料二(档案) 赵尔宓,四川成都人,动物学家,中国科学院院士。1951 年华西大学生物系毕业,1965 年到我所工作至今。主要学术成就如下……创办《四川动物》《两栖爬行动物学报》。(《赵尔宓简介(所庆 40 周年

用)》,1998 年,中国科学院成都生物研究所档案室 1998 永久-1001)

资料三(口述) 到《两栖爬行动物学报》就是正式的学报了。……先生也是很严谨的,那么严审,所以《两栖爬行动物学报》质量很高,国内评价很好的。《两栖爬行动物学报》在国内……认可度很高,跟《动物学报》齐名,质量很高,因为先生很严谨。那时候他的硕士很少——后来成为我们两栖爬行室主任的王跃招,那时候是硕士——每人都要负责编一期,严格训练。那时候(我们)压力很大,那个训练确实很强。到现在为止我都觉得那杂志质量很高,当时一直评分很高,起码跟《动物学报》平级,要比《四川动物》高一级。《两栖爬行动物学报》八十年代停了以后就换成《蛇蛙研究》……《两栖爬行动物学报》是他创刊的,后来就延续成为 *SCI* 收录期刊。(《曾晓茂访谈(二)》,2016 年 10 月 19 日)

资料四(口述) 还有他曾跟我说,当时他觉得比较可惜的是《两爬学报》①。《两爬学报》从八二年开始第一期,已经是影响力比较大的了。(《蒋珂访谈(二)》,2016 年 10 月 28 日)

资料五(口述) 其实赵先生在办杂志这方面挺有成就的。他当面跟我说过,他办成了三个杂志。《两栖爬行动物学报》肯定是,这个《蛇蛙研究》也是,还有一个《四川动物》。有一次在办公室干活儿干累了,就聊天,我印象特别深,他跟我说"我办了三个杂志",很骄傲地说。现在来说,《两栖爬行动物学报》这么延续下来也还很成功,《四川动物》多成功的,对吧?《两栖爬行动物学报》现在也可以。实际上还算传承下来的。可能很多人会忽略这点。办杂志其实也是干情报,是一个为人作嫁衣的事情。其实当时我还是挺有体会的。赵先生当年办这个学报的时候,我是看见的。那时真是,杂志办得不容易!赵先生上班早,上下午总是那么忙忙碌碌,(忙)这些事情,还有科研。我看着他把一篇稿子完成。就是发表在《中国蛇蛙研究》第一期上面的文章,定的一个新亚种。因为定亚种,我们有一个百分之七十五原则,就是说这一堆与另一堆个体百分之七十五不一样,才能算不同亚种。亚种允许重叠,但不同在百分之七十五以上。我还记得他把参考书拿出来,翻到百分

① 即《两栖爬行动物学报》。

之七十五亚种的那个地方……我量尺寸，然后画图……一个三角图，有百分之七十五是手画的，找出来一看就知道。那个时候的图全是手绘的。然后制版，就是拍照。所以我是看着他做那个工作的。就是这个样子，所以印象非常深。(《傅金钟访谈》，2015 年 7 月 22 日)

资料六(传记) 有了十年出版刊物的经验和成果，中国科学院出版委员会批准我们以《两栖爬行动物学报》为刊名，作为季刊，从 1982 年正式出版，刊物的拉丁名不变。由于批准时间已晚，1982 年第一卷只出了一期，1983 年—1987 年每年一卷四期。由于是正式刊物，成立了编辑部，有固定的人员编制，我担任主编。后来，学报又被国家列为核心刊物之一。(赵尔宓：《六十六年的回顾》，载《赵尔宓选集》下卷)

10 月 1 日，晋升为高教 6 级。

资料(档案) 1982 年 10 月 1 日，根据国发[1982]140 号文件规定，同意赵尔宓从 1982 年 10 月 1 日升为高教 6 级。(《职工升级呈报表(赵尔宓升为高教 6 级)》，1983 年，中国科学院成都生物研究所档案室人事档案 104 第 9-1-2 号)

11 月 4 日，出席在成都举行的四川省动物学会寄生虫学专业委员会第一次学术交流会。时任学会副理事长兼秘书长。

资料(报道) 四川省动物学会寄生虫学专业委员会于 1982 年 11 月 4—7 日在成都举行第一次学术交流会。出席会议的有医药、农业战线从事教学、科研、卫生防疫、畜牧兽医的寄生虫学工作者共 47 人。特邀河南省信阳市卫校代表参加。学会副理事长兼秘书长赵尔宓同志及副秘书长王酉之同志代表学会到会祝贺。(《四川动物》编辑部：《四川省动物学会寄生虫学专业委员会举行第一次学术交流会》，《四川动物》1982 年第 4 期)

12 月 15 日至 20 日，参加在成都举行的首届"中国两栖爬行动物研究学术讨论会"。筹组中国动物学会两栖爬行动物学分会，当选为第一届理事会副理事长和秘书长，之后连任第二、第三届理事长。

资料一(档案)　国内外主要学术组织兼职情况：1982年—1986年，中国两栖爬行动物学会任副理事长兼秘书长。(《关于转发更新中央直接掌握联系的高级专家信息和补充人选的通知与专家信息填报表》，2005年，中国科学院成都生物研究所档案室文书档案2005长期05－63)

资料二(档案)　赵尔宓曾任中国两栖爬行动物学会秘书长(1982—1986)、副理事长(1982—1995)。(《赵尔宓简介(所庆40周年用)》，1998年，中国科学院成都生物研究所档案室1998永久－1001)

资料三(报道)　全国两栖爬行动物研究学术讨论会于一九八二年十二月十五至二十日在成都市召开。出席代表96人，来自25个省、市、自治区。会议收到论文144篇，在会上报告了其中的60篇。会议由著名两栖动物学家丁汉波教授主持。根据广大两栖爬行动物学工作者多年来的迫切愿望，经中国动物学会同意，中国两栖爬行动物学会正式成立。选出老一辈的两栖爬行动物学家张孟闻教授为名誉理事长，胡淑琴为理事长，丁汉波与赵尔宓为副理事长，秘书长由赵尔宓兼任，杨大同为副秘书长。(《全国两栖爬行动物研究学术讨论会在成都召开　中国两栖爬行动物学会成立》，《中国野生动物》1983年第3期)

资料四(报道)　首届“中国两栖爬行动物研究学术讨论会”，于1982年12月15日至20日在四川省成都市召开。来自全国25个省、市、自治区的59个单位，共计96名专家、学者和科学工作者出席了会议。大会共收到论文144篇。其中有54篇进行了宣读和讨论。论文内容主要集中于分类区系、形态、解剖、生理生化、蛇毒、生态、繁殖等方面。有些文章，如福建师范大学的丁汉波教授作的《北京的金线蛙指名亚种与金线蛙福建亚种的心、肝组织乳酸脱氢酶同工酶的分析比较》等，从分子水平进行了研究和探讨，还有不少的文章对我国的珍贵动物，如大鲵、扬子鳄等，进行了各个方面的研究和总结。这次会议反映了我国科学工作者在两栖爬行动物研究方面所做的大量工作，也标志着我国现阶段两栖爬行动物研究的水平。与会代表心情激动，通过热烈的讨论，大家一致感到，两栖爬行动物的研究工作在我国做得还不够多，很多研究还有待于进一步深入和提高。参加大会的老科学家们，号召老、中年科学工作者要带动年轻一代，关心和培养他们的成长，尽快改变我国蘑菇形科技队伍的状态，以适应四化建设的需要。会议期间，代表们还听取了三名同志的出国报告，观看了几个单位的研究录像。大会经过充分地酝酿，正式成立了“中国动物学会所属中国两栖爬行动物学会”，选举产生了十九名成员组成的第一届中国两栖爬行动物学会理事会，推选张孟闻为名誉理事长，胡淑琴为理事长，丁汉波、赵尔宓为副理事长，赵尔宓、杨大恒任秘书长。此外，理事会还下设四个专业组：1. 分类区系组，2. 形态组，3. 生态组，4. 蛇毒组。这次学会的成立，对我国今后两栖爬行动物的研究将产生很大作用。（竟波：《中国两栖爬行动物研究学术讨论会在成都召开　中国两栖爬行动物学会正式成立》，《野生动物》1983 年第 3 期）

资料五（口述） 赵先生的贡献，我们感觉有很多方面……一个就是在这个大的中国两栖爬行研究承上启下发展过程中……从改革开放以后，真的是从八十年代才开始，对中国两栖爬行动物研究的发展以及在国际上的地位的提升，包括到现在为止，我们还没有后来人，可以这么说。当年，应该是八二年，中国动物学会在四川成都开会，批准成立是两个分会。那个时候总会下面还没有分会的，那次批准了两个。其中一个就是两栖爬行动物分会。……因为国际上中国两栖爬行界地位是非常高的，现在研究也发展特别快，国家也需要，成立了分会。赵先生去汇报的。这个分会是由赵先生一手把它给组织运作成立的，而且他当了第一任秘书长，胡老师当理事长。但胡老师那个时候年纪已经大了，已经生病了。那个时候他们可能不理解秘书长的职能。现在你理解，实际上那个秘书长的职能是办公室主任。全部是他在弄。（《李丕鹏访谈》，2015 年 7 月 28 日）

资料六（口述） 八二年又成立这个两栖爬行动物学会。两个学会：四川动物学会，后来赵先生是理事长；两栖爬行学会还是胡老师的理事长，赵老师的副理事长、秘书长。当时是两个学会，两个学报，他还让我们三个人去学习，所以我当时说你怎么受得了。他说不怕，要突击出来，大家都要学（外语）。你们学了回来就可以帮我了，我就觉得赵先生真是一个了不起的人物，他的任务好重，都是同时间担任的任务，而且当时还有好多外面来了需要接待的人。两个学报、两个学会一起管，那个时候胡老师身体不太好……具体的事情，具体的工作……都是赵先生在做。他这个人，工作能力比较强，写文章基本上一气呵成，拿给负责人刘承钊看，改不了几个字，基本上就可以（通过）。开这么大的会，他做秘书长，几十个人开会，他做记录，等你会开完，马上可以宣布会议记录，没有什么可改的，也不用大家休会再来讨论稿子。他的思路很清楚，再多人谈话，他都可以找到焦点，马上成章。（《江耀明访谈》，2016 年 10 月 11 日）

资料七（口述） 刘承钊先生七六年走后，当时胡先生身体状况很差……于是赵先生接班，从八十年代就全部接过来了，包括学会、学报。比较重要的两个学会，首先是两栖爬行动物学会，是八二年建的，胡先生应该是会长、理事长，运作肯定是赵先生，相当于是赵先生筹建的，所以他的背景里面写的是协助筹建两栖爬行动物学会。那个时候可能不叫两栖爬行动物分会。现在学会分得很清楚，中国动物学会是一级学会，然后是各个类群的学会，比如说两栖爬行动物学会、鸟类学会、兽类学会，这些就是二级学会。另外是动物学会，不是赵先生建的，但是当时赵先生在管，一千多个会员，比两栖爬行动物学会几百人多多了。说明先生的号召力很强。（《曾晓茂访谈》，2015 年 6 月 19 日、2015 年 7 月 8 日）

资料八（照片） 参加两栖爬行动物学学会成立大会的与会人员合影。（见图 42）

图 42

是年，参加中国科学院组织的西藏南迦巴瓦峰登山科学考察，考察该地区的两栖爬行动物，考察持续两年。

资料一（论文） 1982年至1984年中国科学院组织进行了“西藏南迦巴瓦峰登山科学考察”，并编写《南迦巴瓦峰登山科学考察》和《南迦巴瓦峰地区生物》两部专著。（王海燕、郑培明：《回首过去　硕果累累　继往开来　引人入胜——访中国科学院成都生物所两栖爬行动物研究室王跃招主任》，《科学新闻》2000年第30期）

资料二（论文） 1982年—1984年，中国科学院登山科学考察队先后组织了有关科研机构和大专院校22个单位，分属地学、生物学、大气物理学和电影、摄影等26个专业；参加考察的共100余人次。1982、1983年两次对南峰地区开展了大规模的综合型科学考察；1983、1984年两次派出小分队，配合国家体委登山队和西藏体委登山队，为攀登南峰作侦查性科学考察。考察地区以南峰为中心（29°37′51″ N，95°3′31″ E），涉及周围的米林、墨脱、波密和林芝等四县。（刘东生：《南迦巴瓦峰登山科学考察（1982—1984年）》，《山地研究》1984年第3期）

资料三（口述） 八二年我跟赵先生还有一个西藏南迦巴瓦峰登山科学考察的课组。我一边做实验分类工作，一边参加国家科技部和科学院等几家搞的西藏南迦巴瓦峰登山科学考察，考察内容很宽，包括植物、动物、微生物、水文、地质、地理，相当于整个家底的考察。我跟赵先生两个人合作，野外基本上是我跑，我就负责两栖爬行动物。我可能采集了几千号标本回来。（《李胜全访谈》，2016年10月9日）

资料四（手稿） 参见1982年“5月起”条资料八（手稿）。

是年，为四川大学动物学专业的学生主讲“两栖爬行动物学”等课程。

资料（口述） 我还在四川大学当学生的时候就认识了赵先生，当时四川大学动物专业把赵先生聘到学校给我们讲课，专门讲了一门《两栖爬行动物学》的专业课。我是1979年四川大学的学生，1983年毕业，赵先生给我们讲的是专业课，应该是在1982年。赵先生的课给我们全班都留下了深刻的印象，特别是他的诙谐幽默和学识，还有他的英文水平……上完大学的专业课后，很多同学就准备报考研究生。有好几个同学都是报考的赵先生这边，我就是其中一个，最后有幸，赵先生收下了我。(《方自力访谈》，2016 年 10 月 24 日)

1983 年　　54 岁

1 月，主编的《四川资源动物志》第一卷总论荣获四川省重大科技成果三等奖。

资料一(档案)　1983 年，成都生物所荣获四川省重大科学技术成果三等奖。(《中国科学院专业职务聘任呈报表(赵尔宓被聘为研究员)》，1986 年，中国科学院成都生物研究所档案室人事档案 104 第 4－2－2 号)

资料二(传记)　1983 年，我与施白南教授主编的《四川经济动物志　总论》[①]获四川省重大科学技术成果三等奖。(赵尔宓：《六十六年的回顾》，载《赵尔宓选集》下卷)

资料三(传记)　参见 1978 年“3 月”条资料六(传记)。

资料四(证书)　《四川资源动物志》被四川省人民政府授予重庆科学技术研究成果三等奖。(四川省人民政府：《重大科学技术研究成果奖》，1983 年 1 月)

2 月 3 日，发表文章纪念刘承钊逝世七周年。

资料(文章)　今年四月九日，我国著名两栖爬行动物学家刘承钊教授逝世整整七周年。七年的时间不算短，而刘师的音容笑貌宛然如在眼前。刘师严谨的治学作风，诲人不倦的教学精神，对党和社会主义的热爱，对群众和学生平易近人的态度，以及对青年的关怀培育，使我终生难忘！下面仅就我亲身体会，回忆所及，略述一二……刘师不仅是卓越的科学家，也是优秀的教育家。他在东吴、华西、燕京等校任教数十年，桃李遍天下。刘师不

---

① 经查证，书名应为《四川资源动物志》，此处为作者误记。

但教学效果好，对学生要求亦极严格。我曾在阶梯教室听刘师为生物系与医牙预科学生讲授脊椎动物比较解剖学课程。刘师讲课认真负责，总是提前到校作准备，上课钟声未完他已走入教室，随即把教室两侧的门关上，迟到的学生不敢推门进来。同学们既怕他，又敬他，以后再也没有人迟到。刘师讲课条理清楚，启发性强，听后莫不受益匪浅。刘师对本系学生更是倾注全副精力，耐心培养。记得我在一年级时，生物系组织学生作读书报告，我选的题目是“生物的适应”，被安排在一个星期天讲。我东拼西凑了一大堆材料，讲了三个钟头。刘师自始至终耐心听完，然后帮助我指出优缺点，给我很大鼓舞……1976 年 4 月初，我刚从昆明开会回来，就听说刘师因“心肌梗塞”入院抢救……七年来，我随时在思索：怎样才能无愧于做刘师的学生呢？我想，首先要学习刘师热爱党、热爱社会主义的坚定政治立场，要学习他锲而不舍的治学精神，为科学技术现代化献身，要学习他谦逊朴实的工作作风，深入实际，关心群众，平等待人，要学习他热情关心培养下一代，真正做到把青年人超过自己看作是最大的愉快！（赵尔宓：《深切怀念刘承钊老师》，《四川动物》1983 年第 1 期）

4 月，当选四川省第六届人民代表大会代表。

资料一（档案） 1983 年至 1987 年，赵尔宓担任第六届四川省人民代表大会代表。（《赵尔宓简介（所庆 40 周年用）》，1998 年，中国科学院成都生物研究所档案室 1998 永久-1001）

资料二（传记） 1983 年……当选为第六届四川省人民代表大会代表。（赵尔宓：《六十六年的回顾》，载《赵尔宓选集》下卷）

资料三（证件） 1983 年 4 月，赵尔宓被推选为四川省第六届人民代表大会代表，由成都市人民代表大会常务委员会颁发代表证。（四川省人民代表大会常务委员会：《四川省第六届人民代表大会代表证》，1983 年 4 月，见图 43）

8 月 1 日，首次在西藏墨脱发现眼镜王蛇，并于 12 月发表论文《西藏自治区毒蛇新纪录——眼镜王蛇》，将该蛇种已知的分布范围北移了四个纬度。

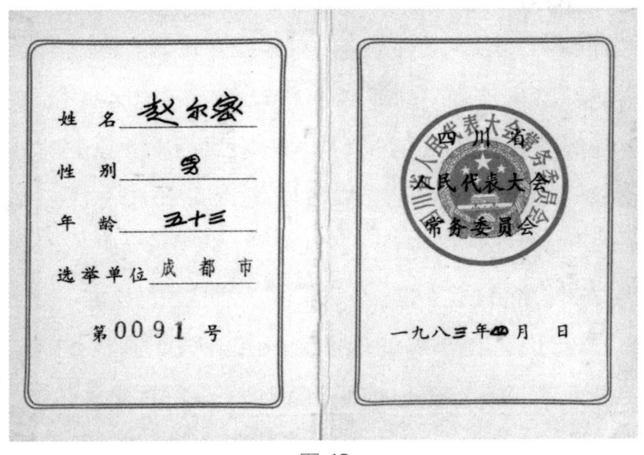
姓 名 赵尔宓
性 别 男
年 龄 五十三
选举单位 成 都 市
第0091号

四 川 省
人民代表大会
常务委员会

一九八三年四月 日

图 43

资料一(论文) 两栖爬行动物工作者共采得标本300多号(其中两栖动物200多号,爬行动物近100号),与1982年相比,1983年所获品种大为丰富,分属6科30多种。经野外鉴定,所获的两栖类……属于不少新品种;爬行动物类中则在墨脱希壤(海拔700米)处捕获了眼镜王蛇……及其卵25枚,这在西藏是首次发现,从而结束了该地有无此种蛇类的长期争论。(杨逸畴:《再记南迦巴瓦峰科学考察》,《山地研究》1984年第1期)

资料二(论文) 1983年8月1日在西藏自治区墨脱县的希壤采到眼镜王蛇 *Ophiophagus Hannah*(Cantor)标本1号及蛇卵25枚……采集地海拔850米,系亚热带密林中,上午9时发现盘绕匍匐于叶窝上……墨脱县希壤发现眼镜王蛇,系西藏自治区首次纪录……在我国关于自然状态下眼镜王蛇叶窝构筑情况、产卵数及卵在叶窝内的排列、母蛇盘伏叶窝上护卵的现象,本文亦首次报道。(赵尔宓、李胜全:《西藏自治区毒蛇新纪录——眼镜王蛇》,《两栖爬行动物学报》1983年第4期)

资料三(论文) 两栖爬行动物方面已发现了网纹扁手蛙等几个新种和南峰锦蛇、眼镜王蛇等西藏新纪录。(刘东生:《南迦巴瓦峰登山科学考察(1982—1984年)》,《山地研究》1984年第3期)

资料四(口述) 我和赵先生合作发表了很多论文,例如西藏首次发现眼镜王蛇,那就是我采集的标本,经过研究,赵先生的那个"大气通道"理论有所改变，整个理论有所提升，就是把地理区划扩展了。当时只是说有眼镜王蛇，因为在我们西藏考察之前也有好些人去过，但是没有任何人采集标本。我去西藏考察就采集了，我那次演讲就专门说过眼镜王蛇的事。那在当年整个考察队都算比较大的成果，特别是我们生物所，其他的鸟兽鱼虫还没有弄出比较像样的东西，我们这个两栖爬行方面还算不错的。跟赵先生合作这么几十年，觉得还比较愉快。他的学术思想比较高，他的工作比较踏实，写出了很多东西，而且我们国内两栖爬行研究的这种动态、研究成果等基本是由他宣传到国外的，又是他把国外的人请到我们国家来，最先合作……所以在国外的同行里面，说起两栖爬行都知道赵尔宓，就是这个原因。(《李胜全访谈》，2016 年 10 月 9 日)

资料五(报道) 电视解说：十年后，一篇有关墨脱考察的文章发表在《北京晚报》和《西藏科技报》上。文章是这样写的："我国西藏地区有没有眼镜王蛇，这是学术界争论不休的问题。"而这一问，却在墨脱之行中，揭开了这个谜底。这篇文章的作者是李胜全，是位成都生物所的研究实习员，是赵尔宓合作多年的得力助手。

李胜全：我们当时是七月底到墨脱的，到墨脱后在那里工作了一个多星期，采了一些标本。到八月一号我们要走的时候，一个门巴族的小伙子就急匆匆地跑过来说："李老师，下面还有一条大蛇。"他就带我一直往回走，在一个平台发现黑黢黢的一大盘，头在中央，我看清楚了。这个时候眼镜王蛇一下就起来了，这一下很快，我一手过去就把它抓住，然后它就缠到我身上，腰上缠了两圈，尾巴就绕到颈部上。我们野外都带着布口袋，我慢慢把布口袋拿出来，先把蛇头放在口子上，一点一点装进去，可能装这个蛇都装了三十分钟。

主持人：在墨脱发现眼镜王蛇，这个贡献在什么地方？

赵尔宓：眼镜王蛇一般分布在南亚地区，在中国一般在北纬二十六度以南才有，但是西藏北纬差不多三十度了。

主持人：后来怎么解释在北纬三十度的地方还能发现眼镜王蛇？

赵尔宓：因为地理学上就讲说，雅鲁藏布江发源于喜马拉雅山，然后经过西藏内陆，在青藏高原和南亚之间，是一个低海拔地区，它是沿着雅鲁藏布江走的，雅鲁藏布江的海拔很低，墨脱的江边是六百多米，所以暖湿的气流就沿着这个通道往北走，所以这里的气候就跟青藏高原不一样。很多动物，不单是眼镜王蛇，肯定很多动物都可以沿着这个水汽通道，继续由南边往北边迁移。

电视解说：赵尔宓对在墨脱发现眼镜王蛇的解释，将这一蛇种已知的分布范围向北推移了四个纬度。并成为证实亚热带动物与雅鲁藏布江大峡谷水汽通道向北扩散的有力证据。（CCTV1《大家》栏目组：《大家：两栖爬行动物学家赵尔宓》，2008 年 3 月 1 日）

8 月 15 日，被聘为《野生动物》杂志编辑委员会委员。

资料一（档案） 1983 年起，赵尔宓担任《野生动物》编委。（《赵尔宓简介（所庆 40 周年用）》，1998 年，中国科学院成都生物研究所档案室 1998 永久-1001）

资料二（证书） 1983 年 8 月 15 日，赵尔宓被聘为《野生动物》杂志编辑委员会委员。（中华人民共和国林业部：《〈野生动物〉杂志编辑委员会编委聘书》，1983 年 8 月 15 日）

9 月，应邀担任世界两栖爬行动物学大会第一届执行委员，后连任一届。

资料一（档案） 1983 年，在世界两栖爬行动物学会任执行委员。（《关于转发更新中央直接掌握联系的高级专家信息和补充人选的通知与专家信息填报表》，2005 年，中国科学院成都生物研究所档案室文书档案 2005 长期 05-63）

资料二（档案） 1983 年—1993 年，担任世界两栖爬行动物学大会第一、二届执行委员。（《赵尔宓简介（所庆 40 周年用）》，1998 年，中国科学院成都生物研究所档案室 1998 永久-1001）

资料三（口述） 如果说生物研究所我们两栖爬行动物研究室要走出世界，那就是赵老师把我们带出了国门。现在我的日本朋友很多，美国朋友也很多。他们跟我们讲，比如说，我们中国有两栖爬行动物学会，在世界上，也有两栖爬行动物学会，而世界上的动物学会它没得理事长，它是由 12 个委员会的理事组成……当时选的时候，就有 12 个理事，给中国留了一个席位，看哪一个人适合担任。后头就考虑他（赵尔宓）……把他给补上去了。亚洲共三个……这样跟国外就有很多联系。像美国、加拿大等，包括后来博士生出

国，我认为，那都是代赵先生进行访问。(《吴贯夫访谈》，2015 年 4 月 3 日)

资料四(传记) 1983 年，世界两栖爬行动物学大会邀请我担任执行委员会委员，大会秘书长在邀请信上写："你是代表贵国的适合人选。"同年应邀担任世界两栖动物物种审定委员会委员。(赵尔宓：《六十六年的回顾》，载《赵尔宓选集》下卷)

资料五(报道) 1983 年 9 月，世界两栖爬行动物学大会执行委员会秘书长鹰岩教授致函邀请时任中国科学院成都生物研究所副所长、中国两栖爬行动物学会副理事长赵尔宓担任世界两栖爬行动物学大会执行委员会委员。世界两栖爬行动物学大会于 1986 年召开首次会议。(《两栖爬行动物学报》编辑部：《赵尔宓应邀担任世界两栖爬行动物学大会执行委员会委员》，《两栖爬行动物学报》1983 年第 4 期)

资料六(信件) 我打算提名您作为世界爬行大会(IHC)候选人，但经过了更仔细的考虑，我决定邀请您成为筹备委员会成员。后者在本质上是执行委员会，因此比世界爬行大会本身重要得多。世界爬行大会将由来自世界各地的 50 人组成，以便在所有开展两栖爬行动物学研究活动的国家都有代表。另一方面，筹备委员会的作用是确定会议的时间、地点和形式。因此，我希望您参与这个比世界爬行大会重要得多的委员会。我现在正在草拟一份名单，筹备委员会将从中选出世界爬行大会的 50 名成员。这份名单将在几周内发给您。作为筹委会成员，您有责任和其他成员一起投票决定 IHC 的组成。我期待与你们一起筹建首届世界两栖爬行动物学大会。关于你们出版的《两栖爬行动物学报》，我理解得对吗？第一卷有一本，还是四本？但是您只给我寄了一本，我期待收到该期刊的所有印本。您也会在不久的将来收到 SSAR(两栖爬行动物研究学会)的出版物。也感谢您提供有关 1982 年 12 月在成都召开的中国两栖爬行动物研究学术大会的信息。如您明年访问康奈尔大学，我很高兴接待。(鹰岩：《邀请赵尔宓加入世界爬行动物大会筹备委员会》，1983 年 10 月 28 日，见图 44)

11 月，受邀担任《世界两栖动物物种名录》审定委员会委员。

资料一(档案) 1983 年至 1992 年，赵尔宓担任《世界两栖动物物种名

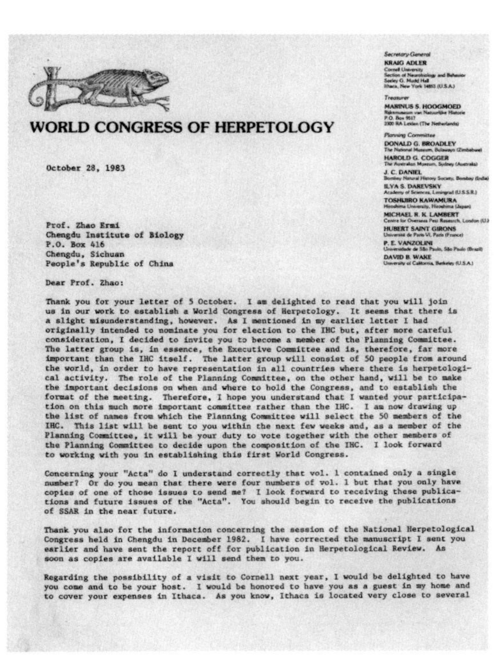

WORLD CONGRESS OF HERPETOLOGY

Secretary-General
KRAIG ADLER
Cornell University
Section of Neurobiology and Behavior
Seeley G. Mudd Hall
Ithaca, New York 14853 (U.S.A.)

Treasurer
MARINUS S. HOOGMOED
Rijksmuseum van Natuurlijke Historie
P.O. Box 9517
2300 RA Leiden (The Netherlands)

Planning Committee
DONALD G. BROADLEY
The National Museum, Bulawayo (Zimbabwe)
HAROLD G. COGGER
The Australian Museum, Sydney (Australia)
J. C. DANIEL
Bombay Natural History Society, Bombay (India)
ILYA S. DAREVSKY
Academy of Sciences, Leningrad (U.S.S.R.)
TOSHIJIRO KAWAMURA
Hiroshima University, Hiroshima (Japan)
MICHAEL R. K. LAMBERT
Centre for Overseas Pest Research, London (U.K.)
HUBERT SAINT GIRONS
Université de Paris VI, Paris (France)
P. E. VANZOLINI
Universidade de São Paulo, São Paulo (Brazil)
DAVID B. WAKE
University of California, Berkeley (U.S.A.)

October 28, 1983

Prof. Zhao Ermi
Chengdu Institute of Biology
P.O. Box 416
Chengdu, Sichuan
People's Republic of China

Dear Prof. Zhao:

Thank you for your letter of 5 October. I am delighted to read that you will join us in our work to establish a World Congress of Herpetology. It seems that there is a slight misunderstanding, however. As I mentioned in my earlier letter I had originally intended to nominate you for election to the IHC but, after more careful consideration, I decided to invite you to become a member of the Planning Committee. The latter group is, in essence, the Executive Committee and is, therefore, far more important than the IHC itself. The latter group will consist of 50 people from around the world, in order to have representation in all countries where there is herpetological activity. The role of the Planning Committee, on the other hand, will be to make the important decisions on when and where to hold the Congress, and to establish the format of the meeting. Therefore, I hope you understand that I wanted your participation on this much more important committee rather than the IHC. I am now drawing up the list of names from which the Planning Committee will select the 50 members of the IHC. This list will be sent to you within the next few weeks and, as a member of the Planning Committee, it will be your duty to vote together with the other members of the Planning Committee to decide upon the composition of the IHC. I look forward to working with you in establishing this first World Congress.

Concerning your "Acta" do I understand correctly that vol. 1 contained only a single number? Or do you mean that there were four numbers of vol. 1 but that you only have copies of one of those issues to send me? I look forward to receiving these publications and future issues of the "Acta". You should begin to receive the publications of SSAR in the near future.

Thank you also for the information concerning the session of the National Herpetological Congress held in Chengdu in December 1982. I have corrected the manuscript I sent you earlier and have sent the report off for publication in Herpetological Review. As soon as copies are available I will send them to you.

Regarding the possibility of a visit to Cornell next year, I would be delighted to have you come and to be your host. I would be honored to have you as a guest in my home and to cover your expenses in Ithaca. As you know, Ithaca is located very close to several

图 44

录》评审专家。(《赵尔宓简介(所庆 40 周年用)》,1998 年,中国科学院成都生物研究所档案室 1998 永久-1001)

资料二(传记) 1983 年……应邀担任世界两栖动物物种审定委员会委员。(赵尔宓:《六十六年的回顾》,载《赵尔宓选集》下卷)

资料三(信件) 松井正文教授推荐我联系您。ASC 协会正在编制(1) 两栖类和(2) 鳄鱼类、海龟等两栖爬行动物注解校正名录。这些将作为 1982 年世界哺乳动物物种的姊妹卷,于 1984 年刊出。随函附上两栖类动物名单,其中的信息同样适用于海龟、鳄鱼和两栖类动物。众多爬行动物学家编辑了列表的各个部分,现在正在提交给评审人员,他们将增加、更新和更正检查表,并添加引用最近修订的相关文献和分类法的评论。我们需要一个非常了解中国文献与中国爬行动物研究的人,来审定这两份名单中的中国物种。我们知道您是最合适的审稿人,您也可以给我们推荐一个人。我希望您或者您的同事能够接受综述中国两栖爬行动物物种这一工作。(达雷尔:《邀请赵尔宓参与编写〈世界两栖爬行动物名录〉》,1983 年 11 月 22 日,见图 45)

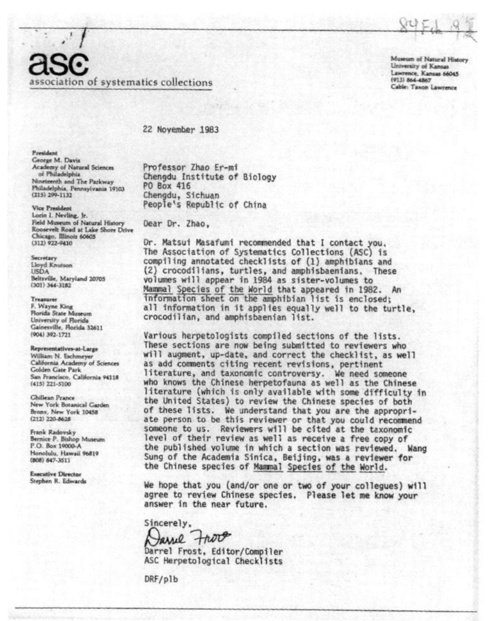

84 Feb 9

asc
association of systematics collections

Museum of Natural History
University of Kansas
Lawrence, Kansas 66045
(913) 864-4867
Cable: Taxon Lawrence

President
George M. Davis
Academy of Natural Sciences
of Philadelphia
Nineteenth and The Parkway
Philadelphia, Pennsylvania 19103
(215) 299-1132

Vice President
Lorin I. Nevling, Jr.
Field Museum of Natural History
Roosevelt Road at Lake Shore Drive
Chicago, Illinois 60605
(312) 922-9410

Secretary
Lloyd Knutson
USDA
Beltsville, Maryland 20705
(301) 344-3182

Treasurer
F. Wayne King
Florida State Museum
University of Florida
Gainesville, Florida 32611
(904) 392-1721

Representatives-at-Large
William N. Eschmeyer
California Academy of Sciences
Golden Gate Park
San Francisco, California 94118
(415) 221-5100

Ghillean Prance
New York Botanical Garden
Bronx, New York 10458
(212) 220-8628

Frank Radovsky
Bernice P. Bishop Museum
P.O. Box 19000-A
Honolulu, Hawaii 96819
(808) 847-3511

Executive Director
Stephen R. Edwards

22 November 1983

Professor Zhao Er-mi
Chengdu Institute of Biology
PO Box 416
Chengdu, Sichuan
People's Republic of China

Dear Dr. Zhao,

Dr. Matsui Masafumi recommended that I contact you. The Association of Systematics Collections (ASC) is compiling annotated checklists of (1) amphibians and (2) crocodilians, turtles, and amphisbaenians. These volumes will appear in 1984 as sister-volumes to Mammal Species of the World that appeared in 1982. An information sheet on the amphibian list is enclosed; all information in it applies equally well to the turtle, crocodilian, and amphisbaenian list.

Various herpetologists compiled sections of the lists. These sections are now being submitted to reviewers who will augment, up-date, and correct the checklist, as well as add comments citing recent revisions, pertinent literature, and taxonomic controversy. We need someone who knows the Chinese herpetofauna as well as the Chinese literature (which is only available with some difficulty in the United States) to review the Chinese species of both of these lists. We understand that you are the appropriate person to be this reviewer or that you could recommend someone to us. Reviewers will be cited at the taxonomic level of their review as well as receive a free copy of the published volume in which a section was reviewed. Wang Sung of the Academia Sinica, Beijing, was a reviewer for the Chinese species of Mammal Species of the World.

We hope that you (and/or one or two of your collegues) will agree to review Chinese species. Please let me know your answer in the near future.

Sincerely,

Darrel Frost

Darrel Frost, Editor/Compiler
ASC Herpetological Checklists

DRF/plb

图 45

1984 年　　55 岁

3 月，任四川省野生动物保护协会副会长，后连任一届。

资料（档案）　1984 年 3 月起，赵尔宓担任四川省野生动物保护协会副会长。（《赵尔宓简介（所庆 40 周年用）》，1998 年，中国科学院成都生物研究所档案室 1998 永久-1001）

4 月，专著《中国有尾两栖动物的研究》出版，这是国内最初采用支序分类学研究的著作之一。

资料一（档案）　《中国有尾两栖动物的研究》，赵尔宓、胡其雄编著，四川科学技术出版社出版，1984 年 4 月。（《赵尔宓简介（所庆 40 周年用）》，1998 年，中国科学院成都生物研究所档案室 1998 永久-1001）

资料二(著作) 有尾两栖动物在分类上隶属两栖纲有尾目,是现存陆生脊椎动物中最低等的一个类群,在研究陆生脊椎动物的起源问题上具有重要的意义。我国学者从事有尾两栖动物的分类学研究,始自本世纪[①] 30年代,其中以张孟闻教授的贡献尤为突出。近年来,国外学者对我国有尾两栖动物(的研究)颇为瞩目,而国人对其分类系统尚乏探讨。本书内容包括:中国有尾目动物分类纲要、中国蝾螈的分类与演化、小鲵科的演化。(赵尔宓、胡其雄:《中国有尾两栖动物的研究》,四川科学技术出版社,1984 年)

资料三(口述) (赵尔宓)个人的贡献,我从两方面讲:一方面是赵先生在宏观的方面对两栖爬行研究的贡献,另一方面是他具体研究方面的贡献,比如蛇类。当然他在涉足的每一个方面在那个时间段都是超前的。这必须站在那个时代去看。你拿现在看,那过去好多错的,科学就是科学。第一个方面,赵先生得益于他从小受的家教,到后面受的大学教育,以及个人各方面的文化修养,包括到国外去交流学习。在这样渊博的知识背景下,他有了宏观的生物学的思想,才去研究。比如他研究的有尾两栖类,这本书《中国有尾两栖动物研究》是中国第一本让国外翻译成英文,到现在已成为经典的书了……我的感觉他不仅在蛇类方面,而且说在龟鳖方面、在有尾类方面、在蛙类各个方面都有研究。那么这个研究是他发现了问题,因为他有那个积淀,他有眼可以识金镶玉,或者也有这个机遇,或者说他有这个准备。如果没有这个准备,我也不知道这是什么东西,我不感兴趣。你就是金子,我不认识金子,怎么办?所以他在这方面也做了一些非常前沿的工作。中国有尾类的研究到现在都是一个热潮,这个曾晓茂知道,晓茂现在做这块,就是赵先生跟胡其雄他们做的那个硕士论文,最后出的那本书。在国际上,现在有尾类是一个热点,小娃娃鱼是个热点。(《李丕鹏访谈》,2015 年 7 月 28 日)

资料四(口述) 赵先生这个人非常聪明,非常非常聪明。有一件事情肯定国内很多人都不知道,就是七十年代末,世界上在进化分类这一块有一个很大的革命,就是支序分类学,就是分支的顺序。……其实在中国最早的文献应该是七八年……他们以前翻译了一些文章,出来这么厚一本专辑,就

---

① 20 世纪。

是把英文的文章翻译过来做成一辑,应该是七八年出版。那应该是中国最早介绍支序分类学的书。一般国内认为第一个应用这方法做研究工作的是陈宜瑜先生。他应该是1982年发表在《动物学杂志》之类的一篇文章,研究鱼,写得非常简单,这是一般国内公认的第一篇。其实赵先生在很相近的时间也做了一篇,大家都不知道。赵先生这篇应该是1984年,就是《中国有尾两栖动物的研究》,是一个蓝皮的小本……他那里面就用了支序分类学方法。因为是一本书,发行量肯定很小,所以大家都不知道。其实陈宜瑜先生是八二年,他那个是八四年,时间非常相近,而且那时候书的印刷时间都很长,对吧?他应该是跟陈宜瑜同时做的,《动物学杂志》肯定出得很快,书的印刷时间没有一年、一年半不可能印出来,是不是?其间也没有其他工作发现,如果陈宜瑜的工作算第一的话,赵先生的工作一定是第二,至少是第二,实际几乎是同时做的。大家都不知道。其实这个很体现人的更新能力,当时那个理论非常新,刚刚介绍到国内。……所以这个学科那时候是革命性的。大家学得都很慢,赵先生是极少数几个很快就跟上去的人之一。大家都说陈宜瑜的文章是第一篇,他的研究是第二篇,显得跟陈宜瑜的比一点都不晚。……所以国内的人一提就提陈宜瑜先生,八二年。实际上赵先生也是一个先驱,只是大家都不知道。……而且这个书是中国有尾两栖类的研究,这个方面的也很少,不做有尾两栖类的人也不会去翻这本书,尤其是学生,不会去看。(《傅金钟访谈》,2015年7月22日)

资料五(口述) 八二年,由于我参加过横断山的考察和一些其他方面的工作……就主动跟赵先生提出,以前两栖爬行动物学方面,刘承钊先生和胡淑琴老师已经在无尾两栖类方面做了很好的基础性工作,是一种开创性的、奠基性的工作,但是在有尾两栖类方面,由于他们当时的时间、精力有限,就涉及得很少,在国内相对来说这方面的研究很薄弱,我们是否可以在这方面重点搞些研究工作。赵先生当时就很敏锐地发觉这个问题,他就很支持我。结果到八三年,很快一年多,我就在有尾两栖类方面做了很多比较详细的工作。当然,这个是在赵先生的指导下,有很多工作我可以向他汇报,谈一些研究成果,后来他就教我干脆汇集成一本专著。我们就在八四年……出版了一本《中国有尾两栖动物的研究》专著。这也是继刘承钊先生出了无尾两栖类之外，两栖爬行动物研究室出的第一本专著，第一本在两栖爬行动物研究室里面以赵先生和我两个人的名字出的专著。……出版之后，这本专著八五年就被美国两栖爬行动物学会全部翻译成英文出版了。这也就可以说是两栖爬行动物研究室在1949年后的著作当中以国外两栖爬行动物学会的名义全译成英文在国外出版的著作。我们研究室，赵先生在这方面做得比较好，就是开展了对外的国际学术交流……在美国出版之后，就陆续引起了美国一些同行学者的注意，其中就有一个美国研究两栖动物的学者主动提出到我们两栖爬行动物研究室进行参观和学术交流。他叫约翰逊，在北亚利桑那大学生物系。他八五年就到这里来，并参加了中日两栖爬行动物学术交流会，当时刚好在举行这个学术交流会。他见到赵先生时就提出希望见《中国有尾两栖动物的研究》的作者，就是赵先生和我。见面后，他问能否看下有尾两栖类动物的野外生态或者做一些研究工作。赵先生同意了，安排我与约翰逊合作。他就在我们研究室里面做了一些工作。他是做生态学的，就从他的角度做了一些工作。（《胡其雄访谈》，2016年10月9日）

资料六（口述） 还有就是赵先生当时做的一个工作，大概在八二、八三年，他主持编写了一本书《中国有尾两栖动物的研究》，里面比较重要的就是当时大概七十年代末国际上新采用了一种支序分类的方法。这种方法是通过找祖征和衍征这种方式来研究分类和进化的关系。比如说亲缘关系相近的物种，他们有共同的祖先特征。有共同的祖先特征就说明他们是从一个地方分支出来的。衍征就是说在演化过程中另外形成的一些自己的特征。也就是分化了过后，在分化过程中产生的新的性状，这个就是衍征。这是七十年代在国际上提出来比较新的一种分类学的方法。就是由德国的学者亨尼克提出来的。……这是七十年代在国际上做得非常多的工作，非常重要的工作。赵先生是国内最早用这个方法的学者之一。另外一个是以前科学院副院长、研究鱼类的陈宜瑜院士。陈宜瑜是用的鱼，大概就是青藏高原的这些鱼类；赵先生是用的有尾类，比如蝾螈、小鲵这一类东西。陈宜瑜的书我印象中应该是八二、八三年出版的，赵先生的是八四年出版的。这是脊椎动物里头最早用这种方法的两个学者，因为当时其他人还在理解这个方法，赵先生他们都已经用到分类上了。这本书是非常重要的贡献,之前我跟国外的学者也谈到这个问题。他们也对赵先生那本书——当时是用中文出的——非常感兴趣,但是看不懂。所以后来赵先生利用他在美国访问的机会,同美国学者一起,大概八七年,又把这本书翻译成英文出版了一次,出版了一个英文版的,当时在国际上的反响是比较大的。大概在〇八年、〇九年,我的一个朋友在加州大学伯克利分校访问伯克利分校的一个院士(非常有名的一个两栖爬行学家 David Wake,他也是赵先生的朋友),他就专门收藏了这本书。然后把这本书送给我的朋友张鹏。因为张鹏也做有尾类,Wake 先生就把这本书送给他,告诉他这是当时中国有尾类方面最重要的一本书。赵先生他们对当时国际上的新方法、新进展了解得非常深入,而且接受能力也非常强。这个确实,其他人很难做到,至少我晓得当时看到的一些文献,赵先生他们八四年书都已经出来了,而八五年到八七年北京动物所这边有一群学者才在研究、探讨这个方法。(《蒋珂访谈(二)》,2016 年 10 月 28 日)

4 月 25 日,出席中国动物学会成立五十周年年会。会议期间,参加大熊猫保护座谈会,呼吁采取措施抢救大熊猫。

资料一(报道) 来自全国各地的参加中国动物学会成立五十周年年会暨第十一届会员大会的我国动物学专家和科技工作者朱靖、胡锦矗、王平、赵尔宓、陈服官、卿建华、陈玉林等 20 多位同志,鉴于"国宝"大熊猫目前的困扰,在保护大熊猫的座谈会上,以十分焦急的心情,向全社会、向各级领导发出紧急呼吁,建议立即采取果断措施,抢救大熊猫。并要制定长远保护计划,一定要保护好珍稀动物大熊猫。(胡锦矗:《参加中国动物学会成立五十周年年会的动物学工作者呼吁:采取紧急措施保护大熊猫》,《野生动物》1984 年第 5 期)

资料二(口述) 我第一次见赵先生是在南京,八五年前后。我八六年就毕业了。那时,刚好在南京开了两次会议。一个是中国两栖爬行动物第二届换届会,另一个是中国动物学会的年庆会。这两个会应该是同一年召开的。如果不是同一年,就是一个在后半年,一个在夏天,我记得是八四、八五年。我们那时就像现在的学生一样，喜欢听一听报告。我做龟鳖的，那个时候，连龟都不认识，因为没有资料，找不着资料。南京大学做鱼做得多，两栖爬行后来都没有老先生做。后来我好不容易找到一个刘先生他们编的《中国动物图谱》，里面画了爬行动物，那时候不像现在有照片，全部都是线描的。最早见赵先生，我还是学生，就像现在的学生一样，只能远瞧国内非常顶尖的有名的大科学家，不敢去凑热闹。(《李丕鹏访谈》，2015 年 7 月 28 日)

5 月，发表论文呼吁人们保护生态环境。

资料(文章) 当晚霞在天边炫耀自己绚丽的浓妆时，太阳却悄悄向山坡的后面下去。小草在微风中左右摇摆，好像在忖度这一天自己又长了多高；它们知道，只有靠阳光提供的能量，才能把二氧化碳和水合成自己的营养。第二天一早，滋润小草的露珠儿还没干掉，太阳又照射在它们身上，它们张开五彩缤纷的花朵，等待蜜蜂来传播花粉而报之以蜜糖……大自然本来就是一个整体，彼此制约，互相依存。用现代科学的术语来说，整个自然生态系统——阳光、空气、土壤和水，植物、动物、微生物和人——处于物质循环和能量流通的动态平衡状态，无论缺少哪一个环节，或者其中某一个环节发生过分的变化消长，整个生态系统便会失去平衡，导致意想不到的严重后果！人是自然界万物的主宰，就更应该懂得自然的法则。如果乱砍滥伐，乱捕滥猎，使自然环境遭到破坏，生态系统失去平衡，其结局将不难设想：森林毁灭，水土流失，赤地千里，寸草不长，终致鸟兽绝迹，必然轮到人类自己灭亡！人类啊，你要仔细思量！(赵尔宓：《人类啊，你要仔细思量》，《四川动物》1984 年第 2 期)

5 月起，应美国华盛顿州立大学邀请，前往美国参观访问并进行野外考察。

资料一(档案) 1984 年 5 月至 9 月，赵尔宓在美国、瑞士、西德、卢森堡、意大利进行学术交流及访问，按期回国。(《因公出国人员审查表》，1998 年，中国科学院成都生物研究所档案室人事档案 104 第 18.41 号)

资料二(档案) 1984 年应邀到美国及欧洲四国进行学术访问四个月。

(《中国科学院专业职务聘任呈报表(赵尔宓被聘为研究员)》,1986年,中国科学院成都生物研究所档案室人事档案104第4-2-2号)

资料三(档案) 1984年,我个人应邀到美国及欧洲四国共访问了四个月,参观访问上述五国的许多研究机构,参加学术会议,向国外广泛介绍了我国两栖爬行动物学研究的发展及成就,与国外专家建立了学术友谊及资料交换关系。(《工作及思想汇报(赵尔宓1983年—1986年)》,1986年,中国科学院成都生物研究所档案室人事档案104第3-6号)

资料四(报道) 赵尔宓同志放映大量幻灯片向代表们介绍了去年访问美国、瑞士、卢森堡、西德及意大利五国的见闻,引起代表们极大的兴趣。(《四川动物》编辑部:《四川省动物学会召开第三次会员代表大会暨第四届学术年会》,《四川动物》1985年第1期)

资料五(口述) 赵先生告诉我,他八三年出国就是到美国。当时是华盛顿州立大学有一个叫Kardong的教授,也是做两栖爬行。比较精通解剖学、分类学的工作,问赵先生有没有意向到美国访问。赵先生当然是非常高兴,就答应了,然后那边就给他寄了邀请函。他非常担心自己的口语、听力,还在成都专门报了一个英语的出国培训班。还真的去上了课,做了准备。这个课程大概有一个月。然后他八三年就到美国去,访问了康奈尔大学。时间相对短一点,可能也就几个月吧。回来以后,应该是八七年左右又到美国去,那次去的时间就比较长了。(《蒋珂访谈(二)》,2016年10月28日)

资料六(传记) 1984年,应美国华盛顿州立大学Kardong教授的邀请,去美国12个州的大学、博物馆参观访问,到野外采集,并出席了美国三大学会的联合年会,为期三个月。(赵尔宓:《六十六年的回顾》,载《赵尔宓选集》下卷)

资料七(传记) 今年应美国学术界邀请即将赴美作讲学交流和研究,为我国的科学事业作出了贡献。(中国科学院成都生物研究所选举领导小组:《赵尔宓同志简介材料》,1984年)

资料八(照片) 赵尔宓在美国康奈尔大学近郊之刘承钊老师当年的采集地留影。(见图46)

图 46

8 月,应邀出访欧洲四国,进行学术交流。

资料一(档案) 参见本年“5 月起”条资料一(档案)。

资料二(档案) 1984 年应邀到美国及欧洲四国进行学术访问四个月。(《中国科学院专业职务聘任呈报表(赵尔宓被聘为研究员)》,1986 年,中国科学院成都生物研究所档案室人事档案 104 第 4-2-2 号)

资料三(档案) 1984 年,我个人应邀到美国及欧洲四国共访问了四个月,参观访问上述五国的许多研究机构,参加学术会议,向国外广泛介绍了我国两栖爬行动物学研究的发展及成就,与国外专家建立了学术友谊及资料交换关系。(《工作及思想汇报(赵尔宓 1983 年—1986 年)》,1986 年,中国科学院成都生物研究所档案室人事档案 104 第 3-6 号)

资料四(报道) 参见本年“5 月起”条资料四(报道)。

资料五(传记) 1984 年……访问结束前,接到欧洲方面的邀请,离开美

国后,飞越大西洋,又到瑞士、卢森堡、联邦德国与意大利四国访问。(赵尔宓:《六十六年的回顾》,载《赵尔宓选集》下卷)

是年,出任中国野生动物保护协会科学技术委员会委员。

资料(档案) 1984年,赵尔宓开始担任中国野生动物保护协会科学技术委员会委员。(《赵尔宓简介(所庆40周年用)》,1998年,中国科学院成都生物研究所档案室1998永久-1001)

1985年　　56岁

1月9日,出席四川省动物学会第三次会员代表大会暨第四届学术年会。当选为四川省动物学会第三届理事长。之后连任第四、第五届理事长。

资料(报道) 四川省动物学会于1985年1月9日—12日在成都召开了第三次会员代表大会暨第四届学术年会。出席会议的正式代表90人,列席会议的会员18人。经过充分酝酿,民主协商,各专业委员会分别推荐了自己的理事候选人。在庄严隆重的选举大会上,选出罗泉笙等35人为第三届理事。……会议期间,全体代表和工作人员自愿、踊跃、热烈地为抢救国宝大熊猫捐款,成绩斐然。中国野生动物保护协会向捐赠的代表一一赠送了纪念品,该会副会长赵尔宓在大会闭幕式上向代表们表达了谢意,高度赞扬省动物学会会员为抢救大熊猫所起的表率作用。(《四川动物》编辑部:《四川省动物学会召开第三次会员代表大会暨第四届学术年会》,《四川动物》1985年第1期)

4月25日至5月9日,率领四川省科技协会组织的蛇类养殖技术考察团赴日本考察。

资料一(档案) 1985年4月和5月,省科协组团考察日本的蛇类养殖,由赵尔宓担任团长,考察队按期回国。(《因公出国人员审查表》,1998年,中国科学院成都生物研究所档案室人事档案104第18.41号)

资料二(档案) 在两栖爬行动物研究室工作方面：积极开展国际学术交流,1985 年进行了以下几项工作：有 2 人参加四川省养殖技术考察团,赴日本考察蛇类与龟鳖。(《工作及思想汇报(赵尔宓 1983 年—1986 年)》,1986 年,中国科学院成都生物研究所档案室人事档案 104 第 3-6 号)

资料三(档案) 1985 年参加四川省蛇类养殖技术考察团,到日本国考察半个月。(《中国科学院专业职务聘任呈报表(赵尔宓被聘为研究员)》,1986 年,中国科学院成都生物研究所档案室人事档案 104 第 4-2-2 号)

资料四(传记) 1985 年,我率领四川省科协组织的“蛇类养殖技术考察团”再度赴日本。(赵尔宓:《六十六年的回顾》,载《赵尔宓选集》下卷)

资料五(其他) 应日本爬虫两栖学会会长深田祝(京都外国语大学教授)、冲绳县公害卫生研究所所长吉田朝启邀请,经四川省政府批准,省科协组织“四川省蛇类养殖技术赴日考察团”,由成都科分院生物所副所长、副研究员赵尔宓(团长)、省科协副主席刘国宣(副团长)、科分院生物所助研江耀明等五人组成。于四月二十五日至五月九日,历时十五天,在日本进行了技术考察和学术交流。……访问了京都、群马日本蛇族研究所、陶陶酒制造株式会社……一共十二个单位。所到之处,日本同行热情接待,认真介绍情况,使我们开阔了视野,增长了知识,一致认为日本蛇鳖的养殖和综合利用很好,日本的经验值得我们借鉴仿效。这次访问达到了预期目的。中日学术交流讨论会于 5 月 2 日在冲绳国际交流中心举行。中国科学院成都分院生物所副所长、副研究员赵尔宓作了“关于中国爬行类的保护和利用”的特别讲演。赵尔宓同志解答了该所提出的一系列问题。学术会达到了互相交流、取长补短、共同提高的作用。冲绳县公害卫生研究所长吉田朝启倡议今后中日双方的学术交流要定期举行,加强友好往来,我方赞同日本的好建议。在京都期间,与日本爬虫、两栖学会会长深田祝教授数度讨论,确定了今年八月在广州举行中日学术交流会的有关问题。(江耀明:《四川省蛇类养殖技术赴日考察团情报汇报》,1985 年 5 月 10 日)

资料六(照片) 赵尔宓(右一)在日本全琉皮革产业株式会社考察蛇类养殖。(见图 47)

图 47

6 月 5 日,发表南迦巴瓦峰地区两栖爬行动物考察论文。

资料(论文) 以前对西藏地区的两栖爬行动物曾有过一些零星的考察,1973 年四川省生物研究所(现中国科学院成都生物研究所)组队进行过一次系统考察,但对南峰地区的考察还是首次。南峰地区是东西向的喜马拉雅山脉、南北向的横断山脉和北西西向的念青唐古拉山脉的汇聚地带,雅鲁藏布江下游围绕南峰作急转弯后南流,这便是举世闻名的大拐弯峡谷。由于它所处的特殊地理位置和受印度洋季风的影响以及大气通道作用,该地区的气候差异也特别显著。既有高山寒带植物又有常绿阔叶、针叶林混交带和热带亚热带植物。所以在两栖爬行动物的种类即分布上也有特殊性。两年共采集标本 500 余号,共计得 29 种,其中两栖动物 10 种,爬行动物 19 种。发现新种 2 个:网纹扁手蛙 *Platymantis reticulatus* Zhao et Li,平鳞树蜥 *Calotes medogensis* Zhao et Li。新增国内新纪录 1 种,即南峰锦蛇 *Elaphe hodgsoni Guenther*。增加西藏自治区新纪录 1 种,即眼镜王蛇 *Ophiophagus hannah* (Cantor)。(赵尔宓、李胜全:《西藏南迦巴瓦峰地区

两栖爬行动物考察》,《两栖爬行动物学报》1985 年第 2 期)

8 月 25 日,主持召开第一届中日两栖爬行动物学学术讨论会,为期七天。该会议在广州举行,以中、日两国代表为主,美国、瑞士等十一个国家的代表出席。

资料一(档案) 在两栖爬行动物研究室工作方面:主持召开“中日两栖爬行动物学学术讨论会”,有日本、美国及瑞士共 23 位外国代表。我室提出 5 篇学术论文报告。(《工作及思想汇报(赵尔宓 1983 年—1986 年)》,1986 年,中国科学院成都生物研究所档案室人事档案 104 第 3-6 号)

资料二(口述) 八五年召开了第一届中日两栖爬行动物学术讨论会。在中国广州召开,由赵先生主持,由我们两栖爬行动物学会主办,召开了第一届中日两栖爬行动物学术交流会。这个实际上奠基了以后在这方面的工作。实际上两栖爬行动物研究室对国外的学术交流方面的工作在国内做得最好、最早。有了这方面的工作,我觉得才对赵先生从八十年代以后在国内、国际学术地位有了很大的提高。如果单纯地说,从八〇年到九〇年这十年,我们两栖爬行动物研究室做了好多能够说是比以前提高很多的学术上的研究,还不能完全这样看,工作量和工作成绩并没有非常突出的概括,但是在这方面我觉得是突出的概括,第一它可以打开我们的眼界,第二让国外了解我们的研究水平,第三促进了我们的研究。八十年代后期,实际上从八五年开始到九〇年,如果没有这五年的比较频繁、多次的国外学术交流的话,不能把两栖爬行动物研究室包括赵先生的学术地位和影响提得那么高,扩到那么大。而且后面的对外学术交流,包括王跃招对外的学术交流和学术研究成果,曾晓茂对外的学术交流和学术研究成果,都在这个基础之上。如果做不到这一步,就没有后面。那么相反,北京动物所也很早就研究爬行动物,昆明动物所有一个动物研究室,有一个两栖爬行动物研究组,他们跟我们的差距主要在这上面。……他们也有一些区域性的研究,有一些比较突出的在专题上的研究……但是这个对外的学术交流、整体性的学术交流、培养后面的人跟国外的学术交流和访问等,他们跟我们两栖爬行动物研究室比,差距就拉大了。我跟赵先生接触的主要时间是在八十年代、九十年代，但是我觉得在八十年代这十年间，两栖爬行室的整个水平和发展是最好的，这个实际上也是赵先生在工作上的黄金时期……我就觉得在这十年当中，他这两方面工作非常突出。当然这也跟他当研究室主任有很大关系，由于他在研究室主任这个位置上，他比较好地发挥了他的组织才能和学术领导作用，加上他对国际学术交流的前瞻性看法。所以对赵先生工作的肯定我觉得着重在这三方面。(《胡其雄访谈》,2016 年 10 月 9 日)

资料三(口述) 然后国际合作上，这个两栖爬行室主持了几届亚洲两栖爬行动物学会。大概八五年就有一次国际会议，当时八十年代的环境下，在广州，由两栖爬行室主持，由广州华南师大承办的中日两栖爬行学会学术讨论会。虽说是中、日，但实际上来的国家有十三个。(《王跃招访谈》,2015 年 7 月 7 日)

资料四(口述) 赵先生在 20 世纪 90 年代到 2010 年之前，身体特别好，科研不太重的时候，组织大家开了好多会，国际会议他也是组织者。他首先跟华南师范大学校长商量……八五年在广州开了……中国和日本两栖爬行动物学术会议，后来在黄山又召开了第二次，然后就是相关单位轮值，一家举办一届……在这基础上，发展成为亚洲两栖爬行动物学术会议。开这个会，它不是说开就开的问题，政府得批，得有钱。这个贡献，赵先生在这方面继承了刘先生的传统。在我心目中，赵先生作为科学家，确实是一个伟大的科学家，更是一个社会活动家。……我们这个小圈子——两栖爬行，大家都觉得是个冷门。他尽他的力。他如果是个所长，或者说科学院一个副院长，那么两栖爬行他会做得更大。他愿意去付出，从对事业、对科学、对我们的需要来讲，这个人是难能可贵的。(《李丕鹏访谈》,2015 年7 月 28 日)

资料五(照片) 中日两栖爬行动物学学术讨论会参会人员合影。赵尔宓在二排右一。(见图 48)

9 月 20 日，邀请美国康奈尔大学生物科学部的鹰岩(Kraig Adler)参加四川省动物学会与中国两栖爬行动物学会组织的学术报告会，担任会议主持和翻译。

图 48

资料一（报道） 四川省动物学会与中国两栖爬行动物学会于 1985 年 9 月 20 日下午二时在四川省科学技术协会科技演讲厅举办大型学术报告会，邀请应中国科协与美国科学院学术交流委员会“高级学者交流计划”来我国访问的美国纽约州康奈尔大学生物科学部克瑞格 · 阿德勒（Kraig Adler，鹰岩）教授作了“动物行为的生物学研究”及“美国的生物学教学”两方面题材的学术报告。报告会由四川省动物学会理事长赵尔宓同志主持，吴福临教授和赵尔宓副所长分别担任翻译。阿德勒教授以大量幻灯图片结合讲解，深入浅出，易于理解接受，不仅加深了听众对动物行为学科现代进展的了解，对于大、中学校生物学的教学改革工作也有所借鉴和启迪。（《四川省动物学会中国两栖爬行动物学会联合举办学术报告会》，《四川动物》1985 年第 4 期）

资料二（照片） 赵尔宓（左）、涂茂洲（右）夫妻和鹰岩（中）在四川省科学技术学会演讲厅外合影。（见图 49）

9 月，出版专著《动植物致毒及其防治》。

图 49

资料一(档案) 1985 年,出版《动植物致毒及其防治》,赵尔宓为主编之一。(《赵尔宓简介(所庆 40 周年用)》,1998 年,中国科学院成都生物研究所档案室 1998 永久-1001)

资料二(著作) 本书主要介绍我国常见的致毒动物、植物、真菌的形态特征、生活习性、分布范围、有毒部位、毒性成分及毒理、中毒症状、中毒诊断、中毒解救和中毒预防等,而且对其中有的种类附有典型病例。赵尔宓是该书主编之一。(华惠伦、李世俊、邱莲卿、赵尔宓主编:《动植物致毒及其防治》,上海科学技术出版社,1985 年)

1986 年　　57 岁

1 月 10 日,入选中国科学院成都生物研究所学术委员会副主任委员及动物学分会主任。

资料(档案) 中国科学院成都生物研究所 1986 年学术委员会委员名

单　主任委员：陈维新。副主任委员：赵尔宓、赵树杰。……所学术委员会下设动物学、植物学、微生物学三个分会，其中，动物学分会主任：赵尔宓。(《中国科学院成都生物研究所40年历程》，1998年，中国科学院成都生物研究所档案室1999.01－009)

是日，作为理事长主持召开四川省动物学会第三届第二次理事会，全面总结理事会当选以来的主要工作。

资料一(报道)　四川省动物学会第三届第二次理事会于1986年1月10日—11日在成都召开。出席会议的有理事22人。会议由理事长赵尔宓、副理事长裘明华与夏木俊分别主持。会上，赵尔宓理事长回顾了本届理事会当选一年以来的主要工作。(《四川动物》编辑部：《四川省动物学会第三届二次理事会在成都召开》，《四川动物》1986年第1期)

资料二(口述)　赵尔宓第三届就当了理事长，当时胡老师病了。理事长和秘书长经常都要碰头商量工作，所以就很熟悉了，一直做了好几届，做到2001年……另外赵老师对四川省动物学会还是呕心沥血地把它搞得很好，比如经费问题，动物学会还是需要钱的，办杂志和平时开会都需要钱，赵老师就用他的影响和关系想方设法到处去化缘。这些单位每年都出钱，就是通过赵老师去做工作，然后我们就去要，所以以前基本上这些单位每年都给钱。学会主要是抓三个大方面，学会最根本的目的是学术交流，提高会员的学术水平，所以赵老师这方面一直抓得很紧，每年除了要开专委会——我们分了很多专委会，比如区系分类、实验动物、野生动物保护、寄生虫病等很多分会——除了要求每个分会一年要开一到两次学术交流会外，整个学会必须开一次学术交流会。我们学会基本上坚持每年都开一次交流会，要求大家写稿，然后审查，最后到会上交流，所以学会的根本任务就是作好学术交流。除了四川省内的会员外，后来我们就发展到了西南片区。动物学会开始只有几十个人，赵老师上任之后就搞得很活跃，学会就壮大发展到了一千多人。我觉得赵老师管理的这段时间是动物学会的鼎盛时期，不管是活动、学术方面还是其他方面都很活跃，也经常开会，经常把会员召集起来，有时候开学委会，有时候去参观，会员也很积极。……动物学会……很多次受到省科协的表扬，评为先进学会。赵老师抓这个学会……他在我们学会里面、理事里面发展很多年轻人。还有一个就是会员,他就强调尽量地发展学生会员,比如一些大学读生物系的进来就发展。你看我们学会理事会有很多年轻人,会员当中也有很多学生会员,因此我们四川年轻会员比较多。我们统计过到底有多少年轻人,例如四川大学,特别是师范学院学生物的同学基本上都参加了,包括重庆那边的西南师范大学[①]、重庆大学、重庆师范学院都有学生会员……他对年轻人非常重视。(《王竞访谈》,2016 年 10 月 24 日)

4 月初,华西医科大学生物教研室的徐福均教授去世。撰文深切悼念恩师。

资料一(口述) 还有就是对华西医大生物教研室的主任徐福均。徐福均去世后,他也专门写了篇文章怀念徐福均老师,写得非常生动。这篇文章,我看了觉得很感人。(《江耀明访谈》,2016 年 10 月 11 日)

资料二(口述) 刘承钊,国际上也是很有名的。他是研究两栖类的。我刚才说的,这是赵老师的第一个老师。徐福均是第二个老师。另外还有复旦大学的张孟闻。他(赵尔宓)很尊重这三个老师。(《吴贯夫访谈》,2015 年 4 月 3 日)

资料三(文章) 徐福均教授是我一生中难忘的几位老师之一……回想我在川医教学十二年,从懂得对知识的追求,能在教学法上有点滴改进,以至在科研方法上有所启蒙,莫不受益于徐老师。我离开川医之后遇有疑难,仍不时向徐老师请教,他总是一如既往,耐心指点;而他对我的微小长进,则常是报以欣慰与赞赏。老师的鼓励,是鼓舞学生继续前进的动力。每思及此,益增我对他的怀念。我认识徐老师不算太早。……一九五四年初刚从东北调回四川医学院工作,徐老师是生物学教研组教授兼主任……在科学研究中,对技术操作一丝不苟、精益求精。……光阴荏苒,二十多年逝去了……四月八日,我带着负疚的心情向徐老师的遗体告别,一种莫名的忏悔深深地刺痛着我的心。我痛恨自己为什么没有及时在徐老师生前去看望他

① 今已并入西南大学。

呢？(赵尔宓：《深切怀念徐福均老师》,《四川动物》1986 年第 4 期)

5 月，参与编写的《中国两栖爬行动物鉴定手册》出版。

资料一（档案） 1986 年，出版《中国两栖爬行动物鉴定手册》，赵尔宓为编写者之一。(《赵尔宓简介(所庆 40 周年用)》,1998 年，中国科学院成都生物研究所档案室 1998 永久- 1001)

资料二（著作） 本书共分三篇。第一篇总论，介绍了两栖爬行动物的特征、分类系统，采集两栖爬行动物的工具和方法，标本的处理与记录，我国及邻国的分类区系文献，以及标本采集与制作的参考文献。第二篇与第三篇分别介绍了我国两栖爬行动物已知种类的目、科、属的检索。(田婉淑、江耀明、吴贯夫、胡其雄、赵尔宓、黄庆云：《中国两栖爬行动物鉴定手册》，科学出版社，1986 年)

是月，担任科普影片《两栖动物的故事》的科学顾问。

资料（证书） 1986 年 5 月，北京科学教育电影制片厂聘请赵尔宓担任科普影片《两栖动物的故事》的科学顾问。(北京科学教育电影制片厂：《科普影片〈两栖动物的故事〉科学顾问聘书》,1986 年 5 月，见图 50)

聘书

兹聘请
趙尔宓同志
为科普影片「两栖动物的故事」
科学顾问
一九八六年五月 日

北京科学教育电影制片厂

图 50

5月至7月，在四川合江开展野外考察。

资料（档案） 1986年5月至7月：四川合江考察。近年来，赵尔宓同志年岁逐渐增大，身体也不如从前了，并且还担任了大量所内外职务，工作十分繁忙。他仍挤时间、抓空隙参加野外考察。川南的合江县自然环境特殊，两栖爬行动物区系也比较特殊，而以前又很少有人考察过。1986年5月，赵尔宓带领一批同志对合江县自怀乡等地进行了野外考察。这些地区没通汽车，年近六十的赵尔宓同志硬是坚持每天走六十多里山路，通过考察获得了许多宝贵的第一手资料。如合江县有“华南湍蛙”“棘侧蛙”分布的新纪录，这对丰富我国两栖爬行动物地理分布的认识，是十分有意义的。（《竺可桢野外科学工作奖申报书》，1987年，中国科学院成都生物研究所档案室88.06－13）

6月，赴美访问交流，与加州大学合作进行“中国西部沙漠地区两栖爬行动物分类和生态研究”。

资料一（档案） 在国际合作研究方面，1986年—1988年，与美国加州大学伯克利分校合作进行“中国西部沙漠地区两栖爬行动物分类和生态研究”。（《赵尔宓简介（所庆40周年用）》，1998年，中国科学院成都生物研究所档案室1998永久－1001）

资料二（信件） 4月26日来函收悉，谨同函附上订正本一份，请查收。我很高兴你入选访问学者。这对你来说是莫大的荣幸，这也是对中国两栖爬行动物学重要性的特别认可。所以，你应该有双份快乐。美国国家科学院尚未得到中国有关部门的最终批准，但我预计在6月1日前能得到批准。我会通知你的。学院告诉我，由于预算限制，他们可能只提供最多两个月的资助，而不是三个月。这并不意味着你只能在康奈尔待两个月。它只意味着补助金将减少到我之前告诉你的三分之二。所以，你在康奈尔待的时间长短取决于你如何有效利用这些经费。最近，我去芝加哥讨论你访问的共同计划，列出一份议定的计划表，但这不是最终版本，有几件事必须先协商。所以，现在需请你告知对这个计划的反馈。例如，你可能想花更多的时间在康奈尔大学。关于广州会议的回顾，潘主席在1986年3月发表了一篇简短的文章，是关于爬行动物的综述。我希望你的评论能更详细，包括团体照片。（鹰岩：《赵尔宓访美经费和日程安排》，1986 年 5 月 20 日）

8 月，发表关于西藏爬行动物区系及地理区划的论文。

资料（论文） 西藏爬行动物区系的组成成分，可以划分为中亚成分、喜马拉雅成分、南亚成分、印度马来成分和横断山成分。按其分布情况和区系组成，西藏自治区可划为三个动物地理区：西藏高原本体及喜马拉雅山北侧、藏东高山峡谷和喜马拉雅山南侧及雅鲁藏布江大拐弯水汽通道。（赵尔宓、江耀明、李胜全：《西藏爬行动物区系分析及地理区划》，《两栖爬行动物学报》1986 年第 3 期）

10 月 2 日至 15 日，担任团长，率领四川省科技协会组织的"四川省青少年科学教育考察团"出访日本。

资料一（档案） 1986 年 10 月 2 日—1986 年 10 月 15 日，省科协组团考察日本青少年科技教育，由赵尔宓担任团长，考察队按期回国。（《因公出国人员审查表》，1998 年，中国科学院成都生物研究所档案室人事档案 104 第 18.41 号）

资料二（传记） 1986 年，我率领四川省科协组织的"四川省青少年科学教育考察团"第三次赴日本。……出国访问时，经常遇到这样的情况，因为我们的到来，东道主往往悬挂中国国旗。譬如 1986 年我率领"四川省青少年科学教育考察团"访问日本时，有一次登富士山，参观山下的一所青少年活动中心，当晚就住在那里。第二天一早，通知我们到操场集合参加升旗仪式。我们也和同学一样，端端正正地排在那里。乐声奏起时，才发现五星红旗与日本国旗在两根并列的旗杆上同时缓缓升起。这时，我们每个人的内心都异常激动。每当看到五星红旗，我就提醒自己：代表祖国，决不能有辱使命啊！（赵尔宓：《六十六年的回顾》，载《赵尔宓选集》下卷）

资料三（报道） 1986 年 10 月 6 日，四川省科协组团考察日本青少年科技教育，赵尔宓担任团长。在日期间，参观考察了南八幡中学的教学情况和设施。学校举办了欢迎会，学生表演了狮子舞。（高崎：《四川省科学教育考

察团访日》,《上毛新闻》1986 年 10 月 7 日第 18 版)

资料四(照片) 赵尔宓在日本的学术交流会上演讲。(见图 51)

图 51

11 月,被聘为全国动物学名词审定委员会委员。

资料(档案) 1986 年 11 月,赵尔宓被聘为全国动物学名词审定委员会委员。(《赵尔宓简介(所庆 40 周年用)》,1998 年,中国科学院成都生物研究所档案室 1998 永久- 1001)

12 月 1 日,中国科学院成都生物研究所参与的“青藏高原综合科学考察”获 1986 年国家科技进步特等奖[①]**。**

资料一(档案) 1986 年 12 月 1 日,作为参与者,荣获中国科学院科技进步奖。(《首批省委直接掌握联系的高层次优秀人才信息登记表》,2005 年,中国科学院成都生物研究所档案室文书档案 2005 长期 05 - 64)

---

① 该研究成果由两栖爬行动物研究室共同完成,赵尔宓为主要参与人。

资料二(档案)　中国科学院的“青藏高原综合科学考察”获1986年国家科技进步特等奖、1987年全国自然科学一等奖、1989年陈嘉庚地球科学奖。(《中国科学院成都生物研究所40年历程》,1998年,中国科学院成都生物研究所档案室1999.01－009)

资料三(传记)　我所参加的青藏高原综合考察先后获中国科学院1986年科技进步特等奖、1987年国家自然科学一等奖及1989年陈嘉庚地球科学奖。(赵尔宓:《六十六年的回顾》,载《赵尔宓选集》下卷)

12月16日,被聘为中国科学院成都生物研究所研究员。

资料一(档案)　1986年12月16日,由中国科学院成都生物研究所聘任为研究员。(《关于转发更新中央直接掌握联系的高级专家信息和补充人选的通知与专家信息填报表》,2005年,中国科学院成都生物研究所档案室文书档案2005长期05－63)

资料二(学术评价)　1965年调到中国科学院西南生物研究所……1986年任研究员。(Kraig Adler, Dedication to Ermi Zhao)

12月,主持的“瑶山鳄蜥分类地位的研究”获全国科学技术研究成果三等奖及中国科学院三等奖。

资料一(档案)　1981年至1983年,进行“瑶山鳄蜥分类地位的研究”,编著了研究专著《鳄蜥分类地位》,该领域成果1986年获中国科学院科技进步三等奖。(《中国科学院成都生物研究所40年历程》,1998年,中国科学院成都生物研究所档案室1999.01－009)

资料二(档案)　组织领导了我国特有动物瑶山鳄蜥分类地位的研究课题,发挥全室力量,从形态解剖、生化、细胞学及生态学等方面进行研究,提出将鳄蜥亚科恢复为鳄蜥科的简介。这一成果获中国科学院1986年科学技术进步奖三等奖。(《竺可桢野外科学工作奖申报书》,1987年,中国科学院成都生物研究所档案室88.06－13)

资料三(口述)　在采集标本的基础之上,原来只是分类区系。所谓区系是什么？动物不像人,也不像鸟兽,两栖爬行动物要看环境,它是冷血动物，北方的在南方不能存活，平原的在高山不能存活，所以叫区系。每个地方都有它特有的一群动物，西藏的动物，在东北好多就不见得有，这个就叫区系。原来我们的工作是停留在区系上。分类呢，就是外部形态，最多就是解剖了，看骨骼，或者看内脏。后来到赵老师作研究的时候，分类就更深入了，深入蛇毒，它的生理，它的蛋白电泳，然后就深入染色体、细胞。细胞学、生物化学、神经生物学，分类手段也深入、扩大。如果在外部形态上看不出来，可以通过染色体来看。吴贯夫、曾晓茂就专门研究染色体，可以分类。分类不只是大范围分类，还有专题研究。所谓专题研究，就是专门研究某一个科，有的爬行整个是一个目，一个目下面又分科又分属，或者某个种有特殊价值的。广西大瑶山的瑶山鳄蜥只在广西才有。我们研究瑶山鳄蜥——这是我们国家的珍稀动物，在国际上分类地位有争论，我们的任务就是把它搞清楚，作为专题来研究，这个研究是赵老师组织的。专题研究瑶山鳄蜥的形态学、生物学、繁殖；有了子代出生，还把子代动物拿来养。这个专题研究成果得了科学基金三等奖。（《江耀明访谈》，2016 年 10 月 11 日）

资料四（传记） 1986 年，“鳄蜥分类地位的研究”获全国科学技术研究成果三等奖及中国科学院三等奖。（赵尔宓：《六十六年的回顾》，载《赵尔宓选集》下卷）

是年，在南迦巴瓦峰考察的基础上，提出将喜马拉雅山南坡地区的范围沿雅鲁藏布江大峡谷水汽通道向北扩大到通麦—易贡一线。

资料（传记） 通过 1973 年对西藏南部的调查研究，除发表新种墨脱竹叶青蛇外，首先（1977 年）提出我国喜马拉雅山南坡地区应划为西南区的喜马拉雅区（过去将它归入青藏区）。其次在对南迦巴瓦峰山区考察的基础上，1986 年将该亚区的范围沿雅鲁藏布江大拐弯水流通道向北扩大到通麦—易贡一线。我国地跨动物地理分布的古北与东洋两大界。两界分界线在西部为喜马拉雅山—横断山脉—秦岭一线，为众所公认；在东部则众说纷纭：或为长江，或为淮河，或为南岭，迄无定论。我根据对毒蛇分布的研究，提出它可能不是一条有形的界线，而是一条受气象综合因素——等温线、降

水量、季风、无霜期长短等制约的无形界线。(赵尔宓:《六十六年的回顾》,载《赵尔宓选集》下卷)

1987 年　　58 岁

2 月,与江苏平、胡淑琴合作发表论文,探讨树蛙分类及系统发育研究。

资料(论文)　本文选取中国 14 种树蛙,分别从各类群形态结构、地理分布、生态习性等方面进行探讨,进一步论证我国树蛙新的分类系统。主要包括伯格树蛙属、小树蛙属、跳树蛙属、泛树蛙属和树蛙属。(江苏平、胡淑琴、赵尔宓:《中国 14 种树蛙的种上分类及系统发育关系的初步探讨》,《两栖爬行动物学报》1987 年第 1 期)

是月,发表西藏墨脱一新种及一新纪录。

资料(论文)　本文记录了西藏墨脱考察发现的裸趾虎属新种墨脱裸趾虎及腹链蛇属新纪录双带腹链蛇的鉴别特征、形态、习性、分布等信息。(赵尔宓、李胜全:《西藏裸趾虎属一新种及腹链蛇属一新纪录》,《两栖爬行动物学报》1987 年第 1 期)

3 月 15 日,中国科学院成都生物研究所参加的"青藏高原综合科学考察"获国家自然科学一等奖。

资料一(档案)　参见 1973 年"5 月至 9 月"条资料一(档案)。

资料二(档案)　参见 1986 年"12 月 1 日"条资料二(档案)。

资料三(传记)　参见 1986 年"12 月 1 日"条资料三(传记)。

资料四(论文)　国家自然科学奖励委员会 3 月 15 日在北京举行新闻发布会,宣布 1987 年国家自然科学奖评选揭晓。共有 179 项自然科学领域基础研究和应用研究方面的成果奖,其中一等奖 11 项,二等奖 39 项,三等奖 89 项,四等奖 40 项。这是我国继 1956 年和 1982 年 10 月以来,对自然科学领域的基础研究、应用研究成果进行的第三次最高奖励。(国家自然科学奖励委员会:

《1987 年国家自然科学奖评选揭晓》,《中国科学基金》1987 年第 2 期)

5 月,发表论文,研究西藏南迦巴瓦峰地区两栖爬行动物的物种组成及区系。

资料(论文) 西藏南迦巴瓦峰地区共有两栖动物 20 种,爬行动物 25 种。其区系分为古北界中亚成分、喜马拉雅成分、南亚成分、印度马来成分和横断山成分等五种成分,地理分布可划分为南峰西北侧、南峰东侧和南峰南侧及雅鲁藏布江水汽通道等三个动物地理分布区。(赵尔宓、李胜全:《西藏南迦巴瓦峰地区两栖爬行动物的物种组成及区系特征》,《两栖爬行动物学报》1987 年第 2 期)

是月,与美国芝加哥菲尔德(Field)自然历史博物馆的 Robert F. Inger 等在四川洪雅进行野外考察。

资料(档案) 1987 年 5 月:四川洪雅考察。1987 年 5 月在与美国教授 Robert F. Inger 等的合作中,他在洪雅县炳灵乡的森林中住帐篷,甚至在雨天和夜晚仍坚持打着手电、穿着雨靴到野外考察。(《竺可桢野外科学工作奖申报书》,1987 年,中国科学院成都生物研究所档案室 88.06 - 13)

7 月,获选美国美中学术交流委员会高级访问学者,开始为期八个半月的赴美访问交流。在康奈尔大学期间,与鹰岩合作编写英文版《中国两栖爬行动物学》一书。

资料一(档案) 1987 年,赵尔宓当选为美国美中学术交流委员会(由美国科学院、美国社会科学院和美国学会联合会组成)提名邀请的高级访问学者。(《赵尔宓简介(所庆 40 周年用)》,1998 年,中国科学院成都生物研究所档案室 1998 永久- 1001)

资料二(档案) 1987 年 7 月至 1988 年 2 月,赴美国、墨西哥进行学术交流。其中,应美中学术交流委员会之邀,赴康奈尔大学担任高级访问学者。按期回国。(《因公出国人员审查表》,1998 年,中国科学院成都生物研究所档案室人事档案 104 第 18.41 号)

资料三(口述) 应该是八七年赵先生就出国了。他有一次出国将近待了一年,在美国就是那段时间。八七年春天开始,一直到八八年。当时我没毕业,但工作已经开始了。他走了,所以那段时间后面基本上就是我自己在做。他什么都安排好了。他回来第一件事就问你做得怎么样了?当时我已经写了很多东西出来。他说"拿给我看"。他指着说这个不行……我记得很清楚,当时哗啦啦砍了很多。实际上还是自己不懂,写了很多描述性的东西。他说这些都没有必要,全部砍了。其实我论文还是挺薄。当时论文全是手写本,没有打字本。全是手写本,然后复印,科学院图书馆还有我的论文那个稿子,都是手写的……他出国待了一年,这一年他的主要工作就是《中国两栖爬行动物学》那本书,那书九三年出版。他八七年大量做的工作。他去美国主要是两个地方,一个是伯克利,一个是康奈尔,康奈尔那个 Adler 是他的合作者。他就在 Adler 那里,Adler 是世界上最有名的收集两栖爬行动物文献的人,他的图书馆是世界上收集两栖爬行资料最丰富的。(《傅金钟访谈》,2015 年 7 月 22 日)

资料四(传记) 1987 年,由美中学术交流委员会提名邀请,以康奈尔大学访问教授身份赴美进行学术交流。1987 年,再次访问美国。这次是根据中国科协与美国美中学术交流委员会(CSCPRC)的协议,每年互派 6 名学者。中方派出的 6 人中 3 名由中方指定,3 名由美方提名邀请;美方派出的 6 名也采取对等方式。我由美方提名邀请,程序很复杂。CSCPRC 由美国科学院、美国社会科学院与美国全国各学会联合会三大机构组成,提出邀请的 3 名中国人,需由各机构提名初评,评上的再交 CSCPRC 综合平衡确定最后人选。美国朋友认为我被评上的机会很小,所以我被评选后,许多美国朋友纷纷来信祝贺。接待单位是著名的康奈尔大学,我的老师秉志(满族)与刘承钊教授都是康奈尔大学的博士生。此次访问为期八个半月。在康奈尔大学期间,我与鹰岩教授着手编写英文版《中国两栖爬行动物学》一书,此外,还访问了好几个州,包括著名的哈佛大学与麻省理工学院。(赵尔宓:《六十六年的回顾》,载《赵尔宓选集》下卷)

资料五(照片) 赵尔宓(左)在美国与康奈尔大学教授鹰岩(右)合影。(见图 52)

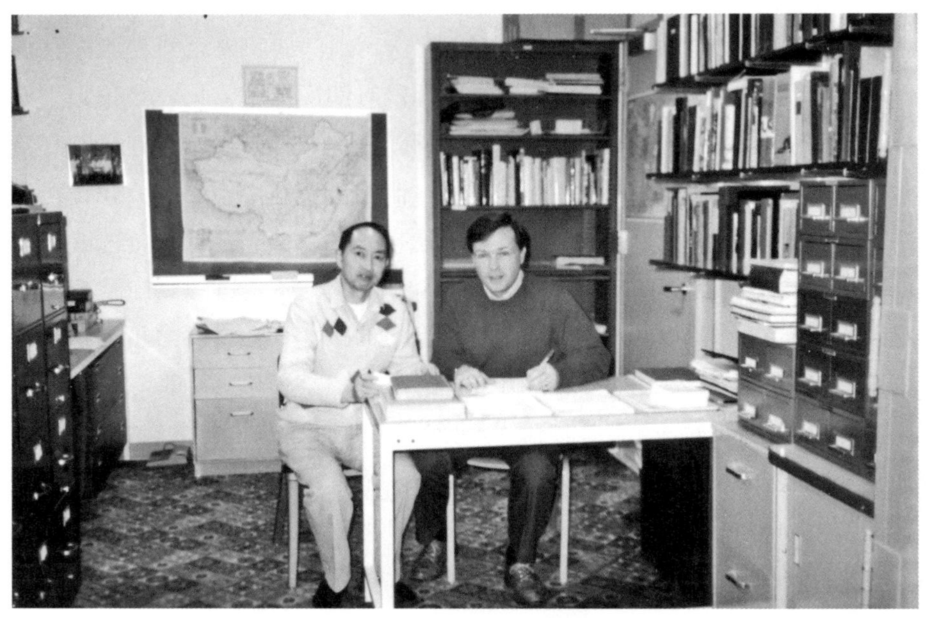

图 52

是月，发表文章回忆父亲赵伯钧。

资料(文章)　父亲是一位儿科医生，后来又担任军医管理工作与医院院长多年，与其说他是一位医生或医务管理官员，倒不如说他是一位学者更符合实际。父亲的专业是医学，精通德文与日文，对英文也略知一二。他兴趣广泛，阅读的书籍涉及许多学科。他爱收藏图书，凡他看过的书，从不卷边折角，好像新书一样。我也有这样的习惯，大概就来源于父亲吧。我家遭日本侵略者轰炸前，原有正房三大间，其西侧是一排厢房。在厢房中有一间是父亲的书房，面积约 20 平方米，靠窗放一张书桌，其余三面都放书橱，里面陈放的除医学书籍外，还有哲学、心理学、历史、文学等等书籍。那时我还年幼，只记得作者中有笛卡尔、斯宾塞、卢梭、康德等许多名家。此外，也有不少线装书，如二十四史、《资治通鉴》，都有专门的木箱装着。我记得有一段时间他致力于钻研心理学，从书中看到些什么，就把我当作实验对象，譬如叫我识别颜色，强记数目等。他有个习惯，每天晚上必看书，晚饭后一直看到入寝前，此外别无其他消遣。星期天或假日也是他看书的时间，除非有客人来访,他才从座椅上起来,打开书房通向客厅的门,与客人相会。他看书时,我们谁也不敢去打扰他。他也从来不曾带我们或与母亲一起去逛街、下馆子或看影戏之类。当然,他自己也从不去进行这些活动,除非是工作上不得已的应酬。父亲看书喜欢做笔记,把他认为重要的词句或段落抄下来,注明来自书的哪一页,有时还加上自己的心得体会或评语。笔记记在像便笺大小的纸上。父亲教育子女极严格,除读书外,不许有任何其他嗜好,更不许我们乱花一文钱。他在晚年所写《示儿女》中写道:"孩子们,你们能理解父亲是这样的为人,这样的作风吗?父亲对于你们的爱护,重点首先是放在德行、学业和健康方面;对于你们各自的爱好、衣着、玩具,乃至一切享受是不甚措意,甚至是有所限制的。加之父亲对你们的态度过分严肃,金钱上又过分吝啬……但从另一方面看,你们今天有的成了博士,成了专家,成了教师、作家或医生,而且在自己工作岗位上都能作出成绩,端端正正地为人民服务,难道说这里面丝毫不存在父亲的辛勤吗?至少说,在这方面父亲是无愧于对国家,无愧于对社会,无愧于对子女!"母亲石月卿是一位小学教师的女儿,性情温柔敦厚,对子女非常慈祥而不溺爱。我们八个姊妹兄弟就是在"父严母慈"这种相辅相成的和谐教育下成长。(赵尔宓:《回忆父亲赵伯钧几件事》,载《成都少数民族》)

10月,因《两栖爬行动物学报》面临停刊的可能,创办新的英文学术期刊*Chinese Herpetological Research*(中文名《蛇蛙研究》)。出版第一卷,任主编。

资料一(口述) 在后期,《两栖爬行动物学报》因为各种原因停刊以后,赵先生说:"科学研究必须告诉世界才行,不告诉世界那就成了个人欣赏,个人收藏了,像玩古董。"因此他就开始办了一个中国《蛇蛙研究》,中国《蛇蛙研究》出了几期。(《李丕鹏访谈》,2015年7月28日)

资料二(口述) 第一期叫《中国蛇蛙研究》。那个是重庆出的中文版。第二期就出了英文版,还叫《中国蛇蛙研究》,在伯克利出的,就是那个老Ted[①] 帮忙办的。(《傅金钟访谈》,2015年7月22日)

---

① Ted:Theodore J. Papenfuss,美国加州大学伯克利分校脊椎动物博物馆两栖爬行动物学专家,与赵尔宓建立了多年科研合作关系。中国学者亲切地称呼他为老Ted,昵称"老太太"。

资料三(传记) 我并没有因此而灰心。1987年底已作好思想准备,我又另起炉灶创办了以英文为主的中国《蛇蛙研究》(*Chinese Herpetological Research*),于1987年10月出版第一卷(一期)。由于以英文发表论文,就更便于国际交流。(赵尔宓:《六十六年的回顾》,载《赵尔宓选集》下卷)

资料四(论文) 中国《蛇蛙研究》第一卷,由中国两栖爬行动物学会在重庆出版,赵尔宓继续担任主编。(Theodore J. Papenfuss, The History of the Journal of Asiatic Herpetological Research, in *Asiatic Herpetological Research*, 2004[10])

12月,编写的《西藏两栖爬行动物》出版。

资料一(档案) 参见1973年"5月至9月"条资料一(档案)。

资料二(档案) 1987年出版的《西藏两栖爬行动物》一书,赵尔宓为第二作者。(《赵尔宓简介(所庆40周年用)》,1998年,中国科学院成都生物研究所档案室1998永久-1001)

资料三(论文) 参见1973年"5月至9月"条资料十一(论文)。

资料四(学术评价) 在赵尔宓的大部分两栖爬行动物著作中,都是以物种或种群作为一个专题来编写的。同时,他也主编或合编了中国某些特殊区域环境下的两栖爬行动物研究著作,例如《西藏》(1987)、《青藏高原横断山区》(1997)、《四川爬行动物图鉴》(2003),这些著作包含了很多令人叹为观止的图片。(Kraig Adler, Dedication to Ermi Zhao)

资料五(著作) 本书是青藏高原科学考察丛书之一,记述目前已知的西藏两栖、爬行动物98种及亚种。总论部分扼要介绍了调查研究史料和调查路线等。根据考察的结果,对西藏的两栖、爬行动物的区系组成成分,提出了初步的区系分析。各论部分有检索,记述了各科、属特征,对每一个种,有鉴别特征、生态习性、地理分布等介绍。(胡淑琴、赵尔宓、江耀明、费梁、叶昌媛、胡其雄、黄庆云、黄永昭、田婉淑等编著:《西藏两栖爬行动物》,科学出版社,1987年)

是月,与胡淑琴等编著的《中国动物图谱 两栖类—爬行类(第二版)》

出版。

资料一(著作) 本书是中国动物图谱两栖动物和爬行动物两个分册的第二版,共计描述两栖动物 42 种,分隶于 2 目 10 科,爬行动物 122 种,分隶于 4 目 21 科,基本包括了我国两栖爬行动物的主要科属代表。每种均有扼要的描述与插图,可以相互对照。书中还有各类动物种的检索表,有助于种的鉴定。(胡淑琴、赵尔宓、王宜生、江耀明、黄庆云:《中国动物图谱　两栖类-爬行类(第二版)》,科学出版社,1987 年)

资料二(学术评价) 作为作者或主编,赵尔宓出版了两栖爬行动物学科的 32 本学术著作。他还参与合编了《中国动物图谱　两栖类—爬行类(第二版)》(1987)。(Kraig Adler, Dedication to Ermi Zhao)

是年,应邀出席墨西哥两栖爬行学会与美国两大学会联合召开的学术大会。

资料一(档案) 1987 年 7 月至 1988 年 2 月,赴美国、墨西哥进行学术访问,按期回国。(《因公出国人员审查表》,1998 年,中国科学院成都生物研究所档案室人事档案 104 第 18.41 号)

资料二(传记) 1987 年,再次访问美国。……并应邀到墨西哥滨海城市韦拉克鲁斯出席墨西哥全国两栖爬行学会与美国两大学会联合召开的学术会,在墨西哥期间参观了墨西哥城(首都)附近的金字塔。会毕到 Citlaltépetl 山采集,我亲自采到全世界仅有的两种毒蜥中的一种。(赵尔宓:《六十六年的回顾》,载《赵尔宓选集》下卷)

是年,被聘为中国成都大熊猫繁育研究基金会理事。

资料(档案) 1987 年,赵尔宓被聘为中国成都大熊猫繁育研究基金会理事。(《赵尔宓简介(所庆 40 周年用)》,1998 年,中国科学院成都生物研究所档案室 1998 永久-1001)

是年,出任《四川省科学技术志》编委会成员。

资料(档案) 1987 年,赵尔宓开始担任《四川省科学技术志》编委会成

员。(《赵尔宓简介(所庆 40 周年用)》,1998 年,中国科学院成都生物研究所档案室 1998 永久-1001)

是年,被聘为美国加州大学伯克利分校米勒研究院客座教授,成为该校自 1985 年设此职位以来获聘的第一位中国人。

资料(档案) 1987 年和 1991 年,赵尔宓两次担任美国加州大学伯克利分校米勒研究院客座教授(1987、1991)。(《赵尔宓简介(所庆 40 周年用)》,1998 年,中国科学院成都生物研究所档案室 1998 永久-1001)

是年,被美国菲尔德自然历史博物馆聘为特约研究员。中国科学院成都生物研究所与美国菲尔德历史博物馆合作开展"中国北亚热带两栖爬行动物分类和生态研究"。

资料一(档案) 1987 年至 1989 年,成都生物所与美国菲尔德自然历史博物馆合作进行"中国北亚热带两栖爬行动物分类和生态研究"。(《赵尔宓简介(所庆 40 周年用)》,1998 年,中国科学院成都生物研究所档案室 1998 永久-1001)

资料二(传记) 1987 年,由美中学术交流委员会提名邀请,以康奈尔大学访问教授身份赴美进行学术交流。同年受聘为芝加哥菲尔德自然历史博物馆特约研究员。(赵尔宓:《六十六年的回顾》,载《赵尔宓选集》下卷)

是年,指导陕西省林业厅进行蛇类养殖,率队前往攀枝花米易进行蛇园考察。

资料(口述) 到了八六年底,我们陕西省林业厅那个时候就注意开始保护野生动物、植物了。好多林业厅直属的国有林场,他们职工都有一部分闲散的,搞木材开发、加工地板等。他们说,能不能在山里面养一些经济动物?后来就想养蛇。方先生[①]就跟赵先生联系,赵先生在攀枝花米易县有一个蛇园。这个蛇园建在中国西部,像广西、福建、浙江那边早就有人养蛇了。

① 方荣盛先生,曾在陕西师范大学生物系任教,口述者李丕鹏的导师。

我们想请赵先生带着我们林业厅、林场的科技人员到米易县的蛇园去考察，去学习学习人家养蛇的技术……那是1987年，我记得特别清楚，那是我第一次真正见赵先生。我们来成都生物所以后，赵先生正在开四川动物学会。那个时候没手机，也没电话，就一路问到了会场。刚好赵先生坐在后面，因为前面有人在做学术交流报告。方先生给我写了一封信，就像手谕一样，拿过去才认啦。不然的话，我那个时候是才二十几岁的毛头小伙，谁都不认识我。赵先生听了我的来意，说："那好那好，我出来。"他就直接出会场了。然后一看信，"好的，这样吧"。他写了封信给管米易蛇园的那个小伙，我记得那个小伙也三十多岁，非常好。然后我们一起坐汽车到那里去看，跟那里交流。所以说这是我第一次真正见赵先生。尽管前两年，在南京几次看见，"哦，这个是赵先生"。除了成都地区之外，我这辈人当中我算见赵先生比较早的了。我这辈人就是当年二十几岁，现在五十几岁的人。因为那个时候大家来一次成都做科研不容易。我们那个蛇厂后来建得不错。他们做了几年，后来遇到转制。他们本身在山里面，现在山里面那个林业厅已经搬到西安市长安区。……但是赵先生对中国蛇类资源的影响是非常重要的。(《李丕鹏访谈》，2015年7月28日)

1988年　　59岁

3月7日，获"竺可桢野外科学工作奖"。

资料一(档案)　1988年3月1日[①]，由中国科学院授予竺可桢野外科学工作奖。(《关于转发更新中央直接掌握联系的高级专家信息和补充人选的通知与专家信息填报表》，2005年，中国科学院成都生物研究所档案室文书档案2005长期05-63)

资料二(档案)　1988年，获"竺可桢野外科学工作奖"奖状及证书。(《赵尔宓简介(所庆40周年用)》，1998年，中国科学院成都生物研究所档案

① 经查证，赵尔宓被授予竺可桢野外科学工作奖的准确日期应为3月7日，此处为误记。

室 1998 永久-1001)

资料三(档案)

主要野外工作简历	1962 年 5 月—8 月:秦岭考察。1963 年 4 月—8 月:贵州南部两栖爬行动物区系考察。1964 年 4 月—7 月:海南岛考察。1970 年 4 月—6 月:皖北考察。1972 年 5 月—7 月:皖南考察。1973 年 6 月—9 月:西藏考察。1977 年 5 月—7 月:东北蛇类考察。1978 年 5 月—7 月:新疆伊犁、阿尔泰地区考察。1979 年 5 月—6 月:蛇岛考察。1980 年 5 月—7 月:云南西双版纳考察。1982 年 5 月—8 月:横断山地区综合考察。1986 年 5 月—7 月:四川合江考察。1987 年 5 月:四川洪雅考察。
主要成绩、贡献、先进事迹摘要	作为一名国内外著名的两栖爬行动物学家,赵尔宓同志十分重视野外考察研究工作。三十多年来,他的足迹踏遍了祖国的山山水水,从东北边疆到西南边陲,从海南岛到世界屋脊青藏高原,都有他那坚实的脚步声。这些足迹可以从他迄今已发表的 70 多篇学术论文,主编或参与主编的专著、图谱、手册中反映出来。1. 作为一位知名学者,赵尔宓同志三十多年来一直坚持参加野外考察、生态环境调查、野外标本采集等工作,并在此方面积累丰富的经验。2. 野外工作也是赵尔宓同志在基础理论研究工作中取之不尽、用之不竭的源泉。三十多年来,经他发现和命名的两栖爬行动物达 20 余种,这些工作得到了国内外学术界的高度评价。

(《竺可桢野外科学工作奖申报书》,1987 年,中国科学院成都生物研究所档案室 88.06-13)

资料四(档案) 关于授予山仑等二十二位同志竺可桢野外科学工作奖的决定。各有关单位:根据《中国科学院竺可桢野外科学工作奖简则》的规定,经过有关单位的推荐和竺可桢野外科学工作奖委员会的评议,决定对长期参加野外工作并作出突出贡献的山仑等二十二位同志授予竺可桢野外科学工作奖。名单如下……赵尔宓　研究员　成都生物所……对上述同志分别授予奖章、奖章证书、奖金,以资鼓励。(中国科学院、中国科学院竺可桢野外科学工作奖委员会:《竺可桢野外科学工作奖授予决定》,1988 年,中国科学院成都生物研究所档案室 88.06-13)

资料五(报道) 1988 年 3 月,获竺可桢野外科学工作奖。(陈悦、程渝:《动物学家赵尔宓　与蛇"缠绵"半世纪》,《华西都市报》2013 年 4 月 14 日第 23 版)

资料六(报道) 1988 年 3 月,获竺可桢野外科学工作奖。(张欧:《院士赵尔宓:小心抓蛇　大胆研究》,《成都晚报》2009 年 8 月 25 日第 6 版)

资料七(传记) 1988 年,我个人获中国科学院竺可桢野外科学工作奖。(赵尔宓:《六十六年的回顾》,载《赵尔宓选集》下卷)

资料八(传记) 他还获得了全国科学大会奖(1978 年 1 月)、竺可桢野外科学工作奖(1988 年 3 月)。(《中国研究生》杂志编辑部:《寄语:赵尔宓院士简介》,《中国研究生》2008 年第 9 期)

资料九(证书) 1988 年 3 月 7 日,中国科学院授予赵尔宓“竺可桢野外科学工作奖”奖章。(中国科学院:《竺可桢野外科学工作奖证书》,1988 年 3 月 7 日,见图 53)

赵尔宓 同志在野外科学工作中成绩显著,特授予“竺可桢野外科学工作奖”奖章,以资鼓励。

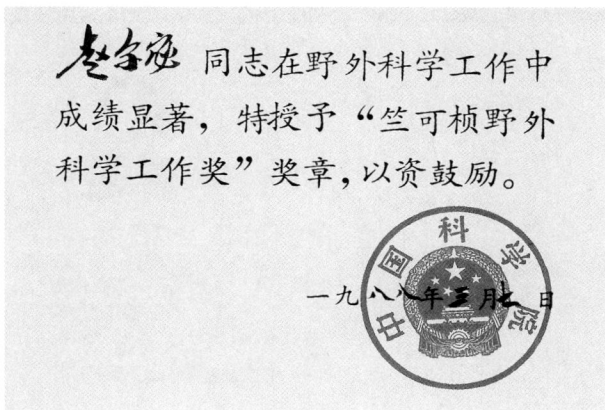

中国科学院

一九八八年三月七日

图 53

3 月 17 日,获评“四川省科协系统先进工作者”。

资料一(档案) 1988 年,被评为四川省科协系统先进工作者,获荣誉证书。(《赵尔宓简介(所庆 40 周年用)》,1998 年,中国科学院成都生物研究所档案室 1998 永久-1001)

资料二(证书) 1988 年 3 月 17 日,四川省科学技术协会授予赵尔宓“四川省科协系统先进工作者”荣誉证书。(四川省科学技术协会:《四川省科协系统先进工作者荣誉证书》,1988 年 3 月 17 日)

3 月,当选中华人民共和国第七届全国人民代表大会代表。

资料一(档案) 曾任研究室主任、副所长、第七届和第八届全国人民代表大会代表。(《中国科学院成都生物研究所 40 年历程》,1998 年,中国科学院成都生物研究所档案室 1999.01-009)

资料二(传记) 1988 年……当选为第七届全国人民代表大会代表。(赵尔宓:《六十六年的回顾》,载《赵尔宓选集》下卷)

资料三(证件) 1988 年 3 月,赵尔宓被推选为中华人民共和国第七届全国人民代表大会代表。由中华人民共和国全国人民代表大会常务委员会颁发代表证,代表在任期内可持证视察。(全国人民代表大会常务委员会:《中华人民共和国第七届全国人民代表大会代表证》,1988 年 3 月,见图 54)

姓　　名 赵尔宓

性　　别 男

出生年月 1930年1月

选举单位 四川省

第 2239 号

代表可持证视察

全国人民代表大会
常　务　委　员　会

1988 年 3 月　日

图 54

5 月 21 日,出席四川省动物学会第四次会员代表大会暨第五次学术年会,被推选为理事长,并推荐增补为中国动物学会理事。

资料一(报道) 四川省动物学会第四次会员代表大会暨第五次学术年会于 1988 年 5 月 21 日—23 日在成都举行。出席会议的代表共 59 人,收到学术论文 62 篇。这次会议主要议程是:总结学会第三届理事会的工作,表彰先进,选举第四届理事,学术交流及部署今后工作。理事长赵尔宓做了学会工作报告,大会民主选举了丁耀华等 41 人为第四届理事,并在第一次理事会上推选赵尔宓为理事长,还推荐增补赵尔宓研究员为中国动物学会理事。(《四川动物》编辑部:《四川省动物学会第四次会员代表大会暨第五次学术年会在成都召开》,《四川动物》1988 年第 2 期)

资料二(报道) 四川省动物学会第四届理事会名单　理事长　赵尔

宓……四川省动物学会秘书处 1988 年 5 月 23 日。(《四川动物》编辑部:《四川省动物学会第四届理事会名单》,《四川动物》1988 年第 3 期)

6 月,受聘为辽宁蛇岛老铁山自然保护区管理处科技顾问。

资料(证书) 1988 年 6 月,辽宁蛇岛老铁山自然保护区管理处聘请赵尔宓担任科学技术顾问。(辽宁蛇岛老铁山自然保护区管理处:《辽宁蛇岛老铁山自然保护区管理处科技顾问聘书》,1988 年 6 月,见图 55)

聘书

聘请赵尔宓同志

为我处科学技术顾问。

辽宁蛇岛老铁山自然保护区管理处

九八八年六月

图 55

7 月 25 日,担任团长,率领代表团赴日本出席第二次中日两栖爬行动物学术讨论会。

资料一(档案) 1988 年 7 月底至 1988 年 8 月初,国内 19 人组团出席第二次日中学术会,由赵尔宓担任团长,代表团按期回国。(《因公出国人员审查表》,1998 年,中国科学院成都生物研究所档案室人事档案 104 第 18.41 号)

资料二(传记) 1988 年 7 月 25 日到 8 月 5 日,我率领一个 19 人的代表团去日本京都大学出席第二次日中两栖爬行动物学术讨论会。会后又去群马县日本蛇族学术研究所参观。然后部分团员转赴冲绳出席第三次冲绳中国两栖爬行动物学术会。冲绳公害卫生研究所吉田朝启所长也邀请涂茂洲参加。此次赴日本她始终与我们一道。到冲绳机场刚下飞机,冲绳县长(日本的县相当于我国的省)还专门安排接见我(作为代表团长)与夫人。学术会上,我与她都应邀做了特别讲演。冲绳朋友们仍然是那么友好,住吃都安排得很理想,会议结束后,还专门安排了一位支所长陪同我们飞到长崎,第二天上午一直把我们送到长崎国际空港登上回上海的飞机。(赵尔宓:《六十六年的回顾》,载《赵尔宓选集》下卷)

资料三(照片) 赵尔宓(左)在日本京都大学介绍在中国蛇岛开展的研究工作。(见图 56)

图 56

8 月,与美国合作,赴西北地区进行中国沙蜥考察研究,途经兰州、西宁、青海湖、柴达木盆地、昆仑山、格尔木、敦煌、哈密以及鄯善等地。

资料一(档案) 两栖爬行动物研究室 1990 年工作总结称:中美联合对中国沙蜥进行科学考察已进行了三年,由我室赵尔宓、王跃招参加,1988 年—1989 年已经考察了新疆、青海、甘肃、宁夏、内蒙古等省区。(《中国科学院成都生物研究所两栖爬行动物研究室 1990 年度工作总结》,1990 年,中国科学院成都生物研究所档案室 90.01 - 20)

资料二(口述) 我们出野外跑得最多的是青藏高原和新疆这块儿。美国的那个科学家 Ted——T. J. Papenfuss,也带了两个学生过来。赵先生也跟我们一起去,这里面年龄最大的就是赵先生了。……当时住宿条件很差,包括县上,好点的房间就让给老 Ted 和其他一些外国人住,先生就跟我们住在一起。另外,在野外时先生也跟我们一样出去采集标本,早晨背一点水就出去,一直要到下午才回来,晚上也是很晚还要出去,像抓沙虎、沙蜥这些标本,沙蜥是白天抓,沙虎要晚上出去抓,都是去比较荒凉的区域,人迹罕至,条件也不好,先生都是一起去做。每次采完标本回来,先生都和我们一起整理标本、做笔记。我印象最深刻的是他每次回来整理都相当用心,每次的野外笔记做得非常好,这一块儿也是老一辈的野外科学家长期养成的一个习惯。像我们就记得比较简单,记一下去哪里就完了,先生每次都要记"走了哪里、采到了些什么标本"等,这样对回来整理都有很好的作用。(《方自力访谈》,2016 年 10 月 24 日)

资料三(口述) 他那时候合作项目也较多……他有几个合作对象,一个是伯克利的一个人,实际上是两个人,其中一个是学生,和 T. J. Papenfuss,他们合作了好多年。那个"老太太"跑野外特别厉害,我们都很熟,王跃招跟他们也很熟。赵先生主要陪他们去附近的地方,像跑西藏,主要是王跃招、方自力陪他们去,西藏、青海、新疆他们都去过。(《傅金钟访谈》,2015 年 7 月 22 日)

资料四(信件) M(茂洲):今下午 3:40 起飞,5:10 到西安机场,6:50 继续西安,8:12 到达兰州机场。王跃招已在机场等我们,乘兰州分院外事处派来的面包车,一小时行车 90 公里,到达宁卧庄宾馆(相当于成都金牛场),住入接待国家元首的小楼,与 Ted 等三人会面,他们的房间很大(有客厅),遍地布满了标本,到处都是。兰州与我十年前来此所见相比,变化很大,街道宽敞,绿树成荫,沿黄河岸边大道更有若干雕塑。市内高楼大厦,灯火辉煌……但从飞机上看陕甘地面,一大片黄土高原荒无人烟,仍不免感到西北地区的荒凉。今后一个多月,将在这片荒漠上生活,无疑是艰辛的。但一想到有六七个同伴,又有高级越野车代步,又是干自己的事业,也是令人鼓舞的。生活就是这样!(赵尔宓:《告知涂茂洲成都至兰州的旅途情况》,1988 年 8 月 11 日)

资料五(信件) 昨天下飞机前报告地面气温 15℃,下机后,一些人已着夹衣，也有人只着单衣，我只穿了一件短袖短裤，结果还是可以忍耐……计划下星期一（十五日）离兰州去西宁，由西宁以西再北上到敦煌，从敦煌再到哈密、吐鲁番……这段时间的信请保存，以便完成日记。（赵尔宓：《告知涂茂浰兰州当地的情况及行程》，1988 年 8 月 12 日）

资料六（信件） 从八月十五日到廿一日，我们完成了一次横穿青海的考察之行。十五日从甘肃省会兰州出发，跨过黄河，进入青海省民权县，经乐都……于当天午后七点到达青海省会西宁市，住入西宁宾馆……十六日在西宁办手续并到西北高原生物所；十七日离开西宁，经湟源县到青海湖东岸的湖东种羊场；十八日离湖东种羊场，沿青海湖南缘西行，经江西沟、黑马河、茶卡到都兰县；十九日由都兰沿柴达木盆地东南向西行到格尔木；廿日由格尔木南行到昆仑山……当天仍回格尔木；廿一日由格尔木北上，横穿柴达木盆地，计划到甘肃的阿克塞哈萨克自治县住，晚上到时，因条件太差，继续北上到达敦煌，时已午夜十二点，联系好住处已廿二日凌晨一点钟。（赵尔宓：《告知涂茂浰横穿青海考察》，1988 年 8 月 24 日，见图 57）

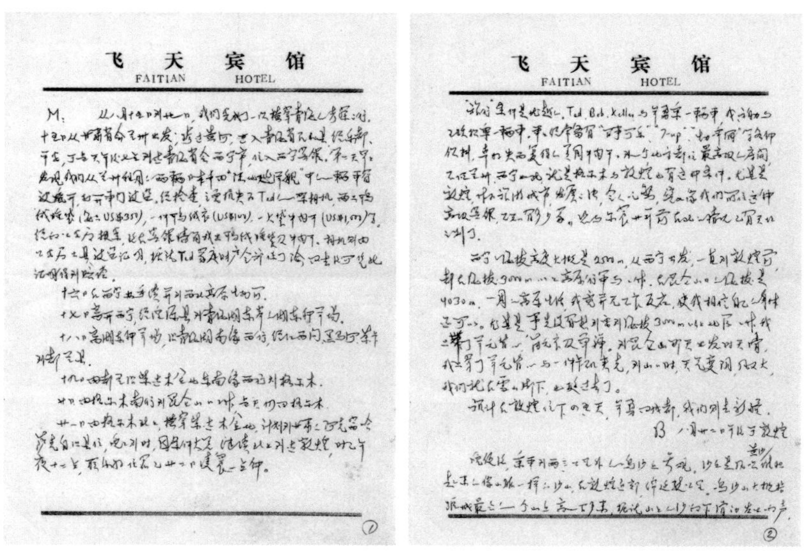
飞 天 宾 馆
FAITIAN HOTEL

①

飞 天 宾 馆
FAITIAN HOTEL

②

图 57

资料七（信件） 通过前（廿四日）晚与昨晚到鸣沙山沙丘上采集，才感到此地游人之多……我们大约卅日离此去新疆哈密……由于我手头“欠账”

甚多，带来的工作不少，野外虽有空闲，但多半时间因去了野外，精力有限，想休息，所以，有时间而又有精力的机会不多，想抓紧做一些工作。（赵尔宓：《记录鸣沙山的采集行程》，1988 年 8 月 26 日）

资料八（信件） 五日离哈密到鄯善。今日离鄯善，经火焰山、吐鲁番、达坂城到乌鲁木齐。我们的工作是每天昼夜在沙丘、戈壁滩上追逐沙蜥与麻蜥，在哈密及鄯善，又增加晚上在坟地找夜行性野生壁虎，在丛丛坟堆中打电筒走来走去，坟地经常有挖成一人多深的土坑（用来埋死人），真是阴森恐怖，幸有几个人左右呼应，也就壮胆了。……今晚研究，十日去伊宁……廿一日回乌市，廿三日由乌市至成都。（赵尔宓：《记录新疆的采集行程》，1988 年 9 月 6 日，见图 58）

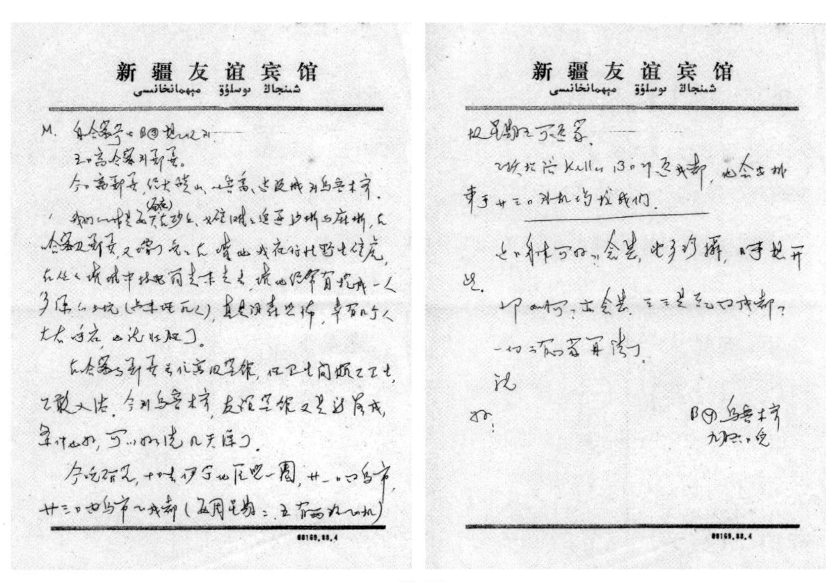
新疆友谊宾馆

新疆友谊宾馆

图 58

资料九（照片） 赵尔宓在新疆克拉玛依进行野外考察。（见图 59）

11 月 30 日，出席并主持在成都召开的四川省动物学会理事扩大会。

资料（报道） 四川省动物学会于 1988 年 11 月 30 日在成都召开了理事扩大会，参加会议的有正副理事长、正副秘书长、在蓉理事、专委会主任委员、《四川动物》编辑部负责人等。会议由赵尔宓理事长主持。各专委会汇

图 59

报了 1988 年的工作，王竞秘书长传达了省科协 1988 年 11 月 26 日召开的秘书长会议精神，并布置了学会工作总结及填报 1988 年度统计报表等，并就近几年来学会经费收支情况做了汇报。（王竞：《四川省动物学会在成都召开理事扩大会》，《四川动物》1989 年第 1 期）

是年，被聘为美国 Sigma Xi 自然科学终身荣誉学会会员。

资料一（档案） 1988 年起，被聘为美国 Sigma Xi 自然科学荣誉学会会员。（《赵尔宓简介（所庆 40 周年用）》，1998 年，中国科学院成都生物研究所档案室 1998 永久-1001）

资料二（档案） 1988 年至今任美国 Sigma Xi 自然科学终身荣誉学会会员。（《关于转发更新中央直接掌握联系的高级专家信息和补充人选的通知与专家信息填报表》，2005 年，中国科学院成都生物研究所档案室文书档案 2005 长期 05-63）

资料三（报道） 1988 年起，成为美国 Sigma Xi 自然科学学会终身荣誉会员。（张欧：《院士赵尔宓：小心抓蛇　大胆研究》，《成都晚报》2009 年 8 月 25 日第 6 版）

资料四（传记） 1988 年，当选为美国 Sigma Xi 自然科学荣誉学会会员，同年起担任加州大学伯克利分校出版的英文版《亚洲蛇蛙研究》杂志主编。（赵尔宓：《六十六年的回顾》，载《赵尔宓选集》下卷）

资料五（证书） 1988 年，赵尔宓被美国 Sigma Xi 自然科学荣誉学会选为荣誉学会会员（终身荣誉）。（美国 Sigma Xi 自然科学荣誉学会：《美国 Sigma Xi 自然科学荣誉学会会员证书》，1988 年，见图 60）

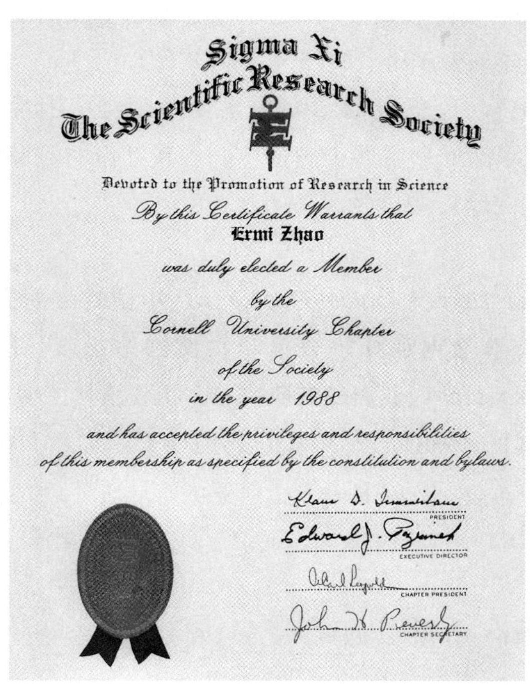

Sigma Xi
The Scientific Research Society
Devoted to the Promotion of Research in Science
By this Certificate Warrants that
Ermi Zhao
was duly elected a Member
by the
Cornell University Chapter
of the Society
in the year 1988
and has accepted the privileges and responsibilities
of this membership as specified by the constitution and bylaws.

PRESIDENT
EXECUTIVE DIRECTOR
CHAPTER PRESIDENT
CHAPTER SECRETARY

图 60

是年，因各种原因，创办并担任主编的《两栖爬行动物学报》停办，共出版 7 卷 23 期。

资料一（口述） 参见 1987 年“10 月”条资料一（口述）。

资料二（口述） 我第一篇文章都是赵老先生帮改的，审稿以后提了意见。那个时候，八八年，《两栖爬行动物学报》停掉了，所以我的文章发到《动物学报》去了。赵老先生在杂志这块做了很多工作，《两栖爬行动物学报》我记不得是不是他办下来的，但至少他在学报这块做了很多工作。后来停了，他就做点《亚洲两栖爬行动物研究》的刊物工作。（《饶定齐访谈》，2015 年

7月27日）

资料三（口述） 后来因为各方面原因嘛，最后这个杂志，在他去美国访问的时候——八七、八八年，这个书就没有经费支持，就停刊了。（《蒋珂访谈（二）》，2016年10月28日）

资料四（口述） 我记得《两栖爬行动物学报》最后一期是1988年。中文的《两栖爬行动物学报》停刊后，就办了《蛇蛙研究》，在国内出了两期。（《曾晓茂访谈》，2015年6月19日、2015年7月8日）

资料五（传记） 可是，到了1987年，所里因经费困难而有停办之意，1988年第七卷出了两期之后终于被迫停刊。我并没有因此而灰心。（赵尔宓：《六十六年的回顾》，载《赵尔宓选集》下卷）

是年，*Chinese Herpetological Research*（《中国蛇蛙研究》）因经费问题转由美国加州大学伯克利分校脊椎动物博物馆出版，并更名为 *Asiatic Herpetological Research*（《亚洲蛇蛙研究》）。担任该刊主编。

资料一（档案） 1988年，赵尔宓开始担任美国加州大学伯克利分校主办的 *Asiatic Herpetological Research*（《亚洲蛇蛙研究》杂志）主编。（《赵尔宓简介（所庆40周年用）》，1998年，中国科学院成都生物研究所档案室1998永久-1001）

资料二（档案） 中文版《两栖爬行动物学报》因经费问题转到美国，更名为 *Asiatic Herpetological Research*，迄今在美国加州大学编辑、出版发行了10卷。至今，赵尔宓院士一直任主编。（《期刊创办申请表》，2005年，中国科学院成都生物研究所档案室文书档案2005长期06-06）

资料三（口述） 第二期就出了英文版，还叫《中国蛇蛙研究》，在伯克利出的，就是那个“老太太”（即老 Ted，T. J. Papenfuss）给他办的。所以后来“老太太”建议，认为叫《中国蛇蛙研究》太小，稿源等受限制，所以改成《亚洲蛇蛙研究》。《亚洲蛇蛙研究》是第三期，当时好像是隔一年出一期。原来是 *Chinese Herpetological Research*，后来就改为 *Asiatic Herpetological Research*……第二版就是在伯克利出的英文版，后面一直是在伯克利出的。一共出了11卷，隔一年出一卷，隔一年出一卷。有时候连着两年，有时候隔两年,不是很有规律。那个就是他(赵先生)跟“老太太”他们合作做出来的。赵先生那时候不是主编吗？做了很多年,这个(《亚洲蛇蛙研究》)是当时合作的结果。(《傅金钟访谈》,2015 年 7 月 22 日)

资料四(口述) 《中国蛇蛙研究》出了几期……就把这个杂志办成英文的,在那边出,他又一直当主编,刊名就叫 *Asiatic Herpetological Research*。(《李丕鹏访谈》,2015 年 7 月 28 日)

资料五(口述) 由于这些合作有一些成果出来,特别是中亚、美国、苏联和周边国家的合作,后来得到了世界的关注,美国的科学家跟他商量还专门出了一个英文版的《亚洲蛇蛙研究》,基于当时合作的一些基础,当时在美国出版,现在拿回来了。当时这个两栖爬行类的影响还是比较大的。(《方自力访谈》,2016 年 10 月 24 日)

资料六(口述) 那个时候,八八年,《两栖爬行动物学报》停掉了,他就做点《亚洲蛇蛙研究》的刊物工作。确实老先生对办杂志这块非常重视。有杂志就是创造了条件,创造了载体……自己有个刊物和一直往外投稿是不一样的,我们有时候好多成果,如果录入自己的刊物,可能发表周期要短一些,容量也大些。不是说全部投到国外,一个是周期长,另外一个是大家挤在外面杂志上,有时候还难得挤进去。不是说文章的问题,好多事情吧,那个年代大家也不擅长用英文去写,实际更多都投到中文刊物上了。所以有这么一个刊物、一个载体了,对研究本身,或者对做这个工作的人来说是重要的,非常有帮助的。大家不投文章,职称各方面都难以解决。别的方面发文章快,相对提升快些……所以办刊物这块,赵先生还是很有远见的。后来做《亚洲蛇蛙研究》,也是非常重要的,但这个基础还是在赵先生那里……《亚洲蛇蛙研究》当时是在国外印刷的。还有就是老先生国外交流这块做得比较好。……不和国外交流不行,闭门造车、闭关的做法,发展会慢的。(《饶定齐访谈》,2015 年 7 月 27 日)

资料七(口述) 停刊后,赵先生认为中国不能没有两栖爬行杂志,他就搞了个《亚洲蛇蛙研究》。在美国跟伯克利合作,不定期发行。伯克利加州大学那边有一个老先生,跟赵先生关系比较好,他来承担。一方面他负责做编辑,一方面他来找经费,维持这个发行。当时发行了差不多有九到

十期的样子,就在美国发行的。(《蒋珂访谈(二)》,2016 年 10 月28 日)

资料八(口述) 国外确实对先生的认可程度很高,当时是伯克利一个教授叫作 Ted——T. J. Papenfuss,我们都叫他老 Ted,用他自己的钱来支持那个《蛇蛙研究》,支持在美国出版。开始来自国内的《两栖爬行动物学报》,《蛇蛙研究》早两期是赵先生在国内找的资金印刷的,后来就转到那个 Ted 那里,就用他的钱来支持去国外办,用美国的刊号,一直办了十一卷,包括我着手办的那一卷,前面的十卷是老 Ted 管的,就一直没让《两栖爬行动物学报》中断。(《曾晓茂访谈(二)》,2016 年 10 月 19 日)

资料九(传记) 为了筹措这一期的经费,我已大费周折,如果连续出刊,经费将难以为继。正在为难之时,美国朋友,加州大学伯克利分校的 Papenfuss 先生自愿拿到美国办,经费由他全部承担,由我任主编,他任副主编。……更名为《亚洲蛇蛙研究》(*Asiatic Herpetological Research*)。到今年共出版七卷。……1988 年……担任加州大学伯克利分校出版的英文版《亚洲蛇蛙研究》杂志主编。(赵尔宓:《六十六年的回顾》,载《赵尔宓选集》下卷)

资料十(论文) 《中国蛇蛙研究》第一卷,由中国两栖爬行动物学会在重庆出版,赵尔宓继续担任主编。1988 年,赵尔宓参观了加州大学伯克利分校的脊椎动物博物馆,这是他与 J. Robert Macey[①] 和 Theodore J. Papenfuss 合作的一部分。博物馆的 Mac 电脑可以用于桌面打印出版,这给赵留下了深刻的印象。在赵的要求下,伯克利方面同意将该刊的印刷和发行从中国转移到伯克利。Macey 和 Papenfuss 同意担任副主编,并帮助组建一个国际编辑委员会。此后将期刊名字改成了《亚洲蛇蛙研究》,从 1990 年第三卷开始。该刊在伯克利共出版十卷后,交还成都生物所继续印刷和发行。(Theodore J. Papenfuss, The History of the Journal of Asiatic Herpetological Research. *Asiatic Herpetological Research*, 2004[10])

---

① J. Robert Macey:美国加州大学伯克利分校脊椎动物博物馆的两栖爬行动物学专家,与赵尔宓有多年科研合作关系。

1989 年　60 岁

3 月 17 日，参加中国动物学会第十二届会员代表大会暨五十五周年学术年会，当选为理事。

资料一(档案)　赵尔宓，曾任四川省动物学会理事长、中国动物学会理事。(《中国科学院成都生物研究所 40 年历程》，1998 年，中国科学院成都生物研究所档案室 1999.01－009)

资料二(报道)　中国动物学会第十二届会员代表大会暨五十五周年学术年会，于一九八九年三月十七日至二十一日……召开。参加会议的代表……共 253 人。会议收到论文 1 148 篇，八位代表在大会上进行了学术交流，149 篇论文在分组会上交流。这次会议改选了中国动物学会理事。以无记名的方式，选出第十二届理事会理事 78 名……推举张致一为理事长，钱燕文、宋大祥、郑光美、潘清华、陈宜瑜为副理事长，宋大祥兼秘书长；常务理事 19 名。理事会授予郑作新教授为名誉理事长。四川省动物学会赵尔宓、李桂垣、胡锦矗三位同志当选为理事。(王竞：《中国动物学会第十二届会员代表大会暨五十五周年学术年会在北京怀柔县召开》，《四川动物》1989 年第 2 期)

5 月 12 日，接受美国鱼类和爬行动物研究学会之邀，加入学会。

资料(信件)　我以美国鱼类和爬行动物研究学会委员会成员(ASIH)的身份给您写信，我确信中国两栖爬行动物研究协会的众多成员会从 ASIH 中受益，然而许多两栖爬行动物爱好者却不知道本学会及它的服务事项。我谨代表 ASIH 向中国两栖爬行动物研究学会赵尔宓和其他会员发出邀请，邀请他们加入本学会。自 1913 年以来，ASIH 出版了一本季刊 *Copeia*——以 19 世纪和 20 世纪早期著名的爬行学家柯普(Cope)的名字命名。该期刊每年出版 1 000 页，其中至少 500 页的主题是两栖爬行动物类，包括分类、生态学、行为和生活史，定期出版书评和讣告。(理查德：《邀请赵尔宓加入美国鱼类和爬行动物研究学会》，1989 年 5 月 12 日，见图 61)

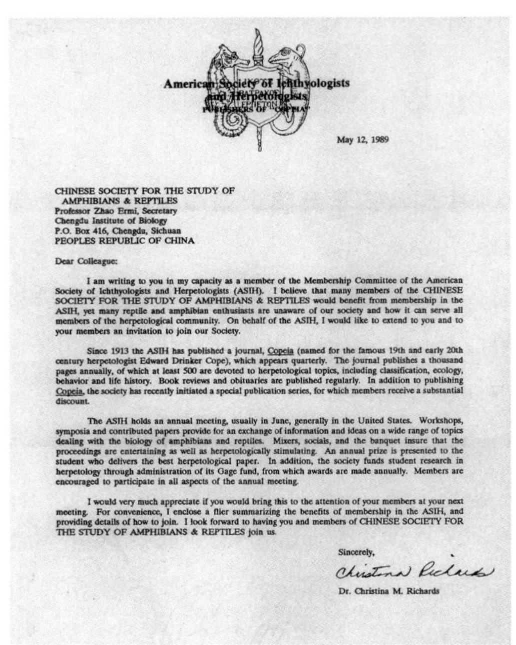

American Society of Ichthyologists
and Herpetologists
PUBLISHERS OF "COPEIA"

May 12, 1989

CHINESE SOCIETY FOR THE STUDY OF
AMPHIBIANS & REPTILES
Professor Zhao Ermi, Secretary
Chengdu Institute of Biology
P.O. Box 416, Chengdu, Sichuan
PEOPLES REPUBLIC OF CHINA

Dear Colleague:

I am writing to you in my capacity as a member of the Membership Committee of the American Society of Ichthyologists and Herpetologists (ASIH). I believe that many members of the CHINESE SOCIETY FOR THE STUDY OF AMPHIBIANS & REPTILES would benefit from membership in the ASIH, yet many reptile and amphibian enthusiasts are unaware of our society and how it can serve all members of the herpetological community. On behalf of the ASIH, I would like to extend to you and to your members an invitation to join our Society.

Since 1913 the ASIH has published a journal, Copeia (named for the famous 19th and early 20th century herpetologist Edward Drinker Cope), which appears quarterly. The journal publishes a thousand pages annually, of which at least 500 are devoted to herpetological topics, including classification, ecology, behavior and life history. Book reviews and obituaries are published regularly. In addition to publishing Copeia, the society has recently initiated a special publication series, for which members receive a substantial discount.

The ASIH holds an annual meeting, usually in June, generally in the United States. Workshops, symposia and contributed papers provide for an exchange of information and ideas on a wide range of topics dealing with the biology of amphibians and reptiles. Mixers, socials, and the banquet insure that the proceedings are entertaining as well as herpetologically stimulating. An annual prize is presented to the student who delivers the best herpetological paper. In addition, the society funds student research in herpetology through administration of its Gage fund, from which awards are made annually. Members are encouraged to participate in all aspects of the annual meeting.

I would very much appreciate if you would bring this to the attention of your members at your next meeting. For convenience, I enclose a flier summarizing the benefits of membership in the ASIH, and providing details of how to join. I look forward to having you and members of CHINESE SOCIETY FOR THE STUDY OF AMPHIBIANS & REPTILES join us.

Sincerely,

Christina Richards

Dr. Christina M. Richards

图 61

6 月 2 日，参加并主持四川省动物学会在蓉理事及专业委员会负责人会议。

资料（报道） 四川省动物学会于 1989 年 6 月 2 日召开了在蓉理事及专委会负责人会议，到会的有赵尔宓、刘崇义、王竞、何光昕、毕凤洲、姜德全、朱丹、吴贯夫、张天泰、张竟先、余清贵、黄尚珩、高正发、邓天福及魏继炳（秘书）等。会议由理事长赵尔宓主持。（王竞：《四川省动物学会召开在蓉理事及专委会负责人会议》，《四川动物》1989 年第 3 期）

9 月，出席在英国召开的首届世界两栖爬行动物学术大会。应邀作“东亚岛屿两栖爬行动物的生物地理学”报告，受到好评。担任第十二专题组执行主席。

资料一（档案） 1989 年 9 月 15 日至 10 月，赵尔宓在英国出席世界首届两栖爬行科学大会，顺访（比、法、德、奥、捷、波、苏）七国进行学术交流，按期回国。（《因公出国人员审查表》，1998 年，中国科学院成都生物研究所档

案室人事档案 104 第 18.41 号）

资料二（报道） 1989 年 9 月，筹备 7 年的首届世界两栖爬行动物学术大会在英国坎特伯雷市召开。会前半年，大会秘书长来信邀请赵尔宓在会上做演讲，全球只有 10 人收到此邀请，除他外，其他 9 人都是当时世界上著名的专家。无论从学术水平还是英语口语表达，对赵尔宓都是一次考验。……考虑再三，赵尔宓勇敢地接受了邀请。为让更多同行感兴趣，他花了半年时间准备，选择了“东亚岛屿的两栖爬行动物地理学”为题。1989 年 9 月 18 日的午后，赵尔宓亮相坎特伯雷市 Marlowe 大剧院，面对 1 000 多名来自五大洲 61 个国家的听众作报告。（陈悦、程渝：《动物学家赵尔宓 与蛇“缠绵”半世纪》，《华西都市报》2013 年 4 月 14 日第 23 版）

资料三（报道） 1989 年 9 月 11 日—19 日在英国坎特伯雷市肯特大学召开了首届世界两栖爬行动物学（以下简称蛙蛇学）科学大会。据大会正式统计，有 61 个国家共 1 368 位代表出席。（川栋：《世界两栖爬行动物学研究的里程碑》，《四川动物》1990 年第 1 期）

资料四（报道） 首届世界两栖爬行动物学科学大会于 1989 年 9 月 11 日—19 日在英国坎特伯雷市的肯特大学召开，57 个国家的 1 017 名学者出席，宣读与展出论文 699 篇。这是一次规模空前而有深远意义的科学大会。赵尔宓等八人参加了大会。大会内容丰富，形式多彩，既报告讨论了尖端理论问题，也座谈交流了实践与应用经验。分组报告按学科性质分 27 个专题组进行，赵尔宓担任第十二专题组执行主席；实验技术分 5 个专业组进行，另有 10 个圆桌讨论会。中国科学院成都生物研究所研究员赵尔宓应邀做了“东亚岛屿两栖爬行动物的生物地理学”的报告，受到各国学者的重视与好评。（王培潮：《首届世界两栖爬行动物学大会在英国召开》，《四川动物》1989 年第 4 期）

资料五（报道） 1989 年 9 月，筹备了七年之久的首届“世界两栖爬行动物学术大会”在英国著名的坎特伯雷市的肯特大学召开。此前半年，大会秘书长来信邀请赵尔宓做大会讲演。并告知，在全世界范围内只邀请了十人作这样的讲演，从名单上看，赵先生知道另外九人都是当今世界上的著名专家，而当时……我国的情况鲜为人知。做这样的演讲，无论从学术水平还是英语表达能力，对赵先生都是一次严峻的考验，更重要的是，这是代表新中国两栖爬行动物学界第一次在国际学术讲坛上露面。“我考虑再三，勇敢地接受了这一邀请。因为这不仅是一个荣誉，也是一次机会，我没有权利代表祖国弃权！”赵尔宓的话掷地有声。他用半年时间精心准备了一个较大的题——东亚岛屿的两栖爬行动物地理学，以便和国际同行探讨。按照这个题目，除我国的台湾与海南岛外，也包括了日本本土四岛，还有琉球群岛。轮到他作报告的时候恰好是 9 月 18 日下午，听众包括与会的来自五大洲 63 个国家的 1 368 名正式代表及嘉宾和英国学校的师生，尽管做了精心准备，赵尔宓仍然觉得忐忑不安。尤其是英国的一家音像公司要到现场给每个大会讲演者录音，制成音带向全世界公开发售，更令赵尔宓几乎紧张起来，生怕有所闪失。会议开始了，首先由大会的荣誉副主席介绍了赵尔宓，他的态度很友好，把赵尔宓介绍得也很好，“但他越是这样，我反而更不安。我暗下决心：为了祖国，我绝不能临阵畏缩！”在接下来的 50 分钟里，赵尔宓从物种组成、区域特征、地理替代现象、特有种属、古气候和这些岛屿形成与演变的历史，探讨动物在这些岛屿的起源与扩散途径，论证了琉球各岛与台湾区系的相似程度的大小与该岛和台湾距离的远近呈负相关，提出琉球群岛的两栖爬行动物是经台湾沿琉球群岛岛弧由南向北扩散。当全场爆发出雷鸣般的掌声时，赵尔宓才深深地松了一口气，知道自己成功了，他缓步走下讲台。80 岁的美国杰出科学家 Roger Conant 回美后写信给赵尔宓再次祝贺讲演成功，并说“中华人民共和国因为拥有你作为她的代表而无比自豪”。这次大会使赵尔宓先生在国际学术界赢得了更高的名声，在会上连选连任大会第二届执行委员……（禄兴明、刘建：《院士赵尔宓 50 年的“蛇蛙生涯”》，《华西都市报》2001 年 12 月 17 日第 17 版）

资料六（学术评价） 赵尔宓参加了包括北美、欧洲和亚洲等海内外的众多学术交流会议，也参与了国外许多博物馆及大学的学术研究工作，他是 1989 年在美国举行的第一次世界两栖爬行动物大会的执行委员会委员，也正因为如此，他是第一位就职于国际两栖爬行动物委员会的中国科学家。（Kraig Adler, Dedication to Ermi Zhao）

资料七（口述） 然后八九年第一届世界两栖爬行动物大会在英国召

开，邀请他去参加。虽然是邀请他参加，但是不光他一个人去，他还带领着国内的其他专家去参加。代表中国组委会的两个专家，一个是台湾的姓毛的老先生——也是做两栖爬行的，做蛇毒的，这个人应该与刘先生算一个辈分的，另一个就是赵先生。全世界就那么三十几个……他也是当了两三届的。后来就空了，就没了。这是他的贡献。(《李丕鹏访谈》，2015 年 7 月 28 日)

资料八(口述) 赵先生算是第一届世界两栖爬行大会的发起人之一，因为原来是没有这个组织的。这个是 Adler 组织的。Adler 是第一届秘书长。会在英国召开，赵先生是第一届的支委，算是发起人之一，他应该是亚洲唯一作大会报告的人。支委有一张照片里面有他。Adler 是秘书长，他跟 Adler 关系很好，这个会应该是八九年开的。你想，他(Adler)肯定会邀请赵先生，肯定不会避开赵先生。(《傅金钟访谈》，2015 年 7 月22 日)

资料九(传记) 1989 年 9 月，筹备了七年之久的首届世界两栖爬行动物学术大会在英国著名的坎特伯雷市的肯特大学召开。会前半年，大会秘书长来信邀请我在会上做讲演(plenary lecture)。并告知，在世界范围内只邀请了十人做大会讲演，从名单看，国外九位都是当今世界的著名专家……我国的情况鲜为人知。我知道，做大会讲演无论从学术水平或英语口语表达能力讲，对我都是一次严峻的考验，而更重要的还在于我代表了新中国两栖爬行动物学界第一次在国际学术讲坛上露面。我考虑再三，勇敢地接受了这一次邀请。因为这不仅是一个荣誉，也是一次机会。我没有权利代表祖国弃权。半年的时间不短也不长，我尽心尽力准备。我选择了一个较大的题目——东亚岛屿的两栖爬行动物地理学，以便有更多的国际同行感兴趣。按照这个题目涉及范围，除我国的台湾与海南两岛外，也包括了日本本土四岛与琉球群岛。1989 年 9 月 18 日午后轮到我做报告。一般会议在肯特大学举行，大会讲演则安排在坎特伯雷市 Marlowe 大剧院进行。因为听大会讲演的除到会的 1 368 位正式代表外，还有来宾及英国当地师生。面对一千多位来自五大洲六十一个国家的听众，虽然我作了充分的准备，仍不免忐忑不安。尤其是，英国某音像公司要到现场给每一个大会讲演者录音，制成音带向全世界公开发售，我几乎有些紧张了。会议开始，首先由大会荣誉副主席之一、伦敦林纳学会会长、英国著名兽类学家 R. J. Berry 介绍讲演人，Berry 教授很友好,他把我介绍得也很好,越是这样,我反而更不安。我暗下决心:为了祖国,我决不能临阵畏缩。在50分钟的讲演里,我从物种组成、区系特征、地理替代现象、特有种属、扩散速度等分析比较我国台湾、海南、舟山以及日本本土和琉球群岛两栖爬行动物的分布现状,并结合古地质、古气候和这些海岛形成与演变的历史,探讨动物在这些岛屿的起源与扩散途径,论证了琉球各岛与台湾区系的相似程度的大小与该岛和台湾距离的远近呈负相关(的论点),提出琉球群岛的两栖爬行动物是经台湾沿琉球群岛岛弧由南向北扩散(的观点)。当场内爆发出雷鸣般的掌声时,我才深深地松了一口气,缓步走下讲台。会后,认识与不认识的人纷纷向我祝贺。美国杰出科学家 R. F. Inger 向别人夸奖说我的母语不是英语而能将英语讲得如此好很不容易。80岁的美国杰出科学家 Roger Conant 回美后写信给我祝贺讲演成功,说"中华人民共和国因为有你作为她的代表而无比自豪"。我认为:正因为有一个强盛的祖国做后盾,我们才会受人尊重,我更为有一个伟大的祖国而自豪!(赵尔宓:《六十六年的回顾》,载《赵尔宓选集》下卷)

资料十(照片) 赵尔宓(右)出席首届世界两栖爬行动物学术大会,并与坎特伯雷市市长(中)、肯特大学校长(左)合影。(见图62)

图62

资料十一(照片) 赵尔宓在世界两栖爬行动物学首届学术会上作大会报告。(见图 63)

图 63

资料十二(信件) 请允许我再次赞扬：您在最近英国举行的首届世界两栖爬行动物学术大会全体会议上所作的学术报告非常精彩,您的祖国因为拥有您作为她的代表而无比自豪,请接受我的祝贺。同时,我还要感谢您在 1988 年夏组织和参与在日本京都举行的第二届中日两栖爬行动物学术研讨会。我最近收到了一本名为《当前东亚的两栖爬行动物研究》的论文集,我对论文集中广泛深远的研究主题感到印象深刻。(罗杰:《对赵尔宓学术能力和组织能力的评价》,1989 年 11 月 9 日,见图 64)

资料十三(其他) 第一届世界爬行动物大会于 1989 年 9 月 11 日至 19 日在英国肯特郡坎特伯雷市肯特大学(University of Kent)举行。赵尔宓在会上做学术报告,题为 Zoogeography of Hainan Island and Adjacent Areas (海南岛及邻近地区的动物地理分布)。该报告录音收录在录音磁带第三盒中。(《第一届世界爬行动物大会学术报告录音磁带售卖宣传单》,1989 年 11 月 19 日)

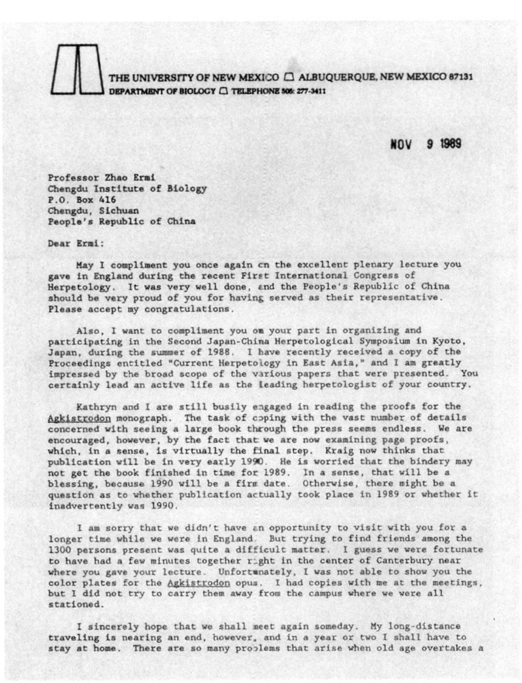

THE UNIVERSITY OF NEW MEXICO ☐ ALBUQUERQUE, NEW MEXICO 87131
DEPARTMENT OF BIOLOGY ☐ TELEPHONE 505: 277-3411

NOV 9 1989

Professor Zhao Ermi
Chengdu Institute of Biology
P.O. Box 416
Chengdu, Sichuan
People's Republic of China

Dear Ermi:

May I compliment you once again on the excellent plenary lecture you gave in England during the recent First International Congress of Herpetology. It was very well done, and the People's Republic of China should be very proud of you for having served as their representative. Please accept my congratulations.

Also, I want to compliment you on your part in organizing and participating in the Second Japan-China Herpetological Symposium in Kyoto, Japan, during the summer of 1988. I have recently received a copy of the Proceedings entitled "Current Herpetology in East Asia," and I am greatly impressed by the broad scope of the various papers that were presented. You certainly lead an active life as the leading herpetologist of your country.

Kathryn and I are still busily engaged in reading the proofs for the Agkistrodon monograph. The task of coping with the vast number of details concerned with seeing a large book through the press seems endless. We are encouraged, however, by the fact that we are now examining page proofs, which, in a sense, is virtually the final step. Kraig now thinks that publication will be in very early 1990. He is worried that the bindery may not get the book finished in time for 1989. In a sense, that will be a blessing, because 1990 will be a firm date. Otherwise, there might be a question as to whether publication actually took place in 1989 or whether it inadvertently was 1990.

I am sorry that we didn't have an opportunity to visit with you for a longer time while we were in England. But trying to find friends among the 1300 persons present was quite a difficult matter. I guess we were fortunate to have had a few minutes together right in the center of Canterbury near where you gave your lecture. Unfortunately, I was not able to show you the color plates for the Agkistrodon opus. I had copies with me at the meetings, but I did not try to carry them away from the campus where we were all stationed.

I sincerely hope that we shall meet again someday. My long-distance traveling is nearing an end, however, and in a year or two I shall have to stay at home. There are so many problems that arise when old age overtakes a

图 64

10 月 3 日,被授予美国加州科学院荣誉院士(终身荣誉)证书。

资料一(档案) 国内外主要学术组织任(兼)职情况:1989 年 10 月至今任美国加州科学院(旧金山)荣誉院士。(《首批省委直接掌握联系的高层次优秀人才信息登记表》,2005 年,中国科学院成都生物研究所档案室文书档案 2005 长期 05 - 64)

资料二(档案) 1989 年起,被授予美国加州科学院荣誉院士称号。(《赵尔宓简介(所庆 40 周年用)》,1998 年,中国科学院成都生物研究所档案室 1998 永久- 1001)

资料三(传记) 1989 年,当选为美国加州科学院荣誉院士。(赵尔宓:《六十六年的回顾》,载《赵尔宓选集》下卷)

资料四(报道) 这次大会使赵尔宓先生在国际学术界赢得了更高的名声,在会上连选连任大会第二届执行委员,同年他当选为美国加州科学院荣誉院士。(禄兴明、刘建:《院士赵尔宓 50 年的“蛇蛙生涯”》,《华西都市报》2001 年 12 月 17 日第 17 版)

资料五(证书) 1989 年 10 月 3 日,赵尔宓被授予美国加州科学院荣誉院士(终身荣誉)证书。(美国加州科学院:《美国加州科学院荣誉院士证书》,1989 年 10 月 3 日,见图 65)

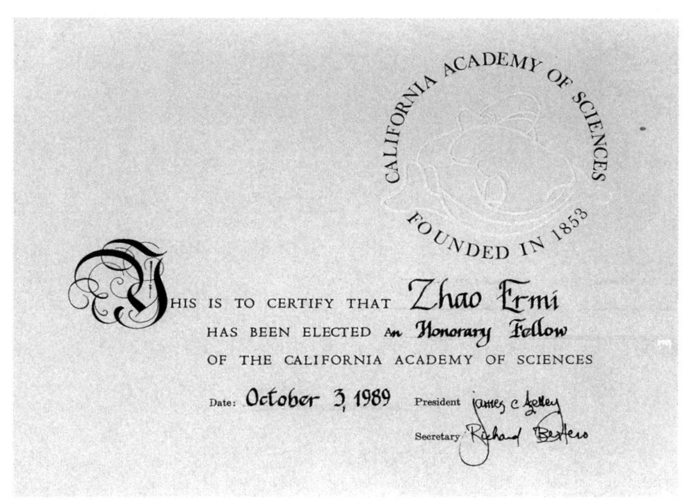
CALIFORNIA ACADEMY OF SCIENCES
FOUNDED IN 1853
THIS IS TO CERTIFY THAT Zhao Ermi
HAS BEEN ELECTED An Honorary Fellow
OF THE CALIFORNIA ACADEMY OF SCIENCES
Date: October 3, 1989 President
Secretary

图 65

是年,中国科学院成都生物研究所参与的“青藏高原综合科学考察”获陈嘉庚地球科学奖。

资料一(档案) 参见 1986 年“12 月 1 日”条资料二(档案)。

资料二(传记) 参见 1986 年“12 月 1 日”条资料三(传记)。

是年,指导两栖爬行动物爱好者高正发发表论文。

资料一(口述) 有一天,别人给我介绍了胡淑琴老师,我就给胡老师写了封信。胡老师研究两栖动物,她就让赵老师给我回信。信我弄丢了,但是里面有一句话我记住了,“胡师嘱我,提笔作复”。复就是复信的复。从此以后就跟赵老师建立了关系。虽然我大学毕业,却只懂得生物的一般性知识,说到专业的内容,有时候也需要请教他人。因为我老家在成都,回成都时就去赵老师那儿向他请教。我了解的情况、观察的事情也向他反映，跟他交流，他就会给我一些资料和书籍，同时给我指点。之后，我对这方面兴趣更浓了，更注意收集资料和观察。后来在1984年，我就写了一篇《安县的八种蛇的行为观察》，发表在《两栖爬行动物学报》上。文章内容是关于蛇怎么吃东西，如何捕捉老鼠等行为的观察。再后来，我捉住一只当时叫作龙蜥的动物，现在赵老师把它改叫攀蜥。捉住之后，因为当时资料很少，我还不是很确定，就让赵老师看，他说这个是世界上第四个标本。在他的心目中，只有三个标本，两个是彭县（今彭州市）的，一个是天泉的。吴贯夫他们捉住之后，他看到、鉴定的是死标本。我捉住那个跟一般的攀蜥不一样，他说是第四个标本。他让我写了一篇小报道《安县发现四川龙蜥》，发表在《四川动物》杂志上。后来我就让我的学生把这个动物捉来喂，观察它如何产蛋，吃什么，并把它周围生存环境中那些植物也一同采集了。还去请教了西华师范大学的秦自生老师——她是一位女老师，是植物分类学家。我就写了这篇文章《四川龙蜥生态的初步观察》的初稿，交给赵老师修改，修改之后发表在《野生动物》上。因为我身体较好，退休之后他就让我来给他当助手。当助手时到过甘孜、阿坝、合江、宜宾、安县、北川这些地方的野外，一会儿你可以看我带的照片……他研究之后确定是个新种，所以就发表了汶川攀蜥的新种。还有一件事，四川师范学院的李操在巴塘捉住了攀蜥，邓其祥老师让我到南充去。邓其祥骂现在的年轻人不像样，捉回来的标本乱七八糟，又没有野外信息。他就让我看那些标本，有鱼，有其他，我一看还有攀蜥，应该是个新种……我们写《四川爬行动物原色图鉴》时，赵老师给我的分工是主要负责攀蜥，所以我就对攀蜥很熟悉。赵老师做学问是很严谨，很细致的……当时他把整个攀蜥部分都交给我写，我跟赵老师说宜宾攀蜥标本我也没见到过，这个是他写的，其余攀蜥都是我写的，当时都有照片。（《高正发访谈》，2016年10月25日）

资料二（论文） 在四川省安县（31°39′N，104°25′E）对四川龙蜥在自然界及饲养下的生态作了某些初步观察。四川龙蜥多发现于海拔800米到1 240米的龙门山东南坡树林中。每年3月下旬出蛰，7—9月活动频繁，11月初前后进入冬眠。白昼活动型。以多种昆虫及节肢动物为食物，尤嗜蚁类及体躯柔软的动物。摄食方式为坐等型。有较强的变色能力。卵生，每年6—7月产卵3—6枚，卵径(12.5～15)毫米×(6.5～10)毫米。(赵尔宓、高正发：《四川龙蜥生态的初步观察》，《野生动物》1989年第6期)

是年，研究西太平洋岛链两栖爬行动物区系的形成及温带东亚两栖动物的分布格局。

资料一(档案) 主要学术成就如下：研究西太平洋岛链两栖爬行动物区系形成和动物地理学(1989)及对温带东亚两栖动物的分布格局(1989)提出自己的新见解。(《赵尔宓简介(所庆40周年用)》，1998年，中国科学院成都生物研究所档案室1998永久-1001)

资料二(传记) 研究了西太平洋岛链两栖爬行动物区系形成和动物地理学，以及温带东亚两栖动物的分布格局，提出了自己的新见解。(《中国研究生》杂志编辑部：《寄语：赵尔宓院士简介》，《中国研究生》2008年第9期)

是年，挖掘赵力(后成为“中国蝴蝶王子”)，多次指导，并帮助他的昆虫事业。

资料一(报道) 赵力，36岁，成都华希昆虫博物馆馆长，国际知名昆虫专家、蝴蝶专家，十多年间走遍国内各个蝴蝶产区，收集制作昆虫标本十余万件，有“中国蝴蝶王子”之称，著有《图文中国昆虫记》等。初中时，赵力的一次个人昆虫标本展吸引了赵尔宓，两人结为忘年交；大学时因为痴迷于标本，他被热心的老师引荐给川大生物系教授钟远辉。两位亦师亦友的老科学家对他影响深远。昨日，赵力在接受本报社工作室记者采访时，讲述了他因昆虫而与两位老朋友之间结下的不解之缘，以及他与外国昆虫学家之间的社交趣事。在赵力的抽屉中至今保存着一张泛黄的老照片——1990年，赵尔宓在办公桌前微笑着给赵力讲解两栖爬行动物知识，赵力伏在桌旁，听得饶有兴致。1989年，赵尔宓在盐道街中学参观了该校为赵力举办的个人昆虫标本展，还是初中生的赵力给他留下了深刻的印象。“这个娃娃很上进，学习努力，而且很有天赋，做了很多很好的昆虫标本。”事后，赵尔宓委托学校老师找到赵力，希望能给赵力做单独辅导。两人的第一次见面是在赵尔宓的办公室内，赵尔宓耐心地跟赵力讲了很多关于两栖爬行动物的知识，赵力听得非常入迷。此后，赵力便经常跑到赵尔宓家中请教。赵尔宓研究的是爬行动物，赵力研究的是昆虫，虽然领域有所不同，但赵力一直认为，赵尔宓对自己的影响和帮助是非常关键且深远的。“他研究的是两栖爬行动物，比如毒蛇，虽然非常危险，但他一直都坚持到第一线进行实地考察。”耳濡目染，赵力继承了赵尔宓的科学研究作风，经常自费到山区进行实地考察，发现蝴蝶新种类。十多年来，他走遍了东至浙江、西至西藏北部、南至海南岛、北至大兴安岭的中国各个蝴蝶产区。一次为了考察一个稀有蝴蝶种类，他在海南岛的一个山顶上苦守了四天。也正因为这种大量的实地考察，赵力积累了很丰富的学术资料，为自己在中国蝴蝶研究领域奠定了不可动摇的地位。

在赵力的心目中，赵尔宓不仅是老师，更是朋友，他不遗余力地提携后辈也让赵力铭记在心。赵力说，他大学毕业后第一个面向社会的昆虫标本展在人民公园举行，是赵尔宓帮忙找的赞助单位，赵尔宓还亲临现场捧场。昨日接受记者采访，回忆起与赵力的忘年交时，赵尔宓心中也非常感慨，他为赵力做的很多事情，自己都已经记不清了。但谈起这个年轻人，他还是赞不绝口：“他很努力，而且坚持自己的研究，不像很多年轻人碰到困难就放弃了。”（简强：《看完标本展　赵尔宓给他“开小灶”》，四川新闻网，2008 年 4 月 28 日）

资料二（报道）　“在学校教室里的这次小小的展览，当时引起了轰动”，当年的班主任，教数学的尹老师回忆起来还如数家珍，“当时的四川省、成都市生物研究所的专家们都来教室参观，专家们都对赵力制作了如此之多的昆虫标本感到惊讶！”中科院院士、成都生物研究所所长赵尔宓当场就主动要求做赵力同学的课外导师。那一年，赵力才十七岁，刚读高一……因为 20 多年前那次展览，改变了赵力的命运。他的标本制作和昆虫研究得到了专家们的支持和指导，让他的爱好向科学道路发展如虎添翼。他高中毕业被保送进入了川师大生物系。大学毕业的时候，赵尔宓院士亲自张罗并解决赞助费用，为赵力在成都市办了一次更大规模的昆虫标本展览。赵尔宓院士一直是赵力的科学研究的导师。随着尹老师和赵尔宓院士等恩师伯乐的培育，赵力的生物科学研究取得了一系列的辉煌成果。他创办了亚洲最大的华希昆虫博物馆，出版的中国首部昆虫文化科普书《图文中国昆虫记》则被共青团中央、教育部、国家新闻出版总署等评定为向青少年推荐的一百本优秀图书。他因此被媒体和学术界誉为“中国蝴蝶王子”和“中国的法布尔”。

成都华希昆虫博物馆馆长赵力自幼痴迷于昆虫收集与研究，系高级生物和野生动物保护工程师，中央电视台（CCTV）科学顾问，美国国家自然科学基金会全球鳞翅目（蝴蝶与蛾类）调查计划中国区首席专家，WWF（世界自然基金会）、CI（国际生物多样性保护联盟）等国际著名自然保护组织特邀国际专家组成员。（程遥、吴娜：《著名昆虫学家赵力教师节回母校谢恩师》，四川在线教育频道官网，2014 年 9 月 11 日）

资料三（口述） 另外我给你讲个比较具体的例子，有一个赵力，他当时很年轻，在四川师范学院生物系学动物，赵老师当时发现这个孩子还不错，特别是在蝴蝶方面很有造诣，所以他就经常跟赵力沟通……后来他（赵力）毕业之后就分到熊猫基地工作。我们给他办了一个蝴蝶展，就在人民公园，在其他地方也展出过。学会给他办的。我这里都还有当时的门票，这很有纪念意义。这件事就说明他对培养年轻人很重视，赵力完全是赵老师积极地把他扶持起来的。现在赵力已经是一个小有名气的专家了，在青城山那里建了一个昆虫博物馆，叫作华希昆虫博物馆，我去参观过。那个博物馆除了蝴蝶之外还有很多节肢动物、昆虫等，他那个博物馆免费参观，去的人很多。……当时没有经费，我们就找了德阳市莲池珍稀动物养殖场，给他办蝴蝶展出，展出门票背面就给养殖场做广告，写上养殖场的信息等，就是这样把他扶持起来的。所以现在赵力小有名气，经常报上刊登他，一会儿发现一种世界上最大的昆虫，有照片等，就是通过他鉴定或者他采集……（《王竞访谈》，2016 年 10 月 24 日）

1990 年　　61 岁

2 月，命名烙铁头蛇属新种“莽山烙铁头”，与该蛇发现者陈远辉发表论文。

资料一(论文) 1989年下旬,湖南省郴州地区莽山林业管理局职工在章宜县境内莽山发现一窝幼蛇共21条,捕捉时,又发现成年蛇2条,将其全部捉回饲养。在莽山林管局领导的支持下,该局职工医院陈远辉同志于12月初将其中2条幼蛇送来成都鉴定。经研究,确定是蝰科蝮亚科烙铁头蛇属未经记载的一个新种,命名为莽山烙铁头,因成体尚存活,现依幼蛇描述如下。(赵尔宓、陈远辉:《烙铁头蛇属一新种——莽山烙铁头蛇》,《四川动物》1990年第1期)

资料二(报道) 但直到1989年,陈远辉才从两个蛇贩子手中买到他朝思暮想的"怪蛇"。……之后,他将"怪蛇"带到了中科院成都生物研究所做鉴定……两栖动物学家、中国科学院成都生物研究所院士赵尔宓经过大量的翻阅资料和调查研究,确定这是新蛇种,属蝰科蝮亚科烙铁头蛇。目前,全世界有30多个烙铁头蛇种类,但陈远辉发现的是最大的一种。于是,赵尔宓和陈远辉在1990年的《四川动物》上,共同署名发表了以"莽山烙铁头"命名的论文。(童岱、邹曦:《百万美元"国宝蛇"紧急呼救》,《北京科技报》2007年12月17日第31版)

资料三(报道) 1990年,该新蛇种公布于世。因其头部呈三角形、形似一块烙铁,赵尔宓将它命名为莽山烙铁头。(陈悦、程渝:《动物学家赵尔宓　与蛇"缠绵"半世纪》,《华西都市报》2013年4月14日第23版)

资料四(报道) 陈远辉马上拿出自己家买冰箱的400元钱,把蛇买下。同年11月份,他将一条"小青龙"送到中国科学院成都生物研究所进行了鉴定。不久,陈远辉与赵尔宓院士联名在《四川动物》杂志1990年第一期上将含有鉴定结果的论文发表。文章郑重指出:陈远辉送去鉴定的那条蛇,确认是烙铁头蛇属尚未经记载的一个新种,命名为莽山烙铁头。随后,莽山烙铁头蛇被公布为国内新发现的第50种毒蛇,也是继眼镜王蛇后,地球上发现的第二种特大型剧毒蛇。(舸昊:《三十年蛇缘　三十年勤奋——访莽山烙铁头蛇的发现者、莽山生态博物馆馆长陈远辉》,《湖南林业》2006年第9期)

资料五(口述) 在两栖爬行动物的保护方面,他给我提出:"有些物种非常稀有,你就别去说有多大价值,在哪儿有。你一告诉他哪儿有,他就去采。你说它价非常高，不法之徒就去采。”莽山烙铁头就是最好的一个例子，把它炒到120万一条。我说哪有120万一条。前几天还罚了，就是人为操作。莽山烙铁头是赵先生定的名，赵先生很生气。保护就是让它默默无闻地、安安静静地待在那儿，别打扰它就行了。（《李丕鹏访谈》，2015年7月28日）

资料六（口述） 我觉得赵先生的贡献，在我们国内特别是爬行动物这方面的研究，当然也包括两栖动物的研究，他肯定算得上。他是我的导师，也是我们同行里大家共有的导师。就我了解的，比方说莽山烙铁头，陈远辉对那个物种不确定的时候，就找赵先生请教，赵先生给予他帮助。（《王秀玲访谈》，2016年9月20日）

资料七（口述） 我最先晓得赵先生这个名字，就是大概在2001年左右，当时一个杂志叫《大自然》，上面有一篇就是陈远辉——莽山烙铁头的发现者——写的一篇文章，里头就提到了赵先生是我们国家蛇类研究的权威，中国所有的蛇类他当时都认得，我最初的印象就是这个。后来看了这篇文章才晓得赵先生这么厉害的一个学者居然就在成都。（《蒋珂访谈》，2016年9月3日）

资料八（报道） 旁白：在北纬26度以南的大部分地区，蛇类分布则十分密集，例如莽山。莽山人迹罕至，所以保持了最原始的森林状态。1989年9月的一天，赵尔宓接到了从湖南莽山林管局一位名叫陈远辉的医生打来的电话。

赵尔宓：他说这里有一条蛇，老乡抓到的，他不认识。他说差不多有两米来长，拳头那么粗，绿色的。我想了半天，没有见过这种蛇，特别是中国还没有那么大的蛇。

旁白：1989年10月，陈远辉带着奇蛇从湖南来到中科院成都生物研究所，请赵尔宓做鉴定。

赵尔宓：我一看，没有见过。不但中国没有见过，我到外国看的时候，也没有这种蛇。

主持人：您没见过的蛇应该已经很少了？

赵尔宓：应该很少了。书上也没有看到过。

旁白：赵尔宓注意到这种蛇的头部两侧有一对凹陷的颊窝，这正是蝰科蝮亚科蛇类独有的特点，美洲的响尾蛇就属于这一亚科。赵尔宓认定眼前的这条蛇是烙铁头蛇的一种，但是在体型、色斑、鳞片数量等重要外形特征方面又与其他已经发表的烙铁头蛇种有着极为明显的不同。1990 年，中国的《四川动物》第一期上，赵尔宓和陈远辉联合署名，向全世界宣布在中国莽山发现了一个新蛇种，赵尔宓将它命名为“莽山烙铁头”。拉丁属名为 *Zhaoermia*，也就是赵尔宓的英文名，莽山烙铁头的体型可以和蟒蛇媲美，毒性又可与眼镜蛇齐名。莽山烙铁头之所以得名，最主要的原因是它呈三角形，形似一块烙铁的头部。和普通的烙铁头蛇相比，它的体型可达两米，最重可达 8.5 公斤，这是目前在中国境内最新发现的独有蛇种。他的发现再次证明了作为两栖爬行动物分类学家赵尔宓的敏锐，也给中国的爬行动物学界带来了惊喜。

主持人：国际国内这么重视莽山烙铁头的原因是什么？

赵尔宓：就是因为它独一无二，它的个子又大，花纹也不同，这是世界其他地方没有的。莽山烙铁头生活在海拔 700 米—1 100 米的阔叶林地带，估计只有几百条，生物界更是有莽山烙铁头价比熊猫的说法。

赵尔宓：这样一来，有些卖蛇的人消息很灵通的，就想办法偷运出去，走私。后来就炒，说这个蛇是国外都知道了，炒得很贵啊，上百万美元一条啊。当时我还不太相信，不过后来说是，香港也遇到有卖的什么的。最后确信是在几年以后，一个德国人到这里来，拿着他们出的书和照片给我看。他的文章，研究这个蛇怎么养殖，怎么孵化。他孵化成功，印好的一个小册子，还有彩色照片……他跟我说他们那里养的也繁殖了，他还跟我讲美国圣地亚哥动物园也养的有，可能他是从圣地亚哥动物园分养过去的，这就说明世界上至少几个国家都繁殖成功了。其实当时陈远辉他自己养的蛇下的蛋也拿来孵化，也孵出小蛇了。

旁白：赵尔宓十分关注莽山烙铁头的生存现状，并经常通过电话向远在湖南的陈远辉了解有关蛇的饲养情况。七月，蛇的繁殖季节。对于莽山烙铁头的发现者陈远辉来说，已经不是第一次带蛇回家了，一切都是那样井然有序，陈远辉已经迎接过 100 条莽山烙铁头的出生。莽山烙铁头一次产卵

14—20 枚，但孵化率极低，蛇卵呈椭圆形，长直径为 5 厘米—6 厘米，短径为 3.4 厘米—3.8 厘米，经过两个月左右的孵化期，可以孵化出来。刚刚孵化的小蛇，只有 3.4 厘米—4.6 厘米的长度，稍有不慎，便会立即夭折。如此脆弱的物种，不加以保护，很快会从地球上消失。2003 年 8 月，陈远辉准备将一条一岁左右的莽山烙铁头放生……怕摔伤小蛇，陈远辉没有将蛇甩开，而是将蛇慢慢放在草丛里，可是意外发生了。

赵尔宓：我在沈阳出差，他女儿有天晚上来电话，跟我说“赵伯伯”，哭啼啼地，“爸爸被毒蛇咬了，躺在床上不能动了，要死了”。找我救他。我说我又不是蛇医，我只能帮忙打电话，找两个很有名的蛇医，请他们连夜动身去救他。

主持人：这个蛇的毒性怎么样？

赵尔宓：他跟一般的蝰蛇的毒性一样，还是以血循毒为主，主要是导致肿胀、腹胀、腐烂啊或者是出血。当时的陈远辉并没有立即处理伤口，而是对着新鲜的咬痕拍照，以便作为日后的研究资料。

主持人：如果毒量大了，那么全身都会产生这样的结果，这样就会置人于死地。

赵尔宓：伤口复原不了那么快，时间拖久了，到了重要器官，腐烂了也不行。

旁白：陈远辉明显低估了小蛇的毒性，当他开始处理伤口时，越来越感觉到体力不支，不久他就躺倒在地。昏迷中的陈远辉被迅速带回家中，他女儿根据父亲以前的药方寻找草药，为他敷药治疗。

赵尔宓：第二天他女儿又打来电话说陈远辉轻松了，不用蛇医了。

旁白：陈远辉在家中昏迷了两天两夜，第三天他终于醒来，可是被咬的左手中指上部已经溃烂，无奈之下只好截去，但伤后的陈远辉依然致力于这种珍稀动物的保护研究。为了拯救莽山烙铁头，人们提出了很多建议，比如将莽山国家级自然保护区改成莽山烙铁头国家级自然保护区，对“烙铁头”进行重点保护，拨专款对莽山烙铁头进行保护研究，还有保护环境，严禁捕猎……（CCTV1《大家》栏目组：《大家：两栖爬行动物学家赵尔宓》，2008 年 3 月 1 日）

6 月起，与美国加州大学和加拿大安大略皇家博物馆合作开展“中国蝮属蛇类的分类与生态研究”，项目持续两年。

资料一（档案） 1990 年—1992 年，与美国加州大学和加拿大安大略皇家博物馆合作进行“中国蝮属蛇类的分类与生态研究”。（《赵尔宓简介（所庆 40 周年用）》，1998 年，中国科学院成都生物研究所档案室 1998 永久-1001）

资料二（档案） 1990 年 6 月—7 月，美国加州大学生物系戴维教授和加拿大多伦多皇家自然博物馆副馆长波普教授与我室赵尔宓、李胜全合作研究“中国蝮蛇亚科分子遗传学”，他们联合考察了四川阿坝红原地区、川东古蔺地区，并到辽宁省蛇岛、安徽省等地采集了蝮蛇标本。1991 年美国加州大学生物系和加拿大多伦多皇家自然博物馆将邀请赵尔宓、李胜全到美国和加拿大工作三个月。（《中国科学院成都生物研究所两栖爬行动物研究室 1990 年度工作总结》，1990 年，中国科学院成都生物研究所档案室 90.01 - 20）

资料三（档案） 成都生物所一九九〇年外事工作总结提到赵尔宓参与的外事合作项目：两栖爬行动物研究室与美国加利福尼亚州立大学合作，内容是“蛇亚科的分子遗传学研究”。（《中国科学院成都生物研究所 1990 年外事工作总结》，1990 年，中国科学院成都生物研究所档案室 90.07 - 13）

8 月，被聘为第五届全国青少年创造发明比赛和科学论文讨论会评选指导委员会委员。

资料一（档案） 曾任主要职务：第五届全国青少年创造发明比赛和科学论文讨论会评选指导委员会委员（1990 年）。（《赵尔宓简介（所庆 40 周年用）》，1998 年，中国科学院成都生物研究所档案室 1998 永久-1001）

资料二（证书） 赵尔宓被聘为第五届全国青少年创造发明比赛和科学讨论会评选指导委员会委员。（全国青少年科技活动领导小组、中国科协、国家教委、共青团中央、国家体委、全国妇联、国家自然科学基金会：《第五届全国青少年创造发明比赛和科学讨论会评选指导委员会委员聘书》，1990 年 8 月，见图 66）

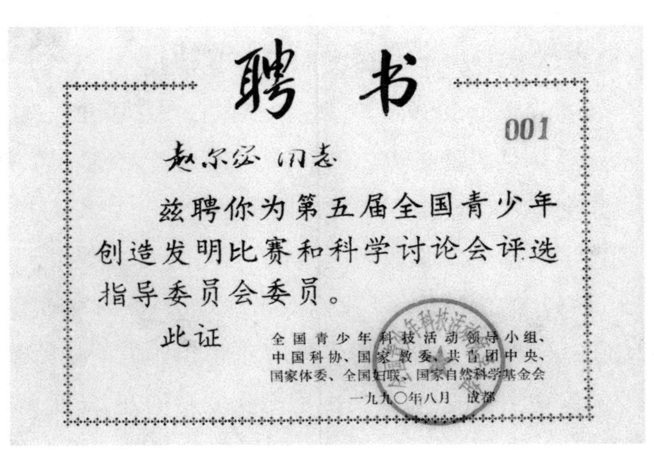

聘书

001

赵尔宓 同志

兹聘你为第五届全国青少年创造发明比赛和科学讨论会评选指导委员会委员。

此证

全国青少年科技活动领导小组、中国科协、国家教委、共青团中央、国家体委、全国妇联、国家自然科学基金会

一九九〇年八月 成都

图 66

9 月 15 日，陪同中国科学院成都分院领导出访吉尔吉斯斯坦，为期半个月。

资料一（档案） 1990 年 9 月 15 日—1990 年 9 月 29 日，陪同分院领导访问吉尔吉斯斯坦。（《因公出国人员审查表》，1998 年，中国科学院成都生物研究所档案室人事档案 104 第 18.41 号）

资料二（传记） 1990 年，我与中科院成都分院院长等一行经哈萨克斯坦访问了吉尔吉斯斯坦与乌兹别克斯坦。（赵尔宓：《六十六年的回顾》，载《赵尔宓选集》下卷）

9 月 20 日，被聘为中国科学院北京动物研究所系统进化动物学重点实验室学术委员。

资料一（档案） 1990 年，赵尔宓被聘为中国科学院北京动物研究所系统进化动物学重点实验室学术委员。（《赵尔宓简介（所庆 40 周年用）》，1998 年，中国科学院成都生物研究所档案室 1998 永久-1001）

资料二（证书） 1990 年 9 月 20 日，赵尔宓被中国科学院动物研究所聘为该所系统进化动物学重点实验室学术委员。（中国科学院动物研究所：《中国科学院动物研究所系统进化动物学重点实验室学术委员聘书》，1990 年 9 月 20 日）

9月起，指导王秀玲等学者开展新疆北鲵研究。

资料一（口述） 跟赵先生相识要从1990年谈起，和新疆北鲵的发现有关。因为这个新疆北鲵是1989年9月初发现的，在新疆维吾尔自治区博尔塔拉蒙古自治州温泉县的捷麦克山谷。八九年九月发现以后，第二年中国两栖爬行动物学会学术交流会于九月在福州举行。……我们之前差不多有半年多的时间做了一部分新疆北鲵的基础工作，还是一些皮毛的工作。后来我们得到会议召开的消息，所以我们出席这个会议，并提交了论文摘要。到那儿以后，论文一提交，会务组的人就有点惊讶：是不是新疆北鲵？啊！她发现新疆北鲵？说实在的，新疆北鲵不是我发现的，应该是俄国人凯塞尔发现的，但他发现以后，再也没有人在我们新疆找到这个栖息地或是北鲵。俄国人在哈萨克斯坦，在新疆的温泉县、霍城县都发现了北鲵。但只有个记载，后来再也没有人去做研究。俄国人1865年发现的，距1989年我们再次发现，经历了一个多世纪。我有个学生，当时他家在温泉县，他听说有“水里的四脚蛇”，就要了一条，他自己也不知道是什么东西。四脚蛇、蜥蜴之类都在陆地上，干旱地区怎么会有水里的四脚蛇呢？他也很好奇，就拿了一条装到瓶子里带到学校来了。那是1989年的8月31号，因为我家住在校外，到了学校以后，有位年轻老师惊喜地告诉我：“王老师，一个学生带了条水里的四脚蛇！”我说水里哪有四脚蛇啊？我问从什么地方？他说从温泉县带来的，在山里头那个小溪流里面。我这下心里就明白了，有数了，有可能就是新疆北鲵。我们急匆匆地到那个学生宿舍去看，我拿到瓶子一看……把那个瓶子高高地举起来，我说：“同学们，你们知道吗，这就是新疆北鲵！”我们找了一个多世纪了，特别兴奋。后来在中央电视台录一个节目叫“知识改变命运”，一分钟的一个宣传片，他们来做节目的时候，我还专门做了这个。这个从发现新疆北鲵以后一直到九〇年的九月份，我们已经做了一些大概的研究工作，比方说，栖息地的考察，大概的数量的统计，栖息地的生态环境等等。所以九〇年就参加了全国的两栖爬行动物学研讨会，那个时候我们大概交了六篇论文摘要。当时大会发言有四个人，我就是其中之一。丁汉波是理事长，他说我从最远的地方来，而且带来这么新奇的一个物种，让我做了大会发言。但可惜的是那次会议赵尔宓先生没有参加。会后我坐飞机从福州到了成都，正好遇到会议上几个人，陕师大的梁刚，研究大鲵的，还有其他几个人，不约而同地去拜访赵尔宓先生。因为赵先生的威望很高，我原来战战兢兢，就怕见到赵先生，心里忐忑不安。但没想到见到他后，他非常热情地接待我们，而且把我们约到一起，还请我们吃火锅，坐到一起，谈笑风生的。我松了口气，当时就是这样的情景……所以和赵先生就这样结下了缘吧。这不仅仅是一个结缘的问题，我觉得赵先生在我后来对新疆北鲵的研究当中，他还给予了我很大的、热情的支持、帮助，也提携我。……自从发现了新疆北鲵以后，我就全力以赴地投入，而且有赵尔宓院士的提携和帮助，我是真的三生有幸啊！在赵先生的鼓励下，我就组建了这个团队，开展了北鲵方方面面的研究。其间，赵先生多次来新疆，做新疆的爬行动物的研究。新疆北鲵的研究在自然环境、环境保护这方面，具有特殊意义。新疆北鲵是新疆唯一的有尾两栖动物。因为新疆的自然地理位置，还有它的自然条件的特殊性——位于中亚腹地，比较干旱。天山横贯新疆中部，分了南疆和北疆。北疆的两栖动物物种稍微丰富些，南疆就比较单一一些，物种贫乏。而这个新疆北鲵仅仅分布在北疆很狭窄的温泉，最早记录还有伊犁，是这样的一种情况。目前来看，在伊犁地区，我考察多次没有发现。目前只在温泉县有六处栖息地，而且随着全球气候的变化，这个湿地逐渐衰退，这种衰退对北鲵生存的威胁特别严重。现在六处栖息地……几乎要绝迹了。……那么现在我们做的工作就是，尽量保护湿地或者做一些湿地的恢复工作……就物种多样性来讲，它是一个独特的物种，在国内只有新疆有分布，其他地方没有。所以从这个意义来讲，我们能够尽量在这样一个气候变化越来越对它生存不利的情况下……保护这个物种，应该说就是保护一个基因库吧。另外……对于国家对环境的保护恢复，实际上它是一个很好的生态环境的指示物种。如果说环境恶化了，比方湿地消失了，这也是一种指示。这个地方为什么物种没有了，就是因为环境变了，所以它也是一个指示物种。如果说水体污染了，那么这个物种消失了，从这个意义上来讲，它也起到了一个环境的指示作用。所以对这个物种的保护，它对生态经济的保护、生态经济的发展都是非常有利的……当我研究北鲵有问题的时候，我也找他（赵尔宓）。比方说我们还讨论过新疆北鲵头骨的特殊构造，我们在一块探讨，甚至讨论还很激烈。但是最后他通过解剖头骨，证明我的观点是对的。所以从这点来讲，我认为赵先生对科学研究持很严谨的态度。尽管我先提出来了，比方一个模拟结构，他不认可，提出质疑，但是经过他的深入研究证实了，同意了我的观点。我觉得这一点对我是莫大的鼓舞……他在国内的影响就很大。在我没做新疆北鲵研究时，就看过相关的资料，赵尔宓的名字已经很响了。何况他有那么多著作，帮助和提携了那么多人。对人才的培养，只要有机会，他都不放松，特别对年轻人，他是很热情的。从我接触的过程当中，外地的去找他的、拜访他的，他都很热情。那次我们一起的还有一个，是从我们保护区来的一个年轻人，他看起来很胆小很腼腆，不爱讲话。我们一起见赵尔宓，(赵先生)总是鼓励他。赵先生不因为他腼腆不爱讲话(而忽视他)，他很关注这些年轻人。对那个年轻人在保护区做的工作，他也很赞赏，给人很大的鼓舞。我接触赵先生，他是和蔼可亲的、热情的、乐意帮助人的。他不仅有那么多大部头的著作来影响我们，给我们提供了很好的研究方向和资料，而且他的为人、他对工作的兢兢业业和执着，都影响着我们。野外考察，他那么大年纪了，环境那么艰苦，他根本对环境不在乎，执着地去追求学术上的真理，我觉得这种精神真是太可贵了！因此他才有那么多的著作出来，在两栖爬行界，当选院士他是当之无愧的。我觉得他确实对国内乃至世界上的两栖爬行动物学的研究贡献特别大。正因为你们生物所有这样一个两栖爬行研究室，对国内和世界上两栖爬行动物的研究、发展作出了巨大的贡献。正因为有像赵先生这样的老先生，他们这种超人的研究能力、水平、敬业、执着，才取得辉煌的成就。我觉得值得赞赏，值得我们和年轻人学习、继承这个领域的研究，使我们国家的两栖爬行研究更上一层楼……赵先生对我确实帮助很大，正因为他的宽宏、他的包容、他的那种敬业的精神……我就想那个老先生，成就都那么大了，还是这样兢兢业业，这么执着。按理说他该坐在办公室，让那些年轻人去做，他却跟着他们一块做，这种精神太感人了！所以这也给年轻人树立了榜样。(《王秀玲访谈》，2016 年 9 月 20 日)

资料二(信件) 目前我系只有北鲵标本成体二尾、幼体三尾，全在动物教研室保存，虽我参加了首次北鲵的采集和冬季生态考察和录像，手头也无标本。我系成立了北鲵课题小组，动物教研室主任王秀玲老师为组长，我是成员之一。因我认识您，所以他们请我写信向您求援，本来是准备派专人去成都的，只因经费问题而作罢。我将来信给她看了，看来现在寄标本不行，手头数量实在太少了。明春考察时采集几尾再给您寄去，请您谅解。北鲵的分布范围很小，只发现于 800 米左右的一条小溪中，数量有限，二次考察我们都不忍多采集，而且成体特别少。……您看若对北鲵研究有用的资料，特别是外文方面，帮我们复印一些，需多少费用来信即寄。（吴敏：《介绍新疆北鲵标本》，1989 年 11 月 12 日，见图 67）

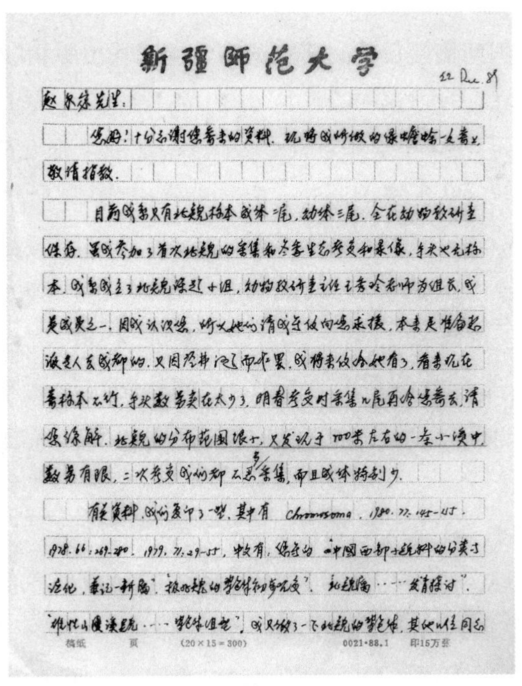

新疆师范大学

12 Dec. 89

赵尔宓先生：

您好！十分感谢您寄来的资料，现将我校的[illegible]一文寄上，敬请指教。

目前我系只有北鲵标本成体二尾，幼体三尾，全在动物教研室保存。虽我参加了首次北鲵的采集和冬季生态考查和录像，手头也无标本。我系成立了北鲵课题小组，动物教研室主任王秀玲老师为组长，我是成员之一。因我认识您，所以她们请我写信向您求援，本来是准备派专人去成都的，只因经费问题而作罢。我将来信给她看了，看来现在寄标本不行，手头数量实在太少了。明春考查时采集几尾再给您寄去，请您谅解。北鲵的分布范围很小，只发现于 800 米左右的一条小溪中，数量有限，二次考查我们都不忍多采集，而且成体特别少。

有关资料，我们复印了一些，其中有 Chromosoma，1980. 77：145–155.

1978. 66：269–280. 1979. 71：29–55，中文有：您写的"中国西部小鲵科的分类与演化，兼记一新属"，"极北鲵的染色体和带型研究"，"北鲵属……及其探讨"，"桃花山区溪鲵……染色体组型"，我只做了一下北鲵的染色体，其他以往同志

稿纸　　页　　（20×15＝300）　　0021·88.1　　印15万张

图 67

资料三（信件）　今年九月初，我和我系动物教研室王秀玲老师在新疆温泉县采到新疆北鲵，我做了其染色体组型，初步观察发现有 28 条大染色体，40—42 条微小染色体，小染色体数目想通过细胞减数分裂观察来进一步确定。在查看资料时，看到八五年中日两栖爬行学术讨论会论文汇编中您和张服基先生的文章，其中提到新疆北鲵的染色体数 2n = 66（莫斯卡奇等，1979：1434—1435），不知此文出自何刊物，您能否给我复印一份原文？另

外,有关北鲵属方面的其他资料也能否都给我们复印一些,一切费用来信即寄……近几年,在教学之余,做了一些新疆沙蜥目、两栖类、鱼类的核型,并通过染色体组型发现了沙蜥属的一个新种,暂定名为伊吾沙蜥,基本上已整理成文,准备拿出来。路途远,经费没有,很想请教于您也不能成行,深表遗憾。您的业务、行政事又多,平日也不想多写信打扰您,内心却很希望能得到您的一些指教、帮助,把新疆的两栖爬行核型工作好好校一下。(吴敏:《介绍新疆北鲵染色体研究》,1989 年 11 月 15 日)

9 月,创办我国两栖爬行动物研究的不定期正式出版物"蛇蛙研究丛书"。

资料一(报道) "蛇蛙研究丛书"是由中国科学院院士、成都生物研究所赵尔宓研究员于 1990 年组织创建,一个旨在加强学术交流、促进我国两栖爬行动物研究的不定期正式出版物。16 年来,出版了《从水到陆》等研究专著和论文集 13 部。"两栖爬行动物多样性专辑"是《四川动物》杂志正式列入出版计划的学术专辑,已经出版 6 辑。丛书和专辑的出版,对我国两栖爬行动物发展与国际学术交流、中青年学者成长和学风建设等发挥了重要作用。(《四川动物》编辑部:《"蛇蛙研究丛书"和"两栖爬行动物多样性专辑"新一届顾问委员会和编委会成立,计划组织编写〈蛇蛙研究进展〉》,《四川动物》2006 年第 2 期)

资料二(口述) 在从无到有的情况下,像《两栖爬行动物学报》,后来的《亚洲蛇蛙研究》,现在已经被 SCI 收录了。《四川动物》也是他创办的,还有"蛇蛙研究丛书",出了十几辑。实际上,他做这些事情是为后来两栖爬行动物研究提供一个平台。我觉得这是非常重要的事情。大量的编辑工作,包括发表论文,还有学位论文,那个时期,光编辑校对的事情就是很大很大的工作量。很难想象,当时在那种条件下把杂志办出来,包括书,光是校对的工作量都是非常惊人的。基本上也是在先生的帮助下完成的。我从他那边复印了很多资料,带回来,对我后面的工作帮助很大。(《时磊访谈》,2016 年 9 月 27 日)

资料三(传记) 我在 1990 年纪念业师刘承钊教授 90 周年诞辰出版的《从水到陆》文集的基础上,将其作为"蛇蛙研究丛书"(*Herpetological Series*)第一卷,连续出版下去。经费则采取募集或由著者自行筹款。到

1995 年止，已出 8 卷，目前正在编印第 9 卷，预计 1997 年初出版。（赵尔宓：《六十六年的回顾》，载《赵尔宓选集》下卷）

是月，主编出版《从水到陆》，纪念恩师刘承钊诞生九十周年。

资料一（档案） 1990 年，主编出版《从水到陆》。（《赵尔宓简介（所庆 40 周年用）》，1998 年，中国科学院成都生物研究所档案室 1998 永久-1001）

资料二（传记） 参见本年“9 月”条资料三（传记）。

资料三（传记） 本文集分为两部分：第一部分是题词、传记和纪念文章，缅怀中国两栖爬行动物学家刘承钊先生；第二部分是两栖爬行动物学同行们的研究论文集，反映了中国两栖爬行动物研究的现状。其中，收录了赵尔宓学术论文《中国闭壳龟属一新种——周氏闭壳龟》《我国有尾类分类学中的几个问题及其名录》《海南岛两栖爬行动物区系与动物地理学》《烙铁头属六种的头骨形态特征和种间关系研究》4 篇，和他撰写的 2 篇文章《刘承钊教授论文著作目录》《深切怀念刘承钊老师》。（赵尔宓主编：《从水到陆——刘承钊教授诞辰九十周年纪念文集》）

资料四（信件） 尔宓教授：首先祝贺新年好！本月中旬收到《纪念文集》11 册，两篇论文的单印本大壁虎皮肤 46 本，骨骼 22 本，深表感谢！对文集作初步阅读，该书的印刷、纸张、图版、装帧等，皆属上乘，可称近年来诸论文集之冠。内容亦极丰富，编排亦较合适，实为研究动物尤其是脊椎动物的内容完备、不可多得的资料。当然这和动物所同志，尤其是您对该书材料的征集、资金的筹措……所付出的巨大劳动分不开的！我与刘教授见过一次面，但印象很深。1947 年我已到北京师大生物系工作，当时刘教授可能任燕京大学生物系主任，与北师大生物系主任郭毓彬教授是好友。曾邀刘教授到师大为师生作报告。刘教授提到在大西南各省做爬行两栖动物采集调查，特别指出一种嘴边带胡子的蛙（蟾蜍），大家很感兴趣和惊奇，刘教授说明是表皮的突起，可能与生殖季节代谢旺盛有关，并提到有的蝌蚪体长可数寸，也是在华北见不到的。通过文集对刘教授的先进事迹了解更多，也是很感人的！……现正将 10 本《从水到陆》向有关各大学图书馆推销，很快即售罄。如有可能，希望将“大壁虎骨骼系统……”的单行本再寄给数本。（马克

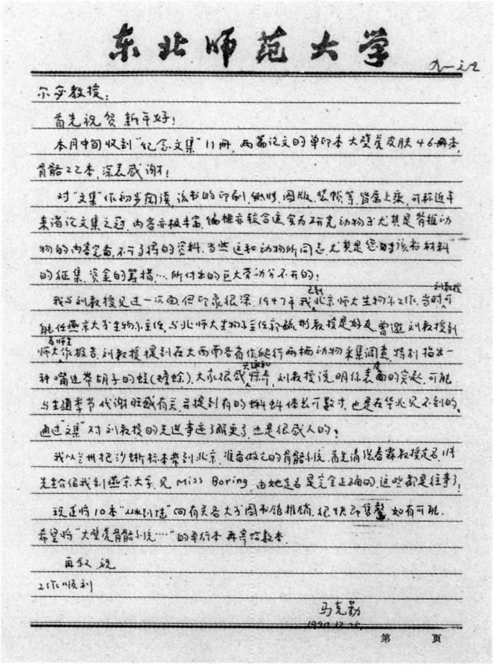

东北师范大学

图 68

勤：《评价〈从水到陆〉并感谢赵尔宓》，1990 年 12 月 25 日，见图 68）

资料五（信件） 尔宓学长：《从水到陆》两册分别给戴及我，均收到。附信及两次发票亦收到，谢谢。此书质量不错，可见吾兄付出很多心血，值得我辈学习，唯一不足是图的印制质量太差，像的比例亦相差过于悬殊。但编排的格式很好，看上去有一种传新之感。不知是否有单行本，多少？（宋大祥：《收到〈从水到陆〉》，1990 年 11 月 4 日）

资料六（信件） 赵教授：您好！寄来的《从水到陆——刘承钊教授诞辰九十周年纪念文集》二本及单行本已收到，十分感谢。这一本纪念文集十分漂亮，是一本很有科学价值的论文集，在现在出版十分困难情况下，在不长的时间中，您能编出如此一本巨著十分难得，纸张很好，图、照片以及字的印刷都是十分好的，大家都赞扬您的能力，您在主编这一论文集，一定花费了很多时间和心血。这一本论文集中洋溢着您对老师的一片赤诚之心和深情厚谊。您的精神和行动，尤令人感动和敬仰。在这么精美的论文集中，您能采纳了我们那么小的一篇文章，我们感到万分荣幸。但愿谨借此小文表达我们对刘老教授以及您的敬意。唐师嘱我代笔向您致谢和问好，并祝贺您主编这一巨著的胜利完成。（唐崇惕：《收到〈从水到陆〉》，1990 年 11 月 30 日，见图 69）

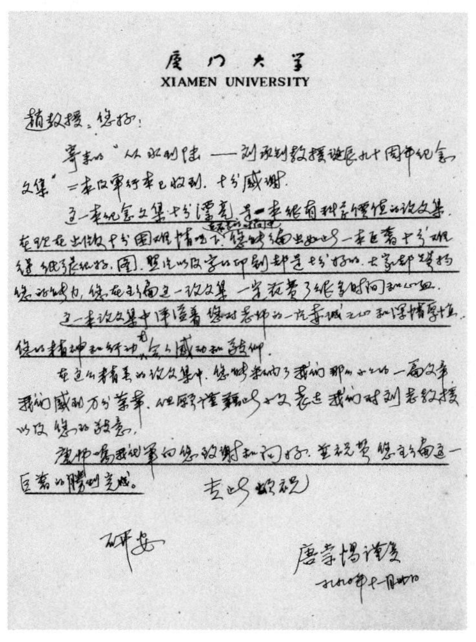

厦门大学
XIAMEN UNIVERSITY

赵教授：您好！

寄来的"从水到陆——刘承钊教授诞辰九十周年纪念文集"一本已收到，十分感谢。

这一本纪念文集十分漂亮，是一本很有科学价值的论文集。在现在出版十分困难情况下，您能编出如此的一本巨著十分难得，纸张很好，图、照片以及字的印刷都是十分好的。大家都赞扬您的能力，您在主编这一论文集一定花费了很多时间和心血。

这一本论文集中倾注着您对老师的一片真诚之心和深情厚谊。您的精神和行动十分令人感动和敬仰。

在这么精美的论文集中，您能采纳了我们那么小的一篇文章，我们感到万分荣幸。但愿谨借此小文表达我们对刘老教授以及您的敬意。

唐师嘱我代笔向您致谢和问好，并祝贺您主编这一巨著的胜利完成。

专此敬祝

研安

唐崇惕谨复
一九九〇年十一月卅日

图 69

资料七（信件） 尔宓同志：承你寄赠《从水到陆——刘承钊教授诞辰九十周年纪念文集》，不胜感谢！……刘教授是我的好友，也实是畏友，他的待人接物、举止风采以及崇高的学术成就，流芳千古，令人景仰无已！特写此信表达对你的谢意及对刘公的敬意！同时，对淑琴教授也深表同情，并遥祝她多多保重！你现任全国动物志编委会的常委，深庆得人。现正适赶八五规划，可否请在两栖爬行动物提出计划，对从前所拟定的有何更动。现对此方面感有兴趣，颇不乏人。所提各卷的撰写人选，不得少于三人，但也不动员太多。（郑作新：《感谢赵尔宓赠送〈从水到陆〉》，1990 年 11 月 24 日，见图 70）

资料八（口述） 这可以通过《从水到陆》——先生的这本书来阐释。先生是……很有才气的一个人。他用得很巧啊，他中文的这种背景文化用得

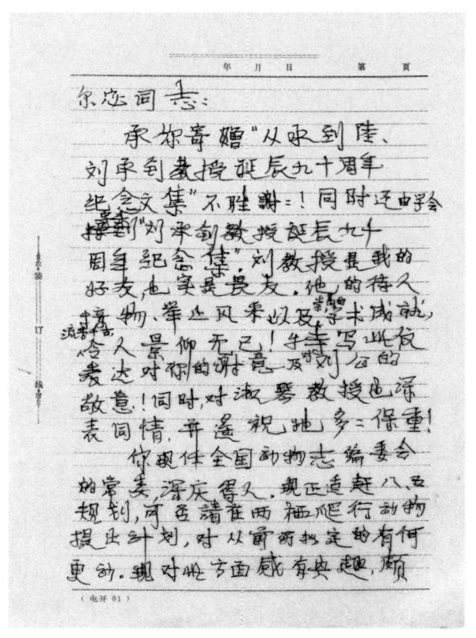
年 月 日 第 页

尔宓同志：

承你寄赠"从水到陆、刘承钊教授诞辰九十周年纪念文集"不胜谢谢！同时还由学会寄到"刘承钊教授诞辰九十周年纪念集"。刘教授是我的好友，也实是良友。他的待人接物、举止风采以及学术成就，令人景仰无已！特专写此信表达对你的谢意，及对刘公的敬意！同时，对淑琴教授也深表同情，并遥祝她多多保重！

你现任全国动物志编委会的常委，深庆得人。现正适赶八五规划，可否请在两栖爬行动物提出计划，对从前所拟定的有何更动。现对此方面感有兴趣，颇

（电开 01）

图 70

非常好。如果用科学的语言来描述，两栖类是从水到陆的一个过渡类群。脊椎动物先是在水里面，比如鱼，然后上陆，鱼没有四肢，四肢是怎么来的，是从两栖开始。所以两栖类有很大的特征，幼体必须在水里生活，然后再上陆。蝌蚪尾巴掉了，变成小青蛙，得有四肢才能到陆地上走，当然还有其他器官系统的变化。两栖类的第一个特征是体外受精，是在水里。这种受精很麻烦，存活率会出问题。像鱼，大量产卵，几十万、上百万，最后长成成体的很少。两栖类，无尾两栖类的蛙类，在野外孵化率都只有 30%（人工会高点），从幼体转成成体，然后性成熟，能够繁衍后代的肯定又会降低，只有百分之几，所以成体那么少。你看沟里一片片黑乎乎的都是蟾蜍的蝌蚪，就是典型的通过大量繁殖来保存后代的例子。而爬行类有个很大的特点，就是繁殖通过羊膜卵进行，两栖类还没有达到这种程度。爬行类是体内受精。在一个相对封闭的环境里，精卵结合的发育更能保证后代的存活，给了一个相对比较屏蔽的环境发育，不受外界影响，所以可能就到陆地上去了。爬行类最重要的特点是卵发生变化，从非羊膜卵变成羊膜卵。羊膜动物的特点，

要么从胚胎、要么从卵繁殖，有羊膜这个结构保护，从母体获取营养。到了爬行类、鸟类，产崽数量大大降低，是为了保障它的存活率。鸟一窝，生下七八个蛋，蛇、蜥蜴也是。有一个相对封闭的空间是上陆的一个很大的条件，这对两栖爬行类是最重要的。两栖爬行动物的特点是从水到陆，所以先生把纪念刘承钊先生诞生一百周年的书叫作《从水到陆》，整个两栖到爬行都反映了这两个阶段。它们有很多方面太类似了，所以才放在一起。其实是两个不同的门类。（《曾晓茂访谈》，2015 年 6 月 19 日、2015 年 7 月 8 日）

资料九（口述） 他对老师非常崇敬，刘先生去世以后，赵先生写了篇文章怀念刘老师……专门出了一本书《从水到陆》，国内学者一起来纪念刘先生。（《江耀明访谈》，2016 年 10 月 11 日）

资料十（口述） 两栖的特殊意义在于它是从水到陆。鱼类一直生活在水里，那么两栖呢，可以生活在水里，也可以在陆地上。以前我们给刘承钊院士做过一个传记……就有一句话：从水到陆，这个含义就是两栖动物的从水到陆。这块可以很明显地感觉到两栖动物在研究脊椎动物进化方面是非常重要的。那爬行动物也有它的重要性，显然已经进化到可以在陆地上生存了。你看两栖动物只能在水里产卵，不能到陆地上产卵，所以很大程度上受水的局限，它离不开水。而爬行动物可以做到这一步（离开水域环境）了，可以在陆地上产卵，完全可以在陆地上生活，可以不回到水里去了。但是喝水是另外一回事，人也需要喝水，是生理需求。也就是说爬行动物解决了在陆地上产卵、繁殖的问题。所以，两栖动物和爬行动物在整个脊椎动物进化史上来说，分别起非常重要的作用。（《饶定齐访谈》，2015 年 7 月 27 日）

10 月，编辑出版《邮票里的动物世界》。

资料一（口述） 赵老师很重视科普，很多科普活动请他去讲课。他自己也写了一本《邮票里的动物世界》，就是各类动物，包括了一百四十个国家的动物图案的邮票集，有一千六百多种，很有意义。这也是科普工作，是赵老师编的，也是他写的序言。里面介绍了很多有趣的故事，比如杜鹃鸟……自己不筑巢，把蛋生在其他鸟的巢里，让其他鸟帮着孵化。讲这些故事，提高了人们对动物的认识。（《王竞访谈》，2016 年 10 月 24 日）

资料二(著作) 本书搜集了140个国家和地区的1 643张动物邮票,国家和邮票数量之多,均属罕见。邮票上的动物几乎代表了现在动物界的主要门类。既有野生动物,也有家禽与家畜;既有常见优势物种,又有珍稀濒危种类甚至已灭绝的特种;既有经济价值较大的有益动物,也有有害有毒动物。可以说本书是一册形象生动的动物百科全书。(赵尔宓:《邮票里的动物世界》,四川教育出版社,1990年)

11月10日,当选为中国两栖爬行动物学会第三届理事会副理事长。

资料(证书) 1990年11月10日,中国动物学会两栖爬行学会聘请赵尔宓担任中国两栖爬行动物学会第三届理事会副理事长。(中国动物学会两栖爬行学会:《中国两栖爬行动物学会第三届理事会副理事长聘书》,1990年11月10日,见图71)

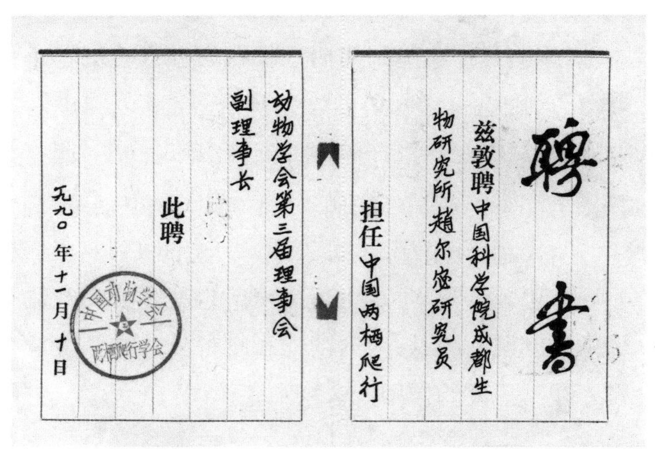

聘书

兹敦聘中国科学院成都生物研究所赵尔宓研究员担任中国两栖爬行动物学会第三届理事会副理事长

此聘

一九九〇年十一月十日

中国动物学会 两栖爬行学会

图71

11月15日至18日,参加四川省动物学会教学专业委员会第二届教学研讨会,并作"两栖爬行动物进化的有关问题"的学术报告。

资料(报道) 四川省动物学会教学专业委员会第二届教学研讨会于1990年11月15日—18日在成都市四川化工厂子弟中学举行。到会代表46人。……学会理事长赵尔宓及副理事长王西之分别做了"两栖爬行动物进化的有关问题"及"鼠类动物在草原生态平衡中的地位与作用"的学术报

告。(黎凤琼、孙永祥:《四川省动物学会教学专委会第二届教学研讨会在成都召开》,《四川动物》1991 年第 1 期)

12 月 19 日至 21 日,出席在成都举行的四川省动物学会第四届寄生虫(病)学学术讨论会。

资料(报道) 四川省动物学会第四届寄生虫(病)学学术讨论会于 1990 年 12 月 19 日—21 日在成都举行。出席会议的有老专家、教授、科研工作者以及基层工作者等共 87 人,其中有高级职称的 32 人,有将近三分之一的代表为 40 岁以下的年轻科技工作者。寄生虫学专委会副主任委员王兴振教授主持开幕式。省动物学会理事长赵尔宓等到会祝贺。赵理事长还盛赞了寄生虫学专委会学术空气浓,对能按时开展活动表示感谢。……会议为获奖论文的作者颁发了奖状,奖品均由赵尔宓理事长个人捐赠。(路遥:《四川省动物学会第四届寄生虫(病)学学术讨论会在成都隆重举行》,《四川动物》1991 年第 1 期)

是年,担任美国动物园协会蛇类专家组顾问。

资料一(传记) 1990 年,美国动物园协会蛇类专家组邀请我为顾问。(赵尔宓:《六十六年的回顾》,载《赵尔宓选集》下卷)

资料二(报道) 1990 年,美国动物园协会蛇类专家组邀请赵为顾问。(禄兴明、刘建:《院士赵尔宓 50 年的"蛇蛙生涯"》,《华西都市报》2001 年 12 月 17 日第 17 版)

1991 年　　62 岁

1 月 1 日[①],任世界自然保护联盟(IUCN)中国两栖爬行动物专家组第一届主席。连任三届,至 2000 年。

① 1990 年底受邀,于 1991 年 1 月 1 日起任职并组建专家组。

资料一(档案) 国内外主要学术组织兼职情况：1991.1.1—2000 年，任 IUCN 中国两栖爬行动物研究专家组主席。(《关于转发更新中央直接掌握联系的高级专家信息和补充人选的通知与专家信息填报表》，2005 年，中国科学院成都生物研究所档案室文书档案 2005 长期 05 - 63)

资料二(档案) 1991 年起，出任世界自然保护联盟中国两栖爬行动物专家组第一、二、三届主席。(《赵尔宓简介(所庆 40 周年用)》，1998 年，中国科学院成都生物研究所档案室 1998 永久- 1001)

资料三(报道) 1991 年应聘为加州大学伯克利分校客座教授，同年还应聘为 IUCN 中国爬行两栖动物专家组主席。(《西南民族大学学报(自然科学版)》编辑部：《本刊特邀编委赵尔宓院士简介》，《西南民族大学学报(自然科学版)》2014 年第 1 期)

资料四(报道) 1991 年，世界自然保护联盟(IUCN)物种保存委员会聘赵尔宓先生为该会中国爬行与两栖动物专家组主席。(禄兴明、刘建：《院士赵尔宓 50 年的“蛇蛙生涯”》，《华西都市报》2001 年 12 月 17 日第 17 版)

资料五(口述) 我是学会副理事长，跟这边王跃招、江建平联系比较多一点。另外，赵先生把一个专家组交给我来做，就是世界自然保护联盟中国组专家组。最早是国外专家邀请赵先生在中国组织的。从九十年代开始，赵先生做了十五年，三届，一届五年。他说自己年纪也大了，找接班人吧。那个时候专家组也比较多，但是活动的方向不一样，领域不一样，加上那个时候我的研究主要与两栖爬行动物保护有关，赵先生就说：“丕鹏，你来做吧。”我说“行”。我组织了王跃招和海南师范大学副校长史海涛一起做。(《李丕鹏访谈》，2015 年 7 月 28 日)

资料六(口述) 以后我们之间不断有信件来往，因为他那时是 IUCN 的中方专家组的负责人，就是两栖爬行类的中方专家组组长。世界各地都有这个组织，有好多人到新疆考察，赵先生就给我《蛇蛙研究》里面发一些信息过来，谁要到新疆来，我就去接待谁。赵先生的朋友、学生，或是追随他的学者，我都去接待，很有意思。他们好多人到哈萨克斯坦去参加一个国际会议，都是我来接送的。(《王秀玲访谈》，2016 年 9 月 20 日)

资料七(学术评价) 在七十年代末，赵尔宓开始从事动物保护学方向的研究。1991 年至 1993 年，他担任了中国两栖爬行动物物种生存委员会(世界自然保护联盟)主席。(Kraig Adler, Dedication to Ermi Zhao)

资料八(传记) 1991 年……被世界自然保护联盟(IUCN)物种保存委员会聘为该会中国爬行与两栖动物专家组主席。(赵尔宓：《六十六年的回顾》，载《赵尔宓选集》下卷)

资料九(论文) 世界自然保护联盟(IUCN, The World Conservation Union)是一个独特的世界性联盟，创立于 1948 年。是政府和非政府机构参与合作的少数几个国际组织之一，我国于 1996 年 10 月加入该联盟，成为 IUCN 第 75 个成员国(以上摘自中国出版《世界自然保护联盟通讯》第 1 期)。1990 年底，赵尔宓研究员接受世界自然保护联盟物种生存委员会主席、美国 Gorge B. Rabb 博士邀请担任中国两栖爬行动物专家组第一届主席，他于 1991 年组建专家组；1994 年续聘他为第二届主席；1997 年新任物种生存委员会主席、加拿大 David Brackett 博士再聘他为第三届主席，至今已有 10 年。中国两栖爬行动物专家组成员包括志愿参加的有关专家、教授、实践工作者和业余爱好者，一、二、三届先后共有一百余人参加。专家组成立 10 年以来，主要做了以下一些工作：1. 积极调查研究我国两栖爬行动物物种濒危现状，向有关部门反映情况，或撰写文章介绍和宣传保护野生动物。据不完全统计，在国内外刊物公开发表者在 200 篇以上。2. 积极参加我国政府有关部门制订保护动物名录。专家组主席赵尔宓应邀担任野生保护动物专家论证会的两栖爬行动物专家组召集人。3. 积极参加由世界自然保护联盟东亚地区理事汪松研究员主编的《中国濒危动物红皮书》。赵尔宓应汪松主编之聘请，担任该书“两栖爬行动物类”卷主编，专家组成员多人参加编写。4. 推荐专家组成员担任在美国伯克利加州大学出版的英文刊物《亚洲蛇蛙研究》编辑委员会委员，先后有赵尔宓、陈壁辉等。5. 出版“两栖爬行动物多样性及保护生物学研究专辑”(根据专家组成员建议，现更名为“两栖爬行动物多样性专辑”)3 辑，共发表论文 80 余篇。(四川动物编辑部：《世界自然保护联盟中国两栖爬行动物专家组通告》，《四川动物》2005 年第 3 期)

3 月 7 日，应邀出访美国加州大学伯克利分校，被聘为米勒研究院的客

座教授。访问持续至次年4月。

资料一(档案) 参见1987年倒数第三条资料(档案)。

资料二(档案) 1991年3月7日至1992年4月5日,赵尔宓赴美国、加拿大作学术交流,并应聘担任加州大学客座教授、加拿大皇家博物馆特级研究员,按期回国。(《因公出国人员审查表》,1998年,中国科学院成都生物研究所档案室人事档案104第18.41号)

资料三(口述) 九一年我到北大读博士。赵先生给我印象特别深的是,他一直与这些老先生都有书信联系。……赵先生九十年代到美国加州伯克利博物馆研究所当客座研究教授。(《李丕鹏访谈》,2015年7月28日)

资料四(传记) 1991年,我应聘为美国加州大学伯克利分校米勒研究院的客座教授(VMP),这一荣誉自1956年—1991年共邀请了世界各国56人,其中只有我一人来自中国。(赵尔宓:《六十六年的回顾》,载《赵尔宓选集》下卷)

资料五(报道) 来自中亚的蜥蜴吸引加州大学伯克利分校的注意,该校邀请中国科学院成都生物研究所的赵尔宓研究员和列宁格勒动物研究所的伊利亚·达列夫斯基主席成为客座教授,与他们一起进行两栖爬行动物的生物地理学研究。(阿列克谢:《中美苏科学家联合研究蜥蜴》,《加利福尼亚日报》1991年4月3日第2版)

资料六(报道) 1991年,加州大学伯克利分校聘他为客座教授,并任该校的英文版《亚洲蛇蛙研究》杂志主编。(禄兴明、刘建:《院士赵尔宓50年的"蛇蛙生涯"》,《华西都市报》2001年12月17日第17版)

资料七(照片) 赵尔宓(右)与院士Ilya Darevsky(左)、David W. Wake(中)在美国加利福尼亚州进行野外考察。(见图72)

资料八(其他) 1991年,赵尔宓被聘为美国加州大学伯克利分校米勒研究院客座教授。在此期间,美国加州沙漠地区爬行动物组主办了中国现代爬行动物调查专题研讨会,赵尔宓作了"中国现代两栖爬行动物调查"的学术报告。(《赵尔宓在美国作学术报告"中国现代爬行动物调查"的海报》,1991年)

图 72

3 月 28 日，受聘担任《资源开发与保护》杂志编辑委员会委员。

资料(证书) 1991 年 3 月 28 日，赵尔宓被《资源开发与保护》杂志编委会聘为编委，聘期三年。(《资源开发与保护》杂志编委会：《〈资源开发与保护〉杂志编委会编委聘书》，1991 年 3 月 28 日)

3 月，作为高级访问学者出访美国康奈尔大学，从事两栖爬行动物学的区系分类研究工作，直至年底。

资料一(档案) 赵尔宓研究员赴美国康奈尔大学从事两栖爬行动物学的区系分类研究工作，时间一年(一九九一年三月至一九九二年二月)。(《关于上报中国科学院成都生物研究所 1991 年外事工作总结的报告》，1991 年，中国科学院成都生物研究所档案室文书档案 91.07－10.16)

资料二(传记) 与此同时，康奈尔大学也邀请我作为高级访问学者，主要与鹰岩教授修改合作编写的《中国两栖爬行动物学》定稿。第三次访美为期一年零一周左右。(赵尔宓：《六十六年的回顾》，载《赵尔宓选集》下卷)

是月，受聘担任四川教育学院客座教授。

资料（档案） 1991 年，赵尔宓开始担任四川教育学院的客座教授。（《赵尔宓简介（所庆 40 周年用）》，1998 年，中国科学院成都生物研究所档案室 1998 永久-1001）

4 月 26 日，获四川省科普作家协会颁发的荣誉证书。

资料（证书） 1991 年 4 月 26 日，赵尔宓经四川省科普作家协会第三次代表大会审定，被评为该会成立以来“成绩突出的科普作家”。（四川省科普作家协会：《成绩突出的科普作家荣誉证书》，1991 年 4 月 26 日，见图 73）

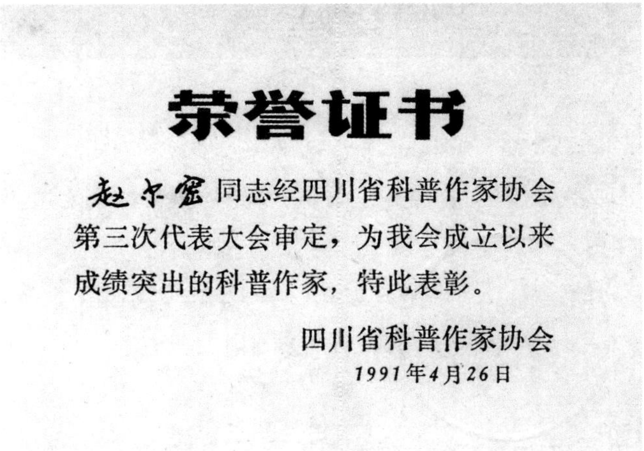

荣誉证书

赵尔宓同志经四川省科普作家协会第三次代表大会审定，为我会成立以来成绩突出的科普作家，特此表彰。

四川省科普作家协会

1991年4月26日

图 73

6 月 25 日，参加四川省动物学会第四届第五次理事会议，被推选为四川省科协第四届委员候选人。

资料（报道） 四川省动物学会第四届第五次理事会于 1991 年 6 月 25 日在成都召开，26 位理事出席了会议。……经理事们充分讨论，会议作出如下决议：1. 以民主方式推选赵尔宓为四川省科协第四届委员候选人；推选胡锦矗为“四大”代表。（王竞：《四川省动物学会第四届五次理事会在成都召开》，《四川动物》1991 年第 3 期）

7 月，获政府特殊津贴。

资料一（档案） 1991 年，赵尔宓获政府特殊津贴。（《赵尔宓简介（所庆 40 周年用）》，1998 年，中国科学院成都生物研究所档案室 1998 永久-1001）

资料二（手稿） 1991 年 7 月起，赵尔宓获国务院颁发的政府特殊津贴。（赵尔宓：《个人工作记录：国内外任职及兼职情况》，1991 年—1993 年）

10 月，应邀到英属维尔京群岛开展两栖爬行动物野外调查。

资料一（传记） 此期间，还应加拿大安大略皇家博物馆邀请访问一个月，应 Lazell 教授[①]邀请到加勒比海英属维尔京群岛采集一个月。（赵尔宓：《六十六年的回顾》，载《赵尔宓选集》下卷）

资料二（论文） 1991 年访问美国期间，我应美国罗得岛州自然保护处管理处负责人 James Lazell 博士的邀请，于 10 月 3 日至 31 日在英属维尔京群岛调查采集两栖爬行动物。英属维尔京群岛位于加勒比海东缘小安的列斯群岛的西北端，在波多黎各岛以东约 96.5 千米。调查期间共采得两栖动物 2 种，并观察到 1 种未知属种的卵；爬行动物 13 种，并观察到蜥蜴 2 种。（赵尔宓：《记英属维尔京群岛的两栖爬行动物》，《四川动物》1996 年第 4 期）

是年，《中国动物志》的“两栖纲”与“爬行纲”的编写工作有序开展。

资料（档案） 1991 年的科学研究工作：（一）我室担任国家基金课题《中国动物志》编委会下达的《中国动物志》两栖纲，《中国动物志》爬行纲的编写工作。……（三）动物志编写工作：蛇亚目按计划完成定稿，蜥蜴亚目卷各作者完成最后修改定稿。（《中国科学院成都生物研究所 1991 年两栖爬行动物研究室工作总结》，1991 年，中国科学院成都生物研究所档案室 91.06-7）

是年，接受加拿大安大略皇家博物馆的邀请，访问一个月，并被聘为博

① 即下文的 James Lazell 博士。

物馆特约研究员，聘期为五年。

资料一（档案） 1991年至1996年，赵尔宓担任加拿大安大略皇家博物馆特约研究员。（《赵尔宓简介（所庆40周年用）》，1998年，中国科学院成都生物研究所档案室1998永久-1001）

资料二（传记） 1991年，应聘为美国加州大学伯克利分校客座教授、加拿大安大略皇家博物馆特约研究员。（赵尔宓：《六十六年的回顾》，载《赵尔宓选集》下卷）

资料三（报道） 1991年……加拿大安大略皇家博物馆也聘赵尔宓先生为特约研究员。（禄兴明、刘建：《院士赵尔宓50年的“蛇蛙生涯”》，《华西都市报》2001年12月17日第17版）

是年，为纪念恩师张孟闻九十华诞，主编纪念文集。

资料一（口述） 他（赵尔宓）对老师非常崇敬……对老前辈，他也非常尊重。张孟闻也是研究两栖爬行动物的前辈。给张孟闻也是专门写了本书。（《江耀明访谈》，2016年10月11日）

资料二（口述） 复旦大学的张孟闻是影响赵尔宓的第三个老师。张孟闻专门研究有尾两栖类，像大鲵，水里头的娃娃鱼。他曾在法国做这方面的研究。回来后，好像就在复旦一直教书。张孟闻是上海市的科协主席。他（赵尔宓）很尊重张孟闻老师。（《吴贯夫访谈》，2015年4月3日）

资料三（著作） 张孟闻教授门人很多，鉴于他为我国近代动物学的发展、培养干部所作出的贡献，复旦同学洪黎民、李致勋、黄正一等发起张先生九十寿诞庆贺活动，适值我到上海闻知此事，我也是张先生的学生，乃与爬行动物学家、成都生物研究所研究员、蛇蛙研究会赵尔宓通知联络，经研究把该会“蛇蛙研究丛书”第三辑……自发组织庆贺，华东师范大学自然科学史研究所闻讯后，特假华东师范大学小礼堂举办贺寿活动。哈尔滨师范大学、复旦大学也派负责同志们前来祝贺，八十余人济济一堂共祝华诞。（钱燕文、赵尔宓、赵肯堂主编：《动物科学研究——祝贺张孟闻教授九秩华诞纪念文集》，中国林业出版社，1992年）

1992 年　　63 岁

2 月 25 日，当选为中国科学院成都生物研究所学术委员会名誉委员。

资料一(档案)　各处、室、工会、厂、公司：经所务委员会一九九二年二月二十五日会议决定，由赵树杰同志等组成中国科学院成都生物研究所学术委员会，现通知如下：名誉委员　胡淑琴、吴衍庸、赵尔宓。(《关于由赵树杰同志等组成中国科学院成都生物研究所学术委员会的通知》，中国科学院成都生物研究所档案室文书档案 92.05－7.7)

资料二(档案)　中国科学院成都生物研究所 1992 年学术委员会委员名单　主任委员：赵树杰。……名誉委员：胡淑琴、吴衍庸、赵尔宓。(《中国科学院成都生物研究所 40 年历程》，1998 年，中国科学院成都生物研究所档案室 1999.01－009)

5 月 20 日，被正式批准为中国民主同盟盟员。

资料一(档案)　中国民主同盟四川省委员会川盟省直(92)字第 012 号：中国科学院成都生物研究所党委：赵尔宓同志志愿申请入盟。经审查，于 1992 年 5 月 9 日省直工委主〈副〉委会议讨论正式批准为中国民主同盟盟员。特此函告。中国民主同盟四川省省属单位工作委员会 1992 年 5 月 20 日。(中国民主同盟四川省直属单位工作委员会：《关于批准赵尔宓为中国民主同盟盟员的函》，1992 年，中国科学院成都生物研究所档案室 I242－04 第 1 号)

资料二(其他)　民盟四川省直属单位工作委员会于 1992 年 5 月 9 日审查批准赵尔宓加入民盟组织。(《中国民主同盟四川省直属单位工作委员会批准入盟通知书》，1992 年 5 月 20 日，见图 74)

7 月 15 日至 20 日，参加在黄山举办的国际两栖爬行动物学学术会议暨第一届亚洲两栖爬行动物学国际学术会议，任会议学术委员会主席及世界

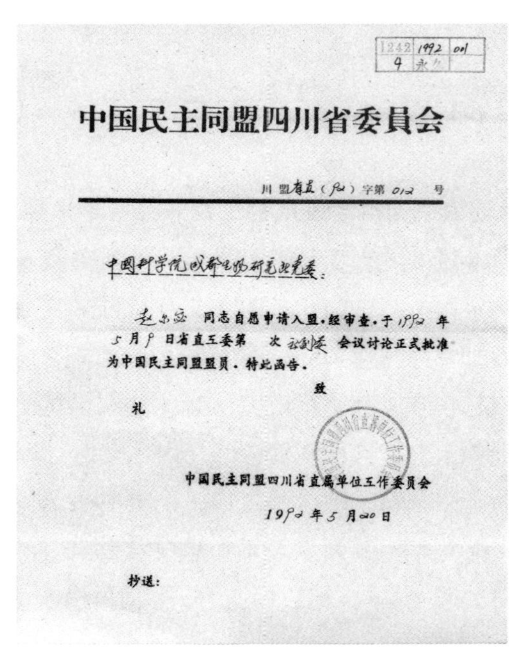

1242 1992 001
4 永久

中国民主同盟四川省委员会

川盟省直（92）字第012号

中国科学院成都生物研究所党委：

赵尔宓同志自愿申请入盟，经审查，于1992年5月9日省直工委第 次会议讨论正式批准为中国民主同盟盟员，特此函告。

致

礼

中国民主同盟四川省直属单位工作委员会

1992年5月20日

抄送：

图 74

两栖爬行动物学会执行委员。

资料一(论文) 中华人民共和国国家科学技术委员会批准，由安徽省黄山市人民政府主办的中国黄山国际两栖爬行动物学学术会议，于 1992 年 7 月 15 日至 20 日在安徽省黄山市新安医学研究中心召开。会议的协办单位有：亚洲两栖爬行动物研究学会(AHRS)、《亚洲蛇蛙研究》杂志(AHR)、原全苏两栖爬行动物学会(AUHS)、国际两栖类保护和研究学会(ISSCA)、中国蛇蛙研究会(CSSAR)、国际自然和自然资源保护联盟物种保存委员会的中国两栖爬行动物专家组(CRASG)与两栖爬行动物衰落种群特别工作组中国地区专家组(DAPTFCSG)等国内外著名学术团体。会议注册及临时到会的代表及来宾近 300 人，其中代表来自 17 个国家和地区。(赵尔宓、陈璧辉、T. J. Papenfuss 主编：《中国黄山国际两栖爬行动物学学术会议论文集》，中国林业出版社，1993 年)

资料二(口述) 另外有一年先生在黄山脚下屯溪召开过一次国际会议，我跟着先生一起去，当时来了国际上很多知名的科学家，把全世界两栖爬行学界相关的比较顶尖的科学家都请来了。赵先生围绕两栖爬行动物的中国研究情况做了主题发言，这个为我们中国两栖爬行动物学继刘承钊之后推向世界殿堂作了很多的贡献。当时很多人非常认同赵先生和我们生物研究所两栖爬行室做的工作，国际上的交流这块儿赵先生也做得非常好，并且把自己的工作成果也展示了出来。(《方自力访谈》，2016 年 10 月 24 日)

资料三(口述)　总体上我觉得自己这么几十年跟赵先生合作是很愉快的，他的工作是很踏实的，学术思想是活跃的，他也把我们的两栖爬行研究介绍给国际同行，他也把世界上研究两栖爬行的请到我们国家来。所以在某种程度上来说，我们有共同的进步，有世界同行，有共同进步的平台。比如开会，亚洲两栖爬行会最早也是他组织的；比如文献，我们的文献出来，最早的学报出来，往外寄，这样就宣传我们自己。(《李胜全访谈》，2016 年 10 月 9 日)

资料四(口述)　事实上在我们见面之前，就已经有一些关于两栖爬行动物的合作了。非常幸运的是有一次在 1992 年中国黄山世界两栖爬行动物学的学术会议之后，我第一次来到成都生物研究所，赵尔宓先生给我们展示了馆藏的一些两栖爬行动物标本，我现在都还记忆犹新，当然这也反映了中国学者在标本采集和制作方面很高的水平。在这之后，我们还经常在一些会议上碰面，或者被邀请合作一些关于蛇类的项目，你知道赵尔宓先生是这方面的专家。此外，我的老师对赵尔宓先生的研究领域也很感兴趣，他们在伯克利也共同度过一段时间，他们在中国或俄罗斯的动物声讯、对性别选择的影响方面也有很多合作。自此之后，我们的合作变得频繁起来，后来我也受邀来过成都很多次。(《娜塔莉亚访谈》，2016 年 8 月 21 日)

资料五(口述)　第一次见赵先生应该是开什么会……有可能是黄山会——一个国际会议，亚洲两栖爬行会。以前我也不知道老先生长什么样，杨老师[①]引见一下，从那个时候就认识了。后期赵老先生和杨老师交往也多一点，我们相对来说和赵先生的交往也多一些。我们毕业开始工作以后，老先生还帮我们修改文章、投稿、审稿，非常认真的。(《饶定齐访谈》，2015 年 7 月 27 日)

---

① 杨大同，中国科学院昆明动物研究所教授，口述者饶定齐的硕士导师。

资料六(口述) 我父亲(黄接棠)在黄山市蛇类科学研究所当所长。这么多年,他和赵先生一直合作比较多,也比较紧密。1992 年,第一届亚洲两栖爬行学会在黄山召开,中外学者也多,欧美很多专家也来了。赵先生是学术委员会主席,我父亲是执行主席,负责组织。(《黄松访谈》,2016 年 8 月 19 日)

资料七(口述) 参见 1985 年“8 月 25 日”条资料四(口述)。

资料八(报道) 中国黄山国际两栖爬行动物学学术会议于 1992 年 7 月 15 日至 20 日在黄山市新安医学研究中心举行。会议展示了现代两栖爬行动物学领域的研究现状和层次,反映了各国的研究水平。赵尔宓作为世界两栖爬行动物学会执行委员,进行了大量的组织工作。(钟昌富:《国际两栖爬行动物学学术会议在安徽省黄山市召开》,《生物毒素与医药》1992 年 8 月 20 日第 4 版)

资料九(信件) 赵教授:您好!昨天接到黄山会议文件三册,深表感谢!经仔细阅读,首先感到这次会的内容非常丰富,开得非常成功。到会国内代表近 200 位,尚邀请国际专家数十位。从国内代表看,基本包括我国研究两栖爬行动物的专家学者。学位论文内容也是广泛的,其中尤以研究蛇伤治疗较多,这也是学术研究为医学服务的好范例。当然,会议能开得这样成功,是和您的大力筹备和组织工作分不开的。更得知已注意到两栖动物种群的衰落,这个现象确实很严重的。(马克勤:《评论黄山会议及讨论两栖动物种群衰落》,1992 年 9 月 1 日)

7 月,与美国加州大学脊椎动物博物馆开展合作,联合考察四川部分地区的两栖爬行动物。

资料一(档案) 根据中国科学院(92)际三字 0803 号文件通知,我所拟派出专家与美国加州大学脊椎动物博物馆合作,联合考察四川部分地区两栖爬行动物。自 1987 年以来,我所与美方学者合作,共同研究了我国西北及中亚地区的两栖爬行动物区系和地理分化、演替,取得了很大成果。此次考察对全面、深入了解我国两栖爬行动物的组成及演化,有着十分重要的意义。附件 1. 考察团人员名单:(1) 中方:赵尔宓、王跃招、方自力。(2) 美方:Theodore J. Papenfuss, J. Robert Macey。(《关于中美联合考察四川部分地区两栖爬行动物

的计划》,1992 年,中国科学院成都生物研究所档案室文书档案 92.07 - 12.48)

资料二(档案) 关于中美联合考察四川部分地区两栖爬行动物的报告:根据(92)际三字 0803 号文通知,我所拟派出专家与美国加州大学 Theodore J. Papenfuss 博士、J. Robert Macey 学士一起联合考察四川地区两栖爬行动物,因涉及一些控制开放地区,请协助我所有关部门办理进入这些地区的手续为荷。此次考察将不涉及采集珍稀动物和濒危物种,仅采集普通的爬行类和两栖类。如有新种标本,则正模式标本由我所保存。(《关于中美联合考察四川部分地区两栖爬行动物的报告》,1992 年,中国科学院成都生物研究所档案室文书档案 92.07 - 12.38)

是月,负责翻译的《中国龟鳖图集》出版。

资料(著作) 《中国龟鳖图集》按我国龟鳖目动物的种类所隶属的科、属,较全面系统地向广大读者介绍各种龟鳖的产地、特征和习性等知识,系我国第一部龟鳖动物的大型彩色图集。本图集后部分还对龟鳖动物的食用、药用、工业价值、天文、仿生等科学研究与开发应用,以及龟鳖动物养殖中的常见病疾防治作了简要介绍。(周久发、周婷著,赵尔宓译:《中国龟鳖图集》,江苏科学技术出版社,1992 年)

9 月,受加州大学伯克利分校邀请,开展为期三个月的学术交流,被聘为该校客座教授。

资料一(口述) 因为国家科技部、科学院设立的基金少,没有什么可供申请。实验基本就停止,没法做了,因为药品都没法买。赵先生想办法,就是我们跟国外合作。九一年跟加州大学洛杉矶分校的 David 教授课题组合作,以及加拿大皇家学校的鲍伯 · 摩尔费一起合作,也是搞蝮蛇。当时合作就想申请点经费充实实验室。但在这之前就在讨论这个事情……后来我们……就拿到课题了,我们这个与美国合作的课题申请在八九年之前就已经基本成型,但经费没拨。美国把我们的经费取消,加州大学洛杉矶分校觉得政府这么做有点不妥,学校给了点经费支持我们到那边去把工作做完。因此,九二年九月,赵先生和我就到美国去了三个月,我们 12 月底回国。主要和他们一起做实验室工作,我主要做生化分类方面的工作。我们还进行一些考察工作,考察加州周围的山,包括赵先生、David 和我。我们主要做他们那边蛇类的分类地位研究,以蝮蛇为主。以前主要是形态分类,形态分类都涉及分类地位不太准确这个问题。就像我们国家的很多种类,外国人拿到标本,分为很多个种,那我们去也一样,他们的分类不一定准确,我们也可能把一个种分为两个种,也要有依据。不同国家的分类标准是一致的,例如,要定义一个新种,跟比较的种或相近的种对比,起码要三个主要特征不一样,才能定义新种。物种的划分是很复杂的。所以我们那年在加州大学做了三个月的工作,赵先生去主要是讲学,美国人听后对赵先生的评价很高,就问我赵先生是不是院士。他把我们国家的一个类群的分类学研究状况讲给美国人听,对象主要是研究者,也有学生。我们去加州大学生物系。他讲了几个主题,一个是我们国家整个两栖爬行研究的动态,还有就是介绍我们研究所的研究工作,包括鳄蜥、蝮亚科的分类地位等研究工作。那些同行都觉得讲得很不错。(《李胜全访谈》,2016 年 10 月 9 日)

资料二(照片) 赵尔宓(右)在加州大学古生物馆与外国专家合影。(见图 75)

图 75

12 月 17 日,从中国科学院成都生物研究所退休。

资料(档案)

<table>
<tr><th colspan="8">干部退休报批表</th></tr>
<tr><td>姓名</td><td>赵尔宓</td><td>性别</td><td>男</td><td>民族</td><td>汉</td><td>年龄</td><td>62 岁</td></tr>
<tr><td>文化程度</td><td>大学</td><td>出生年月</td><td colspan="2">1930 年 1 月</td><td>参加革命时间</td><td colspan="2">1951 年 9 月</td></tr>
<tr><td colspan="2">籍贯</td><td colspan="3">四川省成都市</td><td>职务</td><td colspan="2">研究员、副所长</td></tr>
<tr><td colspan="2">退休后住址</td><td colspan="6">四川省成都市</td></tr>
<tr><td colspan="2">解放前后工作时间(起止年月)</td><td colspan="4">在何地何部门工作</td><td colspan="2">职务</td></tr>
<tr><td colspan="2">1951 年 9 月—1954 年 4 月</td><td colspan="4">哈尔滨医科大学生物教研组</td><td colspan="2">助教</td></tr>
<tr><td colspan="2">1954 年 5 月—1964 年 12 月</td><td colspan="4">四川医学院生物教研组</td><td colspan="2">讲师</td></tr>
<tr><td colspan="2">1965 年 1 月—今</td><td colspan="4">成都生物所</td><td colspan="2">助研、副研、研究员、副所长</td></tr>
<tr><td colspan="2">呈报单位意见</td><td colspan="6">符合国家(78)104 号文规定,赵尔宓同志已到退休年龄,同意退休。
1992 年 12 月 16 日</td></tr>
</table>

(《干部退休报批表(赵尔宓)》,1992 年,中国科学院成都生物研究所档案室人事档案 104 第 9-1-7 号)

12 月,中国科学院成都生物研究所获四川省先进科研单位三等奖。

资料(证书) 1992 年 12 月,中国科学院成都生物研究所获四川省科学技术委员会颁发的“一九九一年度先进科研单位三等奖”。赵尔宓因工作成绩突出,获个人荣誉证书。(四川省科学技术委员会:《一九九一年度四川省先进科研单位三等奖荣誉证书》,1992 年 12 月)

是年,被聘为四川省科学探险协会理事及科学顾问。

资料(档案) 1992 年起,任四川省科学探险协会理事、科学顾问。(《赵尔宓简介(所庆 40 周年用)》,1998 年,中国科学院成都生物研究所档案室 1998 永久-1001)

是年,获中国动物学会荣誉证书。

资料(档案) 1992 年,赵尔宓从事动物学工作满 30 年,获中国动物学会颁发的荣誉证书。(《赵尔宓简介(所庆 40 周年用)》,1998 年,中国科学院成都生物研究所档案室 1998 永久-1001)

是年,首次提出“我国毒蛇咬伤的医学地理学”概念,指导毒蛇咬伤防治实践。

资料一(档案) 1992 年,赵尔宓首次提出“我国毒蛇咬伤的医学地理学”概念,用于指导毒蛇咬伤防治实践。(《赵尔宓简介(所庆 40 周年用)》,1998 年,中国科学院成都生物研究所档案室 1998 永久-1001)

资料二(传记) 首次提出“我国毒蛇咬伤的医学地理学”概念,指导毒蛇咬伤防治实践。(《中国研究生》杂志编辑部:《寄语:赵尔宓院士简介》,《中国研究生》2008 年第 9 期)

1993 年　　64 岁

1 月 13 日,被聘为陈钦大熊猫研究基金会评审委员。

资料(证书) 1993 年 1 月 13 日,陈钦大熊猫研究基金会聘请赵尔宓为评审委员,聘期为五年。(陈钦大熊猫研究基金会:《陈钦大熊猫研究基金会评审委员聘书》,1993 年 1 月 13 日,见图 76)

聘书

兹聘请赵尔宓教授为本基金会评审委员,聘期为五年。

陈钦大熊猫研究基金会
名誉理事长　陈万贵
理　事　长　胡锦矗
一九九三年一月十三日

图 76

1月,参与编写的专著《南迦巴瓦峰登山综合科学考察》出版。

资料一(档案) 1982年至1984年,我所参加了中国科学院组织进行的"西藏南迦巴瓦峰登山科学考察",发表论文7篇,并参加编写《南迦巴瓦峰登山综合科学考察》和《南迦巴瓦峰地区生物》二部专著,分别于1993年、1995年由科学出版社出版。(《中国科学院成都生物研究所40年历程》,1998年,中国科学院成都生物研究所档案室1999.01-009)

资料二(著作) 为了发展我国登山和高山科学考察事业,经中央批准,国家体育运动委员和中国科学院决定从1982年起,对南峰地区开展登山和综合性的科学考察活动。1982—1984年,中国科学院登山科学考察队先后组织了有关科研机构和大专院校共24个单位,分属地学、生物学、大气物理学和科教电影、摄影等26个专业,参加考察的共100余人次。1982、1983年两次对南峰地区开展了大规模的综合性科学考察;1983和1984年,以队领导为首,两次派出小分队,配合国家体委登山队和西藏体委登山队,为攀登南峰作更高海拔地区的科学考察。考察地区以南峰为中心(29°37′51″N,95°03′31″E)的大拐弯内侧为主,涉及其周围的米林、墨脱、波密、林芝等四个县。南峰地区的科学考察主要以下列五大课题作为研究目标:1. 喜马拉雅山的形成及地质发展历史;2. 南峰地区动植物区系的形成、演变及迁徙规律;3. 南峰地区气象气候规律;4. 南峰地区自然地理特征与高原隆起的关系;5. 南峰地区自然资源的保护和综合利用。在两年多的四次考察中,考察队员冒着生命危险,以顽强的拼搏精神,克服了高山缺氧、风雪严寒、交通极端不便、山崩滑坡、洪水泥石流的侵袭,以及野兽、毒蜂、蚂蟥、毒蛇等的威胁,跋山涉水,风餐露宿,艰苦奋斗,团结协作,终于安全胜利地完成了野外考察任务,获得了大量珍贵的第一手资料,因而有所作为,有所发现,有所创造。(杨逸畴等主编、中国科学院登山科学考察队编:《南迦巴瓦峰登山综合科学考察》,科学出版社,1993年)

3月,当选为中华人民共和国第八届全国人民代表大会代表。

资料一(档案) 1993年至1998年,赵尔宓任第八届全国人民代表大会代表。(《赵尔宓简介(所庆40周年用)》,1998年,中国科学院成都生物研究所档案室1998永久-1001)

资料二(传记) 1993 年,当选为第八届全国人民代表大会代表。(赵尔宓:《六十六年的回顾》,载《赵尔宓选集》下卷)

资料三(证书) 1993 年 3 月,赵尔宓被推选为中华人民共和国第八届全国人民代表大会代表。由中华人民共和国全国人民代表大会常务委员会颁发代表证,代表在任期内可持证视察。(全国人民代表大会常务委员会:《中华人民共和国第八届全国人民代表大会代表证》,1993 年 3 月,见图 77)

姓　名 赵尔宓
性　别 男
出生年月 1930年1月
选举单位 四川省
第 02257 号
全国人民代表大会
常务委员会
代表在任期内可持证视察　1993年 3 月　日

图 77

是月,编著的《拉汉英两栖爬行动物名称》出版,该书于 1998 年再版。

资料一(著作) 本书汇编了我国与世界产两栖与爬行动物名称共 1.5 万条(包括古两栖、古爬行动物)。每条名称由拉丁学名、汉名及英文名三个部分组成。书后附有汉名及英文名两个索引,可供读者查用。(赵尔宓、江耀明、黄庆云、胡淑琴、费梁、叶昌媛:《拉汉英两栖爬行动物名称》,科学出版社,1993 年)

资料二(学术评价) 作为一位对中国两栖爬行动物学研究有特殊贡献的科学家,赵尔宓的著作是很多索引及参考书目的主要来源(*Latin-Chinese-English Names of Amphibians and Reptiles*《拉汉英两栖爬行动物名称》,1993 年、1998 年再版),《中国两栖爬行动物学文献——目录及索引》(1994)。(Kraig Adler, Dedication to Ermi Zhao)

资料三(口述) 这一年(1993 年)出版了三种语言的工具书《拉汉英两

栖爬行动物名称》。(《赵蕙访谈》,2016 年 9 月 8 日)

7 月,不慎跌伤,遂在家查阅资料,撰写著作。

资料一(口述) 九三年,他不是摔断了腿吗?那时他刚刚退休。摔断腿后,他说工作的时候没时间写书,现在有时间了,要把他的工作经验都写成书,以后给大家借鉴。刘照光当时是所长,就把我派到他那儿,我就从那时开始跟着我爸一起工作,一起跑野外。九三年开始没有跑野外,他那时着重在家里查资料,写书。我和妈妈协助他,一起到各个图书馆查资料,然后他就整理,写书,那几年也出了好几本书……九三年退休,刚刚入秋,八九月份,爸爸摔倒了,我妈给我打电话,我就到医院。当时住在我姑父那个医院——何氏骨科,何老大那个医院。他们用中医疗法,不手术。开始几天很痛苦,他就睡在床上,他怕痛,也要叫唤。但过了几天,不痛了以后,他就坐在床上,开始工作了。他要求我们把工作的手稿、资料都带到医院里。他就靠在床上开始写,在医院里就一直在工作。他的一个想法就是要把他几十年的工作经验整理出来,要出本书,让后人参考。那会儿就在着手准备了。后来他出院以后,刘照光(所长)把我派到他身边,协助他做这个工作。做了差不多有三个月吧。(《赵蕙访谈》,2016 年 9 月 8 日)

资料二(口述) 他的腿摔断过一次,接好骨头后,还能到野外采集,到国外开会。他跟我再三说过,他的身体那么好,就是得益于长期野外的工作。他非常自豪能够做这个工作,走遍了祖国的山山水水,见识了各种各样的风土人情,而且他自己的身体那么好,即使断过一只腿,八十来岁了还可以爬山。(《赵尔寰访谈》,2016 年 9 月 9 日)

资料三(学术评价) 此后每年赵先生都会带领科研考察队伍进行野外科考,即便是在 1993 年腿受了重伤后,他仍然坚持野外科考。工作至今,他走遍了祖国的大江南北:从南方热带气候的云南和海南,到北方干旱的内蒙古和新疆……他继承了刘承钊教授的光荣传统,尊崇科学的自然发展观,这一点在他对分类学以及之后的动物保护理论的研究中显得尤其珍贵,例如对动物的繁殖、鸣叫以及生殖学等方面的观察研究。(Kraig Adler, Dedication to Ermi Zhao)

资料四(信件) 敬爱的赵老师：我不能参加两栖爬行动物第二届世界大会，但是 Ota 先生告诉我您不在。听说您股骨骨折了，不能去澳大利亚了。祝您早日康复。我希望能在土库曼斯坦见到您。(引田：《慰问赵尔宓》，1993 年 8 月 11 日)

资料五(传记) 第二次是 1993 年 7 月 4 日，我不慎摔伤，左腿股骨颈骨折，住入天祥(何氏)骨科医院。从 7 月到 10 月，住院整整四个月，茂洌一直昼夜守护在我身边。我的左腿被夹板固定抻直，不能活动，120 多天在床上饮水、吃饭和大小便全靠她的精心照料和护理。(赵尔宓：《思念——似彩虹通往天堂》，载《赵尔宓全家纪念涂茂洌文集》)

10 月，主编的《中国黄山国际两栖爬行动物学学术会议论文集》出版。

资料一(著作) 中国黄山国际两栖爬行动物学学术会议于 1992 年 7 月 15 日至 20 日在安徽省黄山市新安医学研究中心召开……会议决定出版会议集，分为中文部分与英文部分两册出版。本书即会议论文集的中文部分，共收到以中文写出的论文 56 篇，综述 3 篇、分类区系 10 篇、形态与发生 8 篇、生态与行为 4 篇、遗传与生化 4 篇、蛇毒研究及其应用 8 篇、毒蛇咬伤 8 篇、养殖与疾病 8 篇、资源保护 3 篇。(赵尔宓、陈壁辉、Theodore J. Papenfuss 主编：《中国黄山国际两栖爬行动物学学术会议论文集》)

资料二(学术评价) 赵尔宓也编辑整理了第一届及第二届亚洲两栖爬行动物学国际大会的会议记录。(1993 年于中国黄山，1995 年于土库曼斯坦首都阿什哈巴德)。(Kraig Adler, Dedication to Ermi Zhao)

资料三(口述) 九三年出院后，我爸就一直在写作，我妈妈和我就协助他收集资料，这一年出版了《中国黄山国际两栖爬行动物学学术会议论文集》。(《赵蕙访谈》，2016 年 9 月 8 日)

10 月 29 日，与鹰岩合编的《中国两栖爬行动物学》(*Herpetology of China*)出版。该书全面系统地论述了我国 661 种两栖爬行动物。

资料一(档案) 英文版《中国两栖爬行动物学》一书是第一部全面系统介绍我国 661 种两栖和爬行动物的专著。(《赵尔宓简介(所庆 40 周年用)》，

1998 年,中国科学院成都生物研究所档案室 1998 永久- 1001)

资料二(报道) 1993 年,他与美国鹰岩教授合作出版的《中国两栖爬行动物》(*Herpetology of China*)是第一部全面系统论述我国 661 种两栖爬行动物的专著。(张欧:《院士赵尔宓:小心抓蛇 大胆研究》,《成都晚报》2009 年 8 月 25 日第 6 版)

资料三(报道) 生于 1930 年的赵尔宓是中科院成都生物研究所研究员,成都人,满族,是我国及国际知名的两栖爬行动物学专家,他在科学研究以及加强我国科学的国际交流和对外友好交往方面作出了显著成绩,把我国两栖爬行动物学研究推向了世界。他于 1993 年出版的 *Herpetology of China* 一书,系统论述了我国 661 种两栖爬行动物,被刘建康院士誉为"中国蛇蛙研究的传世之作"。(《成都赵尔宓当选中科院院士》,《成都商报》官网,2001 年 12 月 10 日)

资料四(报道) 1993 年,他与美国鹰岩教授合作出版的《中国两栖爬行动物》(*Herpetology of China*),是第一部全面系统论述我国 661 种两栖爬行动物的专著。被国际著名的两栖爬行动物学家俄罗斯科学院院士 Ilya Darevsky、美国科学院院士 David Wake 评为"里程碑之著"。(陈悦、程渝:《动物学家赵尔宓 与蛇"缠绵"半世纪》,《华西都市报》2013 年 4 月 14 日第 23 版)

资料五(传记) 1992 年,我已办好手续去澳大利亚出席第二次世界两栖爬行学大会,因左股骨颈骨折未能成行。但是我与鹰岩教授的英文版《中国两栖爬行动物学》已在美国出版。在大会上受到普遍欢迎。到目前为止,我已看到 20 多种文字的评介文章。著名研究南美洲两栖动物的美国 Duellman 教授来信说此书将在好几十年内成为研究中国两栖爬行动物的主要参考。(赵尔宓:《六十六年的回顾》,载《赵尔宓选集》下卷)

资料六(传记) 与美国学者 Kraig Adler 合作编著英文版《中国两栖爬行动物学》,这是全面系统介绍我国 661 种两栖和爬行动物的第一部专著。(《中国研究生》杂志编辑部:《寄语:赵尔宓院士简介》,《中国研究生》2008 年第 9 期)

资料七(口述) 包括他后来到美国去,和美国康奈尔大学副校长鹰岩 Kraig Adler 合作编写 *Herpetology of China*——这个现在在国际上,只要老外做

中国的东西都是引用的,都成为经典了。(《李丕鹏访谈》,2015 年 7 月 28 日)

资料八(口述) 另外我觉得赵先生的那本书——和 Adler 的那本书叫 *Herpetology of China*,它也是集文献之大成,把我们国家所有的这些分类阶元做了一遍厘清。随着科技的发展,有些东西进步了,有些改变了,但一点儿也不掩盖在当时那种条件下这本书它所起到的重要作用和这本书的光辉。当然还有很多重要的贡献,赵先生发表了很多新的分类阶元。我刚才说的,发现一个新物种,那也是很了不得的,何况赵先生发现了那么多新物种,还有些新属等等,这都是很重要的。老一辈的科学家都是做这方面出身的,动物方面我们老一辈的像赵先生、植物方面像吴征镒老先生。他们做的是传统研究,但他们取得的成就值得我们所有人的尊重。而且,一定意义上来讲,我们有些做的东西,可能文章发表出来,就进图书馆了,后来慢慢地就没有人知道了,好一点的三五年,再好一点的十年八年。但是像赵先生他们做的这类研究,十年、二十年、五十年、一百年,甚至两百年以后,他的那些物种仍然会被人找到,他的文献还会被来回引用的。这就是做基础研究非常重要的地方。(《吕顺清访谈》,2016 年 8 月 18 日)

资料九(口述) 当时很多人非常认同赵先生和我们生物研究所两栖爬行室做的工作,国际上的交流这块赵先生也做得非常好,并且把自己的工作成果也展示出来。当时我记得跟康奈尔大学合作了一本关于中国两栖爬行动物的合著 *Herpetology of China*,中文是《中国两栖爬行动物学》,对世界的影响比较大。(《方自力访谈》,2016 年 10 月 24 日)

资料十(口述) 他送给我的书比较多,基本上你们生物所有的书我都有,他跟 Adler 合作编著的《中国两栖爬行动物学》是从美国给我寄来的。(《高正发访谈》,2016 年 10 月 25 日)

资料十一(口述) 他出国待了一年,这一年他的主要工作就是《中国两栖爬行动物学》那本书,那书九三年出版。他八七年大量做的工作。他去美国主要是两个地方:一个是伯克利,一个是康奈尔。康奈尔那个 Adler 是他的合作者。他就在 Adler 那里。Adler 是世界上最有名的收集两栖爬行动物文献的人,他的图书馆是世界上收集两栖爬行资料最丰富的个人的图书馆,他有很多非常珍稀的书,主要是一八几几年、一七几几年出的书,根本找不着的书,他有。他是个收藏家。赵先生那时候已经在主持《爬行志》,他就利用这个机会找到了大量的原始文献。《动物志》对中国学者来说,很难的事情是一定要找到那个原始描述,这个种的依据是什么。那个很老,在国内非常难找。他自己说在 Adler 的图书馆能找到百分之八十。非常好的东西,他给我复印了好多东西回来。开会的时候经常能碰到他,也会聊聊。他一般问赵先生怎么样。上次见他应该是两三年前,他就问:赵先生怎么样?最近见他了吗?我就说见他啦,身体挺好,就是有点忘事,刚说的事他一会儿就忘了。他就说:I did that all the time(编者注:我也经常忘事)。赵先生在那边一共待了十个月,好像在他那里就待了七八个月。赵先生先去伯克利待了一段时间,然后就去 Adler 那里。在伯克利,他也帮着做了一件事,就是把我前面说的《中国有尾两栖类的研究》那本书做了个英文版……所以赵先生有好几本英文著作。这是其中之一,就是《中国有尾两栖动物的研究》,汉语的就是这么大一小本,英文的要稍微厚一点,那是别人翻译的……他对赵先生的书其实做得非常好,当然,是资料整理式的,不是描述很多东西的,也不是很前沿的,就是那种整理历史的书。工作做得非常好,那个书在国外影响非常大。因为很多国外的人对中国两栖爬行动物的认识就是从那本书开始。比如现在,我相信任何一个学生,一个有志于两栖爬行动物的人,如果对中国的两栖爬行动物有兴趣的话,一定会去买这本书。据说这本书价格也不少啦。就是后面我说的 Adler 领导的这个 SSAR 协会,受他的影响。这个协会有一个很重要的工作就是出书……Adler 非常有钱,他是教授,又是校长,肯定很有钱,他为人也很大方。因为国外是这样,你是作者,出版商就给你一本,这一本不要钱,剩下的你要出钱买,可以有折扣,有优惠价。九三年那本书出来后,Adler 买了 100 本,他请赵先生提供名单,说你认为哪几个人值得拥有这本书,他送给这些人,因为国内的人都买不起。赵先生说哪几个人值得拥有这本书,他送这个书要觉得值,不能送人后没几天就被扔掉了,对吧?应该是 100 本。所以国内很多人都有这本书,基本上都是 Adler 送的。九三年到国外去,我就赶紧买了一本。后面买了一些送别人,主要送学生。(《傅金钟访谈》,2015 年 7 月 22 日)

资料十二(口述) 特别是有一本《中国两栖爬行动物学》,1993 年,他和美国的 Adler 合作的(*Herpetology of China*)那本书,很系统的一本两栖爬行类的书，我一直想要，赵先生也答应帮我找，但确实那本书因为出版时间比较久了，当时已经找不到了，没有了。他后来是找到了送给他女儿赵小苓和外孙的一本书，就对他们说反正他们又不做这行，当时送给他们也就是做个纪念，就把书要了回来。那天我到他家里去，他突然就站起来，从书柜里抽出这本书："你看，我都给你要过来了。"他给我签了个名，写了个转赠蒋珂。然后专门给我说："你看，我写了转赠。人家就不得说你是偷的了。"所以现在我也很习惯自己需要的书能够买到的尽量买到，尽量能收集就收集。这方面受了赵先生很大的影响。(《蒋珂访谈》，2016 年 9 月 3 日)

资料十三(口述)　鹰岩教授本人是做神经方面研究的，但是他非常热爱两栖爬行动物，他从大学时期就创建了美国两栖爬行动物研究协会、活动力非常强。他跟赵先生谈，在中国还没有一本非常系统的两栖爬行动物专著。于是他就跟赵先生提出来，中国现在这么多两栖爬行著作，但实际上国外都不怎么清楚，希望有人把这个整理一下。赵先生很愿意做这个工作，他跟鹰岩大概八三年有了合作意向，然后就回来准备这些东西。八七年和九一年，赵先生分别两次到美国跟鹰岩商讨合作书的事，九一年还专门住在鹰岩家里，连续花了几个月整理资料，最后完成这本《中国两栖爬行动物学》，就是 *Herpetology of China*，对中国已知的两栖类爬行动物都有个记录。它们的原始描述出处、分布情况、古籍记载的两栖爬行类资料、一直到八十年代中国的学者在各个方面的成果(分类学的、生理学的、生态学等方面、染色体、蛋白质这些方面的研究)、大概研究历史做了一个非常明确的梳理。紧接着就是物种名录、一些物种的照片。很厚的一本书。我当时自己比较感兴趣，我就想翻译出来给一些朋友看。我翻译了一小部分，其中历史的一部分。然后大概是在二〇〇七年左右，我们给赵先生提出来这个书是九三年出版的，已过了十多年了，现在增加了很多新的物种，很多物种的分类地位也发生了变化。我们提出：这个书有没有可能修订后再版？赵先生当时确实是考虑过的，他说他没有问题。当时我跟鹰岩还有联系，赵先生就让我帮他联系鹰岩，看看他本人有没有意向再版。如果鹰岩同意，赵先生说他可以私人出钱邀请他到中国来谈合作的事情，把它(第二版)搞出来。我联系了鹰岩，当时大概鹰岩还有些比较忙的事情，他说他比较愿意，但暂时抽不出时间，就说稍微缓一缓，结果到后来赵先生那边又有一些时间问题了。所以后来这个事就搁浅下来了，还是非常可惜的。因为这本书的评价还是很高的，它是第一部让大家见识到中国这些几百上千种两栖爬行动物(的书)，应该说是一部里程碑式的著作。(《蒋珂访谈(二)》,2016 年 10 月 28 日)

资料十四(口述) 赵先生还有一个把我们两栖爬行室推得最有影响力的书就是 *Herpetology of China*，作者是赵先生和 Kraig Adler。那个时候 Kraig Adler 是世界两栖爬行学会的秘书长，是康奈尔大学的副校长。他们俩联手花了好几年，赵先生整天都在弄，一直到 1993 年出版，那本书就成了中国两栖爬行界在刘先生的《华西两栖类》之后第一本出国的著作。国外的学者知道中国的两栖爬行就靠《华西两栖类》这本书，所以刘先生的贡献肯定是世界上的影响，因为全都是英文的。然后赵先生就是(借助)这本书，就把中国当时两栖爬行的情况推向了世界，这本书就是国外大学两栖爬行的教科书。1993 年出版，到现在为止，没有第二本著作超越。因为没有英文版著作，现在再怎么更新都没用，中文的著作走不出去，国外没有人能看得懂。所以这本书的影响力很大很大，别人都知道。(《曾晓茂访谈(二)》,2016 年 10 月 19 日)

资料十五(口述) 赵尔宓先生是这方面杰出的专家，他对亚洲的两栖爬行动物研究作出了巨大贡献，也对整个两栖爬行领域贡献甚大。最重要的贡献是，他总结了中国丰富的两栖爬行动物资源，建立了中国两栖爬行动物资源数据库。当然，他是世界上最重要的两栖爬行动物研究学者之一，建立了专门的研究机构，帮助过很多这方面的学者，中国现在在该领域研究取得的巨大进步都离不开他的基础。许多年轻的两栖爬行动物学者认为他对这个领域的贡献最大，当然我也这样认为。现在许多中国两栖爬行学者和世界广泛交流，赵先生是这方面的先驱。比如为了合作著书，他在美国待了好几个月。这本书现在被认为是两栖爬行动物研究的经典著作。(《娜塔莉亚访谈》,2016 年 8 月 21 日)

资料十六(口述) 九三年出院后我爸就一直在写作，我妈妈和我就协助他收集资料，这一年与美国伯克利大学的 Kraig Adler 合作，在美国出版了两栖爬行专作 *Herpetological of China*(《中国两栖爬行动物学》)。(《赵

蕙访谈》,2016 年 9 月 8 日)

资料十七(口述) 从我知道这个名字就感觉到了他就是中国两栖爬行动物学的第一人。你比如说,《中国两栖爬行动物学》这部英文书,然后就是《中国动物志》爬行纲的中、下两卷,又有一系列的著作。老先生可以说在整个中国两栖爬行动物学界是一个划时代的人物。在这个时代,那就是第一人、带头人、领军人物。所以说他奠定了两栖爬行动物学研究当代(学者)的(地位)。当然除了他的先生那一辈,刘承钊先生,那是老一辈先生。但是他们这一代人,他绝对是最高的。所以说他做的这些工作,也为后来的中国两栖爬行动物学研究奠定了重要的基础,尤其是作为宏观的分类学的研究。这个如果不正确,后来的就像我刚才提到的,那就都是空中楼阁,可能会出现问题。所以说赵先生的工作,那就是打下了一个坚实的基础。所以说我认为先生是这个时代的最高的两栖爬行动物学研究者。(《赵文阁访谈》,2016 年 8 月 17 日)

资料十八(学术评价) 赵尔宓最著名的代表作是《中国两栖爬行动物学》(1993),它是第一部被翻译成多国语言、全面系统论述中国的 661 种两栖和爬行动物的专著,它描述了两栖爬行动物的分类、特征、同物异名、分布、索引、区域划分等研究成果,附带成百上千张两栖爬行动物及其生活习性的彩图。(Kraig Adler, Dedication to Ermi Zhao)

资料十九(信件) 敬爱的赵老师,Adler 博士寄给我一本《中国两栖爬行动物学》,这是中国两栖动物和爬行动物的不朽作品。随信附上我最近几篇论文的印本。谢谢您的帮助。(引田:《慰问赵尔宓》,1993 年 8 月 11 日)

资料二十(信件) 尔宓:我很高兴寄给你这本书(*Herpetology of China*),我已在上面签名。这个合作项目花了很多年才完成,从 1984 年我第一次向你建议我们写一个现代中国两栖和爬行动物名录的那一刻起。当然,完成的结果不仅仅是一个简单的名录,我相信,我们的书将为中国以后两栖爬行动物研究提供重要的资源。能和你一起合作这个项目是我的荣幸。(鹰岩:《回顾与赵尔宓合著学术专著》,1993 年 11 月 29 日)

资料二十一(信件) 尔宓:就在我上次给你写信的时候,我得知了《中国两栖爬行动物学》的出版,并在 Harold 的办公室看到了一本。它令人印象深刻。不久之后,我收到了一份复本……说真的,在我看来,这本书非常棒。这不仅是一部优秀的作品,而且是一部非常有用的作品。我已经通读了《蛙》及其他章节。这部作品真是两个合著者有趣的结合。(罗伯特:《书评和稿件处理情况》,1994 年 2 月 1 日,见图 78)

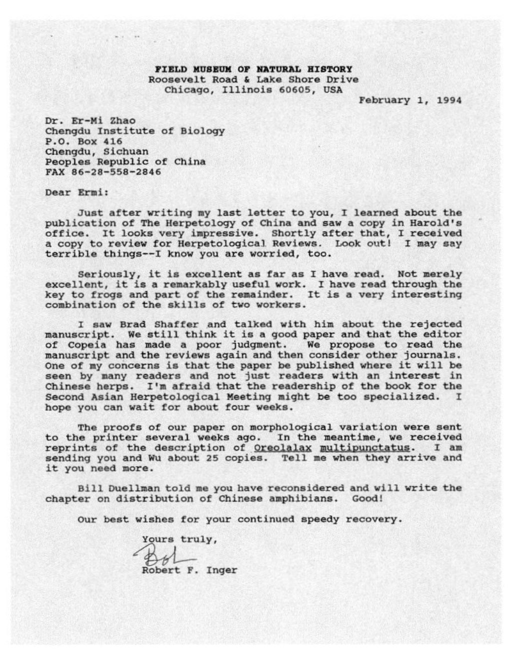

FIELD MUSEUM OF NATURAL HISTORY
Roosevelt Road & Lake Shore Drive
Chicago, Illinois 60605, USA

February 1, 1994

Dr. Er-Mi Zhao
Chengdu Institute of Biology
P.O. Box 416
Chengdu, Sichuan
Peoples Republic of China
FAX 86-28-558-2846

Dear Ermi:

Just after writing my last letter to you, I learned about the publication of The Herpetology of China and saw a copy in Harold's office. It looks very impressive. Shortly after that, I received a copy to review for Herpetological Reviews. Look out! I may say terrible things--I know you are worried, too.

Seriously, it is excellent as far as I have read. Not merely excellent, it is a remarkably useful work. I have read through the key to frogs and part of the remainder. It is a very interesting combination of the skills of two workers.

I saw Brad Shaffer and talked with him about the rejected manuscript. We still think it is a good paper and that the editor of Copeia has made a poor judgment. We propose to read the manuscript and the reviews again and then consider other journals. One of my concerns is that the paper be published where it will be seen by many readers and not just readers with an interest in Chinese herps. I'm afraid that the readership of the book for the Second Asian Herpetological Meeting might be too specialized. I hope you can wait for about four weeks.

The proofs of our paper on morphological variation were sent to the printer several weeks ago. In the meantime, we received reprints of the description of <u>Oreolalax multipunctatus</u>. I am sending you and Wu about 25 copies. Tell me when they arrive and it you need more.

Bill Duellman told me you have reconsidered and will write the chapter on distribution of Chinese amphibians. Good!

Our best wishes for your continued speedy recovery.

Yours truly,
Bob
Robert F. Inger

图 78

资料二十二(信件) 尔宓教授:近来腿部行动想必大有进步。上周收到鹰岩教授寄赠的您与他合著的大作,浏览之后,觉得历史资料搜集之详尽、检索表之权威性、彩色图版之精美、物种诠释清单之周密、文献之完整等等,都是第一流的,确是本(二十)世纪中国蛇蛙研究总结的一部传世之作,特向您表示衷心的祝贺。鹰岩教授处,我也已去信表示祝贺,并对他的赠书表达谢忱。(刘建康:《祝贺 *Herpetology of China* 出版》,1994 年 4 月 11 日,见图 79)

是年,与加拿大安大略皇家博物馆合作进行"中国大鲵分类的分子生物学研究"。

资料(档案) 1993 年至 1994 年,赵尔宓与加拿大安大略皇家博物馆合

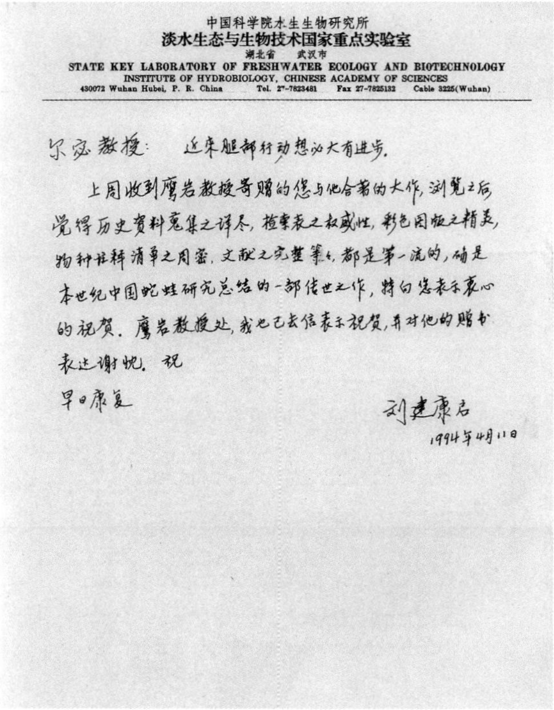

中国科学院水生生物研究所
淡水生态与生物技术国家重点实验室
湖北省 武汉市
STATE KEY LABORATORY OF FRESHWATER ECOLOGY AND BIOTECHNOLOGY
INSTITUTE OF HYDROBIOLOGY, CHINESE ACADEMY OF SCIENCES
430072 Wuhan Hubei, P. R. China Tel. 27-7823481 Fax 27-7825132 Cable 3225(Wuhan)

尔宓教授：　近来腿部行动想必大有进步。

上周收到鹰岩教授寄赠的您与他合著的大作，浏览之后觉得历史资料蒐集之详尽，检索表之权威性，彩色图版之精美，物种注释清单之周密，文献之完整等等，都是第一流的，确是本世纪中国蛇蛙研究总结的一部传世之作，特向您表示衷心的祝贺。鹰岩教授处，我也已去信表示祝贺，并对他的赠书表述谢忱。祝

早日康复

刘建康启
1994年4月11日

图 79

作进行"中国大鲵分类的分子生物学研究"。(《赵尔宓简介(所庆 40 周年用)》,1998 年,中国科学院成都生物研究所档案室 1998 永久-1001)

1994 年　　65 岁

10 月,编著的工具书《中国两栖爬行动物学文献——目录及索引》出版。

资料一(档案)　1994 年,赵尔宓与赵蕙合编《中国两栖爬行动物学文献》。(《赵尔宓简介(所庆 40 周年用)》,1998 年,中国科学院成都生物研究所档案室 1998 永久-1001)

资料二(学术评价)　1994 年在中国两栖爬行动物科学史上的重大事迹应该是成都科技大学出版社出版了赵尔宓教授与赵蕙编著的《中国两栖爬

行动物学文献——目录及索引》。这部巨著的问世，对开展中国两栖爬行动物研究有深远的影响。作者搜索了1925年至1993年中国学者以及中国学者与国外学者合作研究中国两栖爬行动物的成果，计1957篇(册)文献。分别以中文与英文(部分其他西文)列出，有助于国外学者了解中国两栖爬行动物学研究的成就，促进国内外学者之间相互交流。因此，它标志着中国两栖爬行动物学发展史上的一个重要里程碑……总而言之，《中国两栖爬行动物学文献——目录与索引》是69年(1925—1993年)文献的总汇，是研究中国两栖爬行动物必备的一部重要工具书，是促进国内外学者之间进行学术交流讨论或合作研究的桥梁，它必将推动中国两栖爬行动物学研究的进一步发展。(王培潮:《中国两栖爬行动物学史上的里程碑——读〈中国两栖爬行动物学文献〉》,《四川动物》1995年第1期)

资料三(口述) 现在随着许多分子生物学分类技术的发展，人们对传统的分类可能越来越不重视了。这也是我们困惑的地方。但是，我觉得做任何研究，基础就是物种，所以物种是我们生物学中最重要的概念，没有之一。物种层面的研究是最基础的，也是最重要的，是一切生物学研究的基础。很多人都说老一辈科学家包括赵先生，他们做的都是传统的。但是这些传统，包括物种的分类、鉴定，发表新物种、新的分类阶元等等都是非常重要的。我认为是非常重要的，没有这些基础，后面的那些都没有的。所以，赵先生一生最大的贡献就是在我们国家物种的这个层面的研究积累，特别是文献方面的。赵先生这点贡献是非常值得我们年轻人感动的，就是说他除了自己做科学研究之外，还把文献收集起来，不管是国内的还是国外的，出了文集。我们都知道他出了一本两栖爬行动物的文集……这些东西对于过去没有文献、找不到文献的研究生、研究者都是非常重要的。他们可以通过这本书找到需要的文献。所以，文献收集这方面，他的贡献很重要。(《吕顺清访谈》,2016年8月18日)

资料四(学术评价) 参见1993年“是月”条资料二(学术评价)。

资料五(著作) 本书是一种工具书。作者搜集了1925年至1993年中国学者以及中国学者与国外学者合作研究中国两栖爬行动物的成果，计1957篇(册)文献。内容涵盖中西文文献目录、分类阶元索引、行政区划索引、作者信息等,有助于国外学者了解中国两栖爬行动物学研究的成就。……最初的目的是有鉴于文字的隔阂,国外对我国学者关于两栖爬行动物的研究知之甚少,想给国外同行或业余爱好者提供一个线索;以便于了解中国学者在两栖爬行动物学领域研究工作的成就,以及知道从什么地方可以找到这些文献……原计划于1993年出版,搜集文献的截止期定为1992年底。工作一直紧张地进行着,到1993年上半年,初稿基本完成,只待最后定稿即可付印,本书第一作者不幸于7月4日跌伤(股骨颈骨折),住医院治疗几达四个月。10月底出院后,虽能继续坚持工作,但已不可能于当年出版。因此决定推迟到1994年出版,同时也将搜集文献的截止日期延长到1993年。(赵尔宓、赵蕙编著:《中国两栖爬行动物学文献——目录及索引》,成都科技大学出版社,1994年)

是年,被聘为湖南常德师范高等专科学校名特动植物综合开发研究所首席顾问。

资料(档案) 1994年,赵尔宓被聘为湖南常德师范高等专科学校名特动植物综合开发研究所首席顾问。(《赵尔宓简介(所庆40周年用)》,1998年,中国科学院成都生物研究所档案室1998永久-1001)

1995年　　66岁

5月20日,被聘为林业部环境和野生动物监测中心高级专家顾问。

资料一(档案) 1995年起,任命为中华人民共和国林业部环境和野生动物监测中心高级专家顾问。(《赵尔宓简介(所庆40周年用)》,1998年,中国科学院成都生物研究所档案室1998永久-1001)

资料二(证书) 1995年5月20日,赵尔宓被林业部调查规划设计院聘为该院环境和野生动物监测中心高级专家顾问。(林业部调查规划设计院:《林业部调查规划设计院环境和野生动物监测中心高级专家顾问聘书》,1995年5月20日)

7 月 6 日至 10 日，应邀出席在法国举办的世界首届龟鳖保护大会，并做中国龟鳖大会报告。

资料一（档案） 1995 年 7 月 5 日—13 日，应邀前往法国，出席世界首届保护大会，按期回国。(《因公出国人员审查表》,1998 年，中国科学院成都生物研究所档案室人事档案 104 第 18.41 号)

资料二（传记） 1995 年夏，我应法国邀请，出席在该国南部召开的世界龟鳖保护大会，并作学术讲演。(赵尔宓：《六十六年的回顾》,载《赵尔宓选集》下卷)

资料三（论文） 1995 年 7 月 6 日—10 日在法国召开国际龟类保护大会。赵尔宓受邀参加，并在会上作了“中国的龟鳖及其保护现状”学术报告，介绍了我国列入保护名单的龟鳖种类及建立自然保护区的情况等。(赵尔宓：《法国国际龟类保护大会散记》,《四川动物》1995 年第 4 期)

资料四（照片） 赵尔宓应邀在首届世界龟鳖研究大会上作报告。(见图 80)

图 80

8 月 28 日，发文探讨中国两栖动物名录及地理分布。

资料一（论文） 本文在赵尔宓与鹰岩 1993 年所著《中国两栖爬行动物学》

一书的基础上，结合该书出版后分类与分布方面的进展编制而成。该书搜集的资料截止于1992年12月31日。新增内容是近两年来我国两栖动物增加的新属种，原有的属种有一些变动，属种的分布地区的新资料。（赵尔宓：《中国两栖动物名录及地理分布》，《四川动物》1995年增刊）

资料二（论文） 本文在形态学的基础上，应用细胞核学、生物化学等方法，对四川省两栖动物进行深入研究，使两栖类动物区系划分、探讨物种形成与系统演化有了新的进展。主要内容包括四川省两栖动物区系与地理区划研究简史、四川自然条件概况、四川两栖动物种类及分布等。（吴贯夫、赵尔宓：《四川省两栖动物区系与地理区划》，《四川动物》1995年增刊）

9月5日，出访土库曼斯坦，出席第二届亚洲两栖爬行动物学国际大会，担任组织委员，并受到该国副总理的接见。

资料一（档案） 1995年9月5日至12日，赴土库曼斯坦出席第二届亚洲两栖爬行学术会，按期回国。（《因公出国人员审查表》，1998年，中国科学院成都生物研究所档案室人事档案104第18.41号）

资料二（学术评价） 参见1993年“10月”条资料二（学术评价）。

资料三（传记） 同年秋，赴土库曼斯坦出席第二届亚洲两栖爬行动物学术会。……1995年，应土库曼斯坦邀请，成为第二届亚洲两栖爬行动物学术会组织委员，受到该国副总理等领导接见。（赵尔宓：《六十六年的回顾》，载《赵尔宓选集》下卷）

资料四（照片） 赵尔宓（二排左一）在土库曼斯坦出席亚洲两栖爬行动物学大会。（见图81）

9月6日，被聘为《蛇伤防治通讯》顾问，聘期为四年。

资料一（档案） 1995年，赵尔宓被聘为《蛇伤防治通讯》顾问。（《赵尔宓简介（所庆40周年用）》，1998年，中国科学院成都生物研究所档案室1998永久-1001）

资料二（证书） 1995年9月6日，亚洲两栖爬行动物研究学会（Asiatic Herpetological Research Society）聘请赵尔宓任《蛇伤防治通讯》顾问，聘期为四

图 81

年。(亚洲两栖爬行动物学会:《〈蛇伤防治通讯〉顾问聘书》,1995 年 9 月 6 日)

11 月,参编的著作《南迦巴瓦峰地区生物》出版①。

资料一(档案) 参见 1993 年“1 月”条资料一(档案)。

资料二(著作) 本书是中国科学院登山科学考察队生物组 1982—1984 年对我国西藏南迦巴瓦峰地区生物区系考察的总结。本书以综合和系统的观点,将南峰地区各类生物作为一个整体,对全区生物的特点作了概况和总结,并结合该地区自然环境的历史演变过程、现代生态环境特点,对该地区生物的起源进行了探讨。(李渤生主编:《南迦巴瓦峰地区生物》,科学出版社,1995 年)

是年,主编《中国两栖动物地理区划》。

资料(档案) 1995 年,赵尔宓主编了《中国两栖动物地理区划》。(《赵尔宓简介(所庆 40 周年用)》,1998 年,中国科学院成都生物研究所档案室

① 赵尔宓主要负责撰写第九章《南迦巴瓦峰地区两栖爬行类区系》。

1998 永久-1001)

是年,与日本研究所合作进行中国蝮蛇分类学研究。

资料(档案) 1995 年—1996 年,与日本养命酒研究所合作进行“中国蝮属蛇类的分类学研究”。(《赵尔宓简介(所庆 40 周年用)》,1998 年,中国科学院成都生物研究所档案室 1998 永久-1001)

1996 年　　67 岁

年初,因左腿股骨头坏死,置换人工全髋关节,手术成功。

资料(传记) 第三次是 1995 年底,我左腿髋关节又疼痛难忍,先后在北京解放军 301 医院、积水潭医院和协和医院检查,都确诊是股骨头坏死。1996 年初我住入成都市友谊医院,著名骨科专家饶书城教授亲自给我做人工全髋关节手术。事后证明手术是非常成功的,因为我术后到现在每年仍去野外工作,照常跋山涉水,没有任何障碍。本来两周后就可出院,遗憾的是出院前发生了一点波折:药房个别人向我推荐一种“口服液”,碍于情面“被迫”买了一些,见它成分中有活菌,我不敢贸然服用。茂洲却自告奋勇先试服规定剂量,经过两小时并未发现不良反应,这时我才服用。没有想到,我服后一小时就开始腹泻,基本上是一小时一次,连续泻了一昼夜 24 次,以致拖延到一个月后才出院。回想过去的一切,我衷心感谢茂洲始终陪伴我度过在病榻的日日夜夜,以及对我无微不至的关怀和照顾!特别是通过“口服液”一事,充分说明她为了我的安全而勇于试服不明性能药品的牺牲精神,这是她对我情深似海最有力的证明。她对我的恩情让我终生难以忘怀!(赵尔宓:《思念——似彩虹通往天堂》,载《赵尔宓全家纪念涂茂洲文集》)

4 月 23 日,出席并主持四川省动物学会五届二次全体理事会议。

资料(报道) 这次全体理事会议由赵尔宓理事长主持,王竞秘书长就会议的议题作了说明。会议主要就今年召开第六次会员代表大会暨第七次学术年会(简称“六大”)和《四川动物》杂志创刊 15 周年纪念活动的问题,在团结、融洽、民主的气氛中,进行了热烈、认真和卓有成效的讨论。会议决定“六大”于 1996 年 10 月下旬在成都召开,其间将举行《四川动物》杂志创刊 15 周年纪念活动。(魏银松:《中科院成都生物所李伯刚同志当选为学会名誉理事长　四川省动物学会五届二次全体理事会议决定召开“六大”》,《四川动物》1996 年第 2 期)

10 月 24 日,被聘为川西北保护大熊猫教育研究中心顾问。

资料一(档案)　1996 年,赵尔宓被聘为川西北保护大熊猫教育研究中心顾问。(《赵尔宓简介(所庆 40 周年用)》,1998 年,中国科学院成都生物研究所档案室 1998 永久-1001)

资料二(证书)　1996 年 10 月 24 日,川西北保护大熊猫教育研究中心聘请赵尔宓教授担任顾问。(川西北保护大熊猫教育研究中心:《川西北保护大熊猫教育研究中心顾问聘书》,1996 年 10 月 24 日)

是年,应哈萨克斯坦之邀,担任第三届亚洲两栖爬行动物学术会组织委员。

资料(传记)　1996 年,应哈萨克斯坦之邀请,担任第三届亚洲两栖爬行动物学术会组织委员。(赵尔宓:《六十六年的回顾》,载《赵尔宓选集》下卷)

是年,应越南之邀,担任首届热带雨林两栖爬行动物的多样性及保护学术会组织委员。

资料(传记)　1996 年……应越南之邀,担任首届热带雨林两栖爬行动物的多样性及保护学术会组织委员。(赵尔宓:《六十六年的回顾》,载《赵尔宓选集》下卷)

是年,撰写《中国龟鳖研究》,广泛收集相关资料。

资料一(信件)　附件是你要求的闭壳龟属(*Cuora*)和齿缘摄龟属(*Cyclemys*)的照片。可能不是所有照片都有用(有些在重新拍照时被切断了),但有些确实有用。最好是规格 2×2 的幻灯片,这样就可以按照你的要求重新拍摄了。预祝你的书成功,这无疑是一个有价值的研究项目。我甚至想过自己或者和 John Iverson 一起创作这样一部作品。(卡尔:《愿意为〈中国龟鳖研究〉一书提供照片》,1996 年 9 月 12 日,见图 82)

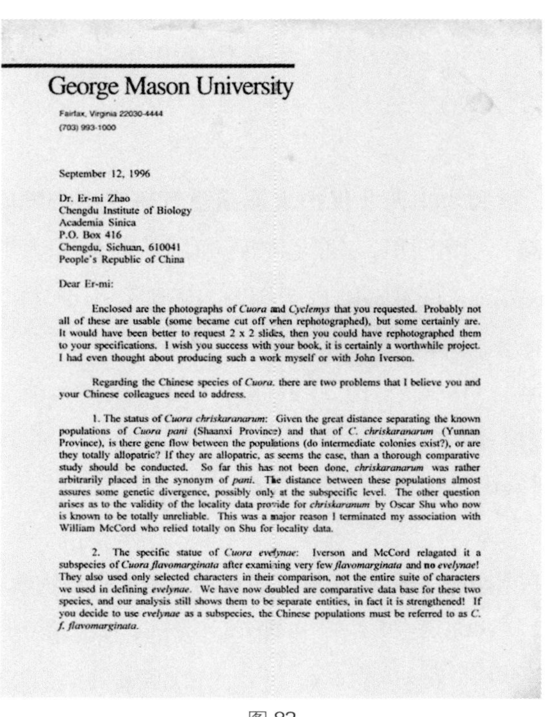

George Mason University

Fairfax, Virginia 22030-4444
(703) 993-1000

September 12, 1996

Dr. Er-mi Zhao
Chengdu Institute of Biology
Academia Sinica
P.O. Box 416
Chengdu, Sichuan, 610041
People's Republic of China

Dear Er-mi:

Enclosed are the photographs of *Cuora* and *Cyclemys* that you requested. Probably not all of these are usable (some became cut off when rephotographed), but some certainly are. It would have been better to request 2 x 2 slides, then you could have rephotographed them to your specifications. I wish you success with your book, it is certainly a worthwhile project. I had even thought about producing such a work myself or with John Iverson.

Regarding the Chinese species of *Cuora*, there are two problems that I believe you and your Chinese colleagues need to address.

1. The status of *Cuora chriskaranarum*: Given the great distance separating the known populations of *Cuora pani* (Shaanxi Province) and that of *C. chriskaranarum* (Yunnan Province), is there gene flow between the populations (do intermediate colonies exist?), or are they totally allopatric? If they are allopatric, as seems the case, than a thorough comparative study should be conducted. So far this has not been done, *chriskaranarum* was rather arbitrarily placed in the synonym of *pani*. The distance between these populations almost assures some genetic divergence, possibly only at the subspecific level. The other question arises as to the validity of the locality data provide for *chriskaranum* by Oscar Shu who now is known to be totally unreliable. This was a major reason I terminated my association with William McCord who relied totally on Shu for locality data.

2. The specific statue of *Cuora evelynae*: Iverson and McCord relagated it a subspecies of *Cuora flavomarginata* after examining very few *flavomarginata* and **no** *evelynae*! They also used only selected characters in their comparison, not the entire suite of characters we used in defining *evelynae*. We have now doubled are comparative data base for these two species, and our analysis still shows them to be separate entities, in fact it is strengthened! If you decide to use *evelynae* as a subspecies, the Chinese populations must be referred to as *C. f. flavomarginata*.

图 82

资料二(信件) 我很乐意为这本中国龟鳖的书提供照片。我可以提供百色闭壳龟(*mccordi*)、艾氏拟水龟(*iversoni*)、缺颌花龟(*glyphistoma*)、菲氏花龟(*philippeni*)、拟眼斑水龟(*pseudocellata*)、云南闭壳龟(*yunnanensis*)的照片。但是,我需要知道它们应该是什么格式。我的照片几乎都是幻灯片。如果你觉得幻灯片可以,我将复印我的幻灯片并发送给你。如果你需要打印,我就把幻灯片复制打印出来,然后邮寄。另外,你更喜欢四肢伸展的照片,还是头部和前壳的照片?请告诉我。谢谢你给我这个机会来协助你的工作。祝你编著顺利。(约翰:《愿意为〈中国龟鳖研究〉一书提供照片》,1996 年 4 月 1 日,见图 83)

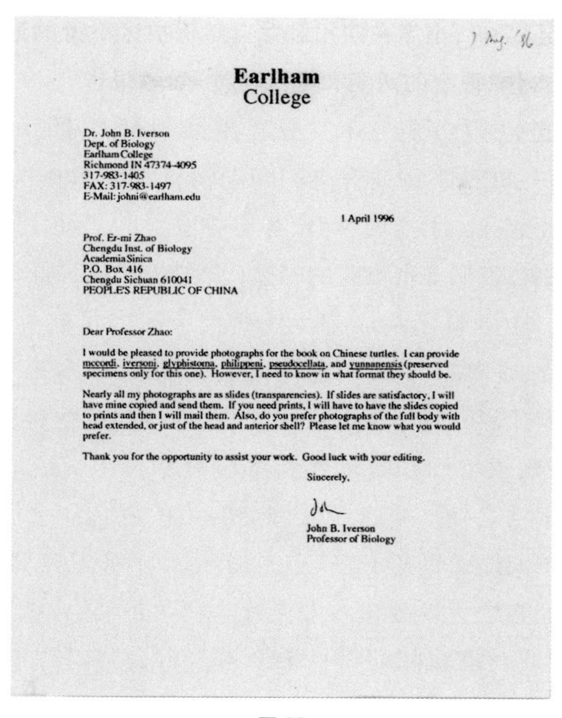

Earlham
College

Dr. John B. Iverson
Dept. of Biology
Earlham College
Richmond IN 47374-4095
317-983-1405
FAX: 317-983-1497
E-Mail: johni@earlham.edu

1 April 1996

Prof. Er-mi Zhao
Chengdu Inst. of Biology
Academia Sinica
P.O. Box 416
Chengdu Sichuan 610041
PEOPLE'S REPUBLIC OF CHINA

Dear Professor Zhao:

I would be pleased to provide photographs for the book on Chinese turtles. I can provide mccordi, iversoni, glyphistoma, philippeni, pseudocellata, and yunnanensis (preserved specimens only for this one). However, I need to know in what format they should be.

Nearly all my photographs are as slides (transparencies). If slides are satisfactory, I will have mine copied and send them. If you need prints, I will have to have the slides copied to prints and then I will mail them. Also, do you prefer photographs of the full body with head extended, or just of the head and anterior shell? Please let me know what you would prefer.

Thank you for the opportunity to assist your work. Good luck with your editing.

Sincerely,

John B. Iverson
Professor of Biology

图 83

1997 年　　68 岁

2 月,主编的《横断山区两栖爬行动物》出版,阐述横断山区生境的重要性。

资料一(档案)　参见 1982 年“5 月起”条资料一(档案)。

资料二(论文)　参见 1982 年“5 月起”条资料三(论文)。

资料三(学术评价)　参见 1987 年“12 月”条资料四(学术评价)。

资料四(著作)　本书属青藏高原横断山区科学考察丛书,为横断山科学考察报告之一。记载了横断山区已知两栖动物 3 目 11 科 26 属 81 种、爬行动物 2 目 14 科 53 属 117 种。分别记述每种的形态特征、生物学资料、地理分布、分类讨论、经济价值等,并对此区的自然条件、区系的形成与演化进行了探讨。(赵尔宓、杨大同主编:《横断山区两栖爬行动物》,科学出版社,1997 年)

5月20日至22日，出席在四川卧龙自然保护区举行的迎香港回归动物科学学术报告会，作"香港的两栖和爬行动物"学术报告。

资料一(报道)　为了迎接和庆祝香港回归祖国，四川省动物学会于1997年5月20—22日举行迎香港回归动物科学学术报告会。报告会在卧龙自然保护区举行。学会理事会、各专委会、《四川动物》杂志编委会的代表及北京、云南、贵州等省市区的特邀代表30余人参加了会议。……会上，学会理事长、中国科学院成都生物研究所研究员赵尔宓等做了香港的两栖爬行动物、香港的鸟类、香港的兽类、香港的蝴蝶等专题报告，宣读了香港渔农处为《四川动物》杂志撰写的《香港在濒危物种贸易上的管制》专稿；代表们座谈香港回归时动物科学研究和学术交流的意义，抒发庆祝香港回归的激动之情。报告会受到与会者的好评。会后，代表们考察了卧龙中国保护大熊猫研究中心等。会议得到了卧龙自然保护区管理局的领导和同志们的热情接待和大力支持。(《四川动物》编辑部：《四川省动物学会举行"迎香港回归动物科学学术报告会"》，《四川动物》1997年第2期)

资料二(报道)　1997年5月20—22日在四川卧龙自然保护区举行了由四川省动物学会主办、《四川动物》杂志编辑部和卧龙自然保护区管理局协办的"四川省动物学会'97迎香港回归学术报告会"。报告会由四川省动物学会副理事长、四川省野生动物保护协会秘书长、高级工程师胡铁卿主持。两栖爬行动物学家、中国科学院成都生物研究所研究员、四川省动物学会理事长赵尔宓作了香港的两栖和爬行动物的报告。他结合自己前往香港考察和多年积累的资料，以丰富的内容和生动、绚丽的幻灯图片向与会者介绍了香港的两栖和爬行动物的种类、分布、区系特点及地理区划，他比较不同年代调查报告显示种类和数量有减少的趋势，认为可能与近百年来香港城市建设、经济发展、人口增加，使该二类动物赖以生存的地域日渐缩小，以及人为影响加剧有关。(《扬眉吐气话回归　语重心长盼交流——四川省动物学会'97迎香港回归学术报告会侧记》，《四川动物》1997年第3期)

资料三(论文)　香港及其附近水域已有纪录的两栖和爬行动物共4目23科70属107种。本文着重分析陆地与淡水产种类，计有4目21科63属

98 种,其中目前仅见于香港的特有种 4 种……东洋界种类占绝对优势……在动物地理区划上属于东洋界华南区东南沿海亚区。香港地处北半球亚热带季风区,气候温暖湿润,雨量充沛,适合两栖爬行动物的生存和繁衍;但由于面积不大、地貌较不复杂,随着经济的发展和人口的增加,它们生存的地域越来越缩小,再加以人为的干扰,物种和数量有减少的趋势。(赵尔宓:《香港的两栖和爬行动物》,《四川动物》1997 年第 2 期)

7 月 1 日,主编的《中国龟鳖研究》出版,概述中国龟鳖目动物的分类与分布,献礼香港回归。

资料一(档案) 1997 年,赵尔宓主编《中国龟鳖研究》。(《赵尔宓简介(所庆 40 周年用)》,1998 年,中国科学院成都生物研究所档案室 1998 永久- 1001)

资料二(学术评价) 为了庆祝香港回归,他也收集编辑了关于中国海龟研究成果的一系列著作(1997)。(Kraig Adler, Dedication to Ermi Zhao)

资料三(论文) 本文对中国龟鳖目动物的分类与分布研究作一历史性回顾。全文分三部分:第一部分分别介绍外国和我国学者对中国龟鳖动物分类研究的概况;第二部分对中国龟鳖动物部分科属(淡水龟科的乌龟属、盒龟属、闭壳龟属、地龟属、拟水龟属、花龟属、眼斑龟属、陆龟科和鳖科)的分类研究现状及存在问题加以讨论;第三部分按行政区划(省、自治区、直辖市)介绍龟鳖动物的分布研究情况。在此基础上,提出中国龟鳖目动物校正名录及分布。本文着重介绍近五十余年来我国学者的研究成就,旨在给从事我国野生龟鳖保护工作或从事龟鳖动物分类区系研究的青年同志提供一份基础资料。(赵尔宓:《中国龟鳖动物的分类与分布研究》,《四川动物》1997 年增刊)

资料四(著作) 龟鳖是一类古老的爬行动物,目前所知最早的化石纪录是距今两亿年前晚三叠纪的原颚龟或三叠龟。……我国的龟鳖类已很繁盛,目前描述过的已有 9 科 31 属 80 种,所以我国有研究龟鳖起源与演化的丰富材料。龟鳖又是爬行动物在经历了三亿年漫长演化过程幸存到现在的少数几支之一。虽然种数不多,现生种类全世界只有 13 科 87 属 257 种,我国也只有 6 科 22 属 36 种左右,他们却代表了早期陆生动物残留下来的很特殊的一支。……基于以上种种原因……组织国内有关专家编写一本文集，一方面对我国龟鳖研究的现状作一个介绍，以便找出进一步研究的方向和重点，期望有助于促进我国龟鳖研究的深入与提高；另一方面希望本书的出版能激发国人对龟鳖的兴趣，有利于广泛增强保护龟鳖的意识。……决定按期于七月一日前以最好的质量将本书印出，作为纪念香港回归祖国的献礼。（赵尔宓主编，周久发、周婷副主编：《中国龟鳖研究》，《四川动物》1997 年增刊）

8 月，被聘为《本草纲目彩色药图》编委会委员。

资料一（档案） 1997 年，赵尔宓被聘为《本草纲目彩色药图》编委会委员。（《赵尔宓简介（所庆 40 周年用）》，1998 年，中国科学院成都生物研究所档案室 1998 永久-1001）

资料二（证书） 1997 年 8 月，赵尔宓被贵州科技出版社聘为《本草纲目彩色药图》编委会编委。（贵州科技出版社：《〈本草纲目彩色药图〉编委会编委聘书》，1997 年 8 月）

10 月，参加在广州举行的第一届国际蛇伤学术研讨会，并作大会报告，两篇论文均被评为最佳论文。

资料一（证书） 1997 年 10 月，赵尔宓的论文 Chinese snakes with medical significance 因其学术质量高，在第一届国际蛇伤学术研讨会上被评为最佳论文。（第一届国际蛇伤学术研讨会：《赵尔宓论文 Chinese snakes with medical significance 获第一届国际蛇伤学术研讨会最佳论文奖奖状》，1997 年 10 月）

资料二（证书） 1997 年 10 月，赵尔宓的论文 Poisonous snakes and medico-geographical divisions of snake 因其学术质量高，在第一届国际蛇伤学术研讨会上被评为最佳论文。（第一届国际蛇伤学术研讨会：《赵尔宓论文 Poisonous snakes and medico-geographical divisions of snake 获第一届国际蛇伤学术研讨会最佳论文奖奖状》，1997 年 10 月，见图 84）

资料三（照片） 赵尔宓在第一届国际蛇伤学术研讨会作大会报告。（见图 85）

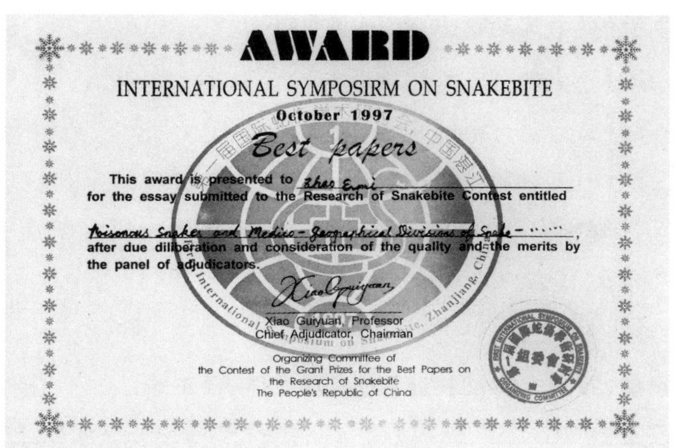

AWARD

INTERNATIONAL SYMPOSIRM ON SNAKEBITE

October 1997

Best papers

This award is presented to Zhao Ermi

for the essay submitted to the Research of Snakebite Contest entitled

Poisonous Snakes and Medico-Geographical Divisions of Snake-……,

after due diliberation and consideration of the quality and the merits by the panel of adjudicators.

Xiao Guryuan, Professor
Chief Adjudicator, Chairman

Organizing Committee of
the Contest of the Grant Prizes for the Best Papers on
the Research of Snakebite
The People's Republic of China

图 84

图 85

12 月 8 日，被聘为《动物学研究》第五届编辑委员会编委，任期四年。

资料(证书) 1997 年 12 月 8 日，赵尔宓被中国科学院昆明动物研究所聘为《动物学研究》第五届编辑委员会编委，任期四年。（中国科学院昆明动物研究所：《〈动物学研究〉第五届编辑委员会编委聘书》，1997 年 12 月 8 日）

是年，主编的《中国动物志》爬行纲交稿。

资料（档案） 中科院成都生物所一九九七年工作总结：基础研究方面，承担的《中国动物志》爬行纲已交稿，并已安排出版任务；"两栖纲"亦已完成初稿，这是目前《中国动物志》……完成的两个类群。（《中科院成都生物所一九九七年工作总结》，1997 年，中国科学院成都生物研究所文书档案综合管理类 1997 永久 1997.01－010）

是年，开展《四川脊椎动物志》的编研工作，任主编。

资料（档案） 1997 年，赵尔宓在《四川脊椎动物志》的编研工作中任主编。（《赵尔宓简介（所庆 40 周年用）》，1998 年，中国科学院成都生物研究所档案室 1998 永久－1001）

1998 年　　69 岁

1 月 1 日，被选为美国国家地理协会会员。

资料（证书） 1998 年 1 月 1 日，美国国家地理协会理事会为表彰赵尔宓在普及地理知识、促进研究和探索方面作出的贡献，选举赵尔宓为美国国家地理协会会员。（美国国家地理协会：《美国国家地理协会会员证书》，

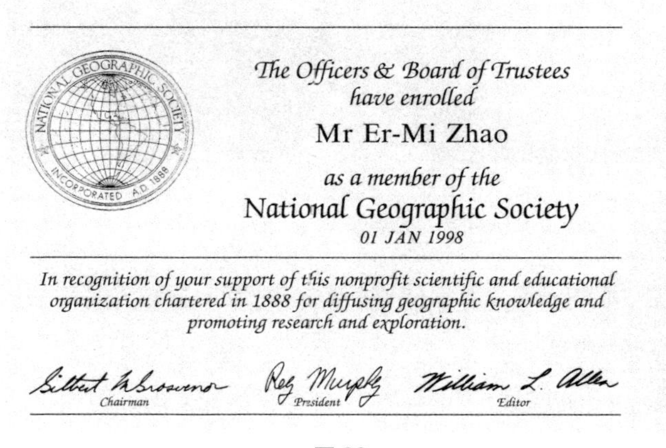
The Officers & Board of Trustees
have enrolled
Mr Er-Mi Zhao
as a member of the
National Geographic Society
01 JAN 1998

In recognition of your support of this nonprofit scientific and educational organization chartered in 1888 for diffusing geographic knowledge and promoting research and exploration.

Chairman　President　Editor

图 86

1998 年 1 月 1 日,见图 86)

4 月,被聘为四川省第四届科学技术顾问团顾问,任期五年。

资料一(档案) 兹聘请赵尔宓同志为四川省第四届科学技术顾问团顾问,任期五年(1998—2003 年),1998 年 4 月。(中共四川省委、四川省人民政府:《聘书(省科技顾问)》,1998 年,中国科学院成都生物研究所档案室名人档案赵尔宓- 03.001)

资料二(证书) 1998 年 4 月,赵尔宓被聘为四川省第四届科学技术顾问团顾问,任期五年(1998—2003)。(中共四川省委、四川省人民政府:《四川省第四届科学技术顾问团顾问聘书》,1998 年 4 月,见图 87)

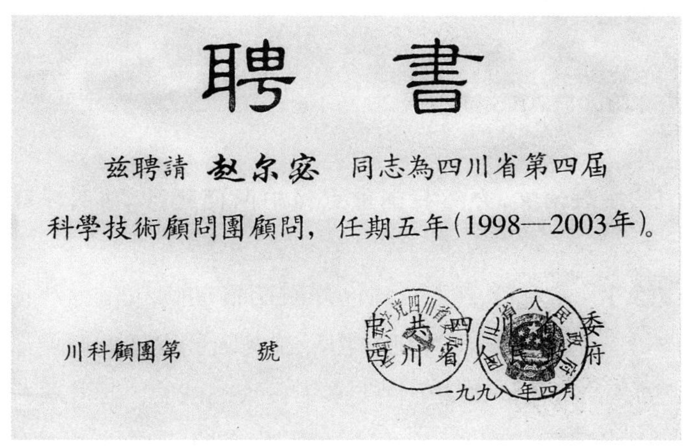
聘書

兹聘請 赵尔宓 同志為四川省第四届

科學技術顧問團顧問,任期五年(1998—2003年)。

川科顧團第　　號

中共四川省委　四川省人民政府

一九九八年四月

图 87

5 月,被聘为国家自然科学基金委员会学科组评审组长。

资料(档案) 1998 年,赵尔宓被聘为国家自然科学基金委员会学科组评审组长。(《赵尔宓简介(所庆 40 周年用)》,1998 年,中国科学院成都生物研究所档案室 1998 永久- 1001)

夏季,到新疆考察,探访新疆北鲵的栖息地。

资料(口述) 我刚刚讲了奇台,还有就是那拉提,那拉提这次采到一些蜥蜴。还有个很重要的就是赵先生去了北鲵栖息地,我刚给你指的那个栖息地，那是离县城最近的，也是最大的栖息地。他那次是去吉尔吉斯斯坦(首都)比什凯克开完会。我就给他讲："赵先生，这次我邀请您去新疆北鲵栖息地考察。"他很高兴，他说"我一定去"。结果他(开会)回来以后，我就陪同他去栖息地考察，那是一九九八年。去那个栖息地一看，他说："这才是新疆北鲵栖息地。这次会上带我们去考察新疆北鲵，到了栖息地，一条北鲵也没见着。我们一个上午白白在那儿，花了一个上午时间，什么也没看到。"当时会议给他们说那就是新疆北鲵栖息地，但结果一个也没见着。所以他到了我带他去的那个栖息地以后，兴奋得不得了。我就给他翻，他就趴到地下拍照。趴到地下草还比较湿的……他说："哎呀，我真正在野外看到新疆北鲵了！"之前他在我这边实验室也拍过一些照片，但它和野外不一样啊……拍完了以后要走，他还有点恋恋不舍，还要最后看一看，终于看到野生环境的新疆北鲵！这一次就像是圆了一个梦，完成了他的心愿似的，他特别高兴。(《王秀玲访谈》，2016 年 9 月 20 日)

9 月 8 日，发表论文，介绍我国重点保护两栖爬行动物，呼吁保护野生动物。

资料(论文)　本文介绍了我国已知有两栖动物和爬行动物的科、属、种，以及近年来新的物种和国外已知物种在我国被发现的新纪录。但经济发展和人类因素给野生动物的生存带来了极大的威胁。呼吁必须保护野生动物，做到动物资源的持续利用。(赵尔宓：《谈谈我国重点保护的两栖爬行动物》，《大自然》1998 年第 5 期)

10 月，主编的《中国濒危动物红皮书：两栖类和爬行类》出版。

资料一(档案)　1998 年，赵尔宓作为中英文版主编，出版《中国濒危动物红皮书：两栖类和爬行类》。(《赵尔宓简介(所庆 40 周年用)》，1998 年，中国科学院成都生物研究所档案室 1998 永久-1001)

资料二(学术评价)　在两栖爬行动物保护工作中，他主要负责编辑《中国濒危动物红皮书》(1998)，这部著作描述了濒临灭绝的 29 种两栖动物以及 96 种爬行动物，其中也包括少数诸如湾鳄(*Crocodylus porosus*)等在中国已

经灭绝的动物。(Kraig Adler, Dedication to Ermi Zhao)

资料三(著作) 本书详细、全面地论述了中国濒危物种的分类地位、濒危等级、种群现状、致危因素、现有保护措施、饲养繁殖状况、建议保护措施等。旨在使政府部门、科学界和公众清楚地了解中国的动物物种现状,提高政府官员及公众对中国濒危物种的保护意识,并针对现状制定和实施相应的保护措施,为中国物种的保护和持续利用提供科学依据。(赵尔宓主编:《中国濒危动物红皮书:两栖类和爬行类》,科学出版社,1998 年)

11 月,主编的《中国动物志　爬行纲　第三卷　有鳞目　蛇亚目》出版,完成了刘承钊自 1956 年起就诞生的心愿。

资料一(档案) 院计划局:由我所主持编写的《中国动物志　爬行纲　第三卷　有鳞目　蛇亚目》已于 1998 年出版,书中全面介绍了脊椎动物中爬行纲有鳞目蛇亚目我国已知全部物种,是我国唯一记述蛇类动物资料完整、内容丰富的专门著作。全书分为总论和各论两部分。总论概述了我国古代对蛇类动物的认识、蛇亚目的特征、该亚目当前的分类现状、分类检索名词术语及主要类群的检索。各论部分依次介绍蛇亚目我国已知 8 科 64 属 203 种及 24 亚种,内容包括科、属特征,科内各属及属内各种的检索,对每一物种分别介绍其种名、拉丁学名、地方名、原始描述文献、鉴别特征、形态描述、生物学资料、地理分布、分类讨论、经济意义与保护问题等,并有研究用标本的量度数据,参考文献 26 页约 600 余种,黑白图版 8 版和彩色图版 4 版,书末附有种名及拉丁学名索引。全书 522 页 72 万 5 千字。现特申请院组织对该项技术进行成果鉴定。(《关于对〈中国动物志　爬行纲　第三卷　有鳞目　蛇亚目〉进行成果鉴定的请示》,2000 年,中国科学院成都生物研究所档案室文书档案室 2000.06 - 109)

资料二(档案) 1998 年,赵尔宓主持编写了《中国动物志　蛇》和《中国动物志　蜥蜴》。(《赵尔宓简介(所庆 40 周年用)》,1998 年,中国科学院成都生物研究所档案室 1998 永久- 1001)

资料三(著作) 本书介绍爬行纲有鳞目的蛇亚目,是我国有关蛇类的内容丰富、资料齐全的专门资料。书内共记述蛇亚目的 8 科、6 亚科、64 属、

203 种、24 亚种，依次对科及亚科简要介绍其特征、分布、各级检索等，然后分别论述各种，每种记述内容包括名称、原始描述及异名、鉴别特征、形态描述、生物学资料、地理分布、分类讨论、经济意义及保护问题等。有插图 100 幅，黑白照片 8 面，彩色照片 4 面，书末附参考文献和种名及拉丁名索引。（赵尔宓、黄美华、宗愉等编著：《中国动物志　爬行纲　第三卷　有鳞目　蛇亚目》，科学出版社，1998 年）

资料四（口述） 我第一次跟着赵先生一起到野外，那个时候有套书叫《中国动物志　爬行纲》。《中国动物志　爬行纲》的《蜥蜴》和《蛇》那两本是赵先生主编，刚好印出来。他经过昆明去那边，带了一套书给那时候的中山医科大学的一个老师……他带在箱子里面的。那时候我恰巧要到那边去采标本，因为我做蝾螈类，就跟他一起去……我们一路捉了很多，像中华蝾螈，赵先生挺高兴，在大瑶山的时候把（要）送别人的那套书送给我了，所以送给我的书上，不是写的我的名字，是写的那个人的。我很感动。这套书我一直珍藏着，挺有意思。他对编书有热情，且一丝不苟。（《吕顺清访谈》，2016 年 8 月 18 日）

资料五（口述） 赵先生那时候已经在主持编写《爬行志》，他就利用这个机会找到了大量原始文献。对中国学者来说，很难的事情是一定要找到那个原始描述，找到这个种的依据是什么。（《傅金钟访谈》，2015 年 7 月 22 日）

资料六（口述） 赵先生在这方面就做得比较好一点，所以赵先生在八十年代和九十年代之间就主持了很多学术方面的汇编工作，实际上这些东西属于资料的汇编，比如《四川动物志》的出版，《中国动物志》两栖爬行动物方面的出版。赵先生后来自己做了几本汇编性的资料性专著。这些东西是把前面的研究成果、这几年的一些研究成果，把几十年的研究资料进行汇总，这个整理工作也是不可少的。一个研究室如果只有零散的研究，就不能形成一个整体的大的研究室。赵先生在这方面发挥了他作为研究室主任的优势，这方面做得比较好。（《胡其雄访谈》，2016 年 10 月 9 日）

资料七（口述） 我觉得赵先生最大的学术成就主要是两个方面：第一，

他发表了很多新种,几十个,具体数字我想不起来,这是非常有意义的。另外一方面也非常重要,他把全中国的爬行动物梳理了一遍,总结并写成书,《动物志》中《爬行动物》那本书就是他主编的。他研究两栖爬行动物水平很高,文字写作水平也非常高,表达非常简洁、非常精准。他特别严谨,一个字一个字,一个标点符号一个标点符号地抠。那本书在国内国外影响都挺大。(《黄松访谈》,2016 年 8 月 19 日)

资料八(学术评价) 赵尔宓是《中国动物志》两个分卷的主编(《蛇亚目》,1998;《蜥蜴亚目》,1999)。(Kraig Adler, Dedication to Ermi Zhao)

是月,被评为四川省科普工作先进个人。

资料(证书) 1998 年 11 月,赵尔宓被中共四川省委宣传部、四川省科学技术委员会和四川省科学技术协会评为四川省科普工作先进个人。(中共四川省委宣传部、四川省科学技术委员会、四川省科学技术协会:《四川省科普工作先进个人荣誉证书》,1998 年 11 月,见图 88)

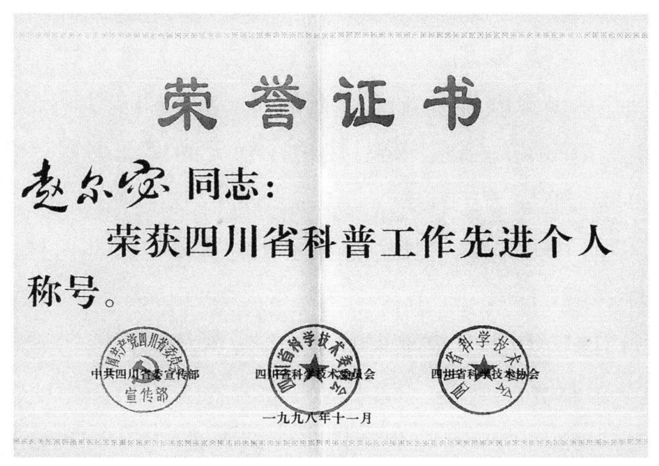

荣誉证书

赵尔宓同志:

荣获四川省科普工作先进个人称号。

中共四川省委宣传部　四川省科学技术委员会　四川省科学技术协会

一九九八年十一月

图 88

是年,组织召开西南地区首届动物学会学术研讨会。

资料(口述) 我们学会基本上坚持每年都开一次交流会,要求大家写稿,然后审查,最后到会上交流,所以学会的根本任务就是做好学术交流。

除了四川省省内的会员外，后来我们还发展到了西南片区，就云、贵、川，当时重庆还没分出去，重庆也参加，组织了一次片区交流会，即西南地区首届动物学术研讨会。1998 年，西南地区首届动物学会学术研讨会在峨眉山召开。我跟魏银松还专门到云南昆明，跟云南动物学会商量工作，然后又跑贵州。赵老师要求我们一定要把这些工作做好，不能开会之前准备工作不做充分，以免最后出问题，所以他还是重视这个学术交流会的。(《王竞访谈》，2016 年 10 月 24 日)

是年，到广西大瑶山、海南等地进行野外考察。

资料一(口述) 我第一次跟赵先生一起出野外，应该是九八年。……我们一起到广西那边，那边还很冷。赵先生那个时候都快 70 岁了。九八年就是 68 岁。我们一起出野外，在那个大瑶山山区一起跑，他那种精神让我非常感动……因为我做蝾螈类，就跟他一起去。我们好崇拜他的，好不容易一路上跟着这么一位大科学家。我很卖力，经常走在老先生前面。我记得有一次采蝾螈，三月份，那边水是很凉的。赵先生看了我一眼："你能看得见?"因为白天嘛，蝾螈看得见。我一鼓勇气，就下水捉。那山上流下的山泉水真凉啊，所以我现在都记得很清楚。我们一路捉了很多，像中华蝾螈，赵先生挺高兴，在大瑶山的时候把送别人的那套书送给我了。我接触赵先生的时候，他岁数比较大了。他跟我们一起跑野外，但是让他再去爬山、下水，那也不现实，我们作为他弟子辈的也不容许他这样做。(《吕顺清访谈》，2016 年 8 月 18 日)

资料二(口述) 九八年我本科毕业以后，留校工作。正好在九八年年底有一次机会跟赵先生见面。当时赵先生带着国外的合作伙伴去海南采集标本，我第一次见赵先生，陪先生出了一趟野外，整个过程就是陪伴先生在野外进行标本的采集、标本的鉴定。也是从那时起，让我对两栖爬行动物的研究有了一个新的认识。当时先生鼓励我，希望我能够去报考他的研究生。他一直跟我说："你现在虽然在高校工作了，但是学历的层次、知识的结构还应该有进一步的提升。"正是在先生的鼓励之下，我就一直朝着这个目标努力。(《汪继超访谈》，2016 年 8 月 18 日)

1999 年　　70 岁

1 月，主编的《中国动物志　爬行纲　第二卷　有鳞目　蜥蜴亚目》出版。

资料一(档案)　参见 1998 年“11 月”条资料二(档案)。

资料二(著作)　本书介绍爬行纲有鳞目的蜥蜴亚目，是我国记述蜥蜴类动物资料齐全、内容丰富的专门著作。全书分总论和各论两部分。总论概述了我国古代对蜥蜴类动物的认识、蜥蜴亚目的特征和分类等；各论部分记述蜥蜴亚目共 39 属 156 种 13 亚种，内容包括原始描述文献、鉴别特征、形态描述、生物学资料、地理分布、分类讨论、经济意义等。书末附彩色和黑白照片图各 4 面。(赵尔宓、赵肯堂、周开亚等编著：《中国动物志　爬行纲　第二卷　有鳞目　蜥蜴亚目》，科学出版社，1999 年)

资料三(学术评价)　参见 1998 年“11 月”条资料八(学术评价)。

2 月 16 日，受美国脊椎动物博物馆之邀，开展蝾螈国际合作研究。

资料(信件)　美国加州大学伯克利分校脊椎动物学博物馆与中国科学院成都生物研究所的爬行动物学家进行了长期而有成效的合作。在合作期间，对我国干旱地区爬行动物进行了重要研究。这些研究结果已经在中国和美国的科学杂志上发表。我们的合作始于 1987 年，并于 1989 年扩大到包括来自苏联的科学家……我写这封信是想邀请您参加一项研究蝾螈的新合作。由于您是中国蝾螈领域的知名专家，你们参与合作对我们的工作成功至关重要。中国有许多小鲵科和蝾螈科成员，需要对系统学进行详细研究，以确定目前有多少种，并分析它们的生态和系统发育关系。建议合作对象包括：您、成都研究所王跃招、俄罗斯科学院 Nikolai Orlov 与 Natalia Ananjeva、美国华盛顿大学 Allan Larson 与 Robert Macey、美国脊椎动物博物馆 Theodore J. Papenfuss、傅金钟与我……我建议这项合作从 2000 年开始，并持续三年。如果您同意这个计划，我将寄给您一份详细的调查报告。(大卫：《邀请赵尔宓参加蝾螈研究》，1999 年 2 月 16 日，见图 89)

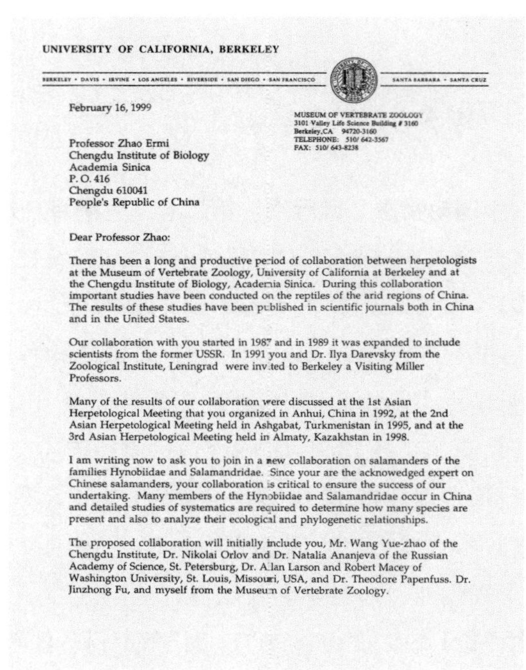

UNIVERSITY OF CALIFORNIA, BERKELEY

BERKELEY • DAVIS • IRVINE • LOS ANGELES • RIVERSIDE • SAN DIEGO • SAN FRANCISCO SANTA BARBARA • SANTA CRUZ

February 16, 1999

MUSEUM OF VERTEBRATE ZOOLOGY
3101 Valley Life Science Building # 3160
Berkeley, CA 94720-3160
TELEPHONE: 510/ 642-3567
FAX: 510/ 643-8238

Professor Zhao Ermi
Chengdu Institute of Biology
Academia Sinica
P. O. 416
Chengdu 610041
People's Republic of China

Dear Professor Zhao:

There has been a long and productive period of collaboration between herpetologists at the Museum of Vertebrate Zoology, University of California at Berkeley and at the Chengdu Institute of Biology, Academia Sinica. During this collaboration important studies have been conducted on the reptiles of the arid regions of China. The results of these studies have been published in scientific journals both in China and in the United States.

Our collaboration with you started in 1987 and in 1989 it was expanded to include scientists from the former USSR. In 1991 you and Dr. Ilya Darevsky from the Zoological Institute, Leningrad were invited to Berkeley a Visiting Miller Professors.

Many of the results of our collaboration were discussed at the 1st Asian Herpetological Meeting that you organized in Anhui, China in 1992, at the 2nd Asian Herpetological Meeting held in Ashgabat, Turkmenistan in 1995, and at the 3rd Asian Herpetological Meeting held in Almaty, Kazakhstan in 1998.

I am writing now to ask you to join in a new collaboration on salamanders of the families Hynobiidae and Salamandridae. Since your are the acknowedged expert on Chinese salamanders, your collaboration is critical to ensure the success of our undertaking. Many members of the Hynobiidae and Salamandridae occur in China and detailed studies of systematics are required to determine how many species are present and also to analyze their ecological and phylogenetic relationships.

The proposed collaboration will initially include you, Mr. Wang Yue-zhao of the Chengdu Institute, Dr. Nikolai Orlov and Dr. Natalia Ananjeva of the Russian Academy of Science, St. Petersburg, Dr. Allan Larson and Robert Macey of Washington University, St. Louis, Missouri, USA, and Dr. Theodore Papenfuss. Dr. Jinzhong Fu, and myself from the Museum of Vertebrate Zoology.

图 89

4 月 20 日，发表论文介绍我国的爬行动物分布。

资料(论文)　爬行纲是最早出现的真正陆生动物，完全适应陆地生活的类型。本文介绍了我国分布的龟鳖目和有鳞目 2 个类群，重点介绍龟与鳖、蛇和蜥蜴。(赵尔宓：《陆地的征服者——爬行动物》,《生物学通报》1999 年第 4 期)

4 月 25 日至 29 日，参加中国动物学会第十四次代表大会暨学术讨论会，当选为理事。

资料一(报道)　中国动物学会第十四次代表大会暨学术讨论会于 1999 年 4 月 25—29 日在郑州举行。来自全国 30 个省、市、自治区的 400 余名老中青动物学科技工作者参加了大会。今年恰逢中国动物学会成立 65 周年，学会编辑出版了《中国动物学研究》一书，收录论文 220 篇，摘要 103 篇，作为向第 14 次代表大会及学会 65 岁生日的献礼。动物学界知名的 13 位院士和教授在大会上作了有关遗传育种、地理分布、环境污染、生物多样性保护、行为学、克隆技术发展与应用等方面的报告。会议分成兽类、鸟类、鱼类和两栖爬行动物、无脊椎动物、蛛形学、生物和内分泌及生殖生物学、发育和遗传分子生物学、动物学教学等小组，进行了分组讨论，交流了应用高新技术等进行研究的最新成果和进展。会议评选出10位35岁以下的"青年优秀论文报告奖"获奖者。会议还进行了换届工作，选举了81位理事组成新一届理事会，中科院动物研究所陈大元教授任理事长。我省会员赵尔宓、胡锦矗、张安居、王竞当选为理事。（魏银松：《中国动物学会第十四次代表大会暨学术讨论会在郑州举行》，《四川动物》1999年第4期）

资料二（报道） 中国动物学会第十四届会员代表大会暨学术讨论会于1999年4月25—29日在河南省郑州市召开。……这次会议还选举了中国动物学会第十四届理事会正副理事长、秘书长、常务副秘书长和常务理事。同时聘任了副秘书长。（张永文：《中国动物学会第十四届会员代表大会暨学术讨论会在郑州市召开》，《动物学杂志》1999年第3期）

4月，被评为四川省归侨侨眷先进个人。

资料（证书） 1999年4月，赵尔宓被四川省人民政府侨务办公室和四川省归国华侨联合会评为"四川省归侨侨眷先进个人"，获得荣誉证书。（四川省人民政府侨务办公室、四川省归国华侨联合会：《四川省归侨侨眷先进

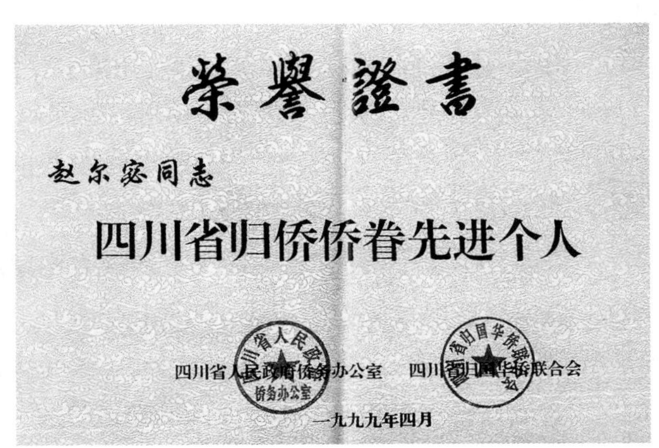
榮譽證書

赵尔宓同志

四川省归侨侨眷先进个人

四川省人民政府侨务办公室　四川省归国华侨联合会

一九九九年四月

图90

个人荣誉证书》,1999 年 4 月,见图 90)

7 月,被评为全国归侨侨眷先进个人。

资料(证书) 1999 年 7 月,赵尔宓被国务院侨务办公室和中华全国归国华侨联合会评为"全国归侨侨眷先进个人"。(国务院侨务办公室、中华全国归国华侨联合会:《全国归侨侨眷先进个人荣誉证书》,1999 年 7 月,见图 91)

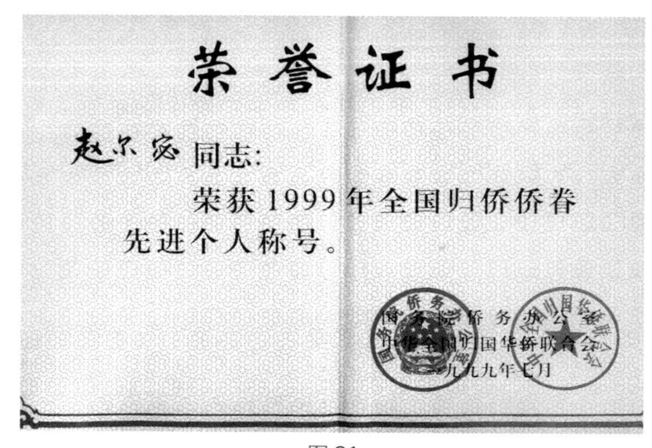

荣誉证书

赵尔宓同志:

荣获1999年全国归侨侨眷先进个人称号。

国务院侨务办公室
中华全国归国华侨联合会
一九九九年七月

图 91

9 月,出席并主持了世界自然保护联盟物种生存委员会首届中国两栖爬行动物专家组会议。

资料(报道) 中国两栖爬行动物专家组自 1991 年成立以来,首届专家组成员会议于 1999 年 9 月在中国科学院昆明动物研究所举行。……30 余位专家共聚一堂,就我国两栖爬行动物研究、保护现状及发展前景进行了交流。与会者认为,这次会议为同行之间,特别是工作在高校的青年学者提供了一次相互学习的机会。中国科学院成都生物研究所著名专家赵尔宓教授主持了这次会议。会议总结了专家组的工作,制定了今后的工作计划。会后,代表们分别参观了昆明世博会,参加了野外考察。(张瑞桢、张学梅、罗娅萍:《世界自然保护联盟物种生存委员会中国两栖爬行动物专家组会议在昆明召开》,《四川动物》1999 年第 4 期)

10 月 18 日至 21 日，参加四川省动物学会在四川卧龙自然保护区举行的迎澳门回归暨学会成立 20 周年纪念活动，作澳门两栖爬行动物的学术研究报告。

资料一（报道） 为迎接澳门回归和学会成立 20 周年，四川省动物学会于 1999 年 10 月 18—21 日在卧龙自然保护区举行纪念活动。学会理事和获得省市级先进工作者称号、积极为《四川动物》杂志投稿、热心学会活动和工作的会员代表共计 50 余人参加了纪念活动。赵尔宓、张和民、胡锦矗、王鹏彦、张锡林、侯蓉、杨兴奎、傅之屏等报告了澳门的两栖爬行动物，大熊猫调查、繁殖、保护和放归大自然等的研究和进展。王竞秘书长就学会成立 20 周年发表了讲话。他回顾了学会成立 20 年来的主要工作和取得的成绩，希望全体会员和动物学工作者积极响应党中央“科教兴国”的号召，努力工作，认真钻研，以科学主人翁的姿态迈进新世纪。与会者还进行了野外考察。（晓梅：《四川省动物学会举行迎澳门回归暨学会成立 20 周年纪念活动》，《四川动物》1999 年第 4 期）

资料二（口述） 他很注意（把工作）跟国家大事结合起来。有一次我们开动物学会二十周年纪念会，当时正是澳门回归，赵老师就提出来把澳门回归和我们的二十周年结合起来开一个学术会议，还专门请四川农业大学李桂垣教授准备稿子在会上发言。我这儿有张四川省动物学会迎澳门回归暨学会成立 20 周年纪念会的照片，1999 年在卧龙召开的。赵老师特别注意把学术和国家大事结合起来，所以很有纪念意义。所以学会的学术会议就抓得很紧，这是动物学会最根本的工作，要提高会员的学术水平。（《王竞访谈》，2016 年 10 月 24 日）

是年，与梁华合作研究澳门两栖爬行动物并发表论文，献礼澳门回归。

资料一（信件） 赵尔宓教授：你好！在此多谢你的邀请。曾参阅你多篇著作及论文，使我启发不小。……因在 1977 年直至现在对澳门动物进行观察研究，由于澳门地区太小……因此动物种类不多，至目前为止，哺乳类大约有 12 种，鸟类有 90 多种，爬行类大约有 25 种，两栖类大约有 9 种。由于澳门地区细小，动物种类少，数量有限，所以对动物工作观察研究……相当困难……只有在野外观察所得记录，所以写起论文相当困难，想请赵教授指导或……与赵教授合作，如可行的，则将有关资料寄上，先等待赵教授的回复。（梁华：《介绍澳门动物的研究情况并寻求合作》，1999 年 7 月 28 日，见图 92）

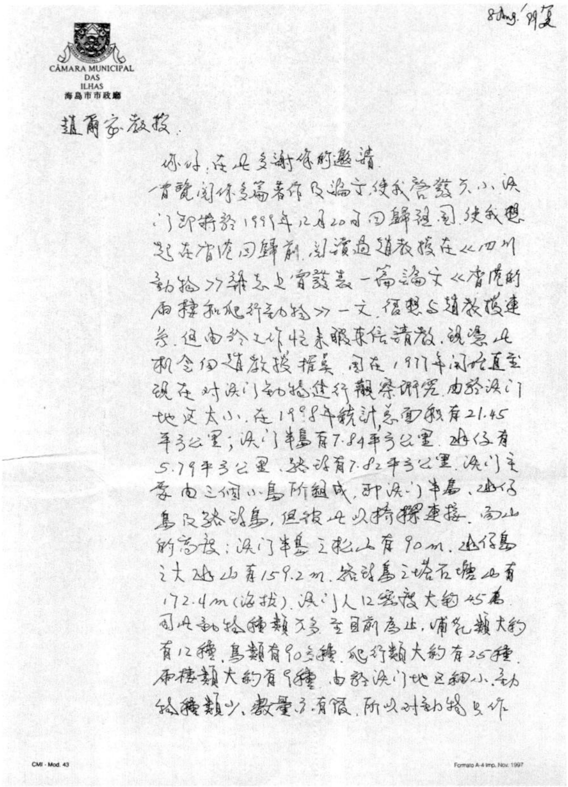

8 Aug.'99复

CÂMARA MUNICIPAL
DAS
ILHAS
海島市市政廳

趙爾宓教授：

你好，在此多謝你的邀請。

曾閱讀你多篇著作及論文，使我啓發不小。澳门即將於1999年12月20日回歸祖国，使我想起在香港回歸前，曾讀過趙教授在《四川動物》雜志上曾發表一篇論文《香港的兩棲和爬行動物》一文，很想與趙教授連系，但由於工作忙未暇來信請教，現憑此机会向趙教授指導。自在1977年開始直至現在对澳门動物進行觀察研究，由於澳门地区太小，在1998年統計总面积有21.45平方公里；澳门半島有7.84平方公里，氹仔有5.79平方公里，路环有7.82平方公里。澳门主要由三個小島所組成，即澳门半島、氹仔島及路环島，但彼此以橋樑連接。高山的高度：澳门半島之松山有90m，氹仔島之大氹山有159.2m，路环島之塔石塘山有172.4m（海拔）。澳门人口密度大約45萬，因此動物種類不多，至目前為止，哺乳類大約有12種，鳥類有90多種，爬行類大約有25種，兩棲類大約有9種。由於澳门地区細小，動物種類少、數量又有限，所以对動物工作

CMI - Mod. 43　　Formato A-4 Imp. Nov. 1997

图 92

资料二（论文） 澳门回归是继 1997 年 7 月 1 日香港回归祖国后的又一值得普天同庆的重大历史事件，我们动物科学工作者早就盼望这一天的来临。今年还是四川省动物学会成立 20 周年，如今学会已经是在党和政府领导下、拥有 1 300 多名会员的群众性学术团体。《四川动物》杂志特将本期作为庆祝澳门回归祖国和四川省动物学会成立 20 周年的纪念专集，载文介绍澳门的两栖爬行动物、鸟类，刊出中国科学院院士唐崇惕教授的论文等，以资庆祝。摘要：澳门已知两栖爬行动物（不包括海产种类）3 目 14 科 28 属 38 种，其中两栖动物 1 目 4 科 5 属 9 种，爬行动物 2 目 10 科 23 属 29 种。物种密度高达 17 715.6／10^4 km^2。均为东洋界成分……与广东省的生物相似

值为0.43，与香港的生物相似值为0.54。在动物地理区划上应属东洋界中印亚界华南区的东南沿海亚区。（赵尔宓、梁华：《澳门的两栖和爬行动物》，《四川动物》1999年第4期）

2000年　　71岁

3月，出版《地灵人杰——刘承钊教授在四川》，纪念恩师刘承钊。

资料一（学术评价） 为了进一步向刘承钊致敬以及助力全世界两栖爬行动物学家研究，赵尔宓将刘承钊的学术论文再次编辑出版（2000），大多都是关于中国蛙类分类学及基本自然史数据。这些著作包含了刘承钊最初发表在《北平博物杂志》（北京）及《华西边疆研究学会杂志》（成都）上的学术论文。这些对于今天的学者来说有着极其宝贵的参考价值。（Kraig Adler, Dedication to Ermi Zhao）

资料二（著作） 本书重印刘承钊教授四十年代发表的论文共19篇，包括对11种两栖动物和3种爬行动物的生活史研究，以及1新属和10新种蛙的原始描述。刘承钊教授是中国两栖爬行动物学的主要奠基人。（赵尔宓、张学文、赵小苓编：《地灵人杰——刘承钊教授在四川》）

资料三（口述） 后来他把刘先生以前的手稿，就是一般市面上找不到的，收集起来又专门出了一本书。那个更深刻，文章更重要。刘先生早期（手稿）的纸张已经很黄了，很旧了，只有他（赵尔宓）收藏得有，世界上已经没有其他地方有这样的东西了。这个很宝贵。他把它们收集起来，出了本书《地灵人杰——刘承钊教授在四川》。这就是对刘先生的怀念。他非常尊重刘先生。（《江耀明访谈》，2016年10月11日）

5月23日至26日，出席《国家保护有益的或者有重要经济、科学研究价值的陆生野生动物名录》（制定）专家论证会。担任副主任委员，兼任两栖类和爬行类专家组组长。

资料（报道） 中华人民共和国国家林业局于今年5月23—26日在北京中

国林业科学研究院召开《国家保护有益的或者有重要经济、科学研究价值的陆生野生动物名录》(制定)专家论证会。专家论证会由马建章院士担任主任委员,冯祚建、郑光美、赵尔宓、黄复生担任副主任委员,后四位还分别兼任兽类、鸟类、两栖和爬行类、昆虫类专家组的组长。会议根据《中华人民共和国野生动物保护法》的规定,结合我国野生动物的濒危现状,经过各专家组成员的认真讨论,制订了《国家保护有益的或者有重要经济、科学研究价值的陆生野生动物名录》(初稿),将由国家林业局审批后公布。(《四川动物》编辑部:《国家林业局在京召开专家论证会制订国家保护的野生动物名录》,《四川动物》2000 年第 3 期)

6 月 20 日,应邀出席在杭州市召开的"青田县省级鼋自然保护区"申报审查会,担任审查会主任委员。

资料(报道) 今年 6 月 20 日,浙江省环境保护局根据浙江省人民政府办公厅的要求,在杭州市召开"青田县省级鼋自然保护区"申报审查会。到会有浙江省有关厅局、杭州市、丽水地区、青田县领导和浙江有关大学的专家教授。我会理事长、中国科学院成都生物研究所赵尔宓研究员应邀出席并担任审查会主任委员,浙江大学诸葛阳教授担任副主任委员,出席的专家教授还有顾辉清、郑朝宗、丁平等。审查会听取了青田县关于我国重点保护Ⅰ级野生动物鼋在该县的数量、现状和已有的保护措施等之后,进行认真负责的分析讨论,一致同意向浙江省申报成立"青田县省级鼋自然保护区",以便对我国这一珍稀濒危物种进行有效的保护。该保护区如被批准成立,将成为我国第一个鼋的自然保护区。(《四川动物》编辑部:《浙江省召开"青田县省级鼋自然保护区"申报审查会》,《四川动物》2000 年第 3 期)

6 月 21 日,应邀出席"浙江省国家重点保护水生野生动物资源调查及保护研究"鉴定会,担任鉴定会主任委员。

资料(报道) 浙江省海洋与渔业局经浙江省科技厅批准,于今年 6 月 21 日在杭州市召开"浙江省国家重点保护水生野生动物资源调查及保护研究"鉴定会。该课题是由浙江省渔业资源增殖管理站站长葛亚非高级工程师主持完成的。浙江省科技厅、林业局、环保局、海洋与渔业局有关同志参加,我会理事长、中国科学院成都生物研究所赵尔宓研究员应邀出席并担任鉴定会主任委员,浙江省海洋与渔业局局长林志强研究员担任副主任委员。出席鉴定会的专家还有中国野生动物保护协会常务理事顾辉清教授和石坚荣、丁平教授等。经过热烈讨论,一致通过该课题的鉴定。浙江省现知有国家重点保护Ⅰ级水生野生动物5种(占全部的38.5%),Ⅱ级水生野生动物30种(占全部的52.8%),该课题的完成,将对这些动物的保护工作有很大的促进。(《四川动物》编辑部:《浙江省召开"浙江省国家重点保护水生野生动物资源调查及保护研究"鉴定会》,《四川动物》2000年第3期)

7月17日至22日,出席在成都召开的第四届亚洲两栖爬行动物学国际学术会议暨第五届中国两栖爬行动物学会全国会员代表大会,并作学术报告。

资料一(档案) 第四届亚洲两栖爬行动物国际学术会议是我所首次承办的规模最大的一次国际学术盛会,代表和来宾接近200人,来自世界21个国家、地区以及有关国际组织。会议期间,各国代表进行了广泛的交流,并参观了我所的两栖爬行动物标本馆。这次会议获得圆满成功,得到国内外代表一致好评,美国科学院院士D. Wake赞扬说:"非常成功,是一流的。"我所的影响和知名度在国内外学术界进一步扩大。(《关于报送"中国科学院成都生物研究所二〇〇〇年国际合作交流总结"的报告》,2000年,中国科学院成都生物研究所档案室文书档案2000.07-62-2)

资料二(档案) 7月17日11:00—11:55,赵尔宓作"四川的爬行动物"大会报告。(《第四届亚洲两栖爬行动物国际学术会议和第五届中国动物学会两栖爬行动物学分会全国会员大会通知》,2000年,中国科学院成都生物研究所档案室文书档案2000.07-62-4)

资料三(档案) 亚洲两栖爬行动物学国际学术会议到目前为止已举办了三届,第一届是在中国黄山举行的(1992年),第二届是在土库曼斯坦首都阿什哈巴德举行的(1995年),第三届是在哈萨克斯坦首都阿拉木图举行的(1998年),明年将在成都举行的是第四届(2000年)。近年来中国的两栖爬行动物学研究有了很大的发展,取得了很大的成绩,受到国际同行的高度赞扬,中国科学院成都生物所被国际同行誉为亚洲两栖爬行动物研究的中心之一。2000 年是我国著名的两栖爬行动物学家刘承钊学部委员 100 周年诞辰，为了纪念刘承钊学部委员在两栖爬行动物学方面的杰出贡献，为了进一步加强国家学术交流，举办此次会议。这次会议也说明了国际上对我国在两栖爬行动物学研究方面取得的成就的承认。本次会议的主题如下：1. 青藏高原及周边地区两栖爬行动物的分布格局、系统演化与古地史变迁的关系；2. 两栖爬行动物古生物学；3. 两栖爬行动物生态、生理研究以及与环境的关系和衰落种群检测；4. 毒蛇与蛇伤防治；5. 两栖爬行动物生物多样性、保护生物学及资源利用和可持续发展。大会主席：陈宜瑜（中科院副院长、中科院院士）。学术顾问：赵尔宓（原成都生物所副所长、研究员）。（《中国科学院成都生物研究所承办第四届亚洲两栖爬行动物国际学术会议的请示与批复》，1999 年，中国科学院成都生物研究所档案室文书档案 2000.07 -62 - 3）

资料四（报道） 由中国科学院成都生物所承办的第四届亚洲两栖爬行动物学国际学术会议暨第五届中国两栖爬行动物学会全国会员代表大会、世界自然保护同盟物种生存委员会中国两栖爬行动物专家组第十次年会及其两栖类衰落种群监测特别行动组中国组第一次会议，7 月 17 日至 22 日在成都召开。来自亚洲及美国、俄罗斯、法国、英国等近 30 个国家从事两栖爬行动物研究的 160 余位科学家出席。中国科学院副院长陈宜瑜院士任大会主席。会议交流了两栖爬行动物的分布格局、系统演化与古地史变迁的关系，亚洲毒蛇与蛇伤防治，两栖爬行动物生态、生理研究，两栖爬行动物与环境的关系及两栖类衰落种群监测，两栖爬行动物保护生物学及资源利用和可持续发展研究论文……世界自然保护同盟物种生存委员会中国两栖爬行动物专家组主席、中科院成都生物研究所研究员赵尔宓作大会学术发言。（王海燕：《第四届亚洲两栖爬行动物学学术会议在成都召开》，《科学新闻》2000 年第 30 期）

资料五（报道） 第四届亚洲两栖爬行动物学会议于 2000 年 7 月 16—20 日在成都望江宾馆举行。本次会议由中国科学院成都生物研究所承办，美国科学院院士 David B. Wake、日本著名两栖爬行动物学家松井正文等 17 个国家的近 50 名代表和我国……近 80 名代表参加了本次会议。本次大会的主席、中国科学院副院长陈宜瑜院士因事未能出席大会，他发来贺电并表示了歉意；中国科学院生物局康乐副局长到会致贺。（吕顺清：《“第四届亚

洲两栖爬行动物学会议”在成都举行》,《动物学研究》2000 年第 4 期)

资料六(报道) 7 月欣逢第四届亚洲两栖爬行动物学国际学术会议和第五届中国两栖爬行动物学全国会员代表大会于 17 日至 22 日在四川成都……召开,记者遂采访了会议的东道主中国科学院成都生物所的两栖爬行动物研究室主任王跃招研究员。(王海燕、郑培明:《回首过去 硕果累累 继往开来 引人入胜——访中国科学院成都生物所两栖爬行动物研究室王跃招主任》,《科学新闻》2000 年第 30 期)

资料七(口述) 我原来两个硕士导师、博士导师不是做两栖爬行的,是做大的脊椎动物的,尤其都是做实验室研究的,不是做野外工作的,所以有时候我开玩笑,〇〇年在锦江宾馆,他们开那个亚洲的两栖爬行会,我说我是混进你们两栖爬行队伍的。我的老师没有研究两栖爬行的,以后你们大家多照顾我。后来跟赵先生接触,就是我在陕西师大工作,我博士是做蛇研究的,我的硕士论文、博士论文都是做爬行动物研究的。后来我发文章,包括我的第一篇文章都是在赵先生那儿发的,是做娃娃鱼肝脏的。我跟我们方老师就做这个工作。我说的赵先生给我们修改文章,就是这个文章,我印象特别深。(《李丕鹏访谈》,2015 年 7 月 28 日)

资料八(口述) 2000 年那个国际会议在成都开,那个亚洲两栖爬行国际会议,我的感觉就是先生确实影响力很大,如果没有先生,那时那样的国际会议根本召集不起来,因为没有那个号召力,只有在全世界的两栖爬行圈有一定影响力才能号召得起来开会。当时美国科学院院士 David B. Wake 夫妇来了,现在的 Hillis[①] 在那时还不是院士呢。因为他们是第一代人,Wake 先生跟赵先生是同龄人,现在他们那一代已经隐去,Wake 差不多已退休好多年了。2007 年我去伯克利的时候他已经退休,还带学生,但基本上与人联合培养。他就很支持开这个亚洲两栖爬行国际会议。我那时总的感觉就是先生确实很有影响力,不然一般人不会号召那么多优秀的人来,因为要促进我们这边两栖爬行的发展,确实需要来的团队是全世界比较强的。2000 年……总共来了三四十个国家的代表,单单加州大学伯克利分校就来

① David M. Hillis,美国得克萨斯州立大学奥斯汀分校整合生物系教授。

了二三十个人，那个时候规模不是很大，因为当时全国做两栖爬行研究的人员没有现在多……所以2000年那个会议的规模已经很大了。当时的亚洲两栖爬行会的反应很好，对我们两栖爬行室在那次推进很大，在促进国际影响力上比赵先生独自过去访问的作用更大。这个会议把我们室当时的科研情况展示得很清楚：我们那时候在国内两栖爬行占了半壁江山甚至以上，我们的科研能力和实验都很强。这是2000年亚洲两栖爬行国际会议的印象。(《曾晓茂访谈(二)》，2016年10月19日)

资料九(照片) 赵尔宓在第四届亚洲两栖爬行动物学学术会议上作学术报告。(见图93)

图93

秋季，与吴贯夫一起，到四川省进行野外考察。

资料一(口述) 2000年我又陪他(赵尔宓)到九龙，到红原。甘孜藏族自治州的九龙，在冕宁的背后。(《吴贯夫访谈》，2015年4月3日)

资料二(口述) 关于汶川攀蜥我聊一下，时间大概是2000年或2001年，我们去阿坝州。走到汶川一个洞口处堵车了，四川师范大学的侯勉乱蹦乱跳下车去捉了几只汶川攀蜥的次成体。到了你们生物研究所在茂县的生态观察站,我仔细看了下,觉得这个跟一般的种不同。因为赵老师也在,我就跟赵老师说,他说次成体不能作为鉴定铁证。比如说狮子,次成体雄狮还没有长鬣毛,因此不能形容狮子的特征。所以我们从阿坝州回来之后,我自己出钱租车和两个朋友一起又捉了七个雌雄成体,让赵老师决定。他研究之后确定是个新种,所以就发表了汶川攀蜥的新种。(《高正发访谈》,2016年10月25日)

是年,出版专著《中国两栖爬行动物分类文献(含核学文献)》。

资料一(著作) 本书内容包含中国两栖爬行动物分类学文献目录。附录包括中国两栖爬行动物修订名录、引用期刊列表、作者列表。(赵尔宓、张学文、赵蕙:《中国两栖爬行动物分类文献(含核学文献)》)

资料二(学术评价) 作为一位对中国两栖爬行动物学研究有特殊贡献的科学家,赵尔宓的著作是很多引用文献及参考目录的主要来源。《中国两栖爬行动物分类文献(含核学文献)》(2000),这些目录、索引涵盖了最新的中国两栖爬行动物的研究成果。(Kraig Adler, Dedication to Ermi Zhao)

2001年　　72岁

1月,发表多篇关于蛇类的科普文章。

资料一(文章) 本文介绍了蛇类的起源及其相关知识,包括我国最小和最大的蛇、分布范围狭窄和广泛的蛇、垂直分布最高的蛇、色泽鲜艳的蛇、上树的蛇、下海的蛇、毒蛇,并呼吁保护蛇类,维持自然生态平衡。(赵尔宓:《蛇年说蛇》,《大自然》2001年第1期)

资料二(论文) 阐述了蛇类的出现和发展,指出蛇和蜥蜴的主要区别。具体介绍了蛇亚目的主要类群及我国蛇类的多样性,对我国10种蛇的形态结构特点和分布进行了说明。最后,提出保护蛇类的重要性。(赵尔宓:《我国的蛇类》,《生物学通报》2001年第1期)

3 月 17 日，被亚洲爬行动物研究学会任命为副秘书长，任期三年。

资料(信件) 尊敬的赵尔宓教授：本信告知您已被任命为亚洲爬行动物研究学会副秘书长。任期将持续到 2004 年在印度举行的第五届亚洲爬行动物研究大会。会后请您续任三年。(西奥多：《亚洲爬行动物研究学会任命赵尔宓为副秘书长》，2001 年 3 月 17 日，见图 94)

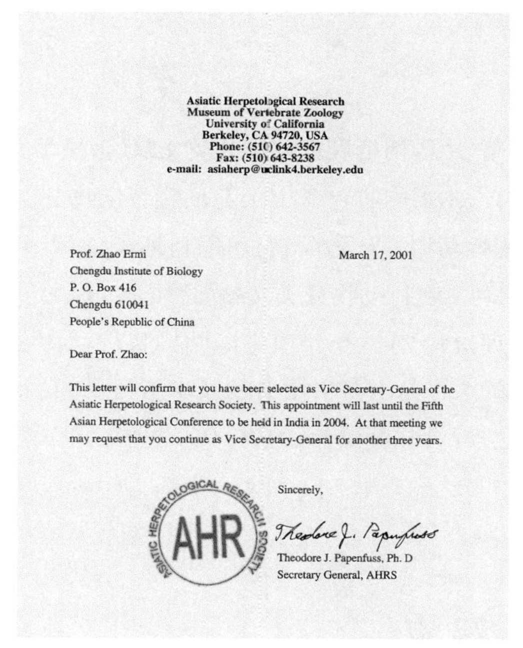

Asiatic Herpetological Research
Museum of Vertebrate Zoology
University of California
Berkeley, CA 94720, USA
Phone: (510) 642-3567
Fax: (510) 643-8238
e-mail: asiaherp@uclink4.berkeley.edu

Prof. Zhao Ermi
Chengdu Institute of Biology
P. O. Box 416
Chengdu 610041
People's Republic of China

March 17, 2001

Dear Prof. Zhao:

This letter will confirm that you have been selected as Vice Secretary-General of the Asiatic Herpetological Research Society. This appointment will last until the Fifth Asian Herpetological Conference to be held in India in 2004. At that meeting we may request that you continue as Vice Secretary-General for another three years.

Sincerely,

Theodore J. Papenfuss

Theodore J. Papenfuss, Ph. D
Secretary General, AHRS

图 94

4 月 27 日，出席“四川省陆生野生动物普查”项目成果鉴定会。

资料(报道) 由我院珍稀动植物研究所承担的四川省林业厅委托研究项目“四川省陆生野生动物普查”项目成果鉴定会于 2001 年 4 月 27 日上午在南充北湖宾馆举行。鉴定会由四川省林业厅主持，参加鉴定会的专家组成员有：东北林大的马建章院士、邹红菲副教授，中国科学院的冯祚建研究员、魏辅文研究员及王应祥研究员，成都生物所赵尔宓研究员以及川农大的李桂坦教授。(王仁蓉：《“四川省陆生野生动物普查”项目成果鉴定会在南充举行》，《四川师范学院学报(自然科学版)》2001 年第 2 期)

5月,被聘为《中国野生动物百科全书》编辑委员会副主编。

资料(证书) 2001年5月,赵尔宓被国家林业局野生动植物保护司和中国林业出版社聘为《中国野生动物百科全书》编辑委员会副主编。(国家林业局野生动植物保护司中国林业出版社:《〈中国野生动物百科全书〉编辑委员会副主编聘书》,2001年5月,见图95)

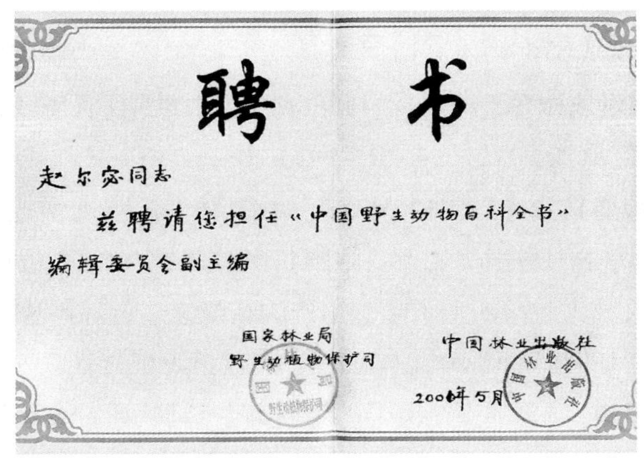
聘书

赵尔宓同志

兹聘请您担任《中国野生动物百科全书》编辑委员会副主编

国家林业局野生动植物保护司

中国林业出版社

2001年5月

图95

11月9日,当选为中国科学院院士。

资料一(档案) 中国科学院成都生物研究所:经中国科学院学部选举并经中国科学院学部主席团审议批准,你单位赵尔宓教授于二〇〇一年十一月当选为中国科学院院士。特此通知并致祝贺。(《2001年11月9日赵尔宓当选为中国科学院院士的通知》,2001年,中国科学院成都生物研究所档案室人事档案104第4-3-1号)

资料二(档案) 人教函字[2001]131号:关于公布2001年中国科学院院士有效候选人申报材料并反馈意见的通知:院属各有关单位:经中国科学院学部确认,你单位赵尔宓同志为2001年中国科学院院士有效候选人。(《关于公布2001年中国科学院院士有效候选人申报材料并反馈意见的通知》,2001年,中国科学院成都生物研究所档案室名人档案赵尔宓-09)

资料三(报道) 历时一年的中科院院士增选活动9日在京揭晓,56名科学家当选为中科院院士。中科院成都生物研究所71岁的研究员赵尔宓榜上有名，成为我省唯一在此次增选中荣膺中科院院士称号的科学家。赵尔宓的当选，使我省的中科院院士人数上升为23名，在全国排名仅次于北京、上海和江苏。(《四川省科学家赵尔宓当选中科院院士》，四川在线官网，2001年12月11日)

资料四(报道) 赵尔宓，1930年生，四川成都人，满族，著名两栖爬行动物学家，中国科学院院士，四川省学术带头人。1951年毕业于华西大学生物系。中国科学院成都生物研究所研究员。2001年当选为中国科学院院士。(陈悦、程渝：《动物学家赵尔宓　与蛇"缠绵"半世纪》，《华西都市报》2013年4月14日第23版)

资料五(报道) 2001年12月9日，中国科学院院士增选活动揭晓，56名科学家当选为中国科学院院士。中国科学院成都生物研究所赵尔宓研究员为其中之一，成为此次四川省唯一当选的科学家。(肖静：《中国科学院新增56名院士》，《四川日报》2001年12月11日第1版)

资料六(报道) 总部设在美国的"两栖爬行动物研究学会"(Society for the Study of Amphibians and Reptiles，简称SSAR)主办的《两栖爬行动物学评述》(*Herpetological Review*)杂志2002年33卷2期报道了本刊首席顾问赵尔宓当院士的消息，表示祝贺。译文如下：作为中国两栖爬行动物研究中心的中国科学院成都生物研究所首席科学家，赵尔宓教授当选为中国科学院院士。院士是授予中国科学家的最高荣誉。赵尔宓是继他的老师刘承钊(1950年芝加哥出版的《华西两栖类》这一经典著作的作者)之后，第二位当选为院士的两栖爬行动物学家。赵是中国各地两栖爬行动物许多著作的作者，他的野外工作足迹几乎遍及全国。他发表了8部专著。其中有两部由美国两栖爬行动物研究学会出版(1988年的《中国有尾类的研究》和1993年的《中国两栖爬行动物学》)。他积极促进中国的两栖爬行动物学研究与保护和致力于国际交流。他曾担任最初两届世界两栖爬行动物学大会执行委员，参与几个国际保护组织的活动。赵尔宓也是SSAR(两栖爬行动物研究学会)多年以来的会员，学会特此祝贺他获此殊荣！(《四川动物》编辑部：《两栖爬行动物研究学会祝贺赵尔宓当选中国科学院院士》，《四川动物》2003年第1期)

资料七(证书) 赵尔宓当选为中国科学院院士,由中国科学院颁发院士证。(中国科学院:《中国科学院院士证》,2001 年,见图 96)

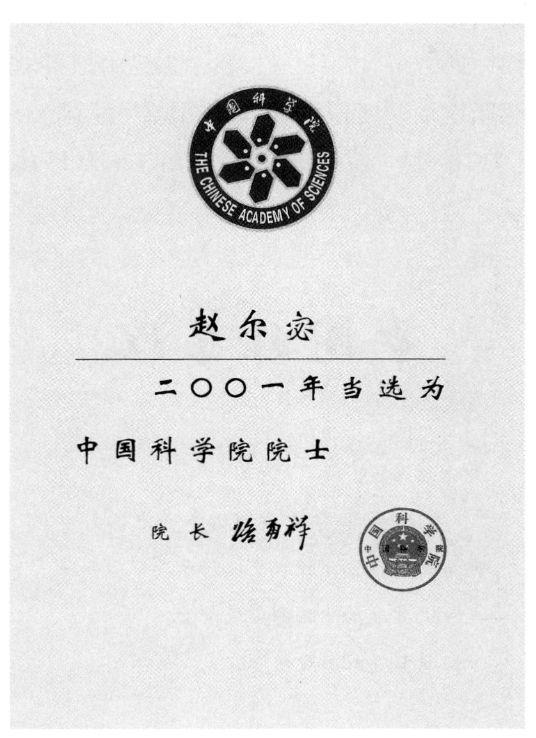

图 96

资料八(口述) 赵先生报院士从九一年开始,每年我们都知道,十一年五次还是几次,后来他都不报了,他说还报什么报。那么他当了院士以后,我觉得对我们两栖爬行动物学研究的推动更大。我们需要啊,不是他一个人需要。他老先生无所谓的,他那个时候退休了,拄个拐棍,他班都不上了,他能做点什么就做什么。所以我说,大的方面,对中国两栖爬行的推动,包括吸引外国人到中国来研究,也是因为他那本书。(《李丕鹏访谈》,2015 年 7 月 28 日)

资料九(口述) "文革"时期工作成果都是不署名的……两栖爬行动物研究当时也是,两栖爬行研究室共同发表东西。不落(署)名,大家共同的工作发表,后来大家谁先总结,就要落(署)名了。有些工作赵先生也参加了,他也就写出来，你参加的你也写出来。那么有些东西就有交叉的。后来我们大家做工作，给赵先生澄清一些历史事实，这样赵先生也就顺利当上院士了。（《蒲自莲访谈》，2016 年 9 月 9 日）

资料十（信件） 2001 年 11 月 9 日，赵尔宓经中国科学院学部选举和中国科学院学部主席团审批，当选为 2001 年中国科学院院士。（中国科学院：《通知赵尔宓当选为中国科学院院士》，2001 年 11 月 9 日，见图 97）

中国科学院

赵尔宓教授：

经中国科学院学部选举并中国科学院学部主席团审议批准，您于二〇〇一年十一月当选为中国科学院院士。

特此通知并致祝贺。

二〇〇一年十一月九日

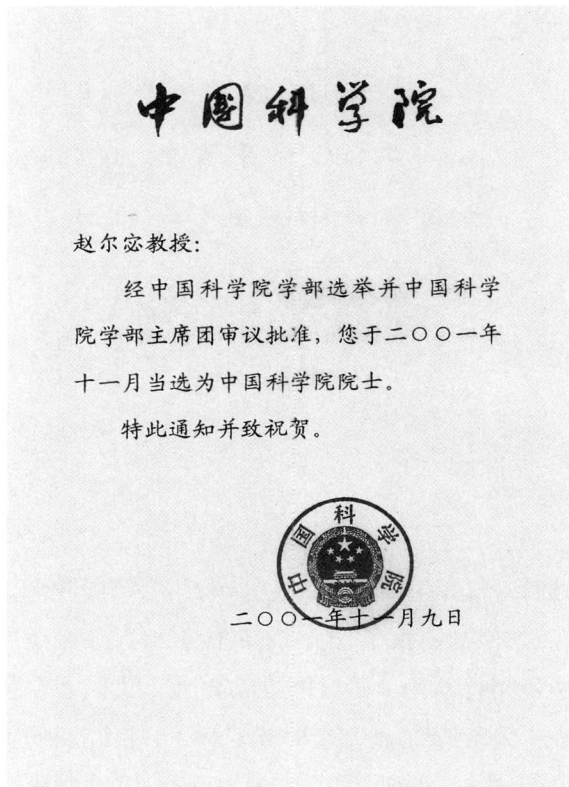

图 97

资料十一（信件） 路院长对赵尔宓教授当选院士表示了热烈祝贺。信中阐述了院士的义务与权利，希望赵先生积极履行院士义务，郑重行使院士权利。（路甬祥：《祝贺赵尔宓当选中国科学院院士》，2001 年 12 月 1 日，见图 98）

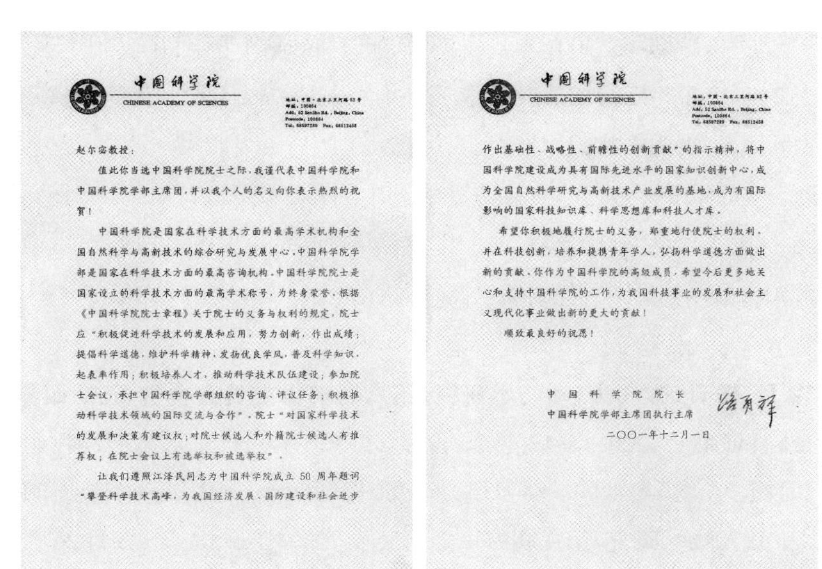

中国科学院
CHINESE ACADEMY OF SCIENCES

地址：中国·北京三里河路 52 号
邮编：100864
Add: 52 Sanlihe Rd., Beijing, China
Postcode: 100864
Tel: 68597289 Fax: 68512458

赵尔宓教授：

值此你当选中国科学院院士之际，我谨代表中国科学院和中国科学院学部主席团，并以我个人的名义向你表示热烈的祝贺！

中国科学院是国家在科学技术方面的最高学术机构和全国自然科学与高新技术的综合研究与发展中心。中国科学院学部是国家在科学技术方面的最高咨询机构。中国科学院院士是国家设立的科学技术方面的最高学术称号，为终身荣誉。根据《中国科学院院士章程》关于院士的义务与权利的规定，院士应“积极促进科学技术的发展和应用，努力创新，作出成绩；提倡科学道德，维护科学精神，发扬优良学风，普及科学知识，起表率作用；积极培养人才，推动科学技术队伍建设；参加院士会议，承担中国科学院学部组织的咨询、评议任务；积极推动科学技术领域的国际交流与合作”。院士“对国家科学技术的发展和决策有建议权；对院士候选人和外籍院士候选人有推荐权；在院士会议上有选举权和被选举权”。

让我们遵照江泽民同志为中国科学院成立 50 周年题词“攀登科学技术高峰，为我国经济发展、国防建设和社会进步作出基础性、战略性、前瞻性的创新贡献”的指示精神，将中国科学院建设成为具有国际先进水平的国家知识创新中心，成为全国自然科学研究与高新技术产业发展的基地，成为有国际影响的国家科技知识库、科学思想库和科技人才库。

希望你积极地履行院士的义务，郑重地行使院士的权利，并在科技创新，培养和提携青年学人，弘扬科学道德方面做出新的贡献。你作为中国科学院的高级成员，希望今后更多地关心和支持中国科学院的工作，为我国科技事业的发展和社会主义现代化事业做出新的更大的贡献！

顺致最良好的祝愿！

中国科学院院长
中国科学院学部主席团执行主席
路甬祥
二〇〇一年十二月一日

图 98

资料十二(照片)　赵尔宓(左)接受中国科学院院士证书(右为梁栋材)。(见图 99)

图 99

12 月 17 日，被聘为四川省第四届科技顾问团顾问。

资料(档案)　根据省委、省政府批转的《四川省科技顾问团章程》，在川“两院”院士均进入顾问团。2001年我省新增院士五名(其中：中科院院士3名,工程院院士2名,名单附后),特报请省委、省政府将五位新院士增聘为四川省第四届科技顾问团顾问,由中共四川省委、四川省人民政府颁发聘书。注：二〇〇一年新当选院士(四川地区)名单中,赵尔宓名列中国科学院院士。(四川省科学技术顾问团:《关于增聘2001年新当在川“两院”院士为四川省科技顾问团顾问的报告》,2001年,中国科学院成都生物研究所档案室文书档案2001.05-97)

12月26日,被聘为《动物学研究》第六届编辑委员会委员,任期四年。

资料(证书) 2001年12月26日,赵尔宓被中国科学院昆明动物研究所聘为《动物学研究》第六届编辑委员会委员,任期四年。(中国科学院昆明动物研究所:《〈动物学研究〉第六届编辑委员会委员聘书》,2001年12月26日)

是年,被美国生物学家传记学会授予荣誉顾问证书。

资料(证书) 赵尔宓被美国传记研究院聘为研究顾问。(美国传记研究院:《美国传记研究院研究顾问聘书》,2001年,见图100)

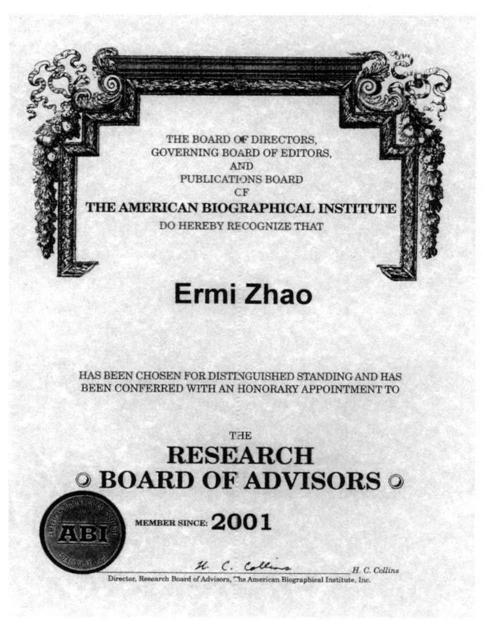
THE BOARD OF DIRECTORS,
GOVERNING BOARD OF EDITORS,
AND
PUBLICATIONS BOARD
OF
THE AMERICAN BIOGRAPHICAL INSTITUTE
DO HEREBY RECOGNIZE THAT

Ermi Zhao

HAS BEEN CHOSEN FOR DISTINGUISHED STANDING AND HAS BEEN CONFERRED WITH AN HONORARY APPOINTMENT TO

THE
RESEARCH
BOARD OF ADVISORS

ABI

MEMBER SINCE: 2001

H. C. Collins
H. C. Collins
Director, Research Board of Advisors, The American Biographical Institute, Inc.

图100

2002 年　　73 岁

3 月下旬，到南充市四川师范学院作学术报告。

资料(档案)　应南充市四川师范学院之邀，到该校作学术报告，听众以生命科学学院教师与学生为主，共 200 多人。(《赵尔宓 2002 年工作记录》，2002 年，中国科学院成都生物研究所档案室名人档案赵尔宓-09)

4 月 10 日至 13 日，参加中国科学院组织的河南郑州经济开发区院士咨询活动。

资料一(档案)　4 月 10 日—13 日，中国科学院组织部分院士(10 人左右)到河南郑州经济开发区进行咨询活动，参观开发区并进行座谈，接受咨询。(《赵尔宓 2002 年工作记录》，2002 年，中国科学院成都生物研究所档案室名人档案赵尔宓-09)

资料二(档案)　参加了中国科学院组织的河南高新技术产业开发区院士考察顾问团。(《年度考核登记表(赵尔宓 2002)》，2002 年，中国科学院成都生物研究所档案室人事档案 104 第 3-7 号)

5 月，被聘为四川大学特聘教授，开始在四川大学开展两栖爬行动物研究工作。

资料一(口述)　我 2002 年三月到四川大学来，当时刚好赵先生正在和四川大学联系开展工作，岳老师推荐我给赵老师做学术秘书。赵老师正式过来大概是 2002 年五六月份，我三月回来，正好提前给赵老师筹建这边的办公室、实验室。所以从那个时候开始和赵先生接触。我给赵老师当秘书是从 2002 年到 2005 年初，大概就三年时间。因为在 2005 年 7 月就去国外了，这个任务就交给他现在的秘书杨军老师了。那么在这两三年的过程中感触比较深的是赵先生在四川大学非常敬业，很多事情他都参与。那个时候他是招了硕士和博士研究生的，他还专门上分类学的课。我记得他当时拿了很多标本指导学生，包括蛇，就在对面那个房间518，带学生去做分类、做鉴定。他非常细，指导学生这块他比较仔细，没有大科学家的那种因为自己的事情比较繁忙就很多事情不管的行为。我记得当时在四川大学招的第一个博士是郭鹏，赵老师都亲自指导……另外一个感受就是，赵老师对大家的生活方面还是比较关心的。我记得好像经常跟他在一起吃饭，他跟我们一样也吃食堂、小饭馆……就显得很平易近人。你想，一个院士，从外面的人的角度来想，要接近他是不是很难呢？但是赵老师不给人那样的感觉。还有一个感受比较深的是，他虽然给你感觉很随和，很平易近人，但是他……忙的时候，希望别人尽快把要他处理的事情弄完了就走。他那个时候的工作特别忙，事情特别多，我想那几年他主要的精力在写书上。他后来不是又出了《中国蛇类图谱》呢，那个时候收集资料，做得比较多，比较忙……他是院士，又是学术大家，虽然我作为学术秘书跟他接触得比较多，但有的时候还是想跟他多交流，但那个时候他不一样，他特别忙，等都忙得差不多，他就要问你"你还有啥事情"。当然久了我就知道意思了：他要忙他的事情了，他的事情太多了，他又不好特别明确地说，他就希望你的事情完了就尽快走，不要在这里待着。就是这个心态。我的意思就是，他特别忙，虽然70多岁了，还在为两栖爬行、科学研究这些事情奉献力量。赵老师还有一个跟其他很多老先生不一样的事情就是他用电脑。老一辈的先生用电脑用得很少，但是赵先生的电脑用得很好。另外，很多老先生不用手机，用手机也不会用短信，就接电话、打电话，但赵老师那个时候会发短信，很多时候他不打电话而发短信。(《宋昭彬访谈》，2016年10月25日)

资料二(口述)　赵老师到这儿来以后，建的这个实验室分两个大部分。一部分是做形态方面的，就是传统分类。还有一部分是关于分子方面的，分子进化方面的。以前研究进化演化这一块都以形态特征为主，赵老师他们那个年代是这样的。但是随着科学进步，我们现在更多的是分子手段。所以这边实验室重点是做的和分子有关的工作。就是分子演化实验室，但是没有正式挂牌，我们内部是这样的，或者也叫作动物系统学分子实验室。赵老师在这儿也没有正式地给它挂个名字，主要和这边的动物研究有关。赵老师在我们这边是生态系这一块的，所以生态实验各方面都会涉及一些。赵先生在川大的工作是非常有规律的。以前，这边有很多学生，最多的时候，实验室有十个学生。那个时候，他一周至少要来两三次，就在这里办公，和学生交流，指导学生们做实验、写文章，各个方面都进行指导。当然，最常做的是让学生做报告，挂上 PPT 介绍他们的研究进展或者他们读的相关文献……那个时候每周都有一次组会……赵老师给大家开组会，一方面大家觉得赵老师比较严厉，开组会的时候，大家心里还是比较敲鼓的。但是开完组会，大家还有高兴的事情，就是赵老师特别喜欢请学生吃饭。赵老师就带着学生一起去吃顿饭，就在学校里面或者学校附近，大家一起，一群人慢慢走过去。赵老师对学生还是比较关心的，有些新来的学生……他还带着……在校园参观。曾经就有一个从东北来的学生，他曾带着他四处参观。还有一个从北京刚考过来的学生，赵老师还专门带他去附近看桃花，在洛带古镇那边，还叫上他的一个老朋友，和组上实验室的学生一起，像春游一样。在学术上，他对学生的要求也是很高的。……曾经有个学生写篇文章，反复地修改，修改了我估计不下二三十次吧。因为刚开始改的就是整个文章的框架结构，他亲自修改，学生写完之后，曾经给我看过，赵老师也看。他们就先修改框架，然后再修改，最后连字词标点也进行修改。所以说非常严谨。当然那个学生刚开始不太理解这些，后来经过这样的训练，我估计他应该能体会了，得到这种机会还是很难得的。(《杨军访谈》，2016 年 10 月 27 日)

资料三(口述) 赵先生 2001 年正式成为院士，之后他就开始在四川大学招收博士研究生。我是他的第一批博士研究生，2000 年我已经是研究员，正高职称。当时我是这样想的：搞科研的人要不断进步、不断学习，学习新的技术、理念和方法，所以我觉得应该去念博士。之所以选赵先生是仰慕他在学术上的造诣和名声。我是他的第一届博士研究生……从这个时候接触就特别多了，当时他年纪比较大，已经七十二岁了。通过深入了解之后，我发现他对工作非常严谨，对学生要求高。比如，我们作科学研究的时候，查阅标本必须从头学，因为我以前没研究两栖爬行学，概念都从头学，他悉心指导，标本怎么描述、怎么看，描述的顺序、它的名词等，一点一点教。另外对标本的采集和测量一丝不苟。比如数蛇的鳞片，尾下鳞，双行单行，有时候尾下鳞多少片，我数了一遍，多少鳞片。他说不对，他说这个蛇应该是多少鳞片，他带着我们重新数一遍。因为有时候很小的一片你可能看不见，鳞片很多，有时候有错。往往他是对的。那些物种他不数都知道有多少鳞片。我是初学者，以前是学哺乳类的，刚开始学两栖爬行类的，有时看不清楚，有时候自己不认真，数鳞片就稀里糊涂数过去了。他对测量精确度、雌雄辨认等过程非常严谨。第二点感受很深的就是他对标本的爱惜和珍惜。作为科学家，对标本的重视程度，一般的人是很难理解的。拿出来之后，不允许在你的手中掉下一片鳞片，因为在他的眼中，标本就是宝贝。所以我们在整理标本的时候，他要求我们戴手套，轻拿轻放，过程中动作不能太粗鲁，要慢慢来，他很看重这些标本材料。实际上从这些东西中可以看出一个科学家的严谨作风。这是我印象非常深刻的。另外，他对学生很好，对学生的成长他很关心。他的学生很多，每个学生做什么东西，往哪个方向发展，以后该去哪个地方做哪个类群的工作，哪个类群里还有什么问题需要去探索研究，他会……差异化指导，根据学生的情况、学术背景甚至爱好进行细致的指导。我们已经工作了，读完之后会回到自己单位工作。而那些年轻的师弟师妹，赵先生会推荐他们：你应该到什么单位去，这个单位适合你的发展，对我们以后学科的进步有什么好处。有的推荐到中国科学院昆明动物所，有的推荐到川大，有的到沈阳师大、海南师大等等。他会跟你讲，到哪个地方去，为什么要去，目标是什么，以后往什么方向发展。他对学生的指导很用心，很关心。从这种关心中我认为一方面他人很好，照顾自己的弟子，让大家有成长的机会，另外一个也是思考这个专业，对科学的发展的一种更高层面的思考，在全国东南西北，从爬行动物来说，哪些地方主要是什么类群，这些类群中，哪些问题没有解决，哪些地方通过我们的研究，在两栖爬行动物学上会有更大的发展，这是他从全国的角度对这个科学的思考。他的布局和思考也是非常独到、非常到位的……后来在写文章，做博士论文的期间，他的严谨程度也是非常令我们钦佩的。我是做哺乳动物的，按道理跟他的专业是有差距的。要毕业时我本身已经是研究员，我认为我自己的博士论文是没有多少问题的。但是有些地方可以看出先生的功底。我们当时引用了国外的一些书，他说："我觉得你的论文中，作者的名字拼写有误。"我说："不可能。"他说："你把书拿来。"一看，他是对的。有时候就是习惯了写得很快，也不一定是笔误，自己就一带而过造成的一些错误。这点说明哪怕不是他的专业，他的学术思想、对学术的认真态度，也是很令我敬佩的。我写的一些东西，他会反复地修改。他的英语很好，英文摘要、写法甚至有些单词，一点一点地改，还跟你讨论。然后，我们答辩很顺利。因为他的地位很高，所以学生答辩的时候，他也请其他院士来评审，这样我们脸上也很有光。答辩的时候，其他院士都对学生连连称赞，实际上这些都离不开赵先生的指导。赵先生一遍遍对内容格式、规范、用词进行校对，非常严谨。这是我跟赵老师接触的一些感悟。另外，在生活上，他对学生也非常关心。比如，他经常请我们去他家里做客，还送给我们一些茶叶、补品等。这是对他生活上一些优良作风的感悟。(《刘少英访谈》，2016 年 10 月 18 日)

5 月 27 日至 6 月 2 日，出席中国科学院第十一次院士大会，并作"发展脊椎动物分类学研究的我见"的报告。

资料(档案) 5 月 27 日至 6 月 2 日，赵尔宓到北京出席中国科学院第十一次院士大会。5 月 29 日，他在生物学部学术报告会上作"发展脊椎动物分类学研究的我见"的报告，参加者主要是生物学部全体院士。(《赵尔宓 2002 年工作记录》，2002 年，中国科学院成都生物研究所档案室名人档案赵尔宓-09)

6 月 9 日到 15 日，出席 973 项目"长江流域生物多样性变化、可持续利用与区域生态安全"的中期评估会。

资料(档案) 6 月 9 日—15 日，应洪德元院士之邀，赵尔宓到北京出席科技部和教育部主持的 973 项目"长江流域生物多样性变化、可持续利用与区域生态安全"的中期评估会。(《赵尔宓 2002 年工作记录》，2002 年，中国科学院成都生物研究所档案室名人档案赵尔宓-09)

6 月 20 日，应邀到沈阳师范大学参观并出席教学咨询座谈会。

资料(档案) 6 月 20 日—21 日：与另三位院士应邀到沈阳师范大学参观并出席教学咨询座谈会。(《赵尔宓 2002 年工作记录》，2002 年，中国科学院成都生物研究所档案室名人档案赵尔宓- 09)

7 月 19 日至 21 日，参加《成都日报》报社组织的科普活动，带领中小学生到峨眉山进行野外考察。

资料一(档案) 7 月 19 日至 21 日，赵尔宓参加《成都日报》组织的中小学生与院士手拉手活动，到峨眉山野外考察。(《赵尔宓 2002 年工作记录》，2002 年，中国科学院成都生物研究所档案室名人档案赵尔宓- 09)

资料二(档案) 科普工作：应《成都日报》"与院士手拉手"之请，带领中小学生到峨眉山野外考察。(《年度考核登记表(赵尔宓 2002)》，2002 年，中国科学院成都生物研究所档案室人事档案 104 第 3 - 7 号)

资料三(口述) 也是很偶然，就在看到这篇文章一两年以后，正好 2002 年七月中旬，《成都日报》组织了一个科普考察活动，我母亲看报纸注意到我跟她提过的赵先生——赵尔宓这个名字……就转告我，我当时正好放暑假，就报了名。当时我记得是电话报名，全成都市大概三百多号人报名，最后报社通过电话访问、考察，确定了二十多人。七月十九号我们就出发，跟赵先生一起去考察，那是第一次见到他。七月十九号第一次见到赵先生，先是想到一个这么有名的科学家，应该是很严肃的样子，但是他一看到小朋友，就非常喜欢，跟小朋友拖到一起，跟小朋友拉着手，让他们叫赵爷爷。包括当时他还问我们大家是不是成都人，一听是成都人，他就说："我就说成都话了，大家感觉亲切一点。"那是赵先生给我的第一印象。后来我们就坐车去峨眉山，在路上，赵先生还活跃气氛，给我们讲东北那边保护丹顶鹤牺牲的那个女孩，还说写了一首歌呢，《一个真实的故事》，问有没有人会唱。正好有个年轻女孩还会唱，就请她起来给我们唱歌。到峨眉山以后，他就给我们讲他的老师——刘承钊先生，大概一九三八年到成都以后，峨眉山就是他们第一个考察的地方，因此赵先生对峨眉山也有一种特殊的感情。当时在峨眉山，特别是晚上出去，赵先生的腿脚不是很方便，他之前做过手术，还和吴老师一起带我们大晚上爬到清音阁的小水沟去采各种蛙。采到了蛙，他就给我们介绍。我记得第一次采的就是一个棘腹蛙，雄性的，肚子上是有刺的，他就给我们讲这个蛙现在因为有些人觉得好吃，抓来吃，数量就减少得比较厉害，呼吁大家都要注意以后不要去吃这些蛙。当时这个印象比较深刻。凡是可以见到的蛙，赵先生都要专门采来给我们介绍一下。我们当时第一次知道这些动物还有学名，以前就只知道叫青蛙，第一次晓得蛙还有这么多学名，这么多正式的科学的名称。他对我的影响是什么呢？我从小就喜欢这些东西，就是蛙类、蛇类、龟类，但并不晓得这还是一门学科，还能够有一定的科学价值。就在接触赵先生这几天才知道居然还有一个这样的学科，自己就一定要去学这一行，搞这一行。这次考察虽然只有三天，但对我自己的人生可以说是第一个比较大的转折点，晓得了自己以后要做的方向，包括当时还有意地问过赵先生怎么才能像你们一样，去研究这些东西。赵先生当时还给我们说，要好好考上大学，要学生物，特别是能学动物最好。赵先生还给我介绍本科出来要怎么继续深造。从那个时候开始，自己就有了个大概的目标，就是希望像赵先生他们那样作研究。我那时初二结束。当时参加考察的还有一个叫吴耘珂，他当时已经高考完，因为参加生物竞赛得了全国一等奖，保送川大。之前他对昆虫感兴趣，也是经过那次以后，他对两栖动物比较感兴趣，后来考到哈佛大学，搞两栖动物的研究。还有一个叫薛飞，后来考赵先生的研究生，后来见面才发现都是参加了这个活动的。实际上我们当时参加活动的二十多个人，有三个后来都直接或间接做这一行。而且赵先生，据我了解，就只举行了这一次活动，后来因为他工作、身体各方面的原因再也没有举行过这样的活动了。所以有时候在家里聊起这个事情，连我母亲都说，如果多一些这样的活动，可以改变好多人的人生。我了解还有很多人都对这些研究感兴趣，但就缺乏这样一个机会。赵先生当时正好创造了这个机会，至少我们这三个人都走到这条路上来了。（《蒋珂访谈》，2016 年 9 月 3 日）

资料四（报道）　2002 年成都市科技局与《成都日报》社联动，推出了“与院士手拉手”活动，于 7 月 16 日开始招募野外科学考察队队员。（徐晓眉：

《与院士手拉手,野外科学考察特别报道:院士在野外等你》,《成都日报》2002 年 7 月 16 日 A2 版)

资料五(报道) 2002 年成都市科技局与《成都日报》社联动,推出了“与院士手拉手”活动,于 7 月 18 日遴选出 24 名中小学生组成随同特邀科学顾问赵尔宓院士进行野外科考的考察队。(徐晓眉:《与院士手拉手,野外科学考察特别报道:院士在野外等你》,《成都日报》2002 年 7 月 19 日 A2 版)

资料六(报道) 2002 年成都市科技局与《成都日报》社联动,推出了“与院士手拉手”活动,7 月 19 日赵尔宓院士带领 24 名中小学生赴峨眉山进行野外科考,观察萤火虫。(徐晓眉:《与院士手拉手,野外科学考察特别报道:青蛙,我们看你来啦》,《成都日报》2002 年 7 月 20 日 A2 版)

资料七(报道) 2002 年成都市科技局与《成都日报》社联动,推出了“与院士手拉手”活动,7 月 20 日,科考队员们在赵尔宓院士的带领下观察了山溪鲵、颈槽蛇、弹琴蛙等。(徐晓眉:《与院士手拉手,野外科学考察特别报道:弹琴蛙奏乐伴我们入眠》,《成都日报》2002 年 7 月 21 日 A2 版)

资料八(报道) 2002 年成都市科技局与《成都日报》社联动,推出了“与院士手拉手”活动,7 月 21 日科考队在赵尔宓院士的带领下寻找明全蛙。通过这次活动,队员们懂得了保护环境的意义。(徐晓眉:《与院士手拉手,野外科学考察特别报道:因为遗憾才更有意义》,《成都日报》2002 年 7 月 22 日 A2 版)

资料九(照片) 2002 年暑假,赵尔宓(左三)在峨眉山与参加科普活动的学生合影。(见图 101)

7 月 29 日至 8 月 1 日,出席《野生动物红色名录》编写研讨会,对 407 个物种逐一审核。

资料一(档案) 7 月 29 日至 8 月 1 日,赵尔宓到青岛出席《野生动物红色名录》编写研讨会。(《赵尔宓 2002 年工作记录》,2002 年,中国科学院成都生物研究所档案室名人档案赵尔宓- 09)

图 101

资料二(口述) 我记得最清楚的,赵先生曾主编一套《中国红色名录》中的《爬行动物》,虽然那本书后来不是单独出版的。北京动物所汪松、解炎他们编出来中间一部分内容,407 个物种,赵先生一个一个地来审核。编《红色名录》很复杂,你把它放在不同的濒危等级,需要找标准。这些标准都是有规范性的、定量的标准的,比如栖息地的大小、现在种群数量剩下多少等等,他一个一个地审核。大家想想,407 个物种,他那么大的岁数,全部核过。我也是很感动的。因为那个时候我作为他的助手,找到标准,跟他解释,这个标准是什么,一个一个地(核)对。他说:"你说这个物种种群数小于 1 500 了,那么你有什么依据,找一下看看,谁调查过了? 哪年调查过了? 有多少?"我们光核对濒危等级的标准大概花了至少三个月的时间……做红色名录第一步就是要把所有物种理清。光这一步,浩瀚的文献……国外、国内发表的很多新种,要弄进来,包括过去的物种有新的分布地等等。做《红色名录》最关键的就是基础数据,所有数据都要涉及。第一步把名录列下来,列下来以后,我们就按它属归物种。我随便举个例子,比方说扬子鳄,我们肯定它这个物种是真实存在的……每一个物种都要经过这样的核对程序。有的物种变化，我刚才说的扬子鳄，它可以符合很多条的濒危标准。那么每一条你都得核，都得说这个确实是存在的。你想这个浩如烟海的文献找下来，工作量非常大……凡是进入易危、濒危、极危，当然还有野外灭绝，像这样等级的，那很费劲。这本书的爬行类红色名录，我们是做了大概一年的时间，才把它弄出来。那当然，赵先生他打主力……举个例子，因为赵先生是大家，他这一辈子对爬行动物了解得很多，有些时候他自己就知道的。（《吕顺清访谈》，2016 年 8 月 18 日）

8 月 15 日至 9 月 8 日，到新疆阿尔泰地区考察。

资料一（档案） 8 月 28 日至 9 月 8 日，参加了世界自然保护联盟中国两栖爬行动物专家组组织的新疆西部考察。8 月 15 日—24 日，新疆林业局野生动物保护处陪同赵尔宓一行到阿尔泰地区考察和采集标本。（《赵尔宓 2002 年工作记录》，2002 年，中国科学院成都生物研究所档案室名人档案赵尔宓-09）

资料二（档案） 2002 年，赵尔宓参加了两次野外考察采集，一次在云南，一次在新疆。（《年度考核登记表（赵尔宓 2002）》，2002 年，中国科学院成都生物研究所档案室人事档案 104 第 3－7 号）

资料三（口述） 他当院士以后，又开始恢复工作。恢复工作，就要跑野外。我跟着他跑了好多回野外。在野外他也很能吃苦，比如说在新疆乌鲁木齐，都是气温四十多度。〇二年跑了一次，〇六年跑了一次。八月份，吐鲁番那个地方很热，他跟着我们一起在沙漠上捉蜥蜴。我们都怕他累着了，他……非要跟我们一起下去，拿着网子，走路都已经不灵了。他教我们捉蜥蜴、捉蛙……原来我是跟着蛙追，根本追不上，蛙一跳跳好远。他就教我：你不能站在蛙的后面，你应该跑到对面，手从蛙的头抓过去，它一跳就到你的手心里面，很容易就抓到了，然后我就学会了。又教我做标本。我小时候从来没有杀过生，很害怕。他要求标本要做得漂漂亮亮，不能捉一个直接把它放酒精中泡起，姿势不好看，以后人家查标本，也不便于观察。他教我从哪里剪开，口子不能剪大了。从腹部靠胸那里剪开，然后把要取的组织块取一点出来，把它摆好。比如说蛙，四只腿要怎么摆，嘴巴不能让它闭着，以后人家查标本要观察口腔怎么办？它死了以后在还没有固定之前，把嘴里面塞些纸或是棉花，等它固定成型以后，再把纸或棉花掏出来，那它嘴巴永远都是张开的，就可以观察口腔。很细的这些事情，他都要教。不光是指导我，刚进学校的学生他都要教。如果标本做不好，他还要批评。(《赵蕙访谈》，2016年9月8日)

资料四(口述) 比如，〇二年到云南……新疆……沈阳，到其他好多地方。我觉得，他对自己的工作确实非常热爱，很痴迷。在新疆的时候就这样，水都不喝。我们是绝对办不到的。这些干的东西吃了，一定要有水。他居然可以不用水，说是常年野外工作养成的(习惯)。他们那个时候，条件是很艰苦的，车也没有。你走一个地方，水也只有一点点。背一小壶水，喝完了，怎么办？所以他们就养成了这个习惯。啃干粮都可以当一顿饭。(《薛晓武访谈》，2016年9月9日)

资料五(口述) 后来，2002年赵先生组织我们几个人到新疆进行了一次两栖爬行动物生物多样性的调查，采了很多标本……2002年我们一块待了半个月……八月中旬到九月初这一段时间，我记得非常清楚，采了许多非常有意义的标本。同行的有李丕鹏、吕顺清、广西梧州蛇伤医院的余先生(余培男)、新疆师大的王秀玲老师。我们一起走，走了有半个月的时间，因为发大水阻断公路，南疆没去成，但新疆其他地方全都走了。因为新疆那个地方一个是范围比较大，还有从两栖爬行动物种类上来讲是比较特殊的。所以说我们就选择了新疆，尤其是那个地方有新疆北鲵，有草原蝰、蝰蛇这一类的，有林蛙，包括中亚林蛙、阿尔泰林蛙，我们都找到了的。新疆两栖爬行动物特殊是因为在沙漠或者荒漠环境下，地理隔离效应比较明显。比较典型的就是新疆的绿蟾蜍，由于大沙漠的阻断，它的物种分化很明显。后来经过其他学者的研究，在绿蟾蜍这块，定了很多的种。所以说我们当时就选择了新疆作为样点去采集。东北也有它的特点。……有东北地方特色的一些物种，比如蛇岛蝮、乌苏里蝮这些，我们两年的时间也采到了很多标本，这样为沈阳师范大学两栖爬行动物研究室的建立奠定了基础，这也是赵先生在那儿设的一个工作站，先生在那里待了大概六年。(《赵文阁访谈》，2016年8月17日)

资料六(照片) 赵尔宓在新疆哈巴河进行野外考察。(见图 102)

图 102

8 月 26 日,被聘为第十九届国际动物学大会顾问委员会委员。

资料(证书) 2002 年 8 月 26 日,赵尔宓被中国动物学会聘为第十九届国际动物学大会顾问委员会委员。(中国动物学会:《第十九届国际动物学大会顾问委员会委员聘书》,2002 年 8 月 26 日)

9 月 1 日,被聘为中国科学院[①]研究生院终身教授。

资料一(档案) 11 月 6 日,赵尔宓收到中国科学院研究生院聘为终身教授的聘书。(《赵尔宓 2002 年工作记录》,2002 年,中国科学院成都生物研究所档案室名人档案赵尔宓-09)

资料二(证书) 2002 年 9 月 1 日,赵尔宓被中国科学院研究生院聘为终身教授高级职务。(中国科学院:《中国科学院研究生院终身教授高级职务聘书》,2002 年 9 月 1 日)

① 2012 年 6 月更名为中国科学院大学。

9月9日，应邀在新疆师范大学作“新疆的两栖爬行动物”学术报告，参与者约300人。

资料一(档案) 9月9日，赵尔宓应邀在新疆师范大学作报告“新疆的两栖爬行动物”，参加者主要是生物系师生，约300人。(《赵尔宓2002年工作记录》，2002年，中国科学院成都生物研究所档案室名人档案赵尔宓-09)

资料二(档案) 本年，赵尔宓分别到新疆师范大学、黄山学院、蛇岛自然保护区管理处等单位访问并讲学。(《年度考核登记表(赵尔宓2002)》，2002年，中国科学院成都生物研究所档案室人事档案104第3-7号)

9月17日，到乐山农业生态科技园区考察。

资料一(档案) 9月17日，赵尔宓到乐山农业生态科技园区考察、座谈。(《赵尔宓2002年工作记录》，2002年，中国科学院成都生物研究所档案室名人档案赵尔宓-09)

资料二(档案) 赵尔宓在年度考核表的“个人总结”一栏记录了本年参与的科普工作：承建乐山国家级农业科技园两栖爬行动物博物馆，并已完成了第一期建设。(《年度考核登记表(赵尔宓2002年)》，2002年，中国科学院成都生物研究所档案室人事档案104第3-7号)

资料三(报道) 9月17日，中科院成都生物所赵尔宓院士一行……到乐山国家农业科技园区生态科技园进行实地考察。赵院士对生态园的基础条件和发展状况给予充分肯定，对乐山园区技术需求表示赞同和支持，并就合作方式、工作原则和步骤方案提出了具体意见。双方经过充分的讨论，达成了书面项目合作协议：第一，做好做精两栖动物博物馆……第二，规划建立两栖动物活体养殖场，在两三年内完成；第三，在科研大楼中设立“赵尔宓院士两栖类爬行动物行为习性研究工作站”。(《赵尔宓院士为乐山国家农业科技园建设献策》，中国科学院官网，2002年11月6日)

10月27日，应邀到安徽黄山学院作“中国的蛇类”学术报告，参与者300余人。

资料一(档案) 10月27日，赵尔宓应邀到安徽黄山市黄山学院作报告

"中国的蛇类",参加者为该校生物系三百余位师生。(《赵尔宓 2002 年工作记录》,2002 年,中国科学院成都生物研究所档案室名人档案赵尔宓-09)

资料二(档案) 参见本年"9 月 9 日"条资料二(档案)。

10 月 29 日,出席中国动物学会两栖爬行动物分会学术年会,作"中国的海蛇"大会报告,参会者约 80 人。

资料一(档案) 10 月 29 日,赵尔宓出席中国动物学会两栖爬行动物分会学术年会,在大会上报告"中国的海蛇",参加会议代表约 80 人。(《赵尔宓 2002 年工作记录》,2002 年,中国科学院成都生物研究所档案室名人档案赵尔宓-09)

资料二(档案) 参加了中国动物学会两栖爬行动物学分会的学术研讨会,并作大会报告。(《年度考核登记表(赵尔宓 2002)》,2002 年,中国科学院成都生物研究所档案室人事档案 104 第 3-7 号)

10 月 30 日,到浙江金华大鲵养殖场参观指导。

资料(档案) 10 月 30 日,赵尔宓应邀到浙江金华大鲵养殖场参观指导。(《赵尔宓 2002 年工作记录》,2002 年,中国科学院成都生物研究所档案室名人档案赵尔宓-09)

10 月,被授予四川省"民族团结进步模范"称号。

资料一(档案) 四川省人民政府于 2002 年 10 月授予赵尔宓"民族团结进步模范"的称号。(《赵尔宓 2002 年工作记录》,2002 年,中国科学院成都生物研究所档案室名人档案赵尔宓-09)

资料二(证书) 2002 年 10 月,赵尔宓被四川省人民政府授予"民族团结进步模范"称号。(四川省人民政府:《"民族团结进步模范"荣誉证书》,2002 年 10 月)

11 月 3 日至 5 日,出席中国海洋湖沼学会甲壳动物分会成立二十周年暨庆贺刘瑞玉院士八十华诞大会,应邀作"中国的海洋蛇类"大会报告。

资料一(档案) 11月3日至5日,赵尔宓到青岛出席中国海洋湖沼学会甲壳动物分会成立二十周年暨庆贺刘瑞玉院士八十华诞大会,应邀在大会学术报告会上报告"中国的海洋蛇类"。(《赵尔宓2002年工作记录》,2002年,中国科学院成都生物研究所档案室名人档案赵尔宓-09)

资料二(档案) 2002年,赵尔宓为刘瑞玉院士从事科研五十五周年庆典作大会报告。(《年度考核登记表(赵尔宓2002)》,2002年,中国科学院成都生物研究所档案室人事档案104第3-7号)

资料三(论文) 会议名称:中国动物学会甲壳动物学会分会成立二十周年暨刘瑞玉院士从事海洋科教工作五十五周年学术研讨会。会议时间:2002年11月1日。会议地点:青岛。主办单位:中国动物学会。会议报告内容:本文介绍了海蛇的分类现况、主要形态特征及其在世界范围的分布,阐述了海蛇的生物学,包括栖息环境、呼吸和下潜、食物和食性、繁殖、蜕皮、天敌与共生、海蛇咬伤问题。(赵尔宓:《海蛇的知识和中国海蛇的研究》,载《甲壳动物学论文集(第四辑)》,科学出版社,2002年)

12月7日至12日,应邀到大连旅顺蛇岛自然保护区开办"蛇类的分类"培训讲座。

资料一(档案) 12月7日至12日,赵尔宓应邀到大连旅顺蛇岛自然保护区给该单位专业人员培训班讲"蛇类的分类"。(《赵尔宓2002年工作记录》,2002年,中国科学院成都生物研究所档案室名人档案赵尔宓-09)

资料二(档案) 参见本年"9月9日"条资料二(档案)。

12月9日,被中共四川省委、四川省人民政府评为第三批四川省学术和技术带头人。

资料一(档案) 各市、州委,各市、州人民政府,省级各部门:经第三届四川省学术和技术带头人认定及后备人选评议专家委员会认定,省委组织部、省人事厅、省科技厅、省教育厅、省财政厅、省发展计划委、省科协、省社科联等部门审核,省委、省政府批准丁协平等150人为第三批四川省学术和技术带头人。注:第三批四川省学术和技术带头人名单中,自然科学类有

19 人，赵尔宓名列其中。（中共四川省委、四川省人民政府：《赵尔宓被评为第三批四川省学术和技术带头人》，2002 年，中国科学院成都生物研究所档案室文书档案 2002.06－37）

资料二（证书） 2002 年 12 月 9 日，赵尔宓被四川省人民政府批准为“四川省学术和技术带头人”。（四川省人民政府：《四川省学术和技术带头人证书》，2002 年 12 月 9 日，见图 103）

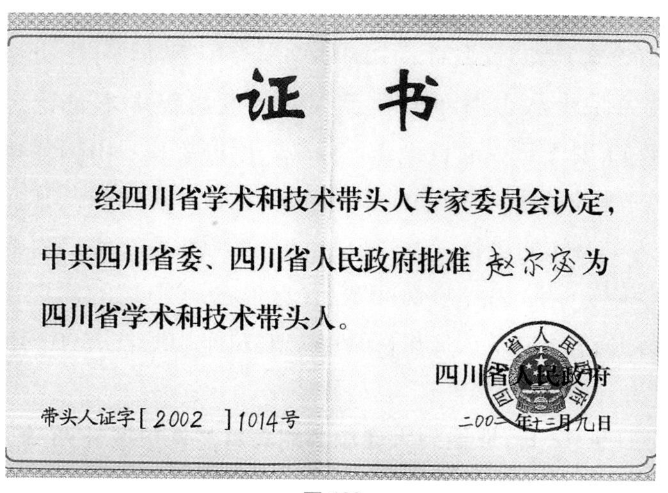

证书

经四川省学术和技术带头人专家委员会认定，中共四川省委、四川省人民政府批准 赵尔宓 为四川省学术和技术带头人。

四川省人民政府

带头人证字［2002］1014号

二〇〇二年十二月九日

图 103

是年，协助濒危物种进出口管理办公室鉴定四爪陆龟，后建议将它们放归自然保护区。

资料（口述） 赵先生是……两栖爬行动物研究的权威。我第一次见赵先生是〇二年……濒危物种进出口管理办公室……从海关没收了一批四爪陆龟——这是我们国家的一级保护动物。……有一千多只。因为是冬至，临时放在地下室里面，（它们）继续冬眠状态。到了四月份，需要考虑怎么处理这一批动物，就邀请赵先生来。具体时间我记不太清了。我们作为新疆本地的专家一块被邀请去。主要是处理这批动物。这是第一次与赵先生见面、认识。当时是把这些陆龟从乌鲁木齐拉到伊犁，现在的霍城县。因为我们国内四爪陆龟的种群数量已经非常少了，林业厅请赵先生来的主要目的是看他能不能把这批动物放到我们的保护区里面去。当时先生给我的第一印象是：他是一个特别认真的人。他来以后，就是看这些动物，从形态上进行一些鉴定。另外查一些资料，主要是要确定它那个亚种跟我们新疆的是不是一个亚种。当时，分布区基本上还是连在一块的。如果确定基本上是一个亚种，就准备放到保护区里面去。他挑了大概有 300 只左右成年的，有雌有雄的。我主要的工作就是给它测量，测量完了以后做标签。放回去以后呢，想和当地的种群区别一下，做一个标记。……第二年我们这边申请了一个基金项目，当时先生评价也挺好的，后来就被批准了。(《时磊访谈》，2016 年 9 月 27 日)

2003 年　　74 岁

1 月 1 日，被聘为海南师范学院[①]特聘教授，聘期三年。

资料一(证书)　2003 年 1 月，为推动海南师范学院的学科建设，提高科研水平，特聘赵尔宓为海南师范学院特聘教授，聘期为 3 年(自 2003 年 1 月 1 日—2005 年 12 月 31 日止)。协议规定了双方应尽的职责等事宜。(海南师范学院：《海南师范学院聘任赵尔宓院士为特聘教授的合同》，2003 年 1 月 1 日)

资料二(照片)　赵尔宓在海南师范学院的办公室工作。(见图 104)

图 104

① 2007 年更名为海南师范大学。

3月29日至4月1日，出席中国科学院标本馆论证会。

资料（档案） 3月29日至4月1日，赵尔宓在北京出席中科院标本馆论证会。（《赵尔宓2003年工作记录》，2003年，中国科学院成都生物研究所档案室名人档案赵尔宓-09.001）

4月18日，被特聘为《蛇学疡学研究》编委会蛇学总顾问，任期两年。

资料（证书） 2003年4月18日，《蛇学疡学研究》编辑部特聘赵尔宓院士任《蛇学疡学研究》编委会蛇学总顾问，任期二年。（《蛇学疡学研究》编辑部：《〈蛇学疡学研究〉第六届编辑委员会蛇学总顾问任职证书》，2003年4月18日）

6月26日，被美国两栖爬行动物学家联盟授予荣誉会员证书。

资料一（证书） 2003年6月26日，赵尔宓获得美国两栖爬行动物学家联盟颁发的美国两栖爬行动物学家联盟荣誉会员证书，表彰其一生杰出的研究成就。（美国两栖爬行动物学家联盟：《美国两栖爬行动物学家联盟荣誉会员证书》，2003年6月26日，见图105）

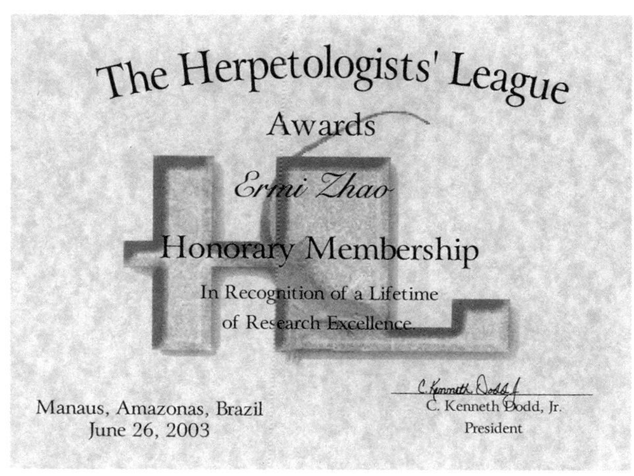
The Herpetologists' League
Awards
Ermi Zhao
Honorary Membership
In Recognition of a Lifetime
of Research Excellence
Manaus, Amazonas, Brazil
June 26, 2003
C. Kenneth Dodd, Jr.
C. Kenneth Dodd, Jr.
President

图105

资料二（信件） 亲爱的赵教授：我非常高兴地通知您，理事会于2003年6月26日在巴西亚马逊州玛瑙斯市召开会议，选举您为美国两栖爬行动物学联合会荣誉会员。这是联合会几十年来首次授予的荣誉会员称号，您是极少值此殊荣的令人尊敬的科学家。该奖项是根据您在两栖爬行动物生物学领域的毕生专业成就和卓越研究成果，特别是您在系统学、生物地理学、生态学、中国爬行动物区系保护等方面的贡献而设立的。除了祝贺，还将提供终身免费期刊的订阅服务。(肯尼斯:《祝贺赵尔宓获美国两栖爬行动物学家联合会荣誉会员》，2003 年 7 月 17 日，见图 106)

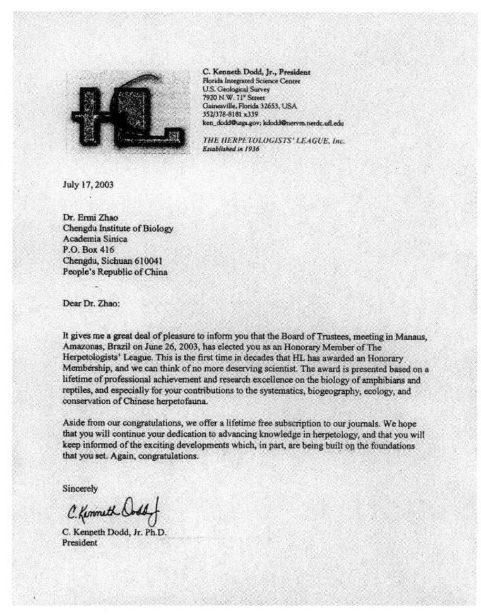

HL

C. Kenneth Dodd, Jr., President
Florida Integrated Science Center
U.S. Geological Survey
7920 N.W. 71st Street
Gainesville, Florida 32653, USA
352/378-8181 x339
ken_dodd@usgs.gov; kdodd@nervm.nerdc.ufl.edu

THE HERPETOLOGISTS' LEAGUE, Inc.
Established in 1936

July 17, 2003

Dr. Ermi Zhao
Chengdu Institute of Biology
Academia Sinica
P.O. Box 416
Chengdu, Sichuan 610041
People's Republic of China

Dear Dr. Zhao:

It gives me a great deal of pleasure to inform you that the Board of Trustees, meeting in Manaus, Amazonas, Brazil on June 26, 2003, has elected you as an Honorary Member of The Herpetologists' League. This is the first time in decades that HL has awarded an Honorary Membership, and we can think of no more deserving scientist. The award is presented based on a lifetime of professional achievement and research excellence on the biology of amphibians and reptiles, and especially for your contributions to the systematics, biogeography, ecology, and conservation of Chinese herpetofauna.

Aside from our congratulations, we offer a lifetime free subscription to our journals. We hope that you will continue your dedication to advancing knowledge in herpetology, and that you will keep informed of the exciting developments which, in part, are being built on the foundations that you set. Again, congratulations.

Sincerely

C. Kenneth Dodd, Jr.

C. Kenneth Dodd, Jr. Ph.D.
President

图 106

7 月 8 日至 12 日，前往阿坝州松潘、若尔盖进行野外考察。

资料一(档案) 本年，赵尔宓分管了两栖爬行动物研究室"经典分类"创新小组的工作，并参加了四川省阿坝州的野外考察。(《年度考核登记表(赵尔宓 2003)》，2003 年，中国科学院成都生物研究所档案室人事档案 104 第 3-8 号)

资料二(档案) 7 月 8 日至 12 日，赵尔宓到四川若尔盖、红原采集。(《赵尔宓 2003 年工作记录》，2003 年，中国科学院成都生物研究所档案室名人档案赵尔宓-09.001)

资料三(口述) 我觉得比较有幸、也是比较重要的事情是——来四川大学给赵老师当学术秘书,有机会和赵老师出去参加了一次野外考察。大概在2003年7月份左右,反正就是夏天,和赵老师一起参加了一个高原野外考察。我记得赵先生是1930年1月份出生的,我们是2003年去的,就是他已经73岁高龄的情况下去的。我们第一站去松潘,然后从松潘翻山到了若尔盖。若尔盖海拔很高。赵先生70多岁,和我们一起到若尔盖做蛙类、蛇类的考察,而我也第一次去黄河,因为我是做鱼类的,就去黄河采了很多标本。黄河第一湾就在若尔盖县那边,当时去了花湖,去了九曲黄河第一湾采了标本。返回的时候应该是从红原走的,因为我们去的时候是从松潘走到红原的,当时他们还去看了原来采高原蝮的那个县城,本来还想采点标本。我记得当时与我们一路同行的还有一位老师,也是赵先生多年的好朋友,就是对两栖动物研究很有兴趣的高正发老师。那次我印象非常深刻的是赵老师非常有这种科研精神。70多岁上高原,我不记得他后来是否还跑过那么高海拔的地方……但是他当时给我讲的是他以后还要去。我问为什么还要去?他说他的老师刘承钊先生很大年纪了还在野外考察,他要向他学习,他要去高原上、去野外采样,去搞科考。……赵老师对年轻人比较关爱,我记得当时还带了两位对两栖动物有兴趣的本科学生,其中一位是在国外读书的学生,还有一位是在兰州大学读书的学生。说到科考成效,对我个人来讲,还是颇有收获的。因为我是2003年刚到四川大学来的,原来在山区跑得少,之前去的都是比较近的地方,像理县、美姑,而红原、若尔盖、松潘这样的地方我没去过,我第一次去这么高海拔的地方是和赵先生去的,这是野外考察的重要经历。最关键的,我觉得通过这次野外的经历,看到了赵先生认真的工作态度。70多岁了到野外,并且还到了海拔很高的地方。我记得当时我们在若尔盖住的地方还不在一楼,要爬楼上去……他那时候的精神状态非常好,我们当时到野外,他都去,他不会因为累了就让我们去看看了事,而必须亲自考察。这个让我学了不少,包括对科学执着的精神。最后一个方面也是对我影响比较大的,赵先生那个时候已经是院士了,没架子,很平易近人。……住宿方面,他也不需要单独一间,叫我和他一起住一个标间。我还看到他们两栖爬行考察组的野外工作情形。当时赵老师的助手赵蕙去了,用的相机是索尼最开始出的500万像素的那款相机，照了很多蛙的生态照片。我就看他们给蛙拍照……将采集回来的蛙摆弄半天，背面、腹面、侧面，翻来覆去照了很多不错的标本照片。(《宋昭彬访谈》，2016年10月25日)

资料四(口述) 我觉得给我印象最深的，就是发生在2002年或2003年的一件事。某天凌晨我还在睡觉，我接到赵老师打来的邀请电话，他说我们要去红原采集标本，有一种爬行动物，大概是红原的一种蜥蜴。凌晨给我打电话邀请我去参加。对我来说，我过去搞的工作不是这方面的，我不太熟悉这方面，另外我也没去过高原，但我还是很乐意，早上起床后赶到所里面。相当于当天凌晨给我打电话，临时让我来，我就赶来了。我们一共花了一两天时间，路上同行的还有高正发、侯勉、陈跃英等其他几个同事，一起去采集。我因为没去过高原，去的路上还有高原反应。第一天是住在松潘还是什么地方的生物所的一个基地，第二天才到红原县瓦切镇，那个地方就是一片沙漠。到的时候已经中午了，大家已经饥肠辘辘，但是赵老师说这个时机不能错过，当时就要采标本，就是一种蜥蜴——青海沙蜥红原亚种。几个同事就一起去沙漠里面采标本，好像也有王跃招，我不太懂，就跟着看。赵老师尽管腿受过伤……还要到现场去，而且他还带了摄像机、照相机，一边照相一边走，甚至有时候跪着、趴在地上……拍摄。当时他70多岁，腿又不方便，让我感觉这个老专家确实很不容易。他对工作的敬业和孜孜不倦的追求给我印象很深。(《魏银松访谈》，2016年10月19日)

7月14日，被认定为动物学专业博士生导师。

资料(档案) 所属各部门：根据中国科学院科发人教字[2001]185号文关于印发《中国科学院研究生指导教师条例的通知》和我所科成生发人字[2001]10号关于《中国科学院成都生物研究所研究生导师工作条例》的规定，我所学位评定委员会于2003年7月14日召开会议，认定赵尔宓院士为动物学专业博士生指导教师。(《中国科学院成都生物研究所2003年科研课题计划简表》，2003年，中国科学院成都生物研究所档案室2003长期-0617)

8月1日，被聘为沈阳师范大学特聘教授，聘期三年。

资料一(证书)　2003 年 6 月,赵尔宓被聘为沈阳师范大学特聘教授,承担该校动物学科建设、青年教师培养及研究生指导等工作,聘期为三年(2003 年 8 月 1 日—2006 年 7 月 30 日)。(沈阳师范大学:《2003 年沈阳师范大学聘任赵尔宓院士为特聘教授的协议书》,2003 年 8 月 1 日)

资料二(口述)　〇三年中国科协在沈阳师范大学开年会,院士们都去了。沈阳师范大学希望生物学方面的院士由他们生科院接待……因此当时他们请了五个院士……其中有两个院士每年要去工作,帮他们建实验室,相当于特聘院士,每年你来工作一两个月,你给我带团队,指导他们。一个是北京动物所的研究昆虫的张广学院士,他帮着沈阳师范大学建了一个农业害虫控制实验室,因为东北是农业大省嘛。另一个是赵先生,也是〇三年过去的。其他院士就是兼职了,有事你去帮忙。当时我在美国,我听他说从东北入手搞研究。因为赵先生在中国跑得多了,他的想法是不仅要把中国这个两栖爬行研究做好,要把相关的类群——国际上的、亚洲的都搞明白。老先生都是这样,不是说只看树木不看树林。他见了树木,就想把树林全部搞清。给我印象最深的,他几个类群的研究、他对蝮蛇的研究在国际上影响很大。九十年代他跟我说:"这几年两栖爬行动物报的项目也不多。我一直在想,你在山东,把环渤海的蝮蛇能不能做一做?尤其现在分子兴起了,我们现在年纪也大了,分子方面我们不熟悉,那么你们年轻人应该做一做。"他总想着把科研做得非常完善。赵先生到东北以后,就在沈阳师范大学当院士,他不是要工作两个月么,那么他就先在辽宁进行野外考察。因为过去这些老先生……都是做野外工作的:做分类,做区系,做资源调查,都是基础研究与应用研究相结合起来去做的。(《李丕鹏访谈》,2015 年 7 月 28 日)

8 月 12 日至 22 日,到辽宁进行野外考察与标本采集。

资料一(档案)　8 月 12 日至 22 日,赵尔宓到辽东半岛采集。(《赵尔宓 2003 年工作记录》,2003 年,中国科学院成都生物研究所档案室名人档案赵尔宓-09.001)

资料二(口述)　2003 年开始,赵先生想到东北去工作,到沈阳,我陪他。

在 2003 年、2004 年的春夏，我们大概工作了一个半月，研究辽宁两栖爬行动物的生物多样性。我们一起吃住行，采标本，辽宁走了两遍，包括辽西、辽东、辽北。(《赵文阁访谈》，2016 年 8 月 17 日)

资料三(照片) 赵尔宓在辽宁采集标本。(见图 107)

图 107

资料四(论文) 2003 年 8 月 12 日星期二(晴)：沈阳→桓仁老秃顶子山。0845(时间)：自沈阳师范大学乘车出发。同行有周玉峰、王丽文、周正彦、刘明玉、赵文阁、赵蕙和赵小苓共 8 人。驾驶员李树春师傅。……1600：到达八里甸子之小同帮(村名)一横穿乡村公路的小河[567 m]，宽 5(m)—10 m，水浅而流急。据云河中多桓仁林蛙，因此时非繁殖季节，没有见到。在河边采到粗皮蛙(*Rana rugosa*)……1 雌，在河边草丛中采到东方铃蟾(*Bombina orientalis*)……4 雌。众人就地拍照……2003 年 8 月 14 日星期四(晴)：宽甸白石砬子自然保护区。……0849：进入保护区核心区。停车。步行入山采集。公路(可行车之路)上一较小临时积水凼内发现蝌，采集检视，是黑斑蛙(*Rana nigromaculata*)蝌蚪。再下到公路右侧，有一曾做人工饲养中国林蛙的蝌蚪池，长约 20 + m，宽约 10 + m，水深 30 cm，个别最深处可达 1 m。三面有小溪流入，故水源丰富，基本是流水。在池中采到中国林蛙(*Rana chensinensis*)蝌蚪。池边灌丛中有多数悬钩子，果实已成熟，众采食之。又在路旁高约 20 m 的岩壁缝稀草灌木下看到一较小而色略深的蛇，急呼文阁攀登岩壁上方捕捉，蛇受惊逃去。后返回该处，见蛇又在原处，以长杆将其赶下捕获，乃白条锦蛇(*Elaphe dione*)次成体。……2003 年 8 月 17 日星期日(小雨转晴)：岫岩三家子。……1030：因山路较窄，且崎岖不平，下车步行。山路虽不陡峻，但路中多大小不等的石头，走路甚艰巨，尤以足部受煎熬。约行一半，开始爬山，坡度约 30 度，大部沿溪流而上。路边各色野花遍开，鲜艳夺目。据 GPS 测算全程直线距离5 km，估计实际行程约有 7(km)—8 km，到最后一段，虽不觉累，气也不喘，唯足痛口渴，乃跪地以手捧溪水饮数口，味极甘甜！终于到达海拔 700 m 处爪鲵产地。产地在两山峰之间凹处，有清泉自一大石下流出，泉水中多爪鲵(*Onychodactylus fischeri*)(见本期封面)具外鳃的幼体，估计为当年及去年孵出的两类。采集 4 尾供研究。摄大小环境及爪鲵幼体。……2003 年 8 月 22 日星期五(沈阳小雨；彰武晴)：沈阳→彰武小青沟→沈阳。1335：到小青沟草地，采集、摄影。在草地水泡及其附近采到黑斑蛙(*Rana nigromaulata*)和中国林蛙(*Rana chensinensis*)。(赵尔宓：《辽宁东北部采集蛙蛇记事》，《四川动物》2004 年第 3 期)

8 月 28 日，成为《中国动物志》第五届编辑委员会成员。

资料(档案) 关于《中国动物志》编委会换届的通知院属各有关单位、院机关有关部门：《中国动物志》第四届编辑委员会(简称编委会)自二〇〇〇年换届以来，编委会成员情况已发生了很大的变化，为了保证《中国动物志》编辑及出版工作的顺利进行，根据实际工作的需要，经研究决定，对《中国动物志》编委会进行换届，组成第五届编委会。二〇〇三年八月二十八日。附件：《中国动物志》第五届编辑委员会成员名单。1. 姓名：赵尔宓。2. 年龄：73 岁。3. 职称：院士。4. 单位：中科院成都生物所。5. 专业：脊椎。(中国科学院生命科学与生物技术局：《关于〈中国动物志〉编委会换届的通知》，2003 年，中国科学院成都生物研究所档案室 I242 - 01 第 2 号)

9月8日,发表科普文章,呼吁保护龟鳖类动物。

资料(文章) 龟鳖作为爬行动物的一类,已在地球上存在了两亿多年。在脊椎动物中,只有鱼类和两栖类的历史可与它们相比。后两类动物都是水中生活或从水到陆地生活的过渡类型,而龟鳖类则是真正的陆生脊椎动物。本文介绍了龟鳖的光辉历史,至少在古生代二叠纪和整个中生代有两次大的繁盛时期,衍生出众多适应不同环境的种类。鉴于龟鳖类的食用和药用价值,龟鳖类的天敌是人类,呼吁保护龟鳖。(赵尔宓:《光辉的过去 不测的未来》,《大自然》2003年第5期)

9月11日至17日,出席中国科协第五次学术年会。

资料一(档案) 9月11日至17日,赵尔宓到沈阳出席中国科协第五次学术年会。(《赵尔宓2003年工作记录》,2003年,中国科学院成都生物研究所档案室名人档案赵尔宓-09.001)

资料二(口述) 参见本年“8月1日”条资料二(口述)。

9月,主编的《四川爬行类原色图鉴》出版。

资料一(档案) 本年,赵尔宓的著作《四川爬行类原色图鉴》出版。(《年度考核登记表(赵尔宓2003)》,2003年,中国科学院成都生物研究所档案室人事档案104第3-8号)

资料二(档案) 9月2日—4日,《四川爬行类原色图鉴》签字付印。(《赵尔宓院士2002—2003年主要学术活动》,2003年,中国科学院成都生物研究所档案室I242-09第1号)

资料三(口述) 我们写《四川爬行类原色图鉴》时,赵老师给我的分工是主要负责攀蜥,所以我就对攀蜥很熟悉。赵老师做学问是很严谨、很细致的。我们到野外去,哪天到哪儿,这个地方海拔多少,写得详详细细的。我今天都带来了,等会儿可以给你看。你看他给我修改的文章,那是改得很细致的。赵老师生活上的事情,都是涂老师在负责,恐怕他连哪件衣服放在哪儿他都不知道……《四川爬行类原色图鉴》由你们生物所参与编写两大部分:费梁他们写两栖类,赵老师主编爬行类。这也是林业厅出的经费……现在中国的两栖爬行动物领域，不管从知识的深度、广度，还是外语水平、中文水平，肯定都没人能超越他。他的中文风格也很好，字也写得好。我们写的《四川爬行类原色图鉴》里那个宜宾攀蜥是美国人发现的，世界上只有一个标本……标本现在应该保存在华盛顿博物馆，在《四川爬行类原色图鉴》里有。(《高正发访谈》，2016 年 10 月 25 日)

资料四(口述) 我感觉赵老师在这方面造诣很深，特别是对爬行动物。当时四川省林业厅组织了一批专家，专门编写了几本书，就是“原色图鉴”。《四川鸟类原色图鉴》由四川农业大学的李桂垣教授主持编写，《两栖爬行类原色图鉴》就由赵老师主持编写。我看到这本书感觉眼前一亮。(《魏银松访谈》，2016 年 10 月 19 日)

资料五(学术评价) 在赵尔宓的大部分两栖爬行动物著作中，都是以物种或种群作为一个专题来编写的，例如《四川爬行类原色图鉴》(2003)。这些著作包含了很多令人叹为观止的图片。(Kraig Adler, Dedication to Ermi Zhao)

资料六(著作) 本图鉴是一本工具书，描述了四川省爬行动物 2 目 12 科 45 属 104 种的物种形态特征、生物学资料及其分布，并附有图片。(赵尔宓主编:《四川爬行类原色图鉴》，中国林业出版社，2003 年)

是年，指导乐山国家级农业科技园的两栖爬行动物博物馆及养殖基地的建设。

资料一(档案) 本年，赵尔宓继续进行乐山国家级农业科技园生态科技园的两栖爬行动物博物馆及两栖动物养殖基地建设，增加了蟒、尖吻蝮等 10 余个物种，并进行了贵州疣螈的小规模养殖试验。(《年度考核登记表(赵尔宓 2003)》，2003 年，中国科学院成都生物研究所档案室人事档案 104 第 3－8 号)

资料二(档案) 中国科学院成都生物研究所 2003 年科研课题计划简表……1. 课题名称：两栖爬行动物博物馆(乐山)和养殖基地建设。2. 负责人：赵尔宓。3. 年度研究计划：1) 为标本馆建设设计提供咨询，负责收集两栖爬行动物标本和照片，提供相关文字资料，拟定展厅的布展设计。2) 对养殖种类、养殖技术提供技术指导。4. 开题年月：2002 年 10 月。终止年月：

2004年12月。(《中国科学院成都生物研究所2003年科研课题计划简表》,2003年,中国科学院成都生物研究所档案室2003长期-0617)

2004年　　75岁

1月16日,被评为四川省科技顾问团顾问。

资料一(档案)　赵尔宓院士、李伯刚研究员、印开蒲研究员被评为四川省科技顾问团顾问。(《中国科学院成都生物研究所2004年主要活动或事件摘记》,2004年,中国科学院成都生物研究所档案室2004永久-0113)

资料二(报道)　1月16日,四川省委、省政府的决策咨询机构——第五届科技顾问团在成都成立。全省各方面专家有176人被聘为顾问。我所赵尔宓院士、李伯刚研究员、印开蒲研究员位列其中。四川省科技顾问团是中共四川省委、四川省人民政府对全省科技、经济和社会发展宏观决策的咨询、智囊和参谋机构,是党和政府密切联系科技人员的重要纽带,是省委、省政府宏观决策系统的重要组成部分。顾问团将围绕省委、省政府的工作重点,对科技、经济、社会发展中带全局性、战略性的重大问题进行深入的调查研究,向省委、省政府反映各方面的真实情况,为领导的宏观决策建言献策,发挥参谋、顾问、"思想库"的作用。我所三位专家在本领域都作了突出的贡献,曾先后得到国家有关部门的奖励。三位专家分别在科技发展与科技创新组、社会发展和社会保障、生态环境组。(《我所三位专家被聘为四川省第五届科技顾问团顾问》,中国科学院成都生物研究所官网,2004年1月17日)

3月,被任命为中国科学院成都生物研究所学术顾问委员会主任。

资料一(档案)　经2004年3月8日所务委员会扩大会议研究决定,成立中国科学院成都生物研究所学术顾问委员会。本届学术顾问委员会主任为赵尔宓。(《中国科学院成都生物研究所2004年主要活动或事件摘记》,2004年,中国科学院成都生物研究所档案室2004永久-0113)

资料二(报道)　2004年6月18日成都生物所学术顾问委员会成立,赵尔宓院士任中国科学院成都生物研究所顾问委员会主任，并在会上对搞好顾问委员会的工作提出了具体意见。（刘刚君：《成都生物所成立学术顾问委员会》，中国科学院成都生物研究所官网，2004 年 6 月 18 日）

是月，审校的《龟鳖分类图鉴》出版。

资料一（口述） 最后一点，我想说的是赵先生非常支持、非常提携后辈，这方面有很多人都有体会，尤其是这些愿意献身两栖爬行，而不是把它当成一个职业谋私工具的人。我建议你采访一下四川师范大学的侯勉，两栖爬行爱好者。好几个爱好者都在小的时候跟吴老师、赵先生参加四川省科协组织的中学生科考活动，有的在国外读博士，现在在我们圈子里面很有名的。侯勉现在在我国云南、越南这边做野外考察，他……在四川师范大学继续教育学院教材办公室，但他就喜欢这个。现在在海南的周婷，研究龟鳖的。……赵先生非常支持他们，跟他们一块工作，现在把他女儿带成了国际专家。周婷写的两栖爬行方面的一本书《世界龟鳖分类图鉴》销量很大，都是图鉴，能卖一万多册，现在都必须再版了。那个时候周婷的书参考好多英文资料，国内少，因为她写的是《世界龟鳖分类图鉴》。赵先生作为译审或者说是顾问，是承担了一定责任的，他也愿意挂这个名，愿意帮她去修改。但是中文作者是她。所以他非常提携后辈……因为周婷对我说过，赵先生把龟鳖方面的中文书、英文书全都送给她了。2013 年我和她合作，把中国的龟鳖的研究书做出来，当时赵先生也写了序，外国人也写了序。现在我们也有些合作，因为龟鳖越来越少，价格炒得特别高，所以把外面的都弄没了。我们也希望把它保护起来，合作一些科研项目。（《李丕鹏访谈》，2015 年 7 月 28 日）

资料二（学术评价） 作为作者或主编，赵尔宓出版了两栖爬行动物学的 32 本学术著作……此外，他还参与合编了……《世界海龟地理区划图鉴》（2004）。（Kraig Adler, Dedication to Ermi Zhao）

资料三（著作） 《龟鳖分类图鉴》既系统地介绍龟鳖类动物的起源、演化、分类、分布和形态，也介绍了我国龟鳖动物的探索研究者，各论则对我国已知龟鳖种类以及国外（特别是我国近邻地区）部分种类加以描述，并附以彩色照片。它是我国目前唯一全面系统地介绍龟鳖类知识的图鉴。(周婷主编,赵尔宓审校:《龟鳖分类图鉴》,中国农业出版社,2004 年)

5 月,带领沈阳师范大学师生开展野外调查。

资料(口述) 〇四年三月份……我跟赵先生说:"我回沈阳了。"他说:"尽管你当院长了,你刚回来,肯定不会给你马上安排工作。你也没课,我五月在沈阳待一个月,你过来吧。"我也没问啥事,一想要去野外工作,又是跟老先生一起,那是非常难得的学习机会,我就到沈阳去了,跟他在沈阳跑了一个半月。学校安排车,当时聘请的人员有辽宁的、黑龙江的几个退休的老先生,还有年轻的研究生。赵先生带着一车人,大家一块去野外调查。在科研方面,赵先生非常注重全面了解一个地方,针对他研究的两栖爬行动物,尽可能获得丰富的第一手资料。另外一个就是大兵团作战,团结这个领域里面的学者一起干。因此,你看他退休以后编的这些书有好多,我们"蛇蛙研究丛书"出了 18 本了。他都组成编委会,把这些老先生、年轻的都团结起来,众人拾柴火焰高。我们两栖爬行动物学科的发展在 2000 年以前,都得益于赵先生的学术组织活动能力。(《李丕鹏访谈》,2015 年 7 月 28 日)

6 月起,发表系列科普文章,介绍加勒比海的动物。

资料一(文章) 赵尔宓院士曾经在加勒比海的英属维尔京群岛作科学考察。考察之余,他便把所见所闻写成加勒比海热带小岛动物的故事。本文是关于岛上白蚁在树干上的巢穴的介绍。(赵尔宓:《加勒比海热带小岛的动物(一)树干上的地道》,《飞(科幻世界少年版)》2004 年第 6 期)

资料二(文章) 赵尔宓院士曾经在加勒比海的英属维尔京群岛作科学考察。考察之余,他便把所见所闻写成加勒比海热带小岛动物的故事。本文是关于退潮后沙滩上遗留下的贝壳、珊瑚骨骼等的尸体以及寄居蟹等,对寄居蟹进行了详细介绍。(赵尔宓:《加勒比海热带小岛的动物(二)海滩上的尸体和寄居蟹》,《飞(科幻世界少年版)》2004 年第 7 期)

资料三(文章) 赵尔宓院士曾经在加勒比海的英属维尔京群岛作科

学考察。考察之余,他便把所见所闻写成加勒比海热带小岛动物的故事。本文是关于岛上一种细如指头的鸟类“蜂鸟”的详细介绍。(赵尔宓:《加勒比海热带小岛的动物(四)飞着不动的小鸟》,《飞(科幻世界少年版)》2004 年第 9 期)

夏季,在成都“遥控”指导李丕鹏等师生进行西藏两栖爬行动物野外科学考察。13 名队员赴西藏考察一个月,采集物种 45 种。

资料一(口述) 他当时跟我们商量到西藏考察。赵先生有这个全局观念,有生物多样性热点观念,就是哪儿没有搞清,我们就到哪儿去。西藏两栖爬行考察,刘先生七十年代组织去了一次。刘承钊先生那个时候当院长,是人大代表,跟西藏那边一商量,西藏那边说:“行,来吧。”刘先生就派了赵先生、吴贯夫老师、费老师等去西藏,分了好几队。赵先生和吴老师他们去墨脱,那都是走路。……赵先生就让我组队,他给我们当总顾问,他还要去的,非要闹着去。最后他女儿说:“你要去的话……他们都不去了。”年纪那么大了,〇四年他七十多。……最后他女儿去。他女儿每天给他发短信。当时大家都不理解,包括他女儿赵蕙都不理解,感觉好像成天不放心我们,好像我们不好好干活一样。但是我现在理解了,因为我现在的学生在西藏,有个短信我就觉得他安全了。我现在给他讲,工作第一,但是安全绝对是最重要的。有了安全,你下次可以再去。……当时赵蕙每天汇报,我们每天都干了些什么,尤其是我们又采到新东西了,我们又发现新东西了,大家都高兴。但是,当时也有个问题,就是我们到察隅,也没信号。那个时候都是用卫星电话,我们不到镇上到哪儿打,那个时候哪有手机呢。三天没信号,他就发脾气了。他说:“你们不会找个电话告诉我?”他担心安全。所以现在我非常理解,老先生责任心非常重。因为他没去。他当时想跟我们去,我想也是两方面原因:一方面他老马识途,他去过,那么对我们来讲,肯定能带得更好,危险的地方他知道怎么处理,他有野外经验;那么第二点呢,有些他想关注的地方,他亲自去看。(《李丕鹏访谈》,2015 年 7 月 28 日)

资料二(口述) 我后来听他的那些学生讲,他学生出差的时候,他经常会短信问候,他比较关心野外的工作情况,尤其是安全。因为赵老师好像跟西藏有一定的合作,有一年他们去了西藏。大概是2004年还是2005年初,课题组去西藏,但是赵先生本人好像没有去。他的学生在野外的时候他比较关心,有些时候他也去。(《宋昭彬访谈》,2016年10月25日)

资料三(口述) 我曾经就听过他讲他的一个小小的愿望,就是超过他的老师。在哪方面超过呢?就是出野外的年龄。他说他的老师刘承钊老先生在70岁的时候还出野外,他说他一定要在这方面超过刘老师,说在学术上肯定不好说,但是在出野外这个荣誉大道我一定要超过他。所以他后来70多岁的时候仍然跟着我们出野外。有一年,他组织去西藏考察,有几个队。当时他就强烈要求和我们一起去。但是最后考虑他的身体状况,我们就说您还是留在成都,"遥控"大家,指挥大家。我记得那次去西藏也是〇四年,后来去新疆还要晚一点。他在出野外的年龄上确实超过当年的刘承钊老师了。(《杨军访谈》,2016年10月27日)

资料四(口述) 〇四年我入学前,到西藏进行两栖爬行动物野外考察工作。因为西藏环境特殊,高海拔,对一些年龄大的人,危险性就很大。当时我记得开了不下五次会,每次开会先生都要求到西藏去,最后一次会,所有的队员联合先生的女儿蕙姐——赵蕙老师,把医生的医嘱拿来了:您这个年龄,确实不适合到西藏去工作。就这样,我们千方百计,想尽各种办法,打消了他去西藏参加野外科考的想法。(《董丙君访谈》,2015年8月16日)

资料五(口述) 这期间,他又组织我们去了一次西藏。李丕鹏、董丙君、我、吕顺清、饶定齐,我们成立了三个调查队,对西藏的两栖爬行动物的物种多样性也进行了调查,并且出了一本专著,叫《西藏两栖爬行动物多样性》。〇四年去的,我们去了20天,先生的职能是在成都坐镇指挥,他当时年纪大了,去不了。我们去的,成立了三个队,沈阳师范大学资助的,因为先生那时就在沈阳师大。我这个队去的是墨脱。走进墨脱,我们那个时候还没有公路。那一年,饶定齐、吕顺清、我、董丙君,我们四个人作为墨脱队的成员,走进去了,也采了很多标本。赵先生在成都指挥,我们在前方考察。(《赵文阁访谈》,2016年8月17日)

资料六(照片) 赵尔宓(前排左五)在机场与IUCN中国两栖爬行动物专家组赴西藏考察队队员合影。(见图108)

图 108

资料七(传记) 2004年由沈阳师范大学组织并资助,赵尔宓院士任总指挥,沈阳师范大学、成都生物所、四川大学、昆明动物所、哈尔滨师范大学、蛇岛自然保护区、四川师范大学、新疆林业局等单位,13名队员赴西藏考察一个月。采集物种45种。其中,中国新纪录种1个,两栖动物新种3个,蜥蜴新亚种1个。(中国科学院成都生物研究所:《赵尔宓院士从事科研教学工作60年回顾》,2010年)

夏季,在成都"遥控"指导郭鹏等师生进行陕西、甘肃、宁夏的爬行动物野外采集,包括确定路线、日程安排、采集物种等事项。

资料(口述) 事无巨细,他都要过问。我记得〇四年我们从陕西到甘肃,穿过甘肃到宁夏采集。他给我们定路线:到哪些地方采集哪些东西,走哪条路,都给我们规定得详详细细。那次到陕西,有两条路。一条是走佛坪,他给我们定的是走周至。我们走的是佛坪。路上要向他汇报,走到哪儿了。说走到佛坪,他当时就说,为什么走佛坪?不能走那条路,你们应该退回来走。我们到的时候,已经是下午五点多了。佛坪那条路不好走,还在下雨。他说，不行，你们要马上退回去，走我给你们说的那条路。他那个博士——大弟子郭鹏有点怕他，说："怎么办？"让我跟岳父说。我说："爸，这天已经晚了，路也非常不好走，有点下雨。能不能明天我们再退回去？"这样，他才同意："行，那你们明天退回去，走那条路。你们不能走这条路，这条路没有你们要采集的东西。"他规定得很详细，也看出他很严谨，也严厉。当然，他不会跟你乱说。你为什么走这条路，不走那条路？你们不能走这条路。我已经跟你们定好了，你们为什么要擅自改变？（《薛晓武访谈》，2016年9月9日）

9月13日，发表关于东北两栖爬行动物的论文。

资料一（论文） 目前已知我国东北地区共有两栖爬行动物50种，分隶28属14科4目，其中两栖纲2目6科8属16种；爬行动物2目8科20属34种。各种已知分布范围如本文所述，地名下加横线者为2003—2004年野外考察获得或观察到标本的地方。待本项目考察工作完成后，将进一步作出补充修正……2003—2004年先后参加野外工作的有（按姓氏拼音字母为序）：李树春、李丕鹏、李学军、刘明玉、孙凯杰、王丽文、王艳、吴贯夫、赵尔宓、赵蕙、赵文阁、周玉峰、周正彦等。（赵尔宓、赵蕙、周正彦：《东北两栖爬行动物的多样性及其分布》，《四川动物》2004年第3期）

资料二（论文） 本文记述了2003年在辽宁省东部各县及北部彰武县采集两栖爬行动物的经过，包括整个采集期间的时间安排、地点、人员、天气情况等信息。（赵尔宓：《辽宁东北部采集蛙蛇记事》，《四川动物》2004年第3期）

10月28日，被评选为国际生物多样性计划中国国家委员会科学咨询委员会委员。

资料一（档案） 赵尔宓院士被评为国际生物多样性计划中国国家委员会科学咨询委员会委员。（《中国科学院成都生物研究所2004年主要活动或事件摘记》，2004年，中国科学院成都生物研究所档案室2004永久-0113）

资料二(档案) 国家科学技术部、农业部、教育部、建设部、国家环境保护总局、国家林业局、国家海洋局、国家自然科学基金委员会、中国科学院技术协会、中国农业科学院、中国林业科学研究院、北京大学、北京师范大学、北京林业大学、中国农业大学、复旦大学、中山大学、武汉大学、华中农业大学、东北师范大学、东北林业大学、新疆大学、河北大学、中华人民共和国濒危物种科学委员会、人与生物圈计划中国国家委员会、中国科学院植物研究所、中国科学院动物研究所、中国科学院微生物研究所、中国科学院地理与资源科学研究所、中国科学院生态环境研究中心、中国科学院水生生物研究所、中国科学院海洋研究所、中国科学院植物生理生态研究所、中国科学院昆明动物研究所、中国科学院昆明植物研究所、中国科学院武汉植物园、中国科学院成都生物研究所、中国科学院新疆生态与地理研究所、北京植物园、北京动物园：经国家科技部和中国科学技术协会批准，在征求有关部门意见的基础上，决定成立国际生物多样性计划中国国家委员会(英文 Chinese National Committee for Diversitas，简称 CNC-Diversitas)。国家生物多样性计划中国国家委员会设立科学委员会和科学咨询委员会(名单附后)。科学委员会秘书处和办公室设在中国科学院生命科学与生物技术局。《国际生物多样性计划中国国家委员会章程》已征求有关部门意见，现已统一印发，请予实施。二〇〇四年十月二十八日。附件二：国际生物多样性计划中国国家委员会科学咨询委员会委员名单。委员：赵尔宓，院士，中国科学院成都生物研究所。(《关于成立国际生物多样性计划中国国家委员会的通知》，2004 年，中国科学院成都生物研究所档案室 I242 - 01 第 3 号)

是年，完成《中国蛇类》一书的编写工作。

资料(档案) 赵尔宓在 2004 年完成的工作之一是《中国蛇类》一书的撰写，预计明年上半年可出版。此书文字稿 501 页，版面字数六十八万一千三百多字；从约 2 万多张各类照片(数码相机拍照片、光学相机拍后的扫描照片)及幻灯片中选出约 2 000 张供出版社选用。文字稿及图片已于 12 月初交出版社。(《年度考核登记表(赵尔宓 2004)》，2004 年，中国科学院成都生

物研究所档案室人事档案 104 第 3-9 号)

2005 年　76 岁

春节期间,带领四川大学师生到海南进行野外考察。

资料一(档案)　2005 年,赵尔宓到海南、辽宁野外工作。(《年度考核登记表(赵尔宓 2005)》,2005 年,中国科学院成都生物研究所档案室人事档案 104 第 3-10 号)

资料二(口述)　当然,我也跟赵老师一起出过野外。其中有一年我们一起出野外,我和赵老师,还有他的女儿赵蕙,去海南。那时候实验室有很多学生,他们要采集标本。有些同学要采集的标本在海南,赵老师说带他们去,结果最后我去了,因为其他同学家里有事情去不了。……那个时候我感觉赵老师还比较严谨,虽然是春节,但是每天在住的地方,他一大早起来就开始工作,伏案工作,写东西,看资料,在春节那几天都是这样子。……有些同学可能有点怕他,不敢一起和他出野外。那时候大家住在一起,什么事情都在老师的眼皮底下。那时候我和赵老师生活了一段时间,吃饭在一起,住在一栋房子里面,出野外也在一起,接触比较多,也就认识比较深了,明显感觉赵老师生活作息非常有规律,做事情非常认真,也非常刻苦。每天都早起,然后开始伏案工作。在吃早饭前就已经伏案工作将近一个小时左右。另外他自己还发明了一套锻炼身体的操。他起来之后就开始做他自己发明的操,锻炼十多分钟、二三十分钟,然后开始工作。就是动动手、动动脚,还有下蹲,把身体的各关节动一动。这套操是在室内做的,不是那种在外面的剧烈运动。适合老年人,把自己的身体动一动,感觉更好一点。我们出野外,很多事赵老师也是亲力亲为。去了海南,我们到一些偏远地方。他觉得可能有我们要抓的标本,就让车停下来,我们就四处看一看,找一找。有时候他还亲自动手,看到哪儿有,他就拿个网。我们这儿以前有张他的照片,他在沙漠里面拿着个网子……采标本。另外,赵老师还比较关心我们在野外采标本的安全。有一次在海南……我们发现了一只蛙。但是那只蛙蹦来蹦去，蹦到那个石头缝里面。人可以往上爬，但是稍微有点危险。同行的还有其他人。我就往上爬，爬上去有点滑，总之比较费力。下来之后赵老师就说他有点不高兴。为什么不高兴呢？他说你往上爬的时候，都没人帮你。他看到很着急。说像这种情况，他都想来伸手推我一把，扶我一把。我说赵老师您那么大年纪，还来扶我，那肯定不行。赵老师……生怕学生在野外采集标本的时候出现什么意外，这是我那次去海南感受比较深的。（《杨军访谈》，2016 年 10 月 27 日）

资料三（照片） 赵尔宓（右一）在海南采集标本。（见图 109）

图 109

夏季，应国家林业局邀请，率团到湖南、广西、广东三省考察蛇类养殖技术，为期半个月。

资料一（档案） 2005 年，赵尔宓应国家林业局邀请，率团去湖南、广西、广东三省（区）考察蛇类养殖技术半月。（《年度考核登记表（赵尔宓 2005）》，2005 年，中国科学院成都生物研究所档案室人事档案 104 第 3 -10 号）

资料二（口述） 在这些方面呢，他对我们国家两栖爬行动物资源摸底——就是整理数据，以及资源的基础研究、保护研究和应用研究都非常有贡献。国家林业局邀请他去中国蛇类养殖场看看，〇五年我陪他一块去的。那个时候……他70多岁了……出去一跑，都是半个月一个月，一个厂一个厂去检查，看看是真养呢还是从野外抓的。最后把这个工作交给我来做，就让我作为一个专家，代表他们去看，去做技术指导。赵先生……八七年在米易就指导他们养蛇。所以说他的研究工作不仅是理论方面——分类、出点书，而且在国家需要的层面上，就像刚才讲的，国家需要的新疆的毒蛇治理，他都会去做，而且做得非常好。(《李丕鹏访谈》，2015年7月28日)

7月，英文学术期刊 *Asiatic Herpetological Research* 申请转回中国继续出版。任名誉主编。

资料一(档案) 鉴于目前我国在两栖爬行动物学领域还没有一种学术期刊，更没有该领域的英文期刊，与我国在该领域的研究水平极不相称。同时，也为了使 *Asiatic Herpetological Research* 的所有权返回中国，促进国内外同行之间的学术交流，中国科学院成都生物研究所经与美国加州大学协商，双方同意在原刊物不做大的变动下，将该英文版再转回国内出版，并已在人员配备、办公条件、经费、稿源等方面作了充分的准备。相信这份英文刊物如得以转回国内出版发行，必将促进我国与世界的两栖爬行动物学家们的学术交流、提高研究水平、扩大我国在该领域的国际影响。名誉主编：赵尔宓，中国科学院成都生物研究所研究员、中国科学院院士。长期从事两栖爬行动物学的研究。从事两栖爬行动物学研究50余年来，发表论文120篇，主编(著)专著和论文集20册，参编19册。他的论著被国内外同行引用600余次，其中，SCI引用95次，CSCD引用148次；记述我国两栖爬行动物新种(亚种)38个，新纪录种15个；建立两栖爬行动物新属2个，记述我国蛇类新纪录科1个。(《期刊创办申请表》，2005年，中国科学院成都生物研究所档案室文书档案2005长期06-06)

资料二(档案) 由中国科学院成都生物研究所主办、赵尔宓院士主编的中文版《两栖爬行动物学报》，于1982年创刊，1987年因经费原因转到美国，更名为英文版的 *Asiatic Herpetological Research*，在美国加州大学脊椎动物博物馆编辑出版，已不定期出版发行了10卷。十多年来，英文版 *Asiatic Herpetological Research* 已在国际上具有较大影响，为国际知名的数据库系统EBSCO全文收录，在国际两栖爬行动物学学术界享有较大的知名度。作为全球如SCI引录的*Copeia*、*Herpetologica*和*Journal of Herpetology*[①]等知名的为数寥寥的两栖爬行动物学专业性杂志之一，该刊为中国以及亚洲的两栖爬行动物学研究向全球发展构建了一个良好的交流平台。（《拟将英文刊物*Asiatic Herpetological Research*（《亚洲蛇蛙研究》）从美国转回中国出版的请示》，2005年，中国科学院成都生物研究所档案室文书档案2005长期06-06）

资料三（口述） 赵先生跟伯克利有老关系，就把这个杂志办成英文的，在那边出版，他又一直当主编，刊名就叫*Asiatic Herpetological Research*，最后又转到国内了。因为伯克利那帮老先生也退了，对赵先生说："赵先生，怎么办？年轻人他们筹不到钱。你出版东西是要钱的。"又停了两年，没有出了。那个时候，赵先生就跟所里王跃招谈，王跃招不是两栖爬行室主任么，好几年才把它弄回来，现在发展得多好。这一切的结果，从我个人看，得益于有这么一个老先生。从我的感受来讲，这个老先生在我们两栖爬行界既是一个大科学家，又是一个社会活动家。另外他是一个关心、爱护整个大学科发展的人，不是光干自己的事，把自己弄好就行了。他英文那么好，他不愁到这儿到那儿发文章去，人家邀请他写综述的。他为这些付出多少精力啊！（《李丕鹏访谈》，2015年7月28日）

资料四（口述） 参见1990年"9月"条资料二（口述）。

资料五（口述） 参见1988年最后一条资料五（口述）。

资料六（口述） 那本杂志的影响力本来就比较好，后来就是生物所接到以后，把它改编成现在的《亚洲蛇蛙研究》。（《蒋珂访谈（二）》，2016年10月28日）

资料七（口述） 《两栖爬行动物学报》八十年代停了以后就换成《蛇蛙研究》，在国内还连续做了两期，那个时候我的印象是已经转成英文了，两期以后就放到Ted那边去，他私人出资金在国外申请的那个刊号，就在外面不

---

① *Copeia* ISSN：0045-8511。出版地：美国。
Herpetologica ISSN：0018-0831。出版地：美国。
Journal of Herpetology ISSN：0022-1511。出版地：美国。

定期出版，就发这些专门研究两栖爬行的文章，这也是我们现在《亚洲两栖爬行动物学报》的前身。如果这个杂志中断的话，现在的《亚洲两栖爬行动物学报》申请起来也不那么容易，因为它其实是靠这个来维系在国际上已经形成的一个影响力，起码宣传我们中国自己的东西，或者说一些邻近国家比如日本、东南亚一些国家的文章。刚才说到先生在两栖爬行动物研究的影响力确实很大，因为它是全球性的，他做这些东西都是全世界性的影响，他强就强在这里。他确实树起了中国两栖爬行动物研究这个牌子，这种领袖地位确实是没办法动摇。《两栖爬行动物学报》是他创刊的，后来就延续成为 *SCI* 收录期刊。当时是我们自己做的第十一卷，目的还是为了拿回来，Ted 也很想我们拿回来，因为那个时候已经有英文的期刊了，犯不着再回去做中文期刊。就是想做一个过渡，然后拿回来直接往 *SCI* 期刊发展，它已经有好多年了，好像是 2006 年，那个时候国内这边《两栖爬行动物学报》已经停了好久了。开始本来是想那卷就办成的，我们跑过几次北京，办不下来。我的精力也有限，当时也不可能把那个卷稿停在那儿，所以当时就采用折中的办法，仍用美国的书号，在美国印好寄过来。我们就相当于承上启下地把这事儿给做起来了，有了基础；我们有这个能力来办这个刊，因为第十一卷是我们所出版的。《亚洲两栖爬行动物学报》大概就是这么个情况。(《曾晓茂访谈(二)》，2016 年 10 月 19 日)

资料八(信件) 谢谢您聘任我为《亚洲蛇蛙研究》副主编。我接受并将尽力帮助您。(罗伯特：《感谢赵尔宓赠书和接受任职的邀请》，2004 年 3 月 8 日，见图 110)

资料九(信件) 亲爱的尔宓：当然，我很乐意尽我所能帮助你和期刊。你知道，我的职位是康奈尔大学生命科学教授兼副教务长。我曾担任多家期刊的编辑……还曾担任两栖爬行动物研究学会主席和世界爬行学大会秘书长。撰写或编辑了 8 本书和大约 150 篇论文。亲爱的鹰岩：Ted 告诉我们，他计划在第 10 卷出版后，将 *Asiatic Herpetological Research*(《亚洲蛇蛙研究》)的出版迁回成都(我们研究所)，我单位接受了他的建议并准备向我院办理相关手续。在申请表上，我们要填写总编和副总编的概况。我非常希望邀请您担任这本新期刊的四个副主编之一。我希望您能接受我们的邀请。

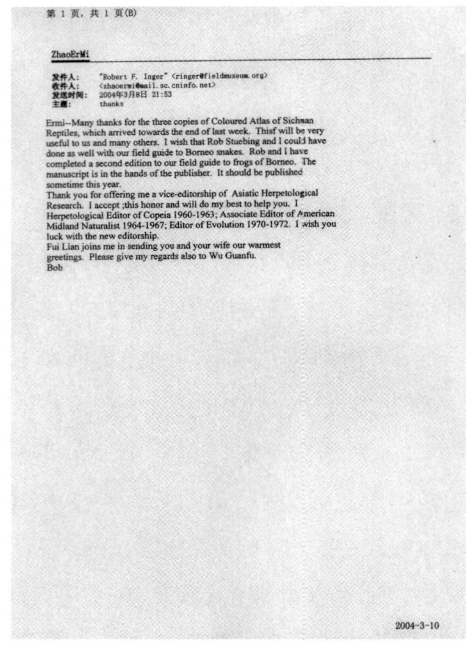

第 1 页，共 1 页(B)

ZhaoErMi

发件人: "Robert F. Inger" <ringer@fieldmuseum.org>
收件人: <zhaoermi@mail.sc.cninfo.net>
发送时间: 2004年3月8日 21:53
主题: thanks

Ermi--Many thanks for the three copies of Coloured Atlas of Sichuan Reptiles, which arrived towards the end of last week. Thisf will be very useful to us and many others. I wish that Rob Stuebing and I could have done as well with our field guide to Borneo snakes. Rob and I have completed a second edition to our field guide to frogs of Borneo. The manuscript is in the hands of the publisher. It should be published sometime this year.
Thank you for offering me a vice-editorship of Asiatic Herpetological Research. I accept ;this honor and will do my best to help you. I Herpetological Editor of Copeia 1960-1963; Associate Editor of American Midland Naturalist 1964-1967; Editor of Evolution 1970-1972. I wish you luck with the new editorship.
Fui Lian joins me in sending you and your wife our warmest greetings. Please give my regards also to Wu Guanfu.
Bob

2004-3-10

图 110

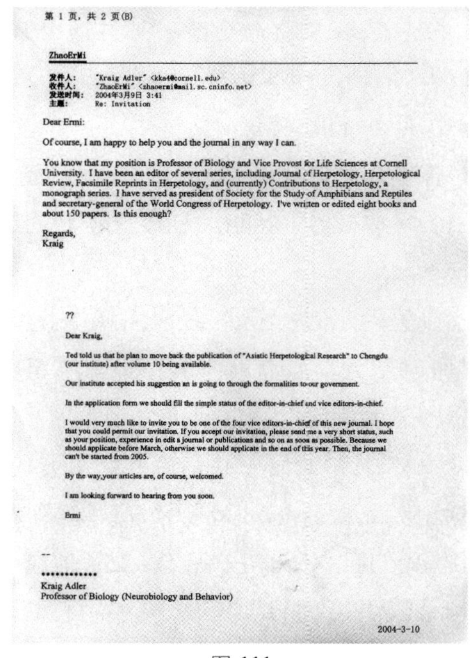

第 1 页，共 2 页(B)

ZhaoErMi

发件人: "Kraig Adler" <kka4@cornell.edu>
收件人: "ZhaoErMi" <zhaoermi@mail.sc.cninfo.net>
发送时间: 2004年3月9日 3:41
主题: Re: Invitation

Dear Ermi:

Of course, I am happy to help you and the journal in any way I can.

You know that my position is Professor of Biology and Vice Provost for Life Sciences at Cornell University. I have been an editor of several series, including Journal of Herpetology, Herpetological Review, Facsimile Reprints in Herpetology, and (currently) Contributions to Herpetology, a monograph series. I have served as president of Society for the Study of Amphibians and Reptiles and secretary-general of the World Congress of Herpetology. I've written or edited eight books and about 150 papers. Is this enough?

Regards,
Kraig

??

Dear Kraig,

Ted told us that he plan to move back the publication of "Asiatic Herpetological Research" to Chengdu (our institute) after volume 10 being available.

Our institute accepted his suggestion an is going to through the formalities to our government.

In the application form we should fill the simple status of the editor-in-chief and vice editors-in-chief.

I would very much like to invite you to be one of the four vice editors-in-chief of this new journal. I hope that you could permit our invitation. If you accept our invitation, please send me a very short status, such as your position, experience in edit a journal or publications and so on as soon as possible. Because we should applicate before March, otherwise we should applicate in the end of this year. Then, the journal can't be started from 2005.

By the way,your articles are, of course, welcomed.

I am looking forward to hearing from you soon.

Ermi

--

****
Kraig Adler
Professor of Biology (Neurobiology and Behavior)

2004-3-10

图 111

如果您接受我们的邀请,请尽快给我一个您的简介,包括职位、编辑期刊或出版物经验等。因为我们必须在三月份之前申请,否则我们只能等到今年年底申请。……顺便说一下,我们非常期待您的文章(投稿)。以上两封信(鹰岩:《接受赵尔宓的邀请》,2004 年 3 月 9 日,见图 111)

8 月,被国家科学技术奖励工作办公室聘为 2005 年度国家科学技术奖评审专家。

资料(证书) 2005 年 8 月,赵尔宓被国家科学技术奖励工作办公室聘为 2005 年度国家科学技术奖评审专家。(国家科学技术奖励工作办公室:《2005 年度国家科学技术奖评审专家证书》,2005 年 8 月,见图 112)

2005年度
国家科学技术奖评审专家
证书
赵尔宓
(中国科学院成都生物研究所)
国家科学技术奖励工作办公室
No.: 200510529
二〇〇五年八月

图 112

11 月 5 日,被中央民族大学聘为特聘教授,聘期三年。

资料(证书) 2005 年 11 月,中央民族大学聘赵尔宓为特聘教授,指导和承担学校“985”项目研究工作,包括指导学科建设和科学研究方向、指导和培养青年教师等,聘期为三年(自 2005 年 11 月 5 日—2008 年 11 月 5 日

止)。(中央民族大学:《中央民族大学"985 工程"项目"双聘院士"协议书》,2005 年 11 月 5 日)

12 月 12 日,被成都市人民政府授予"全市民族团结进步模范个人"称号。

资料一(证书) 2005 年 12 月,赵尔宓被成都市人民政府授予"全市民族团结进步模范个人"称号。(成都市人民政府:《"全市民族团结进步模范个人"荣誉证书》,2005 年 12 月,见图 113)

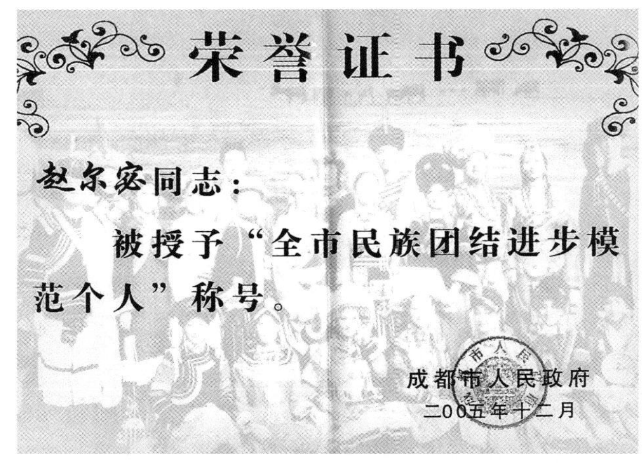
荣誉证书

赵尔宓同志:

被授予"全市民族团结进步模范个人"称号。

成都市人民政府

二〇〇五年十二月

图 113

资料二(其他) 为深入贯彻国务院第四次民族团结进步表彰大会和四川省第五次民族团结表彰大会精神,成都市政府决定授予市委统战部等 32 个单位"成都市民族团结进步模范集体"称号、赵尔宓等 42 名同志"成都市民族团结进步模范个人"称号。(成都市人民政府:《成都市人民政府关于表彰全市民族团结进步模范集体和个人的通报》,2005 年 12 月 12 日)

是年,开始与中国科学院昆明动物研究所张亚平院士联合培养研究生,目的是将相对成熟的两栖爬行动物形态分类学、细胞分类学同新兴的分子生物学相结合,开展分子分类学研究。

资料一(口述) 我〇四年读研究生的时候跟着赵先生。〇四年、〇五年他培养了我,那时候他记忆力还很好。培养了两年,〇五年年底他把我送到昆明动物所张亚平老师那里，就开始博士生活。然后在昆明张老师那里待了五年，2010 年回到这里。……当时是这样的，因为赵先生做形态分类，〇五、〇六年恰好兴起分子生物学。形态分类和分子分类到底有什么区别？老一辈研究者也受到冲击，他也想知道用分子检测它到底对不对……因为赵老师他其实是不懂分子的，他觉得我不懂分子，你形态也做得差不多了，那你就去昆明，从分子的角度来研究一下。他当时是这样考虑的。他当时说形态你们可以随时回来问我，但分子我指导不了。我是他送到昆明的两个学生中的一个，我师姐是车静，她是跟我一模一样的模式培养的。车静现在在昆明动物所，她去了之后我再去的。只送了我们两个学生到张老师的实验室。在昆明的这段训练使我明白：他送我去那儿，对我的成长是不可估量的，他当时的思路确实超乎常人。要是一般人，可能就是你既然来我这里，那就继续做形态，可能我就没机会接触分子进化的东西。张亚平老师主要做分子这块。我去昆明还是做树蛙科的东西，张亚平老师那边给我提供了平台，在分子这一块都是张亚平老师指导的。其间，形态学还是由赵先生指导，我来回跑。……采了样，自己鉴定不出来，赵先生鉴定出来了，我再回去，经常是这样的情形。整体由张老师指导，从分子进化角度指导的，我后来读博士后也是在张老师那里。形态这块，基本上有什么问题，上学期间都会回来，和赵先生一起探讨。其实我觉得选树蛙这个研究课题……在整个类群里面，我已经发表了一个新的研究属，四个新种……目前从分类的角度，已经有一个新属。这些都是和赵先生的指导分不开的。第一个属我用分子检测出来了，就是分子上它不一样。我就拿这个东西找赵先生，这个东西分子上这么特殊，我们回归形态，再从形态上把这个新属找出来，找到它的形态学特征。也就是分子不一样，我们回来再拿着形态学去找不一样的地方，同别的属比较，确能找出不同。（《李家堂访谈》，2015 年 7 月 10 日）

资料二（口述） 到 2000 年以后，分子的技术已经比较成熟了，赵先生也安排他的学生做一些分子方面的工作。包括我刚才说的车静，还有其他人，都是做分子的，他们当时学习的就是分子分类。赵先生自己已经是一个形态分类学家，可能对分子知识的掌握并不多，但他还是愿意让一些学生去做分子方面的工作。（《蒋珂访谈》，2016 年 9 月 3 日）

资料三(口述) 车静现在发展非常好,应该说是赵老师学生中发展得最好之一吧……赵老师在她来之后没有很保守地做很多工作,(而是)把她送到张院士这里作研究,就是说赵老师会利用他在学术圈子里面的影响力,把人都送出去,车静是一个。到昆明动物所去的学生还较多,比如现在的李家堂,也是到昆明动物所做实验的,现在不是做得很好吗?他最近发了一篇很不错的文章……还包括黄山学院的黄松,黄松也是送到我以前读书的那个武汉水生生物研究所何舜平那里去做的实验,虽然他研究蛇,而那个单位是做鱼的。赵老师送了蛮多学生出去做论文、实验,赵老师在四川大学招收的第一个博士生郭鹏也是在张院士那里做的实验。赵老师会利用他在学术界的影响力送他的学生去很好的地方发展,这一点做得不错。在四川大学培养的这些博士当中,我觉得还有好多不错的学生,包括我们这边到企业、科学院的,都发展得很不错。在这一块我觉得赵老师虽然对学生要求严格,但是他为学生想得还是比较多的,比较关心学生……包括当时不是他的学生,但在他身边的人,比如我,还有当时生物所的学术秘书吕顺清。(《宋昭彬访谈》,2016 年 10 月 25 日)

资料四(口述) 赵尔宓院士派了好几个学生到我们实验室,包括车静、李家堂、黄松、郭鹏。主要是利用他在两栖爬行方面很深厚的学科积累,还有我们实验室在分子系统学研究方面的一个经验,联合培养研究生。通过联合选题开展研究,这样就推动了两栖爬行的分子系统学研究。其实这是非常有效的一种合作方式,也是新兴的一种培养年轻人的方式。(《张亚平访谈》,2016 年 1 月 20 日)

是年,应邀担任 *Salamandra, Herpetclogy of Germany*(《蝾螈——德国两栖爬行动物学》)期刊编委。

资料(报道) 本刊名誉主编赵尔宓院士于 2005 年应邀担任 *Salamandra, Herpetology of Germany*(《蝾螈——德国两栖爬行动物学》)期刊编委。该杂志由德国两栖爬行动物学会主办,已有四十余年历史,目前在德国 *Rheinbach* 出版。该杂志刊登世界范围两栖爬行动物的研究论文,如 2005 年 8 月出版的该刊第 41 卷第 3 期就发表了越南中部棱蜥属(*Tropidophorus*)一新种。(《四川动物》编辑部:《本刊名誉主编赵尔宓应邀担任 *Salamandra* 编委》,《四川动物》2006 年第 2 期)

是年,发表树蛙科树蛙属新种一个、中国新纪录毒蛇一种。

资料(档案) 2005 年,赵尔宓共发表科研论文八篇,其中中文三篇,英文五篇,作为第一命名人发表树蛙科树蛙属新种一个,发表西藏发现的中国新纪录毒蛇一种,论文题目附后。(《年度考核登记表(赵尔宓 2005)》,2005 年,中国科学院成都生物研究所档案室人事档案 104 第 3 - 10 号)

是年,主编"两栖爬行动物多样性专辑"第六辑。

资料(档案) 2005 年,赵尔宓主编了"两栖爬行动物多样性专辑"第六辑。(《年度考核登记表(赵尔宓 2005)》,2005 年,中国科学院成都生物研究所档案室人事档案 104 第 3 - 10 号)

是年,在成都"遥控"指导到六盘山研究蝮蛇的黄松等博士研究生。

资料(口述) 我倒是没有跟赵先生出过野外,当时他年龄比较大了,但是他会指挥我们去野外,比如说去六盘山、贺兰山、秦岭,每一天都会跟我们通电话,问情况怎么样,很担心我们。去西藏时每天要打五六个电话。我印象最深的一次是 2005 年他派我们去六盘山采样,因为六盘山蝮和秦岭蝮的物种有效性还不确定。毕业以后我还继续研究这些蝮蛇。(《黄松访谈》,2016 年 8 月 19 日)

2006 年　　77 岁

3 月 9 日,妻子涂茂俐去世。

资料一(报道) 晚年时,妻子的高血压越来越严重,为照顾好妻子,每天清晨 7 点,赵尔宓就起床做早餐,等妻子睡够了,才轻声把她叫醒。2006 年初,涂茂俐去世。同年底,赵尔宓个人独著《中国蛇类》上、下卷正式出版。

书的首页画有一幅“勿忘我”植物，用中、英文写着：“作者谨以此书献给已故爱妻涂茂浰教授。”（陈悦、程渝：《痴情丈夫赵尔宓　画“勿忘我”献亡妻》，《华西都市报》2013 年 4 月 14 日第 24 版）

资料二（报道）　2006 年初，老伴逝世。同年底，他个人独著《中国蛇类》上、下卷正式出版，在书的首页画有一幅“勿忘我”植物，用中、英文写着：“作者谨以此书献给已故爱妻涂茂浰教授。”（张欧：《院士赵尔宓：小心抓蛇　大胆研究》，《成都晚报》2009 年 8 月 25 日第 6 版）

资料三（口述）　我妈妈是 2006 年 3 月 9 号突然去世，脑出血，在家里就去世了。那天早上妈妈醒来去上了趟卫生间，回到床上，我爸听着动静不对，门碰得有点响，就到妈妈床边，问她咋回事。我爸说：“我永远爱你。”就在那儿说安慰的话。结果我妈头一偏，眼睛一闭，就走了。我爸就赶快打电话给我们，我们正在睡觉，那会儿才 6 点还是 7 点多，然后我们就赶快（跑）。他（赵蕙的先生）跑得快，3 分钟就从 36 栋跑到 11 栋。我们当时住 36 栋。我后一步到的时候，我先生给我妈做人工呼吸，但是那个时候我妈都已经走了，没用……自从妈妈走后，我爸爸也没哭，一滴眼泪都没看他掉过，但就是情绪不好，就闷起，闷到心头很压抑，后来的爆发就是脾气很怪，动不动发火，然后记忆力就不太好，忘东忘西的，今天说了明天就忘了。（《赵蕙访谈》，2016 年 9 月 8 日）

资料四（口述）　据我所知，他最后还有一本书没有完成。他前两年还和他女儿整理照片，他不是出版了《中国蛇类》那本书么，后面还有一本书。院士在所里面工作不是都有科研计划么，我想这个你可能查得到。我觉得非常遗憾，他突然生病，我估计跟涂老师去世有关系。他跟我们接触得比较久了，他在我们面前老念叨他老伴。昨天还讲了，我老伴在那边等不及了，我要再不去的话，她就要改嫁了。我都笑了，哪能呢。这说明他很怀念他妻子。她做药的研究做得非常好。涂老师突然离世，对赵先生打击特别大。涂老师去世前一年之前，每年都和赵先生到沈阳去。他们到沈阳来，我们每天肯定要陪着。早上我或者学生把他们迎到办公室。他坚持每天都到办公室办公，写东西，住在沈阳也是这样子。他说，我到这不是来度假的。每天要去看我们干什么，每天整理文稿啥的。涂老师对他特别好，是中国传统家庭的那种主内……他说两栖爬行时间长了，涂老师也了解一些。我们到赵先生家里去，跟赵先生在那儿说，她就坐在旁边听，给我们端碗水喝，就陪着坐在旁边。那么，这本书没完成，对我们后面的工作影响也特别大。（《李丕鹏访谈》，2015 年 7 月 28 日）

资料五（口述） 他病了以后，前年成都开两栖动物监测会议，我和学院几个人去看望他。见到他以后，我说："赵先生，我是谁？"（他）想不起来我的名："你是新疆的，你是新疆的。"他知道我是新疆的，一下名字想不起来。对于其他几个人，他不仅不知道地方，连名字也不知道。涂先生去世以后，对他的影响挺大的。（《王秀玲访谈》，2016 年 9 月 20 日）

资料六（口述） 他的工作一个是得益于父亲家里的教育，一个是刘承钊老师的影响，一个是他自己对这个专业的挚爱。另外还有一个不得不提，我嫂嫂对他的支持非常大，帮助非常大。我嫂嫂也是华西医大药学系的教授。她从中学开始，实际上成绩不比他差，是学霸，也是校花。但是以后，我嫂嫂用全部精力来支持他的科研。我二嫂本身应该说能成为很有成就的专家。但是后来完全牺牲了自己。我的感觉：很多时候嫂嫂给他当收发员。他在家里写东西，嫂嫂天天到收发室去帮他取邮件、寄邮件。很多问题，他还要找嫂子请教、商量，我嫂子也能够给他一些帮助，因为我嫂子专业上也是非常突出的。她的专业是药学，中草药化学。而且，我嫂子年轻的时候，也是四川省队的排球运动员，跟张蓉芳师傅他们最初就在一起打球。因为喜欢读书就放弃了打球。要不然就到国家队了。所以说，我们嫂子当年既是校花，又是学霸。后来为我哥哥的事业作了牺牲。当然，她自己也是药学系教授，也很优秀，是教研室主任。但是，更多的是，特别是退休过后，基本围绕我哥哥在生活……帮助哥哥的事业。他们感情非常深，所以我哥哥对嫂嫂非常怀念。我印象很深的是哥哥把嫂嫂的骨灰始终摆在他房间里……而且他房间到处都贴着嫂嫂的照片。我每次去看他，都很感动。说老实话，我认为他的事业、爱情、家庭都是非常成功的。他们有三个女儿。……嫂嫂除了能够成就自己的专业而外，相夫教子，尽职尽责。我觉得写我哥哥的时候，不能不写我嫂嫂。我的看法就是这样的。倒不是因为我们读中学的时候，她辅导过我们。她的数学比我哥哥好，中学的时候好像还帮我哥哥做作

业。在树德时他们就认识了。所以他们算得上青梅竹马。(《赵尔寰访谈》,2016年9月9日)

资料七(文章) 2006年3月9日爱妻去世后,对我的打击很大。过去,我一直认为男性寿命短于女性,因此,断定我会走在她前面。不料,她竟先我而去,我为此无限悲伤。最近,上海东方出版中心来函约稿,从征稿提示的范围中我考虑再三,决定写我的亲人——爱妻涂茂浰教授。我认为自己此生最大的成功是婚姻,因为我选择了最理想和最聪慧的她做妻子。她不仅是最完美的女性,也是我情深似海最忠实的伴侣,更是我一生的良师和诤友。我所做的一切工作都离不开她的帮助,我如有任何一点成就,都铭刻着她的辛劳。(赵尔宓:《思念——似彩虹通往天堂》,载《赵尔宓全家纪念涂茂浰文集》)

4月18日,被推荐为中国野生动物保护协会理事,并兼任常务理事。

资料(档案) 中国野生动物保护协会拟于2006年上半年召开第四次会员代表大会暨第四届理事会。现向你单位征集理事候选人1名并同时兼任常务理事,请填写《中国野生动物保护协会理事推荐表》及《中国野生动物保护协会常务理事推荐表》,并于2006年4月25日前将推荐结果反馈至中国野生动物保护协会秘书处。……赵尔宓,男,满族,出生年月1930年1月,大学本科,工作单位中国科学院成都生物研究所,职务为中科院院士,曾任副所长,职称为研究员。推荐单位同意推荐。(中国野生动物保护协会:《征集中国野生动物保护协会理事(兼任常务理事)候选人的函和推荐表》,2006年,中国科学院成都生物研究所档案室文书档案2006短期04-15)

6月6日,被聘为北京自然博物馆科学顾问。

资料(证件) 2006年6月6日,赵尔宓被北京自然博物馆聘为科学顾问。(北京自然博物馆:《北京自然博物馆科学顾问聘书》,2006年6月6日)

7月初,参加国际海龟年中国保护行动大会,共商海龟保护计划。

资料(报道) 2006年7月初,在海龟保护区的组织下,来自中国科学院成都生物研究所的赵尔宓院士……IUCN 专家组的李丕鹏教授等学者与海龟保护区的专家和工作人员以及博士研究生齐聚一堂，交流……海龟研究与保护的进展，分析现状和存在问题，寻觅海龟在海龟湾的踪迹，共商保护大计，并达成合作交流与人员培训等计划。（古河祥、李丕鹏：《海龟的福音——2006 国际海龟年中国保护行动》，《四川动物》2007 年第 2 期）

7 月 18 日至 8 月 14 日，带学生到新疆考察并采集标本。

资料一（档案） 2006 年，赵尔宓发表论文 8 篇，其中 *SCI* 3 篇，英文文章 3 篇。他还带学生去新疆野外采集一个月。（《年度考核登记表（赵尔宓 2006）》，2006 年，中国科学院成都生物研究所档案室人事档案 104 第 3－11 号）

资料二（口述） 赵先生多次来新疆，作新疆的爬行动物研究。我曾经在○六年陪他去南疆，每一个县都去考察。一方面考察，一方面采集标本。当时包了一个车，赵先生带了四五名他的研究生。当时他两个女儿都来了。那是八月份，天气相当热。我们都吃过早餐，车开到那个干旱地方，胡杨林里边，大家去采集标本，温度都是四十几度。赵先生照样从车里下来，他虽然走不了那么远，但是他观察环境，我们采标本。天很热，蜥蜴跑的速度很快，我们一个个都在精心地采标本，就这样，南疆所有的县都跑开了，那个时候他已经七十六岁了。所以你想有这样一位老先生、老前辈，我们根本不知道什么天热啊，脏啊，就在沙包里面采集标本。所以赵先生，他的影响力、感染力，不管对年轻人，还是对我这样年龄的——我当时也有六十好几了，都是非常大的。那一次考察给我的印象特别深，一个老先生，他的腿还不方便，他能带着他的学生，到那样艰苦的环境去采集标本，开展科研工作，确实是非常让人崇敬的，也是值得我们学习的。那次南疆的考察，路途特别遥远，我们从乌鲁木齐出发，经库尔勒，库尔勒再向南就是尉犁县，再往南走就是若羌县，若羌县再往西边拐就是且末县，且末县过去就是民丰县，民丰县过去就是和田，和田过去就是喀什。我们去了更遥远的帕米尔高原。帕米尔高原再到塔什库尔干。去塔什库尔干，都在海拔 4 000 米的山路上走，而且沿途不像南方——两边都是山山水水，有花有草……要不就是沙漠，要不就是戈壁,要不就是高山峻岭。山里面要走很长的路,一般健康的人,高血压的人都反应很大。因为长期跑野外,也是一种锻炼。在山里头,在海拔4 000米的地方,当时他学生里面就有高原反应的,已经开始头晕,有反应,但赵先生还没有反应。他一路上讲笑话,还唱歌,唱哈萨克民歌《可爱的一朵玫瑰花》。他一路上谈笑风生的,根本没有疲倦,心情不好,一直都情绪挺高涨。到了塔什库尔干以后,他还想到红其拉甫山口,红其拉甫山口是我们中国和巴基斯坦的一个通道、一个口岸,那个地方海拔近5 000米。他很想到那里看看,看看那个地方有什么特殊的种。因为一般极端环境下,总会有特有种类。但是他两个女儿劝说着:“爸爸,你不能去,这是冒险。”没让他去。本身也要保护他,没让他去,所以那时候他就很不高兴,为这件事。我们在那边,不仅仅是采爬行动物的标本,两栖类的也采。在这样的环境,那些物种他恨不得都采,作研究。所以这种精神对大家的感染是特别强的。到了以后,他晚上还不休息,又要跟着大家一块儿去采集两栖类的标本。两栖类动物白天蛰伏,晚上才出来活动。就这样他还是一点不抱怨苦,没有说我是一个大学者,我是一个研究者,你们去,而是下面的学生去采,他要一起跟着去采集。所以这点对大家都鼓励特别大。当时收获大啊!在《四川动物》杂志发表了我们那次南疆采集的所有物种。发了一篇报道。在塔什库尔干采集完,还到了公格尔山和“冰山之父”(即慕士塔格峰)。那个海拔也是非常高的。在那里正好遇到我认识的一个熟人,他就接待了我们。就是南疆这一圈,从乌鲁木齐出发,走北边,一直向南,再向西,再向北,回到乌鲁木齐。转了一大圈,大概八九天的时间。这一路上他精力都很充沛,很兴奋,给我们大家的感染力特别强。老先生对自己事的执着,他的热情,他的不怕苦、不怕累,那种坚持,确实叫人心里特别感动……(这一次)还邀请了台湾“中山大学”的张学文教授到新疆来。他(张学文)没来过新疆,他想到处考察考察,认识认识新疆,再就是了解这里的生态环境,不管哪方面的物种,他都想知道一些。我们一起到了伊犁的那拉提草原。我们在那个荒漠草原,不仅采集沙蜥,还采集了花条蛇。花条蛇我也是第一次看到,从资料上看,花条蛇跑起来速度很快,前半身立起来(快速爬行),所以叫“子弹蛇”。赵先生指挥我们采集。他到新疆来过十一次,他总是说新疆这地方有其他地方所见不到的，因为它地广人稀，物种很丰富，很有可能好多物种没有被发现，没有被采集，没有被很好地进行研究。他总觉得这个地方物种丰富，研究的内容很广。他说整个新疆都是因为这个地方物种很丰富，自然条件很极端，也很特殊，所以在这样的环境肯定有一些稀有物种。他很愿意到这边来考察。（《王秀玲访谈》，2016 年 9 月 20 日）

资料三（口述） 〇六年我入学前，四川大学组织了一次新疆的野外采集工作。采集回来之后，有些标本需要测量，包括数一些鳞片。我记得当时测一条黑眉锦蛇，测完之后，我就把数据给先生了，先生当时就问我数据多少，我就说大概有多长，包括体长、尾长等。先生当时当着好多老师的面重新测量，因为当时我可能对蛇的测量标准掌握得不是很好，当时先生就给我示范了下，我觉得我测的数据和先生测的有一点误差，先生当时就跟我说测量应该怎么去做。入学后我才了解先生在做每一件事，尤其是在形态上的描述，包括测量方面，他都要亲力亲为。尤其是在他的著作或论文中出现的一些数据，都是他测量的。应该说没有哪个数据是某个研究生、博士生测量之后给他的现成数据，他都要去测量。我们原以为，一个实验室的老板或大院士，会把这些工作交给学生来做。我从这点就看到先生这种治学的严谨态度。……我也受到很大的启发，好多事情都要亲力亲为。先生在生活中，从我个人角度看，有两面性：一面是严厉，另外一面是和蔼。对学生——我们这个年龄应该都是他的孙辈——对学生特别特别好。严厉这方面主要表现在哪里呢？我从侧面说一下。比如说我们去新疆进行野外采集，因为大概有十几个人，这么一个大的集体，就要求你一定要听从组织的安排。比如说到了南疆，可能需要采集沙蜥、麻蜥什么的，先生说大家下车，现在开始采集了。这个过程中，先生会规定时间，现在是九点，我们要求你十点归队。当时我们可能有个人的理由，因为沙漠里蜥蜴跑的速度可能也很快，我们也有一种看到这种动物，抓不到它不罢休的想法，所以往往到了规定时间还没有返回，这时候先生就大发雷霆。虽然我们有自己的借口，但先生对我们说："我们一定要有组织纪律性，规定了时间，你就按规定的时间回来，其他理由都不算。"这就是先生在生活中、工作中比较严厉的地方。……最让我佩服的是，在新疆野外采集时，先生已经是七十多岁的高龄。当时我们租了一辆中巴车，走了将近一个月，先生自始至终都跟着我们坐车。采集的时候他不可能像我们在沙漠里大范围地跑，但是到每个地方，他都要下车，考察生态环境。作为一个七十多岁的老先生，我们先不说到野外采集，就单是每天在车上来回颠簸，也是很辛苦的。他这种工作态度，让我们特别敬佩。(《董丙君访谈》，2015 年 8 月 16 日)

资料四(口述) 〇六年我考了先生的博士研究生，我考的生物所的。还没有入学，7 月底到 8 月初，先生到新疆作考察。让我全程陪同。这是一个很好的机会，南疆、北疆都跑了一下。从 7 月 19 号，从密苏达到库尔勒，第二天从库尔勒到乌鲁木齐。我还是第一次跟先生一块去野外工作，有一些印象很深刻的事情。第二天路过三十一团场附近，临时停车，停在一个池塘边上，我们一起去的一个师兄叫："蛇，有蛇！"，先生特别激动。他那时候 70 多岁了，就冲到水边，看那条蛇，一定要我们把它捕捉上来。南方来的会游泳的师弟脱了衣服就下去，把蛇抓上来。那蛇虽然不是珍稀的种类，只是比较常见的棋斑水游蛇，在南疆池塘、水塘里面比较常见的。他对动物的兴趣这么大年纪都还保持着，看到蛇，非常高兴，比我们年轻人都激动。晚上到宾馆住下来以后，我们把蛇做成标本。做标本的时候，他给我的印象特别深。他指导年轻的博士生做标本，讲蛇的标本应该怎么做。我觉得很有趣，在旁边看。实际上我们以前做过，好多细节还是不清楚的。先生说：第一条，整形，直接用福尔马林溶液泡，徒手去整。哪有怕甲醛的，我们都跟甲醛打了一辈子交道。徒手给蛇整形，把蛇折成几段大概合适的长度，然后用线拴好。最重要的细节就是在固定以前要把蛇的上下颚打开，打开以后塞一个棉球进去。这个作用是以后你想要看它的牙齿什么的，就可以直接观察了。不需要你再把它掰开，那就容易损坏标本。类似这样的细节问题，先生就一步一步教了。我感觉第一次跟先生出去，收获特别大。沿途过去，从若羌、且末、叶城、和田，再到喀什，最后还到了塔什库尔干塔吉克自治县。塔什库尔干海拔比较高。当时先生 76 岁了，身体还很好，全程到高海拔的地方走路、爬山。我们当时年轻，都特别羡慕。……到那个地方采集我们新疆的特有种帕米尔蟾蜍。这一路跑完以后，我们收获很大，要写一个考察报告。9 月份我入学，先生就把写考察报告的任务交给我，说："你去写。"我前期就把所有标本测量、整理出来,然后写报告。非常荣幸的是,我这个考察报告是先生亲笔给我改的。当时我已经是副教授了,发表过一些文章。这篇报告拿给先生一改,还改出好多毛病。很多细节我们都不注意。赵先生是非常严谨的。像在学名的使用上面加不加括号这点小事情上,很多人觉得无所谓,加个括号么,加不加无所谓,但实际上是很重要的。后面的命名人如果加了括号,它是有特定含义的:这个种的原定属名有过更改。改了属名以后就要加括号。没有更改,就不加。赵先生在科学的严谨上面,对我以后写文章帮助非常大。我算是有幸在野外考察、写文章方面得到先生的指导,对我来讲,受益很大。(《时磊访谈》,2016 年 9 月 27 日)

资料五(口述) 大概是在 2006 年的夏天出去的,出去了大概一个月左右。走的地方还是比较多的,在新疆转了一圈。那个时候在野外,赵老师对大家的要求还是非常严格的。我记得有一次在公路上开着车,赵老师看路边有个水塘,面积非常大,像个小湖一样,他说这个地方可能有两栖爬行动物。我们停车就往那儿看。一下车,确实就看到了。看到了棋斑游蛇,那条蛇在水塘里面,被大家发现了。赵老师说这种蛇不容易见到,我们刚出门没多久就见到,一定要大家把它抓住。但是那个水塘面积很大,怎么办呢?赵老师就开始指挥大家,你站这儿,你站那儿,就把那个水塘给围起来,看那蛇从哪个地方跑。大家位置站好,但是站好也没有用,水下有洞,而且蛇也不会主动游过来。这种情形下,赵老师就开始征集志愿者,谁愿意下水。于是一个博士生就下水了,去赶那条蛇,最后还真把那条蛇给抓住了。我当时觉得那么大的面积,要抓那个蛇太困难。结果赵老师排兵布阵,让大家围起来,然后再去赶它,那个蛇就从水草里面出来了,我们就把它抓住了。他应该对这些蛇的习性还是非常了解的。让大家刚出门就进行了一次练兵:怎么抓蛇,还需要奉献精神,得下水。因为我们以前抓标本一般都是,遇到太多水,水特别凉,或者说水太深了我们就不去了。我们在新疆,每天走几百公里,时间特别长,大家在车上就特别犯困。赵老师要求大家在车上不要打瞌睡。为什么不能打瞌睡呢?他说既然研究,第一点,像我们这个工作,要到各种地方去采集标本,那你在车上要保持清醒,多看看周围的环境。走的路上就有可能看到适合某些生物生存的环境,有可能就有我们需要的标本。

第二就是多看看，熟悉这里的地貌，以后你再来，就熟悉这里的环境了。如果你在车上一打瞌睡，什么就看不到了，虽然来过，但是地理地貌你可能不熟悉。你脑子里有印象的话，下次再来，你就容易找到你想找的东西。当然确实时间比较久，大概也容易犯困，特别是走的时间也比较长，因为我们每天一般要走到晚上，甚至晚上还要去采集标本。最后处理完标本，差不多晚上十一二点了，甚至到一点。一大早，吃完饭七点钟左右，赵老师就开始督促大家要出发了。所以大家也比较辛苦，偶尔也会打瞌睡。因为赵老师坐在前排，同学们坐在后排，可以偷偷打个瞌睡。新疆有他特别喜欢吃的食物——叫馕。他觉得馕好吃，因为出野外，那种东西不容易坏，他觉得口感也比较好。赵老师还自诩是属骆驼的，他喝水不多，馕饼也适合他，他不觉得太干。以前我们出野外，曾经给他从新疆带过馕饼，专门给他带的。因为馕的保存时间比较长。出差之后，专门从新疆买来，我顺带就给他带过来，他就存在冰箱里面，慢慢吃。在新疆的时候，赵老师也去抓些标本，虽然他那个时候已经70多岁，但身体还很好。我们曾经给他拍过照片，他走在吐鲁番的沙漠边缘，在沙漠里面找那些爬行动物。当然他也指挥我们去找，他特别有经验，因为他年轻的时候去过那些地方。我们去采标本的时候，他常常说我曾经到过哪儿，说了那个地点，就让我们去，往往使我们的采集工作事半功倍。(《杨军访谈》，2016年10月27日)

资料六(口述) 2006年，四川大学、成都生物所和台湾“中山大学”联合组队，对新疆的两栖爬行动物进行考察。当时已经76岁的先生和我们年轻人一样，每天坐车七八个小时，每年行程近800公里，在行程中只要生境适宜，先生就会要求停车，采集标本。在尉犁的公路边的水塘发现了一条棋斑水游蛇，水塘较大，在我们的“围追堵截”下，棋斑水游蛇停在了水塘中间，如何才能捕获这条棋斑水游蛇呢？先生最后提出由一人下池塘捕捉的方法，最后我自告奋勇地下池塘把蛇抓了上来。这些小事体现了老一辈学者对教学严格要求、对科研兢兢业业的态度。(《熊建利访谈》，2015年8月16日)

资料七(论文) 2006年7月18日—8月14日，由四川大学、中科院成都生物研究所和台湾“中山大学”组成新疆两栖爬行动物考察队，对南北疆进行了为期近一个月的野外考察。本次考察共采集标本328号，经鉴定共

23 种，分隶 11 属 7 科，其中两栖纲 2 科 2 属 4 种，爬行纲 5 科 9 属 19 种。本次调查还发现了一些蜥蜴和蛇种的新分布纪录。报道如下：1. 考察路线。2006 年 7 月 18 日首先在东疆吐鲁番市郊开展工作，随后转向南疆，主要沿塔里木盆地周边各县市，包括库尔勒、尉犁、若羌、且末、和田、喀什、塔什库尔干、阿克苏、轮台等地沿途进行采集，7 月 31 日返回乌鲁木齐。8 月 1 日起调整为两队开展北疆调查，一队在天山山区霍城、尼勒克、新源和特克斯等地开展工作；另一队主要沿准噶尔盆地西缘经克拉玛依、博乐，到阿勒泰地区布尔津、哈巴河和塔城地区托里、裕民等地进行采集。8 月 13 日两队在伊宁市会合后返回乌鲁木齐结束考察任务……3. 采集的标本。本次考察共采集标本 328 号，经鉴定得 23 种，分隶 11 属 7 科。其中两栖纲 2 科 2 属 4 种，爬行纲 5 科 9 属 19 种。（时磊、杨军、侯美珠、赵蕙、董丙君、熊建利、王湘君、王小荷、张学文、王秀玲、原洪、赵尔宓：《新疆两栖爬行动物考察报告》，《四川动物》2007 年第 4 期）

资料八（照片） 新疆两栖爬行动物科考队队员（右五为赵尔宓）在苏巴什达坂留影。（见图 114）

图 114

9月1日，出任温州大学客座教授，聘期两年。

资料(证书) 2006年8月，为进一步加强温州大学生命与环境科学学院动物学科建设，温州大学聘请赵尔宓为客座教授，聘期为两年(自2006年9月1日—2008年9月1日止)。协议规定了双方应尽的职责等事宜。(温州大学:《温州大学聘请赵尔宓为客座教授的协议书》，2006年8月)

11月，撰文深切缅怀秉志，纪念恩师120周年诞辰。

资料一(口述) 对秉志，他也非常尊重。(《江耀明访谈》，2016年10月11日)

资料二(文章) 新中国建立之初，我有幸认识秉老，并有机会与他多次通信，获益匪浅，至今难忘。……当时在中国科学院动物研究所工作的秉老就居住在中关村，北京大学与之相距甚近，我曾多次去秉老家拜访求教，并与他合影留念。秉老当时已年过七旬，加以工作繁忙，但对我这个晚辈关怀备至，不但在学业上耐心细致指导，在生活上也极尽关心。比如我曾几次拟到上海、北京看望他老人家，当面请教，他都主动提出如去可居住他家，不需另寻住处。在学术方面的指点更是无微不至。……他在另一回答我关于学习一些动物门类的信中，指导也极细致深入，举例一二:"海绵参考书国内著(作)还尚缺，只得用日文《动物图鉴》及日人饭岛魁所著《动物学原理》，又*Cambridge Natural History*内Porifera部分亦可参考，然关于东方所产者过于简略。""河蚌、田螺等在Heude所著两专刊中言之甚详，然言及分类分布及一部分之解剖，未言及生活史。此二书之名已忘却，震旦博物馆图书室中有之。"大约是1956年，国内大学及研究单位开始招收研究生，我曾向工作单位四川医学院申请报考中国科学院动物研究所秉老招收的"副博士研究生"，学校领导以教学工作需要不同意我离开，而未获批准。因而，我很遗憾没有机会在秉老门下作一名弟子。1965年初得知秉老因病去世，深为悲恸!今年是秉老120周年诞辰，因写此文表示最深切的缅怀和悼念。(赵尔宓:《深切缅怀敬爱的秉志院士》，《四川动物》2006年第4期)

12月，数十年研究成果《中国蛇类》出版。

资料一(报道) 参见本年“3 月 9 日”条资料一(报道)。

资料二(报道) 参见本年“3 月 9 日”条资料二(报道)。

资料三(报道) 《中国蛇类》在 1998 年出版的《中国动物志 爬行纲 第三卷 蛇亚目》的基础上,对我国的蛇类系统分类……作了更新,增加了很多重要的内容,包括分类阶元、新纪录蛇种、被否定的蛇种、国际对蛇类系统发育研究的新意见等,具有很大的突破和创新,由此产生的学术意义也非常深远。(张亚平:《两栖爬行动物研究的重大贡献》,《光明日报》2007 年 8 月 4 日第 5 版)

资料四(报道) 著名蛇类专家赵尔宓院士的巨著《中国蛇类》已由安徽科学出版社于 2006 年 12 月出版。这是我国蛇类研究领域的一项重要成果,是继 1998 年出版的《中国动物志 爬行纲 第三卷 蛇亚目》之后的、对我国蛇类系统分类方面的全面订正和总结。更为珍贵的是,全书绝大多数种类均配以彩色生态照片,使广大读者能真切地欣赏到蛇类世界的五彩缤纷和生物多样性,增加对蛇类观察的兴趣。这也是使科学研究向群众普及方向迈出的重要的一步……《中国蛇类》上册由总论、分类检索和各论三个部分组成,下册为铜版纸精印的 201 种中国蛇类的彩色照片,包括野外拍摄的栖息环境与生活状态、卵和卵胎生繁殖的特写等一些难得一遇的镜头以及标本外形及细部特征。作者能搜集到这么多种类的精美照片,是非常不容易的,这对于普及蛇类科学、进一步发展和深入我国的蛇类研究工作来说,应该说是开创性的……本书最突出的特点在于它的科学性和先进性。作者广泛参考和审视今年来国内外在蛇类分类与进化方面的宏观与分子生物学研究成果,结合自己的学术观点,对我国蛇类的分类系统以及科、属、种的处理作了全新的修订,使我国蛇类的分类学达到一个新的起点,具有很高的学术水平。全书共记述中国蛇类 205 种,隶属于 9 科 66 属;其中新增加蛇种 6 种,分布存疑蛇种 1 种,同物异名 5 种,更改属名 7 种……作者在从事科学研究方面所一贯坚持的这种“以理服人”的科学态度,是令人敬佩的。本书是作者毕生对我国蛇类研究的总结,在研究过程中曾查阅了国内外数十所大学和博物馆所收藏的蛇类标本,与众多国内外著名的同行进行学术交流,书中记述的每一个物种的标本依据、雌雄的测量个体数以及参考资料的出处都清晰列出，从另一方面也反映了本书的科学性和严谨性。(郑光美：《中国蛇类分类学的新起点》，《科学时报》2007 年 8 月 2 日 B3 版)

资料五(报道) 2006 年还出版了《中国蛇类》两册巨著，为收到赠书的许多中外专家所重视，有三位院士在国内报刊上发表了肯定的述评。(张小三：《来自丛林的惊喜》，《中国研究生》2008 年第 9 期)

资料六(口述) 《中国蛇类》这本书也是准备了很多年才出来的。所以他说写一本书也不容易，要付出几年的工夫。有可能你出一本书要花一辈子的时间，有些资料你要不停地搜集、更正，还要经过检验。所以他带的有些学生，急功近利，什么事情都想马上出成果。我爸爸就跟他那些学生说："搞科研，要沉得住气，静得下心，要坐得下来，要有耐心。你不能想你一两年就要出个什么成果，不可能。因为科学的东西要经过几年的实践、检验，经得起推敲，然后它才能成为一个结果。"我爸说他就看不惯现在搞科研拔苗助长，他说哪像我们以前，哪有那么快就能出成果，就能出篇好文章，就能出本好书？不可能！短时间是不可能的，你一定要耐得住寂寞，沉得下来。他跟他的很多学生都说，作科研一定要沉下心，要沉得住，沉下来，不要浮到面上，这都是他亲口给学生说的。(《赵蕙访谈》，2016 年 9 月 8 日)

资料七(口述) 赵尔宓院士是我们国家著名的动物学家，也是我非常敬仰的老一辈科学家。他对我们国家的动物学，尤其是两栖爬行类的分类学研究的发展，作了重要的贡献。他的贡献体现在几个方面，一个是他自身的研究，他在这方面有很系统的研究，他有代表性的工作就是中国蛇类的研究。在中国蛇类的研究方面，应该说是非常突出的，也对我们国家两栖爬行类的分类研究有重要的推动作用。另外他非常重要的贡献是他带着中国的两栖爬行类研究走向国际，让国际社会更了解、认可中国两栖爬行类的研究。应该说很大程度上也源自他的努力和他所作出的科学上的贡献，让国际社会了解中国两栖爬行类的整个研究，特别在分类学和多样性的研究方面，应该说起到了重要作用，而且得到了国际社会很大的认可，也引起了国际社会对中国这方面研究的关注。(《张亚平访谈》，2016 年 1 月 20 日)

资料八(口述) 后来还有件事，在《中国动物志》之后，他出了《中国蛇类》，分为上下两卷。上卷是关于蛇类动物的生态、形态、分布这方面的叙述,下卷主要是彩色照片——蛇类的形态、生态等的彩色照片。对收藏者来说,这本书很值得收藏;对专业人士来说,那是不可多得的宝贵资料。当时我在编辑部工作……全国各地有些爱好者、专业人员打来电话询问“书何时出版、在哪个地方能买到”等。我最记得重庆师范学院有人打电话问我,我都还没看到书,他就在问买的事。当然后来重庆那个人打电话说已经买到了,我还没看到书,他已经买到书了。这本书是很重要,对国内来说影响很大。针对这个事我还专门写了篇《赵尔宓院士的新追求和新尝试——喜读〈中国蛇类〉》,因为过去他编的书不是这样的。这本书图文并茂,非常精美。(《魏银松访谈》,2016 年 10 月 19 日)

资料九(口述) 大概在〇六年,赵先生出了《中国蛇类》上下两卷。很久之前,他就给我们说这本书。因为出版社等原因,推迟出版了。差不多快要印出来的时候,他就给我们几个人说,书一出来就给我们一册,当时我们就觉得很高兴。但后来又说出版社给他本人的书没有好多,赵蕙姐说不见得人人都有一套。当时就觉得好紧张哟,害怕没有,那段时间天天缠着赵先生,不时地问一下赵先生:“你的书出来没?有没有我的?”赵先生每次就说:“你放心,肯定有你的。”后来有一天,不记得是他给我打电话还是请蕙姐给我打电话,就说那个书出来了,让我去拿。他专门给我说现在研究蛇类的人非常少了,现在我的学生好多都搞两栖类了,不搞爬行类了,希望以后你能在蛇类方面搞一些研究。(《蒋珂访谈》,2016 年 9 月 3 日)

资料十(口述) 因为赵先生做,从他的学术思路上要求完美,你看他那本《中国蛇类》。他出的书在国际上影响都特别大。(《李丕鹏访谈》,2015 年 7 月 28 日)

资料十一(学术评价) 他个人独著了《中国蛇类》上、下卷(2006),是一部系统详细和具有极高价值的著作,全面介绍了蛇类的生物学特征、鉴别及物种分类描述,同时配有丰富的彩图资料。(Kraig Adler, Dedication to Ermi Zhao)

资料十二(学术评价) 在由其主编的《中国动物志　爬行纲　第三卷　蛇亚目》一书于 1998 年出版八年之后,赵尔宓院士的又一新作《中国蛇类》于近期面世了。《中国蛇类》印制精美,装帧上乘,大 16 开本,显得十分大气。《中国蛇类》分上、下两卷，封面刊载了我国特有种——莽山烙铁头蛇的彩色照片，栩栩如生，让人爱不释手。上卷在分类检索的基础上，详尽地记载了我国9科66属205种蛇的拉丁学名、重要同物异名、中文名、英文名、地方名、大小、外形和鳞被特征、色斑、上颌齿数目、栖息环境、食物、繁殖、垂直分布、地理分布等，并附有各种索引、同物异名对照、常用名词术语等，是从事动物学基础研究，特别是蛇类分类学研究的专业人员不可多得的一本参考书；下卷发表了300多幅蛇类以及一些蛇的习性或生活环境的彩色照片，形象生动地介绍了我国常见的主要蛇类，不仅是专业研究人员的参考书，也是从事蛇类教学、养殖、保护、进出口贸易等人士和广大爱好者识别物种的工具书。它是迄今为止第一部全面系统详细介绍我国已知全部蛇类的专著，是我国爬行动物研究道路上的又一个里程碑之作。赵院士编写这部书的动因，一是出于对自己献身的科学事业的完美追求，编写这部蛇类的专著，以便对《中国动物志　爬行纲　第三卷　蛇亚目》一书加以补充和完善；二是尽量增加彩色图版，利用现代图像技术，充分真实地展示和还原我国蛇类的原色图像，让读者获得知识、促进工作，同时还获得美的享受。赵院士在《前言》中写道："编写这样一册图文并重的书，对我来说还是一种尝试。"手捧着沉甸甸的《中国蛇类》，我觉得院士的追求和尝试成功了。（魏银松：《赵尔宓院士的新追求和新尝试——喜读〈中国蛇类〉》，《四川动物》2007年第2期）

资料十三（学术评价）　评论了赵尔宓院士的新作《中国蛇类》，认为其学术水平和编写质量相比国外同类著作毫不逊色，具有较高科普价值，更是一部学术价值很高的参考书，堪称我国蛇类研究的传世之作。赞扬了赵尔宓院士的锲而不舍、学无止境的治学精神。（曹文宣：《锲而不舍　学无止境——评〈中国蛇类〉》，《安徽市场报》2007年8月6日第8版）

资料十四（照片）　《中国蛇类》封面。（见图115）

资料十五（著作）　本书是国内第一部全面系统介绍我国所有蛇类的专著，分为上、下两册。上册在分类检索的基础上，详尽记载了我国9科66属205种蛇的拉丁学名、重要同物异名、中（英）文名、地方名、大小、外形和鳞被特征、色斑、上颌齿数目、栖息环境、食物、繁殖、垂直分布、地理分布等，并附

图 115

有各种索引、同物异名对照、常用名词术语等。下册收集了 198 种蛇的 300 多幅彩色照片，真实记录了各种蛇的外部形态特征，能有效帮助读者识别蛇种。（赵尔宓：《中国蛇类》，安徽科学技术出版社，2006 年）

是年，编写讲义，给学生授课。

资料一（档案） 2006 年，赵尔宓编写讲义，给学生授课数次。（《年度考核登记表（赵尔宓 2006）》，2006 年，中国科学院成都生物研究所档案室人事档案 104 第 3－11 号）

资料二（口述） 他当时给我们上课的教案，我觉得是特别珍贵的。他把那些在分类学研究中常见的问题，像拉丁文的对照表、常用术语对照，整理出来给我们。那些东西都是在其他地方找不到的。（《时磊访谈》，2016 年 9 月 27 日）

是年，参加高校科普活动，应邀去成都理工大学、成都教育学院、宜宾师范学院、新疆师范大学等学校作学术报告。

资料一(档案) 2006年,赵尔宓应邀去成都理工大学、教育学院、宜宾师范学院、新疆师范大学等单位和学校作学术报告数次。(《年度考核登记表(赵尔宓2006)》,2006年,中国科学院成都生物研究所档案室人事档案104第3－11号)

资料二(口述) 当时考的专科,在成都教育学院。我们当时那些老师和以前再早一点的老师跟赵先生都有一些接触,听我讲到赵先生以后,他们也很感兴趣,就问能不能把赵先生邀请到学校来作讲座,可能就是半天时间或几个小时。我就给赵先生发邮件说了,但我认为他不一定有时间来。结果赵先生听了以后很高兴,当天还是第二天就给我回信,说可以,到时抽时间给我们讲。学校的领导安排好时间,赵先生就到温江新校区给我们大家作了一次关于中国毒蛇和蛇伤防治的讲座,讲了中国有哪些毒蛇,属于哪些科、哪些属,对人类的危害有哪些。比如说哪些分布得很偏远,不会有机会碰到、咬到人们;哪些是在人的活动范围内,活动比较频繁的蛇类,容易对人产生伤害;还有被蛇咬了以后如何紧急处理;在野外如何识别有毒或无毒的蛇等等。当时在我们学校一个大的报告厅里讲了大概有两个小时,整个报告厅都坐满了,有些人还站着听,对这个都很感兴趣。赵先生作报告也非常风趣,讲话思维非常清晰。那段时间有几个学校都邀请赵先生去作了报告。我觉得当时赵先生对科普宣传应该还是非常热心的。他平时比较忙,但那个时候,大概2006年11月份,还是抽出差不多半天时间,跑到温江来给大家作讲座。(《蒋珂访谈》,2016年9月3日)

是年,出任第三届“两栖爬行动物多样性专辑”学术顾问委员会主任委员。

资料(报道) 主任委员:赵尔宓院士。(《四川动物》编辑部:《第三届“两栖爬行动物多样性专辑”学术顾问委员会名单》,《四川动物》2006年第2期)

2007年 78岁

1月16日,出席在成都召开的四川省野生动植物保护协会第五次会员

代表大会暨五届一次理事会议,被推举为协会名誉会长。

资料(报道) 经四川省林业厅、四川省科协和四川省民间组织管理局同意,四川省野生动植物保护协会第五次会员代表大会于2007年1月16日在成都召开。来自全省21个市(州)和有关方面的代表143人参加了大会。在五届一次理事会上,推举赵尔宓院士和任永昌厅长为协会名誉会长。(《四川动物》编辑部:《四川省野生动植物保护协会第五次会员代表大会暨五届一次理事会议召开》,《四川动物》2007年第2期)

3月,设计编印并题名画册《永远想念你》,纪念妻子涂茂浰逝世一周年。

资料一(报道) 涂茂浰逝世一周年时,赵尔宓精选了她各时期的照片,设计编排印制了画册,题名《永远想念你》……扉页上还写着:"我的爱妻、孩子们的母亲——茂浰,离开我们已快一年,思念之情与日俱增。我们全家决定编印这本影册:寄托哀思,缅怀她和我们共同度过的那些美好时光,作为她逝世一周年的纪念。"落款签名赵尔宓。(陈悦、程渝:《痴情丈夫赵尔宓　画"勿忘我"献亡妻》,《华西都市报》2013年4月14日第24版)

资料二(报道) 老伴逝世一周年,他深情地精选了她各个时期的照片,设计编排印制了画册,题名《永远想念你》。(张欧:《院士赵尔宓:小心抓蛇　大胆研究》,《成都晚报》2009年8月25日第6版)

资料三(传记) 赵尔宓为纪念妻子涂茂浰逝世一周年,特编制此画册。以大量的图片配以文字说明,展示了涂茂浰的人生旅程。(赵尔宓:《永远想念你》,2007年3月)

7月,带领学生到辽宁岫岩和吉林长白山作野外考察。

资料一(档案) 2007年度完成工作:一、今年内发表论文10篇,其中SCI 5篇。二、带学生去东北野外采集。三、指导学生作开题报告,写学术论文。(《年度考核登记表(赵尔宓2007)》,2007年,中国科学院成都生物研究所档案室人事档案104第3-12号)

资料二(口述) 我们2007年上长白山,是住在半山腰边防哨所的。……采样，都经过了他们的允许。我们到天池去，他（赵先生）就从天池山脚下上天池，2 000 多级台阶。我们叫他坐一下，考虑到他那个时候腿也不方便，年纪大了。他不坐，坚决要走，一直爬上去，爬下来。从那个地方到边防哨所还有整整十公里。我们说要个车，那天不晓得他咋个兴致来了："不要车，走，我们一起走。"爬了这么远，还要走十公里。我是有点怕走路的，我都在心头打鼓，再走下去走成什么样子。他居然走了十公里。他那个时候那么大岁数了，腿又不方便，确实是不简单。你看他这么大岁数，的的确确非常能吃苦。他们那一代的吃苦精神，真的是我们比不了的，非常厉害。这些小事情让人感到他能够有今天的成就确实有他的热爱在里头，对本职工作的热爱，对科研工作的坚持，也有他的严谨，还有他小时候受的严厉的教育——家风就是这样的，使他养成这种性格。他的吃苦耐劳给我们留下很深的印象。（《薛晓武访谈》，2016 年 9 月 9 日）

资料三（照片） 赵尔宓（左四）在辽宁岫岩三家子采集两栖爬行动物标本。（见图 116）

图 116

8 月，顶着高温到新疆野外考察并采集标本。

资料(报道) 在两栖爬行动物的研究上，赵尔宓从未停止过。2007 年，77 岁的他还顶着 40 至 50 摄氏度的高温考察新疆，在荒无人烟的地方采集到了十多种标本。在半个多世纪里，为探索蛙、螈、蜥、蛇的奥妙，赵尔宓每年都要到野外工作一段时间，短则 3 个月，长达 8 个月，踏遍大半个中国，仅新疆就去过 11 次。野外采集占据了他大部分的时间和精力。(陈悦、程渝：《动物学家赵尔宓　与蛇“缠绵”半世纪》，《华西都市报》2013 年 4 月 14 日第 23 版)

是月，《中国蛇类》获第二十届华东地区科技出版社优秀科技图书一等奖。

资料(证件) 2007 年 8 月，赵尔宓编著的《中国蛇类》获第二十届华东地区科技出版社优秀科技图书一等奖。本书是国内迄今为止第一部全面系统详细介绍我国所有蛇类的专著，分为上、下两册。(《〈中国蛇类〉获第二十届华东地区科技出版社优秀科技图书一等奖的奖状》，2007 年 8 月)

9 月 1 日，出席中国科学院武汉水生生物研究所刘建康院士九十华诞庆祝大会。

资料一(档案) 2007 年，赵尔宓到武汉出席了中国科学院武汉水生生物研究所刘建康院士九十华诞庆祝大会。(《年度考核登记表(赵尔宓 2007)》，2007 年，中国科学院成都生物研究所档案室人事档案 104 第 3－12 号)

资料二(报道) 2007 年 9 月 1 日，刘建康院士九十华诞庆贺活动在武汉隆重举行。……中国科学院院士裘法祖、刘瑞玉、杨弘远、赵尔宓、张弥曼、叶朝辉、许厚泽、曹文宣等约 700 人参加了庆祝活动。(张晓良、张先锋：《水生所为刘建康院士九十华诞举办庆贺活动》，中国科学院水生生物研究所官网，2007 年 9 月 3 日)

9月，全程出席百名院士沈阳行活动。

资料一（档案） 2007年，赵尔宓全程出席百名院士沈阳行活动，并应邀在沈阳师范大学生命科学学院作了学术报告。还全程出席了中国科学院第11届院士大会，并参加增选新院士的工作。（《年度考核登记表（赵尔宓2007）》，2007年，中国科学院成都生物研究所档案室人事档案104第3－12号）

资料二（照片） 2007年9月，在百名院士沈阳行活动中，赵尔宓（右二）与马建章（左二）、沈阳师范大学校长夏敏（右一）合影。（见图117）

图117

10月6日，参加四川大学华西医院115年院庆，应邀作学术报告。

资料（档案） 2007年，赵尔宓在成都参加了四川大学华西医院115年院庆，应邀作学术报告，并全程参加庆典活动。（《年度考核登记表（赵尔宓2007）》，2007年，中国科学院成都生物研究所档案室人事档案104第3－12号）

10月11日，出席成都市爱鸟周活动。

资料一（档案） 2007年，中国动物学会鸟类分会2007年学术研讨会在成都举办，赵尔宓出席了开幕式。(《年度考核登记表(赵尔宓 2007)》，2007 年，中国科学院成都生物研究所档案室人事档案 104 第 3－12 号)

资料二(报道) 据中国动物学会鸟类学分会网站报道，2007 年 10 月 11—13 日，“中国动物学会鸟类学分会第九届学术研讨会”在四川成都四川大学召开。……郑光美院士、赵尔宓院士、魏于全院士、马建章院士，以及保护国际(CI)、世界自然基金会(WWF)、国际爱护动物基金会(IFAW)、四川省林业厅、四川大学、四川省动物学会的代表出席了开幕式。本次研讨会的主题是“鸟类的多样性及其研究”，高玮等 8 位教授作了关于群落生态、繁殖生态、迁徙、禽流感等大会主题报告，周放教授等 55 人作了涉及鸟类学研究各领域的分组报告，研究生开展了翠鸟论坛。会议期间还展出 21 份墙报。会议吸引了许多从事鸟类学研究的青年学者和研究生参加，一些为中国鸟类学事业作出重要贡献的鸟类学前辈也应邀与会。本次会议是一次非常成功的盛会。会议为获得优秀墙报奖和翠鸟论坛优秀学术报告奖的人员颁发了证书和奖品。(《四川动物》编辑部：《中国动物学会鸟类学分会第九届学术研讨会在四川成都召开》，《四川动物》2007 年第 4 期)

资料三(口述) 学会的第二项工作就是科普。科普工作很重要，就是如何把动物知识传播给老百姓，特别是年轻人。所以我们基本上每年跟野生动物保护协会联合起来组织中小学生做爱鸟周活动，爱鸟护鸟，让学生去认识鸟，知道如何保护鸟。每年都组织一次，就科普一个方面。(《王竞访谈》，2016 年 10 月 24 日)

资料四(口述) 他参加了成都市爱鸟协会。我跟他参加过两次爱鸟协会：一次是在成都的植物园，一次是在动物园。(《赵蕙访谈》，2016 年 9 月 8 日)

10 月 12 日至 16 日，应邀出席中国动物学会两栖爬行动物学分会 2007 年学术研讨会。

资料一(档案) 2007 年，赵尔宓到长沙参加中国动物学会两栖爬行动物学会 2007 年学术讨论会，全程出席会议并应邀作学术报告，参观了湖南师范大学生命科学学院的 5 个重点研究室。(《年度考核登记表(赵尔宓 2007)》,2007 年,中国科学院成都生物研究所档案室人事档案 104 第 3 - 12 号)

资料二(报道) 据中国动物学会两栖爬行动物学分会秘书处报道,中国动物学会两栖爬行动物学分会 2007 年学术研讨会于 2007 年 10 月 12—16 日在长沙中南林业科技大学召开,来自全国 20 个省(直辖市)院校、科研机构和企业单位的 122 位代表参加了这次会议。赵尔宓院士等 46 位代表作了学术报告和学术交流,内容涉及基础研究的重要科学问题、两栖爬行动物生物多样性保护和资源管理以及两栖爬行动物对经济社会发展的重要性等方面的最近研究成果;声学、行为学、古生物学、大尺度生态学和进化生物学等方面的研究进展引起了代表们的普遍关注。参加本次会议的代表以中青年学者和年轻的博士和硕士研究生为主,会议报告人约三分之一为研究生,反响热烈。会议首次评选出研究生学术报告一等奖 3 名、二等奖 6 名和优秀奖 9 名,颁发了获奖证书和奖品。会议的 42 篇论文将收入《两栖爬行动物学研究》第 11 辑,由东南大学出版社出版,展示我国两栖爬行动物学研究的最新成果。会议期间召开了理事会,就分会的工作和今后计划、分会网页(www.herplab.cn)建设情况等进行了研究。理事会决定,为了进一步繁荣我国的两栖爬行动物研究事业,每年召开中国两栖爬行动物学术研讨会,2008 年学术研讨会将在海南省举行。(《四川动物》编辑部:《中国动物学会两栖爬行动物学分会 2007 年学术研讨会在长沙举行》,《四川动物》2007 年第 4 期)

是年,应邀在中央民族大学、温州大学、沈阳师范大学作学术报告。

资料一(档案) 2007 年,赵尔宓应邀在北京中央民族大学作了两次学术报告。参加院士大会后,应邀到温州大学给生命科学学院作了三次学术报告。并应邀在沈阳师范大学生命科学学院作了学术报告。(《年度考核登记表(赵尔宓 2007)》,2007 年,中国科学院成都生物研究所档案室人事档案 104 第 3 - 12 号)

资料二(口述) 我当时也没想过要跟着赵院士这么厉害的人,因为他在我们学校就像一个传奇……在我们学校的实验楼里有一个"赵尔宓院士办公室",我们做实验的时候会经常到那个门口走一下,然后想:"哦,这是位院士啊!从来没见过啊,是叫赵尔宓吗?"当时还想名字中的那个"宓"字很神秘。2007年我考上我们学校的研究生之后,李丕鹏老师是我的导师。2007年9月,我刚好开学了,赵院士和赵小苓老师一起来我们学校作学术讲座,因为赵先生是我们学校的客座教授。赵先生和李丕鹏老师关系比较好,所以他也到我们实验室指导一些我们的工作。晚上,赵先生就请我们所有研究生去他们家里做晚饭。李老师的学生有十几个人。大家一起准备晚饭,然后一起吃。(《江帆访谈》,2016年10月27日)

2008年　　79岁

3月30日,出席成都动物园"蛙年保护教育项目"启动仪式,倡导保护濒危蛙类。

资料(报道)　"请你和家人、朋友一起关注蛙类和其他两栖动物的生存现状,保护环境,为蛙类留下一片适宜的生活空间……"昨日上午,成都动物园迎来了一位特殊的客人——中科院院士赵尔宓。原来,由于气候变化、环境污染等原因,目前不少蛙类正面临灭绝危险,为此,世界自然保护联盟和世界动物园和水族馆协会共同决定将2008年定为"蛙年",倡议更多人加入保护蛙类的行动中来。为了响应倡议,成都动物园启动了为期一年的"2008蛙年保护教育项目",在昨天的启动仪式上,赵尔宓院士也来到现场向市民们发出了护蛙倡议。……78岁的中科院院士赵尔宓说,目前世界上预计还有约6 000种蛙类,但最近几年,已经有120种蛙类灭绝,此外还有三分之一以上的种类正处于消亡的威胁中。为此,赵尔宓院士向市民发出倡议,请大家从现在开始,和家人、朋友一起开始关注蛙类和其他两栖动物的生存状况,同时在生活中时刻注意环境保护,尽量不将化学制品、非当地植物、动物留在自然环境中,避免蛙类的生存环境受到破坏以及成为外来物种的食物。赵尔宓说:"虽然蛙类的保护任务很重,但是今天看到有这么多年轻人和小朋友自发地来参加这个蛙年保护活动，我心里很高兴，希望更多市民能加入护蛙队伍，为延续这个物种尽自己的一份力。”（吴丹：《赵尔宓院士倡议：保护濒危蛙类》，《成都日报》2008 年 3 月 31 日 A9 版）

5 月 6 日，出席中国科学院成都生物研究所两栖爬行动物科普馆开馆仪式，致辞并为科普馆作序。

资料一（报道） 中科院成都生物所两栖爬行动物标本馆仪式典礼于 5 月 6 日上午 10 点举行。出席此次开馆典礼的有中科院生命科学与生物技术局、北京分院、成都分院及分院各兄弟单位、中国工程院学部工作局、四川省科学技术厅、成都市科学技术局、四川省科学技术协会、成都市科学技术协会、成都市武侯区科学技术协会等单位的领导及代表。成都生物所所长吴宁在仪式上致辞。他首先感谢参加两栖爬行动物科普馆开馆仪式的领导和嘉宾。他说，科普馆是在财政部、科技部和中国科学院的大力支持下，在社会各界朋友的关注下，经过全所职工共同努力雕琢的一朵科普奇葩。在科普馆开馆之际，他向为科普馆建设付出心血并作出重要贡献的单位和个人表示衷心感谢。科普馆将始终以传递两栖爬行动物学知识为己任，为全人类提供一个了解两栖爬行动物、关注两栖爬行动物的生存现状，促进对两栖爬行动物保护的平台，为宣传科学知识，启迪大众智慧，弘扬科学精神，提高全民族的科学素质作贡献。中科院院士赵尔宓在仪式上致辞，希望两栖爬行动物科普馆能成为青少年朋友学习的乐园，激发他们探索科学的兴趣。……该馆是集声、光、电等现代技术于一体的现代化科普展馆，集中展示了两栖爬行动物的生命发展史，珍贵的标本、图片、文字手稿和相关音像资料，凝聚了我国几代科学家智慧，是我国唯一的两栖爬行动物科普展馆。（《成都生物所两栖爬行动物科普馆开馆》，中国科学院官网，2008 年 5 月8 日）

资料二（报道） 小巧的平胸龟、露出森森白牙的扬子鳄、长了十根胡子的蛙……昨日，位于成都市跳伞塔的中科院成都生物研究所两栖爬行动物科普馆正式开馆了，这是我国最大、亚洲第二的两栖爬行动物主题科普展馆，记者昨日提前去体验了一番。……科普馆用声、光、电等现代手法进行演示，全馆600余平方米，现已陈列了210余种两栖动物和爬行动物标本，其中1楼为两栖动物馆，2楼为爬行动物馆，3楼是人类与两栖爬行动物馆。昨天，年过八旬的中科院院士赵尔宓来到现场，科普馆的成立使他回忆起他的老师、我国第一代两栖动物学家刘承钊。中科院成都生物研究所标本馆就是由刘承钊和他的学生们历经艰辛，充实完善的。目前，标本馆共收藏了10万余件两栖爬行动物标本。……“自然界生物形成的生物链，人类应该尽量保护，担当起维护自然平衡的重任！”赵老先生认为，要宣传野生动物保护，首先是向孩子们普及科学知识。（徐洁莹：《我国最大两栖爬行动物科普馆成都开馆》，四川在线官网，2008年5月8日）

资料三（文章） 你们也许听说过“小蝌蚪找妈妈”的故事。小蝌蚪的妈妈为什么那么难找？它们与妈妈的相貌为什么相差那么大？我生活中有幸遇到一位终生帮蝌蚪找妈妈、也帮蝌蚪妈妈找儿女的人，他是我国第一代两栖动物学家刘承钊爷爷。1938年刘爷爷来到四川，被这里的青山绿水和丰富多彩的蛙类深深吸引，献出自己的一生。本馆陈列的许多标本就是他和学生们几十年辛勤收集得来的，由于刘爷爷在学术上的贡献，1955年当选为中国科学院第一批院士（当时称学部委员）。从水到陆的两栖动物：在刘爷爷的教诲下，我才懂得两栖类的远祖是在3亿多年前的泥盆纪由当时的水生脊椎动物（现代鱼类的祖先类型）在环境改变的情况下，被迫登陆，逐渐演变成陆生四足动物（现代两栖动物的祖先类型）。产自苏格兰泥盆纪弗拉斯期（Frasnian）地层中（距今约3.68亿年）的埃尔金螈（*Elginerpeton*）和产自拉脱维亚和俄罗斯同时期的奥氏螈（*Obruchevichthys*）是目前所知最早的四足动物。现代两栖动物出现较晚，最早的可以追溯到中生代侏罗纪中期，其余各科多在白垩纪甚或新生代第三纪各期才出现。动物的“个体发育”往往重演“系统发育”的历史。以蛙类为例：它们必须产卵在水内，孵出的幼体（蝌蚪）在水中生活，有尾、用鳃呼吸溶解于水中的氧，逐渐长出四肢，尾萎缩消失，鲤退化而代以肺和皮肤呼吸，变态发育为成蛙才能到陆地上生活。这就是蝌蚪和它们妈妈相差悬殊的原因。继往开来的爬行动物：两栖动物迈出了从水到陆的第一步，但还没有彻底摆脱对水环境的依赖。只有“羊膜卵”（胚胎发育时形成羊膜）的出现，胚胎在自备的“羊水”内发育，特别是卵外形成坚固的卵壳(有壳卵),可以将卵产在陆地上,才成为真正的陆生脊椎动物——爬行动物。目前发现最早的爬行动物是产自加拿大新斯科舍省石炭纪晚期的林蜥(*Hylonomus*)(距今约3.15亿年)。脊椎动物进一步发展,才演化出哺乳动物(包括人类)和鸟类。人类不可缺少的朋友:现代两栖动物包括四足无尾的蛙和蟾蜍类、有足有尾的蝾螈和鲵类,以及体形细长、无足也基本无尾的蚓螈类。现代爬行动物包括龟鳖类、有鳞类(又分为蜥蜴类和蛇类)和鳄类及喙头类。它们有的可供观赏,有的可作食物或药物,有的被用作科学实验。蛇和蜥蜴可吃害虫害兽,毒蛇迫于自卫咬人而导致蛇伤,但蛇毒也有重要医药价值,蛙类大量摄食昆虫和其他无脊椎动物,其蝌蚪主要吃藻类和水生植物,它们自己却成为不能直接摄食这类食物的爬行类、鸟类和兽类的食物,因此在生态系统中起到重要的能量传送作用。自然界的一切现生生物都是亿万年来生命物质演化的结果,它们互相依存又互相制约。当前的现实是:野生动物大量被捕捉,赖以生存的环境被严重污染或破坏。人类被称为"万物之灵",理应担当起维护自然生态平衡的重任,我们要发挥自己的智慧和力量,努力创造一个和谐的自然环境!(赵尔宓:《中国科学院成都生物研究所两栖爬行动物科普馆序——献给来馆参观的小朋友们》,2008年)

5月21日至26日,参加在莽山国家森林公园召开的中国首届莽山烙铁头蛇保护工程研讨会,作"莽山烙铁头蛇的发现及研究概况"的报告。

资料一(档案) 2008年,赵尔宓在湖南莽山参加"2008首届莽山烙铁头蛇保护工程研讨会",作"莽山烙铁头发现经过及研究现状"报告。他还参加了院士大会。(《年度考核登记表(赵尔宓2008)》,2008年,中国科学院成都生物研究所档案室人事档案104第3-13号)

资料二(报道) 中国首届莽山烙铁头蛇保护工程研讨会于2008年5月21日—26日在湖南郴州莽山国家森林公园内召开。会议由郴州市及宜章县人民政府主办,莽山国家森林公园承办。中国科学院成都生物研究所赵尔宓院士,世界自然保护联盟两栖动物专家组中国区共同主席、沈阳师范大学特聘教授李丕鹏博士,暨南大学劳伯勋教授,广州蛇毒研究所所长孔天翰教授，湖南师范大学生命科学学院沈猷慧教授、邓学建教授，中南林业科技大学野生动植物保护研究所杨道德教授，湖南省野生动物救护繁殖中心段文武研究员，郴州电视台罗聪记者，郴州市宜章县委宣传部新闻干事黄章保等共56人参加了这次会议。会议由郴州市人民政府副巡视员许永善等致辞，莽山博物馆陈远辉馆长介绍莽山烙铁头蛇目前的基本情况，中国科学院赵尔宓院士作“莽山烙铁头蛇的发现及研究概况”，暨南大学劳伯勋教授作“中国蛇类的保护及饲养”及李丕鹏教授作了“我国蛇类人工繁育现状与保护问题”及“对莽山烙铁头保护和研究的思考”的演讲。（“蛇蛙研究丛书”编委会、《蛇志》编辑部：《2008中国首届莽山烙铁头蛇保护工程研讨会议纪要》，《蛇志》2008年第4期）

6月10日，考察海南蟒蛇保护基地。

资料（报道）　“海南具有发展人工规模化养殖和建设蟒蛇自然保护区的优越条件，要很好地发挥和利用。”赵尔宓说。……赵老分析说：“海南的地理气候条件非常适合蟒蛇生殖繁衍，山区多，山区市县人口少，受外界干扰少，建设蟒蛇自然保护区，对自然环境的破坏和影响小。海南中部山区生态多样性丰富，生态环境良好，因此，在海南建设蟒蛇自然保护区，具有我国其他地区所无法比拟的条件。”（陈成智：《“蟒蛇规模养殖大有可为”》，《海南日报》2008年6月11日第6版）

6月26日至28日，出席IUCN中国两栖动物保护行动计划研讨会。

资料一（档案）　2008年度完成工作：参加院士大会。会后应邀到北京师范大学生命科学学院参加IUCN主持的“两栖动物保护行动计划”学术会。（《年度考核登记表（赵尔宓2008）》，2008年，中国科学院成都生物研究所档案室人事档案104第3－13号）

资料二（报道）　为了应对全球性的两栖动物衰减现状，配合“世界两栖动物保护行动计划（Amphibian Conservation Action Plan）”“两栖动物方舟计划（Amphibian Ark）”和“2008年爱蛙年（2008 year of the frog）”等重大活动，由世界自然保护联盟物种保存委员会两栖动物专家组（中国区）（IUCN/

SSC-Amphibian Specialist Group-China Region）和中国动物学会共同主办“IUCN中国两栖动物保护行动计划研讨会”于2008年6月26—28日在北京召开。……30多位中青年学者汇聚北京师范大学，就我国的两栖动物保护行动进行了研讨。老一辈科学家赵尔宓、费梁、叶昌媛、周开亚、沈猷慧、顾辉清和王秀玲等参加了会议。（《四川动物》编辑部：《IUCN中国两栖动物保护行动计划研讨会在北京成功召开》，《四川动物》2008年第4期）

7月至9月，在成都“遥控”指导师生进行山东野外科学考察。

资料（口述） 到了2008年夏天，赵先生组织大家去野外采集，当时他说他要自己去，但是赵蕙老师、薛晓武老师都说赵先生年纪有点大了，不适合这种野外考察。而且赵先生的髋关节是做过手术的，是人工关节，在野外可能没有马桶等设施，太不方便。大家就集体反对赵先生去。赵先生就坐镇家里。我们过了几天，准备了一下就出发了，大概去了六个人吧。当时还请了一个广西那边的专门治蛇伤的老中医跟我们一起去。因为老中医对蝮蛇比较了解，我们想如果野外出点什么事情还可以处理一下，我们毕竟是抓毒蛇去的。我们出去后，他就会经常打电话、发短信问：“你们今天怎么样？你们今天到哪里了？采没采到标本？”我们说采到标本后，他就告诉我们应该怎么处理。我们那次出来还好。听他们当地人说，那种蛇就像蛇岛蝮一样，赶到鸟迁徙的时候也会出来。因为当时是8月，去的是山东烟台那边的七八个小岛，我们每天基本坐船上岛，在岛上住几天，然后再去下一个岛。当时我是第一次出野外，还觉得很新鲜，觉得作科研就应该这样。当时我想，赵先生不愧是科学家啊，想法都不太一样，那个细致程度也不太一样。那次我们就在那待了差不多20天吧，采了大概不到10条标本。然后我们就回去了，回沈阳之后把标本处理了，还采了毒液，把标本固定上，然后把组织块取了，以后留着作分子研究。到了2008年9月，四川大学这边开学了，赵先生就回成都了。他给我说：“你来四川大学这边做实验。我这边有博士生，他们可以带你。”当时他有个学生叫何苗，是个博士生，他说分子方面何苗比较熟，就让何苗带着我一起来做毕业论文。我9月份来四川大学做实验。……马上到10月份了，赵先生说：“那边鸟儿迁徙的时候，可能还会有一次蛇的集体出动。”这一次他没有叫很多人跟我一起去了。他就叫了刚才说的王小荷师姐，还有蒋珂……赵先生还是很不放心，因为两个女生，还有一个比我们还小的小弟弟。赵先生就每天给我们发短信，特别不放心。我们每天晚上都要向他汇报工作。他给我们取了一个小队名——三小。每次发短信，前面两个字都是“三小”怎么怎么样。(《江帆访谈》，2016 年 10 月 27 日)

10 月 17 日至 19 日，参加中国两栖爬行动物繁育与保护学术研讨会，并作大会及分组学术报告。

资料一(档案) 2008 年度完成工作：1. 今年内发表论文 7 篇，其中 SCI 3 篇；2. 带学生到海口开中国动物学会两栖爬行分会并野外考察。3. 指导学生作开题报告，写学术论文。并应邀到海南师大主持生物系四位应届毕业生的论文答辩会。全程出席中国动物学会两栖爬行动物学分会 2008 年学术研讨会(海口)，并应邀作了学术报告“温泉蛇分类和保护问题”。(《年度考核登记表(赵尔宓 2008)》，2008 年，中国科学院成都生物研究所档案室人事档案 104 第 3－13 号)

资料二(报道) “海南两栖爬行动物资源丰富，在过去 25 年里，我在海南发现了近 10 个两栖爬行新种。但目前，海南两栖爬行动物研究还有许多空白。”10 月 18 日—19 日，中国两栖爬行动物繁育与保护学术研讨会在海南召开，中国科学院院士赵尔宓在会上表示：“我申请做个海南人，长期在这里从事两栖爬行动物的调查研究。”(范南虹：《“我申请做个海南人”》，《海南日报》2008 年 10 月 20 日第 6 版)

资料三(报道) 由中国动物学会两栖爬行动物学分会主办、海南师范大学承办的中国两栖爬行动物繁育与保护学术研讨会于 2008 年 10 月 17—19 日在海南省海口市举行，会议在全体代表的共同努力下，经过两天的紧张工作，圆满完成了各项预定的学术交流任务……本次研讨会以繁殖和保护为主题，受到了全国广大两栖爬行动物学研究和保护工作者的热切关注和大力支持。中国科学院成都生物研究所赵尔宓院士、分会原理事长南京师范大学周开亚教授，以及来自全国 20 多个省(直辖市)77 个院校、科研机构和企业单位的 167 位代表参加了这次会议，此外还有来自美国、日本、加拿大等国家的专家学者也出席了本次研讨会。这次会议是分会成立以来规模最大的一次会议，赵尔宓院士等 68 位代表在会议期间分别以大会和分组报告的形式作了学术报告，内容主要涉及两栖爬行动物繁殖和保护领域基础和应用研究的重要科学问题、两栖爬行动物的资源调查和管理以及两栖爬行动物对经济社会发展的重要性等方面的最近研究成果。学术报告的内容从广度和深度两方面都有进一步的提高。本次会议收到了反映我国两栖爬行动物学研究最新成果的论文摘要 68 篇。（中国动物学会两栖爬行动物学分会：《中国动物学会两栖爬行动物学分会 2008 年学术研讨会纪要》，《蛇志》2008 年第 4 期）

是年，应邀参加河北大学王所安教授九十华诞学术报告会，作"蛇类生活探秘"的报告。

资料（档案） 2008 年，赵尔宓应邀参加河北大学王所安教授九十华诞学术报告会，作"蛇类生活探秘"报告。（《年度考核登记表（赵尔宓 2008）》，2008 年，中国科学院成都生物研究所档案室人事档案 104 第 3 -13 号）

是年，应邀到四川大学和成都大学附属中学作报告。

资料一（档案） 2008 年，赵尔宓应四川大学校友会邀请，作"蛇类的生活习性"报告；应成都大学附属中学邀请，为全校师生作"毒蛇与无毒蛇"报告。（《年度考核登记表（赵尔宓 2008）》，2008 年，中国科学院成都生物研究所档案室人事档案 104 第 3 - 13 号）

资料二（口述） 他参加过很多科普活动……还到过很多学校，比如说七中、九中、龙江路小学、成大附中，很多学校都请他去作过科普报告。（《赵蕙访谈》，2016 年 9 月 8 日）

资料三（照片） 赵尔宓（二排左四）参加成都大学附中专家会议并作学术报告。（见图 118）

是年，参加中国科学院第十二届院士大会。

资料（档案） 2008 年，赵尔宓在北京全程参加中国科学院第十二届院

图 118

士大会。(《年度考核登记表(赵尔宓 2008)》,2008 年,中国科学院成都生物研究所档案室人事档案 104 第 3－13 号)

2009 年　　80 岁

3 月 1 日至 20 日,前往德国柯尼希(Koenig)动物学博物馆进行学术交流。

资料一(档案)　应德国 Koenig 动物学博物馆两栖爬行动物科负责人 Wolfgang Bohme 教授邀请,我所赵尔宓院士和王小荷博士拟于 2009 年 3 月 1 日至 3 月 20 日赴德国进行两栖爬行动物研究学术交流,在外停留 20 天。我所与该博物馆建立了长期的学术交流关系,此次行程由 Koenig 动物学博物馆负责安排。双方将就两栖爬行动物的分类问题进行讨论,并查阅该博物馆内具有重要分类学意义的馆藏标本,进行系统学研究。(《关于赵尔宓等二人赴德国的请示》,2009 年 2 月 12 日,中国科学院成都生物研究所档案室文书档案 2009 短期 07－16)

资料二(档案) 成都生物研究所：兹批准赵尔宓同志等2人自2009年3月1日至2009年3月20日前往德国执行两栖爬行动物研究任务，在国(境)外停留20天。(中国科学院国际合作局：《中国科学院出国及赴港澳任务批件(赴德国)》，2009年，中国科学院成都生物研究所档案室文书档案2009短期07-16)

4月13日至27日，在台湾进行学术交流。

资料一(档案) 赵尔宓院士，您好！由于您在生物科学研究发展领域上的卓越成就，本人仅代表台湾“中山大学”生物科学系，荣幸地邀请您及如下相关人员于2009年4月5—25日来本校进行学术交流及参访活动，期望借由此次学术参访活动，开启海峡两岸在生物研究及实物上的交流之门，并寻求未来双方能更进一步在研究领域上的实质合作机会。(《张学文主任的邀请信》，2009年，中国科学院成都生物研究所档案室文书档案2009短期07-26)

资料二(档案) 港澳台事务办公室：应台湾“中山大学”生物科学系主任张学文教授邀请，我所赵尔宓院士、赵蕙副研究员拟于2009年4月13日至4月27日参加学术交流，并访问垦丁海洋科学博物馆、台中自然科学博物馆、台北植物园等，同时双方将商讨寻求未来进一步加强实质合作的机会，停留15天。(《关于赵尔宓等二人访问的请示》，2009年，中国科学院成都生物研究所档案室文书档案2009短期07-26)

资料三(口述) 因为赵先生邀请过张学文教授，我也邀请他过来给我们学生作过报告——关于台湾的两栖爬行动物的学术报告。一个半小时的报告，有很多照片，很受学生的欢迎。后来张学文邀请赵先生去台湾，赵先生问我愿不愿意一起去？我说我当然愿意，跟在您后边，从您后边拾一些、捡一些知识，我都是很高兴的。所以那一次和赵先生一块又去了台湾，张学文教授接待，考察了台湾的几个大学。当时我带过去一个视频，关于新疆北鲵的人工繁殖的研究，那个片子挺好的。到几个大学交流，反应都挺好的，评价也挺高。这次和台湾的交流是在〇九年。……赵先生讲中国的爬行动物，尤其中国蛇类，很精彩。那个片子很棒，介绍中国蛇类。因为赵先生的知名度很高，那边的老师和学生都特别敬仰他，交流非常成功。那次收获也挺大的，对了解台湾的一些生态环境也是非常有帮助的。我们到那里，每天晚上都采集两栖类标本。赵先生每天晚上都去，因为我当时的相机是尼康的数码机……那时候算比较好的，晚上能拍，那时候提供了很多照片给赵先生。我们每天晚上都出去采集，赵先生每天晚上都跟着，比如我们在校园里，在公园里采集。台中自然博物馆的周文豪也到过我们这边好多次。他也是研究两栖爬行的。他带我们专门去一个两栖类比较丰富的地方去采集，都在晚上，采集大概两三个小时，还拍照。在住地周围也采集。因为台湾到处都很潮湿，特别适合两栖类生存，所以比较容易采集。（《王秀玲访谈》，2016 年 9 月 20 日）

资料四（照片） 赵尔宓在台湾"中山大学"作学术报告。（见图 119）

图 119

7 月 17 日，前往俄罗斯执行欧亚大陆两栖爬行动物合作研究任务，为期八天。

资料一（档案） 国际合作局：为执行国家自然科学基金委国际合作交流项目——欧亚大陆两栖爬行动物的研究和保护、现状和合作计划（NSFC-

RFBR 双边研讨会)，应俄罗斯科学院动物研究所副所长 Natalia B. Ananjeva 教授邀请，我所拟派出赵尔宓院士等 6 人于 2009 年 7 月 17 日至 24 日赴俄罗斯出席 NSFC-RFBR 双边研讨会。此次双边研讨会拟讨论：1. 探讨中俄两栖爬行动物数据共享的政策，共建数据库的方法和格式、内容等；2. 中俄两栖爬行动物重要类群的系统发育重建和生物多样性保护；3. 研讨欧亚大陆荒漠蜥蜴类的分布格局与青藏高原隆升及中亚荒漠化的关系。(《关于赵尔宓等出访俄罗斯的请示》，2009 年，中国科学院成都生物研究所档案室文书档案 2009 短期 07 - 15)

资料二(档案)　成都生物研究所：兹批准赵尔宓同志等 6 人自 2009 年 7 月 17 日至 2009 年 7 月 24 日前往俄罗斯执行欧亚大陆两栖爬行动物的研究和保护、现状和合作任务，在国(境)外停留 8 天。(中国科学院国际合作局：《中国科学院出国及赴港澳任务批件(赴俄罗斯)》，2009 年，中国科学院成都生物研究所档案室文书档案 2009 短期 07 - 15)

7 月 28 日，担任世界自然保护联盟物种生存委员会(IUCN/SSC)两栖爬行动物专家组成员。

资料(报道)　日前，世界自然保护联盟物种生存委员会(IUCN/SSC)两栖爬行动物专家组主席致函本刊名誉主编赵尔宓院士，邀请他担任该专家组 2009—2012 年度专家组成员。赵尔宓院士已经回信致谢，并表示接受这一邀请。(魏银松：《IUCN/SSC 邀请本刊名誉主编赵尔宓院士担任该组织两栖爬行动物专家组成员》，《四川动物》2009 年第 4 期)

8 月，因编纂《中国大百科全书(第二版)》，被中央宣传部、新闻出版总署授予荣誉证书。

资料(证书)　2009 年 8 月，中央宣传部和新闻出版总署颁发给赵尔宓《中国大百科全书(第二版)》编纂出版荣誉证书，表彰他为编纂该书作出的贡献。(中央宣传部、新闻出版总署：《〈中国大百科全书(第二版)〉编纂出版荣誉证书》，2009 年 8 月，见图 120)

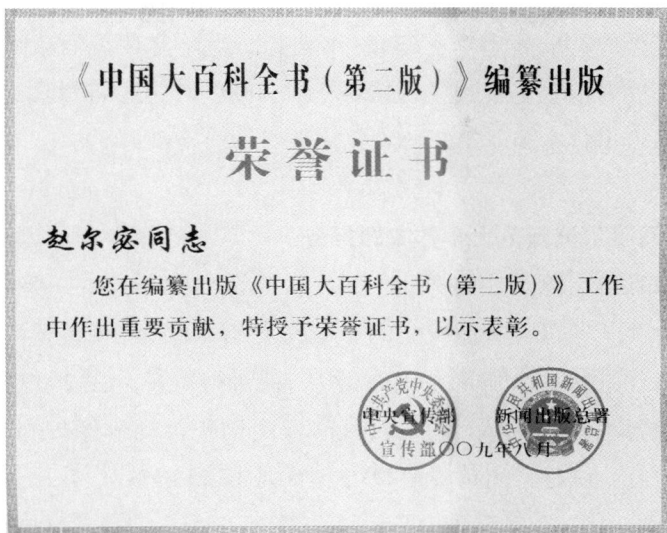

《中国大百科全书（第二版）》编纂出版

荣誉证书

赵尔宓同志

您在编纂出版《中国大百科全书（第二版）》工作中作出重要贡献，特授予荣誉证书，以示表彰。

中央宣传部
新闻出版总署
〇〇九年八月

图 120

10 月 19 日至 22 日，参加中国动物学会第十六届会员代表大会暨学术讨论会。

资料一（档案） 2009 年主要工作如下：三、参加“中国动物学会第十六届学术研讨会”“中国动物学会两栖爬行动物学会 2009 年年会”等学术会议。（《年度考核登记表(赵尔宓 2009)》，2009 年，中国科学院成都生物研究所档案室人事档案 104 第 3－14 号）

资料二（报道） 中国动物学会第十六届会员代表大会暨学术讨论会于 2009 年 10 月 19—22 日在重庆市西南大学召开……中国科学院或中国工程院的院士刘瑞玉、赵尔宓、郑守仪、郑光美、曹文宣、张永莲、刘以训、马建章、孟安明、张亚平等及 91 岁高龄的王所安教授出席了会议。（张永文：《中国动物学会第十六届会员代表大会暨学术讨论会在重庆西南大学召开》，中国科学院动物研究所官网，2009 年 11 月 4 日）

是年，完成书稿《中国的毒蛇与蛇伤防治》《西藏两栖爬行动物多样性》。

资料（档案） 2009 年，赵尔宓完成以下书稿：1.《中国的毒蛇与蛇伤防治》，编著者余培南、赵尔宓等。赵尔宓负责蛇类形态描述等。2.《西藏两栖爬行动物多样性》，编著者李丕鹏、赵尔宓等。赵尔宓负责西藏蛇类形态描述等。（《年度考核登记表(赵尔宓 2009)》，2009 年，中国科学院成都生物研究所档案室人事档案 104 第 3－14 号）

是年，到哈尔滨师范大学作专题报告。

资料（口述） 除了出野外，他在中小学给小孩子去讲一些东西，在课外，包括到沈阳以后啊，从他院士的影响角度给中小学生、大学生去讲环境保护，尤其从两栖爬行动物物种保护这块，他讲得很多。在 2009 年，也到了我们学校，给我们大学生作了报告，就涉及两栖爬行动物保护的问题，特别作了专题报告。（《赵文阁访谈》，2016 年 8 月 17 日）

2010 年　　81 岁

1 月 20 日，中国科学院成都生物研究所召开座谈会，庆贺（赵尔宓）从事科研教学工作六十年。

资料（报道） 2010 年 1 月 20 日，中国科学院成都生物研究所召开座谈会，庆贺赵尔宓院士从事科研教学工作 60 年。全国人大常委会副委员长、中国科学院院长路甬祥、四川省人力资源与社会保障厅分别发来贺信。四川省有关部门的领导和来自全国多个省市的高校、研究机构的同行专家以及赵尔宓院士的学生共 100 多人到会。座谈会由成都生物所党委书记汪光泽主持。赵尔宓院士是我国杰出的两栖爬行动物学家，也是全世界在此领域著名的学者之一。他参加了青藏高原、横断山和西藏南迦巴瓦峰等重要地区的综合科学考察，足迹遍及我国十余个省(区)，发表两栖爬行动物新种 34 个、新属 2 个、我国新纪录科 1 个和新纪录种约 20 个。主编或参加编写专著、工具书等共 30 余种，包括 *Herpetology of China*（《中国两栖爬行动物学》）、《中国动物志》、《中国蛇类》等具有里程碑意义的重要著作。他是我国首批入藏考察的两栖爬行动物学者之一，首次提出了在动物地理区划的西南区增加一个新的“喜马拉雅南坡亚区”，对西太平洋岛链两栖爬行动物区系形成和温带东亚两栖动物的分布格局提出了自己的研究见解，为我国两栖爬行动物的研究作出了重要贡献。1 月 20 日下午，成都生物所二楼会议室里被布置得隆重而温馨。与会人员带着对赵尔宓院士的真诚的敬意和深情的祝福共聚一堂，共同祝贺赵尔宓院士 60 年来取得的杰出成绩，学习他严谨的科研态度、孜孜不倦的工作精神和甘为人梯的奉献精神。多媒体幻灯片再现了赵尔宓院士从小到大的学习和工作情况，并对他在科研工作、学术成就、人才培养、学术交流、科学普及等方面所取得的成就进行了回顾。……路甬祥代表中国科学院和中国科学院学部主席团对赵尔宓院士为我国两栖爬行动物的研究作出的重要贡献给予了高度评价，并对赵尔宓院士即将迎来 80 华诞表示热烈祝贺和衷心的祝福。成都生物所所长吴宁代表成都生物所对赵尔宓院士 60 年来取得的杰出成就表示祝贺，并对他为研究所所作出的重要贡献表示感谢。……沈阳师范大学副校长夏敏，四川大学生命科学学院院长陈放，四川环境保护研究院副院长方自力，四川卧龙国家级自然保护区管理局副局长王鹏彦，成都大熊猫繁育研究基地主任张志和，成都动物园园长王强，四川省动物学会理事长、成都生物所两栖爬行动物研究室主任王跃招，西华师范大学教授胡锦矗，海南师范大学生命科学学院院长史海涛，成都大学附属中学校长田敏等纷纷发言。他们或是赵先生的老朋友，或是他的同行，或是他的弟子，或是他曾经工作过的单位领导，在这个值得庆祝的日子都远道而来，聚集在一起，共同来回忆与赵先生的点滴往事。成都大学附属中学的师生们为赵尔宓院士送来了精心准备的节目。5 个中学生身着白纱裙，手捧生日蜡烛，一起为赵尔宓院士唱响了《生日快乐》歌……赵尔宓院士对大家给他送来的美好祝福和对他个人给予的极高评价表示衷心感谢。他风趣地表示，大家对他“前半辈子”所取得的工作成就评价太高让他心有不安，只有充分利用“后半辈子”的时间争取作出更大的贡献。会上，还举行了《赵尔宓选集(上)》首发仪式。(何静：《成都生物所庆贺赵尔宓院士从事科研教学工作 60 年》，中国科学院成都生物研究所官网，2010 年 1 月 22 日)

1 月，《赵尔宓选集》上卷出版。

资料一(著作) 本书选择汇编赵尔宓院士在两栖爬行动物分类学方面几十年的研究成果。所收录的文章都是曾经在学术刊物上发表过的文章，并增加了一些新的照片。内容包括描述的新种若干和建立的新属2个，新纪录的一个科和若干种，以及我国涉及这两类动物的地理分布和区系调查等方面的论文。纵观本书，能大致了解赵尔宓院士的研究历程。(吴宁主编：《赵尔宓选集》上卷，科学出版社，2010年)

资料二(口述) 很严谨这些，他们都谈了，我也深有感触。出选集的时候，他要到北京去审第一本上卷的稿，那次是我陪他去的。是冬天，在北京住在科技处的招待所。拿出他们刚打好的初稿，很乱，要一校。拿给我一些校(对)。因为我没有校过书，岳父就讲得很详细，你应该哪些地方怎么做，要用规范的校稿符号。不能够随便在上面画。比如说，这一段不要了，你就要把它划一下，打个钩。我原来没有校过，不晓得，是第一次做。他一点一点跟我说，一点一点教我。哪些地方你应该写在旁边，圈一下，底下打那个，引过来，这都是规范的做法。他非常严谨。(《薛晓武访谈》，2016年9月9日)

3月1日，《西藏两栖爬行动物多样性》出版。

资料一(著作) 本书根据两栖爬行动物的最新研究成果，在2004年西藏两栖爬行动物考察和研究的基础上，对西藏的两栖爬行动物物种、新(亚)种和新纪录进行了记述。全书分西藏的两栖类、西藏的蜥蜴、西藏的蛇类三个部分，全面记述目前已知西藏的两栖动物和爬行动物104种和亚种，其中两栖类50种17属6科2目、爬行类64种38属7科1目。书中描述了目、科、亚科、属和种的特点和生物学特性，收录了143幅动物及其生境的彩色照片。(李丕鹏、赵尔宓、董丙君编著：《西藏两栖爬行动物多样性》，科学出版社，2010年)

资料二(口述) 自从妈妈走后……我爸爸还在写书，一直在写。把注意力、精力全部放在工作上。之后还出了几本，比如《西藏两栖爬行动物多样性》，是李丕鹏的主编。当时是喊他当主编，他说他现在年龄那么大了，要培养年轻人，让年轻人去当主编。他可以帮助年轻人，需要他做什么他就做什么，他就负责写书里面蛇类那些章节。(《赵蕙访谈》，2016年9月8日)

资料三(口述) 去西藏考察，出了《西藏两栖爬行动物多样性》那本书。

总的来讲，我的博士论文能够完成，然后顺利毕业，野外工作主要还是因为跟先生一起申请了这个项目，有了支持。另外，有一块室内的工作就是分子方面的工作，先生当时写了推荐信，把我推荐到昆明动物所，到张亚平院士那里工作。实际上，先生用他的关系帮我解决实验条件不足的问题。总的来讲，我能从事两栖爬行动物的研究工作，做到现在，很大程度上是在先生的提携和帮助之下走到今天。（《时磊访谈》，2016 年 9 月 27 日）

资料四（口述） 这期间，他又组织我们去了一次西藏。李丕鹏、董丙君、我、吕顺清、饶定齐，我们成立了三个调查队，对西藏的两栖爬行动物的物种多样性也进行了调查，并且出了一本专著，叫《西藏两栖爬行动物生物多样性》。（《赵文阁访谈》，2016 年 8 月 17 日）

资料五（学术评价） 同时，他也主编或合编了中国某些特殊区域环境下的两栖爬行动物研究著作……《西藏两栖爬行动物》出版于 2010 年。(Kraig Adler, Dedication to Ermi Zhao)

3 月 18 日至 20 日，出席四川省动物学会第九次会员代表大会暨第十届学术研讨会。

资料一（报道） 四川省动物学会第九次会员代表大会暨第十届学术研讨会于 2011 年 3 月 18—20 日在成都召开。来自全省各地市州的会员代表 200 余人参加了本次大会。四川省科学技术协会的领导和我国著名的两栖爬行动物学家赵尔宓院士、我国著名的兽类学家胡锦矗教授等多位专家出席了会议。会议共收到论文 133 篇，编印了会议论文集。（《四川动物》编辑部：《四川省动物学会第九次会员代表大会暨第十届学术研讨会在成都召开》，《四川动物》2011 年第 3 期）

资料二（报道） 2011 年 3 月 18—20 日，四川省动物学会第九次会员代表大会暨第十届学术研讨会在成都召开。来自 20 多家科研院所和高等院校的 200 多名专家及研究生参加了会议。我国著名的两栖爬行动物专家赵尔宓院士和兽类专家胡锦矗教授等莅临此次盛会。代表们深入交流了近年来四川省动物学各领域的研究成果，并就动物分类学、动物疫病防控、生物多样性保护、动物遗传学等相关学科以及科学普及等方面的研究和实践展开了热烈讨论。(《大自然》编辑部:《四川省动物学会第九次会员代表大会暨第十届学术研讨会在成都召开》,《大自然》2011 年第 3 期)

5 月 17 日,参加成都科技活动周,被评为成都首批十佳科普明星之一。

资料一(报道) 今年八十高龄的赵尔宓院士十分热心科普。昨日他表示:"我喜欢给孩子们讲科普,这让我心态很年轻。"赵尔宓院士在两栖爬行动物学分类研究中,描述和命名 38 个新种,是首批入藏考察的两栖爬行动物学者之一。赵老说:"中学教育非常重要,从小就要培养学生对科学的兴趣。"得知"十佳科普明星"中有不少奋战在教育一线的教师,还有两位 80 后,赵尔宓与他们分享了经验。(黄海英:《赵尔宓院士:喜欢给孩子们讲科普》,《成都晚报》2010 年 5 月 18 日 D6 版)

资料二(口述) 参见 2007 年"10 月 11 日"条资料四(口述)。

9 月,为补充完善《中国蛇类》,带领学生前往东北高校查验标本,开展学术交流活动。

资料一(口述) 2010 年 9 月,赵老师说他想把《中国蛇类》这套书完善补充,我们首站就去东北,包括哈尔滨师范大学、东北师范大学和沈阳师范大学,我们去查看这些地方的标本。赵老师工作非常认真,尤其是第一站先到了哈尔滨,他们标本馆的多数标本是学生采集的,一瓶一瓶放在那儿,稍显凌乱,需整理,或者标签等很不完善。赵老师带着我们完善标签,一是把瓶子规格化,另外就是给每条蛇都做鉴定、贴上标签编上号。整理完以后我们再看标本。当时是哈尔滨师范大学的赵文阁教授跟我们接洽的,赵老师(赵尔宓)那种工作认真的劲很让人感动,当时赵教授(赵文阁)还专门照了相,说院士来给我们整理标本,一定要留影供他人学习。第二站就去了东北师范大学……我们最后一站就到了辽宁的沈阳师范大学。之前赵老师和沈阳师范大学有过合作,在那里赵老师还专门给学生作讲座。赵老师讲话比较风趣,学生也反应热烈,而且现场爆满。主要讲蛇类,讲中国蛇类的科普方面,还有就是他在新疆的一些趣事。当时现场非常拥挤,大家都争相一睹院士风采。查看这三个地方的标本过后我们就回来,好像此后就没有和赵老师一起出去过，因为赵老师年事已高。本来当时赵老师想完善《中国蛇类》，后来我们又在标本馆查了很多标本。到后来这个事情就搁置了，就没有成体系地补充完。(《曹燕访谈》，2016 年 10 月 27 日)

资料二(口述) 后面我就来到中国科学院成都生物研究所工作，去了赵先生组里作秘书。来的第一件事就是看标本。赵先生准备带我们去东三省查看标本，补充他的《中国蛇类》。第一站就先到了哈尔滨师大，第二站去的东北师大，第三站又回到了沈阳师大。在哈尔滨师大有没有做讲座我忘了，在沈阳师大是作了学术报告的。当时在沈阳师大比较大的一个学术报告厅，来了很多人。赵先生给我们讲了两个报告：第一个报告就是关于蛇类的科普，他想，主要面对的是本科生，还是给大家讲一下蛇其实并没有那么可怕，它也还是有很多用处的；第二个就讲了他在新疆的一些见闻。赵先生经常给我们讲的一句话就是："做工作一定要热爱祖国的大好河山，所以你们出野外，也要去了解当地的风土人情。"(《江帆访谈》，2016 年 10 月 27 日)

10 月，指导编写的《中国的毒蛇蛇毒与蛇伤防治》出版。

资料一(口述) 自从妈妈走后，我爸爸还在写书，一直在写。把注意力、精力全部放在工作上。之后还出了几本……还有一本叫《中国的毒蛇蛇毒与蛇伤防治》，广州大学一个老师当主编，我爸爸的名字排在后面。都喊他当主编，他不当，说要培养年轻人，让年轻人当主编，这三本书都是这样合作的。他在这方面不计较，当不当主编，他不计较，他说要培养年轻人。(《赵蕙访谈》，2016 年 9 月 8 日)

资料二(著作) 本书分为三大部分。第一部分重点介绍蛇类的生活特性、自然界的位置与演化；我国毒蛇的种类和毒性鉴定、蛇伤的医学与发展史。第二部分介绍蛇毒的理化、毒理与药理、检测技术及抗体研制等方面的最新进展。第三部分论述毒蛇咬伤的预防、诊断、治疗，重点突出中草药在治疗蛇伤危重症的独特疗效及独到经验。(余培南、谢锐光、孔天翰、赵尔宓主编：《中国的毒蛇蛇毒与蛇伤防治》，广西人民出版社，2010 年)

11 月 22 日，到母校树德中学上"卓越人生"讲坛第一课，为树德中学题

字留念。

资料一(报道) 昨日下午,作为我省今秋新课改启动以来第一次“试水”,树德中学“卓越人生”校本选修课正式开课,该校数千名师生聚集在体育馆中,聆听由中国科学院院士赵尔宓带来的“卓越人生”讲坛第一课。……在讲座开始之前,赵尔宓为树德中学题写了“树德广才”和“卓越人生”八个字,以作留念。(王迪、张菲菲:《讲“卓越人生”校友院士上第一课》,《华西都市报》2010 年 11 月 23 日第 6 版)

资料二(报道) 赵尔宓院士亲临母校开启课程。今天下午 3 点 40 分,中国科学院院士赵尔宓以树德校友的身份亲临树德中学,启动成都市首个“领袖人才”课程。在启动仪式上,已经 80 岁高龄的赵尔宓院士很谦虚地说:“我不是前辈,我们都是同学。”言语间表达出对母校的爱。此次赵尔宓回到母校,不仅仅启动“领袖人才”的课程,同时还为母校亲笔题写了“树德广才,卓越人生”8 个大字,以表示对母校的敬意。(张莉:《树德中学开设首个领袖人才课　中科院院士亲启》,成都全搜索官网,2010 年 11 月 22 日)

2011 年　　82 岁

3 月 19 日,作为杂志创办人,出席《四川动物》杂志创刊三十周年座谈会。

资料(报道) 《四川动物》杂志创刊 30 周年座谈会于 2011 年 3 月 19 日举行。座谈会由岳碧松主编主持。《四川动物》杂志创办人赵尔宓院士和刊物早期的工作者代表、省动物学会的部分理事出席了座谈会。与会者共同回顾了《四川动物》杂志的成长历程,指出刊物的主办单位和协办单位的大力支持、高水平的审稿专家系统、一支兢兢业业努力工作的编辑队伍是办好刊物的基本条件。(《四川动物》编辑部:《庆祝〈四川动物〉杂志创刊 30 周年座谈会》,《四川动物》2011 年第 3 期)

4 月 1 日,出席成都市爱鸟周活动。

资料(报道) 近日,由四川省林业厅、省野生动植物保护协会、成都市

野生动植物保护协会、成都市动物园科协联合举办的四川省暨成都市第30届“爱鸟周”活动启动仪式在成都动物园举行。中国科学院院士、四川省野生动植物保护协会名誉会长赵尔宓院士，省林业厅、省野生动植物保护协会领导参加启动仪式。四川省野生动物保护协会会长戴柏阳在讲话中回顾了“爱鸟周”活动开展30年以来四川省在保护鸟类方面取得的成绩，并呼吁各界环保组织和相关单位继续努力，不断创新，形成合力，将“爱鸟周”活动持续开展下去。戴柏阳介绍，从1982年至今，四川省已连续举办了30届“爱鸟周”活动。据悉，本次启动仪式拉开了四川省一系列科学爱鸟护鸟活动的序幕，随后将在全省范围内开展形式多样的“爱鸟周”活动。成都第六届国际观鸟大赛，绘画、摄影、标本展览，鸟类专家咨询活动等将成为今年“爱鸟周”活动的重头戏。(黄敏、吴婵、董艳苹：《四川省暨成都市“爱鸟周”活动启动呼吁科学爱鸟护鸟》，中国科学技术协会官网，2011年4月12日)

4月28日，主动报名参加“我与科普基地——成都的科技童年”活动，成为“院士大讲堂”活动的首位科普讲解员，呼吁“民族创新必须从孩子抓起”。

资料(报道) “此次《成都日报》与市科技局推出的科普活动评选，非常有意义，成都中小学生需要一个这样的平台来走进科普，发现科学。”昨日，在了解本报此次推出的“我与科普基地——成都的科技童年”主题策划活动后，年过八旬的中科院院士、两栖爬行动物学家赵尔宓主动报名，愿意参加此次有意义的科普活动，而他将成为站上“院士(高管)大讲堂”活动的首位科普讲解员。“希望能有更多的科技工作者参与活动，给孩子们一个科技童年。”赵院士是位“老成都”，在作研究的同时，一直关注着青少年科普教育成长的他，还是我市首批“科普明星”，虽年过八旬但仍然不辍地进行着生物学研究。通过此次活动，赵院士身体力行地呼吁在蓉科技工作者关注青少年科普的重要性，“一个民族不能缺少创新，而创新精神的培养，必须从孩子抓起。”(缪琴、陈瑾、郑莹莹：《院士赵尔宓担当首位“讲解员”》，《成都日报》2011年4月29日第7版)

5月，《海南两栖爬行动物志》出版。为提携后辈，主动推掉主编之名。

资料一(口述) 自从妈妈走后,我爸爸还在写书,一直在写。把注意力、精力全部放在工作上。之后还出了几本……还有本《海南两栖爬行动物志》,本来也是史海涛喊他当主编,他不当,他说要培养年轻人,让史海涛当主编,他就排到后面。也是需要他写哪一部分他就写。(《赵蕙访谈》,2016年9月8日)

资料二(口述) 赵先生对工作一丝不苟。我们那个时候跟海南师范大学合作编《海南两栖爬行动物志》。海南很热,赵先生那么大的岁数,还跟我们去海南,一个地方一个地方地跑。大概〇二年、〇三年,他应该是70多了。他是〇一年当上的院士,我们是〇二年开始跟海南师大搞合作的。那个时候,我是他助手,一直到〇四年。最后我们那本书编出来……出版了。赵先生他不当主编,再次体现他提携年轻人的胸怀。他叫海南师范大学当地的那些年轻人,像史海涛、王力军,都当主编、副主编。这点我也还是挺感动的。所以这一生,对赵先生,我们无论如何都是记在心里面的。他跟我们的交集特别多,特别是跟我的交集。作为他的首任学术秘书我也很自豪。(《吕顺清访谈》,2016年8月18日)

资料三(口述) 再之后因为跟赵先生越来越熟悉了,我们就聘请赵先生做我们学校的特聘教授,赵先生是我们学校首批聘的三个教授之一,每年春节期间到我们学校工作两个月,连续做了三年。那阵跟赵先生的接触就更加密切了。我们这个合作还有实质性的成果,在赵先生的支持和指导下,我们完成了《海南两栖爬行动物志》这样一本书。(《史海涛访谈》,2016年8月16日)

资料四(著作) 本书是第一本全面系统介绍海南岛两栖爬行动物的专著。全书分为总论和各论两部分。总论包括海南两栖爬行动物的研究历史、海南的自然概况、海南两栖爬行动物的多样性、海南岛两栖爬行动物区系及地理区划;各论介绍了两栖爬行动物的主要特征、分类学术语、物种检索;并对两栖纲2目、7科、17属、43种和爬行纲2目、23科、71属、113种,总计156种海南两栖爬行动物的识别特征、形态、生活习性、地理分布和保护级别等进行了论述,每种附有彩色图片。(史海涛、赵尔宓、王力军等编著:《海南两栖爬行动物志》,科学出版社,2011年)

2012年　　83岁

4月，因患多种老年疾病，精力不济，主动写信辞去四川大学研究生导师一职。

资料(信件)　尊敬的生科院各位领导、岳碧松书记：我是生科院教师赵尔宓，现年已超过82岁。除原患有高血压、前列腺癌、脑腔梗阻等老年疾病外，今年又查出了患了遗传性老年痴呆症。目前每日需要服用大量的药物，使本人的体力和精力都不能够继续胜任研究生导师的工作。为不影响学生的学业和学院的正常教学工作，现郑重提出申请：从即日起，把今年六月之前尚不能参加答辩的学生，请领导重新安排指导教师带至完成学业。这部分学生的指导教师，我确无精力再兼任，也绝不愿挂虚名。特此请示，恳请批准为幸！（赵尔宓：《辞任研究生导师一职》，2012年4月23日）

5月，《赵尔宓选集》下卷出版。

资料(著作)　本书选择汇编赵尔宓院士在两栖纲和爬行纲动物分类学方面几十年的研究成果。本选集所收录的文章都是曾经在学术刊物上发表过的文章，在此作一汇编并增加了一些新的照片。内容包括安徽、四川二郎山、福建、湖北、湖南、海南和西藏南峰地区爬行动物(安徽、二郎山和西藏南峰地区尚包括两栖动物)；国外(如英属维尔京群岛及温带东亚地区)的调查结果；以及蛇类种下和种上的分类研究。本书重点内容是蛇类的研究，也包括部分两栖动物、龟鳖类和蜥蜴类的研究。纵观全书能大致了解赵尔宓院士的研究范围和历程。(谢和平主编：《赵尔宓选集》下卷，科学出版社，2012年)

6月2日至4日，出席在成都举行的第五届亚洲两栖爬行动物学大会。

资料一(报道)　6月2日至4日，由中国科学院成都生物研究所、中国动物学会两栖爬行动物学分会、亚洲两栖爬行动物学会联合主办的第五届亚洲两栖爬行动物学大会在成都举行。中国科学院副院长张亚平院士、成都生物所赵尔宓院士以及美国科学院院士 David M. Hillis、俄罗斯科学院院士 Natalia B. Anajeva、澳大利亚科学院院士 Richard Shine 等出席会议。(何奕忻:《第五届亚洲两栖爬行动物学大会在成都召开》,中国科学院成都生物研究所官网,2012 年 6 月 4 日)

资料二(报道) 6 月 2—4 日,第五届亚洲两栖爬行动物学大会暨中国两栖爬行动物学会 2012 年学术年会在成都召开。此次会议由中国科学院成都生物所、中国动物学会两栖爬行动物学分会、亚洲两栖爬行动物学会联合主办。参加会议的有来自中国、美国、法国、俄罗斯、韩国、日本等 23 个国家和地区的 300 多名专家学者,其中包括中国科学院副院长张亚平院士,成都生物研究所赵尔宓院士以及美国科学院院士 David M. Hillis,澳大利亚科学院院士 Richard Shine,俄罗斯科学院院士 Natalia B. Anajeva 等。(毛敏:《生命科学院应邀参加第五届亚洲两栖爬行动物学国际会议》,西华师范大学官网,2012 年 6 月 6 日)

资料三(报道) 6 月 2 日,由中国科学院成都生物所、中国动物学会两栖爬行动物学分会、亚洲两栖爬行动物学会联合主办的第五届亚洲两栖爬行动物学大会在成都举行。中国科学院副院长张亚平院士、成都生物所赵尔宓院士以及美国科学院院士 David M. Hillis、澳大利亚科学院院士 Richard Shine、俄罗斯科学院院士 Natalia B. Anajeva 出席会议。(彭丽、何奕忻:《亚洲两栖爬行动物学大会在蓉举行》,《中国科学报》2012 年 6 月 4 日 A1 版)

是年,罹患阿尔茨海默病,记忆力严重衰退,住疗养院疗养。

资料一(口述) 妈妈走后,爸爸跟我们住,我和妹妹轮流照顾他,一家照顾几个月。开始他还能自理,还说晚上你们自己回去住,你们还有一个家,他还是多考虑我们的。但是后来晚上有点小问题,他就喊我们过去,他楼上那家人太闹了,打招呼都没有办法。前面球场坝,后面幼儿园,太闹了,他就主动给我们写了字条,写了两回,"尽快给我找一家条件好的养老院,我愿意到那儿去住"。他说那儿环境不好,太闹了,楼上也闹,楼下是库房,一天到晚东西搬过去搬过来的,又挡路,他就很冒火。2012 年我们给他找了一家养老中心。那儿条件还不错,他喜欢,很满意。他自己挑的房间,本来都没有安排的，人家最后调给他住，还是很照顾他的。他就住在那儿。生活基本能够自理，穿衣服、起床、洗脸、洗脚，都是自理的。洗澡是我们去给他洗。理发他不要人家理，都是我老公薛晓武给他理发，剪脚趾甲。该我们值班的时候，就是做这些事情。我们隔天去陪他一次，他很满意，也过得很愉快，因为养老中心的活动很多，大家一起唱歌，他还有本歌本。他喜欢音乐，一个录音机带去，天天都在听，放他喜欢的磁带。(《赵蕙访谈》，2016 年 9 月 8 日)

资料二(口述) 后面他生病了，赵蕙老师就把他送疗养院去了。我们去看他，一年大概至少去个五六次。每次去看他，一进门我就会说："赵先生，你还记得我吗?"然后赵先生就说："记得，是小江。"他听声音都会听出来是我。他们说赵先生记忆力不好。我想赵先生记忆力多好啊，只要听声音，根本不用看，就知道是我。赵先生每次都很热情地留我们在他们的食堂吃饭，就是在他们食堂打饭吃。他们食堂的工作人员说，等老人家和小朋友打完之后我们才能打，他就很着急地在旁边一直看着，一直等到我们打好饭，他才能安心地吃饭。吃了饭之后，我们就陪他散步。散完一圈，我们就说赵先生该睡午觉了。赵先生其实已经很困了，但是他不想让我们走，就说："再聊一下吧，你们才来了一会儿就要走啊!"每次走的时候，他都会把我们送到门口，因为那个门口是不让他们出来的，说是对他们安全的保障。他就每次在门口看我们在路上走到看不见了，他才回去……有些事情他不记得了，有些人他也不记得了，但是对那个拉丁学名他就记得很熟。有些学名我们都不熟，我们每次拿图片问他："这个标本、这张图，是什么东西?"他就说这是什么什么。他会和我们聊一些生活上的事情，开开玩笑。(《江帆访谈》，2016 年 10 月 27 日)

资料三(报道) 赵尔宓是我国杰出的两栖动物学家，亦是世界在此领域的著名学者之一。从 26 岁到 76 岁，他的足迹延伸至险峻山峰，深入茂密丛林；他发现了一个个造物主的杰创，给我们带回一个又一个的惊喜。然而，因受家族遗传影响，现年 84 岁的赵尔宓记忆力开始渐渐衰退。新记忆像沙滩上的画卷，随潮涨潮落而消逝；而过往片段，则像玉石一样镶嵌在他心底。(傅佳妮：《雾中的人生风景》，《四川科技报》2013 年 7 月 19 日第 2 版)

是年，为学生团体"两栖爬行动物保护协会"题词，嘱咐学生好好宣传两

栖爬行动物保护方面的内容。

资料(口述) 我在生物所工作已经有三年了。跟赵先生接触不多,但每次接触都感觉赵先生是一个特别和蔼可亲的老先生,每次去都能得到很多的启迪和帮助。有一次和熊建利师兄一起去看望他,他特别高兴,我还请他帮我题了词,写了一句话,为我们学生组成的一个小团体,叫"两栖爬行动物保护协会"。他让我们好好宣传两栖爬行动物保护方面的内容。当时我特别高兴,觉得赵先生特别平易近人。其他方面,平时见着赵先生,那时他还经常来生物所,来生物所办公室的时候见着了,跟他打声招呼,他很客气地回应,我就觉得他特别亲切,是一个值得我们学习的榜样。平时有时候我做爬行动物分类厘定方面的一些东西,找到以前赵先生写的很多文章,从文章中可以看到赵先生对待科学特别严谨,特别值得我们年轻一代学习。(《蔡波访谈》,2015 年 8 月 16 日)

2013 年　　84 岁

5 月 8 日,发表论文,呼吁公众关注两栖爬行动物研究,保护两栖爬行动物。

资料(论文) 我从事两栖爬行动物研究多年,深刻感受到人们对两栖爬行动物的关注和喜爱。《大自然》杂志在两栖爬行动物研究和保护等方面做了大量科普工作,让我深感欣慰。再次受邀为《大自然》撰写刊首语,我非常高兴,也很荣幸。我国的两栖爬行动物资源十分丰富,现已知 800 余种,物种数居世界前列。自 20 世纪 50 年代以来,中国科学院成都生物研究所等单位的科研人员积极开展两栖爬行动物分类和动物地理区划等方面的研究,基本摸清了我国现生两栖爬行动物的种类、数量和分布。到了 21 世纪,两栖爬行动物研究有了百花齐放、百家争鸣的雏形。随着相关学科研究的不断深入,基因测序技术、染色体技术、地理信息技术、生物信息技术和红外成像技术等陆续被引入两栖爬行动物的研究,人们对两栖和爬行动物的分布特点、与气候变化的关系及其对特殊生境的适应机制和繁殖对策等有了进一步的认识。目前，国际上对两栖爬行动物的研究已进入基因组学、蛋白组学、生物信息学、空间生态学、宏生态学和仿生学等新领域，我国相关研究也突飞猛进，尤其在两栖爬行动物遗传结构与古地理气候关系、蛙类声音通讯、爬行动物胚胎行为生态学和大壁虎机器人等方面取得了重要成果，有的已经达到国际领先水平。随着社会和经济的快速发展，两栖爬行动物的濒危状况日趋严重。全球气候变化、乱采滥伐和农业发展造成的生境破碎化，食用和药用导致的过度开发利用，环境污染以及非法走私等仍严重威胁着包括两栖爬行动物在内的野生生物资源的生存和安全。值得一提的是，2013 年 3 月“濒危野生动植物种国际贸易公约第 16 届缔约国会议”将我国大部分龟鳖类和莽山原矛头蝮蛇等列入附录Ⅱ，将部分已在附录Ⅱ中的龟类的野外标本出口限额定为 0 或将其列入附录Ⅰ，这些改变将有助于控制非法国际贸易。保护野生动物，需要全社会各方面共同努力，积极采取有效措施，进一步完善监管体系。我国科研实力稳步上升，科研产出日新月异，科学研究在国家经济建设中起到了重要作用。但仍有很多人并不了解科研成果的价值。这说明科普工作者仍然任重道远。在此，也借《大自然》杂志这个平台，呼吁广大科研工作者积极将科研成果以科普的形式展现出来。（赵尔宓：《关注两栖爬行动物研究，保护两栖爬行动物》，《大自然》2013 年第 3 期）

12 月，荣获生态保护特殊贡献奖。

资料（证书） 2013 年 12 月，赵尔宓获得中国野生动物保护协会、斯巴鲁汽车（中国）有限公司颁发的“2013 年斯巴鲁生态保护特殊贡献奖”。（中国野生动物保护协会、斯巴鲁汽车中国有限公司：《2013 年斯巴鲁生态保护特殊贡献奖奖状》，2013 年 12 月）

2014 年　85 岁

5 月 28 日，指导研究生发表蛇类研究论文，也即其研究生涯中最后一篇论文《中国境内虎斑颈槽蛇大陆亚种的形态学研究》。

资料(论文) 蛇类的外部形态在分类和系统研究中具有重要的作用，利用蛇类大量外部形态特征的统计分析来探讨广泛分布物种的种下分类问题，已被证实是可行的。本研究首次将该方法应用于中国的广布物种 *Rhabdophis tigrinus lateralis*，探讨该种在我国的分类和地理居群分布，为 *R. tigrinus* 这一物种分类研究提供更多的形态数据。(朱广香、赵尔宓、魏梦璟、郭鹏:《中国境内虎斑颈槽蛇大陆亚种的形态学研究》，《四川动物》2014 年第 3 期)

2015 年　　86 岁

年底，摔跤后身体状况恶化，做股骨头置换手术，记忆力衰退愈发严重。

资料(口述) 去年年底，又摔一跤住院以后，情况急转直下，记忆力衰退得太厉害了。这次摔到股骨头，原来是摔到左边，现在是摔到右边。也做了手术，现在两个股骨都是人工关节。他当时在养老中心住的时候，记忆力还行，还不是现在这样，什么都不记得了。那会儿都还在给学生改论文，学生有啥事情来问他，他还晓得说。后来就不行了，他说记不得了，看一篇论文，看了前头忘了后边，看了后边又忘了前边，就不行了。(《赵蕙访谈》，2016 年 9 月 8 日)

2016 年　　87 岁

12 月 24 日 13 时 44 分，因患多种疾病，经医治无效，在四川大学华西医院与世长辞，享年 87 岁。

资料一(报道) “将我和我一直珍藏在身边的、你妈妈的骨灰混合后，与大地融合在一起(撒掉或树葬)，不留任何痕迹。我和茂洲来自自然，也要无拘无束地回归自然……最后一次谢谢所有关心我，帮助我和爱我的人!”五年多前，时年 82 岁的赵尔宓院士在 2011 年 5 月 11 日给孩子们写下了以上的遗嘱。2016 年 12 月 24 日 13 时 44 分，我国著名的两栖爬行动物学家、中国科学院院士赵尔宓因患多种疾病，经医治无效，在四川大学华西医院与世长辞，享年 87 岁。

对生命豁达／正如轻轻地来一样，也悄悄地离开。

赵院士生前留下了书面遗嘱以及多次给孩子们的口嘱："丧事从简，不送花圈，不设灵堂，不开追悼会，不举行遗体告别仪式，不立碑，不建墓。一切繁文缛节全免！火化及骨灰处理之后，再发讣告！"

26 日，赵院士的女儿将父亲去世的消息告知亲友，并在写给四川大学生命科学学院的信件中写道：遵照父亲遗愿，去世后的丧事一切繁文缛节全免，不收礼金，不给大家增加麻烦，待后事处理完毕后，再通知单位及各位亲朋好友。正如轻轻地来一样，也悄悄地离开。"现在，我们把这一不幸的消息告知给你们。父亲走得很平静、很安详，他的遗体已经火化了。我们衷心感谢生科院各位领导和师生在父亲有生之年，对他在工作中的支持和帮助，在他晚年和生病住院期间对他的关心和照顾。这也是我们的父亲生前经常念念不忘的。"（梁梁：《我国著名的两栖爬行动物学家、中国科学院院士赵尔宓病逝》，《成都商报》2016 年 12 月 27 日第 6 版）

资料二（报道） 赵尔宓，生于 1930 年，享年 87 岁。2001 年当选为中国科学院院士，曾任中国科学院成都生物研究所和四川大学教授、博士生导师，亚洲两栖爬行动物学会副秘书长，美国 Sigma Xi 自然科学荣誉学会终身会员，美国加州科学院荣誉院士，德国 *Salamandra* 杂志编委等职，曾与美国学者合作编著《中国两栖爬行动物学》——是全面系统论述了我国 661 种两栖和爬行动物的第一部专著，被俄罗斯和美国两国科学院的顶级动物学家评为"里程碑之著"。

12 月 26 日上午，四川大学官方微信发文《沉痛哀悼！赵尔宓院士辞世》。我国著名的两栖爬行动物学家、中国科学院院士赵尔宓，于 24 日因病辞世。

官微文中，赵院士家人在给学校的信中说，赵尔宓生前有遗嘱："在我去世之后，丧事一切繁文缛节全免，不收礼金，不给大家增加麻烦，待后事处理完毕后，再通知单位及各位亲朋好友。"

"正如轻轻地来一样，也悄悄地离开。"赵老遗嘱，磊落浩然。

（江芸涵、阳帆：《他栖于世界之巅惟愿悄悄地离开》，《四川日报》2016年12月27日第13版）

资料三（报道） 昨日，四川大学官方微博发文称，我国著名的两栖爬行动物学家、中国科学院院士赵尔宓教授因患多种疾病，医治无效，于12月24日13时44分在四川大学华西医院与世长辞，享年87岁。

死后要与妻子骨灰混合

赵老的医嘱是在五年前立下的，据赵老的生前好友表示，赵老看淡生死，医嘱里表明死后丧事从简，不送花圈，不设灵堂，不开追悼会，不举行遗体告别仪式，不立碑、不建墓，一切繁文缛节全免！

虽然赵老上周六就去世了，但直到昨日才发表讣告，赵尔宓教授的女儿在给学校的信中写道：遵照父亲生前留下的书面遗嘱以及多次给我们的口嘱："在我去世后的丧事一切繁文缛节全免，不收礼金，不给大家增加麻烦，待后事处理完毕后，再通知单位及各位亲朋好友。正如轻轻地来一样，也悄悄地离开。"据悉，赵尔宓院士遗体已经火化了。

赵老生前曾表示，死后要和妻子的骨灰混合在一起，要与大地融合，不留任何痕迹。

从赵老的遗愿不难看出，他与妻子的感情很深。2006年，赵老的妻子离开人世，他在接受《天府早报》采访时表示，"我以为她嗓子不舒服，还轻轻拍她的背……"他记得，"我还吻了一下她的额头，对她说时间还早，再睡一会儿"。

次年，赵老还特地为爱妻准备好了一份记录二人相识、相知、相守、相濡以沫的纪念影册，扉页上写着："我的爱妻、孩子们的母亲——茂洲，离开我们已快一年，思念之情与日俱增。我们全家决定编印这本影册：寄托哀思，缅怀她和我们共同度过的那些美好时光，作为她逝世一周年的纪念。"落款签名为赵尔宓。

昨日下午，赵老的家人接受了简单的采访，据他们回忆，虽然在学术上积极进取，但在学术之余，赵老对文学也有相当的热情，"每次到国外出差，他都将所见所闻的点点滴滴记录下来，回到家后，都会改编成一个又一个的小故事，写出来给孙女儿看。"赵老的女儿表示。（谭中微：《与蛇打了大半辈子交道　赵尔宓院士辞世》，《天府早报》2016年12月27日第3版）

资料四(报道) 他是电影《叛国者》中归国科学家牛玉生的原型,他是蜚声中外的动物学家,“蛇中熊猫”——莽山烙铁头蛇以他的名字命名。

12 月 26 日,四川大学官方微信发文称,著名两栖爬行动物学家、中国科学院院士赵尔宓因患多种疾病,医治无效,于 2016 年 12 月 24 日 13 时 44 分在四川大学华西医院与世长辞,享年 87 岁。

当日,《华西都市报》记者独家从赵尔宓院士的忘年交——中科院昆明动物研究所蒋珂处获悉,赵先生看淡生死,五年前,已经立下了遗嘱。

在蒋珂提供给记者的一份关于《我的后事处理意见书》上,赵先生表示:在我死后,丧事从简。不送花圈,不设灵堂,不开追悼会,不举行遗体告别仪式。不立碑、不建墓,一切繁文缛节全免!火化及骨灰处理之后,再发讣告。

他表示,死后要和妻子的骨灰混合,与大地融合在一起(洒掉或树葬),不留任何痕迹。自己原本来自自然,死后也要无拘无束地回归自然……

去年春节摔伤后,赵尔宓入院治疗,由于身体差,他暂别了工作,但凡有学生去看他,他问得最多的还是科研。医院里,他十分怀念过世的老伴,感叹“让她在那边的世界等太久了”……

早在 2011 年,赵尔宓就写了遗嘱,除了要求丧事从简外,还有一个心愿,把他和老伴的骨灰放在一起,洒向大地。天堂里能和心爱的人团聚,他一定是幸福地离开的。(李寰:《院士遗愿:与妻子骨灰一同洒向大地》,《华西都市报》2016 年 12 月 27 日第 2 版)

资料五(报道) 近日,我国著名两栖爬行动物学家、中国科学院院士赵尔宓先生在成都病逝,享年 87 岁。他的足迹踏遍巴山渝水,为重庆两栖爬行动物名录增添过新纪录,更为重庆动物学界的人才培养、科学研究作出卓越贡献。

“我已收到先生辞世的消息,这是中国两栖爬行动物学界的一大损失。”12 月 29 日,记者走进水产科学重庆市级重点实验室,西南大学著名教授、博士生导师张耀光仍沉浸在悲痛中。赵尔宓曾是他两栖爬行动物学的任课老师。

赵尔宓另一位在渝“编外学生”罗键,言及恩师同样一脸悲痛。“我跟他结缘 16 年,他对我的帮助可谓不遗余力。”罗键称。(韩毅:《赵尔宓院士辞世 曾为重庆“蛇族”添新纪录》,《重庆日报》2016 年 12 月 30 日第 10 版)

资料六(报道) 中国科学院院士、世界著名两栖爬行动物学家、中国科学院成都生物研究所原副所长、研究员赵尔宓先生因患多种疾病，经医治无效，于2016年12月24日13时44分在四川大学华西医院与世长辞，享年87岁。中国科学院成都生物研究所全体职工和学生对赵尔宓院士的辞世表示沉痛哀悼！向赵尔宓院士的家人及亲属表示真挚的慰问！

早在2011年患病初期，赵尔宓院士即立下遗嘱："在我死后，丧事从简。不送花圈，不设灵堂，不开追悼会，不举行遗体告别仪式，不收礼金，不立碑，不建墓，一切繁文缛节全免……我和茂洲(注：茂洲系赵尔宓院士的夫人涂茂洲教授)来自自然，也要无拘无束地回归自然。"赵尔宓院士患病期间，中国科学院成都生物研究所领导与同事多次前往疗养院和医院看望和慰问，中国科学院、四川省、成都市等相关单位领导分别以不同形式表达慰问。

赵尔宓院士家属遵照其遗嘱，已于2016年12月25日将其遗体火化。

赵尔宓，1930年1月30日出生于四川省成都市，满族。1947年以优异成绩考入华西协合大学生物系，师从我国著名两栖动物学家、学部委员刘承钊教授；1951年毕业后被分配到哈尔滨医科大学任助教；1954年调回母校(现四川大学华西医学院)担任教学工作，并跟随徐福均教授研究动物胚胎学；从1962年起在刘承钊教授的指导下，从事两栖爬行动物分类学研究；1965年调到中国科学院成都生物研究所，与刘承钊先生的夫人胡淑琴教授一起继续两栖爬行动物学研究，历任助理研究员、副研究员、研究员、研究室副主任、主任，1982年至1991年任中国科学院成都生物研究所副所长。1983年应邀担任世界两栖爬行动物学会执行委员；1987至1988年应中美学术交流委员会邀请赴康奈尔大学作访问教授，被选为美国Sigma Xi自然科学荣誉学会会员；1991年应聘为美国伯克利加州大学客座教授，同年还应聘为IUCN中国两栖爬行动物专家组主席。2001年当选为中国科学院院士、四川省学术和技术带头人。逝世前任中国科学院成都生物研究所研究员、博士生导师和四川大学教授、美国Sigma Xi自然科学荣誉学会终身会员、美国加州科学院荣誉院士、*Asian Herpetological Research* 荣誉主编、德国 *Salamandra* 杂志编委等职。曾当选为第六届省人大代表，第七、八两届全国人民代表大会代表。

赵尔宓院士是我国杰出的两栖爬行动物学家，是世界两栖爬行动物研究领域著名学者之一，也是我国两栖爬行动物学奠基人刘承钊学部委员(院士)的学生和学术继承人。赵尔宓院士从事两栖爬行动物学研究60余年,发表论文140余篇,主编、编写学术著作43部,创办期刊、丛书4种,译著5种。其主要学术成果有:

在两栖爬行动物新种发现方面　发表我国蛇类新纪录科1个;建立两栖动物新属2个;发表我国两栖爬行动物新种(亚种)41个,新纪录种17个,其中包括“蛇岛蝮”“墨脱竹叶青蛇”“莽山烙铁头蛇”等。赵尔宓是我国首批入藏考察的两栖爬行动物学者之一,发现8个新种和10个国家或自治区新纪录种,并首次报道在墨脱希壤采集到眼镜王蛇,将其分布范围向北推移了4个纬度,认为这是亚热带动物沿雅鲁藏布江大峡谷水汽通道向北扩散的证据。

在动物地理学研究方面　对中国两栖爬行动物地理区划、横断山区两栖爬行动物区系、中国蛇类分类和东亚岛屿动物地理学等提出了许多新见解和新观点。根据西藏物种分布的实际情况,将喜马拉雅山南坡划为东洋界中印亚界西南区的一个新亚区;主要依据爬行动物的分布,首先提出在动物地理区划的西南区增加一个新的“喜马拉雅南坡亚区”;对西太平洋岛链两栖爬行动物区系形成和温带东亚两栖动物的分布格局提出自己的研究见解。

编著出版了《中国动物志》《中国蛇类》《中国蛇类图谱》《中国两栖动物地理区划》等具有里程碑意义的著作;历时十年与美国学者Kraig Adler合作编著、1993年出版的鸿篇巨制*Herpetology of China*(《中国两栖爬行动物学》),全面系统论述了我国661种两栖和爬行动物及其研究,成为我国乃至美、英等国两栖爬行动物研究领域学者与学生的必修著作和经典教材,被国际著名的两栖爬行动物学家俄罗斯科学院院士Ilya Darevsky、美国科学院院士David Wake评为“里程碑之著”,“无疑开创了研究这辽阔地域的两栖爬行动物区系的新纪元”的“划时代的巨著,它的影响将会持续大半个世纪”。

在生产实践方面　提出对新疆西部草原毒蛇危害的防治措施,首次提出“我国毒蛇咬伤的医学地理学”概念,参与制成云南蛇药,指导毒蛇咬伤防治实践。与海南高校的合作,以蟒蛇养殖基地为平台,招收养殖专业的硕士、博士研究生,为公司输送养殖人才;积极开展与海南蟒蛇养殖的合作,为其提供系统的科学知识和理论。

赵尔宓参与筹建全国两栖爬行动物学会、四川省动物学会;创办《四川动物》《两栖爬行动物学报》与英文版 *Asiatic Herpetological Research*(《亚洲蛇蛙研究》)3 种期刊(后者在美国出版,赵尔宓任主编)和“蛇蛙研究丛书”(已出 12 辑)。*Asiatic Herpetological Research* 于 2010 年回归中国出版、更名为 *Asian Herpetological Research*(《亚洲两栖爬行动物研究》),赵尔宓院士担任荣誉主编,该学报目前成为两栖爬行动物研究领域中国唯一、世界排名第六的 SCI 期刊。赵尔宓院士培养研究生多名,有的已在美国获博士学位,大多已成为某一领域的专家;此外还获得四川省科学大会奖、省科技成果奖多项;1986 年获中科院科技进步三等奖;1988 年获中科院竺可桢野外科学工作奖;1999 年当选全国归侨侨眷先进个人;2002 年被授予四川省第四次民族团结进步模范个人。

赵尔宓院士的学术成长经历与中国两栖爬行动物学研究的创立和发展一脉相承,其研究成果为中国乃至世界的两栖爬行动物学科发展、地球环境演变、生物多样性保护、生物资源利用、人类可持续生存与发展等作出了杰出的贡献;而他对待科学的严谨态度与永不言弃的精神、成功经验与人生感悟同样是一笔宝贵的精神财富。

赵尔宓院士的一生充满爱和奉献。他热爱祖国,热爱生命,热爱自然,热爱科学事业;他关爱家人,关爱同事,关爱学生;他孜孜不倦,治学严谨,为人坦率,风趣豁达,用自己毕生对生命的发现和探索完成了自身人生的进化与进阶,诠释了奉献科学事业的崇高人生价值。其对生命的敬畏与豁达昭然于心、铭刻于品。

赵尔宓院士永远活在我们心中!(中国科学院成都生物研究所:《沉痛哀悼——赵尔宓院士辞世》,中国科学院成都生物研究所官网,2016 年 12 月 26 日)

资料七(报道) 本刊名誉主编赵尔宓院士因患多种疾病,医治无效,于 2016 年 12 月 24 日 13 时 44 分在四川大学华西医院与世长辞,享年 87 岁。赵尔宓院士和胡淑琴、王西之、胡锦矗、李桂垣等老一辈科学家一同于 1980 年创立了《四川动物》杂志,并于 2004 年起担任杂志的名誉主编至今,为杂志的发展作出了巨大的贡献。自 1981 年起,赵尔宓院士共在《四川动物》上发表文章 69 篇(包括第一作者和通信作者),而由他主编的杂志于 1995 年和 1997 年刊发的增刊《中国两栖动物地理区划》和《中国龟鳖研究》在学术界都有重要的影响。按赵尔宓院士遗愿，丧事从简，不设灵堂、不举行遗体告别仪式、不立碑、不建墓，一切繁文缛节全免。赵尔宓院士的遗体已于 2016 年 12 月 25 日火化。赵尔宓院士永垂不朽！（《四川动物》编辑部：《沉痛哀悼——赵尔宓院士辞世》，《四川动物》2017 年第 1 期）

资料八（报道） 我国著名两栖爬行类动物学家、中国科学院院士、四川大学生命科学院赵尔宓教授因患多种疾病，医治无效，于 2016 年 12 月 24 日 13 时 44 分在四川大学华西医院与世长辞，享年 87 岁。

赵尔宓教授 1951 年毕业于四川大学（原华西大学）生物系，1962 年起在原华西大学校长、导师刘承钊教授的指导下，从事两栖爬行动物分类学研究，1965 年调到中国科学院成都生物研究所，与刘承钊的夫人胡淑琴一起继续两栖爬行动物分类学研究。历任研究室主任、生物所副所长、研究员。1983 年应邀担任世界两栖爬行动物学会执行委员。1987—1988 年应中美学术交流委员会邀请赴美国康奈尔大学作访问教授，被选为美国 Sigma Xi 自然科学荣誉学会会员，1991 年应聘为加州大学伯克利分校客座教授，同年还应聘为 IUCN 中国两栖爬行动物专家组主席。2001 年当选为中国科学院院士，曾任中国科学院成都生物研究所和四川大学教授、博士生导师，亚洲两栖爬行动物学会副秘书长，美国 Sigma Xi 自然科学荣誉学会终身会员，美国加州科学院荣誉院士，德国 *Salamandra* 杂志编委等职。曾当选为第六届四川省人大代表，第七、八两届全国人民代表大会代表。

赵尔宓教授从事两栖爬行动物学研究 50 余年来，发表论文 140 篇，主编、编写学术著作 40 种，他主编、合编的专著《中国蛇类图谱》、《中国动物志》、《中国两栖动物地理区划》、《中国动物志》爬行纲二卷（蜥蜴亚目）、三卷（蛇亚目）、《中国蛇类》等学术著作全面、系统地总结了我国爬行动物分类方面的研究成果。他主持创办了《四川动物》《两栖爬行动物学报》等期刊、丛书 4 种，描述和命名了 38 个两栖和爬行动物新种（或亚种）和 2 个两栖动物新属。与美国学者 Kraig Adler 合作编著的《中国两栖爬行动物学》是全面系统论述我国 661 种两栖和爬行动物的第一部专著，被国际著名的两栖爬行动物学家俄罗斯科学院院士 Ilya Darevsky、美国科学院院士 David Wake 评为“里程碑之著”。（《沉痛哀悼　赵尔宓院士因病辞世》，四川大学官网，2016 年 12 月 26 日）

资料九(信件) 生命科学学院：我们亲爱的父亲赵尔宓因患多种疾病，经医治无效，于 2016 年 12 月 24 日 13 时 44 分在四川大学华西医院与世长辞，享年 87 岁。遵照父亲生前留下的书面遗嘱以及多次给我们的口嘱："在我去世后的丧事，一切繁文缛节全免，不收礼金，不给大家增加麻烦，待后事处理完毕后，再通知单位及各位亲朋好友。正如轻轻地来一样，也悄悄地离开。"现在，我们把这一不幸的消息告知给你们。父亲走得很平静、很安详，他的遗体已经火化了。我们衷心感谢生科院各位领导和师生在父亲有生之年，对他在工作中的支持和帮助，在他晚年和生病住院期间对他的关心和照顾。这也是我们的父亲生前经常念念不忘的。我们崇敬亲爱的父亲对生命的豁达！亲爱的父亲是我们的榜样，永远活在我们的心里！（赵蕙、赵芩、赵小苓：《赵院士家人给学校的信》，2016 年 12 月 26 日）

资料十(照片) 赵尔宓的《我的后事处理意见》。（见图 121）

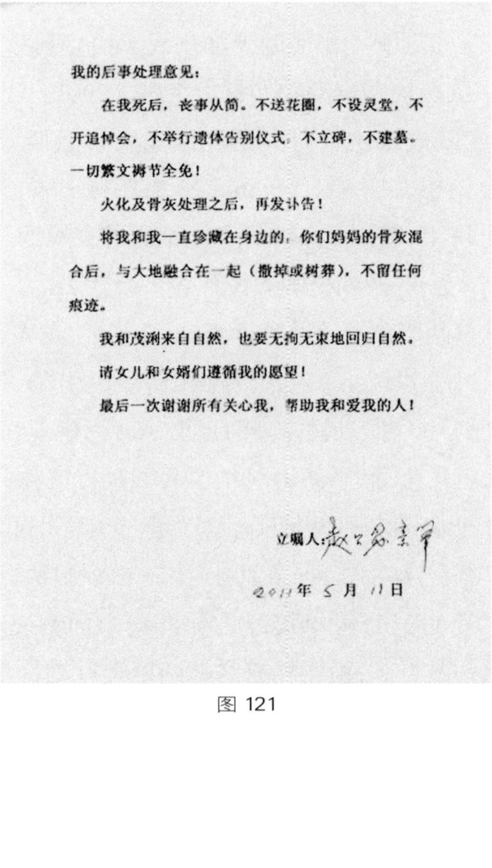

我的后事处理意见：

在我死后，丧事从简。不送花圈，不设灵堂，不开追悼会，不举行遗体告别仪式。不立碑，不建墓。一切繁文褥节全免！

火化及骨灰处理之后，再发讣告！

将我和我一直珍藏在身边的，你们妈妈的骨灰混合后，与大地融合在一起（撒掉或树葬），不留任何痕迹。

我和茂洌来自自然，也要无拘无束地回归自然。

请女儿和女婿们遵循我的愿望！

最后一次谢谢所有关心我，帮助我和爱我的人！

立嘱人：

2011年5月11日

图 121

附录一　赵尔宓年表

1930 年　1 岁

1 月 30 日，出生于四川省成都市一个满族家庭，在八个兄弟姐妹中排行第四。父亲赵伯钧，曾任甫澄纪念医院院长；母亲石月卿，私塾老师家庭出身，家庭妇女。

1931 年　2 岁

是年，因霍乱疫情，父亲赵伯钧被调至防疫委员会防疫组工作。

1932 年　3 岁

冬季起，父亲赵伯钧调至第三后方医院工作。

是年，妹妹赵尔宜出生。

1933 年　4 岁

夏季，父亲赵伯钧任二十一军编委政闻委员，就职于《华西副刊》以及新检所，至 1935 年秋季。

1934 年　5 岁

是年，被父亲赵伯钧严格管束。

1935 年　6 岁

春季，进入成都西胜街少城小学读书。

秋季，父亲赵伯钧调至二十一军军医处工作。

1936 年 7 岁

是年，父亲赵伯钧调至川康军医处工作。

1937 年 8 岁

是年，弟弟赵尔寰出生。

1938 年 9 岁

1 月，为纪念刘湘，创办甫澄纪念医院，父亲赵伯钧被推选为第一任院长。

春季，刘承钊师生一行因躲避战乱，由华东转移到华西协合大学。

暑假，刘承钊带领学生前往峨眉山，开展入川后的首次野外考察，采集“峨眉弹琴蛙”“峨眉髭蟾”等多个第一次由中国科学家记录的两栖爬行动物新物种，由此开启了以西南地区为中心的中国两栖爬行动物独立研究新阶段。

是年，弟弟赵尔宸出生。

1939 年 10 岁

春季，初小毕业。

3 月，为躲避日本敌机的轰炸，随家人从成都城区迁至乡下，遂辍学半年。城区的家园被日军敌机炸为废墟。

秋季，进入成都外西广益第二小学读书，在此接受西式教育。

是年，成都霍乱流行，父亲赵伯钧在甫澄纪念医院组织免费救治。

1940 年 11 岁

10 月，日本敌机空袭成都，甫澄纪念医院损失惨重，父亲赵伯钧尽力恢复。

是年，父亲赵伯钧调至二十一军军区特党部工作。

1941 年 12 岁

夏季，高小毕业。

9 月，以优异成绩考入著名私立学校成都树德中学，读初中。深受生物学教师郑实夫影响。

1942 年　13 岁

是年，在树德中学读初中一年级。

1943 年　14 岁

是年，与树德中学同学一起响应“十万青年从军，组建青年军抗日”的号召，准备投笔从戎。因不满 16 岁，未果。

1944 年　15 岁

7 月，初中毕业。

9 月，考入成都树德高中。

秋季，积极团结满族、蒙古族青年，建立“同仁学会”，并担任会长，直至 1949 年。

1945 年　16 岁

是年，日寇投降，树德中学举校欢庆，后迁回宁夏街。

1946 年　17 岁

是年，“同仁学会”更名为“进修学会”。

1947 年　18 岁

春季，与进步同学一起参加“反饥饿、反内战”运动的罢课宣传。后校方阻止了该运动。

7 月，高中毕业。

9 月，以第一名的成绩考入私立华西协合大学理学院生物系读书，并担任班长。

秋季，担任生物系三七级的级会主席。

刚进入华西协合大学，因家人反对学生物，欲调剂到医学专业。因在生物系遇到学术生涯中最重要的导师刘承钊，折服于刘承钊的渊博学识与个人魅力，此后安心钻研生物学。

是年，加入基督教会。

是年，加入树德学会。

1948 年　19 岁

春起，跟随刘承钊到四川彭县白水河、九峰山开展野外生物考察与标本采集工作，从此开启漫长的野外考察生涯。

回校后，积极声援营救因“反内战”游行被关押的同学，主动承担草拟宣言的任务。

秋季，加入华大理科学会。

1949 年　20 岁

4 月 12 日，参加学校展览会的科普工作。

暑假，在刘承钊的指导下留校观察蛙类生活史。

12 月 25 日前，积极参加成都解放前学校组织的护校运动。

为庆祝成都于 12 月 27 日和平解放，在华西协合大学生物系大楼门前写了一副对联，引得全校师生围观。

1950 年　21 岁

2 月，经刘承钊介绍，到华西协合大学自然历史博物馆半工半读，为期一年半。

3 月起，参加学校各类社团活动，先后担任华西协合大学理学院生物系学生会主席、执行委员兼副主席、工筹会学习干事、中国教育工会成都市华西协合大学委员会委员等。

9 月，应聘到川西卫生学校兼授生物学课一学期。

是年，由刘承钊编著的英文专著《华西两栖类》在美国芝加哥出版，在国际两栖爬行学界引起极大反响，该作也被视为中国两栖动物学的首部经典著作。

1951年 22岁

6月23日，提交毕业论文《粉螨形态及防治法之初步试验》。

7月，从华西协合大学理学院生物系毕业，获学士学位。

7月毕业后，担任华西协合大学毕业生组副领队，率领同学赴重庆学习。

9月29日，分配到哈尔滨医科大学任生物科教员、助理教授，为医学本科学生讲授比较解剖学及达尔文主义。

9月，秉志来信，建议他补习人体解剖、生理、生物化学、组织学和胚胎学的知识，为从事生物学研究打基础。

1952年 23岁

9月起，在哈尔滨医科大学为医学本科学生讲授比较解剖学。

10月，与哈尔滨医科大学的张士杰合作翻译出版苏联教材《普通生物学讲义》。

1953年 24岁

8月9日，与涂茂澍结婚。两人系树德中学与华西协合大学的校友。

9月，被商调回四川工作，欲解决夫妻两地分居问题。

9月起，在哈尔滨医科大学为助教进修班的学生讲授动物学和解剖学课。

1954年 25岁

春季，在哈尔滨医科大学担任生物科工会组长。

2月24日，调回四川工作一事获哈尔滨医科大学批准。

4月，在哈尔滨医科大学积极争取入团。

4月，从哈尔滨医科大学调回四川医学院生物学教研组，任助理教授。

5月起，在四川医学院跟随徐福均研究胚胎学，担任生物学教研组助教。

夏季，在四川医学院获俄文学习三等奖。

7 月，合作译著《普通生物学实验指导》出版。

1955 年　26 岁

2 月 9 日，大女儿赵蕙出生。

是年，为开展教学，整理普通生物学教学资料。

是年，为开展教学，整理物种进化教学资料。

1956 年　27 岁

4 月，合作译著《苏联药剂士学校教学用书：植物学》出版。

5 月起，响应党中央关于高等学校教师开展科学研究的号召，按照刘承钊的安排，跟随徐福均研究峨眉树蛙，从此开启两栖爬行动物研究生涯。

8 月 29 日，双胞胎女儿赵芩、赵小苓出世。

1957 年　28 岁

1 月 15 日，由四川医学院授予讲师职称。

3 月，合作译著《无脊椎动物学》上册出版。

11 月，合编教材《鲟鱼类的胚胎发育》出版。

1958 年　29 岁

1 月 7 日至 2 月 21 日，在北京大学听取苏联专家关于细胞学的讲座。

3 月起至次年 1 月，在四川医学院讲授脊椎动物学和普通生物学等课程，并编写相关教材。

5 月 8 日起，组队前往云南玉龙山、昆明等地，调查两栖爬行动物。

7 月，合作译著《鲟鱼类的胚胎发育与其养殖问题》出版。

8 月，在整风运动中自我检查。

11 月 13 日，中国科学院四川分院农业生物研究所成立。

1959 年　30 岁

2 月至次年 3 月，为四川医学院举办的动物饲养训练班学员讲授生物学基本知识，并编写《动物饲养手册》。

5 月 2 日起，组队前往贵州毕节、威宁等地调查两栖爬行动物。

11 月 12 日，中国科学院四川分院农业生物研究所完成组织机构建设。

1960 年　31 岁

3 月 25 日起，组队前往凭祥、龙津、瑶山等地调查两栖爬行动物。

9 月起，为四川医学院的本科生讲授无脊椎动物学课程。

1961 年　32 岁

9 月至次年 1 月，为四川医学院的本科生讲授普通生物学。

秋季，胡淑琴由中国科学院北京动物研究所调至中国科学院四川分院农业生物研究所工作，从事动物学研究。

11 月，刘承钊与胡淑琴合著的《中国无尾两栖类》出版，极大地推动了我国两栖动物分类区系的研究。

1962 年　33 岁

4 月 28 日至 7 月，给刘承钊当助手，到陕西汉中、周至、秦岭等地采集标本。自此开始跟随刘承钊进行两栖爬行动物的野外调查与分类区系研究。

9 月至次年 1 月，为四川医学院的本科生讲授普通生物学。

9 月，中国科学院四川分院农业生物研究所更名为中国科学院西南生物研究所，并成立动物研究室，胡淑琴任动物研究室副主任。

1963 年　34 岁

4 月至 8 月，担任领队，在贵州兴义等地进行两栖爬行动物分类区系的考察，采集了包括尖吻蝮在内的众多标本。

9 月至次年 2 月，为四川医学院的本科生讲授普通生物学课程。

是年，四川医学院在生物教研组的基础上成立了两栖爬行动物研究室，刘承钊任学科带头人，胡淑琴任指导老师。

是年，中国科学院成立《中国动物志》编辑委员会。

1964年 35岁

3月至11月，跟随刘承钊到海南省五指山、吊罗山等地开展两栖爬行动物调查，担任领队，发现海南闪鳞蛇、粉链蛇、海南颈槽蛇等许多新种。

4月，跟随刘承钊到福建等地开展两栖爬行动物调查。

10月，在广州、海南开展蛇蛙龟鳖等两栖爬行动物的市场调查。

是月，在广州等地拜访蛇毒研究专家，学习蛇毒的相关知识。

是年，中国科学院西南生物研究所两栖爬行动物研究室成立，胡淑琴出任第一任研究室主任。

1965年 36岁

1月，与江耀明、吴贯夫、王宜生等人从四川医学院调至中国科学院西南生物研究所两栖爬行动物研究室工作。研究室在胡淑琴的指导下全面开展两栖爬行动物学的研究。中国两栖爬行动物研究的新时代正式开启。

5月，组队前往云南永仁、花坪等地，调查两栖爬行动物。

8月20日，与刘承钊共同发表论文《铜楔蜥卵胎生习性的观察》。本文是其科研论文的处女作。

是年，参与并完成“动物区系调查及动物志编制”研究课题，开展两栖爬行动物区系分类的调查研究。

是年，在贵州、成都等地开展蛇类、龟类等两栖爬行动物的市场调查。

1966年 37岁

1月16日，在云南动物采集调查活动的基础上，与江耀明撰写并发表《云南省爬行动物调查及补充名录》。

1月20日，第一次独立发表科研论文《关于“壁虎”的几个问题》。

1月起，研究《诗经》《山海经》等古书中关于两栖爬行动物的资料，包括龟、鳖、蛇、蜥蜴等。

2月，在广州参加蛇伤防治经验交流会。

4月10日，与胡淑琴共同发表论文《四川爬行动物三新种》。

是年，调查秦岭及大巴山地区两栖爬行动物，与吴贯夫到陕西周至县等地采集标本。

1967 年 38 岁

“文革”期间，坚持野外考察，开展科学研究，未参与任何派系。

1968 年 39 岁

4 月 5 日，中国科学院西南生物研究所革命委员会获批成立。

1969 年 40 岁

9 月至 11 月，为完成“西南边疆毒蛇调查及蛇伤防治研究”课题，前往全国多地进行参观访问，整理蛇药、蛇毒等相关知识。

是年，到云南执行国防建设项目“西南边疆毒蛇调查及蛇伤防治研究”，研究毒蛇危害，研制蛇药。

1970 年 41 岁

4 月起，为完成“西南边疆毒蛇调查及蛇伤防治研究”课题，前往广东、广西、云南等地参观学习，整理蛇伤治疗方法。

4 月至 6 月，在安徽北部进行野外考察。

12 月 28 日，中国科学院西南生物研究所更名为四川省生物研究所。

1971 年 42 岁

是年，赴安徽与海南进行两栖爬行动物分类区系的考察，任领队，持续至次年。

是年，作为主要编著者，与浙江医科大学、上海自然博物馆合写《中国蛇类图谱》。

1972 年 43 岁

3 月，作为主要编写人，编印《中国蛇类检索表》暨《两栖爬行动物研究资料》第一辑。

5 月至 7 月,与吴贯夫到安徽南部考察和采集标本,在黄山发现并采集一种新蛙——凹耳吴蛙。

1973 年 44 岁

2 月 19 日至 3 月 7 日,陪同刘承钊参加在广州举行的"三志"会议。

5 月至 9 月,参加中国科学院组织的青藏高原综合科学考察,成为首批入藏考察的两栖爬行动物学者。发现 8 个新种和 10 个新纪录种,其中包括蛇类新种"墨脱竹叶青蛇"。

7 月 2 日,发表新疆龟类新纪录——四爪陆龟。

10 月 1 日,发表云南西双版纳游蛇科新纪录。

12 月 25 日,参加在成都举行的《中国动物志》"两栖纲"和"爬行纲"的协作会议,讨论四川省生物所的任务。

12 月 30 日,美国加利福尼亚洛杉矶自然历史博物馆来函,请求建立动物研究资料交换关系。

1974 年 45 岁

6 月,四川省生物研究所与昆明动物研究所合作的"云南蛇药的研究"课题结题,获得国内先进成果的评价。

12 月,编制《两栖爬行动物研究资料》第二辑,与胡淑琴等开展两栖爬行动物研究资料的汇编工作。

是年,在安徽与江苏等地开展两栖爬行动物分类区系考察,任领队。

1975 年 46 岁

2 月 27 日,云南蛇药药方经过动物、毒性及药理试验,经云南省卫生局批准投入生产。

12 月 31 日,与胡淑琴等共同发表论文《海南岛爬行动物三新种》。

1976 年 47 岁

4 月 9 日,刘承钊因心肌梗死病逝。

7 月，出版《两栖爬行动物研究资料》第三辑，探讨了湖南、湖北两省爬行动物名录及分布、龟鳖目动物系统检索、极北蝰分布等内容。

是年，应新疆维吾尔自治区要求，考察新疆的两栖爬行动物，并调查研究草原毒蛇中介蝮对牲畜的危害，提出毒蛇综合生态防治措施。

是年，被聘为《中国动物志》编委、常务编委，任期至 1990 年。

1977 年　48 岁

3 月，与江耀明等发表论文，首次提出将我国西藏喜马拉雅山南坡地区划为东洋界西南区的动物地理区划新理论。

5 月至 7 月，在东北考察蛇类。

10 月，主持编写的《中国爬行动物系统检索》出版。

12 月，《中国动物志　爬行纲》毒蛇分册编写完成。为负责人及主要研究技术人员。

1978 年　49 岁

1 月起，主持课题“蛇类三个新种的鉴定描述”，至 12 月结题。成果达到国际水平。

是月起，主持“我国蝮蛇的实验分类研究”项目，担任课题负责人，在辽宁、吉林、黑龙江、河北等省进行野外科考。至 12 月课题验收。成果达到国际先进水平。

3 月，三项研究成果（中国两栖爬行动物分类区系研究、云南蛇药的研究、《中国蛇类图谱》）获全国科学大会奖。

6 月 3 日，首次登陆大连旅顺遍布毒蛇的蛇岛，进行全面科考。

6 月 30 日，父亲赵伯钧去世。

8 月，主持编写的《经济两栖爬行动物》出版。

9 月 11 日，四川省生物研究所更名为“中国科学院成都生物研究所”。所名沿用至今。

10 月，出版《两栖爬行动物研究资料》第四辑，发表《北疆蛇类调查》《中介蝮与草原蝰对比研究》《海蛙适应性研究》等论文。

1979 年　50 岁

1 月,“两栖爬行动物分类区系研究”获四川省科学技术二等奖。

2 月起,作为课题负责人,开展中国爬行动物分类区系的研究。

是月起,作为课题负责人,研究中国的蝮蛇分类问题。

4 月 13 日,被聘为中国科学院成都生物研究所两栖爬行动物研究室副主任。

4 月 20 日,被聘为《动物分类学报》编委,后连任两届。

5 月至 6 月,第二次到蛇岛采集并研究,证明蛇岛毒蛇不是“中介蝮”而是一个新种,将它命名为“蛇岛蝮”。

7 月,担任北京动物园科学技术顾问。

8 月 1 日,《两栖爬行动物资料》系列刊物更名为《两栖爬行动物研究》,出版第一辑第一号。

9 月,主编的《中国的毒蛇及蛇伤防治》出版。

12 月 31 日,发表四川烙铁头蛇属一新种。

是年,与胡淑琴等人共同建立四川省动物学会,并担任副理事长兼秘书长。该学会挂靠于中国科学院成都生物研究所。

1980 年　51 岁

1 月 31 日,发表论文《怎样区别毒蛇和无毒蛇》,教公众辨别和防避毒蛇。

3 月起,作为课题负责人开展“横断山脉两栖爬行动物区系及锄足蟾科系统演化研究”项目。

4 月 5 日,出版《两栖爬行动物研究》蛇岛蝮专辑,探讨蛇岛蝮在蛇岛上的起源和演化。

4 月 15 日,被聘为《生物学通报》编委。

4 月 30 日,发表论文《我国古代对于蛇类的认识》。

5 月 1 日,由中国科学院成都生物研究所聘任为副研究员。

5 月 3 日,担任四川省动物学会会刊编辑委员会委员兼副主编。

5 月,当选为成都市东城区人民代表。

5 月至 7 月,在云南西双版纳进行野外考察。

8 月,高教系列职称晋升为 7 级。

10 月 20 日,为纪念刘承钊,发表根据刘承钊笔记整理的论文。

12 月 1 日,出任中国科学院成都生物研究所两栖爬行研究室主任。

12 月,与施白南联合主编的《四川资源动物志》第一卷出版。该书于 1982 年 7 月再版。

是年,被聘为“蛇蛙研究丛书”编委会主任委员。

1981 年　52 岁

4 月,创办《四川动物》,并担任编委、副主编、学术顾问。

8 月 4 日,组织并带领全国九省市青少年到四川卧龙自然保护区开展生物保护夏令营活动,为期半个月。

是年,主持“瑶山鳄蜥分类地位的研究”,至 1983 年结束。纠正国外学者的论述,编著《鳄蜥分类定位》。

是年,建立中国第一个两栖爬行动物细胞研究平台,发表第一篇两栖爬行动物染色体研究论文。

是年,任《中药材科技》编委。

是年,中国科学院成都生物研究所动物学硕士点获批。

1982 年　53 岁

3 月,入选中国科学院成都生物研究所学术委员会委员。

5 月 19 日,担任中国科学院成都生物研究所副所长,连任三届,至 1991 年。同时继续兼任两栖爬行动物研究室主任。

5 月起,参加中国科学院组织的横断山区综合考察,对该地区两栖爬行动物进行考察,任主持人及野外领队。考察持续两年。

6 月,主编的“两栖爬行动物研究”第六卷尖吻蝮专辑出版。

8 月 1 日至 9 月 30 日,受中国科学院派遣,第一次出国访问。与日本学术振兴会进行为期两个月的学术交流。

9 月,创办中文版《两栖爬行动物学报》(*Acta Herpetologica Sinica*),任

期刊主编。

10 月 1 日，晋升为高教 6 级。

11 月 4 日，出席在成都举行的四川省动物学会寄生虫学专业委员会第一次学术交流会。时任学会副理事长兼秘书长。

12 月 15 日至 20 日，参加在成都举行的首届“中国两栖爬行动物研究学术讨论会”。筹组中国动物学会两栖爬行动物学分会，当选为第一届理事会副理事长和秘书长，之后连任第二、第三届理事长。

是年，参加中国科学院组织的西藏南迦巴瓦峰登山科学考察，考察该地区两栖爬行动物，考察持续两年。

是年，为四川大学动物学专业的学生主讲“两栖爬行动物学”等课程。

1983 年　54 岁

1 月，主编的《四川资源动物志》第一卷总论荣获四川省重大科技成果三等奖。

2 月 3 日，发表文章纪念刘承钊逝世七周年。

4 月，当选四川省第六届人民代表大会代表。

8 月 1 日，首次在西藏墨脱发现眼镜王蛇，并于 12 月发表论文《西藏自治区毒蛇新纪录——眼镜王蛇》，将该蛇种已知的分布范围北移了四个纬度。

8 月 15 日，被聘为《野生动物》杂志编辑委员会委员。

9 月，应邀担任世界两栖爬行动物学大会第一届执行委员，后连任一届。

11 月，受邀担任《世界两栖动物物种名录》审定委员会委员。

1984 年　55 岁

3 月，任四川省野生动物保护协会副会长，后连任一届。

4 月，专著《中国有尾两栖动物的研究》出版，这是国内最初采用支序分类学研究的著作之一。

4 月 25 日，出席中国动物学会成立五十周年年会。会议期间，参加大熊猫保护座谈会，呼吁采取措施抢救大熊猫。

5 月，发表论文呼吁人们保护生态环境。

5 月起，应美国华盛顿州立大学邀请，前往美国参观访问并进行野外考察。

8 月，应邀出访欧洲四国，进行学术交流。

是年，出任中国野生动物保护协会科学技术委员会委员。

1985 年　56 岁

1 月 9 日，出席四川省动物学会第三次会员代表大会暨第四届学术年会。当选为四川省动物学会第三届理事长。之后连任第四、第五届理事长。

4 月 25 日至 5 月 9 日，率领四川省科技协会组织的蛇类养殖技术考察团赴日本考察。

6 月 5 日，发表南迦巴瓦峰地区两栖爬行动物考察论文。

8 月 25 日，主持召开第一届中日两栖爬行动物学学术讨论会，为期七天。该会议在广州举行，以中、日两国代表为主，美国、瑞士等十一个国家的代表出席。

9 月 20 日，邀请美国康奈尔大学生物科学部的鹰岩(Kraig Adler)参加四川省动物学会与中国两栖爬行动物学会组织的学术报告会，担任会议主持和翻译。

9 月，出版专著《动植物致毒及其防治》。

1986 年　57 岁

1 月 10 日，入选中国科学院成都生物研究所学术委员会副主任委员及动物学分会主任。

是日，作为理事长主持召开四川省动物学会第三届二次理事会，全面总结理事会当选以来的主要工作。

4 月初，华西医科大学生物教研室的徐福均教授去世。撰文深切悼念恩师。

5 月，参与编写的《中国两栖爬行动物鉴定手册》出版。

是月，担任科普影片《两栖动物的故事》的科学顾问。

5 月至 7 月，在四川合江开展野外考察。

6 月，赴美访问交流，与加州大学合作进行“中国西部沙漠地区两栖爬行动物分类和生态研究”。

8 月，发表关于西藏爬行动物区系及地理区划的论文。

10 月 2 日至 15 日，担任团长，率领四川省科技协会组织的“四川省青少年科学教育考察团”出访日本。

11 月，被聘为全国动物学名词审定委员会委员。

12 月 1 日，中国科学院成都生物研究所参与的“青藏高原综合科学考察”获 1986 年国家科技进步特等奖。

12 月 16 日，被聘为中国科学院成都生物研究所研究员。

12 月，主持的“瑶山鳄蜥分类地位的研究”获全国科学技术研究成果三等奖及中国科学院三等奖。

是年，在南迦巴瓦峰考察的基础上，提出将喜马拉雅山南坡地区的范围沿雅鲁藏布江大峡谷水汽通道向北扩大到通麦—易贡一线。

1987 年　58 岁

2 月，与江苏平、胡淑琴合作发表论文，探讨树蛙分类及系统发育研究。

是月，发表西藏墨脱一新种与一新纪录。

3 月 15 日，中国科学院成都生物研究所参加的“青藏高原综合科学考察”获国家自然科学一等奖。

5 月，发表论文，研究西藏南迦巴瓦峰地区两栖爬行动物的物种组成及区系。

是月，与美国芝加哥菲尔德(Field)自然历史博物馆的 Robert F. Inger 等在四川洪雅进行野外考察。

7 月，获选美国美中学术交流委员会高级访问学者，开始为期八个半月的赴美访问交流。在康奈尔大学期间，与鹰岩合作编写英文版《中国两栖爬行动物学》一书。

是月，发表文章回忆父亲赵伯钧。

10 月，因《两栖爬行动物学报》面临停刊的可能，创办新的英文学术期刊

Chinese Herpetological Research（中文名《蛇蛙研究》）。出版第一卷，任主编。

12 月，编写的《西藏两栖爬行动物》出版。

是月，与胡淑琴等编著的《中国动物图谱　两栖类—爬行类（第二版）》出版。

是年，应邀出席墨西哥两栖爬行学会与美国两大学会联合召开的学术大会。

是年，被聘为中国成都大熊猫繁育研究基金会理事。

是年，出任《四川省科学技术志》编委会成员。

是年，被聘为美国加州大学伯克利分校米勒研究院客座教授，成为该校自 1985 年设此职位以来获聘的第一位中国人。

是年，被美国菲尔德自然历史博物馆聘为特约研究员。中国科学院成都生物研究所与美国菲尔德自然历史博物馆合作开展“中国北亚热带两栖爬行动物分类和生态研究”。

是年，指导陕西省林业厅进行蛇类养殖，率队前往攀枝花米易进行蛇园考察。

1988 年　59 岁

3 月 7 日，获“竺可桢野外科学工作奖”。

3 月 17 日，获评“四川省科协系统先进工作者”。

3 月，当选中华人民共和国第七届全国人民代表大会代表。

5 月 21 日，出席四川省动物学会第四次会员代表大会暨第五次学术年会，被推选为理事长，并推荐增补为中国动物学会理事。

6 月，受聘为辽宁蛇岛老铁山自然保护区管理处科技顾问。

7 月 25 日，担任团长，率领代表团赴日本出席第二次中日两栖爬行动物学术讨论会。

8 月，与美国合作，赴西北地区进行中国沙蜥考察研究，途经兰州、西宁、青海湖、柴达木盆地、昆仑山、格尔木、敦煌、哈密以及鄯善等地。

11 月 30 日，出席并主持在成都召开的四川省动物学会理事扩大会。

是年，被聘为美国 Sigma Xi 自然科学终身荣誉学会会员。

是年，因各种原因，创办并担任主编的《两栖爬行动物学报》停办，共出版 7 卷 23 期。

是年，*Chinese Herpetological Research*（《中国蛇蛙研究》）因经费问题转由美国加州大学伯克利分校脊椎动物博物馆出版，并更名为 *Asiatic Herpetological Research*（《亚洲蛇蛙研究》）。担任该刊主编。

1989 年 60 岁

3 月 17 日，参加中国动物学会第十二届会员代表大会暨五十五周年学术年会，当选为理事。

5 月 12 日，接受美国鱼类和爬行动物研究学会之邀，加入学会。

6 月 2 日，参加并主持四川省动物学会在蓉理事及专业委员会负责人会议。

9 月，出席在英国召开的首届世界两栖爬行动物学术大会。应邀作"东亚岛屿两栖爬行动物的生物地理学"报告，受到好评，担任第十二专题组执行主席。

10 月 3 日，被授予美国加州科学院荣誉院士（终身荣誉）证书。

是年，中国科学院成都生物研究所参与的"青藏高原综合科学考察"获陈嘉庚地球科学奖。

是年，指导两栖爬行动物爱好者高正发发表论文。

是年，研究西太平洋岛链两栖爬行动物区系的形成及温带东亚两栖动物的分布格局。

是年，挖掘赵力（后成为"中国蝴蝶王子"），多次指导，并帮助他的昆虫事业。

1990 年 61 岁

2 月，命名烙铁头蛇属新种"莽山烙铁头"，与该蛇发现者陈远辉发表论文。

6 月起，与美国加州大学和加拿大安大略皇家博物馆合作开展"中国蝮属蛇类的分类与生态研究”，项目持续两年。

8 月，被聘为第五届全国青少年创造发明比赛和科学论文讨论会评选指导委员会委员。

9 月 15 日，陪同中国科学院成都分院领导出访吉尔吉斯斯坦，为期半个月。

9 月 20 日，被聘为中国科学院北京动物研究所系统进化动物学重点实验室学术委员。

9 月起，指导王秀玲等学者开展新疆北鲵研究。

9 月，创办我国两栖爬行动物研究的不定期正式出版物“蛇蛙研究丛书”。

是月，主编出版《从水到陆》，纪念恩师刘承钊诞辰九十周年。

10 月，编辑出版《邮票里的动物世界》。

11 月 10 日，当选为中国两栖爬行学会第三届理事会副理事长。

11 月 15 日至 18 日，参加四川省动物学会教学专业委员会第二届教学研讨会，并作“两栖爬行动物进化的有关问题”的学术报告。

12 月 19 日至 21 日，出席在成都举行的四川省动物学会第四届寄生虫(病)学学术讨论会。

是年，担任美国动物园协会蛇类专家组顾问。

1991 年 62 岁

1 月 1 日，任世界自然保护联盟(IUCN)中国两栖爬行动物专家组第一届主席。连任三届，至 2000 年。

3 月 7 日，应邀出访美国加州大学伯克利分校，被聘为米勒研究院的客座教授。访问持续至次年 4 月。

3 月 28 日，受聘担任《资源开发与保护》杂志编辑委员会委员。

3 月，作为高级访问学者出访美国康奈尔大学，从事两栖爬行动物学的区系分类研究工作，直至年底。

是月，受聘担任四川教育学院客座教授。

4 月 26 日，获四川省科普作家协会颁发的荣誉证书。

6 月 25 日，参加四川省动物学会第四届第五次理事会议，被推选为四川省科协第四届委员候选人。

7 月，获政府特殊津贴。

10 月，应邀到英属维尔京群岛开展两栖爬行动物野外调查。

是年，《中国动物志》的“两栖纲”与“爬行纲”的编写工作有序开展。

是年，接受加拿大安大略皇家博物馆的邀请，访问一个月，并被聘为博物馆特约研究员，聘期为五年。

是年，为纪念恩师张孟闻九十华诞，主编纪念文集。

1992 年　63 岁

2 月 25 日，当选为中国科学院成都生物研究所学术委员会名誉委员。

5 月 20 日，被正式批准为中国民主同盟盟员。

7 月 15 日至 20 日，参加在黄山举办的国际两栖爬行动物学学术会议暨第一届亚洲两栖爬行动物学国际学术会议，任会议学术委员会主席及世界两栖爬行动物学会执行委员。

7 月，与美国加州大学脊椎动物博物馆开展合作，联合考察四川部分地区的两栖爬行动物。

是月，负责翻译的《中国龟鳖图集》出版。

9 月，受加州大学伯克利分校邀请，开展为期三个月的学术交流，被聘为该校客座教授。

12 月 17 日，从中国科学院成都生物研究所退休。

12 月，中国科学院成都生物研究所获四川省先进科研单位三等奖。

是年，被聘为四川省科学探险协会理事及科学顾问。

是年，获中国动物学会荣誉证书。

是年，首次提出“我国毒蛇咬伤的医学地理学”概念，指导毒蛇咬伤防治实践。

1993 年　64 岁

1 月 13 日，被聘为陈钦大熊猫研究基金会评审委员。

1 月，参与编写的专著《南迦巴瓦峰登山综合科学考察》出版。

3 月，当选为中华人民共和国第八届全国人民代表大会代表。

是月，编著的《拉汉英两栖爬行动物名称》出版，该书于 1998 年再版。

7 月，不慎跌伤，遂在家查阅资料，撰写著作。

10 月，主编的《中国黄山国际两栖爬行动物学学术会议论文集》出版。

10 月 29 日，与鹰岩教授合编的《中国两栖爬行动物学》(*Herpetology of China*)出版。该书全面系统地论述了我国 661 种两栖爬行动物。

是年，与加拿大安大略皇家博物馆合作进行“中国大鲵分类的分子生物学研究”。

1994 年 65 岁

10 月，编著的工具书《中国两栖爬行动物学文献——目录及索引》出版。

是年，被聘为湖南常德师范高等专科学校名特动植物综合开发研究所首席顾问。

1995 年 66 岁

5 月 20 日，被聘为林业部环境和野生动物监测中心高级专家顾问。

7 月 6 日至 10 日，应邀出席在法国举办的世界首届龟鳖保护大会，并作中国龟鳖大会报告。

8 月 28 日，发文探讨中国两栖动物名录及地理分布。

9 月 5 日，出访土库曼斯坦，出席第二届亚洲两栖爬行动物学国际大会，担任组织委员，并受到该国副总理的接见。

9 月 6 日，被聘为《蛇伤防治通讯》顾问，聘期为四年。

11 月，参编的著作《南迦巴瓦峰地区生物》出版。

是年，主编《中国两栖动物地理区划》。

是年，与日本研究所合作进行中国蝮蛇分类学研究。

1996 年 67 岁

年初，因左腿股骨头坏死，置换人工全髋关节，手术成功。

4 月 23 日，出席并主持四川省动物学会五届二次全体理事会议。

10 月 24 日，被聘为川西北保护大熊猫教育研究中心顾问。

是年，应哈萨克斯坦之邀，担任第三届亚洲两栖爬行动物学术会组织委员。

是年，应越南之邀，担任首届热带雨林两栖爬行动物的多样性及保护学术会组织委员。

是年，撰写《中国龟鳖研究》，广泛收集相关资料。

1997 年　68 岁

2 月，主编的《横断山区两栖爬行动物》出版，阐述横断山区生境的重要性。

5 月 20 日至 22 日，出席在四川卧龙自然保护区举行的迎香港回归动物科学学术报告会，作“香港的两栖和爬行动物”学术报告。

7 月 1 日，主编的《中国龟鳖研究》出版，概述中国龟鳖目动物的分类与分布，献礼香港回归。

8 月，被聘为《本草纲目彩色药图》编委会委员。

10 月，参加在广州举行的第一届国际蛇伤学术研讨会，并作大会报告，两篇论文均被评为最佳论文。

12 月 8 日，被聘为《动物学研究》第五届编辑委员会编委，任期四年。

是年，主编的《中国动物志》爬行纲交稿。

是年，开展《四川脊椎动物志》的编研工作，任主编。

1998 年　69 岁

1 月 1 日，被选为美国国家地理协会会员。

4 月，被聘为四川省第四届科学技术顾问团顾问，任期五年。

5 月，被聘为国家自然科学基金委员会学科组评审组长。

夏季，到新疆考察，探访新疆北鲵的栖息地。

9 月 8 日，发表论文，介绍我国重点保护两栖爬行动物，呼吁保护野生动物。

10 月，主编的《中国濒危动物红皮书：两栖类和爬行类》出版。

11 月，主编的《中国动物志　爬行纲　第三卷　有鳞目　蛇亚目》出版，完成了刘承钊自 1956 年起就诞生的心愿。

是月，被评为四川省科普工作先进个人。

是年，组织召开西南地区首届动物学会学术研讨会。

是年，到广西大瑶山、海南等地进行野外考察。

1999 年　70 岁

1 月，主编的《中国动物志　爬行纲　第二卷　有鳞目　蜥蜴亚目》出版。

2 月 16 日，受美国脊椎动物博物馆之邀，开展蝾螈国际合作研究。

4 月 20 日，发表论文介绍我国的爬行动物分布。

4 月 25 日至 29 日，参加中国动物学会第十四次代表大会暨学术讨论会，当选为理事。

4 月，被评为四川省归侨侨眷先进个人。

7 月，被评为全国归侨侨眷先进个人。

9 月，出席并主持了世界自然保护联盟物种生存委员会首届中国两栖爬行动物专家组会议。

10 月 18 日至 21 日，参加四川省动物学会在四川卧龙自然保护区举行的迎澳门回归暨学会成立 20 周年纪念活动，作澳门两栖爬行动物的学术研究报告。

是年，与梁华合作研究澳门两栖爬行动物并发表论文，献礼澳门回归。

2000 年　71 岁

3 月，出版《地灵人杰——刘承钊教授在四川》，纪念恩师刘承钊。

5 月 23 日至 26 日，出席《国家保护有益的或者有重要经济、科学研究价值的陆生野生动物名录》(制定)专家论证会。担任副主任委员，兼任两栖类和爬行类专家组组长。

6 月 20 日，应邀出席在杭州市召开的“青田县省级鼋自然保护区”申报审查会，担任审查会主任委员。

6 月 21 日，应邀出席“浙江省国家重点保护水生野生动物资源调查及保护研究”鉴定会，担任鉴定会主任委员。

7 月 17 日至 22 日，出席在成都召开的第四届亚洲两栖爬行动物学国际学术会议暨第五届中国两栖爬行动物学会全国会员代表大会，并作学术报告。

秋季，与吴贯夫一起，到四川省进行野外考察。

是年，出版专著《中国两栖爬行类动物分类文献（含核学文献）》。

2001 年　72 岁

1 月，发表多篇关于蛇类的科普文章。

3 月 17 日，被亚洲爬行动物研究学会任命为副秘书长，任期三年。

4 月 27 日，出席“四川省陆生野生动物普查”项目成果鉴定会。

5 月，被聘为《中国野生动物百科全书》编辑委员会副主编。

11 月 9 日，当选为中国科学院院士。

12 月 17 日，被聘为四川省第四届科技顾问团顾问。

12 月 26 日，被聘为《动物学研究》第六届编辑委员会委员，任期四年。

是年，被美国生物学家传记学会授予荣誉顾问证书。

2002 年　73 岁

3 月下旬，到南充市四川师范学院作学术报告。

4 月 10 日至 13 日，参加中国科学院组织的河南郑州经济开发区院士咨询活动。

5 月，被聘为四川大学特聘教授，开始在四川大学开展两栖爬行动物研究工作。

5 月 27 日至 6 月 2 日，出席中国科学院第十一次院士大会，并作“发展脊椎动物分类学研究的我见”的报告。

6 月 9 日至 15 日，出席 973 项目“长江流域生物多样性变化、可持续利用与区域生态安全”的中期评估会。

6 月 20 日，应邀到沈阳师范大学参观并出席教学咨询座谈会。

7 月 19 日至 21 日，参加《成都日报》报社组织的科普活动，带领中小学生到峨眉山进行野外考察。

7 月 29 日至 8 月 1 日，出席《野生动物红色名录》编写研讨会，对 407 个物种逐一审核。

8 月 15 日至 9 月 8 日，到新疆阿尔泰地区考察。

8 月 26 日，被聘为第 19 届国际动物学大会顾问委员会委员。

9 月 1 日，被聘为中国科学院研究生院终身教授。

9 月 9 日，应邀在新疆师范大学作“新疆的两栖爬行动物”学术报告，参与者约 300 人。

9 月 17 日，到乐山农业生态科技园区考察。

10 月 27 日，应邀到安徽黄山学院作“中国的蛇类”学术报告，参与者 300 余人。

10 月 29 日，出席中国动物学会两栖爬行动物分会学术年会，作“中国的海蛇”大会报告，参会者约 80 人。

10 月 30 日，到浙江金华大鲵养殖场参观指导。

10 月，被授予四川省“民族团结进步模范”称号。

11 月 3 日至 5 日，出席中国海洋湖沼学会甲壳动物分会成立二十周年暨庆贺刘瑞玉院士八十华诞大会，应邀作“中国的海洋蛇类”大会报告。

12 月 7 日至 12 日，应邀到大连旅顺蛇岛自然保护区开办“蛇类的分类”培训讲座。

12 月 9 日，被中共四川省委、四川省人民政府评为第三批四川省学术和技术带头人。

是年，协助濒危物种进出口管理办公室鉴定四爪陆龟，后建议将它们放归自然保护区。

2003 年　74 岁

1 月 1 日，被聘为海南师范学院特聘教授，聘期三年。

3 月 29 日至 4 月 1 日，出席中国科学院标本馆论证会。

4 月 18 日，被特聘为《蛇学疡学研究》编委会蛇学总顾问，任期两年。

6 月 26 日，被美国两栖爬行动物学家联盟授予荣誉会员证书。

7 月 8 日至 12 日，前往阿坝州松潘、若尔盖进行野外考察。

7 月 14 日，被认定为动物学专业博士生导师。

8 月 1 日，被聘为沈阳师范大学特聘教授，聘期三年。

8 月 12 日至 22 日，到辽宁进行野外考察与标本采集。

8 月 28 日，成为《中国动物志》第五届编辑委员会成员。

9 月 8 日，发表科普文章，呼吁保护龟鳖类动物。

9 月 11 日至 17 日，出席中国科协第五次学术年会。

9 月，主编的《四川爬行类原色图鉴》出版。

是年，指导乐山国家级农业科技园的两栖爬行动物博物馆及养殖基地的建设。

2004 年　75 岁

1 月 16 日，被评为四川省科技顾问团顾问。

3 月，被任命为中国科学院成都生物研究所学术顾问委员会主任。

是月，审校的《龟鳖分类图鉴》出版。

5 月，带领沈阳师范大学师生开展野外调查。

6 月起，发表系列科普文章，介绍加勒比海的动物。

夏季，在成都“遥控”指导李丕鹏等师生进行西藏两栖爬行动物野外科学考察。13 名队员赴西藏考察一个月，采集物种 45 种。

夏季，在成都“遥控”指导郭鹏等师生进行陕西、甘肃、宁夏的爬行动物野外采集，包括确定路线、日程安排、采集物种等事项。

9 月 13 日，发表关于东北两栖爬行动物的论文。

10 月 28 日，被评选为国际生物多样性计划中国国家委员会科学咨询委员会委员。

是年，完成《中国蛇类》一书的编写工作。

2005 年　76 岁

春节期间，带领四川大学师生到海南进行野外考察。

夏季，应国家林业局邀请，率团到湖南、广西、广东三省考察蛇类养殖技术，为期半个月。

7 月，英文学术期刊 *Asiatic Herpetological Research* 申请转回中国继续出版。任名誉主编。

8 月，被国家科学技术奖励工作办公室聘为 2005 年度国家科学技术奖评审专家。

11 月 5 日，被中央民族大学聘为特聘教授，聘期三年。

12 月 12 日，被成都市人民政府授予“全市民族团结进步模范个人”称号。

是年，开始与中国科学院昆明动物研究所张亚平院士联合培养研究生，目的是将相对成熟的两栖爬行动物形态分类学、细胞分类学同新兴的分子生物学相结合，开展分子分类学研究。

是年，应邀担任 *Salamandra*，*Herpetology of Germany*（《蝾螈——德国两栖爬行动物学》）期刊编委。

是年，发表树蛙科树蛙属新种一个、中国新纪录毒蛇一种。

是年，主编“两栖爬行动物多样性专辑”第六辑。

是年，在成都“遥控”指导到六盘山研究蝮蛇的黄松等博士研究生。

2006 年 77 岁

3 月 9 日，妻子涂茂浉去世。

4 月 18 日，被推荐为中国野生动物保护协会理事，并兼任常务理事。

6 月 6 日，被聘为北京自然博物馆科学顾问。

7 月初，参加国际海龟年中国保护行动大会，共商海龟保护计划。

7 月 18 日至 8 月 14 日，带学生到新疆考察并采集标本。

9 月 1 日，出任温州大学客座教授，聘期两年。

11 月，撰文深切缅怀秉志，纪念恩师 120 周年诞辰。

12 月，数十年研究成果《中国蛇类》出版。

是年，编写讲义，给学生授课。

是年，参加高校科普活动，应邀去成都理工大学、成都教育学院、宜宾师范学院、新疆师范大学等学校作学术报告。

是年，出任第三届“两栖爬行动物多样性专辑”学术顾问委员会主任委员。

2007年 78岁

1月16日，出席在成都召开的四川省野生动植物保护协会第五次会员代表大会暨五届一次理事会议，被推举为协会名誉会长。

3月，设计编印并题名画册《永远想念你》，纪念妻子涂茂浰逝世一周年。

7月，带领学生到辽宁岫岩和吉林长白山作野外考察。

8月，顶着高温到新疆野外考察并采集标本。

是月，《中国蛇类》获第二十届华东地区科技出版社优秀科技图书一等奖。

9月1日，出席中国科学院武汉水生生物研究所刘建康院士九十华诞庆祝大会。

9月，全程出席百名院士沈阳行活动。

10月6日，参加四川大学华西医院115年院庆，应邀作学术报告。

10月11日，出席成都市爱鸟周活动。

10月12日至16日，应邀出席中国动物学会两栖爬行动物学分会2007年学术研讨会。

是年，应邀在中央民族大学、温州大学、沈阳师范大学作学术报告。

2008年 79岁

3月30日，出席成都动物园“蛙年保护教育项目”启动仪式，倡导保护濒危蛙类。

5月6日，出席中国科学院成都生物研究所两栖爬行动物科普馆开馆仪式，致辞并为科普馆作序。

5月21日至26日，参加在莽山国家森林公园召开的中国首届莽山烙铁头蛇保护工程研讨会，作“莽山烙铁头蛇的发现及研究概况”的报告。

6月10日，考察海南蟒蛇保护基地。

6月26日至28日，出席IUCN中国两栖动物保护行动计划研讨会。

7 月至 9 月，在成都“遥控”指导师生进行山东野外科学考察。

10 月 17 日至 19 日，参加中国两栖爬行动物繁育与保护学术研讨会，并作大会及分组学术报告。

是年，应邀参加河北大学王所安教授九十华诞学术报告会，作“蛇类生活探秘”的报告。

是年，应邀到四川大学和成都大学附属中学作报告。

是年，参加中国科学院第十二届院士大会。

2009 年　80 岁

3 月 1 日至 20 日，前往德国柯尼希（Koenig）动物学博物馆进行学术交流。

4 月 13 日至 27 日，在台湾进行学术交流。

7 月 17 日，前往俄罗斯执行欧亚大陆两栖爬行动物合作研究任务，为期八天。

7 月 28 日，担任世界自然保护联盟物种生存委员会（IUCN/SSC）两栖爬行动物专家组成员。

8 月，因编纂《中国大百科全书（第二版）》，被中央宣传部、新闻出版总署授予荣誉证书。

10 月 19 日至 22 日，参加中国动物学会第十六届会员代表大会暨学术讨论会。

是年，完成书稿《中国的毒蛇及蛇伤防治》《西藏的两栖爬行动物多样性》。

是年，到哈尔滨师范大学作专题报告。

2010 年　81 岁

1 月 20 日，中国科学院成都生物研究所召开座谈会，庆贺（赵尔宓）从事科研教学工作六十年。

1 月，《赵尔宓选集》上卷出版。

3 月 1 日，《西藏两栖爬行动物多样性》出版。

3 月 18 日至 20 日，出席四川省动物学会第九次会员代表大会暨第十届学术研讨会。

5 月 17 日，参加成都科技活动周，被评为成都首批十佳科普明星之一。

9 月，为补充完善《中国蛇类》，带领学生前往东北高校查验标本，开展学术交流活动。

10 月，指导编写的《中国的毒蛇蛇毒与蛇伤防治》出版。

11 月 22 日，到母校树德中学上“卓越人生”讲坛第一课，为树德中学题字留念。

2011 年　82 岁

3 月 19 日，作为杂志创办人，出席《四川动物》杂志创刊三十周年座谈会。

4 月 1 日，出席成都市爱鸟周活动。

4 月 28 日，主动报名参加“我与科普基地——成都的科技童年”活动，成为“院士大讲堂”活动的首位科普讲解员，呼吁“民族创新必须从孩子抓起”。

5 月，《海南两栖爬行动物志》出版。为提携后辈，主动推掉主编之名。

2012 年　83 岁

4 月，因患多种老年疾病，精力不济，主动写信辞去四川大学研究生导师一职。

5 月，《赵尔宓选集》下卷出版。

6 月 2 日至 4 日，出席在成都举行的第五届亚洲两栖爬行动物学大会。

是年，罹患阿尔茨海默病，记忆力严重衰退，住疗养院疗养。

是年，为学生团体“两栖爬行动物保护协会”题词，嘱咐学生好好宣传两栖爬行动物保护方面的内容。

2013 年　84 岁

5 月 8 日，发表论文，呼吁公众关注两栖爬行动物研究，保护两栖爬行动物。

12 月，荣获生态保护特殊贡献奖。

2014 年　85 岁

5 月 28 日，指导研究生发表蛇类研究论文，也即其研究生涯中最后一篇论文《中国境内虎斑颈槽蛇大陆亚种的形态学研究》。

2015 年　86 岁

年底，摔跤后身体状况恶化，做股骨头置换手术，记忆力衰退愈发严重。

2016 年　87 岁

12 月 24 日 13 时 44 分，因患多种疾病，经医治无效，在四川大学华西医院与世长辞，享年 87 岁。

附录二　六十六年的回顾[①]（节选）

赵尔宓

我为有强大的祖国而自豪

1989年9月，筹备了七年之久的首届世界两栖爬行动物学术大会在英国著名的坎特伯雷市的肯特大学召开。会前半年，大会秘书长来信邀请我在会上作讲演（plenary lecture）。并告知，在世界范围内只邀请了十人作这样的讲演，从名单看，国外九位都是当今世界的著名专家，而……我国的情况鲜为人知。我知道，作大会讲演无论从学术水平或英语口语表达能力讲，对我都是一次严峻的考验，而更重要的还在于我代表了新中国两栖爬行动物学界第一次在国际学术讲坛上露面。我考虑再三，勇敢地接受了这一邀请。因为这不仅是一个荣誉，也是一次机会。我没有权力代表祖国弃权。半年的时间不短也不长，我尽心尽力准备。我选择了一个较大的题目——东亚岛屿的两栖爬行动物地理学，以便有更多的国际同行感兴趣。按照这个题目涉及范围，除我国的台湾与海南两岛外，也包括了日本本土四岛与琉球群岛。1989年9月18日午后轮到我作报告。一般会议在肯特大学举行，大会讲演则安排在坎特伯雷市 Marlowe 大剧院进行，因为听大会讲演的除到会的1 368位正式代表外，还有来宾及英国当地师生。面对一千多来自五大洲六十一个国家的听众，虽然我作了充分的

① 本文由赵尔宓撰写于1997年，后收录于《赵尔宓选集》下卷。

准备,仍不免忐忑不安。尤其是,英国某音像公司要到现场给每一个大会讲演者录音,制成音带向全世界公开发售,我几乎有些紧张了。会议开始,首先由大会荣誉副主席之一、伦敦林纳学会会长、英国著名兽类学家 R. J. Berry 介绍讲演人,Berry 教授很友好,他把我介绍得也很好,越是这样,我反而更不安。我暗下决心:为了祖国,我决不能临阵畏缩。在 50 分钟的讲演里,我从物种组成、区系特征、地理替代现象、特有种属、扩散速度等分析比较我国台湾、海南、舟山以及日本本土和琉球群岛两栖爬行动物的分布现状,并结合古地质、古气候和这些海岛形成与演变的历史,探讨动物在这些岛屿的起源与扩散途径,论证了琉球各岛与台湾区系的相似程度的大小与该岛和台湾距离的远近呈负相关(的论点),提出琉球群岛的两栖爬行动物是经台湾沿琉球群岛岛弧由南向北扩散(的观点)。当场内爆发出雷鸣般的掌声时,我才深深地松了一口气,缓步走下讲台。会后,认识与不认识的人纷纷向我祝贺。美国杰出科学家 R. F. Inger 向别人夸奖说我的母语不是英语而能将英语讲得如此好很不容易。80 岁的美国杰出科学家 Roger Conant 回美后写信给我祝贺讲演成功,说:"中华人民共和国因为有你作为她的代表而无比自豪。"我认为:正因为有一个强盛的祖国作后盾,我们才会受人尊重,我更为有一个伟大的祖国而自豪!

讲演完毕后,我注意到与会代表中,只有几位日本朋友显得不太高兴。我分析,不外有两种可能:一是我的讲演涉及日本,二是被邀作大会讲演的没有日本人。其实这两点作为不高兴的理由都站不住脚。科学是没有国界的,学术界研究其他国家动物的大有人在,其中也包括日本人,而且到会的日本人中有曾发表几十篇文章研究我国台湾的两栖爬行动物。事有凑巧,58 年前的今天,日本军国主义者发动"九一八"事变。今天,我在学术上为祖国扬眉吐气,想到这里,我心安理得地笑了。

我 的 家 庭

我于 1930 年 1 月 30 日出生在四川成都一个自由职业者家庭。父亲赵伯钧当时在东胜街26号家中开办了"亲仁医院"，其规模很小，实际上相当于现在的个体诊所。祖父母在我出生前好几年就已去世，家中成人除父母外，还有两位姑姑，一位是我父亲未出阁的姐姐，我称呼"姑爸"，一位是我祖母娘家的侄女，我们称她"高大"，两位姑姑由父亲赡养到去世。我母亲生育子女较多，照顾不过来，我上小学前大部分时间便跟随姑爸。她们对我家生活琐事和养护小孩帮助很大。我有一个哥哥和两个姐姐，以及弟妹各二人。自我出世后，父亲的事业越来越顺利，家庭经济也逐步好转，父母认为是我给家庭带来福运，因此我在兄弟姊妹中得到特别的疼爱。

母亲出生在一位私塾老师的家庭，性情特别温柔敦厚，待子女非常慈祥但又不溺爱，可以说是一个典型的贤妻良母。她与儿媳们也能和睦相处。都说她是好婆婆。

父亲是一个非常严肃认真的人，平时不苟言笑，管教子女要求非常严格，除读书外，不许我们有其他爱好。上小学时，寒暑假(，父亲)都要请家庭老师辅导我们学习。平时晚上复习功课时，我与姐妹们围在一张方桌上各做各的功课。因为年纪小，有时难免说说闹闹，可是，每当我们听到父亲从他的书房踱出的脚步声以及他清喉咙发出的响声，就吓得赶紧正襟危坐，并发出朗朗的读书声。读中学时，我买了一把二胡，第二天被父亲发现，顿时被折断烧了，从此我再也不敢有其他爱好。

父亲这种管教方式固然有它好的一面，但也可能把我培养成一个书呆子。幸好大哥的爱护弥补了这一不足。大哥比我大九岁，我读小学时他已上高中，他介绍给我读了许多有益的课外书，如《鲁滨逊漂流记》《罗宾汉故事》《金银岛》《穷儿苦狗记》《珍珠米杰克》《木偶奇遇记》《表》等等，这些书对我思想与性格的形成都起到良好的影响，到目前仍记忆犹新。我上中学时，大哥是华西协合大学药学系学生，后是助教。据我所知，他成绩很好，会英语、德语、日语与世界语，我经常以有这样一位大哥而骄傲，并以此激励自己。1947年秋，我考入华西大学生物系，大哥也考取赴美留学。以后他在美国相继获得硕士与博士学位，后在美国大学做教授，(二十世纪)五十年代初就应用同位素示踪法研究药用有效成分在植物体内的合成过程。

两位姐姐与我年龄差距较小，在一起生活的时间长些，她们帮助妈妈照顾我，给了我许多温暖。而我作为四个弟妹的哥哥，也自然有一种应该关照他们的责任。

我的妻子涂茂洲是华西大学药学系的同学，我们在华大树德同学会认识。她参加工作后，积极要求进步，1956 年入党。她长期担任教研组主任、党支部委员，教学上还要挑重担、作表率，工作非常忙碌而辛苦。我每年都要去野外工作，少则三月，多则半年以上。因此，家庭重担也落在她身上，要管教三个女儿，并辅导她们学习，家务事主要也靠她。但她仍然备课认真，教学效果好，受到学生欢迎；搞科研，指导学生毕业论文，培养研究生，都出成绩，成为天然药物化学教授。我在工作中遇到什么问题就征求她的意见，写了文章也请她过目修改，工作忙不过来，经常找她帮忙。我有成绩，她的功劳应占一半，另有四分之一应归功于我的三个女儿，因为我也得到她们的帮助。

回顾起来，我有一个幸福和睦的家庭——父严母慈，兄弟姊妹互爱互助，妻子勤劳能干，女儿可爱——是我能为国家民族作出一点成绩的先决条件。

在树德中学

我 5 岁开始上小学——西胜街少城小学校，那时学校还没有废除体罚，如果淘气或背不得书，就会挨手心或“下贵州”（罚跪）。小学除国文、算术等课程外，还要读《三字经》《论语》等，这些都是需要背诵的。我当然也挨过不少手心，也曾被罚跪。对于那些打过我手心、罚过我跪的老师，我仍然感激他们在我成长过程中给了我有益的鞭策。

我刚跨入高小一年级，由于日本侵略者对成都的空袭越来越频繁，不得已辍学。全家疏散到西郊朱家碾墓园暂住，又就读于广益第二小学，从高小一年级从头读起。广益小学是一所教会学校，我在此接受的是另一种形式的教育。校长吴寿卿是一个年老的虔诚基督徒，慈祥可亲。每天吃饭要作祈祷，还要唱一首歌，歌词是："靠着两只手，盛了一碗饭，大家努力把活干，不做工的就没有权吃饭，伊儿呀儿哟。"我对这首歌的印象很深，它让我明白：必须靠自己劳动才有饭吃。高小两年中，给我印象很深的有两位老师：一位姓于，是个血气方刚的青年，他疾恶如仇，我很佩服他。有一次一个校外男青年对我们班上一个年龄及个头均较大的女生非礼，于老师知道后，抓住那个流氓用绳子捆绑起来打，他又累又气，直打得那流氓跪地求饶。另一个青年老师叫谢树中，给我们讲了许多救亡图存的道理。有一次，他突然告诉我们，他要离开学校到陕北去。班上同学一方面舍不得谢老师离开，一方面又钦佩他勇敢，纷纷写诗文送给他作纪念。我写一首"诗"，只记得前两句是"咚当咚当咚咚当，谢先生参军上战场"。那时还不懂得去陕北是投奔革命，只朦胧意识到陕北是抗日前线，去陕北就是去抗击日本鬼子。

1941 年，我以较优异的成绩考入树德中学。这是成都最好的私立中学，校长吴照华办学认真，设备齐全，校风淳朴，师资水平高，学生读书空气浓厚。从校歌的歌词可以体现办校的宗旨及培养学生的精神所在。歌词如下："干家桢国，树人斯树德，大勇气集义所生，大精神诗书所泽。举目异山河，新亭涕泗多，终童能请长缨，汪琦能卫社稷。匣中宝剑及时磨，东海斩鲸，西山化鸟，复仇填恨止干戈。泱泱大国，弦颂雅声和。"学校不仅重视学生的学习成绩，也很重视体育锻炼。除初中的童子军、高中的军事训练、平时的体育都很认真外，每年春秋两学期还分别举行两次运动会，各有会歌一首，从会歌的歌词也可看出锻炼身体的目的是驱除敌寇。现录秋季运动会会歌如次："金风作，暑气消，庭院清凉。天高气爽，丹桂正飘香。转眼黄花遍地，佳节又重阳。丁兹国事蜩螗，敌寇披猖。亟宜卧薪把胆尝，何暇恋景光。漫道登山临水乐，兴亡责任要担当。快归队，速成行，齐集操场上，来玩玩铜球铁饼共标枪。遇障碍，莫要慌；跑竞赛，定要忙。争个胜负较短长，志向要恢张。练就铜筋铁骨，气体刚强，好把敌寇攘。"

学校各科的教师都很强，我受业的老师中，如代数徐庶聪、三角与解析几何杨俊明、几何肖晓畋、物理刘瀛臣、化学周守谦和高华寿、中国史罗孟桢、世界史欧亮甫、地理龚中舆、生物郑实夫、英语万千里、英文法李书农、国文胡万锟、文学史庞石帚等，都是学识渊博、教学方法好的老师，所以五十多年后的今天，我对他们的音容笑貌都记忆犹新。由于课讲得好，学生就以所教课程称老师，如杨三角、肖几何、徐代数等。郑实夫老师讲生物学，深入浅出，庄谐并重，引人入胜。我后来选择这一专业，与郑老师的启蒙不无关系。国文都讲古文，教材以《经史百家杂钞》为主，也可参考《古文辞类纂》；庞石帚老师讲的中国文学史是我最感兴趣的课程，我的中文写作与对文学的兴趣，就得力于中学的基础。

树德中学是男女分校，当时男生部有两个学术团体，一是树光学会，一是弘毅学会。学会的活动之一出墙报，其设计讲究，内容丰富。许多同学都能写诗词，有的书法也很好。我初中毕业时，挚友苏炬声写一首词赠我："垂柳青青弱弱，时光暮暮朝朝。日长天气已无聊，更那堪故旧离掉。想是上天情薄，频分道义之交。赵君此去鱼龙变，预计身心定自安。"他写的这首词虽已不复存在，但词的内容却深藏我的心底。

抗日战争时期，学校疏散到外西北巷子万福寺。大约在 1943 年，日军早已东扼三峡出口，南掠贵州独山，对四川形成夹击之势。这时……政府号召十万青年从军，组建青年军十个师，捍卫国土。树德同学秉承校训，痛感山河变色，亟欲效终童请缨，以攘敌寇，投笔从戎者大有人在。

1945 年日寇投降……饱经战争创伤的人民，盼望能休养生息，而国民党违背民心悍然发动内战，激起群愤。记得那时我们班的教室正当进校门的甬道，凡入校的同学都要经过我们教室的窗下。我们班同学凑钱订了一份重庆出的《新华日报》，大家都争着看，想从中获得一些真实的消息。后来不知谁出的主意，干脆把报纸用报夹夹住，悬挂在教室的窗户上，好让全校同学都有机会看到。不久，学校迁回宁夏街。大概在我高中毕业前不久，中共成都地下党组织领导的"反饥饿、反内战"运动如火如荼地发展起来。我们班的地下党员如赵令哲、刘小石等也积极活动，给同学介绍学生运动情况，并建议我们发动罢课。我听后，自愿担负鼓动同学罢课的任务。我是走读生，放学后本应回家，可是我留下来，等住校同学吃过饭上晚自习前，在进步同学陪同下，挨着一间间寝室、一间间自习室向同学们宣传，鼓动大家参加罢课。几天后……校长突然紧急召集全校学生到礼堂集合，当众宣布不准罢课，凡参加罢课者一律开除，同时恫吓鼓动罢课的人。结果，树德中学的罢课没有成功。

1947年夏天我从树德高中毕业，考入华西协合大学理学院生物系，开始大学生活。

组织进修学会

在中小学时期，我曾深受民族歧视之苦。“哪里有压迫，哪里就有反抗。”这是马克思主义的一条真理。针对民族歧视政策，当我进入高中后(1944年秋)就着手酝酿团结满族、蒙古族青年，建立组织。最初吸收了赵、刘、穆几家至亲中的青年，取名“同仁学会”，意为一视同仁。以后逐渐扩大到成都所有满族、蒙古族青年，人数最多时已超过两百人。经长辈建议，更名为“进修学会”，取进德修业之意。从1944年—1949年，由于会员们的信任，我一直担任学会会长。学会早期的活动限于交流图书、办刊物、开展文娱活动、为青少年补习文化等。其目的是联络感情，增进民族内部团结，提高自身素质。1946年，表叔苏成纪(中共成都地下党外围组织“民协”领导的“雏鹰剧艺社”成员，1948年加入地下党)加入进修学会，他经常向地下党汇报进修学会的情况，地下党很关心和重视学会的作用，指示苏成纪负责联络学会，把学会作为团结和影响广大满族、蒙古族青年的工作点。自此，进修学会的活动内容更加丰富，增加了传播进步思想，开展社会调查，教唱进步歌曲(等活动)，并在实业街三英小学公开举办文娱晚会，朗诵革命诗歌，排演活报剧，高唱进步歌曲如《古怪歌》《朱大嫂送鸡蛋》《山那边好地方》等。这样，由最初反对民族压迫的进修学会，在地下党的影响下，逐步走上无产阶级革命斗争的轨道。

前面说过，父亲一向不许我们弟兄姊妹参加任何课外活动，但对进修学会是唯一的例外，他不但不反对，还默许学会在家里开展活动。

1949年底成都解放，进修学会的部分会员参加革命工作，进修学会也自动停止了活动。

我的大学生活

1947年,我以第一名考入华西协合大学理学院生物系。我当时选择这个专业有两个原因:一是中学时代郑实夫老师讲授的生物学启迪了我对研究生物的兴趣;二是旧社会人际关系的复杂,彼此钩心斗角、尔虞我诈,使我感到厌恶;而疏散到农村的几年却充分领略了田园生活的宁静与恬适。所以我选择学习生物学,以便今后与大自然为伍而避开尘世的纷扰。

刚入校,一些亲友知道了,纷纷劝我改行学医,连我自己也动摇了原来的信念。于是,有一天早晨我到医学院院长曹仲梁教授家里去,请他允许我转入医学院学习。当时曹教授没有拒绝我,但很委婉地说现在已经开学,不好马上转系,建议我读完一年级后再转。这一年中,刘承钊教授从美国回来,听了他几次讲演,认识了生物学的重要性,我又打消了转专业的念头,安心读生物系了。

在大学一年级,我有幸跟随刘老师到彭县白水河与九峰山两次野外工作,既学到了野外采集的知识,又满足了我与大自然为伍的愿望。虽然以后多年的野外工作遍历名山大川,但至今我仍留恋川西山区农村小桥流水、竹林茅舍那种诗情画意。

回到学校,现实生活又是另一番景象。解放战争已如燎原之势,国民党用更加残酷的手段血腥镇压学生运动。1948年初从野外工作回校,听说学生参加“反内战、反饥饿”游行,被王陵基镇压,一部分学生被关起来,生物系的袁泽民同学就是其中之一。生物系同学正准备声援营救,我听后义愤填膺,主动承担草拟宣言的任务。那时我写的宣言中有几句仿骆宾王《讨武曌檄》,措辞慷慨激昂,可惜现在已记不确切。

国民党临近全面崩溃前,学校内各种力量的斗争也愈尖锐复杂。1949年底,国民党“应变”前夕,同住华英宿舍的一位同学悄悄告诉我说:“听说国民党今天晚上要到宿舍抓人,你也被列入黑名单内。”我弄不清是真是假,考虑到自己在学校比较活跃，有可能被认为是危险分子，还是以躲一躲为上策，于是连夜搬到生物系大楼下暂避。

1949 年 12 月 27 日，成都终于和平解放。记得那时全校各系为庆贺解放，在各自的教学楼张灯结彩，我给生物系大楼门前写的一副对联是："庆贺解放，不管它花儿、鸟儿，个个人儿都欢喜。反动消灭，无论是动物、植物，块块生物大翻身。"吸引了全校许多师生前来观看。

1948 年，我被刘承钊老师接纳为学生助理，在华西协合大学自然历史博物馆半工半读。所以，1950 年初华大成立工会时，我成为第一批工会会员。不久，我又应聘到川西卫生学校兼授生物学一学期。

华大成立学生会，由于同学们的信任，我被选为全校学生会副主席，并光荣地出席了成都市、川西区、西南区三次学生代表大会。从此，我的社会活动更加频繁。

1951 年 7 月，我从华大毕业。西南区大专毕业生集中在重庆学习一个月后，我被分配到哈尔滨医科大学任助教。1954 年 5 月初调回母校，那时已更名为四川医学院，1956 年底晋升为讲师。1965 年调到中国科学院成都生物研究所（当时名为西南生物研究所），历任助理研究员、副研究员、研究员、研究室主任，1982 年—1992 年曾担任三届副所长。

我的研究工作

1956 年，党号召高等学校教师开展科学研究，按照刘承钊老师的安排，我跟随徐福均教授从事峨眉树蛙繁殖及胚胎发育的适应性研究。峨眉树蛙产卵在水外，发育完成的蝌蚪在雨水冲刷下，从卵膜内孵出后才掉入水中生活。我模仿它的条件，将正常产卵在水中发育的黑斑蛙卵让卵胶膜充分吸水后平铺于培养皿中，加盖避免过度蒸发，照样可以发育成蝌蚪；加入大量的水将胶膜稀释也孵出。我得出结论：蛙类发育中的胚胎并不需要外环境中的水分，只是由于没有能够避免过度蒸发以及支持卵内容物的卵壳，所以才必须在水环境中完成发育。

我真正投身到两栖爬行动物分类区系的研究，是从 1962 年才开始的。此后的 20 年里，我曾赴 15 个省及自治区调查采集，到过东北的林海雪原，穿过西北的草原荒漠，翻越过世界屋脊喜马拉雅山，深入过热带丛林，为探索蛙螈蜥蛇的奥秘踏遍了祖国大半河山。除采集了大量的标本外，还发现并命名 34 种两栖爬行动物，发表了有尾类两个新属。

1969 年—1970 年，根据国防需要，到云南西南边疆与昆明动物研究所的同志合作调查毒蛇危害及蛇伤治疗方法，研制成功“云南蛇药”。

1976 年—1977 年，应新疆治蝗灭鼠指挥部的邀请，奔赴天山及北疆调查研究中介蝮对牲畜的危害及防治。提出消灭蝗虫和鼠害以断绝蝮蛇食物来源和隐蔽洞穴，以及挖捕冬眠毒蛇的综合防治措施。

1978 年—1980 年，开展蝮属蛇类的分类学研究，发现旅顺附近蛇岛上的蝮蛇，过去中外学者都将它鉴定为中介蝮，实际上是一个未经描述的新种，我将它命名为蛇岛蝮。认为我国的蝮蛇有若干种，东北地区是蝮属的分化中心。以后的研究又提出横断山北段是蝮属分化的另一个中心。

1981 年—1983 年，研究我国特有单科单属独种瑶山鳄蜥的分类地位，国外学者曾将它并入美洲的异蜥科，经我们研究后，提出恢复鳄蜥科的结论。

通过 1973 年对西藏南部的调查研究，除发表新种墨脱竹叶青蛇外，首先(1977 年)提出我国喜马拉雅山南坡地区应划为西南区的喜马拉雅区(过去将它归入青藏区)。其次在对南迦巴瓦峰山区考察的基础上，1986 年将该亚区的范围沿雅鲁藏布江大拐弯水流通道向北扩大到通麦—易贡一线。

我国地跨动物地理分布的古北与东洋两大界。两界分界线在西部为喜马拉雅山—横断山脉—秦岭一线，为众所公认；在东部则众说纷纭：或为长江，或为淮河，或为南岭，迄无定论。我根据对毒蛇分布的研究，提出它可能不是一条有形的界线，而是一条受气象综合因素——等温线、降水量、季风、无霜期长短等制约的无形界线。就毒蛇来说，这条线大致在北纬 31 度左右。

我将毒蛇分布规律的认识与蛇伤危害状况结合，提出了蛇伤医学动物地理学的概念。

关于动物地理分布的研究，近年我又把兴趣集中在东亚岛屿方面，于

1989 年在英国召开的首届世界两栖爬行动物大会上提出报告。

从 1966 年我发表第一篇科学论文以来，到现在共发表论文 150 余篇，出版专著、论文集、图谱、手册等 20 余种，此外 20 世纪 50 年代还翻译出版过俄文书籍 4 种。

我担任研究室主任期间，积极鼓励与支持开展新技术与新方法的应用，研究室一度有若干同志运用染色体组型、各种电泳、组织化学等手段解决分类学问题。我自己也与上海生化研究所和上海生理研究所的同志合作发表了我国第一篇以生化方法研究毒蛇分类的论文，与本室同志发表了若干篇染色体组型研究的论文。目前，年轻同志还在继续并发展这方面的工作。

当时我已经培养了七名硕士研究生。其中，两名已在美国获博士学位并留美工作，一名正在加拿大攻读博士学位，三名曾到美国进行合作研究。其中有的已成为某一领域的专家。

编辑与出版，我的另一爱好

为了交流基础研究的成果，1972 年起，我就编印了《中国蛇类检索表》。两年后，又编印了《两栖爬行动物研究专刊》第二辑。1976 年与 1978 年分别编印了第三辑与第四辑。这四辑成为一个系列，名为《两栖爬行动物研究资料》。

两年出一辑，内容虽然丰富，但间隔太久，不能起到及时交流的作用。从 1978 年起，我采取随编随印、连续编号、不定期出版的方式，刊名《两栖爬行动物研究》(*Acta Herpetologica Sinica*)。从 1979 年 8 月到 1982 年 6 月，共出版了 6 卷(辑)。

以上刊物都交《成都晚报》印刷厂代印。由于报社工人很少排印科学刊物，对外文不熟悉，每期排印时，我整周到印刷厂排字车间配合工人一起工作，及时解决排版中的问题，有时我还捡英文字钉，从编辑、版式设计到校对工作全部由我承担。在实践中，我对编辑与出版工作产生了浓厚的兴趣，得到很多乐趣。

看了十年出版刊物的经验和成果，中国科学院出版委员会批准我们以《两栖爬行动物学报》为刊名，作为季刊，从 1982 年正式出版，刊物的拉丁名不变。由于批准时间已晚，1982 年第一卷只出了一期，1983 年—1987 年每年一卷四期。由于是正式刊物，成立了编辑部，有固定的人员编制，我担任主编。后来，学报又被国家列为核心刊物之一。可是，到了 1987 年，所里因经费困难而有停办之意，1988 年第七卷出了两期之后终于被迫停刊。

我并没有因此而灰心。1987 年底已作好思想准备，我又另起炉灶创办了以英文为主的中国《蛇蛙研究》(*Chinese Herpetological Research*)，于 1987 年 10 月出版第一卷(一期)。由于以英文发表论文，就更便于国际交流。为了筹措这一期的经费，我已大费周折，如果连续出刊，经费将难以为继。正在为难之时，美国朋友，加州大学伯克利分校的 Papenfuss 先生自愿拿到美国办，经费由他全部承担，由我任主编，他任副主编。从第三卷起，考虑到扩大稿源，更名为《亚洲蛇蛙研究》(*Asiatic Herpetological Research*)。到今年出版七卷。

刊名改了，失去我国的特色，加之我国能撰写英文稿件的人暂时还不多。所以，我在 1990 年纪念业师刘承钊教授九十周年诞辰出版的《从水到陆》文集的基础上，将其作为“蛇蛙研究丛书”(*Herpetological Series*)第一卷，连续出版下去。经费则采取募集或由著者自行筹款。到 1995 年止，已出八卷，目前正在编印第九卷，预计 1997 年初出版。

除此之外，早在 1981 年，我以四川省动物学会副理事长兼秘书长的身份，积极筹备，亲自组稿、编辑，出版了《四川动物》两期试刊。从 1982 年起，《四川动物》作为四川省动物学会的刊物，每年四期为一卷，公开发行，1996 年已出刊十五卷，目前正筹备办刊十五周年庆典。

踏出国门

我第一次出国访问是在 1982 年，中国科学院根据与日本国学术振兴会的学术交流协议,派我去日本两个月。主要接待单位是群马县薮冢本町的日本蛇族学术研究所,此外还去了京都大学、名古屋大学、广岛大学,以及冲绳县的公害卫生研究所与蛇类研究所的冲绳支所。

1984年,应美国华盛顿州立大学 Kardong 教授的邀请,去美国12个州的大学、博物馆参观访问,到野外采集,并出席了美国三大学会的联合年会,为期三个月。访问结束前,接到欧洲方面的邀请,离开美国后,飞越大西洋,又到瑞士、卢森堡、联邦德国与意大利四国访问。

1985年,我率领四川省科协组织的“蛇类养殖技术考察团”再度赴日本。

1986年,我率领四川省科协组织的“四川省青少年科学教育考察团”第三次赴日本。

1987年,再次访问美国。这次是根据中国科协与美国美中学术交流委员会(CSCPRC)的协议,每年互派6名学者。中方派出的6人中3名由中方指定,3名由美方提名邀请;美方派出的6名也采取对等方式。我是由美方提名邀请的,程序很复杂。CSCPRC 由美国科学院、美国社会科学院与美国全国各学会联合会三大机构组成,提出邀请的3名中国人需由各机构提名初评,评上的再交 CSCPRC 综合平衡确定最后人选。美国朋友认为我被评上的机会很小,所以我被评选后,许多美国朋友纷纷来信祝贺。接待单位是著名的康奈尔大学,我的老师秉志(满族)与刘承钊教授都是康奈尔大学的博士生。此次访问为期八个半月。在康奈尔大学期间,我与鹰岩教授着手编写英文版《中国两栖爬行动物学》一书,此外,还访问了好几个州,包括著名的哈佛大学与麻省理工学院。并应邀到墨西哥滨海城市韦拉克鲁斯出席墨西哥全国两栖爬行学会与美国两大学会联合召开的学术会,在墨西哥期间参观了墨西哥城(首都)附近的金字塔。会毕到 Citlaltépetl 山采集,我亲自采到全世界仅有的两种毒蜥中的一种。我的妻子涂茂浉应著名质谱学专家、康奈尔大学化学系教授 McLafferty 邀请访美3个月,我们相会在芝加哥,然后一道参观了华盛顿市、纽约、波士顿与堪萨斯,再同返康奈尔大学工作,于1988年初经加州同机回国。

1988年7月25日到8月5日,我率领一个19人的代表团去日本京都大学出席第二次日中两栖爬行动物学术讨论会。会后又去群马县日本蛇族学术研究所参观。然后部分团员转赴冲绳出席第三次冲绳中国两栖爬行动物学术会。冲绳公害卫生研究所吉田朝启所长也邀请涂茂浉参加。此次赴日本她始终与我们一道。到冲绳机场刚下飞机,冲绳县长(日本的县相当于我国的省)还专门安排接见我(作为代表团长)与夫人。学术会上,我与她都应邀作了特别讲演。冲绳朋友们仍然是那么友好,住吃都安排得很理想,会议结束后,还专门安排了一位支所长陪同我们飞到长崎,第二天上午一直把我们送到长崎国际空港登上回上海的飞机。

1989 年,我得到英国皇家学会的资助,经香港赴英国出席首届世界两栖爬行动物学大会。会后渡英伦海峡,经比利时顺访了法国、联邦德国、奥地利、捷克、波兰与苏联(俄罗斯)。

1990 年,我与中科院成都分院刘建纪院长、杨思一处长经哈萨克斯坦访问了吉尔吉斯斯坦与乌兹别克斯坦。

1991 年,我应聘为美国加州大学伯克利分校米勒研究院的客座教授(VMP),这一荣誉自 1956 年—1991 年共邀请了世界各国 56 人,其中只有我一人来自中国。与此同时,康奈尔大学也邀请我作为高级访问学者,主要与鹰岩教授修改合作编写的《中国两栖爬行动物学》定稿。第三次访美为期一年零一周左右,此期间,还应加拿大安大略皇家博物馆邀请访问一个月,应 Lazell 教授邀请到加勒比海英属维尔京群岛采集一个月。

1992 年,我已办好手续去澳大利亚出席第二届世界两栖爬行学大会,因左股骨颈骨折未能成行。但是我与鹰岩教授的英文版《中国两栖爬行动物学》已在美国出版。在大会上受到普遍欢迎。到目前为止,我已看到 20 多种文字的评介文章。著名研究南美洲两栖动物的美国 Duellman 教授来信说此书将在好几十年内成为研究中国两栖爬行动物的主要参考。

1995 年夏,我应法国邀请出席在该国南部召开的世界龟鳖保护大会,并作学术讲演。同年秋,赴土库曼斯坦出席第二届亚洲两栖爬行动物学术会。

十四年来,我出访 11 次,到过 22 个国家和地区。前几次出访着重到各大博物馆查看所收藏的我国标本,特别是新种模式标本,顺便参加学术会议。后几次出访多半是应邀参加国际会议。通过出访,扩大了眼界,结交了各国同行,互相交流学术思想与交换资料,给国内学科的研究工作向国际接轨创造了有利条件。我也随时向国外朋友介绍祖国的伟大成就，介绍本学科在国内的发展情况。

出国访问时，经常遇到这样的情况，因为我们的到来，东道主往往悬挂中国国旗。譬如1986年我率领“四川省青少年科学教育考察团”访问日本时，有一次登富士山，参观山下的一所青少年活动中心，当晚就住在那里。第二天一早，通知我们到操场集合参加升旗仪式。我们也和同学一样，端端正正地排在那里。乐声奏起时，才发现五星红旗与日本国旗在两根并列的旗杆上同时缓缓升起。这时，我们每个人的内心都异常激动。每当看到五星红旗，我就提醒自己：代表祖国，决不能有辱使命啊！

荣誉属于大家

1978年，我们研究室的“两栖爬行动物研究”获全国科学大会二等奖。与昆明动物所合作研究的“云南蛇药”以及与浙江医科大学、上海自然博物馆合编的《中国蛇类图谱》也获得全国科学大会奖。

1983年，我与施白南教授主编的《四川经济动物志　总论》获四川省重大科学技术成果三等奖，(我也)当选为第六届四川省人民代表大会代表。

1986年，“鳄蜥分类地位的研究”获全国科学技术研究成果三等奖及中国科学院三等奖。

1988年，我个人获中国科学院竺可桢野外科学工作奖，当选为第七届全国人民代表大会代表。

1993年，当选为第八届全国人民代表大会代表。

我所参加的青藏高原综合考察先后获中国科学院1986年科技进步特等奖、1987年国家自然科学一等奖及1989年陈嘉庚地球科学奖。

1983年，世界两栖爬行动物大会邀请我担任执行委员会委员，大会秘书长在邀请信上写：“你是代表贵国的适合人选。”同年应邀担任世界两栖动物物种审定委员会委员。

1987 年，由美中学术交流委员会提名邀请，以康奈尔大学访问教授身份赴美进行学术交流。同年受聘为芝加哥 Field 自然历史博物馆特约研究员。

1988 年，当选为美国 Sigma Xi 自然科学荣誉学会会员，同年起担任加州大学伯克利分校出版的英文版《亚洲蛇蛙研究》杂志主编。

1989 年，当选为美国加州科学院荣誉院士。同年在首届世界两栖爬行动物学大会上连选连任大会第二届执行委员。

1990 年，美国动物园协会蛇类专家组邀请我为顾问。

1991 年，应聘为美国加州大学伯克利分校客座教授、加拿大安大略皇家博物馆特约研究员；被世界自然保护联盟(IUCN)物种保存委员会聘为该会中国爬行与两栖动物专家组主席。

1995 年，应土库曼斯坦邀请，成为第二届亚洲两栖爬行动物学术会组织委员，受到该国副总理等领导接见。

1996 年，应哈萨克斯坦之邀请，担任第三届亚洲两栖爬行动物学术会组织委员。应越南之邀，担任首届热带雨林两栖爬行动物的多样性及保护学术会组织委员。

我只做了一点自己应该做的工作，却获得这么多的荣誉和奖赏。我清醒地知道，这些荣誉和奖赏中间，含有许多人的辛勤劳动，荣誉属于大家所有，我只不过代表大家接受。我决心继续努力，为祖国和民族争取更多更大的荣誉。

附录三　赵尔宓主要著译目录

一、论文

1. 刘承钊，赵尔宓.铜楔蜥卵胎生习性的观察.动物学杂志，1965，7(4)：168－171.
2. 胡淑琴，赵尔宓.四川爬行动物三新种.动物分类学报，1966，3(2)：158－164.
3. 胡淑琴，赵尔宓，刘承钊.秦岭及大巴山地区两栖爬行动物调查报告.动物学报，1966，18(1)：57－89.
4. 赵尔宓，江耀明，刘德扬.蛇类食性研究.动物学杂志，1966，8(4)：165－175.
5. 赵尔宓，江耀明.云南省爬行动物调查及补充名录.动物学杂志，1966，8(3)：127－130.
6. 赵尔宓.关于“壁虎”的几个问题.生物学通报，1966(1)：6.
7. 胡淑琴，赵尔宓，刘承钊.贵州省两栖爬行动物调查及区系分析.动物学报，1973，19(2)：149－178.
8. 赵尔宓.新疆龟类的一个国内新纪录—四爪陆龟.动物学报，1973，19(2)：198.
9. 四川省生物研究所两栖爬行动物研究室(赵尔宓).云南西双版纳游蛇科的两种国内新纪录——黑纹游蛇和颈斑蛇.动物学报，1973，19(3)：306.
10. 四川省生物研究所两栖爬行动物研究室(胡淑琴，赵尔宓).中国两栖爬行动物名录及其地理分布(爬行动物部分).两栖爬行动物研究资料(川生科技.两栖爬行动物研究专刊第二辑)，1974，2：17－40.

11. 四川省生物研究所两栖爬行动物研究室(赵尔宓,吴贯夫).安徽省两栖爬行动物调查初步报告(爬行动物部分).两栖爬行动物研究资料(川生科技.两栖爬行动物研究专刊第二辑),1974,2：48－57.
12. 四川省生物研究所两栖爬行动物研究室(赵尔宓).四川省二郎山两栖爬行动物调查报告(爬行动物部分).两栖爬行动物研究资料(川生科技.两栖爬行动物研究专刊第二辑),1974,2：58－65.
13. 四川省生物研究所两栖爬行动物研究室爬行动物研究组(赵尔宓).世界毒蛇概况.两栖爬行动物研究资料(川生科技.两栖爬行动物研究专刊第二辑),1974,2：66－81.
14. 四川省生物研究所两栖爬行动物研究室(胡淑琴,赵尔宓),中国科学院北京动物研究所(黄祝坚).海南岛爬行动物三新种.动物学报,1975,21(4)：379－384.
15. 赵尔宓.黑斑蛙卵在水外发育的观察.动物学杂志,1975,(1)：33－35.
16. 四川省生物研究所两栖爬行动物研究室(赵尔宓,江耀明).福建省爬行动物调查及其校正名录.两栖爬行动物研究资料,1976,(3)：30－48.
17. 四川省生物研究所两栖爬行动物研究室(赵尔宓,江耀明).湖北省西部爬行动物初步调查.两栖爬行动物研究资料,1976,(3)：49－53.
18. 四川省生物研究所两栖爬行动物研究室(赵尔宓,江耀明).湖南省爬行动物初步名录及其地理分布.两栖爬行动物研究资料,1976,(3)：54－60.
19. 四川省生物研究所两栖爬行动物研究室(赵尔宓,沈杨).龟鳖目动物概述.两栖爬行动物研究资料,1976,(3)：61－81.
20. 四川省生物研究所两栖爬行动物研究室(赵尔宓).关于我国极北蝰的资料.两栖爬行动物研究资料,1976,(3)：86－87.
21. 四川省生物研究所两栖爬行动物研究室(赵尔宓、江耀明).西藏爬行动物区系调查及新种描述.动物学报,1977,23(1)：64－71.
22. 四川省生物研究所两栖爬行动物研究室.蛙属一新种——凹耳蛙.动物学报,1977,23(1)：113－115.(赵尔宓参与撰写)
23. 赵尔宓,蔡春抹.白头蝰.动物学杂志,1978,13(1)：42－43.
24. 赵尔宓.《本草纲目》药用蛇类名称考证.浙江中医学院学报,1978,(4)：

18 - 23.

25. 赵尔宓.北疆蛇类初步调查.两栖爬行动物研究资料,1978,(4): 7 - 9.
26. 江耀明,赵尔宓.中介蝮与草原蝰的食性观察.两栖爬行动物研究资料,1978,(4): 10 - 11.
27. 赵尔宓,江耀明.中介蝮与草原蝰的繁殖资料.两栖爬行动物研究资料,1978,(4): 12 - 13.
28. 赵尔宓,江耀明,黄庆云.我国蛇类三新种(摘要).两栖爬行动物研究资料,1978,(4): 21.
29. 赵尔宓,江耀明,黄庆云.我国游蛇亚科两新种.自然杂志,1979,2(5): 313.
30. 赵尔宓.四川烙铁头蛇属一新种.动物分类学报,1979,4(4): 422 - 424.
31. 赵尔宓,严仲凯.竹叶青蛇在长白山的发现及其地理分布的探讨.两栖爬行动物研究,1979,1(1): 1 - 3.
32. 赵尔宓.蛇岛蝮属一新种.两栖爬行动物研究,1979,1(1): 4 - 6.
33. 赵尔宓,江耀明.北疆蛇类初步研究.两栖爬行动物研究,1979,2(1): 1 - 23.
34. 赵尔宓,江耀明,黄庆云.我国蝮蛇种下分类的探讨.两栖爬行动物研究,1979,1(2): 1 - 12.
35. 赵尔宓,吴贯夫,杨文明.我国蝮蛇各亚种间及其与蛇岛蝮蛇毒的毒力与中和试验的比较.两栖爬行动物研究,1979,1(3): 1 - 6.
36. 熊郁良,邹汝金,杨大同,匡溥人,赵尔宓,费梁,江耀明,莫云祥,杨恒初.云南蛇药的研究.药学学报,1979,14(9): 557 - 560.
37. 赵尔宓.滚山虫.浙江中医学院学报,1979(2): 38 - 39.
38. 赵尔宓.蛇岛"蝮蛇"的分类学研究-形态学的和实验的研究,兼论蛇岛蝮在蛇岛上的起源问题.两栖爬行动物研究,1980,1(4): 1 - 16.
39. 江耀明,赵尔宓.蛇岛蝮与蝮蛇的生态学资料.两栖爬行动物研究,1980,1(5): 1 - 5.
40. 刘承钊,胡淑琴,赵尔宓.髭蟾属 *Vibrissaphora* 和种的初步探讨及其与分类学有关问题的讨论.两栖爬行动物研究,1980,3(1): 1 - 9.

41. 赵尔宓，李胜全，沈杨. 鳄蜥 *Shinisaurus crocodilurus Ahl* 肝、肾乳酸脱氧酶(LDH)的同功酶谱. 两栖爬行动物研究，1980，4(1)：1–3.

42. 江耀明，黄庆云，赵尔宓. 青海沙蜥一新亚种及其生态初步观察. 动物学报，1980，26(2)：178–183.

43. 赵尔宓. 怎样区别毒蛇和无毒蛇. 动物学杂志，1980，15(1)：59–61.

44. 赵尔宓. 我国古代对于蛇类的认识. 动物学杂志，1980，15(4)：48–51.

45. 赵尔宓. 我国古代关于毒蛇与蛇伤防治的知识. 四川动物，1981，(1)：74–78.

46. 赵尔宓，严仲凯，宋榆钧. 我国东北的极北蝰. 两栖爬行动物研究，1981，5(1)：1–4.

47. 陈远聪，武祥福，赵尔宓. 蝮属 *Agkistrodon* 分类的蛇毒分子基础. 两栖爬行动物研究，1981，5(6)：45–51.

48. 赵尔宓，江耀明. 贡嘎山区两栖爬行动物研究 I. 四川蛇类一新种及一新亚种. 两栖爬行动物研究，1981，5(7)：53–58.

49. 吴贯夫，杨文明，赵尔宓. 广西瑶山鳄蜥 *Shinisaurus crocodilurus Ahl* 的研究 3. 鳄蜥染色体组型的初步观察. 两栖爬行动物研究，1981，5(8)：59–64.

50. 赵尔宓，赵敢. 我国的白头蝰. 两栖爬行动物研究，1981，5(11)：71–75.

51. 吴贯夫，杨文明，赵尔宓. 髭蟾属 *Vibrissaphora* 的研究 3. 崇安髭蟾染色体组型的初步观察. 两栖爬行动物研究，1981，5(22)：139–142.

52. 赵尔宓、吴贯夫、武祥福、陈远聪、江明恃、张景康、徐科. 我国蝮属蛇毒的聚丙烯酰胺凝胶电泳比较—兼论蛇毒电泳在毒蛇分类上的应用价值. 动物学报，1981，27(3)：213–217.

53. 赵尔宓. 我国的毒蛇. 四川动物，1981，(2)：67–81.

54. 赵尔宓，黄康彩. 辽宁省两栖爬行动物调查报告. 两栖爬行动物学报，1982，1(1)：1–23.

55. 田婉淑，江耀明，赵尔宓. 髭蟾属 *Vibrissaphora* 的研究 4. 下颌肌肉及舌器的解剖. 两栖爬行动物学报，1982，1(1)：42–47.

56. 赵尔宓，江耀明. 贡嘎山区两栖爬行动物研究 2. 锄足蟾科齿突蟾属一新种.两栖爬行动物学报,1982,1(1):79-82.

57. 赵尔宓.浅谈野生经济两栖爬行动物.野生动物,1982(3):3-4.

58. 赵尔宓,吴贯夫,杨文明.髭蟾属 *Vibrissaphora* 的研究 5.染色体组型的比较.两栖爬行动物学报,1983,2(1):15-20.

59. 江耀明,赵尔宓.贡嘎山区两栖爬行动物研究 3.*Rhabdophis* 属 *nuchalis* 种组的研究.两栖爬行动物学报,1983,2(1):59-62.

60. 江耀明,胡其雄,赵尔宓.贡嘎山区两栖爬行动物研究 4.物种组成与区系分析(附鸟类采集记录).两栖爬行动物学报,1983,2(1):63-69.

61. 赵尔宓,胡其雄.中国西部小鲵科的分类与演化,兼记一新属.两栖爬行动物学报,1983,2(2):29-35.

62. 赵尔宓.我国蟾蜍属的一种新纪录—史氏蟾蜍.两栖爬行动物学报,1983,2(3):72.

63. 赵尔宓(摘译).日本的两种"日本壁虎".两栖爬行动物学报,1983,2(3):78-79.

64. 赵尔宓,李胜全.西藏自治区毒蛇新纪录—眼镜王蛇.两栖爬行动物学报,1983,2(4):44.

65. 赵尔宓.日本学者对我国蛇类分类命名的一些看法.两栖爬行动物学报,1983,2(4):79-80.

66. 胡其雄,江耀明,赵尔宓.鳄蜥 *Shinisaurus crocodilurus* 分类地位的研究.两栖爬行动物学报,1984,3(1):1-7.

67. 吴贯夫,赵尔宓.无尾类中一种罕见的核型-双团棘胸蛙 *Rana phrynoides* 的染色体组型.两栖爬行动物学报,1984,3(1):29-32.

68. 赵尔宓.巴鲵属的模式种的命名应予订正.两栖爬行动物学报,1984,3(1):40.

69. 吴贯夫,赵尔宓.大壁虎(*Gekko gecko*)和蹼趾壁虎(*G. subpalmatus*)的染色体组型研究.两栖爬行动物学报,1984,3(2):61-64.

70. 张服基,胡淑琴,赵尔宓.我国游蛇亚科 Colubrinae(游蛇科 Colubridae)半阴茎形态的比较研究与演化关系的探讨.两栖爬行动物学报.1984,3(3):23-44.

71. 赵尔宓,李胜全.西藏扁手蛙属一新种.两栖爬行动物学报,1984,3(3):55-57.

72. 鄂未远,赵尔宓.我国四种龟类血清蛋白的比较分析.两栖爬行动物学报,1984,3(4):1-4.

73. 吴贯夫,赵尔宓.无尾类两种罕见的核型—四川湍蛙及凉山湍蛙的核型.两栖爬行动物学报,1984,3(4):5-10.

74. 赵尔宓,李胜全.西藏树蜥属(蜥蜴亚目:鬣蜥科)一新种.两栖爬行动物学报,1984,3(4):77-78.

75. Yuanchug Chen, Xiangfu Wu, Ermi Zhao. Classification of *Agkistrodon* species in china. TOXICON, 1984, 22(1):53-61.

76. 唐易全,华家柽,邹冈,赵尔宓.两栖动物皮肤活性肽研究概述.两栖爬行动物学报,1985,4(2):88-92.

77. 赵尔宓,李胜全.西藏南迦巴瓦峰地区两栖爬行动物考察.两栖爬行动物学报,1985,4(2):103-108.

78. 赵尔宓,张服基.北鲵属 *Ranodon*、山溪鲵属 *Batrachuperus*、巴鲵属 *Liua* 和异鲵属 *Xenobius* 骨骼的比较研究及其系统发育探讨.两栖爬行动物学报,1985,4(3):209-218.

79. 胡其雄,江耀明,赵尔宓.横断山脉与两栖类进化的关系.两栖爬行动物学报,1985,4(3):225-233.

80. 吴贯夫,赵尔宓.横断山湍蛙属染色体组型的初步研究.两栖爬行动物学报,1985,4(4):276-282.

81. 王跃招,赵尔宓.中国滑蜥属的研究.两栖爬行动物学报,1986,5(4):267-277.

82. 谭安鸣、吴政安、赵尔宓、欧阳慧星.快速、简便的核仁组织者区(Ag-NOR_S)的一步染色法.两栖爬行动物学报,1986,5(1):72-74.

83. 杨玉华,胡其雄,赵尔宓.中国蝾螈科的细胞分类与演化 I.红瘰疣螈和蓝尾蝾螈云南亚种的减数分裂.两栖爬行动物学报,1986,5(2):90-93.

84. 杨玉华,胡其雄,赵尔宓.黑爪异鲵的核型及其系统发育意义的探讨.两栖爬行动物学报,1986,5(2):94-97.

85. 赵尔宓.我国龟鳖目校正名录及其地理分布.两栖爬行动物学报,1986,5(2):145-148.

86. 赵尔宓,刘晓波,康绍和.四川省蛇类五种新纪录.两栖爬行动物学报,1986,5(2):157.

87. 谭安鸣,吴政安,赵尔宓.泽蛙的染色体组型、C带和Ag-NOR_S研究.两栖爬行动物学报,1986,5(3):176-180.

88. 赵尔宓,江耀明,李胜全.西藏爬行动物区系分析及地理区划.两栖爬行动物学报,1986,5(3):199-203.

89. 赵尔宓,江耀明.我国游蛇属的划分及其中名的拟订.两栖爬行动物学报,1986,5(3):239-240.

90. Hidetoshi OTA, Tsutomu Hikida, Ermi Zhao. Notes on members of the *Hemidactylus garnotii-vietnamensis* species complex from Hainan and Yunnan of China. Japanese Journal of Herpetology, 1986, 11(3): 79-85.

91. 杨玉华,赵尔宓,高正发.隆肛蛙的染色体组型.两栖爬行动物学报,1986,5(4):251-253.

92. 江苏平,胡淑琴,赵尔宓.中国14种树蛙的种上分类及系统发育关系的初步探讨.两栖爬行动物学报,1987,6(1):27-42.

93. 谭安鸣,赵尔宓,吴政安.经甫树蛙的染色体组型、C带和Ag-NORs的研究.动物学报,1987,33(2):105-109.

94. 赵尔宓,李胜全.西藏裸趾虎属一新种及腹链蛇属一新纪录.两栖爬行动物学报,1987,6(1):48-51.

95. 吴政安,谭安鸣,赵尔宓.横断山区四种湍蛙的细胞遗传学研究.遗传学报,1987,14(1):63-68.

96. 谭安鸣,曾晓茂,吴贯夫,赵尔宓.中国锄足蟾科的细胞分类学研究Ⅰ.宽头短腿蟾的染色体组型及其染色体数目的变异.两栖爬行动物学报,1987,6(2):1-4.

97. 赵尔宓,李胜全.西藏南迦巴瓦峰地区两栖爬行动物的物种组成及区系特征.两栖爬行动物学报,1987,6(2):36-42.

98. 吴贯夫,谭安鸣,赵尔宓.康定湍蛙为一有效种的细胞学证据.两栖爬行动物学报,1987,6(4):39-41.

99. 吴贯夫,赵尔宓.中国锄足蟾科的细胞分类学研究 II.哀牢髭蟾核型及瑶山髭蟾是崇安髭蟾同物异名的讨论.两栖爬行动物学报,1987,6(3):42-44.

100. 谭安鸣,赵尔宓,吴贯夫.翠青蛇的染色体组型.两栖爬行动物学报,1987,6(3):49-51.

101. 赵尔宓.四川有蟒蛇分布的再证实.两栖爬行动物学报,1987,6(3):78.

102. 赵尔宓,谭安鸣,吴政安.日本林蛙的染色体研究及C-带带型细胞分类学价值的初步探讨.动物分类学报,1987,12(2):213-218.

103. 吴贯夫,谭安鸣,赵尔宓.中国锄足蟾科的细胞分类学研究Ⅳ.4种齿蟾的核型及其C-带分析.两栖爬行动物学报,1988,(1):1-4.

104. 唐易全,田盛海,吴时祥,华家柽,邹冈,吴贯夫,赵尔宓,陆一安,朱应麒.我国产绿臭蛙的皮肤中一个新的速激肽—绿臭蛙激肽的分离和结构.中国科学(B辑),1988,(9):967-974.

105. 谭安鸣,赵尔宓,李建立,黄沐朋.中国蝮蛇的实验分类与演化研究Ⅰ.乌苏里蝮蛇为一有效种的细胞遗传学证据.两栖爬行动物学报,1988,(2):112-115.

106. 赵尔宓. 德力姬蛙在中国大陆的发现及其核型.两栖爬行动物学报,1988,(2):119-121.

107. J. Robert Macey, Theodore J. Papenfuss, ErMi Zhao. The snakes of Ningxia Hui Autonomous Region as an indication of a Herpetofaunal Corridor. Chinese Herpetological Research, 1988, 2(1): 4-5.

108. ErMi Zhao, J Robert Macey, Theodore J. Papenfuss. A New Species of Rana from Ningxia Huizu Autonomous Region. Chinese Herpetological Research, 1988, 2(1): 1-3.

109. YQ TANG, SH TIAN, SX WU, JC HUA, GF WU, EM ZHAO, YA LU, YQ ZHU, K TSOU. Isolation and structure of Ranamargarin, a new tachykinin from the skin of the Chinese frog *Rana margaratae*.

Regulatory Peptides, 1988, 22(1－2)：182－182.

110. 赵尔宓.蜥蜴.生物学通报,1989,(2)：7－9.

111. 赵尔宓,高正发.四川龙蜥生态的初步观察.野生动物,1989,(6)：70－72.

112. 赵尔宓,Kraig Adler.中国小鲵 100 年.四川动物,1989,8(2)：18－20.

113. 赵尔宓,Kraig Adler.红尾筒蛇—中国蛇类科的新纪录.四川动物,1989,8(2)：26.

114. 赵尔宓.钩盲蛇孤雌生殖的再证实.四川动物,1989,8(3)：31.

115. 赵尔宓,J Robert Macey, Theodore J. Papenfuss.腾格里蛙的原始描述.四川动物,1989,8(4)：6－8.

116. 唐易全,田盛海,华家桎,吴时祥,邹冈,吴贯夫,赵尔宓.绿臭蛙皮中与神经降压肽有关的绿臭蛙降压肽的分离及其化学和生物学特征.中国科学B辑,化学,1989,(12)：1288－1293.

117. EM Zhao, GF WU, RF INGER. Ecological and geographic distribution of the amphibians of Sichuan, China. COPEIA, 1989, (3)：549－557.

118. Er-mi Zhao. *Microhyla inornata* Boulenger, 1890 found in mainland China, with its karyotypic report. In：Matsui M, Hikida T. Goris R C. Current Herpetology in East Asia. Herpetological Society of Japan, Kyoto, 1989：168－173.

119. Hikida Tsutomu, Zhao Ermi. Eumeces liui：A New Species of Blue-Tailed Skink (Lacertilia：Scincidae) from China. China Copeia, 1989, (1)：110－114.

120. Yi-quan Tang, Sheng-Hai Tian, Shi-Xiang Wu, Jia-Cheng Hua, Guan-Fu Wu, Er-Mi Zhao, Yi-An Lu, Ying-Qi Zhu, Gang Zou. Isolation and structure of Ranamargarin, a new tachykinin from the skin of Chinese frog *Rana margaratae*. Science China chemistry, 1989, (5)：570－579.

121. 赵尔宓.我国有尾类分类学中的几个问题及其名录.载赵尔宓《从水到陆——刘承钊教授诞辰九十周年纪念文集》,北京：中国林业出版社,1990：217－220.

122. 赵尔宓，周婷，叶萍. 中国闭壳龟属一新种—周氏闭壳龟. 载赵尔宓《从水到陆——刘承钊教授诞辰九十周年纪念文集》，北京：中国林业出版社，1990：213－216.

123. 赵尔宓. 剑蛇属中国产种类的分类学研究. 载赵尔宓《从水到陆—刘承钊教授诞辰九十周年纪念文集》. 北京：中国林业出版社，1990：1－6.

124. 赵尔宓. 海南岛两栖爬行动物区系与动物地理学. 载赵尔宓《从水到陆—刘承钊教授诞辰九十周年纪念文集》. 北京：中国林业出版社，1990：354－363.

125. 张服基，赵尔宓. 烙铁头属六种的头骨形态特征和种间关系研究. 载赵尔宓《从水到陆—刘承钊教授诞辰九十周年纪念文集》. 北京：中国林业出版社，1990：79－86.

126. 赵尔宓，伊达雷夫斯基. 海南省红尾筒蛇新纪录及其描述. 四川动物，1990，9(1)：5.

127. 赵尔宓，Ilya Darevsky. 海南省红尾筒蛇新纪录及其描述. 四川动物，1990，9(1)：5.

128. 赵尔宓，陈远辉. 烙铁头蛇属一新种—莽山烙铁头蛇. 四川动物，1990，9(1)：11－12.

129. 赵尔宓，L. Borkin. 海南省金花蛇新纪录及其描述. 四川动物，1990，9(1)：32－33.

130. 唐易全，华家柽，田盛海，吴时祥，韩家娴，胡国渊，季新泉，邹冈，吴贯天，赵尔宓. 我国产华西大蟾蜍皮肤中阿瑞那蟾蜍精的分离、结构鉴定和生物活性. 中国药学杂志，1990(3)：138－139，188.

131. 赵尔宓. 介绍一种蛙类胚胎及蝌蚪发育的分期. 生物学通报，1990，(1)：13－15

132. Kraig Adler, Ermi Zhao. Studies on hynobiid salamanders, with description of a new genus. Asiatic Herpetological Research, 1990, 3: 37－45.

133. Yong Mu, Ermi Zhao. Mating call structures of the Chinese frog, *Rana nigromaculata* (Amphibia, Anura, Ranidae). Asiatic Herpetological

Research, 1990, 3: 60 - 63.

134. Ermi Zhao. The validity of *Elaphe perlacea*, a rare Endemic Snake from Sichuan Province, China. Asiatic Herpetological Research, 1990, 3: 101 - 103.

135. R F Inger, Er-Mi Zhao, H B Shaffer, Guanfu Wu. Report on a Collection of Amphibians and Reptiles from Sichuan, China. Fieldiana: ZOOLOGY, 1990, (58): 1 - 24.

136. Jinzhong FU, Ermi Zhao. The Validity of *Sacalia quadriocellata*. Asiatic Herpetological Research, 1990, 3: 120 - 122.

137. Yiquan Tang, Shenghai Tian, Jiacheng Hua, Shixiang Wu, Gang Zou, Guanfu Wu, Ermi Zhao. Isolation, chemical and biological characterization of Margaratensin, a neurotensin-related peptide from the skin of *Rana margaratae*. Science in China series B-chemistry, 1990, 33(7): 828 - 834.

138. 赵尔宓.中国的毒蛇及蛇伤的医学地理区划.收入钱燕文,赵尔宓,赵肯堂《动物科学研究》.北京：中国林业出版社,1992：208 - 216.

139. 牟勇,赵尔宓.无尾两栖类四属十三种叫声的研究.收入江耀明《两栖爬行动物学论文集》,成都：四川科学技术出版社,1992：15 - 26.

140. 方自力,赵尔宓.中国蟾蜍属 *Bufo* (Anura：Bufonidae)的系统分类研究.收入江耀明《两栖爬行动物学论文集》,成都：四川科学技术出版社,1992：15 - 26.

141. Kraig Adler, Ermi Zhao, Ilya Darevsky. First records of the pipe snake(cylindrophis) in China. Asiatic Herpetological Research, 1992, 4: 37 - 41.

142. GF Wu, EM Zhao, RF Inger, HB Shaffer. A new frog of the genus *Oreolalax* (Pelobatidae) from Sichuan, China. Journal of Herpetology, 1993, 27(4): 410 - 413.

143. Zhao Er-mi. Terrestrial poisonous snakes in China. In: Anthony T Tu. Toxin-Related Diseases-Poisons Originating from Plants, Animals

and Spoilage. New Delhi: Oxford and IBH Publishing Co. Pvt, Ltd, 1993: 355 - 388.

144. 赵尔宓.蛙属的划分及其评价.四川动物,1994,13(3): 111 - 115.

145. 赵尔宓.巴鲵属犁骨齿列形态的研究及其与北鲵属属征的订正.四川动物,1994,13(4): 162 - 166.

146. 赵尔宓.我国两栖爬行动物部分属种中名的建议.动物学研究,1994,15(S1): 193 - 195.

147. Ermi Zhao, Robert F. Inger, Guanfu Wu, H. Bradley Shaffer. Morphological variation and ecological distribution of co-occurring larval forms of *Oreolalax* (Anura: Pelobatidae). Amphibia-Reptilia, 1994, 15: 109 - 121.

148. 赵尔宓,吴贯夫.秦巴北鲵的分类地位,兼论黄斑拟小鲵是它的异名.四川动物,1995,14(1): 20 - 24.

149. Adler Kraig, 赵尔宓. The proper generic name for the Asian wolf snakes-*lycodon* (Serpentes: Colubridae). 四川动物, 1995, 14(2): 74 - 75.

150. 赵尔宓.我国蛇类几个种与亚种的讨论.铁道师院学报,1995,12(2): 36 - 39.

151. 赵尔宓.我国几种蛇的种下分类.四川动物,1995,14(3): 107 - 112.

152. 赵尔宓.中国两栖动物名录及地理分布.四川动物,1995,增刊: 1 - 14.

153. 田婉淑,江耀明,吴贯夫,黄庆云,赵尔宓.中国两栖动物属种检索.四川动物,1995,增刊: 15 - 46.

154. 吴贯夫,赵尔宓.四川一新种棘蛙.四川动物,1995,增刊: 52 - 55.

155. 吴贯夫,赵尔宓.四川省两栖动物区系与地理区划.四川动物,1995,增刊: 137 - 144.

156. 赵尔宓,李胜全.南峰地区两栖爬行类区系.收入中国科学院登山科学考察队《南迦巴瓦峰地区生物》.北京: 科学出版社,1995: 258 - 274.

157. 赵尔宓.法国国际龟类保护大会散记.四川动物,1995,14(4): 183.

158. 赵尔宓.记英属维尔京群岛的两栖爬行动物.四川动物,1996,15(4):

165－167.

159. 赵尔宓.香港的两栖和爬行动物.四川动物,1997,16(2)：51－60.

160. 赵尔宓.中国龟鳖动物的分类与分布研究.四川动物,1997,15卷增刊：1－26.

161. 赵尔宓.金头闭壳龟饲养下产卵一例.四川动物,1997,15卷增刊：159.

162. Ermi Zhao. A New Species of *Rhabdophis* (Serpentes：Colubridae) from Hainan Island, China. Asiatic herpetological research, 1997, 7：166－169.

163. Ermi Zhao. Infraspecific Classification of Some Chinese Snakes. Asiatic herpetological research, 1997, 7：170－172.

164. 赵尔宓.谈谈我国重点保护的两栖爬行动物.大自然,1998(5)：6－9.

165. 赵尔宓. A new species of the genus *Laudakia* (Sauria：Agamidae) from Xizang Autonomous Region.动物分类学报,1998,23(4)：440－444.

166. 赵尔宓. Description of a new species of the genus *Laudakia* from Xizang(Tibet).动物学研究,1998,19(5)：401－404.

167. 赵尔宓.中国一新种蛙及一新种蛇的鉴别特征.四川动物,1999,18(3)：封2.

168. 赵尔宓,梁华.澳门的两栖和爬行动物.四川动物,1999,18(4)：147－150.

169. 赵尔宓.陆地的征服者：爬行动物.生物学通报,1999,34(4)：5－7.

170. Er-mi Zhao. Distribution patterns of amphibians in temperate eastern Asia. In：Dullman W E. Patterns of Distribution of Amphibians：A Global Perspective. Baltimore and London：The Johns Hopkins University Press,1999：421－443.

171. 田婉淑,赵尔宓.刘承钊教授生前发表的两栖动物新种.四川动物,2000,19(3)：105－106.

172. 赵尔宓.明全蛙(张村蛙)的描述及其相关问题.四川动物,2000,19(3)：133－136.

173. 赵尔宓.梭德氏蛙蝌蚪的腹吸盘—同功器官一例.四川动物,2000,19(3):170-172.

174. 赵尔宓,张学文,赵蕙,鹰岩.中国两栖纲和爬行纲动物校正名录.四川动物,2000,19(3):196-207.

175. RW Murphy, J Fu, DE Upton, TD Lemas, EM Zhao. Genetic variability among endangered Chinese giant salamanders, *Andrias davidianus*. Molecular Ecology, 2000, 9: 1539-1547.

176. Dong Li, Ermi Zhao. *Cuora pani*, the first report from sichuan province. Fourth asian herpetological conference, July 16-20, 2000, Chengdu, China.

177. Dong Li, Mian Hou, Ermi Zhao. Surveys of turtleas in chengdu food markets. Fourth asian herpetological conference, July 16-20, 2000, Chengdu, China.

178. 赵尔宓.我国的蛇类.生物学通报,2001,36(1):1-3.

179. 赵尔宓.我国蛇类资源状况及保护对策.蛇类资源保护研讨会论文集,2001:34-38.

180. 赵尔宓.四川爬行动物区系及地理区划.四川动物,2002,21(3):157-160.

181. 赵尔宓.中国的海蛇(摘要).甲壳动物学分会成立20周年暨刘瑞玉院士从事海洋科教工作55周年学术研讨会论文(摘要)集,2002:16.

182. Richard Shine, Li-Xin Sun, Ermi Zhao, Xavier Bonnet. A review of 30 years of ecological research on the Shedao Pitviper, *Gloydius Shedaoensis*. Herpetological Natural History, 2002, 9(1): 1-14.

183. 赵尔宓.海蛇的知识和中国海蛇的研究.甲壳动物学论文集(第四辑),2003:214-221.

184. 赵尔宓.两栖爬行动物短讯4则.四川动物,2004,23(1):33-34.

185. 赵尔宓,赵蕙,周正彦.东北两栖爬行动物的多样性及其分布.四川动物,2004,23(3):165-168.

186. 赵尔宓.辽宁东北部采集蛙蛇记事.四川动物,2004,23(3):191-193.

187. 赵尔宓.我国蝮属蛇类和尖吻蝮英文名称的建议.四川动物,2004,23(3):211－212.

188. 饶定齐,赵尔宓. *Bungarus bungaroides*, A Record New to China (Xizang AR) with a Note on *Trimeresurus tibetanus* (Plate Ⅵ, lower).四川动物,2004,23(3):213－214.

189. 刘少英,赵尔宓.西藏特有种温泉蛇在四川理塘县发现.四川动物,2004,23(3):234－235.

190. 周婷,赵尔宓.58年来首次发现生活的云南闭壳龟及其描述.四川动物,2004,23(4):325－327.

191. 郭鹏,赵尔宓.广义竹叶青蛇属 *Trimeresurus*(sensu lato)的分类和系统学研究进展.四川动物,2004,23(4):380－386.

192. 赵尔宓,王力军,史海涛,吴贯夫,赵蕙.中国的树蛙科动物并记树蛙属一新种.四川动物,2005,24(3):297－300.

193. 赵尔宓,赵蕙,史海涛,王力军.海南陆生蛇类调查.四川动物,2005,24(3):315－322.

194. 赵尔宓.海南岛爬行动物的八个月调查.四川动物,2005,24(3):323－329.

195. 赵尔宓.铅色水蛇 *Enhydris plumbea*(Boie,1827)的生物学初探(蛇亚目:游蛇科:仰鼻蛇亚科).四川动物,2005,24(3):330－332,329.

196. 赵尔宓.莽山后棱蛇 *Opisthotropis cheni* Zhao, 1999 (Serpentes: Colubridae)的再描述.四川动物,2005,24(3):342－343.

197. Dingqi Rao, Ermi Zhao. A new record from China-*Protobothrops kaulbacki* (Reptilia, Serpentes, Viperidae). Acta Zootaxonomica Sinica, 2005, 30(1):209－211.

198. 温晓敏,吴贯夫,赵尔宓.倭蛙属(无尾目:蛙科)肩带研究.四川动物,2005,24(4):459－462.

199. 余平静,赵尔宓.我国棘螈属(*Echinotriton*)和疣螈属(*Tylototriton*)的研究概况.四川动物,2005,24(4):646－650.

200. 李家堂,吴贯夫,赵尔宓.宝兴泛树蛙和昭觉泛树蛙的染色体学研究,兼论两种的分类现状.四川动物,2006,25(1): 12 - 16.

201. 王栋,吴贯夫,赵尔宓.蛙属三种的核型研究.四川动物,2006,25(1): 120 - 122.

202. 王湘君,赵尔宓.秦岭蝮和六盘山蝮分类地位的初步探究.四川动物, 2006,25(2): 210 - 213.

203. 董丙君,李丕鹏,赵尔宓,曾晓茂,陈跃英.极北蝰在东北的再次发现.四川动物,2006,25(2): 339 - 340.

204. 王勇,赵尔宓,郭聪,李波,张美文,王广力.洞庭湖滨湖丘岗地鼠类群落演替. 武汉大学学报 理学版,2006,52(2): 252 - 256.

205. Peng Guo, Shunqing Lu, Song Huang, Hui Zhao, Zhao, Ermi. Hemipenial morphology of five Asian pitvipers, with a discussion on their taxonomy. Amphibia-Reptilia. 2006, 27(1): 19 - 23.

206. Peng Guo, Junfeng Pang, Yaping Zhang, Ermi Zhao. A Re-analysis of the phylogeny of the genus *Protobothrops* (Reptilia: Viperidae), with particular reference to the systematic position of *P. xiangchengensis*. Amphibia-Reptilia, 2006, 27(3): 433 - 439.

207. Peng Guo, Ermi Zhao. Comparison of skull morphology in nine Asian pit vipers (Serpentes: Crotalinae). The Herpetological Journal, 2006, 16(3): 305 - 313.

208. David W. Weisrock, Theodore J. Papenfuss, J. Robert Macey, Spartak N. Litvinchuk, Rosa Polymeni, Ismail H. Ugurtas, Ermi Zhao, Houman Jowkar, Allan Larson. A molecular assessment of phylogenetic relationships and lineage accumulation rates within the family Salamandridae (Amphibia, Caudata). Molecular phylogenetics and evolution, 2006, 41(2): 368 - 383.

209. Zhaobin Song, Zidong Wu, Bisong Yue, Ermi Zhao. Otolith microstructure of larval *Gymnocypris potanini* Herzenstein from the Minjiang River in China. Environmental biology of fishes, 2006, 75(4): 431 - 438.

210. 余平静,赵尔宓.贵州疣螈骨骼系统的研究.四川动物,2007,26(1):133-136,140.

211. 王湘君,赵尔宓.长江中下游地区的短尾蝮分类地位的确定.四川动物,2007,26(2):250-254.

212. 陈欣,赵尔宓.铜蜓蜥鳞片变异研究.四川动物,2007,26(2):392-394.

213. 时磊,杨军,侯美珠,赵蕙,董丙君,熊建利,王湘君,王小荷,张学文,王秀玲,原洪,赵尔宓.新疆两栖爬行动物考察报告.四川动物,2007,26(4):812-818.

214. 王广力,高正发,余平静,赵尔宓.人工饲养条件下丽纹攀蜥捕食及繁殖行为观察.四川动物,2007,26(4):834-836.

215. Cai HX, Che J, Pang JF, Zhao EM, Zhang YP. Paraphyly of Chinese *Amolops* (Anura, Ranidae) and phylogenetic position of the rare Chinese frog, *Amolops tormotus*. ZOOTAXA, 2007, 1531: 49-55.

216. Jing Che, Junfeng Pang, Er-mi Zhao, Masafumi Matsui, Ya-ping Zhang. Phylogenetic relationships of the Chinese brown frogs (genus Rana) inferred from partial mitochondrial 12S and 16S rRNA gene sequences. Zoological Science, 2007, 24(1): 71-80.

217. Jing Che, Junfeng Pang, Hui Zhao, Guan-fu Wu, Er-mi Zhao, Ya-ping Zhang. Phylogeny of Raninae (Anura: Ranidae) inferred from mitochondrial and nuclear sequences. Molecular Phylogenetics and Evolution,2007, 43(1): 1-13.

218. Jing Che, Junfeng Pang, Hui Zhao, Guan-fu Wu, Er-mi Zhao, Ya-ping Zhang. Molecular phylogeny of the Chinese ranids inferred from nuclear and mitochondrial DNA sequences. Biochemical Systematics and Ecology, 2007, 35(1): 29-39.

219. Song Huang, Shunping He, Zuogang Peng, Kai Zhao, Ermi Zhao. Molecular phylogeography of endangered sharp-snouted pitviper (*Deinagkistrodon acutus*; Reptilia, Viperidae) in Mainland China. Molecular Phylogenetics and Evolution, 2007, 44(3): 942-952.

220. Jian-Li Xiong, Qin Chen, Xiao-Mao Zeng, Er-Mi Zhao, Li-Yan Qing. Karyotypic, Morphological, and Molecular Evidence for Hynobius Yunanicus as a Synonym of Pachyhynobius Shangchengensis (Urodela: Hynobiidae). Journal of Herpetology, 2007, 41(4): 664 - 671.

221. Shaoying Liu, Zhiyu Sun, Zongyong Zeng, Ermi Zhao. A new vole (Cricetidae: Arvicolinae: *Proedromys*) from the Liangshan Mountains of Sichuan Province, China. Journal of mammalogy, 2007, 88(5): 1170 - 1178.

222. Jia-tang Li, Jing Che, Raoul H Bain, Er-mi Zhao, Ya-ping Zhang. Molecular phylogeny of Rhacophoridae (Anura): A framework of taxonomic reassignment of species within the genera Aquixalus, Chiromantis, Rhacophorus, and Philautus. Molecular phylogenetics and evolution, 2008, 48(1): 302 - 312.

223. 王湘君,赵尔宓.华北地区的短尾蝮分类地位的确定及短尾蝮种下分类的探讨.四川动物,2008,27(2): 172 - 177.

224. 熊建利,卿立燕,曾晓茂,赵尔宓.Karyotype of *Hynobius guabangshanensis* (Urodela: Hynobiidae).四川动物,2008,27(2): 236 - 238.

225. 蔡红霞,赵尔宓.中国横断山区湍蛙属 4 个物种有效性的探讨.四川动物,2008,27(4): 483 - 488.

226. 赵尔宓.中国毒蛇咬伤的医学地理学概念.中华蛇学与医学,2008,17(3): 1 - 7.

227. 赵尔宓.青藏高原的世界特有蛇种—温泉蛇.中央民族大学学报(自然科学版),2008,17(4): 5 - 9.

228. 时磊,赵尔宓.中国岩蜥属一亚种新纪录.动物分类学报,2008,33(1): 207 - 211.

229. 李家堂,车静,武善金,赵蕙,赵尔宓,张亚平.基于线粒体和核基因片断的树蛙科物种系统发育关系研究.中国遗传学会第八次代表大会暨学术讨论会论文摘要汇编(2004—2008),2008: 299 - 300.

230. 江帆,赵尔宓.山东半岛北部沿岸岛屿蝮属一新种(爬行纲,有鳞目,蝰科).动物分类学报,2009,34(3): 642-646.

231. 陈欣,陈红,赵尔宓.山溪鲵头部肌肉大体解剖.四川动物,2009,28(3): 417-421.

232. 王广力,何舜平,黄松,何苗,赵尔宓.美姑脊蛇 Achalinus meiguensis 线粒体基因组全序列及系统发育地位研究. 科学通报,2009,54(9): 1250-1261.

233. Wang GuangLi, He ShunPing, Huang Song, He Miao, Zhao ErMi. The complete mitochondrial DNA sequence and the phylogenetic position of *Achalinus meiguensis* (Reptilia: Squamata). Chinese Science Bulletin, 2009, 54(10): 1713-1724.

234. Jia-tang Li, Jing Che, Robert W. Murphy, Hui Zhao, Er-mi Zhao, Ding-qi Rao, Ya-ping Zhang. New insights to the molecular phylogenetics and generic assessment in the Rhacophoridae (Amphibia: Anura) based on five nuclear and three mitochondrial genes, with comments on the evolution of reproduction. Molecular Phylogenetics and Evolution, 2009, 53(2): 509-522.

235. Miao He, Jin-Chao Feng, Shao-Ying Liu, Peng Guo, Er-Mi Zhao. The phylogenetic position of *Thermophis* (Serpentes: Colubridae), an endemic snake from the Qinghai-Xizang Plateau, China. Journal of Natural History, 2009, 43(7-8): 479-488.

236. Peng Guo, Shao Ying-liu, Song Huang, Miao He, Zhi Yu-sun, Jin Chao-feng, Ermi Zhaot. Morphological variation in Thermophis Malnate with an expanded description of *T. zhaoermii*. Zootaxa, 2009, 1973: 51-60.

237. Song Huang, Shao-ying Liu, Peng Guo, Ya-ping Zhang, Er-mi Zhao. What are the closest relatives of the hot-spring snakes (Colubridae, Thermophis), the relict species endemic to the Tibetan Plateau? Molecular Phylogenetics and Evolution, 2009, 51(3): 438-446.

238. 陈红,陈欣,赵尔宓.山溪鲵消化系统和呼吸系统的解剖.四川动物,2009,28(4):565-568.

239. Miao He, Jinchao Feng, Ermi Zhao. The complete mitochondrial genome of the Sichuan hot-spring keel-back (*Thermophis zhaoermii*; Serpentes: Colubridae) and a mitogenomic phylogeny of the snakes. Mitochondrial DNA, 2010, 21(1): 8-18.

240. Alain Dubois, Stephane Grosjean, Annemarie Ohler, Kraig Adler, Ermi Zhao. The nomenclatural status of some generic nomina of Megophryidae (Amphibia, Anura). ZOOTAXA, 2010,(2493): 66-68.

241. 董丙君,江帆,赵尔宓.四川卧龙自然保护区华西蟾蜍的核型和 Ag-NORs 研究.四川动物,2011,30(2):170-172.

242. 汪继超,史海涛,薛臣强,王雷,赵尔宓.海南吊罗山国家级自然保护区黄额闭壳龟种群密度调查.四川动物,2011,30(3):471-474.

243. 李家堂,刘珺,巫嘉伟,赵尔宓,王跃招,张亚平.宝兴树蛙(*Rhacophorus dugritei*)复合体系统和分类学研究.四川省动物学会第九次会员代表大会暨第十届学术研讨会论文集,2011:12.

244. Li Ding, Xiao-ni Gan, Shun-ping He, Er-mi Zhao. A phylogeographic, demographic and historical analysis of the short-tailed pit viper (Gloydius brevicaudus): evidence for early divergence and late expansion during the Pleistocene. Molecular Ecology, 2011, 20(9): 1905-1922.

245. Yuhong Guo, Yunke Wu, Shunping He, Haitao Shi, Ermi Zhao. Systematics and molecular phylogenetics of Asian snail-eating snakes (Pareatidae). ZOOTAXA, 2011, (3001): 57-64.

246. Lei Shi, Er-Mi Zhao. A New Gecko in the Genus Cyrtopodion Fitzinger, 1843 (Reptilia: Squamata: Gekkonidae) From Western China. Herpetologica, 2011, 67(2): 186-193.

247. Zhong-Rong Xia, Pi-Peng Li, He-Xiang Gu, Jonathan J Fong, Er-Mi Zhao. Evaluating Noninvasive Methods of Sex Identification in Green

Sea Turtle (Chelonia mydas) Hatchlings. Chelonian conservation and biology, 2011, 10(1): 117 - 123.

248. Ji-chao Wang, Shi-ping Gong, Hai-tao Shi, Yu-xiang Liu, Er-mi Zhao. Reproduction and Nesting of the Endangered Keeled Box Turtle (Cuora mouhotii) on Hainan Island, China. Chelonian Conservation and Biology, 2011, 10(2): 159 - 164.

249. Dong, Bingjun, Che, Jing, Ding, Li, Huang, Song, Murphy, Robert W., Zhao, Ermi, Zhang, Yaping. Testing Hypotheses of Pleistocene Population History Using Coalescent Simulations: Refugial Isolation and Secondary Contact in *Pseudepidalea raddei* (Amphibia: Bufonidae). Asian herpetological research, 2012, 3(2): 103 - 113.

250. Yang Liu, Li Ding, Juan Lei, Ermi Zhao, Yezhong Tang. Eye size variation reflects habitat and daily activity patterns in colubrid snakes. Journal of morphology, 2012, 273(8): 883 - 893.

251. Jia-Tang Li, Jun Liu, Yue-Ying Chen, Jia-Wei Wu, Robert W. Murphy, Er-Mi Zhao, Yue-Zhao Wang, Ya-Ping Zhang. Molecular phylogeny of treefrogs in the *Rhacophorus dugritei* species complex (Anura: Rhacophoridae), with descriptions of two new species. Zoological Journal of the Linnean Society, 2012, 165(1): 143 - 162.

252. 王丹丹,赵尔宓.阿维菌素对黑斑侧褶蛙毒理效应的研究.四川动物,2013,32(3): 334 - 342.

253. 朱广香,郭鹏,赵尔宓.八种蛇(蛇亚目: 游蛇科: 颈槽蛇属)的半阴茎形态比较.四川动物,2013,32(3): 380 - 384.

254. Liang Chen, Hengchuan Xia, Yiting Wang, Keping Chen, Lvgao Qin, Bin Wang, Qin Yao, Jun Li, Yuanqing He, Ermi Zhao. Proteomic profiling of liver from *Elaphe taeniura*, a common snake in eastern and southeastern Asia. Genetics And Molecular Biology, 2013, 36(3): 438 - 447.

255. Guang-Xiang Zhu, Ying-Yong Wang, Hirohiko Takeuchi, Er-Mi

Zhao. A new species of the genus Rhabdophis Fitzinger, 1843 (Squamata: Colubridae) from Guangdong Province, southern China. ZOOTAXA, 2014, 3765(5): 469 – 480.

256. 陈亮,陈克平,刘伟,赵尔宓.黑眉锦蛇的肝脏转录组分析.四川动物,2014,33(1): 1 – 7.

257. 朱广香,赵尔宓,魏梦璟,郭鹏.中国境内虎斑颈槽蛇大陆亚种的形态学研究.四川动物,2014,33(3): 321 – 328.

二、著作

1. E.A.杜宾斯卡娅,H.T.拉齐克著,张贵寅,赵尔宓,徐碧瑜,史瀛仙,刘权章译,谢成科校.苏联药剂士学校教学用书: 植物学.北京: 人民卫生出版社,1956.
2. A.C.金兹堡,T.A.杰特拉弗著,张贵寅,赵尔宓译.鲟鱼类的胚胎发育.北京: 科学出版社,1957.
3. C.B.阿费林切夫著,李之珣,王成槐,赵尔宓,徐福均译,徐福均校.《无脊椎动物学》上册.北京: 高等教育出版社,1957 年.
4. T.A.杰特拉弗,A.C.金兹堡著,张贵寅,赵尔宓译.鲟鱼类的胚胎发育与其养殖问题.北京: 科学出版社,1958.
5. 四川省生物研究所(赵尔宓,胡淑琴执笔).中国蛇类检索表.四川成都: 四川省生物研究所,1972.
6. 四川省生物研究所两栖爬行动物研究室(赵尔宓,江耀明,沈杨).中国爬行动物系统检索.北京: 科学出版社,1977.
7. 四川省生物研究所(赵尔宓,江耀明,沈杨,张玉民),上海自然博物馆(宗愉,马积藩,朱宝芸).经济两栖爬行动物.上海: 上海科学技术出版社,1978.
8. 成都生物研究所,上海自然博物馆,浙江省中医研究所等(赵尔宓为主要编写人及统稿人).中国的毒蛇及蛇伤防治(第二版).上海: 上海科学技术出版社,1979.
9. 浙江医科大学,中国科学院成都生物研究所,上海自然博物馆,浙江省中医研究所(赵尔宓为主要编写人之一).中国蛇类图谱.上海：上海科学技术出版社,1980.

10. 施白南、赵尔宓等.四川资源动物志(第一卷 总论).四川成都：四川人民出版社,1980(1982年第二版).

11. 中国科学院成都生物研究所(赵尔宓主编并撰写第7节).两栖爬行动物研究(第六卷)尖吻蝮专辑—形态、生态、毒理及利用. 四川成都：中国科学院成都生物研究所(自印),1982.

12. 冯德培,谈家桢,王鸣歧等(赵尔宓参与编写两栖爬行动物部分词条).简明生物学词典.上海：上海辞书出版社,1983.

13. 中国科学院青藏高原综合科学考察队(赵尔宓是编委之一,参与编写第33小节"横断山区两栖爬行动物研究").青藏高原研究：横断山考察专集(一).云南昆明：云南人民出版社,1983.

14. 赵尔宓,胡其雄.中国有尾两栖动物的研究.成都：四川科学技术出版社,1984.

15. 华慧伦,李世俊,邱莲卿,赵尔宓主编.动植物致毒及其防治.上海：上海科学技术出版社,1985.

16. 中华人民共和国林业部林政保护司(赵尔宓参与编写两栖爬行动物部分).中国珍稀动物.上海：上海科学技术出版社,1985.

17. 田婉淑,江耀明,吴贯夫,胡其雄,赵尔宓,黄庆云.中国两栖爬行动物鉴定手册.北京：科学出版社,1986.

18. 王国忠,曹燕芳(赵尔宓编写两栖爬行动物全部词条).少年自然百科词典.生物、生理卫生分册.上海：少年儿童出版社,1986.

19. 胡淑琴,赵尔宓,王宜生,江耀明,黄庆云.中国动物图谱 两栖类 爬行类(第二版).北京：科学出版社,1987.

20. 胡淑琴,赵尔宓,江耀明,费梁,叶昌媛,胡其雄,黄庆云,黄永昭,田婉淑等编著.西藏两栖爬行动物(中国科学院青藏高原科学考察丛书).北京：科学出版社,1987.

21. 赵尔宓.邮票里的动物世界.成都：四川教育出版社,1990.

22. 赵尔宓主编.从水到陆—刘承钊教授诞辰九十周年纪念文集.北京：中国

林业出版社，1990.

23. 钱燕文，赵尔宓，赵肯堂主编.动物科学研究 祝贺张孟闻教授九秩华诞纪念文集.北京：中国林业出版社，1992.
24. 江耀明，赵尔宓，吴贯夫，张服基，李胜全，王跃招，曾晓茂，侯庸生，王仁德等.两栖爬行动物学论文集.四川成都：四川科学技术出版社，1992.
25. 周久发，周婷著，赵尔宓译.中国龟鳖图集.南京：江苏科学技术出版社，1992.
26. 赵尔宓，江耀明，黄庆云，胡淑琴，费梁，叶昌媛编著.拉汉英两栖爬行动物名称.北京：科学出版社，1993.
27. 赵尔宓，鹰岩.中国两栖爬行动物学 *Herpetology of China*.蛇蛙研究会与中国蛇蛙研究会，1993.
28. 赵尔宓，陈璧辉，Theodore J. Papenfuss 主编.中国黄山国际两栖爬行动物学学术会议论文集.北京：中国林业出版社，1993.
29. 赵尔宓，赵蕙编著.中国两栖爬行动物学文献：目录及索引.成都：成都科技大学出版社，1994.
30. 中国科学院登山科学考察队(赵尔宓，李胜全编写第九章“南峰地区两栖爬行类区系”).南迦巴瓦峰地区生物.北京：科学出版社，1995.
31. 赵尔宓.中国两栖动物地理区划.四川动物，1995 增刊.
32. 赵尔宓，杨大同主编.横断山区两栖爬行动物.北京：科学出版社，1997.
33. 赵尔宓主编，周久发，周婷副主编.中国龟鳖研究.四川动物，1997 年增刊.
34. 赵尔宓主编.中国濒危动物红皮书：两栖类和爬行类.北京：科学出版社，1998.
35. 赵尔宓，黄美华，宗愉等编著.中国动物志　爬行纲　第三卷　有鳞目　蛇亚目.北京：科学出版社，1998.
36. 赵尔宓，赵肯堂，周开亚等编著.中国动物志　爬行纲　第二卷　有鳞目　蜥蜴亚目.北京：科学出版社，1999.
37. 赵尔宓，张学文，赵小苓编.地灵人杰：刘承钊教授在四川.高雄：高雄复文图书出版社，2000.
38. 赵尔宓，张学文，赵蕙.中国两栖爬行动物分类文献(含核学文献).高雄：

高雄复文图书出版社,2000.

39. 赵尔宓主编.四川爬行类原色图鉴.北京：中国林业出版社,2003.

40. 周婷主编,赵尔宓审校.龟鳖分类图鉴.北京：中国农业出版社,2004.

41. 赵尔宓.中国蛇类.合肥：安徽科学技术出版社,2006.

42. 李丕鹏,赵尔宓,董丙君编著.西藏两栖爬行动物多样性.北京：科学出版社,2010.

43. 余培南,谢锐光,孔天翰,赵尔宓主编.中国的毒蛇蛇毒与蛇伤防治.南宁：广西人民出版社,2010.

44. 史海涛,赵尔宓,王力军等编著.海南两栖爬行动物志.北京：科学出版社,2011.

三、文章

1. 赵尔宓.海蛙.地理知识,1978,(9)：30.

2. 赵尔宓.奇特的吃食方法(蛇影集).博物,1981,(3)：18－19.

3. 赵尔宓.蛇岛猎奇.四川动物,1982,1(1)：38－40.

4. 赵尔宓.深切怀念刘承钊老师.四川动物,1983,2(1)：1－3.

5. 赵尔宓.人类啊,你要仔细思量.四川动物,1984,3(2)：9.

6. 赵尔宓.深切怀念徐福均老师.四川动物,1986,(4)：1.

7. 赵尔宓.蛇年说蛇.四川动物,1989,(1)：46.

8. 赵尔宓.新书介绍：《欧洲无肺螈的形态学与遗传学的研究：分类的总结(穴螈属)》.四川动物,1996,15(4)：178.

9. 赵尔宓.两栖动物分类系统的探讨—简介《两栖动物的进化》一书.四川动物,1996,15(3)：137－138.

10. 赵尔宓.回忆父亲赵伯钧几件事.成都少数民族,四川人民出版社,1997：69－82.

11. 赵尔宓.重印《日本国及邻近地区两栖爬行学》简介.四川动物,1997,16(1)：15.

12. 赵尔宓.探索蛇岛蝮的秘密. 大自然探索,2000,(10)：24－25.

13. 赵尔宓.蛇年谈蛇.大自然.2001,(1)：3－4.

14. 赵尔宓.光辉的过去　不测的未来.大自然,2003,(5):2－3.
15. 赵尔宓.加勒比海热带小岛的动物.英语周报,2004(5)、2004(8).
16. 赵尔宓.加勒比海热带小岛的动物(一)树干上的地道.飞(科幻世界少年版),2004,(6):4－6.
17. 赵尔宓.加勒比海热带小岛的动物(二)海滩上的尸体和寄居蟹.飞(科幻世界少年版),2004,(7):4－5.
18. 赵尔宓.加勒比海热带小岛的动物(四)飞着不动的小鸟.飞(科幻世界少年版),2004,(9):4－5.
19. 赵尔宓.我为有强大的祖国而自豪.少年百科知识报,2005 年第 45 期第 1 版.
20. 赵尔宓.深切缅怀敬爱的秉志院士.四川动物,2006,25(4):682.
21. 赵尔宓.志趣是学习与研究的原动力.大自然,2008,(6):1.
22. 赵尔宓.关注两栖爬行动物研究,保护两栖爬行动物.大自然,2013,(3):刊首.

附录四　口述人员目录

序号	口述人	口　述　时　间	口述人简介(与赵尔宓的关系及所在单位)
1	吴贯夫	2015年4月3日	科研同行、同事,中国科学院成都生物研究所高级实验师(退休)。
2	曾晓茂	2015年6月19日、2015年7月8日、2016年10月19日	科研同行、同事,中国科学院成都生物研究所研究员。
3	王跃招	2015年7月7日	赵尔宓的学生,中国科学院成都生物研究所研究员(退休)。
4	李家堂	2015年7月10日	赵尔宓的学生,中国科学院成都生物研究所研究员。
5	饶定齐	2015年7月26日	科研同行,中国科学院昆明动物研究所研究员。
6	傅金钟	2015年7月27日	赵尔宓的学生,中国科学院成都生物研究所研究员。
7	李丕鹏	2015年7月28日	科研同行,沈阳师范大学教授。
8	蔡　波	2015年8月16日	科研同行,中国科学院成都生物研究所助理研究员。
9	董丙军	2015年8月16日	赵尔宓的学生,沈阳师范大学副教授。
10	熊建利	2015年8月16日	赵尔宓的学生,河南科技大学副教授。
11	张亚平	2016年1月20日	科研同行,中国科学院院士、中国科学院昆明动物研究所研究员。
12	史海涛	2016年8月16日	科研同行,海南师范大学教授。
13	赵文阁	2016年8月17日	科研同行,哈尔滨师范大学教授。
14	黄　松	2016年8月19日	赵尔宓的学生,黄山学院教授。
15	吕顺清	2016年8月19日	赵尔宓的第一任学术秘书,黄山学院教授。
16	汪继超	2016年8月20日	赵尔宓的学生,海南师范大学教授。
17	Natalia B. Ananjeva	2016年8月21日	国际合作者,俄罗斯科学院院士,俄罗斯科学院动物研究所教授。
18	松井正文	2016年8月21日	国际合作者,京都大学教授(退休)。

(续表)

序号	口述人	口 述 时 间	口述人简介(与赵尔宓的关系及所在单位)
19	蒋 珂	2016 年 9 月 3 日、2016 年 10 月 28 日	赵尔宓的指导学生,中国科学院成都生物研究所助理研究员。
20	赵尔寰	2016 年 9 月 8 日	赵尔宓的弟弟,峨眉电影制片厂编剧(退休)。
21	赵 蕙	2016 年 9 月 8 日	赵尔宓的长女,中国科学院成都生物研究所副研究员(退休)。
22	薛晓武	2016 年 9 月 8 日	赵尔宓的大女婿,中国科学院成都计算研究所研究人员(退休)。
23	蒲自莲	2016 年 9 月 9 日	同事,中国科学院成都生物研究所研究员(退休)。
24	王秀玲	2016 年 9 月 20 日	科研同行,新疆师范大学教授(退休)。
25	时 磊	2016 年 9 月 20 日	赵尔宓的学生,新疆农业大学教授。
26	李胜全	2016 年 10 月 9 日	科研同行、同事,中国科学院成都生物研究所高级实验师(退休)。
27	胡其雄	2016 年 10 月 9 日	科研同行、同事,中国科学院成都生物研究所高级实验师(退休)。
28	江耀明	2016 年 10 月 11 日	科研同行、同事,中国科学院成都生物研究所研究员(退休)。
29	刘少英	2016 年 10 月 18 日	赵尔宓的学生,四川林业科学研究院教授。
30	魏银松	2016 年 10 月 19 日	《四川动物》编辑部同事,四川省寄生虫病研究所研究员(退休)。
31	方自力	2016 年 10 月 24 日	赵尔宓的学生,四川省环境保护科学研究院研究员。
32	王 竞	2016 年 10 月 24 日	四川省动物学会及《四川动物》编辑部同事,四川省寄生虫病研究所研究员(退休)。
33	高正发	2016 年 10 月 25 日	科研助手、两栖爬行动物爱好者,成都市川化中学教师(退休)。
34	宋昭彬	2016 年 10 月 25 日	学术秘书,四川大学教授。
35	曹 燕	2016 年 10 月 27 日	学术秘书,中国科学院成都生物研究所职员。
36	江 帆	2016 年 10 月 27 日	学术秘书,中国科学院成都生物研究所职员。
37	杨 军	2016 年 10 月 27 日	学术秘书,四川大学讲师。

参考文献

一、档案

1.《自传(赵尔宓 1951)》,1951 年,中国科学院成都生物研究所档案室人事档案 104 第2－1 号。

2.《自传(赵尔宓 1953)》,1953 年,中国科学院成都生物研究所档案室人事档案 104 第2－2 号。

3.《华西大学一九五〇年度第二学期应届毕业生登记表(赵尔宓)》,1951 年,中国科学院成都生物研究所档案室人事档案 104 第 4－1－2 号。

4.《高等医药院校教师调查表(赵尔宓 1955)》,1955 年,中国科学院成都生物研究所档案室人事档案 104 第 1－4 号。

5.《1981 年赵尔宓对两栖爬行动物研究的介绍》,1981 年,中国科学院成都生物研究所档案室 81.06－17。

6.《中国科学院成都生物研究所两栖爬行动物室基本情况及今后设想》,1982 年,中国科学院成都生物研究所档案室 82.01－4。

7.《教师提升(评定)呈报表(赵尔宓)》,1957 年,中国科学院成都生物研究所档案室人事档案 104 第 4－2－1 号。

8.《高等医药院校教师调查表(赵尔宓 1959)》,1959 年,中国科学院成都生物研究所档案室人事档案 104 第 1－5 号。

9.《职工登记表(赵尔宓 1960)》,1960 年,中国科学院成都生物研究所档案室人事档案 104 第 1－6 号。

10.《华西大学学员登记表(赵尔宓)》,1952 年,中国科学院成都生物研究所档案室人事档案 104 第 1－2 号。

11.《卅六年度录取学生名册》,1947 年,四川大学档案馆教 67。

12.《私立华西协合大学教职员简历表(赵尔宓)》,1951 年,中国科学院成都生物研究所档案室人事档案 104 第 1 - 1 号。
13.《赵尔宓助教综合材料》,1952 年,中国科学院成都生物研究所档案室人事档案 104 第 3 - 1 号。
14.《华西大学一九五〇学年度第二学期留校工作应届毕业学生名册》,1951 年,四川大学档案馆 14 - 2 - 12。
15.《青年群众登记表(赵尔宓)》,1954 年,中国科学院成都生物研究所档案室人事档案 104 第 3 - 2 号。
16.《中国科学院专业职务聘任呈报表(赵尔宓被聘为研究员)》,1986 年,中国科学院成都生物研究所档案室人事档案 104 第 4 - 2 - 2 号。
17.《华西大学一九五〇年度第一学期应届毕业生调查表(赵尔宓)》,1951 年,四川大学档案馆 14 - 2 - 12。
18.《华西大学一九五〇学年度第二学期应届毕业生赴渝学习学生名册》,1951 年,四川大学档案馆 14 - 2 - 12。
19. 东北人民政府教育部:《兹介绍邱明武、赵尔宓到哈尔滨医科大学做助教工作由》,1951 年,哈尔滨医科大学档案馆 1951 - XZ11 - 33.0115。
20. 东北人民政府教育部:《为发送邱明武、赵尔宓二同志材料及调潘鼎坤回部由》,1951 年,哈尔滨医科大学档案馆 1951 - XZ11 - 33.0123。
21.《中国科学院成都生物研究所 40 年历程》,1998 年,中国科学院成都生物研究所档案室 1999.01 - 009。
22. 中央人民政府卫生部:《商调哈尔滨医科大学生物系助教赵尔宓来部转为介绍去四川大学工作由》,1953 年,哈尔滨医科大学档案馆 1953 - XZ11 - 3.0026。
23. 四川医学院:《同意赵尔宓与史瀛仙对调电》,1954 年,哈尔滨医科大学档案馆 1954 - XZ11 - 6.0017。
24. 中央人民政府卫生部:《同意调换赵尔宓去四川医学院工作由》,1954 年,哈尔滨医科大学档案馆 1954 - XZ11 - 6.0018。
25.《哈尔滨医科大学调出人员介绍信存根(赵尔宓)》,1954 年,哈尔滨医科大学档案馆调出人员介绍信五四年第 50 号。

26.《干部履历表(赵尔宓 1988)》,1988 年,中国科学院成都生物研究所档案室人事档案 104 第 1 - 7 号。

27.《关于转发更新中央直接掌握联系的高级专家信息和补充人选的通知与专家信息填报表》,2005 年,中国科学院成都生物研究所档案室文书档案 2005 长期 05 - 63。

28.《干部任免呈报表(批准赵尔宓任两栖爬行研究所副主任)》,1979 年,中国科学院成都生物研究所档案室人事档案 104 第 9 - 2 - 1 号。

29. 中国科学院西南生物研究所:《1964 年西南生物研究所科研成果报告》,1964 年,中国科学院档案馆 I242 - 00012 - 010。

30.《赵尔宓简介(所庆 40 周年用)》,1998 年,中国科学院成都生物研究所档案室 1998 永久- 1001。

31. 中国科学院西南生物研究所:《一九六五年科研工作安排纲要初步意见》,1965 年,中国科学院成都生物研究所档案室文书档案 65.03 - 8.1。

32.《1980 年两栖爬行动物研究室发展设想》,1980 年,中国科学院成都生物研究所档案室 80.06 - 13。

33. 中国科学院西南生物研究所:《两栖爬行动物研究室一九六五年工作总结》,1965 年,中国科学院成都生物研究所档案室文书档案 65.01 - 1。

34. 中国科学院西南生物研究所:《“动物区系调查及动物志编制”研究课题 1965 年计划执行情况》,1966 年,中国科学院成都生物研究所档案室文书档案 66.06 - 4.2。

35.《中国动物志》两栖纲和爬行纲协作小组:《〈中国动物志〉编写工作会议简报》,1973 年,中国科学院成都生物研究所档案室文书档案 73.06 - 5.9。

36. 四川省生物研究所:《关于能否与美国加利福尼亚州洛杉矶自然历史博物馆建立交换关系的请示报告》,1974 年,中国科学院成都生物研究所档案室文书档案 74.07 - 6.3。

37.《云南蛇药的研究》,1985 年,中国科学院档案馆 I242 - 255。

38. 四川省生物研究所:《科技成果登记表(成果名称:云南蛇药)》,1977 年,中国科学院档案馆 I242 - 00042 - 003 - 017。

39. 云南省卫生局革命委员会:《关于生产“云南蛇药”的批复》,1975 年,中国科学院档案馆 I242 - 255。
40. 四川省生物研究所:《中国科学院直属及双重领导单位科学技术研究成果登记卡片(成果名称:〈中国动物志　爬行纲　无毒蛇分册〉)》,1978 年,中国科学院档案馆 I242 - 0032 - 003。
41. 四川省生物研究所:《申请调整我所植物室和两栖爬行动物室野外调查人员粮食定量标准》,1977 年,中国科学院成都生物研究所档案室文书档案 1977.09 - 13.9。
42. 四川省生物研究所:《中国科学院直属及双重领导单位科学技术研究成果登记卡片(成果名称:西藏爬行动物区系调查及新种描述)》,1978 年,中国科学院档案馆I242 - 0032 - 003。
43. 四川省生物研究所:《中国科学院科学技术研究成果登记卡片(成果名称:蛇类三个新种的鉴定描述)》,1978 年,中国科学院档案馆 I242 - 00042 - 003 - 015。
44. 四川省生物研究所:《中国科学院科学技术研究成果登记卡片(成果名称:我国蝮蛇的实验分类研究)》,1978 年,中国科学院档案馆 I242 - 00042 - 003 - 016。
45. 四川省生物研究所:《中国科学院科学技术研究成果登记卡片(成果名称:经济两栖爬行动物)》,1978 年,中国科学院档案馆 I242 - 0032 - 003。
46. 中国科学院成都生物研究所:《中国科学院成都生物研究所 1979 年科研课题人员安排情况表》,1979 年,中国科学院档案馆 I242 - 00041 - 007。
47. 中国科学院成都生物研究所:《中国科学院成都生物研究所 1979 年科学研究计划表一》,1979 年,中国科学院档案馆 I242 - 00042 - 001。
48. (《干部任免呈报表(批准赵尔宓任两栖爬行研究室主任)》,1980 年,中国科学院成都生物研究所档案室人事档案 104 第 9 - 2 - 2 号。
49. 四川省生物研究所:《生物科学研究中的一些情况》,1973 年,中国科学院成都生物研究所档案室文书档案 73.01 - 1。
50.《省科协关于将四川省动物学会挂靠成都生物所的函》,1997 年,中国科学院成都生物研究所档案室文书档案 1997.06 - 063。

51. 中国科学院成都生物研究所：《中国科学院成都生物研究所 1980 年科研课题人员安排情况表》，1980 年，中国科学院档案馆 I242 - 00045 - 007。

52.《中国科学院职工升级登记表（赵尔宓由高教 8 级升为高教 7 级）》，1980 年，中国科学院成都生物研究所档案室人事档案 104 第 9 - 1 - 1 号。

53.《中国科学院成都生物研究所 1982 年学术委员会委员名单》，1982 年，中国科学院成都生物研究所档案室 82.05 - 12。

54.《成生所一九五八年至一九九八年历届组织机构负责人汇总表》，1999 年，中国科学院成都生物研究所档案室综合管理类档案 1999.01 - 007。

55.《干部任免呈报表（中国科学院干部局批准赵尔宓任中国科学院成都生物研究所副所长）》，1982 年，中国科学院成都生物研究所档案室人事档案 104 第 9 - 2 - 3 号。

56.《因公出国人员审查表》，1998 年，中国科学院成都生物研究所档案室人事档案 104 第 18.41 号。

57.《竺可桢野外科学工作奖申报书》，1987 年，中国科学院成都生物研究所档案室 88.06 - 13。

58.《职工升级呈报表（赵尔宓升为高教 6 级）》，1983 年，中国科学院成都生物研究所档案室人事档案 104 第 9 - 1 - 2 号。

59. 中国科学院、中国科学院竺可桢野外科学工作奖委员会：《竺可桢野外科学工作奖授予决定》，1988 年，中国科学院成都生物研究所档案室 88.06 - 13。

60.《期刊创办申请表》，2005 年，中国科学院成都生物研究所档案室文书档案 2005 长期 06 - 06。

61.《拟将英文刊物 *Asiatic Herpetological Research*（亚洲两栖爬行动物研究）从美国转回中国出版的请示》，2005 年，中国科学院成都生物研究所档案室文书档案 2005 长期 06 - 06。

62.《工作及思想汇报（赵尔宓 1983 年—1986 年）》，1986 年，中国科学院成都生物研究所档案室人事档案 104 第 3 - 6 号。

63.《首批省委直接掌握联系的高层次优秀人才信息登记表》，2005 年，中国科学院成都生物研究所档案室文书档案 2005 长期 05 - 64。

64.《中国科学院成都生物研究所两栖爬行动物研究室 1990 年度工作总结》,1990 年,中国科学院成都生物研究所档案室 90.01－20。
65.《中国科学院成都生物研究所 1990 年外事工作总结》,1990 年,中国科学院成都生物研究所档案室 90.07－13。
66.《中国科学院成都生物研究所 1991 年两栖爬行动物研究室工作总结》,1991 年,中国科学院成都生物研究所档案室 91.06－7。
67.《关于上报中国科学院成都生物研究所 1991 年外事工作总结的报告》,1991 年,中国科学院成都生物研究所档案室文书档案 91.07－10.16。
68.《关于由赵树杰同志等组成中国科学院成都生物研究所学术委员会的通知》,1992 年,中国科学院成都生物研究所档案室文书档案 92.05－7.7。
69. 中国民主同盟四川省直属单位工作委员会:《关于批准赵尔宓为中国民主同盟盟员的函》,1992 年,中国科学院成都生物研究所档案室 I242－04 第 1 号。
70.《关于中美联合考察四川部分地区两栖爬行动物的计划》,1992 年,中国科学院成都生物研究所档案室文书档案 92.07－12.48。
71.《关于中美联合考察四川部分地区两栖爬行动物的报告》,1992 年,中国科学院成都生物研究所档案室文书档案 92.07－12.38。
72.《关于对〈中国动物志　爬行纲　第三卷　有鳞目　蛇亚目〉进行成果鉴定的请示》,2000 年,中国科学院成都生物研究所档案室文书档案 2000.06－109。
73. 中共四川省委、四川省人民政府:《聘书(省科技顾问)》,1998 年,中国科学院成都生物研究所档案室名人档案赵尔宓－03.001。
74.《关于报送“中国科学院成都生物研究所二〇〇〇年国际合作交流总结”的报告》,2000 年,中国科学院成都生物研究所档案室文书档案 2000.07－62－2。
75.《第四届亚洲两栖爬行动物国际学术会议和第五届中国动物学会两栖爬行动物学分会全国会员大会通知》,2000 年,中国科学院成都生物研究所档案室文书档案 2000.07－62－4。
76.《中国科学院成都生物研究所承办第四届亚洲两栖爬行动物国际学术会

议的请示与批复》,1999 年,中国科学院成都生物研究所档案室文书档案 2000.07－62－3。

77.《2001 年 11 月 9 日赵尔宓当选为中国科学院院士的通知》,2001 年,中国科学院成都生物研究所档案室人事档案 104 第 4－3－1 号。

78.《关于公布 2001 年中国科学院院士有效候选人申报材料并反馈意见的通知》,2001 年,中国科学院成都生物研究所档案室名人档案赵尔宓－09。

79.《赵尔宓 2002 年工作记录》,2002 年,中国科学院成都生物研究所档案室名人档案赵尔宓－09。

80. 四川省科学技术顾问团:《关于增聘 2001 年新当在川"两院"院士为四川省科技顾问团顾问的报告》,2001 年,中国科学院成都生物研究所档案室文书档案 2001.05－97。

81.《年度考核登记表(赵尔宓 2002)》,2002 年,中国科学院成都生物研究所档案室人事档案 104 第 3－7 号。

82. 中共四川省委、四川省人民政府:《赵尔宓被评为第三批四川省学术和技术带头人》,2002 年,中国科学院成都生物研究所档案室文书档案 2002.06－37。

83.《赵尔宓 2003 年工作记录》,2003 年,中国科学院成都生物研究所档案室名人档案赵尔宓－09.001。

84.《年度考核登记表(赵尔宓 2003)》,2003 年,中国科学院成都生物研究所档案室人事档案 104 第 3－8 号。

85.《中国科学院成都生物研究所 2003 年科研课题计划简表》,2003 年,中国科学院成都生物研究所档案室 2003 长期－0617。

86. 中国科学院生命科学与生物技术局:《关于〈中国动物志〉编委会换届的通知》,2003 年,中国科学院成都生物研究所档案室 I242－01 第 2 号。

87.《赵尔宓院士 2002—2003 年主要学术活动》,2003 年,中国科学院成都生物研究所档案室 I242－09 第 1 号。

88.《中国科学院成都生物研究所 2004 年主要活动或事件摘记》,2004 年,中国科学院成都生物研究所档案室 2004 永久－0113。

89.《关于成立国际生物多样性计划中国国家委员会的通知》,2004 年,中国科学院成都生物研究所档案室 I242 - 01 第 3 号。

90.《年度考核登记表(赵尔宓 2005)》,2005 年,中国科学院成都生物研究所档案室人事档案 104 第 3 - 10 号。

91. 中国野生动物保护协会:《征集中国野生动物保护协会理事(兼任常务理事)候选人的函和推荐表》,2006 年,中国科学院成都生物研究所档案室文书档案 2006 短期04 - 15。

92.《年度考核登记表(赵尔宓 2006)》,2006 年,中国科学院成都生物研究所档案室人事档案 104 第 3 - 11 号。

93.《年度考核登记表(赵尔宓 2007)》,2007 年,中国科学院成都生物研究所档案室人事档案 104 第 3 - 12 号。

94.《年度考核登记表(赵尔宓 2008)》,2008 年,中国科学院成都生物研究所档案室人事档案 104 第 3 - 13 号。

95.《关于赵尔宓等二人赴德国的请示》,2009 年 2 月 12 日,中国科学院成都生物研究所档案室文书档案 2009 短期 07 - 16。

96. 中国科学院国际合作局:《中国科学院出国及赴港澳任务批件(赴德国)》,2009 年,中国科学院成都生物研究所档案室文书档案 2009 短期 07 - 16。

97.《张学文主任的邀请信》,2009 年,中国科学院成都生物研究所档案室文书档案 2009 短期 07 - 26。

98.《关于赵尔宓等二人赴台湾访问的请示》,2009 年,中国科学院成都生物研究所档案室文书档案 2009 短期 07 - 26。

99. 国务院台湾事务办公室:《国务院台湾事务办公室赴台批件》,2009 年,中国科学院成都生物研究所文书档案 2009 短期 07 - 26。

100.《关于赵尔宓等出访俄罗斯的请示》,2009 年,中国科学院成都生物研究所档案室文书档案 2009 短期 07 - 15。

101. 中国科学院国际合作局:《中国科学院出国及赴港澳任务批件(赴俄罗斯)》,2009 年,中国科学院成都生物研究所档案室文书档案 2009 短期 07 - 15。

102.《年度考核登记表(赵尔宓 2009)》,2009 年,中国科学院成都生物研究所档案室人事档案 104 第 3 - 14 号。

二、传记

1. 赵尔宓:《六十六年的回顾》,载《赵尔宓选集》下卷,科学出版社,2012 年。
2. 中国科学院成都生物研究所选举领导小组:《赵尔宓同志简介材料》,1984 年。
3. 赵尔宓主编:《从水到陆——刘承钊教授诞辰九十周年纪念文集》,中国林业出版社,1990 年。
4.《中国研究生》杂志编辑部:《寄语:赵尔宓院士简介》,《中国研究生》2008 年第 9 期。
5. 赵尔宓:《思念——似彩虹通往天堂》,载《赵尔宓全家纪念涂茂洲图文集》,2009 年。
6. 赵尔宓:《永远想念你》,2007 年 3 月。
7. 中国科学院成都生物研究所:《赵尔宓院士从事科研教学工作 60 年回顾》,2010 年。

三、证书、证件

1. 四川省革命委员会科学技术委员会:《四川省科学技术二等奖奖状》,1979 年。
2. 中国动物学会、中国昆虫学会:《〈动物分类学报〉编委会编委聘书》,1979 年。
3. 北京动物园:《北京动物园科学技术顾问聘书》,1979 年。
4.《生物学通报》编委会、北京师范大学生物系:《关于〈生物学通报〉聘请编委的通知》,1980 年 4 月 15 日。
5. 四川省动物学会:《〈四川省动物学会会刊〉编辑委员会委员兼副主编聘书》,1980 年 5 月 3 日。
6. 四川省人民政府:《重大科学技术研究成果奖》,1983 年 1 月。
7. 四川省人民代表大会常务委员会:《四川省第六届人民代表大会代表证》,1983 年 4 月。
8. 中华人民共和国林业部:《〈野生动物〉杂志编辑委员会编委聘书》,1983 年 8 月 15 日。

9. 中国科学院:《竺可桢野外科学工作奖证书》,1988 年 3 月 7 日。
10. 四川省科学技术协会:《四川省科协系统先进工作者荣誉证书》,1988 年 3 月 17 日。
11. 全国人民代表大会常务委员会:《中华人民共和国第七届全国人民代表大会代表证》,1988 年 3 月。
12. 北京科学教育电影制片厂:《科普影片〈两栖动物的故事〉科学顾问聘书》,1986 年 5 月。
13. 辽宁蛇岛老铁山自然保护区管理处:《辽宁蛇岛老铁山自然保护区管理处科技顾问聘书》,1988 年 6 月。
14. 美国 Sigma Xi 自然科学荣誉学会:《美国 Sigma Xi 自然科学荣誉学会会员证书》,1988 年。
15. 美国加州科学院:《美国加州科学院荣誉院士证书》,1989 年 10 月 3 日。
16. 全国青少年科技活动领导小组、中国科协、国家教委、共青团中央、国家体委、全国妇联、国家自然科学基金会:《第五届全国青少年创造发明比赛和科学讨论会评选指导委员会委员聘书》,1990 年 8 月。
17. 中国科学院动物研究所:《中国科学院动物研究所系统进化动物学重点实验室学术委员聘书》,1990 年 9 月 20 日。
18. 中国动物学会两栖爬行学会:《中国两栖爬行动物学会第三届理事会副理事长聘书》,1990 年 11 月 10 日。
19.《资源开发与保护》杂志编委会:《〈资源开发与保护〉杂志编委会编委聘书》,1991 年 3 月 28 日。
20. 四川省科普作家协会:《成绩突出的科普作家荣誉证书》,1991 年 4 月 26 日。
21. 四川省科学技术委员会:《一九九一年度四川省先进科研单位三等奖荣誉证书》,1992 年 12 月。
22. 陈钦大熊猫研究基金会:《陈钦大熊猫研究基金会评审委员聘书》,1993 年 1 月 13 日。
23. 全国人民代表大会常务委员会:《中华人民共和国第八届全国人民代表大会代表证》,1993 年 3 月。

24. 林业部调查规划设计院:《林业部调查规划设计院环境和野生动物监测中心高级专家顾问聘书》,1995 年 5 月 20 日。
25. 亚洲两栖爬行动物研究学会:《〈蛇伤防治通讯〉顾问聘书》,1995 年 9 月 6 日。
26. 川西北保护大熊猫教育研究中心:《川西北保护大熊猫教育研究中心顾问聘书》,1996 年 10 月 24 日。
27. 贵州科技出版社:《〈本草纲目彩色药图〉编委会编委聘书》,1997 年 8 月。
28. 第一届国际蛇伤学术研讨会:《赵尔宓论文 Chinese snakes with medical significance 获第一届国际蛇伤学术研讨会最佳论文奖奖状》,1997 年 10 月。
29. 第一届国际蛇伤学术研讨会:《赵尔宓论文 Poisonous snakes and medico-geographical divisions of snake 获第一届国际蛇伤学术研讨会最佳论文奖奖状》,1997 年 10 月。
30. 中国科学院昆明动物研究所:《〈动物学研究〉第五届编辑委员会编委聘书》,1997 年 12 月 8 日。
31. 美国国家地理协会:《美国国家地理协会会员证书》,1998 年 1 月 1 日。
32. 中共四川省委、四川省人民政府:《四川省第四届科学技术顾问团顾问聘书》,1998 年 4 月。
33. 中共四川省委宣传部、四川省科学技术委员会、四川省科学技术协会:《四川省科普工作先进个人荣誉证书》,1998 年 11 月。
34. 四川省人民政府侨务办公室、四川省归国华侨联合会:《四川省归侨侨眷先进个人荣誉证书》,1999 年 4 月。
35. 国务院侨务办公室、中华全国归国华侨联合会:《全国归侨侨眷先进个人荣誉证书》,1999 年 7 月。
36. 美国传记研究院:《美国传记研究院研究顾问聘书》,2001 年。
37. 国家林业局野生动植物保护司、中国林业出版社:《〈中国野生动物百科全书〉编辑委员会副主编聘书》,2001 年 5 月。
38. 中国科学院:《中国科学院院士证》,2001 年。
39. 中国科学院昆明动物研究所:《〈动物学研究〉第六届编辑委员会委员聘

书》,2001 年 12 月 26 日。

40. 中国动物学会:《第十九届国际动物学大会顾问委员会委员聘书》,2002 年 8 月 26 日。

41. 中国科学院:《中国科学院研究生院终身教授高级职务聘书》,2002 年 9 月 1 日。

42. 四川省人民政府:《“民族团结进步模范”荣誉证书》,2002 年 10 月。

43. 四川省人民政府:《四川省学术和技术带头人证书》,2002 年 12 月 9 日。

44. 海南师范学院:《海南师范学院聘任赵尔宓院士为特聘教授的合同》,2003 年 1 月 1 日。

45.《蛇学疡学研究》编辑部:《〈蛇学疡学研究〉第六届编辑委员会蛇学总顾问任职证书》,2003 年 4 月 18 日。

46. 美国两栖爬行动物学家联盟:《美国两栖爬行动物学家联盟荣誉会员证书》,2003 年 6 月 26 日。

47. 沈阳师范大学:《2003 年沈阳师范大学聘任赵尔宓院士为特聘教授的协议书》,2003 年 8 月 1 日。

48. 国家科学技术奖励工作办公室:《2005 年度国家科学技术奖评审专家证书》,2005 年 8 月。

49. 中央民族大学:《中央民族大学“985 工程”项目“双聘院士”协议书》,2005 年 11 月 5 日。

50. 成都市人民政府:《“全市民族团结进步模范个人”荣誉证书》,2005 年 12 月。

51. 北京自然博物馆:《北京自然博物馆科学顾问聘书》,2006 年 6 月 6 日。

52. 温州大学:《温州大学聘请赵尔宓为客座教授的协议书》,2006 年 8 月。

53.《〈中国蛇类〉获第二十届华东地区科技出版社优秀科技图书一等奖的奖状》,2007 年 8 月。

54. 中央宣传部、新闻出版总署:《〈中国大百科全书(第二版)〉编纂出版荣誉证书》,2009 年 8 月。

55. 中国野生动物保护协会、斯巴鲁汽车中国有限公司:《2013 年斯巴鲁生态保护特殊贡献奖奖状》,2013 年 12 月。

四、信件

1. 秉志:《建议赵尔宓学好生物学研究基础课程》,1951 年 9 月 5 日。
2. 胡淑琴、赵尔宓:《回复〈四川爬行动物三新种描述〉的审查意见》,1965 年。
3. 刘联仁:《询问 1981 年全国九省市青少年生物保护夏令营事宜的信》,2010 年 10 月 5 日。
4. 鹰岩:《邀请赵尔宓加入世界爬行动物大会筹备委员会》,1983 年 10 月 28 日。
5. 达雷尔:《邀请赵尔宓参加编写〈世界两栖爬行动物名录〉》,1983 年 11 月 22 日。
6. 鹰岩:《赵尔宓访美经费和日程安排》,1986 年 5 月 20 日。
7. 赵尔宓:《告知涂茂浰成都至兰州的旅途情况》,1988 年 8 月 11 日。
8. 赵尔宓:《告知涂茂浰兰州当地的情况及行程》,1988 年 8 月 12 日。
9. 赵尔宓:《告知涂茂浰横穿青海考察》,1988 年 8 月 24 日。
10. 赵尔宓:《记录鸣沙山的采集行程》,1988 年 8 月 26 日。
11. 赵尔宓:《记录新疆的采集行程》,1988 年 9 月 6 日。
12. 理查德:《邀请赵尔宓加入美国鱼类和爬行动物研究学会》,1989 年 5 月 12 日。
13. 罗杰:《对赵尔宓学术能力和组织能力的评价》,1989 年 11 月 9 日。
14. 吴敏:《介绍新疆北鲵标本》,1989 年 11 月 12 日。
15. 吴敏:《介绍新疆北鲵染色体研究》,1989 年 11 月 15 日。
16. 马克勤:《评价〈从水到陆〉并感谢赵尔宓》,1990 年 12 月 25 日。
17. 宋大祥:《收到〈从水到陆〉》,1990 年 11 月 4 日。
18. 唐崇惕:《收到〈从水到陆〉》,1990 年 11 月 30 日。
19. 郑作新:《感谢赵尔宓赠送〈从水到陆〉》,1990 年 11 月 24 日。
20. 马克勤:《评论黄山会议及讨论两栖动物种群衰落》,1992 年 9 月 1 日。
21. 引田:《慰问赵尔宓》,1993 年 8 月 11 日。
22. 鹰岩:《回顾与赵尔宓合著学术专著》,1993 年 11 月 29 日。
23. 罗伯特:《书评和稿件处理情况》,1994 年 2 月 1 日。

24. 刘建康：《祝贺 *Herpetology of China* 出版》，1994 年 4 月 11 日。
25. 约翰：《愿意为〈中国龟鳖〉一书提供照片》，1996 年 4 月 1 日。
26. 卡尔：《提出龟类分类建议》，1996 年 9 月 12 日。
27. 大卫：《邀请赵尔宓参加蝾螈研究》，1999 年 2 月 16 日。
28. 梁华：《介绍澳门动物的研究情况并寻求合作》，1999 年 7 月 28 日。
29. 西奥多：《亚洲爬行动物研究学会任命赵尔宓为副秘书长》，2001 年 3 月 17 日。
30. 中国科学院：《通知赵尔宓当选为中国科学院院士》，2001 年 11 月 9 日。
31. 路甬祥：《祝贺赵尔宓当选中国科学院院士》，2001 年 12 月 1 日。
32. 肯尼斯：《祝贺赵尔宓获美国两栖爬行动物学家联合会荣誉会员》，2003 年 7 月 17 日。
33. 罗伯特：《感谢赵尔宓赠书和接受任职的邀请》，2004 年 3 月 8 日。
34. 鹰岩：《接受赵尔宓的邀请》，2004 年 3 月 9 日。
35. 赵尔宓：《辞任研究生导师一职》，2012 年 4 月 23 日。
36. 赵蕙、赵芩、赵小苓：《赵院士家人给学校的信》，2016 年 12 月 26 日。

五、论文

1. 董文芳：《蒋介石与新生活运动》，《山东师大学报（社会科学版）》1999 年第 4 期。
2. 顾晓英：《评蒋介石的新生活运动（1934—1949 年）》，《上海大学学报（社科版）》1994 年第 3 期。
3. 张丽萍、李朝鲜：《中国两栖爬行动物学的奠基人之一刘承钊教授的科学攀登之路》，载罗中枢《历史　精神　使命　四川大学》，四川大学出版社，2009 年。
4. 马俊之：《一位终生追求真理的学者——忆刘承钊教授》，载赵尔宓主编《从水到陆——刘承钊教授诞辰九十周年纪念文集》，中国林业出版社，1990 年。
5. 江耀明、吴大均、吴贯夫、陈跃英：《刘承钊教授在四川的野外工作》，《四川动物》2000 年第 3 期。

6. 刘益康译，陈年长摘编：《刘承钊的足迹——美国 Lazell 博士撰文缅怀刘承钊教授》，《两栖爬行动物学报》1983 年第 4 期。

7. 四川省生物研究所两栖爬行动物研究室：《蛙属一新种——凹耳蛙》，《动物学报》1977 年第 1 期。

8. 王扬宗：《中国科学技术事业的历史性转变——回望 1978 年全国科学大会》，《中国科学院院刊》2018 年第 4 期。

9. 刘东生：《南迦巴瓦峰登山科学考察(1982—1984 年)》，《山地研究》1984 年第 3 期。

10. 杨逸畴：《再记南迦巴瓦峰科学考察》，《山地研究》1984 年第 1 期。

11. Theodore J. Papenfuss, The History of the Journal of Asiatic Herpetological Research, in Asiatic Herpetological Research, 2004(10).

六、照片

1. 赵尔宓的《自传》。
2. 赵尔宓的父母。
3.《卅六年度录取学生名册》。
4. 1947 年，赵尔宓入读华西协合大学生物系第一天留影。
5.《四川省两栖爬行类调查记录》。
6.《私立华西协合大学教职员简历表(赵尔宓)》。
7. 赵尔宓在华西协合大学的本科毕业论文。
8.《华西大学一九五〇年度第一学期应届业生成绩调查表(赵尔宓)》。
9.《为发送邱明武、赵尔宓二同志材料及调潘鼎坤回部由》。
10. 赵尔宓与涂茂洲的结婚照。
11. 赵尔宓在广州参加“三志”会议。
12. 赵尔宓在西藏进行野外考察。
13. 1976 年—1977 年，赵尔宓在新疆西部天山驻点研究草原蛇害。
14. 赵尔宓全副武装登上蛇岛。
15. 赵尔宓应邀担任中学生夏令营生物组的指导老师并与学生合影。
16. 赵尔宓在日本研究蛇类标本。

17. 参加两栖爬行动物学学会成立大会的与会人员合影。
18. 赵尔宓在美国康奈尔大学近郊之刘承钊当年采集地留影。
19. 赵尔宓在日本全琉皮革产业株式会社考察蛇类养殖。
20. 中日两栖爬行动物学学术讨论会参会人员合影。
21. 赵尔宓、涂茂浻夫妻和鹰岩在四川省科学技术学会演讲厅外合影。
22. 赵尔宓在日本的学术交流会上演讲。
23. 赵尔宓在美国与康奈尔大学教授鹰岩合影。
24. 赵尔宓在日本京都大学介绍在中国蛇岛开展的研究工作。
25. 赵尔宓在新疆克拉玛依进行野外考察。
26. 赵尔宓出席首届世界两栖爬行动物学术大会,并与坎特伯雷市市长、肯特大学校长合影。
27. 赵尔宓在世界两栖爬行动物学首届学术会上作大会报告。
28. 赵尔宓在土库曼斯坦出席亚洲两栖爬行动物学大会。
29. 赵尔宓在第一届国际蛇伤学术研讨会作大会报告。
30. 赵尔宓在第四届亚洲两栖爬行动物学学术会议上作学术报告。
31. 2002 年暑假,赵尔宓在峨眉山与参加科普活动的学生合影。
32. 赵尔宓在新疆哈巴河进行野外考察。
33. 赵尔宓在辽宁采集标本。
34. 赵尔宓在海南采集标本。
35. 新疆两栖爬行动物科考队队员在苏巴什达坂留影。
36. 赵尔宓在辽宁岫岩三家子采集两栖爬行动物标本。
37. 赵尔宓参加成都大学附中专家会议并作学术报告。

七、报道

1. 陈悦、程渝:《痴情丈夫赵尔宓 画“勿忘我”献亡妻》,《华西都市报》2013 年 4 月 14 日第 24 版。
2. 张欧:《院士赵尔宓:小心抓蛇 大胆研究》,《成都晚报》2009 年 8 月 25 日第 6 版。
3.《成都赵尔宓当选中科院院士》,《成都商报》官网,2001 年 12 月 10 日。

4. 陈悦、程渝:《动物学家赵尔宓 与蛇“缠绵”半世纪》,《华西都市报》2013年4月14日第23版。

5. 禄兴明、刘建:《院士赵尔宓50年的“蛇蛙生涯”》,《华西都市报》2001年12月17日第17版。

6.《中国科学院院士赵尔宓》,中国科学院成都生物研究所官网,2009年8月12日。

7. 陶佳桂:《院士赵尔宓:与蛇蛙打交道的人》,《晚霞》2007年第1期。

8. 傅佳妮:《赵尔宓:发现生命》,《四川科技报》2014年5月16日第11版。

9.《中国科学院编年史(1973年)》,中国科学院官网,2009年9月28日。

10. 张小三:《来自丛林的惊喜》,《中国研究生》2008年第9期。

11. 王海燕、郑培明:《回首过去　硕果累累　继往开来　引人入胜——访中国科学院成都生物所两栖爬行动物研究室王跃招主任》,《科学新闻》2000年第30期。

12. 范南虹:《“我申请做个海南人”》,《海南日报》2008年10月20日第6版。

13. 张虹:《半个世纪的蛇蛙生涯》,《大自然探索》2002年第6期。

14. 江芸涵、阳帆:《他栖于世界之巅惟愿悄悄地离开》,《四川日报》2016年12月27日第13版。

15. 梁梁:《我国著名的两栖爬行动物学家、中国科学院院士赵尔宓病逝》,《成都商报》2016年12月27日第6版。

16.《探索蛇类王国——记中国两栖爬行动物学家赵尔宓院士》,中国蛇网,2012年2月13日。

17. CCTV1《大家》栏目组:《大家:两栖爬行动物学家赵尔宓》,2008年3月1日。

18. 傅佳妮:《勇闯“神龙岛”——中科院院士赵尔宓的蛇岛科考之旅》,《四川文学》2014年第3期。

19. “华西名人堂”栏目:《生物学家赵尔宓》,2013年4月14日。

20.《四川动物》编辑部:《四川省动物学会寄生虫学专业委员会举行第一次学术交流会》,《四川动物》1982年第4期。

21.《全国两栖爬行动物研究学术讨论会在成都召开　中国两栖爬行动物学

会成立》,《中国野生动物》1983 年第 3 期。

22. 竟波:《中国两栖爬行动物研究学术讨论会在成都召开　中国两栖爬行动物学会正式成立》,《野生动物》1983 年第 3 期。

23.《两栖爬行动物学报》编辑部:《赵尔宓应邀担任世界两栖爬行动物学大会执行委员会委员》,《两栖爬行动物学报》1983 年第 4 期。

24. 胡锦矗:《参加中国动物学会成立五十周年年会的动物学工作者呼吁:采取紧急措施保护大熊猫》,《野生动物》1984 年第 5 期。

25.《四川动物》编辑部:《四川省动物学会召开第三次会员代表大会暨第四届学术年会》,《四川动物》1985 年第 1 期。

26.《四川省动物学会中国两栖爬行动物学会联合举办学术报告会》,《四川动物》1985 年第 4 期。

27.《四川动物》编辑部:《四川省动物学会第三届二次理事会在成都召开》,《四川动物》1986 年第 1 期。

28. 高崎:《四川省科学教育考察团访日》,《上毛新闻》1986 年 10 月 7 日第 18 版。

29.《四川动物》编辑部:《四川省动物学会第四次会员代表大会暨第五次学术年会在成都召开》,《四川动物》1988 年第 2 期。

30.《四川动物》编辑部:《四川省动物学会第四届理事会名单》,《四川动物》1988 年第 3 期。

31. 王竟:《四川省动物学会在成都召开理事扩大会》,《四川动物》1989 年第 1 期。

32. 王竟:《中国动物学会第十二届会员代表大会暨五十五周年学术年会在北京怀柔县召开》,《四川动物》1989 年第 2 期。

33. 王竟:《四川省动物学会召开在蓉理事及专委会负责人会议》,《四川动物》1989 年第 3 期。

34. 川栋:《世界两栖爬行动物学研究的里程碑》,《四川动物》1990 年第 1 期。

35. 王培潮:《首届世界两栖爬行动物学大会在英国召开》,《四川动物》1989 年第 4 期。

36. 阿列克谢:《中美苏科学家联合研究蜥蜴》,《加利福尼亚日报》1991 年 4 月 3 日第 2 版。
37. 简强:《看完标本展　赵尔宓给他“开小灶”》,四川新闻网,2008 年 4 月 28 日。
38. 程遥、吴娜:《著名昆虫学家赵力教师节回母校谢恩师》,四川在线教育频道官网,2014 年 9 月 11 日。
39. 童岱、邹曦:《百万美元“国宝蛇”紧急呼救》,《北京科技报》2007 年 12 月 17 日第 31 版。
40. 舸昊:《三十年蛇缘 三十年勤奋——访莽山烙铁头蛇的发现者、莽山生态博物馆馆长陈远辉》,《湖南林业》2006 年第 9 期。
41.《四川动物》编辑部:《“蛇蛙研究丛书”和“两栖爬行动物多样性专辑”新一届顾问委员会和编委会成立,计划组织编写〈蛇蛙研究进展〉》,《四川动物》2006 年第 2 期。
42. 黎凤琼、孙永祥:《四川省动物学会教学专委会第二届教学研讨会在成都召开》,《四川动物》1991 年第 1 期。
43. 路遥:《四川省动物学会第四届寄生虫(病)学学术讨论会在成都隆重举行》,《四川动物》1991 年第 1 期。
44.《西南民族大学学报(自然科学版)》编辑部:《本刊特邀编委赵尔宓院士简介》,《西南民族大学学报(自然科学版)》2014 年第 1 期。
45. 王竞:《四川省动物学会第四届五次理事会在成都召开》,《四川动物》1991 年第 3 期。
46. 钟昌富:《国际两栖爬行动物学学术会议在安徽省黄山市召开》,《生物毒素与医药》1992 年 8 月 20 日第 4 版。
47. 魏银松:《中科院成都生物所李伯刚同志当选为学会名誉理事长　四川省动物学会五届二次全体理事会议决定召开“六大”》,《四川动物》1996 年第 2 期。
48.《四川动物》编辑部:《四川省动物学会举行“迎香港回归动物科学学术报告会”》,《四川动物》1997 年第 2 期。
49.《扬眉吐气话回归　语重心长盼交流——四川省动物学会’97 迎香港回

归学术报告会侧记》,《四川动物》1997 年第 3 期。
50. 张亚平:《两栖爬行动物研究的重大贡献》,《光明日报》2007 年 8 月 4 日第 5 版。
51. 魏银松:《中国动物学会第十四次代表大会暨学术讨论会在郑州举行》,《四川动物》1999 年第 4 期。
52. 张永文:《中国动物学会第十四届会员代表大会暨学术讨论会在郑州市召开》,《动物学杂志》1999 年第 3 期。
53. 张瑞桢、张学梅、罗娅萍:《世界自然保护联盟物种生存委员会中国两栖爬行动物专家组会议在昆明召开》,《四川动物》1999 年第 4 期。
54. 晓梅:《四川省动物学会举行迎澳门回归暨学会成立 20 周年纪念活动》,《四川动物》1999 年第 4 期。
55.《四川动物》编辑部:《国家林业局在京召开专家论证会制订国家保护的野生动物名录》,《四川动物》2000 年第 3 期。
56.《四川动物》编辑部:《浙江省召开“青田县省级鼋自然保护区”申报审查会》,《四川动物》2000 年第 3 期。
57.《四川动物》编辑部:《浙江省召开“浙江省国家重点保护水生野生动物资源调查及保护研究”鉴定会》,《四川动物》2000 年第 3 期。
58. 王海燕:《第四届亚洲两栖爬行动物学学术会议在成都召开》,《科学新闻》2000 年第 30 期。
59. 吕顺清:《“第四届亚洲两栖爬行动物学会议”在成都举行》,《动物学研究》2000 年第 4 期。
60. 王仁蓉:《“四川省陆生野生动物普查”项目成果鉴定会在南充举行》,《四川师范学院学报(自然科学版)》2001 年第 2 期。
61. 肖静:《中国科学院新增 56 名院士》,《四川日报》2001 年 12 月 11 日第 1 版。
62.《四川省科学家赵尔宓当选中科院院士》,四川在线官网,2001 年 12 月 11 日。
63.《四川动物》编辑部:《两栖爬行动物研究学会祝贺赵尔宓当选中国科学院院士》,《四川动物》2003 年第 1 期。

64. 徐晓眉:《与院士手拉手,野外科学考察特别报道: 院士在野外等你》,《成都日报》2002 年 7 月 16 日 A2 版。
65. 徐晓眉:《与院士手拉手,野外科学考察特别报道: 青蛙,我们看你来啦》,《成都日报》2002 年 7 月 20 日 A2 版。
66. 徐晓眉:《与院士手拉手,野外科学考察特别报道: 弹琴蛙奏乐伴我们入眠》,《成都日报》2002 年 7 月 21 日 A2 版。
67. 徐晓眉:《与院士手拉手,野外科学考察特别报道: 因为遗憾才更有意义》,《成都日报》2002 年 7 月 22 日 A2 版。
68.《赵尔宓院士为乐山国家农业科技园建设献策》,中国科学院官网,2002 年 11 月6 日。
69.《我所三位专家被聘为四川省第五届科技顾问团顾问》,中国科学院成都生物研究所官网,2004 年 1 月 17 日。
70. 刘刚君:《成都生物所成立学术顾问委员会》,中国科学院成都生物研究所官网,2004 年 6 月 18 日。
71.《四川动物》编辑部:《本刊名誉主编赵尔宓应邀担任 *Salamandra* 编委》,《四川动物》2006 年第 2 期。
72. 古河祥、李丕鹏:《海龟的福音——2006 国际海龟年中国保护行动》,《四川动物》2007 年第 2 期。
73.《四川动物》编辑部:《第三届"两栖爬行动物多样性专辑"学术顾问委员会名单》,《四川动物》2006 年第 2 期。
74.《四川动物》编辑部:《四川省野生动植物保护协会第五次会员代表大会暨五届一次理事会议召开》,《四川动物》2007 年第 2 期。
75.《四川动物》编辑部:《中国动物学会鸟类学分会第九届学术研讨会在四川成都召开》,《四川动物》2007 年第 4 期。
76. 张晓良、张先锋:《水生所为刘建康院士九十华诞举办庆贺活动》,中国科学院水生生物研究所官网,2007 年 9 月 3 日。
77.《四川动物》编辑部:《中国动物学会两栖爬行动物学分会 2007 年学术研讨会在长沙举行》,《四川动物》2007 年第 4 期。
78. 吴丹:《赵尔宓院士倡议: 保护濒危蛙类》,《成都日报》2008 年 3 月 31 日

A9 版。
79.《成都生物所两栖爬行动物科普馆开馆》,中国科学院官网,2008 年 5 月 8 日。
80. 徐洁莹:《我国最大两栖爬行动物科普馆成都开馆》,四川在线官网,2008 年 5 月 8 日。
81. "蛇蛙研究丛书"编委会、《蛇志》编辑部:《2008 中国首届莽山烙铁头蛇保护工程研讨会议纪要》,《蛇志》2008 年第 4 期。
82. 陈成智:《"蟒蛇规模养殖大有可为"》,《海南日报》2008 年 6 月 11 日第 6 版。
83.《四川动物》编辑部:《IUCN 中国两栖动物保护行动计划研讨会在北京成功召开》,《四川动物》2008 年第 4 期。
84. 中国动物学会两栖爬行动物学分会:《中国动物学会两栖爬行动物学分会 2008 年学术研讨会纪要》,《蛇志》2008 年第 4 期。
85. 魏银松:《IUCN/SSC 邀请本刊名誉主编赵尔宓院士担任该组织两栖爬行动物专家组成员》,《四川动物》2009 年第 4 期。
86. 张永文:《中国动物学会第十六届会员代表大会暨学术讨论会在重庆西南大学召开》,中国科学院动物研究所官网,2009 年 11 月 4 日。
87. 何静:《成都生物所庆贺赵尔宓院士从事科研教学工作 60 年》,中国科学院成都生物研究所官网,2010 年 1 月 22 日。
88.《四川动物》编辑部:《四川省动物学会第九次会员代表大会暨第十届学术研讨会在成都召开》,《四川动物》2011 年第 3 期。
89.《大自然》编辑部:《四川省动物学会第九次会员代表大会暨第十届学术研讨会在成都召开》,《大自然》2011 年第 3 期。
90.《四川动物》编辑部:《庆祝〈四川动物〉杂志创刊 30 周年座谈会》,《四川动物》2011 年第 3 期。
91. 黄海英:《赵尔宓院士:喜欢给孩子们讲科普》,《成都晚报》2010 年 5 月 18 日 D6 版。
92. 王迪、张菲菲:《讲"卓越人生"校友院士上第一课》,《华西都市报》2010 年 11 月 23 日第 6 版。

93. 张莉:《树德中学开设首个领袖人才课 中科院院士亲启》,成都全搜索官网,2010 年 11 月 22 日。

94. 缪琴、陈瑾、郑莹莹:《院士赵尔宓担当首位"讲解员"》,《成都日报》2011 年 4 月 29 日第 7 版。

95. 黄敏、吴婵、董艳苹:《四川省暨成都市"爱鸟周"活动启动　呼吁科学爱鸟护鸟》,中国科学技术协会官网,2011 年 4 月 12 日。

96. 何奕忻:《第五届亚洲两栖爬行动物学大会在成都召开》,中国科学院成都生物研究所官网,2012 年 6 月 4 日。

97. 毛敏:《生命科学院应邀参加第五届亚洲两栖爬行动物学国际会议》,西华师范大学官网,2012 年 6 月 6 日。

98. 彭丽、何奕忻:《亚洲两栖爬行动物学大会在蓉举行》,《中国科学报》2012 年 6 月 4 日 A1 版。

99. 傅佳妮:《雾中的人生风景》,《四川科技报》2013 年 7 月 19 日第 2 版。

100. 谭中微:《与蛇打了大半辈子交道　赵尔宓院士辞世》,《天府早报》2016 年 12 月 27 日第 3 版。

101. 李寰:《院士遗愿:与妻子骨灰一同洒向大地》,《华西都市报》2016 年 12 月 27 日第 2 版。

102. 韩毅:《赵尔宓院士辞世 曾为重庆"蛇族"添新纪录》,《重庆日报》2016 年 12 月 30 日第 10 版。

103.《四川动物》编辑部:《沉痛哀悼——赵尔宓院士辞世》,《四川动物》2017 年第 1 期。

104.《沉痛哀悼　赵尔宓院士因病辞世》,四川大学官网,2016 年 12 月 26 日。

105. 姚剑:《踏遍青山——记〈中国无尾两栖类〉作者刘承钊》,《科技日报》1989 年第 4 版。

八、口述

1.《吴贯夫访谈》,2015 年 4 月 3 日。

2.《曾晓茂访谈》,2015 年 6 月 19 日、2015 年 7 月 8 日。

3.《王跃招访谈》,2015 年 7 月 7 日。
4.《李家堂访谈》,2015 年 7 月 10 日。
5.《傅金钟访谈》,2015 年 7 月 22 日。
6.《饶定齐访谈》,2015 年 7 月 27 日。
7.《李丕鹏访谈》,2015 年 7 月 28 日。
8.《蔡波访谈》,2015 年 8 月 16 日。
9.《董丙君访谈》,2015 年 8 月 16 日。
10.《熊建利访谈》,2015 年 8 月 16 日。
11.《张亚平访谈》,2016 年 1 月 20 日。
12.《史海涛访谈》,2016 年 8 月 16 日。
13.《赵文阁访谈》,2016 年 8 月 17 日。
14.《吕顺清访谈》,2016 年 8 月 18 日。
15.《汪继超访谈》,2016 年 8 月 18 日。
16.《黄松访谈》,2016 年 8 月 19 日。
17.《松井正文访谈》,2016 年 8 月 20 日。
18.《娜塔莉亚访谈》,2016 年 8 月 21 日。
19.《蒋珂访谈》,2016 年 9 月 3 日。
20.《赵蕙访谈》,2016 年 9 月 8 日。
21.《蒲自莲访谈》,2016 年 9 月 9 日。
22.《薛晓武访谈》,2016 年 9 月 9 日。
23.《赵尔宓访谈》,2016 年 9 月 9 日。
24.《王秀玲访谈》,2016 年 9 月 20 日。
25.《时磊访谈》,2016 年 9 月 27 日。
26.《胡其雄访谈》,2016 年 10 月 9 日。
27.《李胜全访谈》,2016 年 10 月 9 日。
28.《江耀明访谈》,2016 年 10 月 11 日。
29.《刘少英访谈》,2016 年 10 月 18 日。
30.《曾晓茂访谈(二)》,2016 年 10 月 19 日。
31.《魏银松访谈》,2016 年 10 月 19 日。

32.《方自力访谈》,2016 年 10 月 24 日。

33.《王竞访谈》,2016 年 10 月 24 日。

34.《高正发访谈》,2016 年 10 月 25 日。

35.《宋昭彬访谈》,2016 年 10 月 25 日。

36.《曹燕访谈》,2016 年 10 月 27 日。

37.《江帆访谈》,2016 年 10 月 27 日。

38.《杨军访谈》,2016 年 10 月 27 日。

39.《蒋珂访谈(二)》,2016 年 10 月 28 日。

九、学术评价

1. Kraig Adler, Dedication to Ermi Zhao, in *Amphibians Biology*, Volume 11.
2. 王培潮:《中国两栖爬行动物学史上的里程碑——读〈中国两栖爬行动物学文献〉》,《四川动物》1995 年第 1 期。
3. 魏银松:《赵尔宓院士的新追求和新尝试——喜读〈中国蛇类〉》,《四川动物》2007 年第 2 期。

十、手稿

1. 赵尔宓:《四川省两栖爬行类调查记录》,1948 年至 1966 年。
2. 赵尔宓:《粉螨形态及防治法之初步试验》,华西协合大学本科毕业论文,1951 年 6 月 23 日。
3. 赵尔宓:《普通生物学教学资料》,1955 年。
4. 赵尔宓:《毒蛇量度及发生学笔记》,1954 年。
5. 赵尔宓:《物种进化教学资料》,1955 年。
6. 赵尔宓:《海南岛野外采集散忆》,载《四川大学名师讲堂》,2008 年 1 月 10 日。
7. 赵尔宓:《细胞学讲座笔记》,1958 年。
8. 赵尔宓:《1958—1962 年云南、贵州、广西和陕西两栖爬行动物调查记录》,1962 年。

9. 赵尔宓:《两栖爬行动物学》,1990 年。
10. 赵尔宓:《动物饲养实验记录》,1959 年。
11. 赵尔宓:《个人工作笔记: 开课情况》,1951 年—1964 年。
12. 赵尔宓:《无脊椎动物资料以及期刊查阅记录》,1957 年—1964 年。
13. 赵尔宓:《贵州省两栖爬行动物调查记录(1106 号)》,1963 年。
14. 赵尔宓:《福建省两栖爬行动物调查记录(23778 号)》,1964 年。
15. 四川生物所两栖爬行室(赵尔宓、江耀明):《福建省爬行动物调查及其校正名录》,《两栖爬行动物研究资料》1976 年第 3 期。
16. 赵尔宓:《1964 年广州调查蛇蛙等动物市场资料的记录》,1964 年。
17. 赵尔宓:《蛇毒研究——1964 年广州学习笔记》,1964 年。
18. 赵尔宓:《两栖爬行动物市场情况调查记录》,1964 年。
19. 赵尔宓:《1963 年—1966 年在贵州、成都、剑阁、中江调查蛇类等动物市场销售及利用的资料记录》,1966 年。
20. 赵尔宓:《〈诗经〉〈山海经〉〈本草纲目〉、各地中药志中关于两栖爬行动物的资料》,1966 年。
21. 赵尔宓:《广州蛇伤防治经验交流会资料》,1966 年。
22. 赵尔宓:《南宁、福州、杭州、南通、上海参观学习笔记》,1969 年。
23. 赵尔宓:《各地蛇伤药原植物记录》,1969 年。
24. 赵尔宓:《蛇伤治疗配方笔记》,1969 年。
25. 赵尔宓:《眼镜蛇等蛇毒药方实验数据记录笔记》,1969 年。
26. 赵尔宓:《各地治疗蛇伤中草药集锦记录》,1969 年。
27. 赵尔宓:《中山医学院等各地医院蛇伤防治经验总结记录》,1969 年。
28. 赵尔宓:《保山专属医院蛇伤治疗记录》,1969 年。
29. 赵尔宓:《福建及广西治疗蛇伤常用中草药记录》,1969 年。
30. 赵尔宓:《广东、广西参观学习蛇毒治疗方法笔记》,1970 年。
31. 赵尔宓:《李世俊医师介绍蛇伤治疗经验记录》,1970 年。
32. 四川省生物研究所两栖爬行动物研究室(胡淑琴、赵尔宓):《中国两栖爬行动物名录及其地理分布》,《川生科技: 两栖爬行动物研究专刊第二辑》1974 年第 2 期。

33. 两栖爬行动物研究室(赵尔宓、吴贯夫):《安徽省两栖爬行动物调查初步报告》,《川生科技:两栖爬行动物研究专刊第二辑》1974 年第 2 期。
34. 四川省生物研究所两栖爬行动物研究室(赵尔宓):《四川省二郎山两栖爬行动物调查报告(爬行动物部分)》,《川生科技:两栖爬行动物研究专刊第二辑》1974 年第 2 期。
35. 四川省生物研究所两栖爬行动物研究室爬行动物研究组(赵尔宓):《世界毒蛇概况》,《川生科技:两栖爬行动物研究专刊第二辑》1974 年第 2 期。
36. 四川生物所两栖爬行室(赵尔宓、江耀明):湖南省爬行动物初步名录及其地理分布,《两栖爬行动物研究资料》1976 年第 3 期。
37. 四川生物所两栖爬行室(赵尔宓、江耀明):湖北西部爬行动物的初步调查,《两栖爬行动物研究资料》1976 年第 3 期。
38. 四川生物所两栖爬行室(赵尔宓、沈杨):龟鳖目动物概述《两栖爬行动物研究资料》1976 年第 3 期。
39. 四川生物所两栖爬行室(赵尔宓):关于我国极北蝰的资料,《两栖爬行动物研究资料》1976 年第 3 期。
40. 江耀明、赵尔宓:中介蝮与草原蝰的食性观察,《两栖爬行动物研究资料》1978 年第 4 期。
41. 赵尔宓、江耀明:中介蝮与草原蝰的繁殖资料,《两栖爬行动物研究资料》1978 年第 4 期。
42. 赵尔宓:《日常科研工作记录及中国古代蛇资料》,1978 年。
43. 赵尔宓:《四川资源动物志手稿》,1979 年—1980 年。
44. 赵尔宓主编:《两栖爬行动物研究》第六卷,1982 年。
45. 赵尔宓:《个人工作记录:国内外任职及兼职情况》,1991 年—1993 年。

十一、著作

1. 刘承钊、胡淑琴:《中国无尾两栖类》,科学出版社,1961 年。
2. 四川省生物研究所两栖爬行动物研究室:《中国爬行动物系统检索》,科学出版社,1977 年。
3. 四川省生物研究所、上海自然博物馆:《经济两栖爬行动物》,上海科学技术出版社,1978 年。

4.《四川资源动物志》编辑委员会:《四川资源动物志》第一卷,四川人民出版社,1980 年。

5.《四川资源动物志》编辑委员会:《四川资源动物志》第一卷(第二版),四川人民出版社,1982 年。

6. 中国科学院青藏高原综合科学考察队:《青藏高原研究:横断山考察专集(一)》,云南人民出版社,1983 年。

7. 李渤生主编:《南迦巴瓦峰地区生物》,科学出版社,1995 年。

十二、其他

1.《赵伯钧自述简历》,1970 年。

2. 四川大学校史馆:《刘承钊生平》。

3. 四川大学自然历史博物馆:《刘承钊生平》。

4. 中国科学院成都生物研究所:《岁月足迹》,2008 年。

5. 黄庆云:《感激,使我心中充满阳光》,载《感动人生》,2005 年 12 月 1 日。

6. 江耀明:《四川省蛇类养殖技术赴日考察团情报汇报》,1985 年 5 月 10 日。

7.《第一届世界爬行动物大会学术报告录音磁带售卖宣传单》,1989 年 11 月 19 日。

8.《赵尔宓在美国作学术报告"中国现代爬行动物调查"的海报》,1991 年。

9.《中国民主同盟四川省直属单位工作委员会批准入盟通知书》,1992 年 5 月 20 日。

10. 成都市人民政府:《成都市人民政府关于表彰全市民族团结进步模范集体和个人的通报》,2005 年 12 月 12 日。

人名索引

B

秉志　51—53，70，227，400，461，469，491，521

C

车静　120，387，388，513

陈远聪　499

D

董丙君　375，396，399，428，429，511，512，515，520

F

方自力　195，239，245，287，288，298，427，506，523

费梁　86，91，107，120，129，166，230，294，369，418，498，518，519

傅金钟　190，204，227，229，239，245，251，299，322，325，522

G

高正发　164，248，255—257，298，337，364，365，370，482，502，504，512，523

郭鹏　346，376，377，388，440，490，510，516，517

H

胡锦矗　165，206，247，282，327，329，427，429，446

胡其雄　166，178，185，202，203，205，214，219，230，322，500，501，518，523

黄美华　322，519

黄庆云　140—142，150，152，187，219，230，231，294，498，499，507，518，519

黄松　288，323，388，389，491，514

黄永昭　230，518

黄祝坚　129，497

J

江帆　413，419，431，437，514，515

江建平　278

江苏平　225,480,502

江耀明　34,44,66,72,78,81,86,88,89,91,93,96,97,99,100,107,110,118,121,129,132,134,136,137,139—141,147,148,150,152,163,165—167,175,185,187,193,211,218,219,221,224,230,231,275,284,294,331,400,472,475,496—502,506,507,517—519,523

蒋珂　31,34,51,59,62,67,81,97,120,165,172,175,180,189,206,208,244,246,261,300,301,351,382,387,403,406,419,443

K

Kraig Adler　5,32,35,44,47,59,97,99,110,161,163,183,214,215,223,230,231,250,279,294—297,301,302,315,321,323,331,337,370,372,403,429,445,447,479,504,515

L

李家堂　387,388,510,513,515,522

李丕鹏　58,102,118,134,166,192,203,207,214,229,232,233,245,251,261,278,280,298,335,341,355,366,372—375,377,381,382,391,393,403,413,416,417,426,428,429,490,511,520,522

李胜全　151,160,166,173,178,179,185,194,197,198,212,221,225,226,264,287,290,499—502,507,519,523

刘承钊　12—16,29—35,37,39—41,43—46,51,55,59,65,66,71,75,77—83,85—89,91,93,95—98,100,102,112,113,118,121,125,129—131,139,143,164,165,170,173,174,193,195,196,204,208,218,227,270—273,275,287,295,302,321,331,334,340,350,364,374,375,391,415,444,447,456,457,460,461,466,468,470—472,474,477,478,483,487,496,498,504,505,508,518—520

刘德扬　86,89,107,496

刘建康　297,303,409,492

刘少英　165,349,510,523

吕顺清　298,305,322,324,334,354,355,375,388,429,434,522

M

马克勤　271,288

Masafumi Matsui　512

N

Natalia B. Ananjeva　424

Q

钱燕文　247,284,506,519

R

饶定齐　243,245,275,287,375,429,

510,522

Richard Shine 436

Robert F.Inger 226,480,507

Roger Conant 250,252,450

S

沈杨 132,148,151,166,179,497,499,517

石月卿 1,3,229,465

时磊 134,173,270,361,397,399,405,429,512,513

史海涛 278,427,434,510,515,520,522

史瀛仙 57,59,60,65,517

宋昭彬 346,365,375,388,523

T

谭安鸣 501—503

田婉淑 97,102,166,187,219,230,499,507,508,518

Theodore J. Papenfuss 229,230,246,288,289,296,325,503,504,511,519

Tsutomu Hikida 502

W

汪继超 324,515,522

王竞 164,165,173,218,242,247,248,259,275,282,310,324,327,329,411

王秀玲 261,266,268,269,278,320,355,391,395,399,418,423,483,512,523

王宜生 33,34,78,80,82,86,91,96,97,166,231,472,518

王跃招 97,107,117,134,139,140,146,152,159,167,178,180,184,189,194,213,214,238,239,278,288,325,335,365,382,427,501,515,519,522

魏银松 173,174,311,324,327,365,370,403,404,424,523

吴大均 33,34,44,66,81,86,91,97,118

吴贯夫 34,44,59,66,67,72,78,81—83,86,88,91,96,97,101,102,111,118,120,121,126,135,142,151,152,166,179,180,185,200,218,219,224,248,256,284,308,336,374,377,472,474,488,497—504,507,510,511,518,519,522

X

熊建利 398,399,438,512,513,522

徐福均 62,65—67,69,218,219,444,457,469,470,479,517,520

薛晓武 43,118,355,377,408,418,428,437,523

Y

杨大同 107,191,287,313,498,519

杨抚华 72,82,86,139

杨军 345,347,375,380,398,399,512

杨文明 151,152,166,179,180,184,498—500

叶昌媛　80，124，166，230，294，418，518，519
余培南　426，431，520

Z

曾晓茂　46，110，162，165，175，179，180，189，193，203，213，224，244，246，275，301，336，383，502，511，513，519，522
张服基　269，500，501，505，519
张贵寅　60，65，69，72，517
张孟闻　53，89，113，139，143，191，192，203，218，284，484，519
张学文　12，14，46，331，337，394，399，422，509，512，519
张亚平　120，386—388，401，402，425，429，435，436，491，513，515，522
赵伯钧　1，3，6，7，10—12，16，18—20，26，147，228，229，450，465，466，475，480，520
赵尔宓　5，7，10，54，185，295，392，466，523
赵蕙　63，97，103，176，295，296，301，304，306，337，355，364，367，374，375，377，379，390，399，402，403，411，418，420，422，428，431，434，437，440，448，470，509，510，512，513，519
赵肯堂　284，325，506，519
赵力　159，160，257—259，482
赵芩　67，448，470
赵文阁　302，355，367，375，377，426，429，430，522
赵小苓　12，14，46，67，300，331，367，413，448，470，519
郑实夫　20，22，29—31，453，454，456，467
周久发　289，316，519
周开亚　325，418，419，519
周婷　289，316，372，373，505，510，519，520

后记一　永远不会忘记

——赵尔宓学术成长资料采集工作有感[①]

2016 年 12 月 25 日，一个寻常冬日，成都天气阴冷。我独自待在家中，正因为自己右臂手术后的剧烈疼痛而情绪低落。11 月上旬，我因为摔跤造成右臂肱骨严重骨折，在四川省人民医院做了钛合金穿髓接骨手术。因为个体差异，很不幸我一直在术后疼痛中煎熬，日夜难安。而大夫告诉我说，这样的疼痛恐怕得三个月以后才会逐步减缓。

下午时分，一个电话把我从昏沉中惊醒，单位人事处处长位东告诉我一个令人震惊的消息，“赵尔宓院士已于昨日(2016 年 12 月 24 日)去世了。家属说遵赵尔宓遗嘱，丧事从简，不办任何仪式，今天早晨遗体已经火化。家属准备明天下午到研究所汇报。到时请你参加。”霎时间我泪流满面，身体疼痛变成了心情悲痛。我虽是晚辈，但也和赵尔宓做了三十多年同事，而且自 2014 年 10 月起，带着一个团队承担国务院批准、中国科协牵头的“老科学家学术成长资料采集工程”中的“赵尔宓学术成长资料采集”项目。我也正打算这两天就带着采集小组成员去看望赵院士，为他贺迎新年，并汇报我们对他的学术经历研究和学术传记写作工作的新进展，不料他老人家终于斗不过伤病，永远离我们而去了。生命循环的自然规律让我痛后释然，但没能让赵院士在有生之年看到自己学术传记的完成和出版，成了我心中永远的遗憾。

单位让我为赵院士写讣告，总结赵院士一生的贡献，表达研究所全体员

---

① 原文发表于《中国科学报》(2018－01－08 第 7 版印刻)

工的敬意和慰问。我坐在办公桌前，落笔疾书。回想赵尔宓的学术人生，回想我们采集赵尔宓学术成长资料的过程，无限的感想、感慨和感动便涌上心来。

不会忘记，我接受赵尔宓学术成长资料采集工程任务时充满神圣、信心和使命感的激情。老科学家是中华人民共和国科技发展历史的活档案，他们的学术成长历史本身就是中华人民共和国科技发展历史的重要组成部分。“老科学家学术成长资料采集工程”以对历史负责、对国家负责、对科技事业负责的精神，以抢救优先、以人为本、突出重点、联合协作为基本原则，有针对性、有重点地采集整理老科学家的学术成长资料，弘扬我国科技工作者求真务实、无私奉献的精神，推动形成中华人民共和国的学术传统，营造有利于创新的社会氛围，激励广大科技工作者为建设创新型国家，实现中华民族伟大复兴不懈奋斗。这是一项庄严、神圣、功在当代、利在千秋的工程。而当中一位我国著名两栖爬行动物学家赵尔宓院士的学术成长资料采集和学术传记撰写由我来负责完成，让我备感自豪和责任重大。我们成立了由科研人员、科技史研究人员、文献情报人员、科研管理人员、网络影像人员等 11 人组成的采集工作小组，制定采集工作方案，严肃认真地开始了采集工作。小组成员每个人都心怀责任，决心团结协作，将赵尔宓学术成长资料采集项目圆满完成。

不会忘记，我们采集工作遭遇的困难、艰辛和我们克服困难、努力工作的勇敢担当。工作伊始，我们便遭遇了巨大的困难。一是赵尔宓当时虽健在，但已于 2012 年罹患阿尔茨海默病，记忆力严重衰退，家人认为他的讲述已不具备时间、事件的准确性和完整性，不同意我们对赵尔宓进行直接访谈。二是赵尔宓患病初期手书委托书，将其所有学术资料交由家属全权处置。因为种种原因，只能由家属选择部分赵尔宓学术资料的实物供我们进行扫描。三是采集人员都是兼职承担此项目，自身岗位工作和采集工作同样繁重，使采集工作压力倍增。我们勇于担当，以专业、严谨、系统、科学的方法和流程，以热爱、勤奋、奉献的精神对待赵尔宓学术成长资料采集工作，努力克服家中孩子幼小需要照顾、自己工作繁重身体欠佳等实际困难，远赴新疆进行人物访谈，顶烈日参加世界两栖爬行动物学杭州大会，访谈国际学者,加班加点整理和研读各种采集资料,阅读并提炼大量手稿内容、甄别各类信息,最终用扩展相关人员间接访谈的方式弥补了赵尔宓直接访谈的缺失;用真诚沟通、情感交流和对资料的珍视与负责来疏解当事人的疑虑,争取到了部分实物捐赠和日后再捐赠的承诺;用辛勤工作取得了赵尔宓学术成长资料 15 类 1 251 件(其中实物 561 件)的良好采集成果,为赵尔宓学术成长经历研究和学术传记的撰写奠定了翔实的史料基础。

不会忘记,整个赵尔宓学术成长资料采集过程和丰富的采集成果彰显出来的采集小组的工作特征与精神面貌。我们深刻认识"老科学家学术成长资料采集工程"的内涵和价值,通过学术会议、相关活动、个人联系、家庭拜望等方式广泛宣传,获得赵尔宓同行、同事、学生、朋友、家人对访谈和提供相关资料的支持,四十三位受访人员分别来自美国、俄罗斯、日本等国家以及国内北京、沈阳、哈尔滨、新疆、云南、河南、安徽、海南、四川、台湾等地,整理出 27.6 万字的访谈文字资料,保证了口述历史资料的相对全面;我们认真接受培训和虚心学习其他优秀采集小组的经验,以专业精神对待每一份资料的采集、整理、编目和研读;采取访谈、实物采集、资料数字化同步进行以及边采集、边研读、边订正的方法和流程,共编目 1 251 条,建档 53 卷,编制出 1.7 万字的赵尔宓年表、35 万字的赵尔宓资料长编初稿;我们以严谨、系统、创新的科研精神开展赵尔宓学术成长经历研究,通过资料研读与讨论、专业知识讲座与交流、学术成就专题研讨会等方式,深入研究赵尔宓的学术传承、学术经历、学术思想、学术贡献,撰写出了超过 15 万字的赵尔宓学术成长研究报告;我们自觉开展对赵尔宓学术思想、科研成果、钻研精神、奉献品质、爱国情怀的学习和传播,努力唤醒自身和民众对科学事业的热爱与追求,对大自然各种生命以及人类奉献社会的人生价值的敬畏与珍视。

不会忘记,赵尔宓院士奇妙的人生经历、巨大的科学贡献、鲜明的人物个性带给我们的感动和启迪。他承教名师,潜心研究两栖爬行动物五十余年,走遍大半个中国的崇山峻岭,与蛇、蛙、蜥等各种神秘动物为伍,发现和命名了大量两栖爬行动物的新物种,填补了我国两栖爬行动物研究的许多空白;他在动物地理学研究方面提出了我国及东亚地区两栖爬行动物地理区划的新观点和新结论，得到了国际学界的普遍认可；他撰写的两栖爬行动物研究的鸿篇巨制以及大量而系统的学术资料，成为国内外影响深远的经典学术著作和学术研究标杆；他如严师慈父般地培养了大批硕士、博士研究生，帮助和支持众多的两栖爬行动物爱好者，不遗余力地开展科学知识普及和大自然生态环境保护的宣传与实践。他与夫人感情甚笃，一辈子相依相伴，互相扶持和激励；他为人谦和、风趣、坦率，喜欢向任何有需求的人提供帮助，喜欢用歌声和幽默驱散野外工作的艰辛和恐惧，喜欢坚持己见、与人辩理，喜欢边听音乐边做资料研究，喜欢听人们赞扬他的谦谦儒雅和英俊挺拔，喜欢不留情面地批评学生的错误。他是一个对工作和生活永远充满爱和激情的科学家。

不会忘记，项目组和管理方给予我们的真挚关怀、帮助和指导。张藜教授等项目组专家，为我们的工作做了耐心细致的专业指导，为我们的实物采集出谋划策，关心患病住院的赵尔宓院士和因伤住院的我本人；项目办公室的老师认真为我们进行项目有关事宜的沟通和协调；馆藏基地的老师为我们的资料编目随时提供技术咨询；而四川省科协项目管理方李梅、王安平等诸位老师，更是从采集组的组成、项目申请、项目进展检查与督导、项目中评初验收等全方位支持我们的工作，甚至考虑到我因伤住院的实际情况，专门找早前已出色完成采集项目的田永秀老师到我们中科院成都生物研究所来进行上门检查和指导。这些让我们深切感受到了采集工程项目实施者高尚的科学情怀、敬业精神和专业素质。

当我的思绪重新回到赵尔宓院士讣告的撰写时，我的目光久久地停留在赵尔宓院士 2011 年写下的遗嘱文字："在我死后丧事从简。不送花圈，不设灵堂，不开追悼会，不举行遗体告别仪式，不收礼金，不立碑，不建墓。一切繁文缛节全免，尽快火化，骨灰和茂洲(注：茂洲系赵尔宓院士的夫人涂茂洲教授)的骨灰合在一起，撒向我们工作经过的地方。我和茂洲来自自然，也要无拘无束地回归自然。"我再一次无法抑制地泪流满面，感动赵院士对生命的敬畏与超然，感动赵院士探索生命奥秘、奉献科学事业，服务国家和人民，最终以居高声远、无拘回归自然的忘我境界完成了他自我生命的高阶进化。这一切的一切，我将永远不会忘记！它已成为我人生的重要经历，成为我修德敬业、净化灵魂、提升生命品质的营养。我会永远珍藏！

愿我们最终完成的赵尔宓学术传记可以告慰天堂中赵尔宓那颗热忱、不屈、骄傲、谦逊的灵魂。

王海燕

2018 年 1 月 8 日

后记二　实事求是　传承科学精神

老科学家的学术成长历程往往是科技事业和社会发展的阶段性历程，具有时代文化的先进性和认识事物、改造世界、促进人类发展的价值。对老科学家学术成长资料进行整理并收集，实际是在总结人类认识和改造世界的智慧；对老科学家学术成长资料进行总结并归纳，是在传承人类先进知识与文化；对老科学家学术成长资料进行分析与研究，实际是在启示人类对未来发展的科学思考与合理规划，是在为人类的可持续发展承担现实和未来的社会责任。老科学家资料长编基于各种类型、各种年代的资料整理编撰而出，是了解与研究老科学家一生成长路线的丰富史料库，具有重大历史意义。

《赵尔宓院士资料长编》(简称《资料长编》)是基于中国科协组织的老科学家学术成长资料采集工程项目衍生而来。项目于 2014 年 10 月正式启动，由最初的档案、手稿、论文、专著等 15 类共 1 251 件原始资料的收集、整理，到大事年表、资料长编的编写，到如今《资料长编》的即将出版。五年的时间里，我们克服了各种困难，解决了各种困惑，驱散了各种困顿，最终尝到了采集的味道。这个味道，是水的纯味，充满了无华的朴实，因为采集的本质就是以"实事求是"、辩证唯物主义与历史唯物主义为最高指导精神；这个味道，是甜的果味，充满了果实的芳香，因为我们全方位熟读了世界与中国两栖爬行动物研究发展史、技术图、人物线——好一个"大果实"；这个味道，是醇的酒味，充满了岁月的熟化，因为我们从一位 86 岁的老人身上品到了对自然的热爱、对导师未竟事业的继承、对研究思想与技术的创新、对国家使命与科学事业的奉献、对科学知识的无保留与无国界的传播。

我们非常庆幸，这位老人过去很喜欢写日记，记笔记，凡是经历的许多重要事件，做的每一项研究，甚至于参阅过的任何一页文献，他都用专业的图书馆编目标准，系统、规范地存放，给了我们非常高的起点。我们非常遗憾，这位老人，他在我们编撰开始之前已经饱受疾病困扰，丢失了他曾经珍视的那些回忆，使我们的实际工作有了很高的难度。因为这样，我们得到的资料非常翔实；因为这样，我们得到的信息非常模糊。高起点，高难度，这更要求《资料长编》高质量、高规格完成，否则，对不起图书馆式的丰富资料，对不起老人遗失的美好。

感谢，《资料长编》得到了中国科协、四川省科协项目组的全程技术指导，让我们从外行逐渐成长为能够系统收集，并热爱起这份收集工作的工作人员。感激，成都生物研究所领导及各部门对本项工作的大力支持，从经费到人员配置都体现了研究所对这项工作的重视。感恩，赵尔宓大女儿兼科研学术秘书赵蕙，在资料提供上无条件帮助我们，在访谈中无数次启发我们，在精神上无时无刻鼓励我们，我们只有用好、用对、用全这些资料，才能无愧于她的这份支持，才能值得起她的这份信任，才能留得住她的这份思念。

《资料长编》编辑过程中，得到的帮助太多，恕不能一一列举。感谢四川大学档案馆与校史馆、哈尔滨医科大学档案馆、中国科学院档案馆、中国科学院成都生物研究所档案室给予的大力支持；感谢中国科学院副院长、中科院院士张亚平在繁忙公务中接受专访，感谢江耀明(接受访谈时 84 岁，下同)、王竞(82 岁)、吴贯夫(81 岁)、高正发(80 岁)、赵尔寰(79 岁)、黄庆云(78 岁)、王秀玲 (76 岁)等多位老科学家接受访问，并在后续工作中提供了多次电话咨询与解答；感谢赵尔宓的科研同行、挚友鹰岩(Kraig Adler)教授为本书撰写序言与前言，在遥远的康奈尔大学为我们诉说赵尔宓一生的传奇故事；感谢江建平、曾晓茂、王跃招、傅金钟、李丕鹏、饶定奇、李家堂等中国两栖爬行动物研究领域的中坚力量提供的协调帮助，包括联络外籍院士、列举受访人员清单、提供学科发展与专业知识解疑；赵尔宓女儿赵蕙、赵小苓、赵芩对资料的无偿捐赠，感动着每一位热爱科学的人，这一举动必将产生深远的社会影响；项目负责人王海燕，在整个项目过程中起了非常重要的指导作用，她带病坚持工作的精神，感染了项目组的每一位成员。同事王芋华、周华、黄东晓、葛亮、杨陈、赵鹤凌、杨颜嘉，在资料打印、编目整理、访谈视频拍摄与剪辑工作中，做了大量的基础工作，起了非常大的帮助作用。

中国科学院自然科学史研究所张藜研究员、上海交通大学出版社冯勤编辑与宋丽军编辑在本书的编著过程中，拟定了资料编著凡例，对正文格式、引文格式作了规范化设定。这为我们后来的编著工作能够顺利有序地开展提供了可能性。感谢三位老师在审读过程中的不厌其烦、细心耐心、高要求高标准。你们的帮助与严苛，促使我们进步。

《人类啊，你要仔细思量》。赵尔宓院士在这篇科普文章中想要传达给世人的热爱科学、尊重知识、尊重生命这三大思想，也正是本书想要继承的科学精神。

毛　萍

2021 年 4 月 28 日